Bertram Schmidt

Der andere Bezug

Prinz Genji am Grab seines Vaters, des Kaisers. Tuschezeichnung auf Papier, Albumblatt 19,5 x 16,7 cm, Mitte der Edo-Periode (1603–1868). Eigentum des Ishiyamadera-Tempels, Ôtsu, Japan.

Bertram Schmidt

Der andere Bezug

Gute Totengeister in Weltliteratur, Wissenschaft und Religion

Königshausen & Neumann

Bilderläuterung zum Frontispiz:
„Der Prinz hat sich vor dem Grab seines Vaters niedergeworfen. Dieses ist als eine ‚Fünf Elemente'-Stupa dargestellt: ein buddhistisches Grabmal, das elementare geometrische Körper übereinanderschichtet (Kubus, Zylinder, Pyramide und abstumpften Zylinder) und von einer Flamme bekrönt wird." (Estelle Leggeri-Bauer, in: Le Dit du Genji. Genji monogatari, illustré par la peinture traditionelle japonaise du XIIe au XVIIe siècle, Bd. I, Paris 2007, S. 325.) Zum Genji-Roman siehe § 13 dieses Bandes.

Bibliografische Information der Deutschen Nationalbibliothek

Die Deutsche Nationalbibliothek verzeichnet diese Publikation in der Deutschen Nationalbibliografie; detaillierte bibliografische Daten sind im Internet über http://dnb.d-nb.de abrufbar.

Gedruckt auf säurefreiem, alterungsbeständigem Papier
Umschlag: skh-softics / coverart

Printed in Germany
ISBN 978-3-8260-7542-1
www.koenigshausen-neumann.de
www.ebook.de
www.buchhandel.de
www.buchkatalog.de

Dem Andenken an meinen Vater

Dr. Helmut Schmidt
6.9.1910 – 21.12.1994

Arzt und Aquarellmaler in Stuttgart

Inhalt

2. Kapitel: Rilke und die Parapsychologie

ZWEITER TEIL: OSTASIATISCHE LITERATUREN

3. Kapitel: Chinesische Literatur

4. Kapitel: Japanische Literatur

Dritter Teil: Abendland

5. Kapitel: Totenerscheinungen im Mittelalter

6. Kapitel: Christliche Heilige

Vorwort

Den Anstoß zu diesem Buch gab ein Traum. Eines Nachts träumte meine Tante von ihrem längst verstorbenen Vater, meinem Großvater. Sie hatte, so erzählte sie, sonst nie von ihm geträumt und überhaupt keine besonders enge Beziehung zu ihm gehabt. Jetzt erschien er ihr im Traum ganz deutlich. Er trug den Mantel, den er zu Lebzeiten oft getragen hatte, und winkte ihr freundlich zu. Ihre Mutter, meine Großmutter, die damals bei ihr wohnte, starb am darauffolgenden Tag im Haus meiner Tante durch plötzlichen Herzstillstand während des Mittagschlafes, ohne vorausgehendes Krankenlager.

Als mir dieser Traum vor Jahren erzählt wurde, hatte ich schon ein wenig von der sogenannten Sterbeforschung gehört. Deshalb fragte ich mich jetzt: bedeutet er nicht, daß die Seele des Großvaters zugegen war, als meine Großmutter, seine Witwe, starb? Es gibt also doch so etwas wie die Seele, die sich im Tod vom Körper löst? Bestätigt der Traum nicht die Vorstellungen, daß Sterbende im Tod von nahestehenden Angehörigen, die ihnen vorausgegangen sind, empfangen und abgeholt werden? Wo war die Seele des Großvaters in der Zwischenzeit? Wohin gehen die Toten nach dem Tod, wenn von ihnen mehr als nur der Leichnam übrig bleibt? Welchen Sinn haben Fragen nach Raum und Zeit, wenn diese Formen unserer Anschauung jenseits des Todes keine Gültigkeit haben? Uralte Menschheitsfragen.

Der Ehemann meiner Tante starb hochbetagt. Mit seinen letzten Worten auf dem Sterbebett: „Ich komme", redete er seinen älteren Bruder an, der viele Jahre vor ihm gestorben war. Man könnte diese Worte leicht erklären: der Sterbende, seiner Situation bewußt, dachte an seinen früher gestorbenen Bruder. Es wäre hier also nicht nötig, die Gegenwart eines jenseitigen Wesens, der Totenseele des Bruders, im Augenblick des Todes anzunehmen. Der Traum meiner Tante läßt eine solche psychologische Deutung nicht zu. Denn er fand *vor* dem Tod der Mutter statt. Auf diesen Tod deutete keine akute Krankheit voraus, die den Gedanken an den toten Vater hätte nahelegen können. Ein unbewußtes Vorherwissen anzunehmen, würde eine komplizierte Hypothese darstellen. Meine Tante erzählte ihren Traum am anderen Morgen noch ganz fröhlich ihrer Mutter. Später empfand sie das Zusammentreffen dieses außergewöhnlichen Traumes mit dem nachfolgenden Todesereignis als bedeutungsvoll.

Wenn die Seelen der Toten weiterleben und Sterbende ‚abholen', wo befinden sie sich? Ist es, unter der Voraussetzung der Fortexistenz der Seelen nach dem Tod und ihrer (wenigstens eine Zeit lang) fortdauernden Verbindung zu lebenden Angehörigen, unstatthaft, anzunehmen, daß sie *um uns* sind oder in gewissen Augenblicken um uns sein können und uns als gute Geister inspirieren können? Der Glaube, daß Verstorbene als Schutzgeister ihrer Nachfahren oder anderer Lebender wirken, findet sich in vielen, besonders auch außereuropäischen Kulturen. Die katholische Kirche, die christlich-orthodoxen Kirchen und manche nichtchristliche Religionen verehren in Heiligen die Geister herausgehobener Verstorbener als Beschützer und Helfer der Gläubigen. Die Parapsychologie sammelt Berichte über Erlebnisse, in denen Menschen sich durch Totengeister beschützt oder getröstet fühlten. Daß Seelen Verstorbener als gute Geister für Lebende wirken können, ist das Thema dieses Buches, und zwar in unterschiedlichen Perspektiven, sowohl als Erfahrung, Hoffnung oder Bitte Lebender, wie auch als Versprechen Sterbender, zum Beispiel Heiliger, für die Zeit nach ihrem Tod oder als Zusage erscheinender Toter. Das Wort ‚Tote' gebrauchen wir gleichbedeutend mit ‚Verstorbene', für Menschen, die einmal auf Erden gelebt haben. Wir sprechen von Toten*seelen*, wenn Tote als jenseitige entkörperte Wesen (ohne irdischen, physischen Leib) gemeint sind, von Toten*geistern*, wenn sie als im Diesseits erscheinende oder wirkende gemeint sind. Die Frage, ob es Totengeister überhaupt gibt oder ob sie nur imaginiert sind, werden Leserinnen und Leser aufgrund ihrer jeweiligen Lebenserfahrung verschieden beantworten.

Dieses Buch beruht auf dem Studium wissenschaftlicher und belletristischer, teilweise auch geistlich-didaktischer Literatur. Der vorliegende Band verfolgt das Thema der guten Totengeister in verschiedenen geisteswissenschaftlichen Disziplinen, in Parapsychologie, Germanistik, Sinologie, Japanologie, Nordistik, Mediävistik und Kirchengeschichte, und berührt Fragestellungen der Ethnologie, Volkskunde, Religionswissenschaft und (systematischen) Theologie. In keiner der Disziplinen kann ich als Fachmann sprechen. Der Band richtet sich nicht an Spezialisten. Er lädt zu einem Streifzug durch die Literatur ein. Zum Verständnis der literarischen Quellen werden fachliche

Schriften herangezogen. Einige parapsychologische und andere Fachbegriffe werden am Ende des Bandes in einem Glossar erläutert. Vollständigkeit wird in dem Buch an keiner Stelle und in keiner Weise erstrebt. Wir greifen jeweils nur einzelne Beispiele als Stichproben heraus. Viele Aspekte des Themas streifen wir nur, die eine eingehendere Behandlung verdienen würden, viele Fragen bleiben offen. Es handelt sich hier nicht um ein abgeschlossenes Unternehmen. Wenn möglich, hoffe ich einen zweiten Band folgen zu lassen.

Einige Fachleute waren so freundlich, Texte des Bandes vorab zu lesen und durch Hinweise zu verbessern und zu ergänzen. Für diese unverzichtbare Hilfe danke ich Herrn Dipl.-Psych. Eberhard Bauer, Institut für Grenzgebiete der Psychologie und Psychohygiene e.V., Freiburg i.Br. (für Kap. 1) und den Freunden aus der Zeit des Philosophiestudiums bei dem verehrten Lehrer Dieter Jähnig an der Universität Tübingen: Dr. Hartmut Schröter, Bochum (Einleitung), Dr. habil. Hermann-Josef Röllicke, Düsseldorf (Kap. 3), Prof. Dr. Peter Pörtner, München (Kap. 4), Prof. Dr. Annette Gerok-Reiter, Tübingen (Epilog zu Kap. 5). Zur Abbildungsvorlage verhalf Prof. Dr. Hideki Mine, Nara, Japan. Allen Genannten gilt mein herzlichster Dank. Nicht alle Anregungen konnte ich aufnehmen, für verbliebene Fehler und Eigenwilligkeiten des Textes trage ich die Verantwortung. Für Gespräche im Umkreis des Themas danke ich Dr. Gottfried und Rita Altmaier, Dr. Michael Altmaier, Juan González Walter, Hanna Milsch, Dr. Ernst Mögel, Christof Stählin †, Johannes und Silke Thoemmes, Martin Thoemmes MA †, Prof. Dr. Joachim von Wedel, Prof. Dr. Heinrich und Dorothee von Weizsäcker und Dr. Huailing Zhang.

Der Band wurde im Lesesaal der Berliner Staatsbibliothek in der Potsdamer Straße ausgearbeitet. Den Damen und Herren von der Buchausgabe des Lesesaales möchte ich für ihre jahrelangen täglichen Dienste herzlich danken. Beim Auffinden von Literatur halfen die Bibliothekarinnen, allen voran Frau Beate Schindler, herzlichen Dank dafür! Den freundlichen Mitarbeiterinnen und Mitarbeitern der Kopierstelle bin ich für vielerlei Hilfe zu Dank verpflichtet, besonders Harald Herbig † für die Wiederherstellung von Daten.

Dankbar gedenke ich meiner Eltern, Dr. Helmut Schmidt (1910–1994) und Silke Maria Schmidt geb. Kühl (1924–2001), deren Nachlaß die Ausarbeitung dieser Studien ermöglichte. Ich widme das Buch besonders dem Andenken meines Vaters, dem ich mein religionswissenschaftliches Interesse verdanke. Der eingangs erwähnte Traum meiner Tante bildete den Anlaß zu einem Gedankenaustausch, bei dem mein Vater mich bat, seiner medizinisch-naturwissenschaftlich geprägten Sichtweise eine geisteswissenschaftliche entgegenzusetzen. Die vorliegenden Studien versuchen, diese Aufgabe zu lösen.

Die Druckkosten wurden von Freunden und Verwandten des Verfassers getragen. Mein herzlicher Dank gilt Dr. Volker und Elisabeth Borck, Dr. h.c. Michael Klett, Dr. Rüdiger und Angelica Niestadtkötter, Christine Raiser-Süchting, meinem Onkel Prof. Dr. Dr. h.c. Peter Stuhlmacher und meinem Bruder Eggert Schmidt.

Einleitung: Verdrängung und Resistenz der Totengeister

Ist es möglich, über Totengeister ein wissenschaftliches Buch zu schreiben? Gibt es sie überhaupt? Und was würde das bedeuten: „es gibt" sie? Fachlich zuständig für das Thema ist die Parapsychologie. Sie ist an deutschen Universitäten heute nicht mehr vertreten und kann nur in einem außergewöhnlichen Sinn überhaupt eine Wissenschaft genannt werden, da sie teilweise auf Berichten über nichtnormale, nicht verallgemeinerbare Erlebnisse aufbaut. Manche dieser Erlebnisse beruhen auf besonderen Begabungen wie Hellsichtigkeit. Wir beschreiten den Weg, Beispiele guter Totengeister aus der wissenschaftlichen, belletristischen und didaktischen (lehrhaften) Literatur zu sammeln und zu untersuchen. Dennoch soll dieses Buch keine literatur- oder kulturhistorische Arbeit sein. Einleitend möchte ich den geschichtlichen Hintergrund, das Erkenntnisinteresse und die Vorgehensweise des Buches skizzieren.

Die heutige Ferne des Themas

Ein befreundeter evangelischer Pastor aus dem Ruhrgebiet erzählte, daß nach seinen seelsorgerlichen Erfahrungen in fast allen Familien seiner Gemeinde irgendwelche unerklärlichen Erlebnisse, wie der in unserem Vorwort berichtete Traum, überliefert werden. Umso auffallender ist es für einen protestantischen Christen, daß solche authentischen persönlichen Erlebnisse, die das Leben nach dem Tod betreffen, in der evangelischen Theologie und Kirche keinen Raum finden. Stehen solche Erlebnisse, die auf ein Fortdauern der Seele nach dem Tod hindeuten können, mit der christlichen Hoffnung auf eine Auferstehung der Toten in keinerlei Zusammenhang? Der christliche Glaube ist auf solche Erlebnisse gewiß nicht angewiesen. Maßgeblich für ihn sind die heiligen Schriften und nicht Erscheinungen aus dem Totenreich (Lk. 16, 31), die erstens nicht jedem zuteil werden und zweitens oft undeutlich und schwer deutbar sind. Die Botschaft des Evangeliums ist „den Weisen und Klugen verborgen" und „den Unmündigen offenbart" (Mt. 11, 25). Dennoch, für ein Nachdenken bleibt die Trennung unbefriedigend, auch wenn dieses Nachdenken für die Botschaft nichts austrägt. Die heute auf evangelischen Kanzeln beliebte metaphorisch-innerweltliche Deutung der „Auferstehung" als Überwindung moralischer Unlebendigkeit der Gläubigen klammert das Unerklärliche der Ostererscheinungen, der Auferstehung Jesu Christi, aus und verstärkt und befestigt die Verdiesseitigung unserer Gesellschaft. Diese Art der Deutung ist übrigens neutestamentlich und traditionell.→[1]

Das Desinteresse der evangelischen Theologie und Kirche an unserem Thema hat immerhin den Vorteil, daß persönliche Erlebnisse der genannten Art nicht zerredet werden. Unbefriedigend ist es für einen wissenschaftlichen Autor auch, wenn sein Thema dem Bereich der sogenannten „Esoterik" zugewiesen wird. Die vielfältigen Anschauungen und Praktiken, die heute unter „Esoterik" subsumiert werden, zeugen von einem Ungenügen vieler Menschen an der engen Weltsicht der rationalen Wissenschaft und Gesellschaft. Parapsychologie, in die zeitweise höchst seriöse Forschung investiert wurde, wird einer populären Esoterik zugeordnet und dadurch mit dem Odium des Unseriösen behaftet. Indessen stellen Ethnologen, Volkskundler und Literaturwissenschaftler Verbindungen ihrer Fächer zur Parapsychologie her und zeigen die weltweite Verbreitung der einschlägigen Phänomene.[2]

Daß das Thema der Totengeister ins Unseriöse abgedrängt wird, geschieht nicht ohne Grund. Man hat es mit Ungreifbarem, Flüchtigem und Unbegreiflichem zu tun. Wir stoßen hier an eine Grenze menschlichen Erkennens, die wir nicht Schritt um Schritt immer weiter hinausschieben können, sondern die jeder Schritt nur immer neu bestätigt. Der Mangel an Erkenntnisfortschritten läßt sich mit einem von den Naturwissenschaften geprägten Wissenschaftsbegriff nicht vereinbaren. Der Wissenschaftsglaube, das Vertrauen in die absolute Bedeutung, die unbegrenzte Zuständigkeit objektivierender Wissenschaft, das zwar nicht den einzelnen Wissenschaftler, wohl aber das heutige ‚aufgeklärte' Publikum befangen hält, wird durch unser Themengebiet infrage gestellt. Eine bescheidenere Haltung legt sich nahe. „Mehr Dinge gibt's im Himmel und auf Erden, als Eure Schulweisheit sich träumt, Horatio." (Hamlet, 1. Akt, 5. Szene) Es geht in unserem

Buch darum, Grenzen menschlicher Erkenntnis bewußt zu machen, und um Erfahrungen jenseits dieser Grenzen.

Ernst Bloch dachte 1935 darüber nach, warum „das besondere Grauen, das ein Spuk auslöst", heute „selten geworden" ist. In der „Welt der Glühbirne, des Radios und der elektrischen Lokomotive" seien Gespenster auf dem Rückzug.[3] Spiritistische Trancemedien, nach ihrem Selbstverständnis Sprachrohre von Totengeistern, sind in der westlichen Welt seit den 1940er Jahren ausgeblieben.[4] In den ersten Jahrzehnten des 20. Jahrhunderts waren sie von Parapsychologen viel untersucht worden. Solche Beispiele zeigen: paranormale Erfahrungen und Fähigkeiten unterliegen dem geschichtlichen Wandel. Die Parapsychologie ist derzeit in Deutschland zwar in den Hintergrund getreten, aber es gibt in der westlichen Welt weiterhin Beispiele von Totenerscheinungen, Mediumismus, Hellsichtigkeit, Fernheilen und anderen okkulten (unerklärlichen) Erlebnissen und Fähigkeiten. Heute machen uns einige Mediziner durch ihre Erforschung der Nahtoderfahrungen mit unbegreiflichen außerkörperlichen Erlebnissen der menschlichen Seele bekannt.[5]

Verdrängung der Totengeister durch Christentum und Rationalismus

Man spricht heute von einer „Wiederkehr der Religion", von einer stärkeren Aufmerksamkeit für Religionen im Kontext unserer angeblich „postsäkularen" Gesellschaft. An Stelle der gesellschaftlich verankerten Kirchen hat eine private, individuelle Religiosität an Bedeutung gewonnen. Naturwissenschaft und religiöser Glaube bleiben auch nach dieser „Wiederkehr" durch eine Kluft voneinander getrennt (die in der Person des einzelnen Wissenschaftlers überbrückt sein kann).

Der Gegensatz zwischen christlichem Glauben und Naturwissenschaft ist weniger unvermittelt, als es scheint. Eine verborgene Übereinstimmung liegt in der Voraussetzung einer entzauberten, profanen Natur. Christliche Kirche und strenge Wissenschaft stimmen, wenn auch nur negativ, weitgehend überein und gehen Hand in Hand, indem sie dem Thema der Totengeister keine oder nur geringe Beachtung schenken. Wir berühren mit dem Thema der Totengeister Erfahrungen, die aus der theologischen Dogmatik kaum weniger vollständig ausgeklammert worden sind als aus der strengen Wissenschaft. Diese Übereinstimmung der beiden gegensätzlichen Wissensgebiete ist geschichtlich begründet. Die neuzeitlich-moderne Entzauberung der Natur durch die Naturwissenschaft setzte die Entsakralisierung der Welt durch die jüdische und christliche Religion voraus.[6]

In gewissem Sinn hat Aufklärung die Geschichte der abendländischen Kultur von Anfang an bestimmt und hat früher eingesetzt, als man gemeinhin annimmt. Schon Homer hat (nach Erwin Rohde) „die Totenwelt entmächtigt",[→7] und das gleiche ließe sich vom Alten Testament mit seinen Verboten der Nekromantie (5. Mose 18,9ff.)[8] und der Fremdgötterverehrung, zu der auch die Verehrung der eigenen Ahnen gehörte,[9] sagen. Diese Verbote setzten sich im Christentum fort.[10] Sie galten nicht grundlos, sondern stellten eine Befreiung dar. Totenbeschwörungen wurden tabuisiert, nicht weil sie als irreal und illusionär galten, sondern im Gegenteil weil die Toten als zu mächtig erfahren worden waren. Der biblische Gottesglaube entthronte sie und setzte ihre Macht außer Kraft.[11] Nach Claude Lévi-Strauss können die drei Universalreligionen Buddhismus, Christentum und Islam als Versuche angesehen werden, „sich von der Verfolgung der Toten, der Boshaftigkeit des Jenseits und den Ängsten der Magie zu befreien".[12] Die europäische Aufklärung des 18. und 19. Jahrhunderts, die sich bemühte, eine ‚vernünftige' Religion von den überlieferten Formen der Religionsausübung zu reinigen, und die in ihren extremen Ausprägungen alle traditionellen Religionen als Aberglauben verwarf, konnte an eine aufklärerische Tendenz in den höheren Religionen selbst, den Offenbarungs- und Universalreligionen anknüpfen. Dem neuzeitlichen Kampf gegen den Aberglauben im Namen der Vernunft ging ein solcher im Namen der christlichen Religion vorauf.[13]

Viele gebildete Mitteleuropäer von heute halten Totengeister für irreal und imaginär. In ihrer Einstellung wirken sich Jahrhunderte naturwissenschaftlicher Aufklärung und, weiter zurückreichend, christlicher Aufklärung aus. Bei der Bekämpfung okkulter Anschauungen und Praktiken zogen Christentum und Aufklärung (Rationalismus, als geschichtliche Epoche verstanden) oft an einem Strang.[→14] Martin Luther erklärte Geistererscheinungen insgesamt für Trug des Teufels.[15] Der Protestantismus hat die Säkularisierung (Entsakralisierung) der Welt vorangetrieben,[16] auch durch Aufhebung des Mönchstums und des Priesterzölibats. Aus dem Blick gerückt ist heute nicht nur die Erfahrung der Totengeister. „Engelblindheit“ und „Engelferne“ der Menschen beklagte ein evangelischer Theologe des 20. Jahrhunderts.[17] Schon Schleiermacher († 1834) hatte auf die geringe Bedeutung der Engel für die evangelisch-kirchliche Lehre hingewiesen und gesagt, daß „Offenbarungen ihres Daseins je[t]zt nicht mehr zu erwarten“ seien.[18] Vertreter der dialektischen Theologie (Friedrich Gogarten, Karl Barth) haben in der Säkularisierung, der Weltlichkeit und Transzendenzlosigkeit der „Welt“ ein wesentliches Moment des Christentums selbst gesehen.[19] Protestantische Theologen überhaupt gelten heute als „allergisch“ gegen das Übernatürliche.[20] Die religiöse Vorstellung einer Transzendenz der geistigen Welt gibt es in unserer westlichen Kultur zwar bis heute, aber eine *Erfahrung* dieser Transzendenz scheint verloren gegangen zu sein, scheint versiegt, jedenfalls was intersubjektiv verbindlich mitteilbare Erfahrungen betrifft. Zwar gibt es auch heute Erscheinungen Verstorbener als „subjektive Transzendenzerfahrungen“,[21] aber diese können wissenschaftlich einem Sonderbezirk von Psychologie, Therapie und Lebenshilfe zugewiesen werden, sie bestimmen nicht mehr das allgemeine Bewußtsein. „Unsere heutige Zeit schützt sich (...) ängstlich gegen alle Erschütterungen vom Transzendenten her“, schrieb der Kirchen- und Religionshistoriker Ernst Benz, mit Blick auf die pathologische Interpretation religiöser Visionen.[22]

Die christlichen Kirchen beten um den Beistand des Heiligen Geistes, sind aber mißtrauisch gegenüber jeder Art von Begeisterung, von Enthusiasmus, der als heidnisch, als Schwärmerei beargwöhnt wird. Nur das offizielle kirchliche Lehramt darf entscheiden, wo es sich um ein Wirken des Heiligen Geistes handelt und wo nicht, denn die Kirche verkörpert diesen Geist, nach ihrer eigenen Auffassung, *per definitionem* selbst. Transzendenzerfahrungen, Geist-Erfahrungen in dem von uns gemeinten Sinn waren demgegenüber seit frühesten Zeiten Ausnahmeerscheinungen. „In jenen Tagen aber waren Offenbarungen des Herrn selten; Gesichte waren nicht häufig“, heißt es im Alten Testament über die Kindheit des Samuel, um 1000 v.Chr.[23] Heute scheinen die christlichen Amtskirchen im Interesse ihrer Selbsterhaltung vor allem auf Diesseitig-Menschliches abzuzielen: auf die *Institution* der Kirche (im Katholizismus), auf das *Gewissen* des Einzelnen (im Protestantismus). Theologen verzichten unter dem Einfluß des modernen Säkularismus weitgehend auf Eschatologie, auf eine Rede vom Jenseits und vom Leben nach dem Tod.[24] Die christliche Religion hat sich in unserer Gesellschaft in der öffentlichen Moral „verschanzt" (das wurde 1986 formuliert).[25] Der Gedanke, für transzendente Einwirkungen, Inspirationen offen sein zu können, beruht in den großen christlichen Konfessionen zumeist auf Erfahrungen vergangener Epochen und auf Zeugnissen wie biblischen Berichten oder Heiligenviten. Anderes gilt bei den sogenannten Naturvölkern. In deren Religionen, schreibt ein Ethnologe, „ist Offenbarung niemals ausgeschlossen; (...) die übermenschliche Macht greift permanent ins Glaubensleben ein und offenbart ihren Willen".[26] Allerdings handelt es sich dort nicht um Transzendenz in dem christlichen spirituellen Sinn.→[27]

Aus dem allgemeinen Bewußtsein verdrängt worden sind in unserer heutigen westlichen Gesellschaft nicht nur die Totengeister. Verdrängt worden ist der Tod selbst. In der „technizistischen Zivilisation" unserer Epoche ist er „verbannt und mit einem Verbot belegt", schreibt Philippe Ariès. Von der „Ausbürgerung des Todes" handelt einer der letzten Abschnitte in Ariès' „Geschichte des Todes".[28] Krankheit und Sterben werden möglichst in Enklaven abgeschoben. Daß der Tod aus dem Alltagsleben verbannt wird, zeigt eine fundamentale Veränderung an. Das menschliche Weltverhalten hat den Bezug zum Unbegreiflichen des Todes weitgehend verloren. Verdrängt wird die Nachtseite des menschlichen Daseins. Der amerikanische Religionssoziologe Peter L. Berger schreibt: „Fast alle historischen Gesellschaften haben sich für das Metaphysische offengehalten. Das Leben der Menschen hatte schon immer Tag- und Nachtseiten. Wegen der konkreten Bedürfnisse lag der stärkere ‚Wirklichkeitsakzent' auf der Tagseite. Aber die Nachtseite hat man, selbst wo man sie mit Exorzismen auszurotten suchte, nicht geleugnet – im Gegenteil. Deshalb ist die Tatsache, daß man sie heute so erfolgreich ignoriert, eine der erstaunlichsten Folgen der Säkularisierung. Die moderne Gesellschaft hat die Nacht bis zur Grenze des Möglichen aus dem Bewußtsein verbannt."[29] „Nacht" steht hier bildlich für das Unbegreifliche, Unaufklärbare (zu dem nach Berger auch das Numinose und die Erfahrungen der Ekstase gehören). Diese Diagnose hat fünfzig Jahre später, im Zeitalter der Digitalisierung, für den Hauptstrom westlichen Denkens nichts von ihrer Gültigkeit verloren.

Wiederbegegnung mit dem Totengeisterglauben in Folge der Globalisierung

Noch bis vor 200 Jahren war die Überzeugung von der Wirklichkeit und Wirksamkeit der Totengeister allgemein verbreitet gewesen. Sie hatte das vormoderne Europa (von Skeptikern und Aufklärern abgesehen) mit fast allen außereuropäischen Kulturen und auch mit den schriftlosen Völkern verbunden. In vielen Kulturen ging sie damit einher, daß die Toten präsent blieben und „nicht aufhörten, Mitglieder der menschlichen Gemeinschaft zu sein".[30]

Die Toten waren in Europa bis um 1800 „unter den Lebenden gegenwärtig" (Otto Gerhard Oexle), nicht nur als Totengeister, die ausnahmsweise erscheinen, sondern generell, als Rechtssubjekte und vergegenwärtigt durch das soziale Handeln der „Memoria".→[31] Dieser Begriff meinte im Mittelalter und darüber hinaus nicht nur Erinnerung. Er schloß ein soziales Handeln ein, das die Präsenz von Toten in rechtlichen, liturgischen und anderen Vollzügen implizierte. Durch liturgische Namensnennung zum Beispiel konnten individuelle Tote in eine geistliche Gemeinschaft hereingerufen und dadurch als in ihr gegenwärtig anwesend geglaubt werden, ohne eigentlich beschworen worden zu sein.[32] Die Präsenz der Toten wurde durch das Handeln der Memoria „bewirkt", „konstituiert" (Oexle),[33] war aber keine bloß gedachte oder simulierte, kein bloßes Als-ob. – Mit dem Ende der „Memoria" begann ‚um 1800', komplementär zur fortschreitenden naturwissenschaftlichen Aufklärung und wie zur Kompensation eines Verlustes, der Aufschwung der spiritistischen Beschäftigung mit Totengeistern, bei der Tote nicht nur als gegenwärtig geglaubt, sondern mediumistisch vergegenwärtigt oder nekromantisch beschworen wurden. Von Spiritismus spricht man zwar erst ab 1848; als Vorläufer dürfen der Mesmerismus und insbesondere die deutsche romantische Mesmer-Rezeption einbezogen werden.[34] Diese Beschäftigung war Sache von Eingeweihten, von gewissen Zirkeln, sie war kontrovers und prägte nicht mehr die Gesellschaft im ganzen. Der Okkultismus war und blieb eine Protestbewegung gegen den Säkularismus.[35]

Bei manchen schriftlosen Kulturen, vor allem bei seßhaften Agrarkulturen, steht ein Glaube an Ahnengeister bis heute im Zentrum ihrer Religion. Ihr Ahnenkult, etwa in Afrika, ist zwar wiederum eine primär rechtliche und soziale Institution, ohne besondere Gedanken an Totenseelen und Jenseits zu erfordern.[36] Aber gleichzeitig gibt es in vielen Stammeskulturen auch einen Glauben an Totengeister. „Die meisten [afrikanischen] Völker scheinen (...) des Glaubens zu sein, daß die Geister das bleibende Element des Menschen nach seinem physischen Tode sind." (Mbiti)→[37]

Die Universalreligionen, auch das Christentum, traten zum Totengeisterglauben in Konkurrenz, konnten ihn aber nicht ausrotten. Er blieb als Volksglaube erhalten. Im Abendland war die Christianisierung bestrebt, ihn auf die Heiligenverehrung einzuschränken (wobei der ursprünglich heidnische Gedanke eines Rechtes der Toten weiterwirkte[38]). Geistererscheinungen gewöhnlicher Toter wurden verteufelt, für unwirklich erklärt oder kirchlich instrumentalisiert. Diese missionarischen Strategien konnten die Überzeugung nicht auslöschen, daß auch gewöhnliche Tote erscheinen und wirken können. In den fernöstlichen Kulturen Chinas und Japans konnte sich der Ahnenkult, vom Konfuzianismus bestätigt, als ein vorrangiger Partner mit Riten der buddhistischen Hochreligion verbinden. Die buddhistische Nichtselbstlehre mußte dazu in den Hintergrund treten.[39] In diesem Umfeld blieb auch der Totengeisterglaube als Volksglaube lebendig.

Heute sind in Mitteleuropa und der westlichen Welt Totengeister als eine gegenwärtige Wirklichkeit aus dem Denken der akademisch Gebildeten, aus dem intellektuellen Diskurs fast vollständig verschwunden. Das epochale Phänomen der Globalisierung, die Ausbreitung der technischen Zivilisation des Abendlandes über den Globus, führt jedoch in umgekehrter Richtung dazu, daß außereuropäische Lebensmaßstäbe in das Abendland eindringen, die hier auf einen selbstkritisch gewordenen westlich-abendländischen Lebensentwurf treffen. Als Beispiele solcher Rückwirkungen können wir Kinofilme betrachten. Aus Ländern der früher sogenannten Dritten Welt stammen Filme, die einheimische überlieferte Anschauungen des Geisterglaubens aufgreifen. Westliche Technik verbindet sich mit außereuropäischen Gehalten. Als ein Beispiel kann der Film „Tropical Malady" (2004) des thailändischen, in den USA lebenden Regisseurs Apichatpong Weerasethakul gelten.[40]

Literatur und Film ermöglichen eine Distanzierung und Reflexion, eine Befreiung vom Zwang des Geisterglaubens. Weerasethakul benützt eine Erzählung des thailändischen Autors Noi Inthanon, die auf indigenem Geisterglauben beruht, als Vorlage. Eine hegelianisch optimistische Geschichtsdeutung würde urteilen: die Geister, die einer früheren Kulturstufe zugehörten, seien heute in der Reflexion, etwa des Mediums Film, ‚aufgehoben' und überwunden oder zum Gegenstand bloßen künstlerischen Spieles ‚herabgesunken'. Fraglich ist aber, ob eine solche eurozentrische Sichtweise dem Film gerecht würde. Max Weber hat den geschichtlichen Vorgang, der im Rationalismus der Moderne kulminiert, eine „Entzauberung der Welt" genannt.[41] Es gab und gibt bis heute im einzelnen viele gegenläufige Tendenzen. Sie können den geschichtlichen Gesamtvorgang nicht umkehren, nur allenfalls ergänzen. Der Film „Tropical Malady" darf als ein Beispiel angesehen werden. Die Handlung des Films wird durch den Geist eines längst verstorbenen Khmer-Schamanen bestimmt und dadurch (um mit Novalis zu reden) „in Geheimnis-Stand" erhoben.[42]

Auch unsere Studien wollen einen „Zauber" der Welt wiederentdecken. Dieses Ziel auf dem Wege wissenschaftlicher Forschung anzustreben, muß heute nicht mehr als ganz so widersinnig erscheinen wie in Webers Epoche vor hundert Jahren. „Die Welt ist zur Zeit vielleicht dabei, etwas mehr statt weniger geheimnisvoll zu werden", schreibt ein englischer Soziologe mit Blick auf die Ergebnisse der heutigen westlichen Wissenschaft.[43] Unser Buch bemüht sich, möglichst unabhängig von Dogmen und Ideologien, an eine vergessene Dimension von Wirklichkeit zu erinnern, an die Berührung mit der Transzendenz.

Seelen Verstorbener, wenn es sie denn gibt, sind jenseitige Wesen. Es geht hier nicht um die anonymen, ortsgebundenen Gespenster. In den Erlebnissen, in denen persönlich bekannte, wohlgesinnte Tote erscheinen oder als wirksam geglaubt werden, wird Transzendenz erfahren.[44] Diese Erlebnisse können vom Gefühl des Numinosen begleitet sein,[45] sind aber nicht immer auch Erlebnisse des Heiligen, nicht immer verbunden mit Engels- oder Gotteserfahrungen. Unter Transzendenz oder Jenseits verstehen wir keine vom Diesseits abgetrennte ‚Hinterwelt', sondern eine geistige, pneumatische Welt, die mit dem Diesseits in Verbindung steht, dieses durchdringt, für Lebende aber nur in Ausnahmemomenten erfahrbar wird. Das Transzendente liegt für uns also nicht, wie in der kantischen Philosophie, jenseits *aller* Erfahrung, sondern nur jenseits der *alltäglichen* Erfahrung. Die Wirklichkeit von Transzendenz ist mit unseren heutigen theoretisch-wissenschaftlichen Mitteln nicht begreiflich. Sie liegt jenseits des ‚aufgeklärten' Weltbildes, das durch die Breitenwirkung der Naturwissenschaften geformt wurde und durch Materialismus, Determinismus und Atheismus bestimmt ist. Transzendenzerfahrungen sind gegenüber wissenschaftlichen Erklärungsversuchen resistent. Während sie im wissenschaftlichen Weltbild der heutigen westlichen Gesellschaft keine Rolle spielen, kann der Blick auf andere Kulturen und in die Weltliteratur (deren Werke wir hier als religionsgeschichtliche Quellen benützen) dazu helfen, eine Dimension, die uns weitgehend verlorengegangen ist, erneut ins Bewußtsein zu rücken.

Wissenschaftliche Arbeit setzt voraus, nicht den Zwängen eines Geisterglaubens zu unterliegen. Als ein liberal und philosophisch geprägter evangelischer Christ ist sich der Verfasser der Freiheit bewußt, die sein Glaube ihm durch die Abkehr von den primitiven Religionen, von ihrer Magie, ihrem Glauben an unzählige böse Geister, von ihren Ängsten, Tabus und Besessenheiten gibt. Aus der Distanz und von höherer Warte kann er sich mit dem Glauben an Totengeister in früheren oder weniger aufgeklärten Kulturen befassen. Es geht uns nicht um eine Wiederherstellung religiöser Vorstellungen, sondern um einen volleren Begriff menschlichen Daseins, zu dem das Wirken der Totengeister seit Menschengedenken hinzugehört hat. Wir können diese verdrängte und vergessene menschliche Erfahrung nicht verlebendigen, aber doch ernstnehmen und anerkennen als zugehörig zu einer Schicht von Wirklichkeit, die dem menschlichen Zugriff entzogen ist, und können uns in diesem Sinn, bei aller kritischen Distanz und notwendigen Differenzierung, auch durch die Weltsicht außereuropäischer Völker und nichtschriftlicher Kulturen belehren lassen.

Wir betrachten Totengeister nicht als Ausgeburten der Gespensterfurcht und des Aberglaubens, sondern als eine menschliche Urerfahrung und kulturübergreifende Gemeinsamkeit, die im heutigen Westen durch die Dominanz der rationalen Bereiche der Gesellschaft (Wissenschaft, Technik, Ökonomie) verdrängt worden ist. Der Versuch, dieses Randgebiet menschlichen Daseins zu bedenken, macht Grenzen rationaler Wissenschaft bewußt. Aktuelle Formen des Geisterglaubens zu *kritisieren*, ist bis heute vielerorts sehr notwendig. Befreiung der Menschen durch Aufklärung bildet eine Errungenschaft der Neuzeit, deren Wohltat wir in keiner Weise infrage stellen. Emanzipatorischen Sinn kann es jedoch *auch* haben, an etwas zum Menschsein Gehörendes zu erinnern, das jenseits der Grenzen rationalen Verstehens liegt. Indem wir uns einem Thema auf der Kehrseite der Aufklärung zuwenden, wollen wir keinem Irrationalismus und Antimodernismus huldigen, sondern wir tun es in der Überzeugung, daß das Selbstverständnis des modernen aufgeklärten Menschen der Ergänzung bedarf.

Vorgehensweise, Zielsetzung und Aufbau dieses Bandes

Unsere Vorgehensweise besteht darin, aus verschiedenen Kulturen und Jahrhunderten literarische Schilderungen paranormaler Erlebnisse heranzuziehen, in denen Seelen Verstorbener als gute Geister, Schutzgeister und Inspirationsquellen für Lebende wirken. Den Begriff der Literatur fassen wir so weit, daß er auch geistliche und didaktische Texte mitumfaßt. Nicht in ihrem künstlerischen Wert, ihrer Formung und Stilisierung betrachten wir die literarischen Werke, auch nicht primär in ihrer historischen weltanschaulichen, religiösen, ideologischen Grundierung oder Zielsetzung. Vielmehr gehen wir davon aus, daß die ausgewählten Schilderungen einen realistischen Kern enthalten, daß sie Zeugnisse von Erfahrungen sind. Dabei vergessen wir nicht, daß Erfahrungen durch historische, kulturspezifische Bedingungen und Glaubensvorstellungen mitgeprägt werden[46] und daß Schilderungen durch erzählerische, poetische, didaktische Erfordernisse mitgestaltet werden. Erfahrungen können durch Mythen, Legenden oder literarische Topoi nicht nur *ge*formt, sondern auch *ver*formt, überlagert und verdunkelt sein. Wir versuchen, von diesen formalen und historischen Aspekten der Literatur zu abstrahieren, um die möglicherweise authentischen Erfahrungsgehalte hervorzuheben und anhand ihrer eine Phänomenologie der Erfahrungen mit Totengeistern zu erarbeiten. Gespenster- und Gruselgeschichten sind (außer am Rande, in § 15) kein Thema unseres Buches. Die literarischen Gattungsbestimmungen des Phantastischen, Unheimlichen und Wunderbaren[47] interessieren uns nur negativ, insofern als sie eine Stilisierung und Verfälschung von Erfahrung mit sich bringen können. Wir lesen die literarischen Zeugnisse unter systematischen Gesichtspunkten der Parapsychologie und weisen auf Möglichkeiten einer parapsychologischen Interpretation hin. Dabei werden wir uns nicht immer strikt auf das Thema der Totengeister beschränken. Gelegentlich weitet sich die Untersuchung auf das Paranormale überhaupt in einem literarischen Werk (§ 10, § 14). Um das konstitutive Atmosphärische der Erscheinungen zu vergegenwärtigen, bringen wir aus belletristischer Literatur teilweise ausführliche Zitate.

Der Form nach besteht dieser Band, mit Ausnahme des ersten Kapitels und des § 8, aus historischen Abhandlungen. Unsere Ziele sind darin folgende. Die Fülle der Zeugnisse soll das Bewußtsein von der Wirksamkeit der Totengeister, das es nicht nur in anderen Kulturen, sondern auch bei uns in früheren Epochen gab und selbst in unserer modernen Welt gibt, deutlich werden lassen. Eine Wandlung der Totengeister im Lauf der Geschichte und in den verschiedenen Kulturen, insbesondere das Zurücktreten der *bösen* Totengeister, soll nach Möglichkeit reflektiert werden, ebenso die durch die ganze Geschichte hindurch gleichbleibende Unsicherheit der Menschen im Umgang mit Totengeistern. Wir bemühen uns, einschlägige Zeugnisse auch aus früheren Epochen zu sammeln, auch für uns fremdartige Zeugnisse, um einen vollständigeren geschichtlichen Begriff der menschlichen Seele zu gewinnen.

Die Frage nach der *Realität* der Totengeister kann unser Buch, als eine Sammlung historischer Abhandlungen, nicht beantworten. Für den Historiker als solchen kann es keine Transzendenz, kein Jenseits geben. Transzendenz kann nicht Gegenstand von neuzeitlicher, das heißt empirischer Wissenschaft sein, wie Kant in der „Kritik der reinen Vernunft" am Beispiel der metaphysischen Ideen gezeigt hat. Solche Ideen sind für ihn das Dasein Gottes, die Freiheit des Willens und die Unsterblichkeit der Seele. Eine empirische Metaphysik wäre für Kant ein hölzernes Eisen.→[48] Die Kulturwissenschaften in ihrer heute vorherrschenden Ausrichtung bestätigen diese Schranke. Nur *Vorstellungen*, *Bilder* des Jenseits können wissenschaftlich, zum Beispiel historisch, soziologisch oder psychologisch erforscht werden – um den Preis, daß die ‚vertikale' transzendente Dimension ausgeklammert oder in eine ‚horizontale' weltimmanente Angelegenheit umgedeutet wird. Ein wissenschaftliches Buch über Totenseelen *als* jenseitige Wesen würde eine Quadratur des Zirkels darstellen. Ein striktes Verständnis von Wissenschaftlichkeit muß die Realität der menschlichen Seele überhaupt ausblenden, die sich empirisch, etwa neurowissenschaftlich nicht nachweisen läßt. Unser Buch vertritt dagegen die Auffassung, daß Wissenschaft selbstkritisch und ‚philosophisch' werden, ihrer Grenzen inne sein und über diese hinausdenken kann und soll. Wir nehmen die Existenz der menschlichen Seele und die Existenz jenseitiger Totenseelen (hypothetisch) an. Wenn Nahtoderfahrungen als Stoff für eine „empirische Phänomenologie des Jenseits" (Jan Assmann)[49] bezeichnet werden, so ist auch dies eine Hypothese, die über die Grenzen der zeitgenössischen Wissenschaft hinausweist.

Obwohl unser Buch der Form nach großenteils aus historischen Abhandlungen besteht, zielt es über diese methodische Beschränkung hinaus. Das Ziel des Ganzen ist keine bloße *Historie* des Totengeisterglaubens, sondern eine historische Phänomenologie der *Erfahrungen* mit Totengeistern, eine historische, vergleichende *Nekropsychologie* (Totengeisterkunde) – gerade eine solche Wissenschaft also, die für Kant, in der Periode seiner kritischen Philosophie, ein Unding gewesen wäre. Der Inhalt unseres Buches zeigt die weltweite Verbreitung und anthropologische ‚Normalität' transzendenter Erfahrungen. Es handelt sich um Erfahrungen *im* irdischen Dasein, die von den erlebenden Menschen als Berührungen mit einer anderen Welt, einem Bereich jenseits des Todes, einer Form der Transzendenz wahrgenommen und (implizit oder explizit) begriffen werden. Indem wir uns diese Sichtweise der Rezipienten zu eigen machen, nehmen wir an, daß solche Erfahrungen innerhalb der Grenzen der neuzeitlichen empirischen Wissenschaft nicht erklärt werden können. Die menschliche Psyche trägt die Möglichkeit einer Berührung mit dem Jenseits in sich, ohne daß wir das Jenseits nur als einen irdisch-menschlichen Seelenzustand und als psychologisches Problem begreifen könnten. Indem wir transzendente Erfahrungen in historischer Form darbieten, geht es uns um ein Staunen angesichts dieser Phänomene und um eine Ergänzung und Erweiterung des ‚aufgeklärten' wissenschaftlichen Weltbildes, eine Selbstkritik von Wissenschaft, die nur Wissenschaft selbst leisten und vollbringen kann.

Aufbau. Der vorliegende Band umfaßt drei Teile, untergliedert in je zwei Kapitel. Die ersten beiden Kapitel sind, ganz oder teilweise, systematisch orientiert und als Ausgangspunkt und Grundlage aller folgenden gedacht. Im (1.) Kapitel liefert die Parapsychologie leitende Gesichtspunkte. Wir schöpfen hier zunächst aus einigen Grundlagenwerken aus der Entstehungszeit dieser Wissenschaft; auf neue Arbeiten gehen wir am Ende des Kapitels ein. Der Parapsychologie, teilweise auch der Ethnologie, entnehmen wir die Maßstäbe für den Realitätsanspruch literarischer Schilderungen von Geisterbegegnungen, für die Beurteilung der Möglichkeit des Geschilderten, auch in Literatur nichtwestlicher Gesellschaften und weit entfernter Jahrhunderte. Uns liegt daran, die ausgewählten Erzählungen vom Mythischen, Legendären oder Phantastischen abzuheben. Unerachtet geschichtlicher Wandlungen, setzen wir eine anthropologische Konstanz vieler Phänomene voraus. Zwar umfaßt das Phänomenspektrum der modernen Parapsychologie nicht alle paranormalen Erscheinungen der Geschichte. Diese Erscheinungen unterliegen wie gesagt dem geschichtlichen Wandel. Die Annahme einer anthropologischen Konstanz der Phänomene gilt daher nur mit Einschränkungen. Viele Entdeckungen der Parapsychologie sind jedoch nicht an ihre Epoche gebunden, sondern legen eine anthropologische Grundschicht frei. Das (2.) Kapitel behandelt Zeugnisse des deutschen Dichters Rainer Maria Rilke, der, im ersten Viertel des 20. Jahrhunderts und in zeitlicher und sachlicher Nähe zur Entstehung der Parapsychologie, über einschlägige Erfahrungen berichtet, seine Dichtung von ihnen gespeist sieht und über seine Erfahrungen in einer Weise reflektiert, die bis heute wegweisend sein kann. Rilkes Reflexionen zielen nicht auf eine wissenschaftliche Theorie und Erklärung, sondern auf eine existenzielle Antwort, die Aufnahme der Totengeistererfahrung in die persönliche Lebensführung. Die Wendung „der andere Bezug“, die einem Gedicht Rilkes entlehnt ist, verstehen wir als eine Chiffre für die Bezogenheit menschlichen Daseins auf die Totenwelt und damit auf das Geheimnis.

Der zweite und dritte Teil des Bandes behandeln umfangreiche Stoffgebiete, aus denen wir nur Stichproben entnehmen. Das (3.) Kapitel, das den zweiten Teil über „Ostasiatische Literaturen“ eröffnet, handelt von vier Beispielen der chinesischen Literatur des vierten bis neunzehnten Jahrhunderts. Da das alte China als „Kontinent der Geister“[50] und als klassisches Land des Geisterglaubens gilt, bedarf seine Wahl keiner weiteren Rechtfertigung. Ein einleitender Paragraph führt in die altchinesische „Religion der Toten“ (de Groot) ein. Die von uns zitierten literarischen Werke stellen, um mit Goethe zu reden, „ein Gemeingut der Menschheit“ dar. Diese Formulierung gebrauchte der Dichter in einem Gespräch, in dem er an seine Lektüre der Übersetzung eines chinesischen Romans anknüpfte und den Begriff der „Weltliteratur“ prägte.→[51] Entsprechend heutigem Standard geben wir, dank freundlicher Bemühung unseres fachlichen Beraters, chinesische Namen und Begriffe in Pinyin-Umschrift wieder. Weil viele der von uns benutzten Übersetzungen ältere Umschriften verwenden, setzen wir, um Unklarheiten zu vermeiden, bei der ersten Namensnennung die ältere Form in runden Klammern hinzu. In Zitaten bringen wir, nach der älteren Form, bei Bedarf in eckigen Klammern zusätzlich die Pinyin-Umschrift. Das (4.) Kapitel behandelt zwei Beispiele der japanischen Literatur aus dem elften und siebzehnten Jahrhundert, ebenfalls anhand von Übersetzungen. Ein Paragraph zur japanischen Volksreligion, der auch die Verhältnisse bis ins 20. Jahrhundert berührt, führt in den Themenkreis ein.

Der dritte Teil wendet sich der Geschichte des Abendlandes zu und umfaßt wiederum zwei Kapitel. Im (5.) geht es um die gewöhnlichen Toten, deren Erscheinungen im Mittelalter durch die christliche Kirche verteufelt, als irreal bagatellisiert oder zugunsten der Fegefeuer- und Suffragienlehre instrumentalisiert wurden. (‚Suffragien' bedeutet: Gebetshilfe und alle Arten geistlicher Unterstützung für die Seelen im Fegefeuer.) Diese rigide interpretatorische Einfassung verhinderte ein unbefangenes Aufnehmen von Erscheinungen – sofern ein solches jemals möglich war. Das (6.) Kapitel handelt von christlichen Heiligen, außergewöhnlichen Toten also, Menschen, die durch ihr Martyrium oder Asketenleben eine enge Beziehung zum Jenseits, zum „Himmel" erworben haben und dadurch in besonderem Maße befähigt sind, postmortal auf Erden zu erscheinen und zu wirken oder auch schon zu Lebzeiten Verstorbene visionär erscheinen zu sehen und deren Botschaften zu empfangen. Wenn wir oben sagten, daß Totengeister aus der christlich-theologischen Dogmatik fast ganz ausgeklammert seien, so gilt das etwas weniger für die Heiligen, die insofern eine Sonderstellung einnehmen.

Unser Vorhaben besteht also darin, literarische Zeugnisse aus verschiedenen Kulturen und Epochen unter Gesichtspunkten der Parapsychologie zu lesen. Auf das erste Kapitel und die Parapsychologie sind somit alle weiteren Kapitel zurückbezogen. Die Zusammenstellung der Kapitel deckt nicht das ganze Themenfeld ab, das in dieser Einleitung umrissen wurde, und verlangt nach der Ergänzung durch einen zweiten Band. Die ostasiatischen Beispiele in den Kapiteln 3 und 4 machen eine andere Art der Frömmigkeit gegenüber den Toten anschaulich, als wir sie aus dem christlich-abendländischen Bereich kennen. Diesen Kulturvergleich können wir hier nicht ausschöpfen. Er ist nicht unser vorrangiges Ziel, sondern anthropologische Gemeinsamkeiten. Unser Buch plädiert für eine historische, komparative Parapsychologie, als deren Teilgebiet wir die Nekropsychologie begreifen.

Erster Teil: Grundlagen

1. Kapitel: Parapsychologie

Parapsychologie ist eine Wissenschaft des Unerklärlichen. In jeder anderen Disziplin gibt es Grenzen des Begreifens und Erklärens, die Parapsychologie aber handelt von einer Gruppe von Phänomenen, die in ihrem Dasein und Sosein bis heute nicht erklärt werden können. Gespenstererscheinungen und Spuk, außersinnliche Wahrnehmungen wie Hellsehen und Gedankenübertragung: diese Dinge entziehen sich dem Begreifen. Mehr als andere Disziplinen bewegt sich Parapsychologie „an den Grenzen der Erkenntnis",[52] sie ist „Grenzwissenschaft".[53] Viele dieser Phänomene sind auch nicht Bestandteil unserer alltäglich wiederkehrenden Erfahrung, ja zum Teil widersprechen sie ihr und können Schauder und Entsetzen auslösen, müssen es aber nicht. Und die meisten von ihnen sind so wenig nach Belieben willentlich wiederholbar, daß es vermeintlich Aufgeklärte gibt, die die Realität dieser Phänomene bezweifeln. Seit der Frühzeit der Parapsychologie haben Wissenschaftler ihre Aufgabe daher immer wieder im Sammeln und Klassifizieren der Phänomene gesehen. Der Terminus „Parapsychologie" wurde 1889 von Max Dessoir vorgeschlagen und seit den 1930er Jahren auch im angelsächsischen Bereich übernommen; dort wird daneben weiterhin der ältere Terminus „Psychical Research" verwendet.

Das folgende Referat in den Paragraphen 1 bis 3 über Erscheinungen und Mitteilungen Sterbender und Toter beruht auf sechs Beispielsammlungen, die in den Jahren 1886–1958 publiziert wurden.* Diese Bücher beruhen zumeist auf Umfragen und geben Erlebnisschilderungen aus Zuschriften wieder. Edmund Gurney und Frederic W.H. Myers waren Gründungsmitglieder der „Society for Psychical Research", die 1882 in London gegründet wurde, um die Erforschung des

* In chronologischer Reihenfolge: Gurney u.a., *Phantasms of the Living,* 1886 (Sigle: PhoL); Myers, *Human Personality,* 1903; Flammarion, *Rätsel des Seelenlebens,* 1908, und ders., *La Mort et son mystère,* 1924–26; Bozzano, *Spukphänomene,* 1930; Jaffé, *Geistererscheinungen,* 1958. Siehe Literaturverzeichnis, S. 366.

Paranormalen auf eine wissenschaftliche Basis zu stellen. Zusammen mit Frank Podmore, einem langjährigen Sekretär der Gesellschaft, verfaßten sie das Buch „Phantasms of the Living“. Es basiert auf Berichten über paranormale Erlebnisse, die, nach einem Aufruf an das Publikum, von der Gesellschaft gesammelt wurden. Myers, von Hause aus Altphilologe, sowie der französische Astronom Camille Flammarion legten jeweils spezielle Fallsammlungen über Erscheinungen Verstorbener an und publizierten diese in ihren Büchern.[54] Dem Buch von Aniela Jaffé, einer Mitarbeiterin C.G. Jungs, liegt eine Umfrage der Zeitschrift „Der Schweizerische Beobachter“ zugrunde. Uns kommt es in erster Linie auf die Erfahrungen an, von denen in diesen Büchern berichtet wird. Theorien handeln wir nur kursorisch ab. Daß die Erlebnisse unterschiedlich gut bezeugt und erforscht sind, müssen wir hier ausblenden.

Das Ziel des Kapitels ist es, den Beitrag der Parapsychologie zum Thema unseres Buches in Grundzügen zu skizzieren, um in den folgenden Kapiteln Parallelen und Vergleiche ziehen zu können. Alle übrigen Forschungsfelder dieser Wissenschaft bleiben ausgeklammert.[→55] Nahtoderfahrungen wollen wir ebenfalls nicht erörtern. Wir setzen bei der Gründungsphase der Parapsychologie an, weil in dieser Zeit das Interesse an Totengeistern verbreitet war und weil Begriffe und Theorien damals geprägt wurden, die bis heute weiterwirken. Unsere Beispiele in den ersten drei Paragraphen wurden vor 1960 publiziert. Aus den Jahren seit etwa 1990 gibt es zahlreiche weitere Publikationen, in denen Berichte über Erscheinungen Verstorbener (sogenannte „Nachtodkontakte“) gesammelt worden sind. Die Phänomene in diesen neueren Sammlungen sind weitgehend die gleichen geblieben, die Perspektive der Autoren aber hat sich geändert. Auf diese neueren Arbeiten werden wir am Ende des Kapitels, im zweiten Abschnitt von § 5 eingehen, um den Perspektivenwechsel deutlich zu machen.

§ 1. Erscheinungen Sterbender

Edmund Gurney (1847–1888) und seine Mitautoren behandeln in ihrem Buch „Phantasms of the Living" vor allem Gespenster Lebender sowie Sterbender kurz vor oder nach dem Tod. Sie erklären diese Erscheinungen als Wirkungen von „Telepathie" (der Begriff wurde von Myers geprägt), das heißt als „Beispiele der außersinnlichen Einwirkung eines Geistes (*mind*) auf einen anderen".[56] Erscheinungen längst Verstorbener schließen sie aus.[57] (Nummern in Klammern, ohne weitere Angaben, beziehen sich in diesem Paragraphen auf die Numerierung der Fälle in diesem Buch. Dessen Text verfaßte Gurney; von Myers stammt die „Einführung" in Band I sowie der Essay „Bemerkung über eine behauptete Weise der psychischen Interaktion" in Bd. II; Podmore wirkte an der Aufbereitung der Fallbeispiele mit. Zu Myers s. auch § 2.)

Telepathie

Telepathie bezeichnet „die außersinnliche Übertragung von Gedanken und Gefühlen von einem Geist (*mind*) auf einen anderen";[58] oder, mit einer anderen Wendung: „die Fähigkeit eines geistigen Wesens (*mind*), auf ein anderes einen Eindruck auszuüben oder von einem anderen einen Eindruck aufzunehmen, und zwar in anderer Weise als durch die anerkannten Sinneswege."[59] Phänomene der Telepathie lassen darauf schließen, daß Menschen ungeachtet ihrer räumlichen Getrenntheit und ohne Vermittlung der fünf Sinne miteinander in Verbindung stehen können. Offenbar gibt es diese Verbundenheit in einer Ebene der seelischen Realität, die wir nicht lokalisieren oder greifen können, und die uns nur in Momenten telepathischer Erfahrung ins Bewußtsein tritt. Diese Verbundenheit kann vor allem zwischen nahen Verwandten (Eltern und Kindern, Geschwistern, besonders Zwillingen, und anderen), zwischen Ehepartnern oder engen Freunden stattfinden. Nur selten ereignet sie sich in anderen menschlichen Beziehungen, die einen emotionalen Aspekt haben, wie etwa zwischen Pastor und Gemeindemitglied (Nr. 86 b und 114) oder Herrin und Angestellter (Nr. 189). Die Verbindung wird besonders in Augenblicken der Krise, der Gefahr oder des Todes aktualisiert. Man spricht deshalb in solchen Fällen von

Krisentelepathie. Wenn etwa der Mann auf See in höchste Lebensgefahr gerät und sich in diesem Augenblick seiner Frau und seiner Kinder erinnert, kann die Ehefrau gleichzeitig zuhause, an einem hundert Meilen entfernten Ort, folgendes erleben: es „drängte sich plötzlich mir das Gefühl auf, als hättest du mich nötig, ja es schien mir sogar, als ob du mich gerufen habest." (Nr. 49)[60]

Bei diesem Beispiel aus dem Jahr 1875 handelt es sich um ein Pastorenehepaar, also um Menschen der akademisch gebildeten Schicht. Unter den sogenannten „Primitiven", etwa den Buschleuten, war diese Art der „drahtlosen Kommunikation" eine gängige Weise, um Nachrichten über Jagderfolg oder -mißerfolg oder über die Ankunftszeit eines Besuches zu übermitteln.[61] Freud vermutet, daß Telepathie (Gedankenübertragung) „der ursprüngliche, archaische Weg der Verständigung unter den Einzelwesen" war, nicht nur unter Menschen.[62] Die Stärke der Fähigkeit zu dieser Kommunikation ist also nicht von der intellektuellen Bildung abhängig, eher umgekehrt proportional zu dieser. Selbst kleine Kinder können plötzlich und auf unerklärliche Weise vom Tod eines entfernt lebenden, verwandten Kindes *wissen* (Nr. 47, 48). Im England des 19. Jahrhunderts konnten telepathische Erfahrungen eine Verbindung zwischen dem Mutterland und den überseeischen Kolonien in Indien oder Afrika herstellen zu einer Zeit, als es noch kein „Kabel" (Telegramm) gab und die Post per Schiff bis zu sechs Wochen dauerte.→[63] In einzelnen Fällen führten solche telepathischen Krisenerscheinungen, bei geringer räumlicher Distanz, tatsächlich zu einer lebensnotwendigen Hilfe (Nr. 20, 81, 112).

Als eine Betrachtung zu den Phänomenen der Telepathie und der außersinnlichen Wahrnehmung überhaupt sei ein Wort Goethes aus den Gesprächen mit Eckermann vom 7.10.1827 zitiert, das am Ende auf die Zukunftsschau (Präkognition) abzielt:

> „Wir wandeln alle in Geheimnissen. Wir sind von einer Atmosphäre umgeben, von der wir noch gar nicht wissen, was sich alles in ihr regt und wie es mit unserm Geiste in Verbindung steht. So viel ist wohl gewiß, daß in besonderen Zuständen die Fühlfäden unserer Seele über ihre körperlichen Grenzen hinausreichen können und ihr ein Vorgefühl, ja auch ein wirklicher Blick in die nächste Zukunft gestattet ist."

Myers knüpft an diesen Gedanken Goethes an, wenn er schreibt, daß wir Menschen auf Erden in einer „geistigen Umgebung" leben.[64]

„Anmeldungen" Sterbender

Den Hauptteil der Beispiele des Buches „Phantasms of the Living" bilden, wie gesagt, die Erscheinungen Sterbender im Augenblick ihres Todes, kurz vorher oder nachher, die sogenannten „Anmeldungen" Sterbender.[→65] Auch hier ist der „Adressat" der Erscheinung in der Regel ein naher Verwandter oder enger Freund, selten ein Fernerstehender. Die Erscheinungen folgen dem Schema: „A stirbt in einiger Entfernung; B sieht seine Gestalt."[66] Sie werden von Gurney und seinen Koautoren als telepathisch verursachte „Halluzinationen" verstanden.[→67] Eine Sammlung weiterer Fallberichte wurde später von einer anderen Autorengruppe unter dem Titel „Report on the Census of Hallucinations" publiziert.[68] Früher war die Auffassung verbreitet gewesen, Geistererscheinungen seien von einer irgendwie gearteten physischen Natur. Wir kommen auf die Frage zurück.

Wir greifen als Beispiel ein Ereignis zwischen zwei Freunden A und B heraus, Arbeitskollegen, die sich gegenseitig die größte Hochachtung entgegenbrachten und eine große Zuneigung zueinander hatten (Nr. 28). Eines Abends litt A, der verheiratet war, unter Kopfschmerzen und ruhte sich aus. Kurz nach einer Bemerkung zu seiner Frau „drehte er sich auf der Chaiselongue herum, und im nächsten Augenblick sah er seinen Freund [B], welcher vor ihm stand, geradeso gekleidet wie gewöhnlich. [A] bemerkte die Einzelheiten seiner Toilette: er hatte einen Hut mit schwarzem Band, und sein Überrock war aufgeknöpft; auch trug er in der Hand seinen Spazierstock. Er richtete den [starren] Blick auf [A], dann war er weg (*and then passed away*). (...) In diesem Augenblick durchzog [A] eine eisige Kälte, und seine Haare standen ihm zu Berge. Dann wandte er sich zu seiner Frau hin und fragte, wie viel Uhr es sei."[69] Es war, wie sich später herausstellen sollte, der Augenblick des Todes von B. Die Frau sah die Erscheinung nicht, sie blickte in eine andere Richtung. (Terminologisch gesprochen: A ist in diesem Beispiel der „Perzipient", der Wahrnehmende, oder der Rezipient, Empfänger, B der „Agent", der Bewirkende.)

Solche Erscheinungen können verschiedenen Charakter haben. Eine Frau hat nur das Gefühl einer Beklemmung, das Gefühl, selbst sterben zu müssen, in dem Augenblick, als ihre geliebte Cousine an einem anderen Ort stirbt, mit der sie „ein Herz und eine Seele" gewesen ist (Nr. 22).[70] An die Cousine denkt sie im Augenblick dieses Erlebnisses noch gar nicht. Es gibt andere Beispiele, in denen der begleitende Gedanke an die Person des Sterbenden, auch ohne dessen sichtbare Gestalt, ins Bewußtsein tritt. – Ein Vater in Paris sieht zweimal vor sich „eine helle, undurchdringbare weiße Masse, und im Mittelpunkt dieses Lichtes (...) das Gesichtchen meines kleinen Lieblings, mit glänzenden Augen und mit Lächeln auf seinen Lippen" – im gleichen Augenblick, als der fünfjährige Sohn in London stirbt (Nr. 184).[71] Während der Vision hört der Vater die fröhliche Stimme des Kindes so deutlich, daß er glaubt, es sei im selben Raum. Die Erscheinungen beunruhigen ihn und flößen ihm den Gedanken an den Tod des Kindes ein.

Solche Wahrnehmungen beruhen offenbar nicht auf gewöhnlichen physischen Gegebenheiten. Sie sind halluziniert – und doch real; innere, seelische Phänomene – aber von außen eingegeben, wenn auch ohne sinnliche Vermittlung. Sie überbrücken einen realen physischen Raum, wie im Beispiel die Distanz Paris-London. Der Begriffsgegensatz von innen/außen erweist sich hier als unzureichend. Die Autoren sprechen mit paradoxen Ausdrücken von „wirklichkeitsgetreuen" oder „Wahres sagenden" Halluzinationen.[72] Diese Erscheinungen werden oft nur von einer Person wahrgenommen, selbst wenn mehrere Personen sie von der Blickrichtung her sehen könnten,[73] oder, bei Auditionen, sie wegen der räumlichen Nähe hören müßten (Nr. 34). Viele solcher Erlebnisse ereignen sich im Schlaf des Perzipienten, mit einer besonderen Deutlichkeit des Traumbildes (Nr. 23), oder am Übergang vom Schlaf zum Wachen. (Im obigen Beispiel Nr. 184 „weckte mich plötzlich die Stimme meines Kleinen".) Von „halbwachen Halluzinationen" sprechen die Autoren einmal.[74] Manche Perzipienten sind unsicher, ob sie eine Erscheinung geträumt oder im Wachen gesehen haben (Nr. 153). Andere schildern, daß die Traumerscheinung sich im Wachzustand fortsetzte (Jaffé, S. 158). Auf eine Äquivalenz von Traum- und Wacherscheinungen werden wir am Schluß dieses Kapitels zu sprechen kommen. Eine Todesursache, die dem Empfänger noch unbekannt ist, kann in „Wahres sagenden" Halluzinationen, sei es symbolisch, mit übermittelt werden. Enthauptete erscheinen ohne Kopf (Nr. 130), Ertrunkene durchnäßt (Nr. 159, 537).

Ein Sterbender kann aufgrund eines Willensentschlusses einem Freund erscheinen, wenn er mit diesem zu Lebzeiten vereinbart hat: „Wer von uns zuerst stirbt, soll dem anderen erscheinen", und diese Abmachung erfüllt (Nr. 169). Erscheinungen Sterbender können einen Dialog mit dem Rezipienten führen (Nr. 190), sie scheinen sogar zu gewissen, begrenzten physischen Aktionen in der Lage (wie Türe öffnen, Türe schließen, Klingeln, Klopfen). Diese Vorgänge könnten halluziniert sein. Falls es sich in einzelnen Fällen um reale physische Aktionen handeln sollte[75] (nach Gurney und Myers sind keine solchen Fälle glaubwürdig nachgewiesen worden[76]), könnten sie psychokinetisch, also seelisch verursacht sein.[77] Unter Psychokinese versteht man die unerklärliche Bewegung physischer Gegenstände durch seelische Ursachen. Erscheinungen Sterbender können durch physische Gegenstände (ein Bett, eine Wand) hindurchgehen,[78] was ihre (relative) Unabhängigkeit von der physischen Welt unterstreicht. Auf die Frage der physischen Aktionen kommen wir im nächsten Abschnitt noch einmal zurück.

Manche solche Erscheinungen lassen sich aus dem Wunsch der Sterbenden heraus verstehen, ihr Leben in Ordnung zu bringen. Ein Erscheinender bittet den Sohn eines Freundes: „achten Sie auf meinen Sohn" (Nr. 162), ein anderer trägt wegen seines Testamentes einem Kollegen eine Botschaft an einen Verwandten auf (Nr. 117). Wieder ein anderer bittet seinen Freund, mit dem er sich zerstritten hat, um Versöhnung (Jaffé, S. 158f.). Ein Vater läßt im Haus seiner Tochter seine Stimme vernehmen, indem er ruft: „Lina, ich bin da!", und erfüllt damit wenigstens symbolisch das lange gegebene Versprechen, sie zu besuchen (Jaffé, S. 172f.). Wenn man aus der Tatsache, daß Sterbende durch ihr Erscheinen von Nahestehenden Abschied nehmen (Jaffé, S. 68–75), darauf schließen darf, daß ihnen deren Trauer und Anteilnahme wichtig sind, so könnte dieses Motiv dazu beitragen, Trauerrituale der Völker verständlich zu machen.

Eine Verbindung zwischen nahen Verwandten kann beim Ereignis eines Todes derart aktiviert werden, daß nicht nur Sterbende, sondern auch Angehörige in die Lage versetzt werden können, zu erscheinen oder hellsichtig zu werden. Unwillentlich, aber durch vitalen Antrieb erscheint eine lebende alte Mutter, während sie zuhause schläft, am

Sterbebett ihrer Tochter (Nr. 30). Hier handelt es sich also um das Gespenst einer Lebenden; wir werden im Verlauf des Buches weitere Beispiele kennenlernen. Eine Schwester oder Mutter kann den weit entfernt sich ereignenden unnatürlichen Tod des Bruders oder Sohnes über die räumliche Distanz hinweg als Szene visionär ‚mitansehen' (Nr. 59, 134, 140, 188). Kann eine solche Hellsicht als telepathisch begriffen werden? Ein Bild aus dem Geist des Sterbenden würde kaum zur Perspektive des Zuschauenden passen, es sei denn, es handele sich bereits um eine außerkörperliche Sicht. Myers überlegt, ob hier „ein Bild (...) aus dem Geist (*mind*) des Verstorbenen übertragen wird", das eine vollständigere Sicht des Unfalls bieten würde.[79]

Ergänzend sei erwähnt, daß Sterbende sich, auch ohne Gespenst (Erscheinung ihrer Gestalt), durch Spuk „anmelden" können, etwa durch das Stehenbleiben oder Zerspringen einer Uhr, das Zerspringen eines Bildes, eines Spiegels.[80] Nach einer einleuchtenden Interpretation von Louisa Rhine verbinden sich hier Telepathie und Psychokinese.[81] Zunächst gelangt die Nachricht vom Tod, der sich in weiter Ferne ereignet, unbewußt telepathisch in die Seele des Empfängers, und sodann manifestiert sich die hierdurch erzeugte seelische Spannung unbewußt und unwillkürlich an einem Gegenstand der Umgebung des Empfängers, wobei der Empfänger im gleichen Augenblick vom Tod des entfernten, ihm bekannten Menschen *weiß*.[82] Es gibt auch Fälle, in denen Sterbende sich gleichzeitig durch Geistererscheinung *und* Spuk (Psychokinese) anmelden.[83] Manchmal kann der Eintritt eines Todes in Gegenwart der Perzipienten (zum Beispiel der Familie) von erdbebenartigen Stößen und Erschütterungen begleitet sein (Nr. 680),[84] ähnlich wie es vom Tod Christi auf Golgatha (Matth. 27, 52) oder vom Tod Buddhas[85] berichtet wird. Phänomene dieser Größenordnung wird man nicht als Psychokinese begreifen können, sondern als Halluzinationen betrachten.

Kollektive Fälle

Die folgenden Überlegungen gelten der Frage, wie Erscheinungen (Sterbender oder Verstorbener) überhaupt möglich sind. Sie leiten also bereits zum Thema des nächsten Paragraphen über. – Es gibt Geistererscheinungen, die von mehreren Personen wahrgenommen werden, sei es getrennt (Nr. 169) oder gemeinsam (Nr. 310). Nach Gurney würde es sich in diesen Beispielen um „kollektive Halluzinationen" handeln, bei denen der erste Wahrnehmende die anderen „ansteckt".[86] Gurney war sich der Schwierigkeit dieser Theorie bewußt. In einem Brief schrieb er nachträglich selbstkritisch über solche kollektiven Fälle: „Ich komme nicht umhin anzunehmen, daß die *Gemeinsamkeit* der Wahrnehmung irgend eine Art von Objektivität impliziert, über deren Grundlage und Grenzen wir nichts wissen."[87] Achtzig Jahre später, 1968, bekräftigte Alan Gauld dieses Eingeständnis mit dem Kommentar: „In diesem entschieden unbefriedigenden Zustand ist das Theoretisieren über Krisenerscheinungen und kollektive Fälle seither geblieben; die Phänomene bleiben so verwirrend wie eh und je."[88] Gerhard Mayer und Eberhard Bauer ziehen in ihrem Handbuchartikel „Erscheinungen" noch im Jahr 2015 das Fazit: „Die entscheidenden Grundfragen sind geblieben".[89]

Myers wies darauf hin, daß auch in kollektiven Fällen die Erscheinungen nicht eigentlich objektiv sein können, weil es Beispiele gibt, in denen zwar mehrere, aber nicht alle anwesenden Zuschauer ein Gespenst wahrnehmen konnten. Er erklärt die kollektiven Fälle durch eine „phantasmogenetische" (phantomproduzierende) Wirksamkeit des Agenten, die, analog zur Hellsichtigkeit, quasi auf Reisen gehen, das heißt sich an andere Orte begeben und dort Einfluß auf mehrere Perzipienten ausüben kann, in denen so als Halluzination ein Gespenst des Agenten entsteht. [90] Diese Theorie beruht auf den reziproken Fällen, in denen A eine hellsichtige Wahrnehmung von B und seiner Umgebung hat, während B gleichzeitig A als Gespenst in seiner Nähe sieht.[91]

Es wird von Menschen berichtet, die im gesunden Zustand und mit eigenem Willen es fertig bringen, an anderem Ort ohne ihren physischen Leib zu ‚erscheinen', gesehen und gehört zu werden (Bilokation).[92] Auf der Möglichkeit einer Trennung der Seele oder einer geistigen Wesenheit des Menschen vom physischen Leib beruht die „Seelenreise" der Hexen und Schamanen, die eine besondere Begabung und Training voraussetzt. Ein afrikanischer Zauberer etwa behauptete, imstande zu sein, an einer Versammlung teilzunehmen, die vier Tagereisen entfernt stattfand, während sein Körper zuhause in kataleptischem (mit Muskelstarre verbundenem) Schlaf ruhte. Er war unterwegs auf seiner ‚Reise' nachweislich in der Lage, einen Auftrag auszuführen und mit einem anderen Menschen zu sprechen, diesem eine Nachricht zu übermitteln, ohne von ihm gesehen zu werden.[93] Auf Seelenreisen könnten auch manche Phänomene von Hellsichtigkeit beruhen, das heißt die Fähigkeit, in weit entfernten Räumen Dinge zu sehen und diese überprüfbar genau zu beschreiben.[94]

Bei manchen der in diesem Paragraphen erwähnten Vorfälle könnte es sich um Erscheinungen im „Astralleib" handeln. Der Erscheinungskörper,[95] Geistkörper oder Astralleib kann sich, wie angenommen wird, im zeitlichen Umkreis des Todes, oder manchmal auch sonst, vom physischen Leib lösen und unterliegt nicht dessen räumlicher Gebundenheit. Eine Erscheinung im Astralleib wäre zwar nicht im gewöhnlichen Sinne körperlich, aber doch von einer irgendwie gearteten materiellen („feinstofflichen") Beschaffenheit, sodaß sie, auch ohne telepathische Kontakte und Ansteckung, von mehreren Menschen zugleich gesehen oder gehört werden könnte. Die willkürliche Doppelgängerei (Bilokation), von der oben die Rede war, wird auch „Astralprojektion"[96] oder „Astralreise"[97] genannt; hier wird also eine Erscheinung im Astralleib angenommen. Diese Annahme wird durch die Tatsache gestützt, daß Menschen bei Bewegungen außerhalb ihres physischen Leibes zu kleineren physischen Aktionen in der Lage sind.[98]

Manche Parapsychologen standen der Hypothese eines Astralleibes skeptisch gegenüber.[99] Myers distanzierte sich von der populären Sicht, die den Gespenstern eine Art „feine Materialität" zuschreibt, und führte gegen sie als Argument die Kleidung der Gespenster an. Wenn es einen Astralleib geben mag – Astralhosen und Astralröcke anzunehmen, wäre absurd.[100] Dagegen wurde der alte Gedanke des Astralleibes durch Nahtoderfahrungen bestätigt. Das sind außerkörperliche Erfahrungen von Menschen in Todesnähe, etwa Komapatienten, sowie von klinisch Toten und ins Leben Zurückgekehrten.[101] In Nahtoderfahrungen erleben sich manche Betroffene als mit einem unbeschreiblichen spirituellen Körper versehen, der mit dem physischen Körper im Krankenhaus durch eine Art ‚Nabelschnur' verbunden bleibt und mit dem sie durch die Räume schweben, lebenden Menschen unsichtbar.[→102] Um den Menschen auf der Erde zu erscheinen, bedürfte dieser ätherische Leib (laut Tenhaeff) einer Verdichtung, einer Materialisierung.[103] Myers Argument der Kleider bleibt jedoch gültig. Die Kleidung solcher Erscheinungen würde also, so muß man annehmen, in irgendeiner Weise durch den (oder die) Perzipienten ergänzt werden. Die Idee, daß der Perzipient die Gestalt von Erscheinungen teilweise ergänzt, wird in „Phantasms of the Living" diskutiert und wurde (laut W.G. Roll) im Einzelnen von George N.M. Tyrrell ausgearbeitet.[104]

Schon Kant vermutete in Totenerscheinungen einen Anteil von Projektion. Er äußerte als eine „metaphysische Hypothese" unter Vorbehalten:

> „Abgeschiedene Seelen und reine Geister können (...) auf den Geist eines Menschen (...) wirken, sodaß die Vorstellungen, welche sie in ihm erwecken, sich nach dem Gesetze der Phantasie in verwandte Bilder einkleiden und die Apparenz [*das Erscheinen*] der ihnen gemäßen Gegenstände als außer ihm erregen."[105]

Dieser gedankliche Ansatz ist für die Parapsychologie, die sich mit Erscheinungen Sterbender oder Verstorbener befaßt, bis heute bedeutsam. Nach Kant würden auch die Physiognomie und alles Gestalthafte an einer „Erscheinung" dadurch zustande kommen, daß eine geistgewirkte Vorstellung durch die Phantasie ‚eingekleidet' wird. – Aber werden auch die historischen Kostüme lokaler Gespenster durch eine solche Erklärung plausibel?

§ 2. Erscheinungen Toter
(nach F.W.H. Myers)

Die Trennung der Erscheinungen Sterbender und Toter (sie findet sich bereits bei Schopenhauer[106]) beruht in der Parapsychologie darauf, daß Wissenschaftler Bedenken haben, „Psychisches ohne Bindung an einen lebenden Organismus" zu denken.[107] Phänomene der Telepathie bezeugen eine Realitätsebene des Seelischen, die vom Körperlichen relativ unabhängig ist.[→108] Sie zeigen, daß die menschliche Seele an den Ort ihres Körpers im Raum nicht gebunden ist und mit einer anderen, vertrauten Seele über große räumliche Entfernungen hinweg in einer aktuellen Verbindung stehen kann. Das kann den Gedanken begünstigen, sie könne sich vom Körper vollständig lösen.[109]

Frederic W.H. Myers (1843–1901), auf dessen Werk „Human Personality" wir uns im folgenden stützen, betont, daß Erscheinungen

Sterbender sich oft im Augenblick größter physischer Schwäche des Agenten ereignen und deshalb auf die Unabhängigkeit einer geistigen Wirkkraft vom Körper hinweisen und die Annahme einer postmortalen Wirkkraft stützen könnten.[110] Die meisten Beispiele, die er anführt, sind Erscheinungen kürzlich Verstorbener, stimmen im Zeitpunkt also mit den „Phantasms of the Living" überein. In manchen Beispielen ist der Abstand zwischen Tod und Erscheinung aber größer (1 Jahr, 3 Jahre; manchmal 33 oder 40 Jahre!).[111] Myers akzeptiert als Hypothese die Möglichkeit, daß Tote erscheinen und sich Lebenden mitteilen können.[112] (Die dreistelligen Ziffern in Klammern, ohne weitere Angaben, beziehen sich in diesem und dem folgenden Paragraphen auf die Numerierung der Beispiele in Myers' Werk „Human Personality and its Survival of Bodity Death".)

Gespenster

Man muß zwei Arten von Erscheinungen Toter unterscheiden: zum einen die ortsgebundenen, oft anonymen Gespenster, zum anderen die personenbezogenen Erscheinungen Verstorbener in Träumen oder im Wachen. Wir verwenden das Wort Gespenst gewöhnlich für die niederen, anonymen, gelegentlich auch für höhere, persönliche Totenerscheinungen. Gespenster, welche stumm und unansprechbar durch Räume geistern und immer gleiche Wege und Bewegungen quasi automatisch wiederholen (man nennt das „Monoideismus"),[113] sind nach Myers nicht die Toten selbst, sondern Abspaltungen eines „phantasmogenetischen Effekts" im Sterben. Sie haben also lediglich „eine Verbindung zu einer einst lebenden Person",[114] und zwar oft einer dem Rezipienten unbekannten Person. Dagegen kann in Träumen oder im Wachen die Gestalt eines dem Rezipienten vertrauten Toten erscheinen und zu ihm sprechen. Inwieweit es sich hierbei um die Persönlichkeit des Toten selbst handelt, war teilweise umstritten, da der Kreis der Bewußtseinsinhalte dieser Mitteilungen begrenzt und auf die irdischen Erinnerungen des Toten eingeschränkt sei.[115]

Ortsgebundene Gespenster entstehen, wenn Tote, mittels einer solchen Abspaltung, an den Ort ihres Todes gebunden bleiben. Das kann durch tragische oder verbrecherische Umstände, wie Suizid oder Mord, begründet sein.[116] Lokale Totenerscheinungen können auch durch das Festhalten an Gewohnheiten zustande kommen, wenn etwa ein verstorbener Bibliothekar nachts am Ort seines früheren Wirkens (744 B) oder eine verstorbene Witwe am Lieblingsplatz in ihrem ehemaligen Haus gesehen wird (751 A). In einigen Fällen kann ein besonderer Kummer oder eine, sei es auch geringfügige, Schuld aus Erdentagen der Grund für das Umgehen der Gespenster sein.[117]

Eine wißbegierige Beobachterin überzeugte sich von der Immaterialität eines Gespenstes. Über den Treppenstufen ihres Hauses locker befestigte Drähte blieben nach einem Hindurchgehen des Gespenstes intakt.[118] Versuche, sich einem Gespenst zu nähern oder es zu berühren, mißlangen; die Erscheinung entwich oder löste sich auf.→[119] Dieser Umstand kann so verstanden werden, daß es sich bei einem Gespenst nicht um einen völlig unkörperlichen Sachverhalt handelt, durch den man einfach hindurchgreifen könnte. Es wird sogar davon berichtet, daß die Hand einer Wahrnehmenden von einer „eiskalten Totenhand" gepackt wurde, oder daß ein Wahrnehmender eine zur Versöhnung ausgestreckte Totenhand ergriff, die er als „lang und kalt" beschrieb.[120] Unklar ist, ob es sich bei diesen Totenhänden um Halluzinationen oder Materialisationen handelte.

Gespenster sind nach Myers, trotz ihres physikalisch unbegreiflichen Status, auch äußere Gegebenheiten an bestimmten Orten im Raum. Myers begreift ein Gespenst als eine „Modifikation des Raumes", und zwar nicht nur des physischen, sondern eines geistigen Raumes, der auf den physischen bezogen ist und den er „metätherisch" (überätherisch) nennt.[121] Träume, Wacherscheinungen und Visionen sind zwar innere Gegebenheiten.→[122] Beide Arten von Erscheinungsweisen, die äußere und die innere, sind aber nicht immer trennbar. Eine Verstorbene kann einem Lebenden als Gespenst erscheinen und zu ihm reden, ohne die Lippen zu bewegen (soweit sich der Berichtende erinnert). Die Mitteilung ihrer Worte erfolgt hier offenbar auf einem rein inneren Weg, obwohl es sich bei der Erscheinung um eine auch äußere Gegebenheit handelt, die von einem Hund wahrgenommen wird (714).→[123] Die innere Vision geht hier mit einer Erscheinung im äußeren Raum einher. Eine unbegreifliche Überschreitung des Gegensatzes von Innen und Außen charakterisiert nach Myers solche Phänomene.→[124] George N.M. Tyrrell dagegen hält alle Geistererscheinungen für rein innere halluzinatorische Phänomene, was nicht heißt, daß er sie nur als subjektive Phänomene ohne äußeren

Anlaß und Einfluß ansehen würde. Ihr Ortsbezug ist Tyrrell zufolge bloßer Schein im Rahmen einer szenischen Konstruktion, die von dem Perzipienten unbewußt hervorgebracht wird.[125] Das Problem der kollektiven Fälle löst jedoch auch Tyrrells Theorie nicht.[126] Anonyme Gespenster, die im Rahmen von lokalem Spuk über lange Zeit wiederholt auftreten, scheinen als *ortsgebundene* eben doch mit einer Modifikation des *Raumes* verknüpft zu sein.[127] Die Halluzinationen scheinen durch eine Eigentümlichkeit des *Ortes* ausgelöst zu werden.

Eine Abschweifung zum Raumbegriff sei gestattet. Aufschlußreich sind die abgelenkten adressierten Erscheinungen (727). Adressiert an eine bestimmte Person (etwa weil zu Lebzeiten eine Abmachung getroffen wurde), erreichen sie nur eine *andere* Person in der räumlichen Nähe des eigentlichen Adressaten und werden von diesem selbst nicht wahrgenommen.[128] Der Ortsbezug der Erscheinung ist hier in deren Ausrichtung auf eine bestimmte Person begründet.[129] Eine junggestorbene Brasilianerin wird am Jahrestag ihres Todes am Bett des Mannes gesehen, der sie zu Lebzeiten unterstützt und gepflegt hat (728 A). Gesehen wird die Erscheinung von einer spiritistischen Dame, die gerade in der Nähe sitzt und die Tote gar nicht gekannt hat. Er selbst, an den die Erscheinung gerichtet ist, sieht diese nicht, sondern empfindet nur „ein Gefühl grenzenloser Freude". (Das Beispiel zeigt, daß ein Totengeist ein Gefühl einflößen kann, ohne von dem Adressaten gesehen oder gehört zu werden, ja ohne daß seine Präsenz dem Betroffenen überhaupt bewußt würde.) Eine mögliche Deutung der abgelenkten adressierten Erscheinungen besagt, daß der Einfluß auf die gemeinte Person zwar erfolgt, ihr aber unbewußt bleibt und von ihr durch telepathischen Reflex an eine räumlich benachbarte Person weitergegeben wird (Gurney).[130] Myers nimmt dagegen an, daß eine leibunabhängige seelisch-geistige Wesenheit und phantomschaffende Wirksamkeit des Menschen in den auch physischen Raum der gemeinten Person eindringt und von einer dort zufällig Anwesenden als Gestalt gesehen wird.

In beiden Deutungen verbinden die abgelenkten adressierten Erscheinungen telepathische Überräumlichkeit (Unabhängigkeit vom physischen Raum) mit Ortsbezug (Bezug zum physischen Ort des Adressaten). Für Myers erweisen sie das Unzureichende eines nur physischen Raumbegriffes und deuten auf die Wirklichkeit eines psychischen, geistigen („metätherischen") Raumes hin. Im lebenden

Menschen und seiner „geistigen Umgebung“ berühren sich beide Räume, treten zueinander in Beziehung. Auch Phänomene wie das Fernheilen (mit der Einsicht oder Einfühlung eines Menschen aus der Ferne in den Körper eines Anderen) bezeugen eine solche Verbindung.

Vertraute Tote

Wenn man die Erscheinungen vertrauter Toter auf ihre Motivation hin untersucht, wird deutlich, daß in vielen Fällen die Verstorbenen nach ihrem Tod mit ihrer Familie oder ihren Freunden anteilnehmend verbunden bleiben, fürsorglich, segnend, vor Gefahren warnend, versöhnend (714 A – 719, 722). Ein Vater erscheint, vor und nach seinem Tod, mehrmals seiner Tochter mit den Worten „Kümmere dich um Mutter“ (714 A). – Eine Frau bangt um das Seelenheil ihres Vaters. Als Antwort auf ein Gebet wird ihr eine Vision des Vaters in einer Lichtglorie zuteil, der ihr sagt: „Sei für immer gesegnet, mein Kind! Für immer gesegnet!“ (716 A) Nach Myers könnte diese Trostvision allerdings eine Schöpfung des eigenen Geistes der Tochter sein. – Einem Mann, der im Begriff ist, sich auf eine ruinöse Finanzspekulation einzulassen, erscheint eines Nachts sein längst verstorbener Vater und spricht ihn in tadelndem Ton mit Namen an. Der Mann versteht die Erscheinung als eine Warnung und läßt von seinem Vorhaben ab (716 A, 2. Hälfte).→[131] Das Beispiel zeigt, daß die Botschaft einer Totenerscheinung der Interpretation durch den Rezipienten bedarf und in diesem Fall auch fähig ist. – Ein Schwiegervater erscheint acht Tage nach seinem Tod, am Vorabend der Totenliturgie des neunten Tages der Trauerzeit (in Rußland) seinem Schwiegersohn, mit dem er in Streit gelebt hat, und bittet ihn um Verzeihung. „Vergib mir! Ohne das habe ich dort [oben] keine Ruhe“, sagt er, während er zur Zimmerdecke zeigt. Derselbe Tote erscheint in der gleichen Nacht auch dem Priester und bittet diesen, ihn mit seinem Schwiegersohn zu versöhnen (722). Die Motive der Menschen erlöschen also nicht sofort mit dem Tod, sie können, wie das letzte Beispiel zeigt, in neuem Licht gesehen werden.

Es gibt Geister in der Rolle von Schutzengeln. Eine junge Russin, Palladia, lernt einen Freund ihres Bruders kennen. Er begleitet sie und ihre Schwester auf einer Reise. Nach ihrem frühen Tod im Alter von 15 Jahren begleitet sie ihn durchs Leben (714). Sie kommuniziert mit ihm zuerst in einer spiritistischen Sitzung und erscheint ihm danach häufig im Wachen, niemals im Traum. Als seine Eltern einmal Besuch erhalten von einem Mädchen, das er später heiraten wird, erscheint Palladia ihm, der von dieser zukünftigen Entwicklung noch nichts ahnt, und sagt ihm lächelnd die für ihn unverständlichen Worte „*J'ai été, j'ai vu*".[132] In der gleichen Nacht erscheint sie dem Mädchen, der zukünftigen Ehefrau, nicht sichtbar, sondern nur als Präsenz fühlbar und unter anderem mit dem Satz vernehmbar: „*Ne me crains pas, je suis bonne et aimante*". Später wird sie erneut als Gespenst von ihm und seinem zweijährigen Sohn gesehen, der sie „Tante" nennt. Die Eheleute verstehen diese Erscheinungen rückblickend so, als habe Palladia ihre Heirat vorhergesehen und mit Wohlwollen betrachtet.

In den weitverzweigten dunklen Gängen im Unterbau eines riesigen Landhauses stöbert eine abenteuerlustige Kinderschar herum. Plötzlich erscheint den Kindern ihre jüngst verstorbene Mutter, hindert sie am Weitergehen und befiehlt ihnen umzukehren. Wie sich bei Nachforschungen herausstellt, befindet sich kurz hinter der Stelle ein ungesicherter, offener Brunnenschacht.[133] Offenbar hat die Seele der Mutter nach dem Tod nicht aufgehört, sich um ihre Kinder zu sorgen, und hat die Kinder in jenem Augenblick wie ein Schutzengel vor einer tödlichen Gefahr bewahrt.[134]

Daß es sich tatsächlich um Erscheinungen aus der anderen Welt handelt, nicht um bloße Projektionen und subjektive Halluzinationen der Lebenden, dafür stellt Gurney drei Kriterien auf:[135] 1. Mehrere Personen haben unabhängig voneinander die Erscheinung gesehen. 2. Die Erscheinung übermittelt eine Information, die sich später als wahr erweist, über etwas, das der Perzipient vorher nicht wußte. 3. Es handelt sich um die Erscheinung einer Person, die der Perzipient nicht kennt und die erst im nachhinein aufgrund seiner Beschreibung identifiziert wird. Erscheinungen vertrauter Toter, die nur von einer Person erlebt werden, unterliegen nach diesem Kriterium dem Verdacht, bloße Projektionen oder Phantasien zu sein. Die Frage, ob und inwieweit Gurneys Argumentation überzeugt, wollen wir hier nicht erörtern. Im Hinblick auf die späteren literarischen Beispielkapitel unseres Buches ist für uns vor allem die Ebene des Selbstverständnisses der Perzipienten relevant. In § 5 werden wir auf die Frage, ob es überhaupt ein Jenseits gibt, zurückkommen.

Um Gurneys zweiten Punkt besonders herauszugreifen: viele der erscheinenden Toten besitzen Kenntnisse, die den Lebenden fehlen, aber für sie von Interesse sind. Es geht dabei nicht immer um Dinge von vitaler Bedeutung, sondern oft um geringfügige Dinge des Diesseits. Einen Einblick in die andere Welt gewähren sie nicht. Es handelt sich um Kenntnisse, die der Tote entweder a. schon zu Lebzeiten besessen hat, wie etwa vom Aufbewahrungsort einer Sache;[136] oder b. erst posthum erlangt hat: ein unberechtigter Suizidvorwurf wird gegen ihn erhoben (730), sein Testament wird mißachtet (733 A), sein Leichnam nicht identifiziert (868 B). Der Zeitpunkt, *wann* die Todesnachricht beim Rezipienten eintrifft, scheint dem Toten bekannt zu sein, jedenfalls scheint seine „Anmeldung" auf diesen Zeitpunkt abgestimmt (735 A, 736 C). Solche posthum erlangten Kenntnisse betreffen den eigenen Tod des Erscheinenden (des Agenten). Darüber hinaus kann aber auch der inzwischen erfolgte Tod eines anderen Familienangehörigen dem Toten bekannt sein (719).

„Abholungen"

Für die Verbundenheit von Menschen über den Tod hinaus sprechen die Beispiele der „Abholung".[137] Ein Sterbender wird von einem früher Verstorbenen, meist einem Angehörigen, im Augenblick seines Todes gleichsam in Empfang genommen. Eine Engländerin erscheint in ihrer Todesstunde ihrem in Indien lebenden Sohn im Traum: „Sofort drängte sich mir der Gedanke an den Tod auf, als ich die Mutter in Begleitung meines vor 15 Jahren verstorbenen Vaters sah. Ich habe selten im Traume meine Eltern so deutlich gesehen", schreibt der Sohn.[138] – Zwei Schwestern, die einander „hingebungsvoll zugetan" sind, sterben im Abstand von sechs Jahren. Als die zweite Schwester im Sterben liegt, sehen zwei ihrer Nichten die erste, verstorbene als Gespenst im Sterbehaus umgehen. Auch die Sterbende sieht sie und sagt, diese sei gekommen, sie zu holen (717 A). – Eine Mutter „sieht" zuhause, als sie wach im Bett liegt, ihren Sohn in der Ferne ertrinken, während ihre längst verstorbene Mutter am Bett zu ihren Füßen steht; die Todesnachricht per Post trifft erst Wochen später ein (719 B). – Im Sterbehaus einer Witwe erscheint während ihres Sterbelagers ihr drei Jahre früher verstorbener Ehemann als Gespenst und wird von einer Besucherin des Hauses gesehen, die weder die Witwe kennt, noch ihren Ehemann gekannt hat und diesen nur aufgrund von Beschreibungen identifizieren kann (720).[139] „Abholungen" lassen sich als eine Form der Krisentelepathie verstehen, bei der verstorbene Angehörige die Krisenbotschaft empfangen und auf sie durch ihr Erscheinen reagieren.[140]

Myers schreibt: „Es ist nicht sehr ungewöhnlich, daß Sterbende sagen – oder zu verstehen geben, wenn sie nicht mehr sprechen können –, daß sie befreundete Totengeister (*spirit friends*) anscheinend in ihrer Nähe sehen. Aber natürlich wird eine solche Vision erst dann beweiskräftig [*für das Fortleben der Toten*], wenn der Sterbende nicht weiß, daß der Freund [*Angehörige*], dessen Geist er sieht, tatsächlich gestorben ist oder gerade im Sterben liegt".[141] Denn sonst würde es naheliegen, die Vision des Sterbenden diesseitig aus seinen situationsbedingten Gedanken und Assoziationen zu erklären. Jene Fälle, in denen wegen des besagten Nichtwissens eine solche diesseitige Erklärung nicht möglich ist, werden (mit einem Buchtitel) „Peak in Darien" genannt.[142] Wir gehen auf sie hier nicht näher ein.

Einer jungen Frau erscheint nachts ihre vor sechzehn Jahren verstorbene Mutter, legt ihr zwei kleine Kinder in die Arme und sagt: „Lucy, versprich mir, dich um sie zu kümmern, denn ihre Mutter ist gerade gestorben." Am übernächsten Tag trifft die Nachricht ein, daß Lucys Schwägerin gestorben ist, die neben einem kleinen Kind ein drei Wochen altes Baby hinterläßt, und von deren Schwangerschaft, Niederkunft, Krankheit und Tod Lucy nichts gewußt hat. (719) Lucy ist zwar keine Sterbende, aber auch hier unterstreicht ihr Nichtwissen die Authentizität der Erscheinung. (Die Kinder sind halluziniert.) Hier ist es die verstorbene Mutter, die, veranlaßt durch den Tod ihrer Schwiegertochter und aus Sorge um ihr neugeborenes Enkelkind, ihrer Tochter erscheint.

Die moderne Sterbeforschung hat die Phänomene der „Abholung" ebenfalls beschrieben. Dianne Arcangel bringt das Beispiel eines Kriegsveteranen, der an seinem Sterbebett seine verstorbene Großmutter stehen sieht und ihre Liebe spürt, und der sagt: „Sie stand am Fußende meines Bettes und streckte ihre Hand nach meiner aus. Sie wollte, daß ich mit ihr gehe." Ihre Erfahrung als Sterbebegleiterin faßt Arcangel in die Worte: „Ich habe nie bei einem sterbenden Patienten gesessen, der nicht von einer Erscheinung begleitet wurde, wenn seine

Zeit kam. *Kein Mensch stirbt allein.*“[143] Literarische Beispiele des Phänomens im 19. Jahrhundert finden sich in „Onkel Toms Hütte“ (1851/52) sowie in einer Erzählung Tschechows.[144] Wir werden in § 20 bei den Heiligenviten auf die Abholungsvisionen zurückkommen (s. unten, S. 283ff.).

Böse Totengeister?

Gibt es bei Myers keine bösen Totengeister? Ängste vor neidischen, bösartigen, schädlichen Totengeistern haben die Weltsicht vieler Kulturen bestimmt und deren Ahnen- und Totenkult motiviert, der unter anderem die Aufgabe hatte, böswillige Geister zu beschwichtigen und ihnen die Rückkehr in die Welt der Lebenden zu verwehren. Solche Ängste finden durch die Berichte von Myers keine Nahrung. Bei seinen Forschungen konnte er keine bösen individuellen Totengeister mehr ausmachen. Er schreibt: „Umgehende (spukende) Gespenster, [die] unzusammenhängend und unintelligent [agieren], mögen ruhelos und unglücklich erscheinen. Aber sobald sie sich zur Bestimmtheit, Intelligenz und Individualität erheben, steigen sie auch zu Liebe und Freude auf. Ich kann mich an keinen einzigen Fall erinnern, in dem Intelligenz mit Bosheit erwiesenermaßen posthum kombiniert war.“[145] Philipp Ariès charakterisiert in seiner „Geschichte des Todes“ das Empfinden des 19. Jahrhunderts mit den Worten: „Im Jenseits, in der Welt der Geister, gibt es kein Böses mehr“.[146] Uns interessieren hier nur die individuellen Totengeister, nicht die anonymen Spukgeister. Die Parapsychologie kennt, nebenbei bemerkt, auch anonyme *gute* Geister.[147]

Die Totengeister um 1900 teilen, so scheint es, die ethischen Maßstäbe und die Schuldgefühle der Lebenden. Sie sind humanisiert und christianisiert. Die Umfragen, auf denen die Beispielsammlungen von Myers und anderen beruhen, richteten sich an ein gebildetes, gesittetes Publikum. Insofern spiegelt Myers' Material den ethischen und aufklärerischen Ansatz seines Forschungsunternehmens. Böse Menschen und Psychopathen wurden von den Umfragen vermutlich nicht erreicht. Über eine abgewandte und unzugängliche Kehrseite von Myers' Unternehmen könnten wohl allenfalls Psychiatrie und Seelsorge Auskunft geben. Böse Besessenheitsgeister betrachtete Myers als krankhafte Persönlichkeitsspaltungen ohne „unabhängige Existenz“.[148] Das Thema der Besessenheit führt uns zum nächsten Paragraphen.

§ 3. Mitteilungen Toter durch Medien

Der Spiritismus war die Bewegung in der zweiten Hälfte des 19. Jahrhunderts, die die Entstehung der Parapsychologie auslöste und motivierte. Spiritisten waren überzeugt, in Kontakt zu Verstorbenen treten zu können, die sich durch Medien, durch Klopflaute, Tischerücken, Materialisationen äußern würden.[149] Wir gehen im folgenden auf Trancemedien ein, Medien, die in der Frühzeit der Parapsychologie viel untersucht wurden. Unter einem Trancemedium versteht man eine sensitive Person, die nach eigener Überzeugung im Zustand der Trance für die Geisterwelt offen ist, vom Geist eines Verstorbenen besessen und so zu dessen Sprachrohr werden kann; derart, daß sie Merkmale von dessen Individualität übernimmt, über dessen Kenntnisse verfügt, mit dessen Stimme spricht (952),* dessen Handschrift schreibt (949), eine ihr unbekannte Fremdsprache spricht.[150] Nach Ende der Trance hat sie keine Erinnerung mehr an das fremde Wissen und Erleben. Solche Trancezustände eines Mediums können sich in Sitzungen mit mehreren Teilnehmern ereignen, die, nach ihrer Überzeugung, durch das Medium in Kontakt mit verstorbenen Angehörigen gelangen können.

Der Geist, von dem das Medium besessen ist und der durch es spricht, wird „Kommunikator“ genannt. Die „Kontrolle“ ist ein solcher Geist, der entweder als Kommunikator in eigener Sache spricht oder aber das Auftreten anderer Geister (Kommunikatoren) vermittelt und arrangiert. Eine und dieselbe „Kontrolle“ kann also bei einer Sitzung unterschiedliche Sitzungsteilnehmer ins Gespräch mit deren verstorbenen Angehörigen bringen. Sie führt Regie, fungiert als „Zeremonienmeister“ der Sitzung;[151] die Verstorbenen sprechen in ihren eigenen Stimmen (957 A). Der „Kommunikator“ weiß über die Verwandtschaftsverhältnisse des Sitzungsteilnehmers gut Bescheid, nennt Zahl und Namen der Kinder, Geschwister, Onkel, Tanten, Namen der Eltern, Großeltern usw., erzählt charakteristische Einzelheiten von ih-

---

* Die dreistelligen Ziffern in Klammern beziehen sich auch in diesem Paragraphen auf die Numerierung der Fälle in Myers' Buch „*Human Personality*“.

rem Leben und Sterben, überbringt Botschaften. Dabei passieren Fehler, es gibt ein ‚Rauschen'.

In der Parapsychologie ist umstritten, auf welchem Wege das Medium in seiner Trance zu solchen Kenntnissen gelangt: ob telepathisch durch Gedankenlesen aus der Seele des Sitzungsteilnehmers oder spiritistisch durch Mitteilungen des Geistes eines Verstorbenen. Beide Annahmen stimmen darin überein, daß es sich um paranormale, außersinnliche Erkenntnisweisen handelt. Im ersten Fall werden die Kenntnisse diesseitig gewonnen, nur im zweiten Fall wird überhaupt ein Jenseits, ein Leben nach dem Tod vorausgesetzt.→[152] Wissenschaftler tendieren zur telepathischen Sichtweise, weil sie (wie gesagt) sich scheuen, „Psychisches ohne Bindung an einen lebenden Organismus" zu denken.[153]

Der Begriff Telepathie mutiert in diesem Streit leicht zum Gegenbegriff zu Spiritismus und wird dadurch auf diesseitige Formen der außersinnlichen Kommunikation eingeschränkt.[154] Für Myers dagegen sind auch die Mitteilungen Verstorbener telepathisch. Telepathie sei „ein Gesetz, das in der geistigen ebenso wie in der materiellen Welt herrscht", schreibt er. Sie „überbrücke" „den Abstand zwischen verkörperten und entkörperten Geistern, zwischen der sichtbaren und der unsichtbaren Welt." Sie bilde „die Verbindung des Menschen mit der geistigen Welt".[155] Wir gebrauchen den Begriff je nach Kontext entweder in dem heute üblichen eingeschränkten Sinn oder in der weiteren Bedeutung, die Kommunikationen aus dem Jenseits mit umfaßt, und spezifizieren ihn durch Zusätze.

Daß ein Medium seine ausgedehnten Kenntnisse über das Leben eines Sitzungsteilnehmers auf diesseitig telepathischem Wege gewinnt, setzt eine entsprechende Begabung voraus. Viele Medien verfügen über diese und zudem über hellseherische Fähigkeiten. Stainton Moses etwa, oder besser gesagt seine „Kontrolle", soll in der Lage gewesen sein, in einem Buch zu lesen, ohne es zu öffnen (947 A) (eine Fähigkeit, die auch durch Telepathie erklärt werden könnte[156]). „Kontrollen" betätigen sich auch ärztlich. Die Krankheit eines Sitzungsteilnehmers oder eines seiner Verwandten wird diagnostiziert und eine Therapie vorgeschlagen (927 A, 957 A). Während der Sitzungen ereignen sich, Berichten zufolge, physische Vorgänge von Telekinese, Levitationen. Sie sollen die paranormalen Fähigkeiten des Mediums (oder seiner „Kontrolle") unter Beweis stellen (938 B, 941, 944).

Kompliziert wird eine diesseitig telepathische Erklärung, wenn die „Kontrolle" von Dingen aus dem Leben des Sitzungsteilnehmers berichtet, von denen dieser nichts weiß, die sich aber bestätigen; wenn sie von dessen entfernten Verwandten erzählt, die dieser nicht gekannt hat und deren Namen ihm unbekannt sind, die aber gelebt haben (938 B). Man müßte unbewußte telepathische Reflexe des Wissens Anderer, etwa Verwandter, im Geist des Sitzungsteilnehmers annehmen, um in einem solchen Fall die diesseitig telepathische Hypothese aufrechtzuerhalten. Durch weittragende Annahmen lassen sich vermutlich alle paranormalen Wahrnehmungen diesseitig erklären. Das ist der Inhalt der „Super-ASW-Hypothese".→[157] Den Sitzungsteilnehmer dagegen überzeugen vertrauliche und anrührende Botschaften davon, daß durch das Medium tatsächlich sein verstorbener Verwandter zu ihm spricht (958). Diese Überzeugung stimmt mit dem Selbstverständnis vieler Trancemedien überein, die Geister Verstorbener als Quelle ihrer Kenntnisse angeben.

Das Selbstverständnis der meisten Trancemedien war, jedenfalls zu Myers' Zeit, spiritistisch, nicht diesseitig telepathisch. Es hatte Parallelen in vielen anderen Kulturen (s. unten, § 4 sowie Kap. 3 und 4). Jedoch gab es auch Medien, wie etwa Mrs. Piper, die in dieser Frage unschlüssig waren.[158] Tatsächlich liegen die Quellen der diesseitig und der jenseitig gewonnenen medialen Einsichten dicht beieinander, nämlich in der Seele des Sitzungsteilnehmers. Diesseitig werden die Erkenntnisse aus dessen bewußten oder unbewußten Gedanken, Wahrnehmungen oder Erinnerungen telepathisch gezapft. Jenseitig stammen sie aus der unbewußten telepathischen Verbindung des Sitzungsteilnehmers mit verstorbenen Verwandten und Freunden, die in der Sitzung „auftauchen", „sich melden" und sich mitteilen.[159] Diese Bestandteile lassen sich nicht immer klar voneinander trennen. Myers hält daher auch eine „gemischte Telepathie" für möglich.[160]

Oben wurde erwähnt, daß Sterbende den Geist eines verstorbenen Angehörigen, eines ‚Vorangegangenen', sehen und von diesem gleichsam abgeholt und im Jenseits in Empfang genommen werden. Es werden Sterbefälle berichtet, bei denen ein Totengeist auf zweierlei Weise zugegen war. Er wurde a) von dem Sterbenden als Erscheinung gesehen *und* äußerte sich b) unabhängig davon als „Kommunikator" in einer mediumistischen Sitzung, gab diätetische Ratschläge und sagte den Todeszeitpunkt für den Sterbenden voraus (927 B). In einem anderen Fall schilderte ein Totengeist a) in einer mediumistischen Sitzung seine Begegnung mit dem Sterbenden, und diese Schilderung war nachprüfbar, weil b) der Sterbende dieses Gespräch auf dem Sterbebett einem Verwandten wiederholt hatte (der in der Sitzung nicht anwesend war) (960). Solche mehrgleisigen Kommunikationen diesseitig telepathisch zu erklären, wäre wiederum nur durch komplizierte Annahmen möglich. Myers nimmt statt dessen an, hier habe sich der Totengeist in zwei voneinander unabhängigen Weisen manifestiert und mitgeteilt.[→161]

Enttäuschend ist in vielen Fällen die Banalität der Mitteilungen aus dem Totenreich.[162] Sie beschränken sich darauf, daß der Tote sich durch seine Kenntnisse identifiziert, seine Identität beweist. Abgesehen von dem Schauder, hier (vermeintlich) über die Grenze des Todes hinwegzublicken, fehlt jeder religiöse Aspekt, jede höhere Offenbarung (917f.). Wie einst bei Telefongesprächen über große Distanz, mit Personen, die man längere Zeit nicht gesehen hat, ist die Verbindung manchmal schwierig, freut man sich über die Wiederbegegnung, tauscht Erinnerungen aus, sagt, daß es einem gut geht, bestellt Grüße (so bei dem amerikanischen Medium Mrs. Leonora Piper). Allerdings besteht ein Unterschied zwischen den verschiedenen Medien. Stainton Moses (1839–1892), ein englisches Medium, war Geistlicher der anglikanischen Kirche und hatte, seiner Ausbildung entsprechend, höhere Begriffe. Er verehrte einige seiner Kontrollen, ohne sie mit bestimmten historischen Personen identifizieren zu können, als „Lehrer" (945) und einige seiner Kommunikatoren als „hohe Geister" (950).

Identität und Erscheinungsmotiv eines anonymen Gespenstes konnten in einem Fall durch eine spiritistische Sitzung ermittelt werden, die unabhängig von den Erscheinungen stattfand und in der eine Tote sich durch ein Medium zu Wort melden und aus ihrer Anonymität heraustreten konnte.[163] Diese Sitzung, in der die Tote ein Schuldbekenntnis ablegte, durch das sie Vergebung erlangte, beendete das Umgehen des Gespenstes. Hier war die Identifikation des Totengeistes alles andere als banal. Auch in Sitzungen von Stainton Moses ging es oft darum, daß sich Geister Verstorbener vorstellten und identifizierten, sei es durch Klopfzeichen, durch automatisches Schreiben oder Trancereden des Mediums. Aus Moses' Buch „Spirit Identity" von 1879 stammt das Beispiel, daß die Schwester eines Sitzungsteilnehmers sich ihrem Bruder bekannt machen wollte, vor dessen Geburt sie im

Alter von sieben Monaten gestorben war und der sie nicht kannte (948 A, Nr. 2).

Kontakte zu Verstorbenen durch Medien gibt es bis heute, auch in der westlichen Welt. Dabei zeichnet sich eine geschichtliche Veränderung ab, eine Verschiebung „vom Trance-Mediumismus und physikalischen Mediumismus des frühen 20. Jahrhunderts hin zu einem mentalen Mediumismus".[164] Wir gehen auf diese Entwicklung hier nicht näher ein, sondern weisen nur auf Länder hin, in denen die Praxis, Tote mediumistisch zu vergegenwärtigen und zu befragen, bis heute in das gesellschaftliche Leben integriert ist. Über den Mediumismus in Brasilien heißt es in einem Wikipedia-Artikel: „In Brasilien werden die Fähigkeiten von Medien vom Staat anerkannt und genutzt. In der brasilianischen Rechtsprechung werden schriftliche Aussagen von Medien, die unter Aufsicht eines Notars erstellt wurden, in vielen Fällen anerkannt." So sollen in drei Mordfällen zwischen 1975 und 1980 „[solche] Schriftstücke vor Gericht als Aussagen des Verstorbenen und somit als Beweise anerkannt" worden sein.[165]

In Island können auch zu Beginn des 21. Jahrhunderts Anwesende in mediumistischen Sitzungen glauben, mit Toten ihrer Familie oder ihres Bekanntenkreises in Kontakt zu kommen. In den Sitzungen geht es (wie bei Myers) meistens um die Identifikation der sich meldenden Toten, bei der die Klienten mitwirken müssen, damit sie gelingt, sowie um ganz unbedeutende Botschaften.[166] Wir zögern, diesen isländischen Mediumismus rein diesseitig telepathisch zu interpretieren. Es gibt in Island bis heute relativ viele Menschen mit der Gabe des Zweiten Gesichts (Hellsichtigkeit), die im Traum oder bei Tag von Toten ‚besucht' werden. Das zeigen auch die vielen Berichte über Erscheinungen im Wachen, die aufgrund von Umfragen in den 1970er und 1980er Jahren gesammelt werden konnten.[167] Diese Erscheinungen bezeugen die Nähe des Jenseits zum Diesseits. Totenträume im Vorfeld von Schwangerschaften und Kindergeburten, Unglücken oder Todesfällen werden von den Träumenden so verstanden, daß sie diese Ereignisse ankündigen. Die Verstorbenen scheinen bei solchen Ereignissen zugegen zu sein.[168] Ein Totentraum wird als tröstlich empfunden, wenn er zu verstehen gibt, daß tote Verwandte einen Sterbenden abholen und ihm beistehen werden. Zum Beispiel träumt eine Schwangere von ihrem verstorbenen Bruder, der ihr Baby auf dem Arm trägt und ihr ein Haus zeigt, in dem viele verstorbene Verwandte von ihnen versammelt sind, um das Baby willkommen zu heißen, das bei der Geburt sterben wird.[169] Wie bei Myers können Tote in Island auch aus sehr irdischen Motiven erscheinen, etwa weil sie über den Tod hinaus am Schicksal früheren Besitztums Anteil nehmen.[170] In den USA werden Verstorbene heute im Zusammenhang einer Therapie für Hinterbliebene mediumistisch vergegenwärtigt.[171]

§ 4. Ausblicke in andere Kulturen und Epochen

Besessenheit durch Totengeister (nach T.K. Oesterreich)

Spiritistische Trancemedien, so können wir zusammenfassen, verstehen sich als Sprachrohre von Totengeistern. Sie erlangen in Trance ein anderes Wissen als im normalen, wachbewußten Leben. Wenn der Geist eines Verstorbenen, wie sie glauben, von ihnen Besitz ergreift, kann es dazu kommen, daß sie dessen Persönlichkeit übernehmen und verkörpern. Ein solcher Mediumismus (das Agieren von Menschen als Medien von Geistern) begegnet vielfach in der Kulturgeschichte, besonders in den sogenannten primitiven Kulturen, teilweise verbunden mit spontaner oder kultisch gewollter und ritualisierter Ekstase und Besessenheit.[172] Da wir im folgenden ethnologische Analogien heranziehen wollen, fragen wir zunächst, wie sich die Trance der westlichen spiritistischen Medien zu diesen kulturgeschichtlichen Phänomenen verhält. Es lassen sich „strukturelle Gemeinsamkeiten" ausmachen.[173]

Raymond Firth unterscheidet für die ethnologischen Phänomene zwischen Geistbesessenheit (*spirit possession*) und Geistmittlerschaft (*spirit mediumship*). Geistbesessenheit bedeute eine Form der Trance, in der ein außergewöhnliches Verhalten des Menschen, das bis zur Verrücktheit gehen kann, einem Geist zugeschrieben wird, der normalerweise nicht in diesem Menschen wohnt. Geistmittlerschaft dagegen ist nach Firth „eine Form der Besessenheit, in der die Person als Vermittler zwischen Geistern und Menschen begriffen wird. Die Betonung liegt hier auf der Kommunikation".[174] Die Trance der spiritistischen Medien stellt offenbar eine Art der Geistmittlerschaft dar.

„Besessenheitstrance" in den sogenannten primitiven Kulturen hat (nach Erika Bourguignon) typischerweise folgende Merkmale: „Verkörperung von Geistern", „Ausagieren von deren Sprache oder

Verhalten", anschließende „Amnesie" (Erinnerungslosigkeit), mithin „radikale Diskontinuität der persönlichen Identität".[175] Alle diese Merkmale treffen auch auf die spiritistische Trance zu. Für die beiden letztgenannten Merkmale gilt dies zwar nicht immer, aber diese sind auch in der Besessenheitstrance nicht in jedem Fall gegeben: Besessenheit geht nicht notwendig mit Bewußtseins- und Erinnerungsverlust einher. Es gibt auch eine bewußtseinsklare, „luzide" Form, in der das Bewußtsein gespalten und der Besessene zum passiven Zuschauer einer in ihm Platz greifenden fremden Identität wird.[176] Bourguignon betont darüberhinaus, daß nicht alle Formen der Geistbesessenheit überhaupt mit Trance und Bewußtseinsveränderung verbunden sind.[177] Das trifft auf die spiritistische Wahrnehmungsmedialität zu, die in der westlichen Welt in neuester Zeit vermehrt vorkommt und bei der das Medium eine transzendente Person wahrnimmt, ohne in Trance zu geraten.[178]

In der christlichen Kirchengeschichte gab es Wellen einer krankhaften Besessenheit, die mittels Exorzismen bekämpft wurde und tödlich verlaufen konnte.[179] Sie galt als „teuflisch". Diese radikal negative Sicht auf die Besessenheit, vom Neuen Testament herstammend, war ein Spezifikum der Tradition westlichen Denkens und hat bei den Naturvölkern keine Entsprechung.[180] Von solchen krankhaften Besessenheitsphänomenen unterscheidet sich die Trance der spiritistischen Medien des 19. und 20. Jahrhunderts dadurch, daß in ihr keine bösen Geister, keine motorischen und emotionalen Erregungen, keine Konvulsionen vorkamen und daß sie nicht ungewollt und nicht dauerhaft war, sondern (quasi kultisch) gewollt und vorübergehend. Der Parapsychologe William G. Roll unterscheidet prinzipiell zwischen Mediumismus als freiwillig und Besessenheit als unfreiwillig.[181]

Um einen Eindruck von der Verbreitung eines Totengeister-Mediumismus in der Kulturgeschichte zu bekommen, greifen wir zu dem Buch des Tübinger Philosophen und Psychologen Traugott Konstantin Oesterreich (1880–1949), „Die Besessenheit" (1921). (Seitenzahlen ohne weitere Angaben, in den Anmerkungen mit dem Kürzel Oe., beziehen sich in diesem Abschnitt auf dieses Buch.) Der Wert dieses Standardwerks liegt in seinem Quellenmaterial. Anders als die betroffenen Menschen hält der Autor eine Besessenheit durch Seelen anderer Menschen für unmöglich und führt die von ihm erörterten Phänomene auf Aberglauben und Autosuggestion oder Fremdsuggestion zurück. Oesterreich kommt am Ende seines Buches auch auf den modernen westlichen Spiritismus zu sprechen und betrachtet ihn als mit ethnologischen Phänomenen verwandt. Er schreibt: „Durch diese Trancezustände berührt sich die moderne Welt mit der Religiosität der primitiven Sphäre.“[182]

Um 1900 erfuhr man in Umfragen und spiritistischen Sitzungen von keinen bösen Totengeistern. In der Kulturgeschichte spielten diese jedoch eine große Rolle. Ein jüdischer Historiker des 1. Jahrhunderts erwähnte die „sogenannten Dämonen (...), das heißt die Geister böser Menschen, welche in den Lebenden hineinfahren und alle, denen nicht geholfen wird, töten“.[183] Ein Autor des 2. Jahrhunderts sprach von „Menschen, welche von den Seelen Verstorbener in Besitz genommen und zu Boden geworfen werden [und] welche Jedermann von Dämonen besessen nenne“.[184] Am Ende des Altertums hatte sich, nach Darstellung Oesterreichs, ein finsterer Dämonenglaube ausgebreitet. Insbesondere stand das zweite Jahrhundert, laut Adolf von Harnack,[185] unter der Herrschaft des Teufels. Jesus war unter anderem durch seine Austreibungen böser Geister berühmt geworden (s. Mk. 5). Seine Anhänger, die Christen, hatten (laut Oesterreich) aufgrund des sittlichen Gehalts ihrer Lehre und wegen ihrer suggestiven absoluten Siegesgewißheit unter allen Exorzisten des Altertums die größten Erfolge. Auch Nichtchristen, Juden oder andere, exorzisierten deshalb im Namen Jesu. (Mk. 9, 38; Apg. 19, 13)[186]

Dämonenaustreibungen dienten unter anderem als Mittel der christlichen Mission. Das Schrifttum (Kirchenväter, Acta Sanctorum) ist voll von Beispielen. In der Mission des 19. und 20. Jahrhunderts in Übersee scheinen sich die frühchristlichen Erfolge bei der Dämonenaustreibung wiederholt zu haben. Viele individuelle böse Totengeister werden im Schrifttum erwähnt. Ihre autobiographischen Bekenntnisse bestanden häufig in Schuldbekenntnissen (30). Es handelte sich um die Seelen von Menschen, die eines gewaltsamen Todes gestorben waren oder einen schlechten Lebenswandel geführt hatten. „Auf Befragen erzählt der ‚Geist‘ manchmal seine Lebensgeschichte, er rühmt sich seiner Untaten, ergeht sich in den unflätigsten Reden“, lesen wir in einem Werk über die Wasu in Ostafrika.[187] „Die Krankheit [*Mpepo*krankheit, eine Art Besessenheit; *Mpepo* sind Dämonen[188]] tritt epidemisch auf (...). Man hat beobachtet, daß die christlichen Eingeborenen nicht von ihr befallen werden“, heißt es dort.→[189]

Die Unterscheidung der Geister bei Besessenen wurde schon in der Antike als schwierig erachtet. Die Identifikation der Geister erfolgte ja aufgrund ihrer Äußerungen durch den Mund der Besessenen; die Geister konnten lügen und sich verstellen.[190] Beim christlichen Exorzismus war es dem Priester nicht erlaubt, dem bösen Geist Glauben zu schenken, der sich als die Seele eines Verstorbenen ausgab.[191] Chinesen betrachteten Kranke oft als von Totengeistern besessen. „In mehreren der geschilderten Besessenheitsfälle behauptet[e] der Geist, mit einem abgeschiedenen Menschen identisch zu sein", erfahren wir aus dem Buch eines in China tätigen Missionars.[192] Kirchliche Exorzismusberichte aus China schreiben diese Krankheiten dem Teufel, Luzifer oder einem bösen Geist zu. Die Totengeister wurden als zum Gefolge des Teufels gehörig oder als Masken des Teufels betrachtet. In den europäischen Besessenheitsepidemien des 15. bis 17. Jahrhunderts wurden entweder nur der Teufel im Singular, oder bestimmte Teufel im Plural (Luzifer, Belzebub, Leviatan) genannt.[193] Erst im 18. und 19. Jahrhundert glaubte man auch in Europa zunehmend wieder an Besessenheiten durch Geister Verstorbener, weil sich der Glaube an den Teufel abschwächte (25; vgl. 181). Hier denkt Oesterreich vermutlich unter anderem an die von Justinus Kerner angeführten Beispiele. Versuche, Geisteskrankheiten auf unerlöste Totenseelen zurückzuführen, gab es in den USA noch im 20. Jahrhundert.[194]

Auf der anderen Seite gab es Besessenheiten durch gute Geister, bis hin zur enthusiastischen Inspiration durch den heiligen Geist im Christentum bei Montanus (72), die allerdings als häretisch betrachtet wurde. Justinus Kerner unterschied im 19. Jahrhundert aufgrund ärztlicher Erfahrung zwei Arten von Besessenen, die kranken „Dämonisch-Magnetischen" und die gesunden „Agathomagnetischen" (Gutmagnetischen). Er schrieb, daß bei den Kranken die Dämonen „sich für in Menschen gebannte Geister unselig Verstorbener ausgeben", während bei den Gesunden „sich fast immer die sich (...) offenbarenden guten Dämonen (Führer), als Geister selig Verstorbener ankünden".[195]

Im Unterschied zur krankhaften Besessenheit gab es weltweit in fast allen schriftlosen Kulturen eine kultische, priesterliche Besessenheit, die kunstmäßig herbeigeführt wurde. Zu Oesterreichs Zeit rechnete man dieses Phänomen zum Schamanismus;[196] besser sollte man hier von Mediumismus sprechen (zu dieser Unterscheidung s. unten § 9, Abschnitt „Geistermedien"). Bei den Eingeborenen der Inseln und Inselgruppen Südostasiens (Malaysia, Ceylon, Indonesien, Polynesien, Melanesien) beherrschten Totengeister diese kultischen Zustände.[197] Oesterreich beschreibt diese Erscheinungen im Präsens, aber weil sich in den vergangenen hundert Jahren vieles geändert haben dürfte, setzen wir unsere Auszüge ins Präteritum, womit wir nicht ausschließen wollen, daß die betreffenden Überzeugungen in den genannten Regionen noch heute zu finden sein können.

Wenn der Geist eines Verstorbenen in einen Lebenden eingedrungen war, so wurde dieser zum Medizinmann, glaubte man bei den Windessi auf Neuguinea.[198] – Mittel gegen Krankheit oder Mißgeschick und Unheil erbat man bei den Papua auf Neuguinea von den Verstorbenen. Das geschah, indem man einem Familienmitglied in Trance ein Bild des Verstorbenen auf den Schoß oder auf die Schultern legte. Der Lebende in der Trance wurde auf diese Weise zu einem Medium, durch dessen Mund die Seele des Verstorbenen Auskünfte gab.[199] – Der Geist eines kürzlich verstorbenen Mannes konnte durch den Mund des Schamanen sprechen, der vom Geist des Toten besessen wurde, und konnte erklären, seinen Verwandten auf der Jagd zu helfen. Auch Angehörige eines jüngst Verstorbenen konnten in Besessenheit geraten und zum Medium des Toten werden (bei den Veddas auf Ceylon).[200] – Auf den Tonga-Inseln (Polynesien) konnte es vorkommen, daß ein Häuptling oder König „zuweilen" oder sogar „sehr oft" vom Geist seines verstorbenen Vorgängers „inspiriert", das heißt besessen wurde.[201] – Ein Geist konnte vom Wohnort der Toten zurückkehren und mit bestimmter Absicht in den Körper eines lebenden Stammesgenossen eindringen und mit dessen Stimme sprechen, um sich für seine Witwe und seine Familie einzusetzen, wenn er glaubte, daß diese nicht gehörig versorgt seien (auf Melanesien). Nicht nur Priester oder Häuptlinge konnten also zu Medien werden, sondern auch einfache Mitglieder der Gruppe.[202] – Wenn ein Mann eine Frau aus einer entfernten Gegend heiratete, konnte es passieren, daß der Geist seines längst verstorbenen Großvaters über die Frau kam. Sie wußte dann plötzlich alles über die Familie ihres Mannes, sogar gewisse nur der Familie bekannte Dinge (bei den Batak auf Indonesien).[203]

Den Schamanismus der nordasiatischen Völker, den Schamanismus im eigentlichen Sinn, kennzeichnete hingegen, wie Oesterreich feststellt, nicht Besessenheit, sondern eine Trance und Ekstase, verbunden mit Visionen und Kommunikation mit den Geistern.[204] Auch hier spielten Totengeister eine Schlüsselrolle. „Die Seele des Schamanen wandert fort, um sich mit den Geistern der Verstorbenen zu vereinigen und von ihnen im Schattenreiche die gewünschte Belehrung zu empfangen"; „die zauberkräftigen Erfolge [können] nur mit Hilfe der verstorbenen Ahnen errungen werden" (bei den Burjäten), schreibt Adolf Bastian.[205] Der künftige Schamane erklärte, im Traum durch einen seiner verstorbenen Vorgänger berufen worden zu sein (bei den Tungusen).[206] In einer Art Inspiration ging die Kraft der Vorfahren in ihn über (bei den Altai).[207]

Traumerscheinungen Verstorbener

Wir beenden hier die Auszüge aus Oesterreichs Buch und beschließen diesen Paragraphen mit ein paar Bemerkungen über den Traum als Medium der Begegnung mit guten Totengeistern: ein Thema, das wir im folgenden Paragraphen im Abschnitt „Trostvisionen heute" wieder aufnehmen werden. In der Antike konnte ein Toter sich den Lebenden in Träumen mitteilen. Diese Anschauung wurde von den Pythagoreern vertreten, in deren Aufzeichnungen (laut Alexander Polyhistor, 1. Jh. v.Chr.) geschrieben stand: „Das ganze Luftreich sei voll von Seelen, und diese seien es, die man Dämonen und Heroen nenne. Von diesen würden den Menschen die Träume und die Vorzeichen von Krankheit und Gesundheit zugesandt".[208] Nach der Abkehr von der Vorstellung eines unterirdischen Hades lokalisierten Pythagoreer und Stoiker den Hades in der Atmosphäre. Die Toten waren jetzt allgegenwärtig (nach Dodds).[209] „Der Traum ist (...) das nahezu ausschließliche Mittel, in dem der antike Mensch (Heide wie Jude!) die Gegenwart der Verstorbenen erfährt, die ihm tröstend und mahnend zur Seite stehen."[210] Diese antike Traumauffassung wurde teilweise im christlichen Abendland weiter vertreten. Paracelsus war der Überzeugung (nach Tischner), „daß die Geister Verstorbener auf die Menschen besonders im Schlaf wirken können, und auch Jakob Böhme [war] ähnlicher Meinung".[211] Für diese Ansicht gab es Parallelen in anderen Kulturen. Das im alten China vorherrschende Verständnis des Traumes faßt de Groot in die Worte: „Träume sind oft Begegnungen der Seele des Träumenden mit Geistern (*ghosts*)."[212]

Auf Gräbern von Vorfahren oder anderer bedeutender Toter zu schlafen und die dabei empfangenen Träume als Wahrträume, als Enthüllungen der Zukunft zu verstehen und zu befolgen: diese Sitte, die Herodot von dem libyschen Volksstamm der Nasamonen berichtet, gab es auch im alten China.[213] Dort war es üblich, daß höherrangige Beamte oder Richter manchmal im Tempel der Stadtgottheiten, verdienter und nach ihrem Tod vergöttlichter Persönlichkeiten, schliefen. Dieser Tempelschlaf konnte nach chinesischer Überzeugung den Schlafenden für ihre Arbeit, etwa für die Lösung von Rechtsstreitfällen, Belehrungen durch Träume zuteil werden lassen.[214] Daß Seelen Ermordeter mittels Traumerscheinungen an der Aufklärung ihres Mordfalles mitwirkten, belegt eine Vielzahl von Beispielen aus unterschiedlichen Kulturen. Auf diese Beispiele werden wir im 3. Kapitel zurückkommen.[215]

In der Antike konnte ein Schüler zu seinem verstorbenen Meister um Beistand beten.[216] In der römisch-katholischen Kirche können die Geister der Heiligen und Seligen um Hilfe angerufen werden. Sie haben eine offizielle kultische Funktion. Ahnenkult dagegen war, wie schon im Alten Testament,[→217] in der christlichen Kirche seit jeher verboten. Eine private, nicht sanktionierte Verehrung Toter konnte von der Kirche aber nicht ausgeschlossen werden. Der offiziellen kirchlichen Verehrung der Heiligen und Seligen ging zumeist eine Verehrung im privaten Bereich voraus (s. unten § 18f.). Unabhängig von der offiziellen kirchlichen Ebene gab es auch im christlichen Abendland einen privaten Glauben an die Inspiration durch Geister Verstorbener. So betete Samuel Johnson, ein englischer Gelehrter des 18. Jahrhunderts, nach dem Tod seiner Frau zu Gott, er möchte auch weiterhin von ihren Diensten Nutzen haben, „ausgeübt sei es durch Erscheinung, Eingebungen (*impulses*), Träume oder in irgendeiner anderen Weise".[218] Dieses Gebet war vielleicht durch Erfahrungen motiviert, wie sie im gleichen Jahrhundert der elsässische Pfarrer Friedrich Oberlin machte. Seine Ehefrau starb 1785. „In den neun folgenden Jahren erschien sie ihm in zahlreichen Träumen, in denen sie ihn ermahnte, warnte, belehrte, ermutigte und ihm zahlreiche gute Ratschläge gab."[219]

Zum Schluß ein paar allgemeine Bemerkungen über Traumerscheinungen Verstorbener. Neben Erscheinungen im Wachen stellen Träume eine mögliche Verbindung zur Jenseitswelt dar. Die Unterscheidung zwischen Traumgesicht und Wachgesicht ist oft schwierig, wenn es um Erscheinungen Verstorbener geht. Nicht immer können Rezipienten sagen, ob sie eine Erscheinung im Traum oder im Wachen gesehen haben. Oft sind Menschen in einem Zwischenzustand, dem Halbschlaf, für telepathische Einwirkungen besonders empfänglich. Die Parapsychologie weiß von Fällen, in denen eine verstorbene Person von einem *wachen* Perzipienten *gesehen* und gleichzeitig von einem anderen, räumlich benachbarten *schlafenden* Perzipienten als Erscheinung *geträumt* wurde.[→220] Das deutet auf eine Äquivalenz der Geistererscheinungen in Traum und Wachen hin.

Träume von Verstorbenen können aus verschiedenen Quellen gespeist sein. Oft werden sie den *Erinnerungen* an ehemals lebende Personen entspringen. Einem verbreiteten Erklärungsmuster der Psychologie zufolge können *alle* Vorkommnisse in Träumen als ein „symbolischer Ausdruck für Vorgänge und Phänomene in der eigenen Psyche [des Träumenden]" angesehen werden.[221] Damit wäre der transzendente Ursprung von Totenträumen ausgeschlossen, den wir hier als möglich annehmen. Wenn Traumerscheinungen Verstorbener als auffallend deutlich erlebt werden, verstärkt dies die Neigung, sie jenseitigen Personen zuzuschreiben.[222] Dies gilt insbesondere dann, wenn eine Vision in den Traum einbricht und *innerhalb* des Traumes empfangen wird.[223] Auch wenn Totenträume sich ein- oder mehrmals identisch wiederholen, werden sie häufig als Botschaften aus dem Jenseits aufgefaßt.[224]

Für Träume von Verstorbenen ist ferner zu bedenken, daß transzendente Erscheinungen durch innerpersönliche, bewußte oder unbewußte Motivkomplexe begleitet oder überlagert werden können. Schon Gregor der Große wußte, daß sich in Träumen Gehalte verschiedener Herkunft mischen können. Er schrieb, Träume könnten manchmal „zugleich durch Denktätigkeit und Offenbarung" entstehen (*cogitatione simul et revelatione*).[→225] Gurney und seine Mitautoren schrieben, eine telepathische Einwirkung könne „sich so oder anders mit davon unabhängigen Träumen des aufnehmenden Subjektes kombinieren".[226] Diese Feststellung bezog sich allgemein auf Telepathie, nicht speziell auf Einwirkungen Verstorbener. Auch Freud hielt es für denkbar, daß „das telepathisch vermittelte Material im Traum wie ein anderes verändert und umgestaltet würde."[227]

Kant vermutete, daß transzendente Erscheinungen durch die menschliche Phantasie eingekleidet werden müssen, um sie der Aufnahmefähigkeit und dem Verständnis des Rezipienten anzunähern (s. oben, Schluß von § 1). Einen Anteil an der Phantasie des Rezipienten können transzendente Erscheinungen also nicht entbehren. Wenn sich in Träumen Gehalte verschiedener Herkunft überlagern und vermischen, muß dies keine bloße Entstellung des transzendenten Gehaltes bedeuten, sondern könnte als eine Einkleidung verstanden werden. Analog sind Nahtoderfahrungen als Transzendenzerfahrungen begriffen worden, die durch individuelle und spezifische Elemente auf die Persönlichkeit und das Verständnis des Rezipienten zugeschnitten sind. Auch in ihnen finde eine „Vermischung von Subjektivem mit Überindividuellem" statt.[228]

§ 5. Parapsychologie und Religion

Eine säkulare Religion?

Die Parapsychologie entstand in einer Zeit ungebrochenen Wissenschaftsglaubens. Die empirisch-wissenschaftliche Methode wurde nun erstmals auf das Schicksal der menschlichen Seele nach dem Tod angewendet, mithin auf ein Gebiet, das früher, laut Francis Bacon,[229] der Religion, dem Glauben vorbehalten gewesen war. Auch andere Phänomene wurden in dieser Weise ‚säkularisiert'. Prophetie, so erkannte man, war nicht nur Heiligen, sondern auch profanen Menschen möglich.[230] Wunder zu deuten, war kein Vorrecht der Geistlichkeit mehr. In dieser Zeit, in der andere wissenschaftliche Errungenschaften wie der Darwinismus die christliche Religion in Bedrängnis brachten, erhofften manche Autoren, zum Beispiel Myers, von der Parapsychologie sogar (laut Rogo) eine „Rettung der Religion und der Lehre von der persönlichen Unsterblichkeit".[231] Bewies die Vielzahl der Erscheinungen und Kundgaben Verstorbener nicht das Fortleben der Seele nach dem Tod als eine Tatsache? Als „Experimentalmetaphysik" wurde die Parapsychologie gelegentlich, mit einem Terminus Schopenhauers, bezeichnet.[232] Flammarion schrieb: „Man kann voraus erkennen, daß die Religion der Zukunft wissenschaftlich sein wird, aufgebaut auf der Erkenntnis der *psychischen* Tatsachen."[233] Diese ‚Religion' verstand sich als nichtchristlich und interkulturell. Sie kam ohne Christus und Engel, Gericht und Auferstehung aus.[234] Nach Ernesto Bozzano sollte die Parapsychologie deswegen dem einfachen Volk auf lange Zeit vorenthalten bleiben, um Kirche und Gesellschaft nicht zu destabilisieren.[235] Die Forschungen der Parapsychologie haben „einen neuen Zugang zu den Problemen der Religion" eröffnet, schrieben Joseph B. Rhine und J.G. Pratt 1957, von einem ähnlichen Wissenschaftsoptimismus getragen.[236]

Die Praxis des Spiritismus, mit ihrem (tatsächlichen oder vermeintlichen) Kontakt zu den Verstorbenen durch Klopflaute und Tischerücken, durch Medien und Séancen, wurde, in Anlehnung an die positiven Wissenschaften, im 19. und 20. Jahrhundert von manchen als experimentell und wissenschaftsgemäß verstanden. Gleichzeitig wurde der Spiritismus von anderen jedoch als Religion und die spiritistischen Sitzungen als Kultus verstanden; so etwa von Stainton Moses, der selber Medium und Geistlicher war. Ein Spiritismus ist heute als eine neureligiöse christliche Bewegung auf der ganzen Welt (besonders in Brasilien) verbreitet.[237] Parapsychologie als Wissenschaft und Universitätsfach mußte den religiösen Spiritismus ablehnen. Innerhalb der Parapsychologie bezeichnet man als „Spiritismus" nur die Hypothese eines jenseitigen Ursprungs paranormaler Geschehnisse, im Gegensatz zum „Animismus", demzufolge diesseitige lebende Wesen deren Ursache sind.[238] Jene Hypothese entzieht sich dem wissenschaftlichen Beweis. „Obwohl die spiritistische Hypothese in manchen Fällen als die plausibelste erscheint, kann ein zwingender Beweis nicht erbracht werden",[239] schrieb Hans Bender 1971.

Wie Bender darlegt, vermeidet es die moderne Parapsychologie, jenseitige Wesen als Agenten paranormaler Ereignisse anzunehmen, und strebt stattdessen danach, so viele und so vieles dieser Ereignisse wie möglich „animistisch" (also durch diesseitige außersinnliche Wahrnehmungen und Psychokinese) zu erklären. Diese Tendenz entspricht dem wissenschaftlichen Grundsatz der geistigen Ökonomie, konkreter dem der Zurückführung des Unbekannten auf das Bekannte, des Außergewöhnlichen auf das Gewöhnliche, des Hohen auf das Niedere. Außersinnliche Wahrnehmung und Psychokinese sind zwar auch ihrerseits unerklärlich und ungewöhnlich, aber immerhin unbestreitbare Erfahrungstatsachen (wenngleich keine wissenschaftlichen Tatsachen im strengen Sinn; dazu fehlt ihnen die Reproduzierbarkeit). In vielen

Fällen leuchtet die Zurückführung ein, etwa bei den „Klopfgeistern" in Hydesville von 1848. Dieser „Poltergeist" wird heute als ein Phänomen der unbewußten Psychokinese verstanden. Bei anderen Beispielen fällt auf, daß man einer komplizierten „animistischen" Erklärung den Vorzug vor der einfachen spiritistischen gibt, etwa bei der Geschichte von dem Chaffin-Testament (ein Sohn fand aufgrund von Traummitteilungen seines verstorbenen Vaters dessen letztgültiges Testament).[240]

Ob es Totengeister gibt oder nicht, bleibt in jedem Fall eine unbeweisbare Hypothese. Einen wissenschaftlichen Beweis kann es hierfür nicht geben, weil empirische Wissenschaft sich auf übersinnliche, transzendente Gegenstände nicht beziehen kann. Totengeister begegnen, falls es sie denn gibt, dem lebenden Menschen hier auf Erden im Spiegel seiner Seele. Ihre Erscheinungen und Kundgaben sind mithin in einem Prisma vielfältiger Einflüsse und Deutungsmöglichkeiten gebrochen. Gott, Freiheit und Unsterblichkeit sind, wie gesagt (s. Einleitung), für Kant keine empirischen Gegenstände, sondern transzendente „Ideen" und daher wissenschaftlich nicht beweisbar.→[241] „Ich mußte (...) das *Wissen* aufheben, um zum *Glauben* Platz zu bekommen": dieser Satz Kants aus seiner Vorrede zur 2. Auflage der „Kritik der reinen Vernunft", der sich auf diese Ideen bezieht, faßt die Intention des Buches dahingehend zusammen, die Grenzen verbindlicher Wissenschaft aufzuzeigen und Metaphysik aus deren Gegenstandsbereich auszuscheiden. Kant formulierte damit eine Spaltung des modernen Weltbildes. Glaube mag zwar aus der Sicht wissenschaftlicher Theorie als irreal und beliebig erscheinen. Seine Verbindlichkeit hat er für Kant aber im menschlichen Handeln. In diesen Bereich der Praxis gelangen wir durch das Thema unseres Buches. Das zeigt sich etwa mit dem Begriff der „Begegnung" (s. im folgenden Abschnitt, S. 74).

Nachdem die Parapsychologie in ihren Anfängen durch die Aussicht stimuliert worden war, die von Kant benannte Schranke der Wissenschaft übersteigen und „den empirischen Beweis vom Fortleben nach dem Tode" erbringen zu können,[242] wurde sie in dieser Hinsicht durch ihre neuere Entwicklung entzaubert. Denn es war nicht möglich, die betreffenden Erscheinungen und Kundgaben aus der „Ambiguität" (Doppeldeutigkeit) von spiritistischer oder animistischer Deutung zu befreien.[243] Manche Autoren sprechen von einer „Pattsituation" zwischen beiden Deutungen.[244] Eine Bemühung, die Wirklichkeit des Jenseits empirisch wissenschaftlich beweisen zu wollen, mußte sich als Sackgasse erweisen.→[245] Die Ambiguität der Phänomene aus wissenschaftlicher Sicht spricht aber nicht zwingend gegen die Realität von Totengeistern.

Aus christlicher Sicht ist die Annahme, wissenschaftliche Forschung könne dem Glauben eine feste Basis geben, von vornherein verfehlt. „*Securitas enim tollit fidem*" (Luther).[246] Eine selbstgeschaffene wissenschaftliche Sicherheit beseitigt das existenzielle Wagnis des Glaubens. Von ihr ist die Gewißheit zu unterscheiden, die man *durch* den Glauben gewinnt. Auch sind die ‚Wunder' des Spiritismus, wie Wunder überhaupt, kein gültiger Weg zum Glauben. Dem Evangelium zufolge führt umgekehrt der Glaube zum Wunder: „Dein Glaube hat dir geholfen" (Mt. 9, 22), heißt es dort oft. „Selig sind, die nicht sehen und doch glauben" (Joh. 20, 29). Diese Worte relativieren aus christlicher Sicht das Wunder.

Von Theologen beider Konfessionen im 19. und 20. Jahrhundert wurden die okkulten Phänomene „ungeistigen, naturhaften Regionen" zugewiesen (Philipp Bachmann 1922) und als „natürliche" Phänomene dem eigentlich Übernatürlichen im Sinne der christlichen Dogmatik (Karl Rahner 1952), den „höheren spirituellen Phänomenen" des Gottesglaubens (E.W. Benson) entgegengesetzt.[247] Einzelne evangelische Theologen (wie zum Beispiel Kurt E. Koch 1952) verteufelten sogar jede Befassung mit dem Okkulten.[248] Sie folgten Martin Luther, der Poltergeister und Geistererscheinungen als Trug des Teufels erklärt hatte.[249] Für sie gab es somit (im diametralen Gegensatz zu Myers) *nur* böse Totengeister. Nur wenige Außenseiter unter den evangelischen Theologen sahen die Phänomene der Parapsychologie in einem positiven Licht. Sie erkannten, daß okkulte Erfahrungen dem Materialismus „den Todesstoß" versetzen können (Karl Heim), „den absoluten Diesseitsglauben in Frage stellen" (Adolf Köberle), das „gesamte Welt-Bewußtsein" erschüttern und so die Bereitschaft für die Aufnahme des wahrhaft Transzendenten fördern können (Paul Tillich).[250] Auf katholische Theologen kommen wir unten S. 295ff. eigens zu sprechen.

Wenn die nachtodlichen Erscheinungen Jesu vor seinen Jüngern als Erscheinungen im Astralleib verstanden werden, muß der Gedanke des leeren Grabes in den Hintergrund treten,[251] der bei Paulus noch fehlt.[252] Für Christen stellt die Auferstehung Jesu das zentrale Ereignis der Heilsgeschichte dar und ist insofern mit parapsychischen Phänomenen nicht vergleichbar. Die Frage, inwieweit Berichte des Neuen

Testamentes sich auf der Grundlage parapsychologischer Annahmen deuten lassen, wird deshalb von vielen Theologen als theologisch irrelevant und irreführend betrachtet.

Ein Parapsychologe schrieb, seine Wissenschaft gebe dem Menschen den „sicheren Beweis der Fortdauer seines Lebens [nach dem Tod] in geistiger Form".[253] Aber eine sichere Gewißheit ist auf dem Feld der nachtodlichen Dinge *durch Wissenschaft* nicht zu gewinnen. Geistererscheinungen und Träume sind eine zu schwankende Basis für einen wissenschaftlichen Beweis. Zu selten kommen solche Erlebnisse vor, zu bruchstückhaft und unsicher sind die Erkenntnisse, die man ihnen verdankt. Wenn Totengeister in der Rolle von Schutzengeln auftreten, mögen ihre Erscheinungen relativ klar motiviert sein. Aber diese Fälle sind nicht repräsentativ. Viele andere Erscheinungen oder Kundgaben sind von einer „verwirrenden Unverständlichkeit".[254] Es äußern sich auch Gestorbene, denen noch nicht bewußt ist, daß sie tot sind.[255] Und vor allem: Die erscheinenden Toten geben keine Auskunft über ihren neuen Zustand.[256] Wo sind diese Toten? Welche Entwicklung liegt vor ihnen? Diese Fragen bleiben offen. Das Analoge gilt bei Erscheinungen Sterbender. Von erscheinenden Sterbenden werden manche gar nicht (PhoL Nr. 32), andere falsch (PhoL Nr. 171) identifiziert. Manche Geister Sterbender antworten überhaupt nicht auf Fragen (PhoL Nr. 159), andere geben nur vage Auskünfte. „Ich gehe weit weg" (PhoL Nr. 162), sagt einer, „Ich habe etwas vor mir" (Jaffé, S. 158) ein anderer. Worum es sich handelt, erfahren wir nicht. Es sei „den Bewohnern der anderen Welt verboten, Enthüllungen dieser Art zu machen", heißt es.[257] Die Totenerscheinungen, mit denen es die Parapsychologie zu tun hat, lösen das Rätsel der nachtodlichen Existenz nicht, sie deuten es nur an.

Parapsychologie sei eine Wissenschaft des Unerklärlichen, sagten wir. Sie widerspricht damit dem herrschenden Wissenschaftsverständnis, dem zufolge man Sachverhalte erforscht, *um* sie zu erklären. Forscher sagen gerne, wenn sie an eine Grenze ihrer Wissenschaft gelangen, es handele sich um Dinge, die sie *noch* nicht erklären können. Im Gebiet der Nekropsychologie müssen wir aber damit rechnen, daß Leiblichkeit und Sterblichkeit der menschlichen Erkenntnis eine prinzipielle Schranke setzen. Der Parapsychologe Max Dessoir schrieb 1947: „Ich kenne keine Tatsachenwissenschaft, die in den letzten 150 Jahren so geringe Fortschritte gemacht hat wie die unsere".[258] Bis heute wird die Parapsychologie durch die Frage beunruhigt, ob es in dieser Wissenschaft überhaupt Fortschritte gebe.[259] Das Modell, das unsere Vorstellungen vom wissenschaftlichen Fortschritt bestimmt (Entwicklung von Theorien, Erklärung und Vorhersagbarkeit der Ereignisse), entstammt den Naturwissenschaften und ist auf Gegebenheiten der Seele nicht in gleicher Weise anwendbar. Die Phänomene der Nekropsychologie entziehen sich diesem Fortschrittsdenken. Bei ihr handelt es sich um eine primär deskriptive, klassifizierende Wissenschaft. Auf dem Feld der Klassifikation und Kategorisierung liegen viele ihrer Erörterungen. Der Sinn dieser Wissenschaft liegt demnach darin, uns des Rätselhaften der Phänomene *ansichtig* zu machen, anstatt es zu beseitigen; uns an die Grenzen unserer Erkenntnis zu *erinnern*, anstatt sie zu überwinden. Die Phänomene lassen erahnen: Es könnte etwas jenseits der Grenzen unserer irdischen Existenz geben, etwas, das unheimlich sein kann, aber nicht sein muß, und das sich nicht begreifen läßt. Erklärungsbemühungen sind freilich unerläßlich, um die Unbegreiflichkeit der Phänomene einräumen zu können. Diese Phänomene stellen den Absolutheitsanspruch jeder Wissenschaft und jedes Dogmas infrage. Auch deshalb sind christliche Kirchen und kirchenkritische Aufklärung einig in der Abneigung gegen sie.[260]

Trostvisionen heute

Wir haben uns bisher auf Erlebnisberichte beschränkt, die im Zeitraum von etwa 1880–1960 publiziert wurden. Aus den Jahren seit 1990 gibt es, vor allem aus dem angelsächsischen Bereich, neue Sammlungen von Berichten über Kontakte mit Verstorbenen. Sie stammen teilweise von Praktikern wie Sterbebegleitern. Heiner Schwenke, auf dessen Buch „Transzendente Begegnungen. Phänomenologie und Metakritik" (2014) wir uns im folgenden stützen, hat diese neueren Berichtsammlungen in größerem Zusammenhang ausgewertet.[261] Die Erlebnisse, von denen berichtet wird, sind mit den früheren vergleichbar, die Sicht der Autoren aber hat sich geändert. Das Ziel, die Transzendenz (Jenseitigkeit) der erscheinenden und begegnenden Toten zu *beweisen*, ist aufgegeben worden (29ff.).* Statt dessen wird das Erleben der Betroffe-

* Seitenzahlen in Klammern beziehen sich in diesem Abschnitt, mit Ausnahme der letzten vier Absätze, auf das genannte Buch von Heiner Schwenke.

nen und seine Wirkung auf ihr weiteres Leben gewürdigt. Die Aufmerksamkeit richtet sich somit auf Aspekte, die in einer beweisorientierten Forschung unter den Tisch gefallen waren. Die Fälle werden deshalb jetzt anders gewichtet. Myers hatte Trostvisionen eines bestimmten „häufigen Typus“ ausdrücklich von seinen „Beweisrechnungen“ ausgeschlossen.[262] Ein einschlägiges Beispiel wurde von der Society for Psychical Research als „zweitklassig“ eingestuft.[263] Jetzt dagegen treten Trostvisionen ins Zentrum des Interesses.

Die Sammlung von Bill und Judy Guggenheim, „Trost aus dem Jenseits. Unerwartete Begegnungen mit Verstorbenen“, auf die Schwenke vielfach zurückgreift, enthält zahlreiche Visionen eines bestimmten Typs. Eine Person, die, etwa durch einen Unfall oder eine Krankheit, ums Leben gekommen ist, erscheint einem nahestehenden Menschen und läßt ihn wissen: „Es geht mir gut, und du solltest nicht unglücklich sein. Alles ist in Ordnung. Es ist schön, wo ich bin.“[264] Diese Worte hörte zum Beispiel eine Medizinerin aus Kentucky in einer Vision ihren Bruder sagen, der mit 44 Jahren an Krebs gestorben war. Ähnliche Formulierungen begegnen in vielen dieser Berichte. Liebe und Verbundenheit über den Tod hinaus ist der Hauptinhalt dieser „Nachtodkontakte“, die durch Gesichts-, Geruchs- oder Tastwahrnehmungen, durch Auditionen oder bloßes Präsenzgefühl stattfinden können. (Wir gebrauchen das Wort Vision hier in einem alle Formen dieser „Erscheinungen“ umfassenden Sinn, einschließlich des bloßen Gegenwartsempfindens.) Diese Visionen können im Traum oder im Wachen stattfinden. Ohne eine nähere Auskunft über das Jenseits zu geben, erleichtern sie es den Rezipienten, den Verlust eines geliebten Menschen anzunehmen. Durch eine momentane überwältigende Freude schenken sie ihnen Trost, inneren Frieden und neuen Lebensmut (161f.) und befreien sie von der Angst vor dem Tod. Manche Hinterbliebenen werden aufgefordert, ihre Trauer zu überwinden, ihr Leben wieder aufzunehmen. Die Visionen scheinen auf die Bedürfnisse trauernder Menschen abgestimmt zu sein, sodaß überzeugte Wissenschaftler (wie Jean-Claude Schmitt, s. unten § 16, S. 231) sie als Projektionen, als Trauerphantasien ansehen. Auch Myers erwägt im Kommentar zu seinem Fall Nr. 716 A eine solche Sicht (s. oben, S. 47). Die außergewöhnliche Intensität und langfristige, lebenprägende Wirkung der Erlebnisse sprechen aber gegen eine solche Erklärung. Auch Skeptiker und Agnostiker hinsichtlich eines Lebens nach dem

Tod wurden durch solche Erlebnisse umgestimmt. Zudem befand sich die Mehrzahl der Erlebenden beim Eintritt der Vision gar nicht aktuell in einem Zustand der Trauer (159).

In der Regel handelt es sich um einmalige Erlebnisse. Manche Verstorbene sprechen dies aus. „Ich werde dich nicht wieder besuchen", sagt eine.[265] Es gibt Ausnahmen wie jenen verstorbenen indischen Guru, der seinem Schüler erschien, ihm zwei Stunden lang Fragen beantwortete und weitere Begegnungen in Aussicht stellte (110). Sein Verhalten ist mit dem christlicher Heiliger gegenüber ihren Anhängern vergleichbar (zu Seraphim von Sarow s. unten § 18). In Visionen aus dem westlichen Kulturbereich sprechen viele Verstorbene von einer bleibenden Verbindung mit einem lebenden Menschen. Ein verstorbener Bruder sagte zu seiner Schwester, „er liebe mich und würde immer bei mir sein",[266] eine verstorbene Tante zu ihrer Nichte, „dass sie mich behüten und immer lieben werde" (121). „Ich werde immer für dich da sein", sagte ein junger Verstorbener zu seinem überlebenden Freund, „ich bin immer bei dir", ein verstorbener Vater zu seiner Tochter;[267] „ich werde immer auf dich und deine Kinder aufpassen", ein verstorbene Mutter zu ihrer Tochter, „ich werde nie aufhören, für dich zu beten und dir zu helfen", eine verstorbene Großmutter zu ihrem Enkel, der Priester werden wollte.[268]

In solchen Erlebnissen vollzieht sich die Kommunikation zwischen Lebenden und Toten nicht immer mit Hilfe der leiblichen Sprechwerkzeuge, sondern oft auch nur in Gedanken, ähnlich wie in Myers' Fall Nr. 714 (s. oben S. 47f.). „Sein Mund bewegte sich nicht, doch sprach er mit mir telepathisch." (106) „Ich wußte, daß er das sagte, es drang direkt in meine Gedanken ein." „Ich hörte seine Worte, als spräche er in meinem Kopf."[269] Diese Art von rein gedanklicher Kommunikation erleben Menschen auch in Nahtoderfahrungen oder in Sterbebettvisionen. Die letzteren bilden eine eigene Gattung von Vision: Sterbende begegnen auf der Schwelle des Todes verstorbenen Angehörigen und können über diese Begegnung noch sprechen (s. oben § 2).

Frühe Sterbebettvisionen überliefert Gregor der Große († 604) (s. unten S. 283ff., „Abholungsvisionen"). Ein bedeutsames neuzeitliches Beispiel stammt aus dem Jahr 1864. Ein zehnjähriges kalifornisches Mädchen verweilte in seinen letzten Tagen auf der Schwelle zum Jenseits und konnte in dieser Zeit sowohl mit seinem verstorbenen

Bruder als auch mit seiner lebenden Mutter kommunizieren und die Worte des Toten an die Lebende weitergeben. Bei der Frage der Mutter, ob das Mädchen nach seinem Tod seine Familie auf der Erde besuchen könne, wartete es kurz und antwortete dann: „‚Allie [*ihr Bruder*] sagt, dass ich euch manchmal besuchen kann; er sagt, dass es möglich ist, aber ihr werdet es nicht bemerken, wenn ich bei euch bin; aber ich kann [dann immerhin] zu euren Gedanken sprechen.'"[270] Diesen Worten zufolge können Verstorbene Lebende inspirieren, auch ohne von diesen bemerkt und identifiziert zu werden, also ohne Erscheinung oder Begegnung. Das ist eine Inspirationsvorstellung, die in der Geschichte immer wieder vorgekommen ist. Wir werden ihr um das Jahr 1000 in der japanischen „Geschichte vom Prinzen Genji" (s. § 13) ebenso wie bei Rilke 1924 (s. § 6) begegnen. Auch die Inspiration von Gläubigen durch Heilige (s. § 18) ist hier zu erwähnen.→[271]

Wie stellen sich christliche Theologie und Kirche zu den oben genannten Trostvisionen, die von Menschen heutiger Zeit erlebt werden? Ein Aufsatz von 1992, der noch *vor* den von Schwenke ausgewerteten Berichtsammlungen erschien und auf Trostvisionen nicht eingeht, kann die theologische Verlegenheit deutlich machen. Der Autor, der Theologe Hans-Jürgen Ruppert, begreift okkulte Erlebnisse einerseits als Argumente gegen die „Entmythologisierung", gegen die Meinung, die Wunder des Neuen Testaments seien heute „als Wunder erledigt".[272] Andererseits mahnt er „eine sinnvolle theologische Einordnung der Phänomene" an.[273] Er sieht einen „prinzipiellen Unterschied (...) zwischen der ‚*empirischen* Transzendenz' des Paranormalen für unseren Verstand und der ‚*religiösen* Transzendenz' Gottes, mit der es der Glaube zu tun hat."[274] Der *Wirklichkeit* des Paranormalen stellt er die *Wahrheit* des Glaubens gegenüber. Sind diese Unterscheidungen nicht sehr akademisch? Für Menschen, die eine Trostvision erlebt haben, ein Erlebnis, das sich keineswegs nur an den Verstand richtet, müssen diese Unterschiede verblassen. Doch vielen wird keine solche Vision zuteil.

Trostvisionen werden traditionell theologisch als „Privatoffenbarungen" beurteilt (260ff.).[275] Deren Problem besteht aus kirchlicher und theologischer Sicht darin, durch die (behauptete) letztgültige Offenbarung Gottes in Jesus Christus und in den Zeugnissen des Neuen Testaments von vornherein relativiert und überholt und deshalb überflüssig zu sein. Ihr Vorteil liegt jedoch in ihrer intensiven lebendigen

Gegenwart. Schwenke erinnert daran, daß auch die Offenbarungen der Religionsstifter Jesus und Mohammed ursprünglich einmal „genauso privat wie die anderer Mystiker" waren (261).

Heiner Schwenkes grundlegendes Buch vertritt, nach dem Scheitern der beweisorientierten ‚Survival'-Forschung, eine neue Stufe der wissenschaftlichen Auseinandersetzung mit Totenerscheinungen. Der Autor beschränkt sich auf diejenigen Erscheinungen, die *Begegnungen* sind. Mediumismus klammert er aus seiner Untersuchung aus, denn Unmittelbarkeit ist nach seiner Definition ein Merkmal von Begegnungen. Bloße Erscheinungen ohne wechselseitigen Kontakt, erst recht unverständliche oder nur verwirrende Erscheinungen bleiben ebenfalls ausgeschlossen. Schwenke geht von einer Philosophie des Personalismus (Gustav Teichmüller, Martin Buber und anderen) aus. Erscheinende Tote dürfen ihm zufolge als transzendente *Personen* verstanden werden, wenn in dem Erlebnis eine *Begegnung* stattfindet. Er erläutert dies durch eine Kritik am Szientismus, der Verabsolutierung des Wissenschaftsideals der exakten Wissenschaften. Personen überhaupt, auch diesseitig lebende, entziehen sich der wissenschaftlichen Objektivierung, dem wissenschaftlichen Beweis. Die Gegenwart einer Person ist eines Beweises weder fähig noch bedürftig. Ebenso wie bei jeder anderen Begegnung ist es auch bei transzendenten Begegnungen legitim, ja einzig angemessen, die Überzeugung des Rezipienten zur Grundlage einer Entscheidung darüber zu machen, ob es sich bei einer Erscheinung um eine Person handelt oder nicht. Schwenke entkräftet die bis heute wirksamen erkenntnistheoretischen Vorurteile, die ein Ernstnehmen religiöser Visionen verhindern und pathologische Deutungen begünstigen.

Warum dringt die beglückende Botschaft jener persönlichen Trostvisionen, unerachtet deren großer Zahl, nicht ins allgemeine Bewußtsein unserer Gesellschaft durch? Schwenke erklärt dies mit dem Hegemonieanspruch der Wissenschaft und mit dem Machtstreben der Kirche, die ein Monopol des Zugangs zur Transzendenz verteidigt. Wissenschaft und christliche Kirche gehen auf diesem Gebiet Hand in Hand. Der Autor schreibt:

> „Wenn die den Wissenschaften zugängliche Welt relativiert wird, weil auch andere Welten erfahren werden, und wenn ihre Erklärungen des Menschen relativiert werden, weil auch wissenschaftlich nicht erfassbare Dimensionen des Menschseins berichtet werden,

dann verliert die Wissenschaft ihren Nimbus als oberste Instanz der Wirklichkeitserkenntnis, den sie seit der Aufklärung besitzt. Offensichtlich wollen das viele Wissenschaftler und wissenschaftlich orientierte Personen nicht zulassen."

(229) Wir lassen die Frage hier beiseite, ob, was Schwenke betreibt, nicht auch Wissenschaft genannt werden sollte. Eine andere Welt, nämlich die himmlische, hatte es für gläubige Christen schon immer gegeben. Von visionär begabten Christen war sie auch immer wieder *erfahren* worden. Visionäre wurden aber von der Kirche vielfach skeptisch oder kritisch gesehen. Neu ist an den jetzt verhandelten Berichtsammlungen, daß das Vorkommen einer bestimmten Art der Jenseitsvision bei gewöhnlichen, teilweise religiös indifferenten Laien auf breiter Basis erfragt und untersucht wurde.

Wenden wir uns noch einmal dem Buch von Bill und Judy Guggenheim zu.[→276] Die Berichte über Nachtodkontakte, die sie sammeln konnten, sind erstaunlich zahlreich. In früheren parapsychologischen Forschungen hatten solche Berichte kaum eine Rolle gespielt, weil ihnen, von Ausnahmen abgesehen,[277] hinsichtlich der Realität des Jenseits keine Beweiskraft zugebilligt wurde. Zwischen Erscheinungen Sterbender und Toter unterscheiden die Guggenheims nicht mehr. Auch „Anmeldungen" Sterbender betrachten sie als *Nach*todkontakte.[278] Die tröstlichen Erscheinungen, von denen die Berichte zeugen, ereignen sich meistens spontan und unerwartet. Sie schenken eine momentane Klarheit, bleiben aber auch rätselhaft. Die Frage, wie sie möglich sind, erörtern die Guggenheims nicht. Die Verstorbenen erscheinen von körperlichen Gebrechen befreit, manche mit einem „wissenden" Gesichtsausdruck (89).* Keiner der jung Gestorbenen oder Verunglückten hegt Groll über seinen frühen Tod. Sie alle sind glücklich, einzelne Suizidanten ausgenommen. Die Kontakte dauern meist nur kurz und werden nur selten von mehreren Menschen zugleich erlebt. [279] Die Rezipienten reagieren emotional, aufgewühlt, begeistert, von einer Last befreit, von einer Woge von Gefühlen ergriffen, nur selten verstört, angstvoll, panisch. Viele Fragen bleiben offen. Wo sind die Toten? Warum geht es ihnen so gut? In explizit religiösen Visionen

* Seitenzahlen ohne weitere Angaben beziehen sich in den vier letzten Absätzen dieses Abschnittes auf das Buch von Bill und Judy Guggenheim, *Trost aus dem Jenseits*.

verstummen diese Fragen, etwa wenn Gott oder Christus *in persona* auftauchen (276f., 284f.).

Die Autoren schreiben: „Fast alle Interviewten waren im christlichen oder jüdischen Glauben aufgewachsen“ (24). Sie ordnen die Berichte den beiden Religionen aber nicht zu. Die Trostvisionen sind von einer aktiv praktizierten Religion unabhängig. Von einem Glauben als Bedingung der ewigen Seligkeit ist nirgends die Rede. Die räumliche Umgebung in manchen Traumvisionen und außerkörperlichen Erfahrungen erinnert (mit Blumenwiese, blauem Himmel, klarem Fluß, Vögeln und Schmetterlingen) an die interkulturelle Vorstellung des „Paradieses“.[280] Wohl sind in manchen Visionen Gott oder Jesus gegenwärtig oder werden in den Berichten genannt. Wohl treten hin und wieder Engel auf, oder die Verstorbenen, in weißen Gewändern und von Licht umgeben oder Licht ausstrahlend, erscheinen wie Engel. In den Visionen herrschen Liebe und Güte. Manche Verstorbene bereuen, bitten um Vergebung und Versöhnung (197f., 213f.). Eine Ermordete bittet ihren Vater, für ihren Mörder zu beten und Rachegefühlen zu entsagen (285f.). Das sind (auch) christliche Züge. Aber Liebe zu den engsten Familienangehörigen und den nächsten Bezugspersonen (wie Lebenspartnern), das fast ausschließliche Motiv dieser Visionen, ist etwas allgemein Menschliches. „Tun nicht dasselbe auch die Heiden?“, heißt es in der Bergpredigt (Mt. 5, 46f.).[281] Enge Verwandtschafts- und Partnerschaftsbeziehungen bilden den Bereich, in dem, nach Auskunft der Parapsychologie, Telepathie bevorzugt stattfindet, die ein allgemein menschliches Phänomen darstellt. Offenbar stellen die Trostvisionen, ebenso wie Nahtoderfahrungen, „transkulturelle“ religiöse Erfahrungen dar,[282] in die zwar christliche Haltungen und Vorstellungen einfließen können, die aber über das Spezifische einzelner Religionen hinausführen. Die Guggenheims, die durch Elisabeth Kübler-Ross zu ihren Forschungen angeregt wurden, sehen die Bedeutung der Visionen in einer Spiritualität, die keine ausschließlich christliche Sache ist.[283] Immerhin enthält das vorletzte Kapitel ihres Buches, unter der Überschrift „Das Beste zum Schluß“, zur Hälfte ausgesprochen christliche Berichte, und ihr letztes Kapitel bringt „abschließende Überlegungen zum Phänomen der Nachtod-Kontakte“ unter der Überschrift „Die Liebe bleibt ewig“, ein Satz, der christlichem Glauben entspricht (1. Kor. 13, 8: „Die Liebe vergeht niemals“; 1. Joh. 4,16: „Gott ist die Liebe“). (Auch Myers hatte in der „Fortdauer der Liebe“ eine Hauptbotschaft der von ihm ausgewerteten Berichte gesehen.[284])

Deutlich wird aus den meisten der Berichte: Verstorbene können mit lebenden Verwandten und Freunden in Verbindung bleiben, können an deren Ergehen Anteil nehmen und in hervorgehobenen Augenblicken oder in schwierigen Situationen, etwa nach dem Verlust eines Angehörigen, besonders wenn sie selbst Gegenstand der Trauer sind, gegenwärtig werden. Sie vermögen manchmal den Ausgang von Ereignissen vorherzusagen oder vor Gefahren zu warnen, die unmittelbar drohen.[285] Sie können als ‚Schutzengel‘ in Notsituationen wirken.[286] Kritik hat man von ihnen nicht zu erwarten, abgesehen von der Aufforderung, einen Verstorbenen „loszulassen“, nicht über das Warum eines Todes zu grübeln, nicht in Trauer und Depression zu versinken, sondern sich um nächste Mitmenschen zu kümmern. Ansonsten Bestärkung, Unterstützung, Bestätigung, Trost. „Du hast das Richtige getan“ (95); „ich [billige] deine Lebensweise“ (93).

Wir werden in den folgenden Kapiteln Beispiele für ähnliche Erfahrungen aus früheren Epochen, aus dem abendländischen wie dem ostasiatischen Bereich finden. Allerdings gab es dort teilweise auch kontrastierende Erfahrungen. Aus dem China des 18. Jahrhunderts ist die Vorstellung bekannt, daß Suizidanten postmortal erscheinen, um andere Menschen (keine Verwandten) nach sich in den Tod zu ziehen (s. unten S. 153, Anm. 673). Bei den Guggenheims dagegen findet sich der Bericht über eine Großmutter, die Suizid begangen hatte und ihren Enkel davor warnte und daran zu hindern suchte, ihrem Beispiel zu folgen (250f.). Auf Taiwan war es in den 1960er Jahren üblich, daß die verstorbene erste Gattin eines Mannes als eifersüchtig und gefährlich betrachtet und deshalb von dessen zweiter Frau mit Opfern bedacht wurde (s. unten S. 114, Anm. 510). In einem Bericht bei den Guggenheims erscheint eine verstorbene erste Gattin ihrer Nachfolgerin und sagt freundlich zu ihr: „Es ist in Ordnung. Hab keine Angst. Du wirst meinen Kindern eine gute Mutter sein, und deine Ehe wird gelingen“ (119). Eine Unruhe und Anspannung der zweiten Frau aufgrund ihrer Situation war hier zunächst ebenfalls gegeben.

2. Kapitel: Rilke und die Parapsychologie

Das Thema der Totengeister war für Rainer Maria Rilke (1875–1926), als Mensch und als Dichter, zeitlebens bedeutsam. Er interessierte sich für die Parapsychologie, die zu seiner Zeit aufkam und in Blüte stand, kritisierte sie aber auch. Mit diesem zweiten Kapitel wechselt die Perspektive unseres Buches. Im ersten Kapitel ging es um Erlebnisberichte von Laien und Reflexionen von Wissenschaftlern. Nun dagegen handelt es sich um die Sichtweise eines Dichters. Totengeister sind nicht nur ein wissenschaftliches Problem. Für die Erlebenden sind sie vor allem existenzielle Erfahrungen. Wie kann oder soll sich der einzelne Mensch zu solchen unerklärlichen Dingen stellen? Wie können sie zu Dichtung inspirieren?

Unser Kapitel zielt auf Rilkes Ansichten über die Bedeutung der Totengeister im Leben und Denken der Menschen. Dieser Dichter zeigt eine nichtreligiöse, nichtideologische Alternative zur theoretisch-wissenschaftlichen Einstellung auf. Wir sprechen in diesem Sinn von Rilkes Wissenschaftskritik (§ 8). Vorbereitend schildern wir seine persönlichen Erfahrungen mit Telepathie und Totengeistern (§ 6), sowie seine Auffassung von Totengeistern als Quelle seiner dichterischen Inspiration (§ 7).

Das Buch von Gísli Magnússon, „Dichtung als Erfahrungsmetaphysik. Esoterische und okkultistische Modernität bei R.M. Rilke" (2009) bildet die unentbehrliche Grundlage dieses Kapitels. In den Anmerkungen zitieren wir es mit den Initialen G.M. Auf Rilkes Gedichte *als solche*, auf ihre dichterische Sprache und Form, gehen wir nicht ein. Wir beschränken uns auf die Biographie des Dichters sowie seine Lebens- und Dichtungslehre, die in seinen Briefen und Gedichten ausgesprochen ist.

§ 6. Rilkes paranormale Erfahrungen

Kindheit, Jugend, Charakter

Rilkes Offenheit für die Geisterwelt gründete in einer besonderen Begabung für das Übersinnliche. Die okkulten Begebnisse, die in seinem Roman „Die Aufzeichnungen des Malte Laurids Brigge" (1910) geschildert werden, sind zum Teil „genau erzählte Prager Kindheits-Erlebnisse" Rilkes.[287] Während seiner Schulzeit nahm Rilke an sich selbst vorübergehend magische Kräfte wahr (Heilen durch Handauflegen; Fernsuggestion, eine Form der telepathischen Beeinflussung), wie er Franz Werfel in einem Gespräch mitteilte.[288] Diese Kräfte offenbarten sich nach einer Krankheit mit starkem Fieber, Kopf- und Kreuzschmerzen, während welcher ihm auch eine „frühe lyrische Inspiration" zuteil wurde (nach Carl J. Burckhardt). Sowohl Werfel wie Burckhardt berichten, daß Rilke diese Krankheit als seine Geburtsstunde als Dichter begriffen und mit okkulten Fähigkeiten in Verbindung gebracht habe. Bis zu seinem 16. oder 17. Lebensjahr hat Rilke den Allerseelentag „immer, wo ich auch grade gewohnt haben mag, auf Kirchhöfen verbracht, an fremden Gräbern oft und oft an den Gräbern von Verwandten und Vorfahren".[289]

Rilke war seinem Charakter nach von einer besonderen Empfänglichkeit für Einflüsse aus seiner Umwelt, er war, wie er schreibt, ein „Impressionabler".→[290] Daher seine übergroße Wahrnehmungsfähigkeit, etwa auf Reisen, und seine Irritabilität durch äußere Einflüsse. Einen stark passiven Zug in der Persönlichkeit Rilkes glaubten Kollegen wahrzunehmen. Hofmannsthal vermißte an Rilke, wie er in einem privaten Brief gestand, „Kopf, Charakter, Selbstkritik, ich weiß nicht recht", und sah in diesem Mangel eine stete „Gefahr" des hoch geschätzten Dichters begründet.[291] Friedrich Gundolf sagte in einem Vortrag, „das Ich" bei Rilke sei „schlechthin abhängig, passiv, einlässig und durchlässig geworden", und folgerte dies aus Rilkes „Gleichnissprache" mit ihrer „Aktivierung alles Erscheinenden".[292] Rilke selbst bezeichnete in einem frühen Brief „das tiefste Erleben des Schaffenden" als „weiblich", als ein „empfangendes und gebärendes Erleben".[293] Guardini vermißte an Rilke sogar „das Kernhafte der Person"; das war jedoch, wie Gadamer zeigt, ein Mißverständnis.[294] Die Charakterisierung Rilkes durch die Zitate von Hofmannsthal, Gundolf und ihm selbst ist freilich einseitig und müßte unter anderem durch den Aspekt eines formbewußten dichterischen Willens ergänzt werden, der zum Beispiel in der Devise des *toujours travailler* in Rilkes mittlerer Schaffensphase seinen Ausdruck fand. Gadamer schreibt, der „Malte" „führ[e] einen neuen, männlichen Ton in die weibliche Empfindsamkeit von Rilkes dichterischem Werk ein."[295]

Telepathie

Gedanke und Erfahrung der Telepathie waren Rilke vertraut. Der Dichter, der beharrlich die Einsamkeit suchte (er sprach einmal von seinem „Einsamkeitsfanatismus"[296]), bezog sich aus der Distanz und Zurückgezogenheit auf andere Menschen und sah in diesem Aneinanderdenken und Miteinanderfühlen eine Art außerräumlicher Kommunikation. Viele Stellen in seinen Briefen belegen diese Anschauungsweise. „[N]ichts, nichts kann mich ja hindern, um Euch zu sein, so daß Ihr mich empfindet", schreibt er aus Paris an seine Frau Clara und die gemeinsame Tochter Ruth. „Nun schreibe ich nicht weiter, sondern denke nur noch, und Ihr werdet es fühlen..."[297] Durch Rilkes Fortgehen von seiner kleinen Familie oder von Freunden mußte also der „innerliche Verkehr miteinander" und somit die Verbindung „eigentlich nicht unterbrochen" sein.[298] Es konnte gewisse „Schwingungen" geben, „von denen ich annehmen möchte, daß sie Euch erreicht haben...", schrieb er an Ellen Key.[299]

Solche Formulierungen lassen sich in der Frage zusammenfassen: „sind wir nicht ahnungsvoller verbunden, als wir wußten?" So Rilkes Worte, als er den Brief einer befreundeten Gräfin erhielt, über die er gerade am Vortag im Bekanntenkreis gesprochen hatte.[300] Es gab in der Anteilnahme anderer Menschen „Kontinuitäten", „von denen man, durch Jahre hin, nicht wußte, und die doch (wer vermöchte das Gegenteil zu beweisen?) aus der Ferne ab und zu eine leise freundliche Wirkung mögen ausgestrahlt haben."[301] Die Formulierungen zeigen, daß telepathische Verbundenheit mit Nahestehenden für Rilke oft eher Stimmung und Ahnung als unbezweifelbare Erfahrung war.

In der Verbundenheit mit seiner Briefpartnerin Sidonie Nádherny spielten für Rilke teilweise außersinnliche Wahrnehmungen eine Rolle, „das Leise der inneren [Nachrichten]"; wobei er auch Unsicherheit eingestand.[302] Er schrieb ihr, „daß ich Ihre Briefe fühle ehe sie da sind".[303] (Das Vorausfühlen ankommender Briefe erlebten auch Werner Bergengruen und C.G. Jung; dieser bezeichnete es sogar als „relativ häufig".[304]) Wie Rilke einmal formulierte, war er überhaupt „bestrebt, sich gerade im Leisesten immer Rechenschaft zu geben".[305] Seine Haltung war die der Achtsamkeit und Offenheit auch für das Fernfühlen. Er war also offen für gewisse telepathische „schwache Strömungen, die wir uns als ständig zwischen Mensch und Mensch fließend denken können" (Myers).[306]

Außersinnliche Kommunikation mit entfernten Menschen hatte für Rilke auch eine problematische Seite. An Magda von Hattingberg schrieb er:

> „Wie oft fürchtete ich mich vor Einflüssen entfernter Menschen. Ich glaube, die Ferne ist ein Weg, auf dem ich wehrloser erreichbar bin, als durch jede Nähe. Wie oft liegt etwas über mir, ein Vor-Wunsch, der Wolkenschatten irgend eines entfernten Gefühls, die Kühle einer fremden Bestimmung. Mein Herz liegt offen da in einem furchtbar leitenden Raum, ich kanns nicht verdecken, sonst verdeck ichs auch den Gestirnen."[307]

In den Bereich telepathischer Phänomene in Rilkes Biographie gehört die Erscheinung einer physisch abwesenden Kindheitsgespielin am Krankenbett des Kadetten Rilke in dem Augenblick, als diese Nonne wurde.[308] In einem frühen Brief spricht Rilke über „Erscheinungen geliebter Personen knapp vor ihrem Tode".[309] Ein Beispiel bietet später Gräfin Sizzos Erlebnis der Traumerscheinung einer sterbenden Tante, über das sie mit Rilke korrespondierte.[310] Ein paranormales Geschehen stellte ferner die außerkörperliche Erfahrung in Duino dar, die Rilke unter dem Titel „Erlebnis" beschrieb: der Dichter geriet „auf die andere Seite der Natur",[311] stand für Augenblicke „auf der Seite des Todes".[312]

Einflüsse von Verstorbenen

Aufnahmebereit war Rilke für Einflüsse von Geistern Verstorbener. Wiederum handelt es sich um Atmosphärisches, um Annahmen, Vermutungen, nicht um sicheres Wissen. 1905 lernten er und seine Frau Gräfin Luise von Schwerin kennen und waren bei ihr auf Schloß Friedelhausen an der Lahn zu Gast. Durch ihren Tod 1906 verlor der

Dichter eine wichtige Gönnerin und Beschützerin.→[313] In diesem Jahr glaubte Rilke, in vielen Erlebnissen den Einfluß der Verstorbenen wahrzunehmen. „Frau Clara und ich, wir sind beide so wortlos einig gewesen gestern abends in dem Gefühl, daß sie alles lenkte, was mir im letzten Jahre durch Schweres zum Guten ausging". „Wir halten alles das Gute und Ernste, was geschah, an ihre verklärte Gestalt, und es scheint uns zu ihr zu gehören in fernem, leisem Zusammenhang."[314] An Karl von der Heydt, der zum Kreis der Gräfin gehört hatte, schrieb der Dichter aus Friedelhausen ebenfalls von „dem Einfluß jener erhabenen lieben Gestalt, die hier gegenwärtiger ist, segnender und sichtbarer denn anderswo".[315]

Nach dem Tod des 29-jährigen Johannes Nádherny von Borutin schrieb Rilke 1913 an dessen Schwester Sidonie von dem „nunmehr ungetrübten Einfluß, den er auf uns stiller dauernder herüberwirkt."[316] Und zwei Monate später an die Trauernde:

> „Wenn ich Sie doch überzeugen könnte, meine Freundin, daß sein Einfluß nicht aus Ihrem Dasein entgangen ist, (um wie viel sicherer fühl ich meinen Vater in mir wirksam und hülfreich, seit er nicht mehr unter uns weilt) bedenken Sie: wie Vieles im täglichen Leben beirrt, trübt, macht einem die Liebe eines andern ungenau, nun ist er erst recht da, nun hat er alle Freiheit da zu sein und wir alle Freiheit, ihn zu fühlen... haben Sie nicht Ihren Vater tausendmal so wirken und theilnehmen fühlen aus dem Weltraum, wo alles, alles, Sidie, unverlierbar ist?"[317]

Den Winter 1911/12 verbrachte Rilke ohne Gesellschaft auf Schloß Duino (bei Triest), als Gast der Fürstin Marie von Thurn und Taxis-Hohenlohe. Die Fürstin schreibt in ihren Erinnerungen: „Rilke erzählte mir oft, daß er trotz der großen Stille und durch nichts gestörten Ruhe [in Duino] niemals das Gefühl gehabt habe, wirklich allein zu sein." Sie erklärt es damit, „daß Rilke in Duino unter Schatten gelebt" habe.[318] Er war von Geistern der Toten umgeben. Hier ging es nicht um hilfreiche, beschützende Mächte, wie im Falle der Gräfin von Schwerin, sondern um jung Verstorbene, deren Anwesenheit Rilke als aufregend und beanspruchend empfand, wie er dem Bruder der Fürstin gestand. Es handelte sich um Theresina, eine tote Kindheitsfreundin der Mutter der Fürstin, sowie um Raymondine und Polyxène, zwei jung gestorbene Tanten der Fürstin. „Man müsse so vieles bedenken, vor allem wegen Raymondine und Polyxène, mit denen man sich immer beschäftigen müsse [sagte er]".[319] Zu Weihnachten 1911 erhielt er als Geschenk die Schreibmappe Theresinas.[320] Mit der einstigen Besitzerin will er sogar Gespräche geführt haben.[321] Rilke nahm aus alten, gebrauchten Dingen vieles wahr. Seine Betrachtungsweise läßt an die außersinnliche Wahrnehmung der Psychometrie (s. Glossar) denken. „Und daß ich alte Dinge um mich wünsche, auch das ist nicht Wählerischsein und ästhetische Ziererei (...): wieviel Mitteilung, wieviel Schicksal geht aus ihnen auf denjenigen über, der es seit Kindheit mit den Dingen gehalten hat."[322]

In Kirchen interessierte sich Rilke besonders für die Grabsteine jung Verstorbener.[323] In der Ersten Duineser Elegie (abgeschlossen am 21. Januar 1912) wird darauf angespielt:

> „Es rauscht jetzt von jenen jungen Toten zu dir.
> Wo immer du eintratst, redete nicht in Kirchen
> zu Rom und Neapel ruhig ihr Schicksal dich an? (...)
> Was sie mir wollen? leise soll ich des Unrechts
> Anschein abtun, der ihrer Geister
> reine Bewegung manchmal ein wenig behindert." (Z. 61ff.)

Der Dichter soll diesen Toten helfen, indem er dem Anschein wehrt, sie seien zu früh gestorben. Durch die Gefallenen des Weltkriegs erhoffte Rilke „ein ernsteres, verantwortlicheres und geheimnisfühlenderes Leben" als Auftrag an die Hinterbliebenen.[324] Diese Toten forderten dazu auf, ihrem Nichtmehrsein auf Erden und somit der Vergänglichkeit menschlichen Daseins mit Ernst und Verantwortung nachzudenken und zugleich dem Geheimnis ihrer postmortalen Existenz nachzuspüren.

Daß wir Menschen von den Geistern der Toten umgeben und ihren Einflüssen ausgesetzt sind, formuliert der Dichter zusammenfassend in einem Brief von 1924: „Ich bin, zum Glück, medial vollkommen unbrauchbar, aber ich zweifle keinen Augenblick, daß ich mich auf *meine* Weise den Einflüssen jener oft heimatlosen Kräfte [der Totengeister] eröffnet halte und daß ich nie aufhöre, ihren Umgang zu genießen oder zu erleiden. Wie viele Worte, wie viele Entschlüsse oder Zögerungen mögen auf Rechnung ihrer Einwirkung zu schreiben sein!"[325] Der Einflüsse im allgemeinen war sich der Dichter gewiß, im Einzelnen handelte es sich nur um Vermutungen. Die Einflüsse werden nicht bewertet. Rilke betont, daß er auf *seine* Weise, also nicht als spiritistisches Medium, sondern als Mensch und Dichter sich ihnen gegenüber offen halte. Für ihn bestand (laut Magnússon) „zwischen uns und den Geistern eine ununterbrochene Wechselbeziehung".[326] Der Dichter soll nach Rilkes Überzeugung den Stimmen der Geister lauschen. In der Ersten Duineser Elegie heißt es: „Aber das Wehende höre, die ununterbrochene Nachricht, die aus Stille sich bildet" (Z. 59f.). Unmittelbar anschließend folgen jene oben zitierten Zeilen über die „jungen Toten".

Die Vorstellung, daß Totengeister den Lebenden Gedanken oder Handlungen eingeben können, findet sich zu Rilkes Zeit auch bei anderen Autoren, etwa bei dem Theosophen Charles Webster Leadbeater.[327] Rilke könnte dessen Schriften gekannt haben; die der Theosophin Annie Besant soll er gelesen haben.[328] Besant war, „zusammen mit Charles W. Leadbeater, die wichtigste Weiterführerin der Theosophie Blavatskys".[329] Die Annahme, daß Totengeister einen Einfluß ausüben, erscheint weniger sonderbar, wenn man sie als eine säkularisierte Form der christlichen Anschauung versteht, daß Engel den Lebensweg des Menschen begleiten und in dessen Leben leitend, beschützend, erleuchtend eingreifen können.[330] Die Seelen der Toten werden schon im Neuen Testament als den Engeln ähnlich angesehen (Mt. 22,30; Lk. 20,36). Nach Swedenborgs unorthodoxer Anschauung waren alle Engel ursprünglich Totengeister.[331]

§ 7. Totengeister als Inspirationsquellen der Dichtung Rilkes

Inspiration

Marie von Thurn und Taxis formulierte, Rilke habe „wohl nie eine Zeile ohne Inspiration und inneren Antrieb geschrieben".[332] Das gilt jedenfalls für das Früh- und das Spätwerk.[333] Es gilt vom „Cornet" (der Dichtung „Weise von Liebe und Tod des Cornets Christoph Rilke"), der vom Rhythmus der nächtlich am Himmel dahinjagenden Wolken angeregt wurde und „wie im Rausch" entstand;[334] vom „Buch vom mönchischen Leben", das aus inneren Diktaten entstand;[335] von der ersten Duineser Elegie, deren Anfang der Dichter in Duino im brausenden Sturm über der Adria zu hören glaubte; bis hin zur Vollendung des Duineser Elegienwerkes, die, nach Rilkes Worten, „ein namenloser Sturm, ein Orkan im Geist [*des Dichters*]“ in Muzot zustande brachte.[336] Rilke sprach von einem „unmittelbare[n] göttliche[n] Diktat“, dem er in seiner Dichtung „unterworfen“ sei und das er nachschreibe.[337] Er schrieb, daß die Sonette an Orpheus „plötzlich, ohne meinen Willen, (...) aufkamen“.[338] Sie seien das „rätselhafteste Diktat [gewesen], das ich je ausgehalten und geleistet habe“.[339] Er selbst habe das Werk erst im nachhinein verstanden.[340]

Die Devise des *toujours travailler*, die Rilke sich in seinem mittleren Werk zueigen machte, muß man hier wiederum ergänzen. Sie steht nicht im Widerspruch zur Inspirationserfahrung. Künstlerische Arbeit kann eine Inspiration vorbereiten und herbeiziehen, kann sie umsetzen und ausarbeiten. Rilkes Erklärungen widersprechen sich also nicht, daß die Sonette an Orpheus aus einem langen Reflexionsprozeß *und* aus einem plötzlichen Inspirationsorkan entstanden seien.[341]

Das „Diktat“, dem gehorchend Rilke dichtete, erinnert an die antike griechische Auffassung, daß in der Dichtung nicht der Dichter, sondern, als eine höhere Instanz, die Muse spricht. Diese griechische Vorstellung hatte nicht als solche mit Totengeistern zu tun. Für Rilke jedoch verbanden sich die beiden Arten der Inspiration, die musische und die spiritistische. Er begriff als Quelle, als Herkunft des „Diktates“ der Sonette das die Totenwelt mitumfassende „Ganze“.[342] Umso wichtiger war es ihm, seine dichterische Inspiration von einer *bloß* spiritistischen zu unterscheiden. Er wollte *als Dichter* für die Geister offen sein. Weil er in Briefen viel, auch unabhängig von seiner Dichtung, über die Beziehung der Menschen zu den Toten spricht, dürfen wir diese Beziehung auch außerhalb seiner Gedichte erörtern.

„Requiem. Für eine Freundin“[343]

In dem „Requiem. Für eine Freundin“, geschrieben 1908 auf die ein Jahr zuvor gestorbene Paula Modersohn-Becker, redet der Dichter mit der als Geist ins Leben zurückkehrenden Toten: „du kehrst | zurück; du streifst mich, du gehst um“ (Z. 4/5). Er denkt über ihr Leben und ihre Kunst nach, versucht das Anliegen ihres zurückkehrenden Geistes zu erfassen und bietet ihr an, etwa Versäumtes in ihrem Auftrag nachzuholen, zum Beispiel zu reisen. Er klagt um sie und bittet sie zum

Schluß um ihre Hilfe. Die erbetene Hilfe betrifft kein einzelnes Werk seiner Dichtung, sondern sein künstlerisches Ethos, seine künstlerische Entwicklung im ganzen, nämlich das Verständnis und die Bewältigung des Konflikts zwischen Kunst und Leben, der „alte[n] Feindschaft zwischen dem Leben und der großen Arbeit" (Z. 266). Er bittet sie, nicht erneut ins Diesseits zurückzukehren, sondern ihm aus der Ferne des Totenreichs zu helfen. Die beiden letzten Zeilen des Requiems lauten: „Doch hilf mir so, daß es dich nicht zerstreut, | wie mir das Fernste manchmal hilft: in mir." Das Gespräch mit Paula als Wiedergängerin war vielleicht fiktiv, jedenfalls aber expliziert es ein inneres Geschehen im Dichter. „Eine unerwartete starke innere Strömung hat mir in diesen Tagen die kleine Arbeit heraufgebracht",[344] schrieb er über das Requiem. Der Tod Paula Modersohn-Beckers belastete ihn, weil die Malerin, die nach seiner Überzeugung noch eine große künstlerische Aufgabe vor sich hatte, als Mutter starb.[345] Er begriff es als „Arbeit" all seines künftigen Tuns, den Tod der Freundin in sein Leben „einzuordnen" (Z. 19f.).

Die Unbekannte

Im Herbst 1912 wurden auf Schloß Duino, auf Rilkes Initiative hin, vier spritistische Séancen veranstaltet, in denen durch das Medium, Pascha, einen Sohn der Fürstin, (angeblich) der Totengeist einer „Unbekannten" sprach. Rilke erhoffte von diesen Séancen Hilfe bei der Überwindung seiner schöpferischen Krise, Hilfe zur Vollendung der Duineser Elegien. Insofern standen Totenwelt und dichterische Inspiration hier in einem Zusammenhang. Die „Unbekannte" wurde „das Symbol einer möglichen Vollendung der ‚Elegien'."[346]

Die Séancen liefen so ab: Rilke saß in einiger Entfernung vom Tisch und schrieb schweigend und im Verborgenen Fragen auf, die Pascha, ohne sie zu kennen, in Trance und mithilfe einer sog. „Planchette" beantwortete. Nach Meinung der Fürstin war es das Unterbewußtsein des Dichters, das vom Trancemedium telepathisch angezapft wurde und sich in den Antworten manifestierte. Rilke faßte das mediale Gespräch zunächst spiritistisch als Mitteilungen aus der Geisterwelt auf.[347] Später erkannte er die diesseitige telepathische Deutung als möglich an: „Ja, wenn da das Unterbewußte redet, so ist das nicht minder erschütternd und wunderbar."[348] Die Reise nach Toledo wurde Rilke von der Unbekannten nahegelegt, um ihn dort seine Inspiration wiederfinden zu lassen. Er bat die Unbekannte, ihm dort zu helfen. „Rilke vereinbart[e] ein Rendezvous mit einem Geist" (Magnússon).[349] Nach der Séance traf er sofort Maßnahmen, um die Reise vorzubereiten. Er richtete es so ein, daß er Toledo am Allerseelentag erreichte.[350] Nach seiner Ankunft suchte und fand er dort Dinge, die ihm die Unbekannte vorausgesagt hatte, unter anderem eiserne Ketten an den Außenmauern einer Kirche (als Weihe- und Dankesgaben aufgehängte Ketten der aus maurischer Gefangenschaft befreiten Christen[351]).

In einem Brief aus Toledo berichtet er der Fürstin davon, daß er, nach einem Hinweis Paschas aufgrund des Baedekers, die Zeichen der Unbekannten gefunden habe. Auf allen Wegen seiner Reise fühlte er sich geführt, er beschreibt „dieses unbeschreiblich sichere Genommen- und Geführtsein".[352] Einem späteren Brief an Marie Taxis zufolge „leben wir, hineingehörig, in den ungeheursten Fluthungen, ich muß mich oft umwenden, fragend, welche Kraft da vielleicht jetzt hinter mir vorübergeht, an ihr Werk, jede an ihr Werk, und der Weg so mancher führt uns mitten durchs Herz *(qui n'est pas une auberge, mais un fameux carrefour quand-même* –)."[353] Über die ‚Unbekannte' schrieb Rilke 1913 aus Paris: „wenn gleich ich nie wieder von ihr höre, so bleibt sie mir doch ein Schwebendes irgendwo und mit allem in uns, was sich schwebend hält, in Verkehr."[354] Er nahm 1919/20 in Basel an weiteren spiritistischen Séancen teil,[355] zweifelte danach jedoch an der „spiritistischen Séance als fruchtbarem Weg zu einem Kontakt mit der Geisterwelt".[356] Dichterisch verarbeitet wurde das Toledo- und allgemeiner das Spanien-Erlebnis in Rilkes „Spanischer Trilogie" und im gesamten Spätwerk des Dichters.[357]

Das Gefühl des Geführtwerdens und der gesteigerten Perzeptionsfähigkeit auf seinen Reisen bestätigten Rilke in der Auffassung, daß jeweils eine höhere Macht ihre Hand im Spiel hatte. Für sein ‚intuitives Wandern' gab es „keinen Zufall".[358] Seine Freundinnen Marie Taxis und Benvenuta (Magda von Hattingberg) berichten über „magische Spaziergänge mit Rilke, wo sie gewissermaßen in eine andere (zeitliche und räumliche) Dimension hineingerieten." (Magnússon)[359]

„Aus dem Nachlaß des Grafen C.W."

In München besuchte Rilke 1913 eine Geisterseherin, die ihm erklärte, daß er starkes Fluidum besitze. Er könne selbst jederzeit medial, automatisch schreiben.[360] Nach einem mißglückten Versuch verzichtete er auf eine weitere Betätigung als spiritistisches Medium. Auch Marie Taxis riet ihm davon ab: „ich glaube das wäre das Allergefährlichste und Schlechteste für Sie."[361]

Eine Art automatischen medialen Schreibens, eine – vielleicht fiktive – spiritistische Verbalinspiration ohne Trance und Planchette praktizierte Rilke 1920/21 auf Schloß Berg in Irchel in der Schweiz, als er die Gedichte des Zyklus „Aus dem Nachlaß des Grafen C.W." niederschrieb.[362] Dieser Graf war angeblich ein früherer Bewohner von Schloß Berg. „Es war sehr merkwürdig –, die Feder wurde mir buchstäblich ‚geführt' Gedicht für Gedicht, bis auf ein paar Stellen, wo man *mich* erkennen würde, wars auch weder meine Art noch meine Ansicht, die da ganz fertig (ich schrieb es *sans brouillon* ins Heft selbst) zum Ausdruck kam."[363]

Rilkes Auslegung dieses Schreibens schwankte zwischen psychologischer und spiritistischer Erklärung. Magnússon spricht von einer „Ambivalenz, die Rilke in Sachen Okkultismus kennzeichnet" und von einer „gleichberechtigten Koexistenz des spiritistischen und psychologischen Erklärungsmodells" bei dem Dichter.[364] Gegenüber Nanny Wunderly-Volkart betrachtete Rilke die Figur des Grafen als Fiktion und Produktionsvorwand, gegenüber der Fürstin dagegen betonte er die fremde Autorschaft: *„ich bin's nicht,* es war (...) völlig ‚Auftrag', (...) das diktierte sich (...) *malgré moi"*.[365] Seinem Verleger erzählte er die Legende von einer ‚Erscheinung' des Grafen, der ihm die Gedichte vorlas, die Rilke selbst zuvor wie in Trance niedergeschrieben hatte, und der sich dadurch als die Quelle dieser Inspiration zu erkennen gab.[366] Wegen der Dilettantismen und Banalitäten in den Gedichten entschuldigte sich Rilke bei der Fürstin und betrachtete den Zyklus nicht als *sein* Werk. In der Ausgabe der „Gesammelten Werke" von 1927 im Insel-Verlag fehlt der Zyklus.[367] Es entbehrt nicht einer gewissen Ironie, daß dem Dichter, der auf Schloß Berg auf die Vollendung der Elegien wartete, statt dessen mittelmäßige Gedichte eines verstorbenen Grafen ‚diktiert' wurden.[368] Man darf annehmen, daß dieser Vorgang dazu beitrug, die Ader freizulegen, aus der etwa ein

Jahr später die Elegien und Sonette ans Tageslicht kamen. Die Gedichte des Grafen waren „Auftaktgedichte“, mit denen Rilke versuchte, „sich in einen produktiven Zustand ‚hineinzuschreiben‘.“[369]

In keiner Dichtung Rilkes kann die Einwirkung eines Toten als Faktum nachgewiesen und als sichere Tatsache behauptet werden. Es entspricht dem unsicheren Charakter des Wissens und Glaubens in diesem Bereich, daß dichterische Fiktion und Wirklichkeit, Stilisierung und Aberglaube ineinander übergehen. Es wäre aber voreilig, hier überall bloße Mystifikationen am Werk zu sehen. Aus Rilkes Leben und Dichten sind „die Toten, mit denen er verkehrte, nicht wegzudenken“.[370] Immer wieder betrachtete er einzelne Tote als Quellen seiner Inspiration. In seiner Spätzeit galt ihm Orpheus als Vorbild und Gott der Dichter. „Nur wer die Leier schon hob | auch unter Schatten, | darf das unendliche Lob | ahnend erstatten.“ (SO I,9). In diesen Zeilen als einer Aussage über Dichtung verstehen wir den Ausdruck „unter Schatten“ (im Totenreich) nicht nur metaphorisch. Die „Schatten“, die Totengeister sind keine bloßen Metaphern für Tod, wie man gemeint hat.[371] In ihnen manifestiert sich die Unbegreiflichkeit des Todes.

Die Sonette an Orpheus

Die Sonette an Orpheus entstanden 1922, „geschrieben als ein Grab-Mal für Wera Ouckama-Knoop“ (so lautet die Widmungsinschrift auf dem Titelblatt). Die Widmungsträgerin (1900–1919) war die jung gestorbene Tochter eines mit Rilke befreundeten Ehepaares. Zeitlebens hatten Rilke die früh Verstorbenen besonders beschäftigt. „[E]s ist wirklich ein Leuchten um so früh Verstorbene, durch sie bekommt das Totsein etwas Kühnes, etwas Reiches, beinah Berühmtes“,[372] schrieb er 1911 nach der Lektüre des Gedichtes „Euphrosyne“, das Goethe auf den Tod einer kaum zwanzigjährigen befreundeten Schauspielerin verfaßt hatte.[373] In Duino gab es die junggestorbenen Tanten der Fürstin, von denen schon die Rede war. Auch auf Polyxène wurde im 19. Jahrhundert ein Gedicht verfaßt, das Rilke aus dem Italienischen übersetzte.[374] Gertrud Ouckama Knoop, die Mutter Weras, schickte Rilke Ende des Jahres 1921 Aufzeichnungen über das Sterben ihrer Tochter.[375] Diese wurden, nach Worten des Dichters, „der entscheidende Anstoß für die Auslösung der Sonette“.[376]

Eine Abschrift des ersten Teils der Sonette (der später in der Anordnung noch verändert wurde) sandte Rilke mit folgenden Worten an Weras Mutter:

> „Verehrte, liebe Freundin, in einigen unmittelbar ergriffenen Tagen, da ich eigentlich meinte, an anderes heranzugehen, sind mir diese Sonette geschenkt worden. Sie werden beim ersten Einblick verstehen, wieso Sie die Erste sein müssen, sie zu besitzen. Denn, so aufgelöst der Bezug auch ist (nur ein einziges Sonett, das vorletzte, XXIVe, ruft in diese, ihr gewidmete Erregung Weras eigene Gestalt), er beherrscht und bewegt den Gang des Ganzen und durchdrang immer mehr – wenn auch so heimlich, daß ich ihn nach und nach erst erkannte – diese unaufhaltsame, mich erschütternde Entstehung."[377]

Die Worte deuten an, daß Totengedenken und dichterische Erschütterung hier verknüpft waren. An eine andere Adressatin schrieb Rilke: „auch begriff ich erst nach und nach den Bezug dieser Strophen zu der Gestalt jener achtzehn- oder neunzehnjährig verstorbenen Wera Knoop, die ich wenig gekannt und nur ein paar Mal im Leben, da sie noch ein Kind war, gesehen habe, freilich mit eigentümlicher Aufmerksamkeit und Ergriffenheit."[378] Wera war eine begabte Tänzerin. Sie trieb, als sie nicht mehr tanzen konnte, Musik, schließlich zeichnete sie nur noch. Sie starb, wie Rilke, an Leukämie. In den letzten Tagen ihrer Krankheit hatte sie von ihm geträumt.[379]

Rilke schreibt über die Sonette noch:

> „daß sie plötzlich, ohne meinen Willen, im Anschluß an ein frühverstorbenes Mädchen, aufkamen, rückt sie noch mehr an die Quelle ihres Ursprungs; dieser Anschluß ist ein Bezug mehr nach der Mitte *jenes* Reiches hin, dessen Tiefe und Einfluß wir, überall unabgegrenzt, mit den Toten und den Künftigen teilen." „Die Sonette zeigen Einzelheiten aus dieser Tätigkeit [*der Verwandlung der Erde ins Unsichtbare*], die hier unter den Namen und Schutz eines verstorbenen Mädchens gestellt erscheint, deren Unvollendung und Unschuld die Grabtür offen hält, so daß sie, hingegangen, zu jenen Mächten gehört, die die Hälfte des Lebens frisch erhalten und offen nach der anderen wundoffenen Hälfte zu."[380]

Es liegt Rilke in den Elegien und Sonetten daran, „das Leben gegen den Tod hin offen zu halten".[381]

Weras Vater, Gerhard Ouckama Knoop († 1913), war ein herzkranker Münchner Schriftsteller, mit dem Rilke sich gut verstand und über den er in einem Brief schrieb: „Seine letzten Jahre müssen voll großartiger Einsichten und Hellheiten gewesen sein (...), er starb *wissend*, gewissermaßen überflutet von Einsichten ins Ewige". Im selben Brief heißt es: „es bestand zwischen uns, von Anfang an, jener Instinkt des Vertrauens, jene gar nicht weiter zu beweisende Freude aneinander, – die vielleicht aus der gleichen Quelle stammte wie die unerhörte Eingebung, die mich nun so unbegreiflich begabt hat, der jungen Wera dieses Grab-Mal aufzurichten! –"[382] Beides, die Eingebung der Sonette als „Grab-Mal" für Wera wie die innere Verbindung zum Vater Knoop, schrieb Rilke der gleichen Quelle zu. Nach Walter Rehm lassen sich die Sonette in einem doppelten jenseitigen Bezug sehen: zu zwei Toten, zu Wera und ihrem Vater. Es war (nach Rehm), „als ob der abgeschiedene Vater ihn [Rilke] berührt und ihn gebeten habe, seinem Kind, da er es selbst nicht mehr vermochte, den dichterischen Gedenkstein zu errichten."[383] In der Deutung Rehms fungierte Vater Knoop als Schutzgeist seiner Tochter, der sich Rilkes als eines Mittlers bediente.

Der Brief an Gräfin Sizzo, in dem Rilke über diese doppelte Beziehung zur Familie Knoop schreibt, stammt vom 12.4.23 und begleitete die Übersendung eines Exemplares dieses Gedichtzyklus. Am gleichen Tag schrieb der Dichter an Weras Mutter zum Tod Alfred Schulers, der vier Tage zuvor gestorben war. Rilke war Schuler 1915 im Hause von Frau Ouckama Knoop persönlich begegnet.[384] Er hörte Vorträge Schulers 1915 und 1917 in München mit großem Interesse. „Sie wissen, daß ich das, was Sie zu geben haben, für ganz unschätzbar halte", schrieb er an ihn.[385] Schuler unternahm es in seinen Vorträgen (laut Rilke), „eine Welterklärung zu geben (...), welche die Toten als die eigentlich Seienden, das Toten-Reich als ein einziges unerhörtes Dasein, unsere kleine Lebensfrist aber als eine Art Ausnahme davon darstellte".→[386] Der Dichter war sich gegenüber Schuler einer Dankesschuld bewußt: „In den Sonetten an Orpheus steht vieles, was auch Schuler zugegeben haben würde; ja wer weiß, ob nicht manches davon so offen und geheim zugleich auszusagen, mir aus der Berührung mit ihm herüberstammt".[387]

§ 8. Rilkes Wissenschaftskritik

Die Modernität des Okkultismus

Lange Zeit herrschte im Verständnis der Moderne die Ansicht vor, Aufklärung sei ihr grundlegender Impuls, Okkultismus hingegen sei antiaufklärerisch und deshalb als vormodern zu betrachten. Diese Meinung entsprang, nach Gísli Magnússon, einer einseitigen, verkürzenden Sicht auf die Epoche. In Wahrheit führten die modernen Dichter und Philosophen einen „Zweifrontenkrieg".[388] Ihr Bestreben richtete sich nicht nur gegen die traditionelle Religion, Theologie und Metaphysik, sondern ebenso auch gegen den Szientismus, gegen die Wissenschaftsreligion, die dogmatische Verabsolutierung von Wissenschaft und Aufklärung. Während die Kirche das Jenseits als etwas unerreichbar Fernes begriff, rückte der spirituelle Okkultismus es näher an das Diesseits heran: in den Bereich der Erfahrung. Rilke kritisierte die christlichen Jenseitsvorstellungen unter anderem, weil sie uns „die Entschwundenen [Toten] ungenauer und zunächst unerreichbarer" machen.[389] Für die Dichter der Moderne wurde der Okkultismus interessant, weil er, im Gegensatz zur entzauberten Weltsicht der neuzeitlichen Wissenschaft, eine Wiederverzauberung der Welt möglich erscheinen ließ.[390]

Emanuel Swedenborg (1688–1772), der eine – von der christlichen Theologie aus beurteilt – undogmatische Lehre über die Realität der Geisterwelt vertrat, wurde in der modernen Dichtung vielfach rezipiert. Wenn man die Swedenborg-Verehrer Matthias Claudius (* 1740), Goethe (* 1749) und William Blake (* 1757) noch nicht zur eigentlichen Moderne rechnen kann, so doch Balzac (* 1799), Emerson (* 1803), Baudelaire (* 1821), Strindberg (* 1849), Maeterlinck (* 1862), Yeats (* 1865) und Rilke.[→391] Der Swedenborgianismus war kein Spiritismus, sondern ein Bezug zum Übersinnlichen aufgrund der visionären Schau eines Einzelnen.[→392] Strindberg unterstrich die Modernität Swedenborgs, wenn er sagte: „Vom Atheismus zu Swedenborg ist nur ein Schritt."[393]

Okkultistische Anschauungen finden sich bei vielen Dichtern des 20. Jahrhunderts (Yeats, Pound, Eliot, Merrill). Nach deren Auffassung braucht Poesie das Geheimnis und ist der prosaischen Wissenschaft entgegengesetzt.[394] Das Interesse am Spiritismus dürfte, bei

Rilke wie bei manchen anderen (etwa bei Hilda Doolittle, Sylvia Plath, Ted Hughes), außer mit diesem genuin poetischen Interesse, auch mit einem Ungenügen am kirchlichen Christentum zusammenhängen. „Unsere Traditionen sind unleitend geworden, dürre Äste, die nicht mehr aus der Kraft der Wurzel gespeist werden", schreibt Rilke in einem Brief.[395]

In Hugo Friedrichs Buch über „Die Struktur der modernen Lyrik" (1956) kommt Rilke nicht vor. Inspiration überhaupt sei unmodern, meinte Friedrich[396] – eine Anschauung, die unter anderem durch die Inspirationserfahrungen Nietzsches und Paul Valérys widerlegt wird.[397] Gadamer kritisierte Rilkes Selbstinterpretation zu den Duineser Elegien, weil sie „allzuweit in eine spiritualistische Dogmatik hinein ausgefolgert" sei.[398] Spiritismus und Inspirationserfahrung galten gleichermaßen als unmodern. Das rückt sie zusammen und macht sie bedeutsam für eine Überwindung des verengten Begriffes von Modernität, der bei Hugo Friedrich, Gadamer und anderen herrscht. Daß Rilkes Beziehung zur Totenwelt auf der Basis der verengten modernistischen Prämissen nicht gewürdigt werden konnte, zeigte sich etwa an der Tendenz, die Rede von den „jungen Toten" in der Ersten Duineser Elegie (Zitat oben, S. 84) metaphorisch zu verstehen.[→399]

Rilkes Beziehung zu Parapsychologie und Okkultismus

Rilke interessierte sich zeitlebens für Spiritismus, Okkultismus und Parapsychologie. Wichtig ist zum einen die Tatsache seines lebenslangen Interesses, zum andern aber seine Kritik an einer wissenschaftlichen oder ideologischen Vereinnahmung des okkulten Übersinnlichen. Im Alter von neunzehn Jahren (1895) schickte er einen Aufsatz, der heute verloren ist, an die okkultistische Zeitschrift „Sphinx". In einem Brief aus Anlaß von Camille Flammarions Buch „Urania" schrieb er zustimmend, „daß ich einen geistigen Verkehr zwischen Lebenden und Toten für möglich halte";[400] das bezog sich auf Erscheinungen sterbender Nahestehender. In München trat er mit dem Philosophen und Okkultisten Carl du Prel in Kontakt. Er schrieb ihm (1897), er wolle „in das Wesen Ihrer Wissenschaft eindringen" und zu einem „Verbündeten des neuen Glaubens" werden. Er war damals der Überzeugung, ein Künstler müsse seine Kunst mit „Seelenahnen" und hellseherischen

Fähigkeiten schaffen.[401] Die persönliche Begegnung mit du Prel enttäuschte ihn. Dieser habe, so sagte Rilke später, „seine okkulten Erfahrungen (...) geschmacklos vorgetragen".[402] Seit dieser Begegnung wurde es zu einem Anliegen Rilkes, die *künstlerische* „Gnosis" (okkulte Erkenntnis) von der wissenschaftlichen zu unterscheiden.

Für Rilke war die Erfahrung des Übersinnlichen vor allem Geheimnis. Den Wissenschaftspositivismus und -optimismus der Parapsychologen mußte er deshalb abweisen. Das Geheime sollte zudem vor „schlechten journalistischen Manieren in einer gewissenlosen Verwendung" in der Literatur geschützt werden und durfte „allein in der diskretesten Behandlung oder ganz und gar künstlerisch verwandelt ohne Schaden dargestellt" und dem Publikum anheimgegeben werden.[403] Mit diesen Worten umreißt Rilke seine Position als Künstler, von der aus er das literarische oder wissenschaftliche Schrifttum über okkulte Themen beurteilte.

Seit 1909 stand er in persönlicher Beziehung zur Fürstin Marie von Thurn und Taxis-Hohenlohe,[404] die Mitglied der Society für Psychical Research und in Sachen Okkultismus und Spiritismus bewandert war. In der Korrespondenz mit ihr erörterte er einschlägige Schriften und Praktiken. In Maeterlincks Buch über den Tod (1913) werden laut Rilke gewisse Versuche geschildert, „im hypnotischen Zustand eine Seele zurückzuleiten durch ihre früheren Daseine und Daseins-Zwischenräume". Der Dichter schreibt dazu: „Aber wieviel Neugierde ist in alledem und es beantwortet sich genau wie Neugier mit ausweichendem Geschwätz".[405] An Schrenck-Notzings Buch über „Materialisations-Phänomene" (1913) kritisiert er das Sensationshafte und den (nach Magnússon) „instrumentellen Umgang mit den ‚astralen' Wesenheiten".[406] Als „Materialisationen" bezeichnet man hier stoffliche Gestalten, die ein Medium in der Trance aus seinen Körperöffnungen ausscheidet: Hand, Fuß, Kandelaberarm usw.[→407] Rilke nannte diese Phänomene „dégoutierlich".[408] Wie seine Kritik zeigt, hielt er zunächst an einer spiritistischen Deutung fest, die er aber, unter dem Einfluß von Rudolf Tischners Buch „Über Telepathie und Hellsehen" (1921) zugunsten einer diesseitigen Deutung aus dem Unterbewußten aufgab.[409]

1922 gab der Parapsychologe Waldemar von Wasielewski sein Buch „Telepathie und Hellsehen" heraus. Ihm schrieb Rilke zwei begeistert zustimmende Briefe. Er bescheinigte ihm, die Phänomene „aus der Sphäre des Zweideutigen fortgerückt" zu haben „in die des (zunächst) Unerklärlichen".[410] An die Forschung Wasielewskis knüpfte Rilke die Hoffnung, daß „alles dieses Abgelehnte, Angezweifelte und Verhöhnte" in neuem Licht gesehen werde, und erwartete „von diesem Zuwachs verkannter und unterschlagener Kräfte die uns Allen mehr und mehr unentbehrliche Veränderung" und einen „Umsturz des ganzen Lebens",[411] nach Magnússon also wohl eine spirituelle Revolution.

Der Briefwechsel mit Wasielewski zeigt, daß Rilke ein Eigenrecht und eine eigene Qualität des wissenschaftlichen Okkultismus anerkannte. Rudolf Tischner war für ihn sogar „in Sachen Okkultismus eine autoritative Instanz" (Magnússon).[412] Dagegen lehnte er den „institutionalisierten Okkultismus" in Gestalt der Anthroposophie Rudolf Steiners insgesamt ab. Steiners Anspruch, die Erkenntnis der höheren Welten allen Menschen zugänglich zu machen, sowie die mangelhafte sprachliche Gestalt seiner Reden, stießen Rilke als Künstler ab.[413] Daß die Schwester der Fürstin, Gräfin Gegina (sie war keine Anthroposophin), die „unglaublichsten Präexistenzen" leichtfertig annahm, zählte für Rilke zum „oberflächlich Okkulten".[414] Jeder Dogmatismus lag Rilke fern. „[I]n Sachen Okkultismus war es nie Rilkes Art, feste Überzeugungen zu haben." Der Dichter war „nicht (...) Anhänger einer esoterischen oder okkultistischen Weltanschauung."[415]

„das Geheime *als solches* aufzunehmen"

In einem Brief vom 11.8.24 legt Rilke gegen Ende seines Lebens ausführlich seine Einschätzung des Spiritismus dar. Die Adressatin, Nora Purtscher-Wydenbruck, eine Nichte der Fürstin, hatte sich wegen ihrer „Erfahrungen im medialen Schreiben" an ihn gewandt.[416] Er blickt zunächst auf seine „eigenen Eindrücke auf diesem geheimnisvollen Gebiet" zurück, auf die Séancen „im Taxisschen Kreise". Er ist der Meinung, daß diese Erscheinungen „uns tatsächlich unbeschreiblich angehen", daß man sie hinnehmen solle, aber (gesperrt:) *„ohne sich in sie zu flüchten"*, und sie vielmehr „in das *Ganze* unseres Daseins ein[..]ordnen" solle. „Warum sollten sie nicht, wie alles noch Unerkannte oder überhaupt Unerkennbare, ein Gegenstand unserer Bemühung, unseres Staunens, unserer Erschütterung und Ehrfurcht sein?"

Er erörtert sodann die Frage, woher diese Erscheinungen stammen. Von seiner früheren Annahme, sie seien von „außen" her bewirkt, rückt er ab. Er sieht die Toten, denen er weiterhin Wirksamkeit und Einfluß auf die menschliche Seele zuschreibt, nicht mehr außerhalb der lebenden (inkarnierten) Seele des Menschen lokalisiert, sondern in „der Tiefendimension unseres Innern". „Wenn also Tote, wenn also Künftige einen Aufenthalt nötig haben, welche Zuflucht sollte ihnen angenehmer und angebotener sein, als dieser imaginäre Raum?" Er zeichnet das Bild einer „Bewußtseinspyramide", deren Spitze „unser gebräuchliches Bewußtsein" bewohnt, an deren Basis wir jedoch mit „von Zeit und Raum unabhängigen Gegebenheiten" verbunden sind.[417] Diese Sichtweise lokalisiert die Toten in unserer Seele, in einer Tiefenschicht derselben. Sie wird dadurch plausibel, daß spiritistische (jenseitige) und animistische (diesseitige) Aspekte medialer Erfahrungen nahe beieinander liegen.[418]

Durch seine Arbeit als Dichter sei er „in die unerhörten Wunder unserer Tiefen eingeweiht", schreibt Rilke. Sein Staunen gelte nicht nur den „medialen Begebnissen", sondern mehr noch seiner „Leistung" als Dichter oder „gewissen Bewegungen in der Natur".→[419] Jene Mächte, Totengeister, die erscheinen oder sich mitteilen, „wollen, scheint es, eher vertragen sein, als anerkannt; eher nicht abgelehnt, als gerufen; eher zugegeben und geliebt, als gefragt und ausgenutzt". Rilke erwähnt seine mediale Unbrauchbarkeit und betont, daß er sich auf *seine* Weise „den Einflüssen jener oft heimatlosen Kräfte eröffnet halte" (s. das Zitat S. 84), und sagt anschließend:

> „Im Übrigen gehört es zu den ursprünglichen Neigungen meiner Anlage, das Geheime *als solches* aufzunehmen, nicht als ein zu Entlarvendes, sondern als das Geheimnis, das *so* bis in sein Innerstes, und überall, geheim ist, wie ein Stück Zucker an jeder Stelle Zucker ist. Möglicherweise, so aufgefaßt, löst es sich unter Umständen in unserem Dasein oder in unserer Liebe, während wir sonst nur eine mechanische Zerkleinerung des Geheimsten erreichen, ohne daß es eigentlich in uns überginge."[420]

Wissenschaftliche Erklärung zielt auf die Beseitigung des Geheimen. Sie negiert den Geheimnischarakter des Phänomens. Das Geheime *als solches* aufzunehmen, ist keine wissenschaftliche Strategie, sondern eine künstlerische oder allgemein menschliche Haltung, die dazu führen kann, daß das Geheimnis unser Dasein durchdringt und unser Lebensgefühl verändert. Von einer solchen Durchdringung ist auch in den Sonetten an Orpheus die Rede, wenn es dort heißt, Orpheus „mische (...) ihre [*der Toten*] Erscheinung in alles Geschaute“ (SO I, 6).

Der Wahlspruch der Aufklärung hatte, nach Kant, gelautet: „Habe Mut, dich deines *eigenen* Verstandes zu bedienen!“[421] Nach Rilke gibt es einen komplementären Mut, das Unaufklärbare als solches anzunehmen. Vom Menschen wird demnach *auch* gefordert, sich von der Angst vor dem Unaufklärbaren freizumachen. Die beiden Arten von Mut sind nicht unvereinbar. In einem Brief an den angehenden Dichter Franz Xaver Kappus, zwanzig Jahre vor dem Spiritismusbrief, schreibt Rilke 1904:

> „Wir müssen unser Dasein so weit, als es irgend geht, annehmen; alles, auch das Unerhörte, muß darin möglich sein. Das ist im Grunde der einzige Mut, den man von uns verlangt: mutig zu sein zu dem Seltsamsten, Wunderlichsten und Unaufklärbarsten, das uns begegnen kann. Daß die Menschen in diesem Sinne feige waren, hat dem Leben unendlichen Schaden getan; die Erlebnisse, die man ‚Erscheinungen‘ nennt, die ganze sogenannte ‚Geisterwelt‘, der Tod, alle diese uns so anverwandten Dinge, sind durch die tägliche Abwehr aus dem Leben so sehr hinausgedrängt worden, daß die Sinne, mit denen wir sie fassen könnten, verkümmert sind. Von Gott gar nicht zu reden.“[422]

Aufklärung erfordert einerseits Mut, kann aber auch zu einer neuen Art von Feigheit führen, wenn sie verabsolutiert und insoweit bequem wird und das Unaufklärbare leugnet. Nach Kant bedeutet Aufklärung den „Ausgang des Menschen aus seiner selbstverschuldeten Unmündigkeit“. Rilke zufolge würde zu einer wohlverstandenen Aufklärung die Befreiung des Menschen aus dem Aberglauben an die Allzuständigkeit und erschöpfende Wirklichkeitsdefinition von Wissenschaft und Rationalität gehören, und die Bejahung des unaufhellbaren Dunkels des Todes.

Rilkes Dichtung gibt Beispiele für den Mut zum Unaufklärbaren. „Ich bin nicht bang, | die Toten anzuschauen. Wenn sie kommen, | so haben sie ein Recht, in unserm Blick | sich aufzuhalten, wie die andern Dinge“, heißt es in dem „Requiem. Für eine Freundin“ (1908).[423] Im „Malte“ (1910) stellt die Spukerscheinung eine Mutprobe für Maltes Vater dar, der seine wütende Ablehnung (vielleicht ein Ausdruck seiner

Angst) überwindet und schließlich dahin gelangt, seinem Schwiegervater, dem Grafen Brahe, in dem Augenblick zuzuprosten, als das Gespenst der Toten durch den Raum wandelt. Der Mut, das Unaufklärbare anzunehmen, bezieht sich nicht nur, und nicht in erster Linie, auf Geistererscheinungen, auf das „Aushalten vor den Unerklärlichen".[424] Die Spukgeschichte ist im „Malte" nur ein Beispiel für einen viel allgemeineren Sachverhalt. Alle Dinge haben eine unerklärbare Seite. In einem frühen Vortrag „Moderne Lyrik" hatte Rilke von „unsere[n] beschränkten Organe[n]" gesprochen. Dahinter stand die von du Prel angeregte Hoffnung, es könne möglich sein, neue, erweiterte Organe heranzubilden.[425] Von solchen Hoffnungen scheint Rilke später abgerückt zu sein. Er blieb aber der Meinung, der Dichter solle imstande sein, „Dinge zu sagen, die einen Schritt weiter gehen in die große Nacht des Unbekannten, die alle mit gleicher Dunkelheit umgiebt." (1902)[426]

Ein wichtiges Thema des „Malte" ist das Sehenlernen. Im Hinblick auf die okkulten Begebenheiten im „Malte" hat man gemeint, das Sehenlernen sei ein „okkultes Projekt", und es gehe um die „Entwicklung paranormaler Fähigkeiten".[427] Diese Ansicht stimmt zwar mit der Überzeugung des frühen Rilke überein, ein Künstler müsse seine Kunst mit „Seelenahnen" oder hellseherischen Fähigkeiten schaffen.[428] Im Blick auf den „Malte" und auf Rilkes Spätwerk ist die Deutung jedoch einseitig und irreführend. Im „Malte" vertreten die beiden Großväter zwei polar entgegengesetzte Konzeptionen des Todes, die sich ergänzen.[429] Graf Brahe, der Großvater mütterlicherseits, ist hellsichtig; „der Tod war ein kleiner Zwischenfall, den er vollkommen ignorierte" (15. Aufz.). Hellsichtigkeit relativiert den Gegensatz zwischen Diesseits und Jenseits und verweist auf eine übergreifende Einheit von Wirklichkeit. Okkultismus ist „monistisch".[430] Auf der anderen Seite steht Kammerherr Brigge. Er erleidet einen unverwechselbaren und individuellen Tod, einen Tod, der für zehn Wochen auf Ulsgaard herrscht wie ein König. Dieser Aspekt des Todes als einer schrecklichen Macht ist jener Auffassung vom Tod als „kleine[m] Zwischenfall" entgegengesetzt und ist für die Konzeption des „Malte" nicht weniger wichtig. In der Schilderung dieses Todes (8. Aufz.) sieht Malte (und damit Rilke) das von ihm intendierte Sehen realisiert: ein Hinsehen aus Liebe und Selbstüberwindung, das im „Malte" in Anknüpfung an Gedanken Baudelaires und Flauberts erläutert wird.[431]

Die beiden Todeskonzeptionen ergänzen sich zu einer höheren Einheit und Ganzheit, um die Rilke auch in späteren Jahren gerungen hat. In dem Spiritismusbrief vom 11.8.24 heißt es, man solle die okkulten Erscheinungen hinnehmen, „ohne sich in sie zu flüchten“, und solle willens bleiben, „sie immer wieder in das *Ganze* unseres Daseins einzuordnen, das ja voll nicht minder wunderbarer Geheimnisse ist in allen seinen Ereignissen –“.[432] Diese Auffassung war also schon im „Malte“ angelegt. Die Grenzphänomene Hellsichtigkeit und Spuk sind nur Aspekte eines umfassenderen Ganzen. Hellsichtigkeit ist nur wenigen Menschen und nur in bestimmten Augenblicken gegeben.[433] Diese Phänomene relativieren die Grenze des Todes, überwinden sie aber nicht, sondern bleiben an die menschliche Zeitlichkeit gebunden und mit dem Erleiden der Grenze verknüpft.

In der Ersten Duineser Elegie wird der Gedanke weitergeführt und anders akzentuiert. Die Gestalt des Engels übergreift die Grenze des Todes:

> „Aber Lebendige machen
> alle den Fehler, daß sie zu stark unterscheiden.
> Engel (sagt man) wüßten oft nicht, ob sie unter
> Lebenden gehn oder Toten.“ (Z. 80ff.)

Der Engel vertritt, wie Großvater Brahe, eine monistische Auffassung von Wirklichkeit, die den Gegensatz von Diesseits und Jenseits durchlässig macht. Seine Gestalt weist über jene Bezuglosigkeit hinaus, die (in der Zehnten Elegie) auf dem „Trostmarkt“ der Kirche ebenso herrscht wie in der kommerziellen Welt der Zerstreuungen, die von „Planke[n], beklebt mit Plakaten des ‚Todlos‘“ umschlossen wird. Der Fehler der Lebendigen ist es, der Ersten Elegie zufolge, „zu stark“ zu unterscheiden, den Toten einen Bezug zu den Lebenden abzusprechen. In Wahrheit entwöhnen sich „die Früheentrückten“ (Z. 86) des Irdischen nur langsam („sanft“), nach und nach.→[434]

> „(...) Aber wir, die so große
> Geheimnisse brauchen, denen aus Trauer so oft
> seliger Fortschritt entspringt –: *könnten* wir sein ohne sie?“ (Z. 88ff.)

Visionäre Begegnungen mit Verstorbenen oder Nahtoderfahrungen lassen den Menschen vielleicht über die Grenze des Todes blicken. Die momentane Intuition, daß Verstorbene *leben*, daß es ein Leben jenseits des Todes gibt, kann die Grenze mildern, ohne sie aufzuheben. Wenn es sogar eine postmortale Höherentwicklung des menschlichen Daseins geben sollte, wie manche Autoren behaupten (etwa Swedenborg), erscheint der Tod wie eine neue Geburt, ein Durchgang, ein Tor, das man durchschreitet, „ein Hinübergehen in einen neuen Bewußtseinszustand“ (E. Kübler-Ross).[435] „Es gibt keinen Tod, es gibt nur Leben“,[436] diese tröstliche Erkenntnis kann in Trostvisionen für den Rezipienten momentan aufleuchten. „*We don't die*“ lautet der Titel eines Buches, in dem der Amerikaner George Anderson über seine Erfahrungen als spiritistisches Medium in Kontakt mit Verstorbenen berichtet.[437] Für gewöhnliche Sterbliche, ohne solche Ausnahmeerfahrungen oder in der Entfernung vom Augenblick einer Vision oder einer spiritistischen Sitzung, bleibt das Dunkel des Todes als Grenze des Erkennens, als undurchdringliche Wand bestehen. Rilkes Anliegen, jenseitige Erfahrungen „in das Ganze des Daseins einzuordnen“, bleibt deshalb dringlich. Der Dichter bezieht die Aufgabe dieser „Einordnung“ auf das Leben des Individuums. Im gleichen Sinn wird sie heute in der Trauertherapie praktiziert.[438] Darüber hinaus aber stellt sie sich der heutigen westlichen Gesellschaft als ganzer, die sich durch Wissenschafts- und Diesseitsgläubigkeit gegen Tod und jenseitige Erfahrungen abgeschottet hat.

Der „andere Bezug“

In einem Brief an eine junge Verehrerin, Ilse Jahr, beschreibt Rilke 1923 die Wandlung seines Gottesverständnisses. Am Anfang stand das Rußlanderlebnis seiner Frühzeit. Rußland

> „schenkte mir die Brüderlichkeit und das Dunkel Gottes, in dem allein Gemeinschaft ist. So *nannte* ich ihn damals auch, den über mich hereingebrochenen Gott, und lebte lange im Vorraum seines Namens, auf den Knieen... Jetzt würdest Du mich ihn kaum je nennen hören, es ist eine unbeschreibliche Diskretion zwischen uns, und wo einmal Nähe war und Durchdringung, da spannen sich neue Fernen, so wie im Atom, das die neue Wissenschaft auch als ein Weltall im Kleinen begreift. Das Faßliche entgeht, verwandelt sich, statt des Besitzes erlernt man den Bezug, und es entsteht eine Namenlosigkeit, die wieder bei Gott beginnen muß, um vollkommen

> und ohne Ausrede zu sein. Das Gefühlserlebnis tritt zurück hinter einer unendlichen Lust zu allem Fühlbaren...".[439]

(Mit dem Wort „Atom" spielt Rilke auf das Rutherford'sche oder Bohr'sche Atommodell von 1911/13 an, bei dem Elektronen durch den leeren Raum um einen Atomkern kreisen, und das die Vorstellung einer festen Materie in Bewegungen und Beziehungen auflöst.)

Die gefühlsmäßige Nähe zu Gott in Rilkes Frühwerk versteht der Dichter jetzt als eine Form von Besitz, von der er abrückt. Besitz ist beim späten Rilke negativ konnotiert („das bange, fast gemeine | Ding, das besitzen heißt"[440]), Besitzlosigkeit, Armut, Verzicht dagegen (wie schon seit der Frühzeit) positiv. Bezug ist ein Grundwort des späten Rilke.[441] Bezug signalisiert, nach Ulrich Fülleborn, „eine Grundstruktur des Daseins: das Bezogensein auf das Ganze der Welt, und das heißt auf Leben und Tod", und bedeutet, als gewußter oder gefühlter Bezug, „das Gegenteil von jeder Art Besitzverhältnis".[442] Der Bezug steht nicht in der Macht der Menschen, aber man kann versuchen, ihn zu ‚erlernen'.[443] „Mitzuwirken ist nicht Überhebung | an dem unbeschreiblichen Bezug, | immer inniger wird die Verwebung, nur Getragensein ist nicht genug."[444] Die Ungegenständlichkeit und Ungreifbarkeit des Bezuges verdeutlichen in Rilkes Wortschatz Adjektive als Attribute wie „unendlich",[445] „schwebend"[446] oder „unbeschreiblich".[447] Bezug reimt sich auf Flug und wird mit Substantiven in Verbindung gebracht wie: Sterne,[448] Schatten und Wind[449] oder Duft (der blumige Duft einer Tänzerin, der für das Kind eine „Welt" war).[450] Auch Begehren ist, wie Besitzen, dem Bezug entgegengesetzt.[451] Zum Bezug gehören Ferne und Entzug, ja der Bezug *ist* zugleich Entzug: „Mehr nicht sollst du fühlen als die reine | Richtung im unendlichen Entzug –".[452] „Bezug" meint, wie die genannten Wortverbindungen nahelegen, eine ungegenständliche sphärische Wirklichkeit, ähnlich dem Klang, der Musik, der Stille. Musik kann in Rilkes Dichtung eine Metapher der Ungegenständlichkeit sein.[453] Eine Haltung des ‚Hörens' ist vorausgesetzt, um in den Bezug eintreten zu können.

Um auf Rilkes Brief an Ilse Jahr zurückzukommen: Gott ist unfaßlich geworden, unnennbar, unbegreifbar und somit unbesitzbar. Das Verschweigen, das Nichtnennen, Nichtbegreifen, Nichtbesitzen Gottes kann zur Voraussetzung werden für den Bezug: zu ihm wie zu allen Dingen. In der Ersten Duineser Elegie (1912) konkretisiert sich der Gottesbezug in einem Hören: „Stimmen, Stimmen. Höre, mein

Herz, wie sonst nur | Heilige hörten (...)" (Z. 54f.). Anstelle der Stimme des christlichen Gottes, die er vielleicht nicht zu ertragen fähig wäre, erlauscht der Dichter die Mitteilungen der Geister der jungen Toten, „die ununterbrochene Nachricht, die aus Stille sich bildet." (Z. 60) Die Sonette an Orpheus (1922) richten sich an einen Gott, der die Kultur durch Musik zu den Menschen bringt, der Tiere durch „Tempel im Gehör" zivilisiert (SO I, 1) und sogar Steine „begabt mit Gehör" (SO I, 26). „Welch eine Stille um einen Gott", heißt es im Umkreis der Sonette.[454] In einem französischen Gedicht von 1924/25 schreibt Rilke: „*Si l'on chante un dieu, | ce dieu vous rend son silence. | Nul de nous ne s'avance | que vers un dieu silencieux.*"[455] „Wenn man einen Gott besingt, erwidert einem dieser Gott sein Schweigen. Unsereiner [ein Dichter] nähere sich nur einem schweigsamen Gott." Dieses Schweigen des Gottes wird hier positiv als Stille begriffen (*silence* bedeutet ja beides, Schweigen und Stille), eine Stille, in der ein „unmerklicher Austausch" geschieht, wie die zweite Strophe hinzufügt. Johannes Heiner schreibt, Rilke schlage vor, „den alten Begriff Gottes durch den neumystischen der Stille zu ersetzen."[456]

Für Tod und Jenseits gebraucht Rilke in der Neunten Elegie einmal die Chiffre „der andere Bezug": „Ach, in den andern Bezug, | wehe, was nimmt man hinüber?" (Z. 21f.) Es bleibt offen, ob Rilke hier mehr an die Beziehungen der Toten oder *zu* den Toten denkt. Beides läßt sich wohl für ihn nicht trennen.→[457] Tod ist für den Dichter also keine Bezuglosigkeit, keine „Verhältnislosigkeit",[458] auch wenn frühere Lebensbezüge abgebrochen sind (1. DE, Z. 69ff.). „Der Tod ist die uns abgekehrte, von uns unbeschienene *Seite des Lebens*", schreibt Rilke einmal.[459] Und an anderer Stelle heißt es bei ihm: „wie der Mond, so hat gewiß das Leben eine uns dauernd abgewendete Seite, die *nicht* sein Gegen-Teil ist, sondern seine Ergänzung zur Vollkommenheit, zur Vollzähligkeit, zu der wirklichen heilen und vollen Sphäre und Kugel des *Seins*"; „man soll das Leben so großmütig, so ohne Rechnen und Auswählen lieben, daß man unwillkürlich ihn [den Tod] (des Lebens abgekehrte Hälfte) immerfort mit ein-bezieht, ihn mit-liebt".[460] Heidegger, für dessen Denken der menschlichen Endlichkeit Rilkes Werk eine Inspirationsquelle bildete, faßt zusammen: „Der Tod und das Reich der Toten gehören als die andere Seite zum Ganzen des Seienden. Dieser Bereich ist ‚der andere Bezug'".→[461]

Todeserfahrung und Endlichkeitsbewußtsein können das menschliche Dasein verwandeln und auf Augenblicke ein Leben im Hier und Jetzt, eine eminente Erfahrung von Wirklichkeit und Gegenwart möglich machen. Rilkes Denken umkreiste diese Verwandlung spätestens seit den „Neuen Gedichten" (1907/08).[462] Für den späten Rilke kann der Mensch durch eine Änderung seiner Haltung in den „reinen Bezug" gelangen, der Tod und Leben umfaßt. Heidegger resümiert: „Was ist es, was im gewöhnlichen Wollen der Vergegenständlichung der Welt durch uns selbst uns versperrt und entzogen bleibt? Es ist der andere Bezug: der Tod. Er ist es, der die Sterblichen in ihrem Wesen anrührt und sie so auf den Weg zur anderen Seite des Lebens und so in das Ganze des reinen Bezuges setzt."[463]

1913 schrieb Rilke an Sidonie Nádherny: „alle unsere wirklichen Beziehungen, alle unsere durchgehenden Erfahrungen reichen durch das *Ganze*, Sidie, durch Leben und Tod, *wir müssen in Beidem leben, in beidem innig heimisch sein*, ich kenne Menschen, die schon mit derselben Liebe zutraulich dem einem wie dem anderen gegenüberstehen –, ist denn das Leben uns enträthselter, anvertrauter, als jener andere Zustand?"→[464] Diese Briefstelle und die oben zitierte, zehn Jahre später geschriebene von der „Kugel des Seins" ergeben, zusammen genommen, daß dem Menschen die paradoxe Aufgabe gestellt ist, in der Beziehung zu der *abgekehrten*, dauernd abgewendeten Seite des Lebens *heimisch* zu sein.

Wie ist diese Diesseits und Jenseits umfassende Ganzheit, diese Einheit von Lebens- und Todesbejahung zu verstehen? Welche Konsequenzen hat der Bezug zum Dunklen, Nichtenträtselbaren des Todes für die menschliche Existenz? Von einer „Entwertung des Hiesigen durch das Christentum" distanzierte sich Rilke.[465] In einem „selig irdischen Bewußtsein" sprechen die Elegien und Sonette von Tod und Totenreich.[466] Das Totenreich gehört zum Hiesigen[467] – als der „andere Bezug". Nicht gemeint sein kann also, daß wir schon hier auf Erden ganz in Jenseitigem, Übersinnlichem leben sollen, daß wir die Grenze des Todes negieren können (wie die Gestalt des Engels in der Ersten Elegie) oder bagatellisieren sollen (wie Großvater Brahe). Nur in Ausnahmemomenten kann der Mensch auf „die andere Seite der Natur" gelangen, wie es Rilke ungefähr gleichzeitig mit der Ersten Elegie in dem Text „Erlebnis" von 1913 schildert.[468] Ebensowenig soll der Tod verherrlicht oder heroisiert werden.→[469] Aus seinen Erfahrungen folgert der Dichter keine konkrete Verhaltenslehre. Die Sonette an Orpheus umschreiben eine Änderung der Haltung des Künstlers, der hier für den Menschen überhaupt steht, als eine Befreiung zu Demut, Dankbarkeit, Hinnahmebereitschaft und Wandlungsfähigkeit.

Wissenschaftliches Feststellen und Begreifen sind Formen des Besitzens. Die Geister der Toten sind unfaßbar, sie können weder ergriffen und festgehalten, noch begriffen, sondern allenfalls geahnt, geträumt, geschaut werden. Wir wissen nicht, wo und was sie sind. Unsere Beziehungen zu Toten können nie Besitz werden, weder wissenschaftlich noch religiös. Der „andere Bezug", als Bezug *zu* den Toten verstanden, ist paradigmatisch für Bezug überhaupt qua Nichtbesitz. Der Bezug des Menschen zum Ganzen der Welt, zu Leben und Tod, setzt kein festes, sicheres Wissen voraus. Er verlangt ein Handeln, den „Vollzug". Vollzug ist (nach Fülleborn) eine weitere „Leitvorstellung" Rilkes in den Sonetten an Orpheus.[470] In einem der Sonette (I, 12) heißt es: „Ohne unsern wahren Platz zu kennen, | handeln wir aus wirklichem Bezug. | Die Antennen fühlen die Antennen, | und die leere Ferne trug . . . || Reine Spannung. O Musik der Kräfte!"

Antenne, ursprünglich ein lateinisches Wort für Segelstange, bedeutete im Plural in der Wissenschaft zunächst die Fühlhörner der Insekten. Es wurde seit dem 19. Jahrhundert auf die Telekommunikation übertragen (etwa in Radio-Antenne) und von dort im 20. Jahrhundert weiter auf menschliches Gefühl, Gespür und Vorausahnung.[471] Über Wera Ouckama-Knoop, deren Andenken er die Sonette an Orpheus widmete, schreibt Rilke an Weras Mutter: „Oh, wie, wie liebte sie, wie reichte sie mit den Antennen ihres Herzens über alles hier Erfaßliche und Umfängliche hinaus."[472] Hier bezeichnet das Wort ein Sensorium für mehr als Diesseitiges, ähnlich wie Goethes „Fühlfäden".[473] Eine telepathische Wahrnehmungsfähigkeit könnte in dem Sonett I, 12 mitgemeint sein. Das Fühlen der „Antennen" ist nicht besitzergreifend. Zum Fühlen überhaupt gehört seit Rilkes mittlerem Werk die Abständigkeit, die Ferne.[474] Ahnungen waren bedeutsam für Rilkes Verständnis menschlichen Daseins: „Wie ahnungsvoll und unaufhaltsam sind alle wirklichen Zusammenhänge", schrieb er zum Beispiel über seine Beziehung zu Paul Valéry.[475]

Was heißt es, daß „die leere Ferne trug"? Leer bedeutet frei von Besitz und damit offen für eine „Musik der Kräfte". „Das scheinbar rein Negative der ‚Leere' schlägt um in Positives: Fülle des Klanges" (Mörchen).[476] Im Sinne eines solchen Umschlagens, einer solchen Verwandlung kann der Schluß der Ersten Duineser Elegie verstanden werden, wo vom Tod des mythischen Jünglings Linos die Rede ist. (Mit dem Namen Linos wurde in der griechischen Antike nicht nur eine mythische Gestalt, sondern auch eine Klagemelodie bezeichnet.) Dieser Mythos steht hier als ein Beispiel für den Zusammenhang von Trauer und „seligem Fortschritt" (Z. 90):

> „Ist die Sage umsonst, daß einst in der Klage um Linos
> wagende erste Musik dürre Erstarrung durchdrang;
> daß erst im erschrockenen Raum, dem ein beinah göttlicher Jüngling
> plötzlich für immer enttrat, das Leere in jene
> Schwingung geriet, die uns jetzt hinreißt und tröstet und hilft." (Z. 91ff.)

Poesie als eine ausgezeichnete Weise des menschlichen Daseinsvollzuges gibt die Möglichkeit, mit dem Dunkel des Todes umzugehen. Der Ausdruck „der andere Bezug", der bei Rilke nur an jener *einen* Stelle der Neunten Elegie begegnet, hat dort eine bedeutsame Funktion. Das „Sagen der Dinge", das dort als eine Grundmöglichkeit und Aufgabe von Dichtung bestimmt wird, versteht Rilke, ebenso wie das Rühmen und Preisen des Irdischen in den Sonetten an Orpheus, als einen Vollzug von Sprache, von Menschsein *im* anderen Bezug.

Rilkes Denken und Dichten ist modern, es richtet sich an Menschen der modernen westlichen Gesellschaft mit ihrer Verdrängung des Todes, ihrer Verleugnung des „anderen Bezuges". In der alten ostasiatischen Welt, der wir uns nun zuwenden, treffen wir auf eine gänzlich andere Situation, eine Kultur, in der die Menschen sich der Totenwelt auf Schritt und Tritt bewußt waren.

ZWEITER TEIL: OSTASIATISCHE LITERATUREN

3. Kapitel: Chinesische Literatur

§ 9. Totengeister in der chinesischen Volksreligion: Kultus, Erzählung, Erfahrung

Der Ahnenkult (nach J.J.M. de Groot)

Traditioneller chinesischer Anschauung zufolge ist die Welt der lebenden Menschen voller Totengeister. Der holländische Diplomat und Sinologe Jan Jakob Maria de Groot (1854–1921) veröffentlichte 1892–1910 ein sechsbändiges Werk, in dem er, aufgrund seiner Beobachtungen in der Stadt Amoy (heute Xiamen) und der Provinz Fuhkien (heute Fujian) sowie aufgrund literarischer Quellen, die chinesische „Religion der Toten" darstellt. Er schreibt, es sei

> „eine eingewurzelte Überzeugung des chinesischen Volkes, eine Lehre, ein Grundsatz, daß Geister (*spirits*) existieren und daß sie mit den Lebenden einen höchst lebhaften Verkehr unterhalten, fast ebenso nah wie der unter Menschen. Es gibt, gewiß, eine Trennungslinie zwischen Geistern und Menschen oder, was ziemlich das Gleiche bedeutet, zwischen den Toten und den Lebenden, aber es ist eine sehr dünne Linie, kaum erkennbar. In jeder Hinsicht hat dieser Verkehr einen aktiven Charakter. Er bringt Segen und Übel gleichermaßen, sodaß die Geister effektiv das Schicksal der Menschheit beherrschen." (4, 464)*

---

* Ziffern in Klammern ohne weitere Angaben bezeichnen in diesem § 9 Band- und Seitenzahlen von: J.J.M. de Groot: *The Religious System of China,* 6 Bde., Leyden 1892–1910.

Diese Überzeugung sei ein „Grundstein im Fundament der chinesischen Religion".

Dem chinesischen Ahnenkult lag diese Überzeugung von der Macht der Totengeister zugrunde. Der Einfluß der Toten konnte positiv oder negativ, segensreich oder unheilvoll sein. Das Motiv des Ahnenkultes bestand ursprünglich darin, die Geister der Vorfahren durch Opfer, Rituale, Gebete, Erinnerung gnädig zu stimmen und schädliche Wirkungen abzuwehren, potentiell böse Geister in gute zu verwandeln. Zum Ahnenkult gehörten unter anderem: ein guter Sarg für den Leichnam, ein guter Begräbnisplatz (unter *fengshui*-Gesichtspunkten), eine ausführliche Begräbniszeremonie; Einhaltung der Trauerzeiten und ihrer speziellen Kleidungen und Sitten; regelmäßige Opfer (Weihrauch, Kerzenlicht; Speise und Trank; Papiergeld und Gebrauchsgegenstände; diese letzteren wurden durch ihre Verbrennung ‚in die Geisterwelt geschickt'); regelmäßige Sorge für das Grab; Kommunikation: alle wichtigen familiären Ereignisse wurden dem Verstorbenen mitgeteilt, indem sie zu Hause vor der Ahnentafel mit Verbeugungen ausgesprochen wurden. Das größte Fest zu Ehren der Ahnen wurde an Neujahr gefeiert, dem bis heute wichtigsten Fest der Familie in China.

In der chinesischen Frühzeit wurden zwei Seelen eines Menschen unterschieden, die beim Tod verschiedene Wege gehen: *po* und *hun*. Die irdische *yin*-Seele *po* bleibt beim Körper im Grab, während die himmlische *yang*-Seele *hun* in die himmlische Region zurückkehrt. Diese Unterscheidung entstammte der Tradition des *Liji* (Li Chi), *Yijing* (I Ging), *Zuozhuan*, *Huainanzi*;[477] die *yinyang*-Auslegung gehörte nicht von Anfang an dazu. „Der Körper und die animalische Seele gehen hinab [ins Grab]; der vernunftbegabte Geist (*intelligent spirit*) [wörtlich: *qi* (*khi*), Atem] geht in die Richtung der Höhe", heißt es im *Liji* („Aufzeichnung der Riten") über das Geschehen nach dem Tod.[478] Später wurden weitere Seelen oder Aufenthaltsorte der Seelen unterschieden. Eine (*yang*-) Seele verkörperte sich in der Ahnentafel im Haus, von wo aus sie ihre Nachfahren, die Hausbewohner beschützte (4, 64); eine andere trat ihre Reise in die Schattenwelt an.[479] (Nach Cohen handelte es sich bei den verschiedenen Seelen der chinesischen Toten um Funktionen der verschiedenen Verehrungsformen im Rahmen des Ahnenkultes.[480]) Diese multiple Seelenvorstellung, schwer vereinbar mit einem Begriff von Individualität des Menschen, wurde in China nicht als widersprüchlich empfunden. Auch die abendländische Seelenvorstellung war und ist nicht frei von solchen scheinbaren Widersprüchen, denn, wie Hans-Peter Hasenfratz im Blick auf moderne europäische Gegebenheiten schreibt: „Auch ‚moderne' Zeitgenossen stehen nicht an, ihre Toten ‚im Himmel', gleichzeitig ‚im Grab' oder ‚irgendwie um sich' zu denken."→[481]

Der Zweiheit der Seelen *po* und *hun* entsprach eine Zweiheit von Geistern, *gui (kwei)* und *shen*. Die *po*-Körperseele sei von der *gui*-Natur, die himmlische Seele von der *shen*-Natur, heißt es im *Liji*.[482] In der Bedeutung von Totengeist konnte das Wort *gui* den negativen Beiklang von Gespenst oder Dämon haben, während das Wort *shen* auch von Göttern verwendet wurde und einen himmlischen Geist bezeichnete. Das Englische verfügt im Gegensatz zum Deutschen über die Möglichkeit, diesen Unterschied durch die Wörter *ghost* und *spirit* wiederzugeben. Die gegensätzlichen Begriffe *hun* und *po*, *shen* und *gui* wurden auch in Zusammensetzung (*hunpo*, *guishen*) verwendet.[483]

Der Ahnenkult war familienbezogen. Es handelte sich jeweils um die Verstorbenen und um das Schicksal einer Familie. Nach Mengzi (lat. Mencius) galt es als höchster Grad der Pietätlosigkeit, kinderlos zu sterben, weil durch den Abbruch der Generationenfolge den Vorfahren das notwendige Ahnenopfer entzogen werde (2, 612 u. 617). „Die Seelen derer, die ohne Nachkommenschaft verstorben sind, irren obdachlos und hungernd als Gespenster umher und suchen die Lebenden zu schädigen; daher sucht man sie durch Opfergaben zu beschwichtigen."[484] Ein spezieller Altar für „hungrige Geister", die keine Opfer von Nachkommen erhielten, befand sich an jedem lokalen Regierungssitz.[485] Die Bestattung von Leichen oder Knochen Unbekannter sowie von Toten mittelloser Familien wurde durch eine umfangreiche öffentliche Fürsorge sichergestellt, um die Geister dieser Toten nicht zu Feinden der Lebenden werden zu lassen (3, 855ff.). Schon früh wurde freilich in China der Gedanke als widersprüchlich empfunden, daß Eltern nach ihrem Tod zu potentiell schädlichen Geistern für ihre Kinder werden könnten (5, 772). Die Toten einer Familie galten – außer bei verfrühtem, unnatürlichem Tod[486] – als Helfer und Beschützer. Es gab jedoch Gegenbeispiele, sowohl in der schriftlichen Überlieferung, als auch laut Feldforschungen.→[487] Die Toten bedurften in jedem Fall im Jenseits der Unterstützung durch Gebete und Opfer seitens der Lebenden.

Der chinesische Ahnenkult erstreckte sich durch alle Zeiten bis in die Moderne hinein und wurde von allen Schichten praktiziert, vom Kaiserhaus bis zum einfachen Volk, je nach den finanziellen Möglichkeiten ausgestaltet. Er war im Rahmen der Staatsreligion „kodifiziert und reguliert".[488] Man rechnet ihn heute zur „Volksreligion". Das ist ein wissenschaftlicher Hilfsbegriff für jene Kulte, die sich keiner der „drei Lehren" von Konfuzianismus, Daoismus und Buddhismus zuordnen lassen. Tatsächlich bildete er das Herzstück der chinesischen Religion überhaupt. Religion in China war „ein einziger Komplex von beträchtlichem Alter, der durch die Praxis häufiger ritueller Opfer sorgfältig komponierter Mahlzeiten für die Verstorbenen der Familie und für Naturgeister zusammengehalten wurde" (Jordan Paper).[489] Chinesische Religion war kein Glaubenssystem, keine Lehre, sondern ein Komplex von Riten, von Verhaltensweisen. Wenn Erfahrungen mit dem Wirken von Totengeistern diesen Kultus ursprünglich motiviert haben mochten – das Ritual hatte sich von diesem Untergrund gelöst und verselbständigt. Man kann „geradezu von einem säkularisierten Ritual sprechen, das in den San-li [*den drei Ritenklassikern*] überliefert wird" (Bernt Hankel). Konfuzianische Quellen datieren diesen Wandel, demzufolge die Riten in „Distanz zu den Geistern" vollzogen wurden, auf den Beginn der Zhou-Dynastie im 11. Jahrhundert v.Chr.[490] Ein Konfuzianer des 6. Jahrhunderts schrieb über die Rolle der Ahnengeister bei den ihnen zugedachten Opfern, „[j]ene ‚Menschendämonen' (*rengui*) [*Totengeister*] seien heute nicht mehr anwesend, wogegen sie früher einmal anwesend gewesen seien."[491] (Über die konfuzianischen Ansichten zum Ahnenkult folgt unten mehr.)

Ein besonderer Totenkult galt bestimmten herausragenden Persönlichkeiten. „In Dörfern sowie auf Plätzen und Straßen der Städte errichtet das Volk allenthalben Kapellen oder Tempel zu Ehren wichtiger Personen, welche entweder wirklich gelebt haben oder wenigstens als historisch betrachtet werden."[492] Menschen konnten auf diese Weise posthum zu Göttern erhoben und angebetet werden. Das Recht auf Kanonisierung stand dem Kaiser zu. Der Gott Guo Chongfu zum Beispiel wurde 963 als Mensch geboren und starb mit 13 (nach anderen mit 16) Jahren eines mysteriösen Todes. Danach hörte er nicht auf, in Träumen und Visionen seinen Dorfmitbewohnern und später einem größeren Kreis von Verehrern zu erscheinen. Er wurde zum „Schutzheiligen" der Provinz von Fujian. Dort „hat er seinen Platz unter den

Hausgöttern errungen, die verehrt werden", schreibt de Groot.[493] Von zahlreichen „vergöttlichten menschlichen Beschützern" im nördlichen Teil der Provinz Zhejiang handelt Clarence Burton Day in seinem Buch „Chinese Peasant Cults".[494] Ein daoistischer Großmeister Wang aus dem 12. Jahrhundert soll nach seinem Tod zu einem Schutzgeist seines Heimatdorfes geworden sein. „Er beschützt die Landsleute und bringt ihnen Glück", heißt es in einem daoistischen Lehrroman des 18. Jahrhunderts.[495]

Einigen Autoren zufolge beruhte der chinesische Ahnenkult auf einer Vergöttlichung der Vorfahren.[496] Andere Autoren betonen, daß im Kultus Unterschiede zwischen Göttern und Ahnen bestehen blieben. [497] Die katholische Kirche sah den chinesischen Ahnenkult als Religion und mit dem christlichen Glauben unvereinbar an. Die päpstliche Entscheidung im sogenannten „Ritenstreit", die diese Unvereinbarkeit feststellte, führte im 17. Jahrhundert zum Verbot christlicher Mission in China und zur Vertreibung der Jesuiten.[498] Die „Praktiken und Sitten [des chinesischen Volkes] hinsichtlich der Geister (*ghosts, spirits*) und der Gottheiten haben in der Hauptsache immer eine Religion entkörperter menschlicher Seelen gebildet" (4, 417). Diese „Religion der Toten", durch die Bücher des Konfuzius und seiner Schule „sanktioniert" (1, 346), war die ursprüngliche Religion Chinas.

Im heutigen China dürften die Gebräuche des traditionellen Ahnenkultes und die sie begleitenden Überzeugungen größtenteils verschwunden sein. Aber noch im 21. Jahrhundert begab sich ein junger Chinese vom Lande am Neujahrstag regelmäßig in eine weit entfernte Stadt, um dort vor der zentralen Ahnentafel seiner Familie eine Verbeugung zu machen.[499]

Das Wirken der Toten

Die Gegenwart der Totengeister überhaupt, nicht nur der Ahnengeister im Leben der Menschen geht aus einem großen Teil der chinesischen Literatur hervor. Helwig Schmidt-Glintzer spricht von der „Sensibilität der Bevölkerung Chinas für das Übernatürliche"[500] und gibt damit zu verstehen, daß er hier eine spezifische Begabung dieses Volkes erblickt. Viele der literarischen Schilderungen sind zwar märchenhaft und phantastisch. In anderen jedoch wird ein Kern paranormaler Erfahrung faßbar. Diesen Unterschied verkennt de Groot, der den chinesischen Geisterglauben pauschal zum haltlosen Aberglauben erklärt. Von den Berichten aus dem chinesischen Schrifttum, die er anführt, seien im folgenden einige erwähnt. Wir ergänzen sie um ein paar weitere Stellen teils aus der schöngeistigen, teils aus der historisch-wissenschaftlichen Literatur (auch aus Feldforschungsberichten).

Daß Tote nur in Übereinstimmung mit den Prinzipien Einfluß nehmen können, die das Universum beherrschen, betonte Zhu Xi (Chu Hi) (4, 430ff.).[501] De Groot hält das für Geschwätz (4, 431), gibt aber zu, daß diese „Konzeption, daß Geister (*ghosts*) in das menschliche Leben und Schicksal nur mit Zustimmung des Himmels eingreifen", durch die chinesische Literatur aller Zeitalter geht (4, 434). Beginnen wir mit wohltätigen Toten. Verstorbene Mütter sorgen für ihre leiblichen Kinder, welche unter einer bösen Stiefmutter zu leiden haben (4, 420; ohne Quellenangabe).[502] Das Motiv dieser Geschichten begegnet auch in europäischen Sagen.[503] Daß Geister verstorbener Mütter oder Väter sich um ihre Kinder und Enkel sorgen, ist aus Fallberichten der Parapsychologie bekannt.[504] – Andere Geschichten könnten wenigstens teilweise auf realen Erlebnissen beruhen: etwa die Geschichte der beiden befreundeten Junggesellen, von denen der eine früh stirbt. Im Jahr nach seinem Tod erscheint er dem Freund und redet ihn mit den Worten an: „Unglücklicherweise starb ich früh, und meine Gedanken verweilen unablässig bei dir" (zit. 4, 427). Eine solche Kommunikation läßt sich parapsychologisch als möglich einstufen. Daß er dem Freund eine Ehefrau verschafft, muß man dagegen, nach heutigen westlichen Maßstäben, wohl als legendenhaft ansehen.

Eine Übereinstimmung mit den Prinzipien des Universums kann man besonders in jenen Geschichten finden, die von einer Sühne, einer Wiederherstellung des Rechts handeln; wobei vorausgesetzt wird, daß Sittenordnung (*li*), Recht und Moral keine willkürlichen Setzungen des Menschen, sondern kosmisch begründete Ordnungen darstellen.[505] Ermordete erscheinen einem Machthaber im Traum und erreichen die Bestrafung des Mörders (4, 440f.). Ein unschuldig Hingerichteter schlägt, als Geist, im Anwesen des schuldigen Präfekten und Richters so lange und hartnäckig die Trommel, bis dieser aus Angst erkrankt und stirbt (4, 441). Für die Frage, ob ein Geist eine Trommel schlagen kann, sei an die Geschichte des „Trommlers von Tedworth" erinnert, die in Joseph Görres' „Christlicher Mystik" berichtet wird.

Auch dort richtet sich der geisterhafte Trommellärm als Vergeltung gegen eine höhergestellte, mächtigere Persönlichkeit; jedoch handelt es sich dort um einen Vorgang außerhalb des Rechts und vielleicht um Magie.→[506]

Menschen im alten China mußten und durften in ihrem Handeln den Einfluß der Toten berücksichtigen. Ein Kaiser, Taizu, verbat sich letztwillig Menschenopfer bei seiner Beerdigung und drohte seinem Erben, der für das Begräbnis verantwortlich war: „Wenn Du von diesem meinem Geheiß abweichst, werden meine Manen [*Totengeister*] Dir nicht beistehen aus dem Land der Schatten" (zit. 2, 815). Mörder mußten damit rechnen, vom Geist ihrer Opfer verfolgt zu werden. In dem Roman „Die Räuber vom Liangshan" (14. Jh.) bittet das Opfer eines Raubüberfalles seinen potentiellen Mörder, es unverstümmelt sterben zu lassen, mit den Worten: „‚Mein Geist wird Euch dann nicht heimsuchen'",[507] das heißt mit der Drohung, ihn ansonsten als Geist zu verfolgen. Verstümmelung wurde als hinderlich angesehen für das Weiterleben der *po*-Seele in der Unterwelt[508] oder für eine eventuelle Wiederauferstehung (1, 342ff.).

Bei der (historischen) Zeremonie zur Eröffnung der literarischen Beamtenprüfung wurden (nach de Groot) die unsichtbaren Totengeister feierlich herbeigerufen. Eine Aufforderung an die Geister, Rache zu üben – „Und ihr, die ihr zuunrecht leiden mußtet, zahlt es jetzt heim!"– wurde eines Tages aus humanitären Gründen gestrichen, wohl weil zu viele Prüflinge im Bewußtsein einer Schuld sich in ihren Zellen erhängten oder auf andere Weise schädigten. Die Regierung bediente sich der Mithilfe der Geisterwelt oder der Furcht vor dieser, um die guten und ehrlichen Beamten auszuwählen (4, 462f.). Manche Kandidaten formulierten, aus Angst vor einer Rache der Geister, statt des geforderten literarischen Essays über das vorgegebene Thema ein Geständnis ihrer Verbrechen. Seinen Erfolg schrieb ein Kandidat hilfreichen Geistern zu, auch wenn er nicht wußte, welche Geister zu seinen Gunsten interveniert hatten; ob es etwa Geister von Menschen waren, die ein Vorfahre des Kandidaten sich zu Dank verpflichtet hatte, oder menschliche Geister, „die eine Zeit lang in einem Tier gelebt hatten, das durch einen Vorfahren oder den Kandidaten selbst freundlich behandelt worden war" (4, 463). Der Glaube an das Eingreifen der Geister bei Prüfungen wurde in der Literatur auch satirisch aufs Korn genommen.[509]

In den beiden folgenden Absätzen zitieren wir aus Feldforschungsberichten. Auf Taiwan in den 1960er Jahren war die zweite Ehefrau eines Mannes gehalten, für dessen verstorbene erste Ehefrau an deren Todestag ein besonderes Speiseopfer darzubringen und zu sagen: „,Ich hoffe, die ältere Schwester wird mich beschützen und mir helfen, für die Kinder zu sorgen.'"[510] Dem Neid und der Rankünе der toten ersten Gattin sollte vorgebeugt werden. Denn: „Geister (*ghosts*) der verstorbenen ersten Frauen werden von den Dorfbewohnern als gefährlich betrachtet, weil sie auf ihre Nachfolgerin[nen] eifersüchtig sind", wie es in einer Untersuchung über cantonesische Kulte heißt.[511]

Die religiösen Anschauungen und Gebräuche in einem taiwanesischen Dorf enthalten weitere Beispiele für das Eingreifen der Toten und für eine wechselseitige Abhängigkeit von Lebenden und Toten. Ein Mädchen, das im Alter von einem Jahr gestorben ist, wird etwa sechzig Jahre später als Gottheit verehrt. Als die Familie diese Verehrung beenden will, wird ihr Leben „sehr unharmonisch", das heißt sie wird vom Unglück verfolgt und somit gezwungen, den Kultus wieder aufzunehmen.[512] Unverheiratet gestorbene Mädchen können posthum, etwa durch Träume, ihre Verheiratung mit einem lebenden Mann fordern. Ihr Wunsch wird erfüllt, weil es der Familie sonst schlecht ginge.[513]

In den meisten Zitaten dieses Abschnittes, Erzählungen oder Berichten, ist von Totengeistern allgemein, nicht speziell von Ahnengeistern die Rede, und nur ein paar mal von verstorbenen Müttern oder Vätern. Der britische Anthropologe Maurice Freedman hat, „im Lichte der vergleichenden Ethnographie", von der „relativen Ineffektivität der chinesischen Ahnen", von ihrer „allgemeinen Gestimmtheit des Wohlwollens" gesprochen. Bestrafung durch die eigenen Ahnen sei selten in China. Solange sie ihre Opfer erhalten, scheinen sie zufriedengestellt und wohltätig, und scheinen ihren Nachwuchs mit der Macht, die ihnen durch ihren Einfluß bei den Göttern zur Verfügung steht, zu beschützen. Anders als die Ahnen in vielen Teilen der Welt, seien sie keine moralischen Richter über das Verhalten ihrer Nachkommen und verhängten Strafen über ihre Nachfahren nur, „wenn sie vernachlässigt oder durch einen Fehltritt im Familienverhalten, der sie herabsetzt, persönlich beleidigt worden sind."[514] In der chinesischen Literatur jedoch werden Ahnen gelegentlich von ihren Nachkommen durchaus als strenge Richter gefürchtet. In Texten der Han-Zeit haben die Lebenden Sorge, ihren Ahnen gegenüberzutreten, wenn sie Schande über ihr Geschlecht gebracht haben.[515] Das Gleiche gilt in dem Roman „Der Traum der roten Kammer" (s. unten § 11). Dort ertönen einmal Seufzer im Ahnentempel, um frevelnde Nachfahren zu mahnen. Sie stellen eine Reaktion auf einen „Fehltritt im Familienverhalten" dar. Die Mahnung wird, jedenfalls momentan, ernstgenommen, weil sie Unglück als Strafe befürchten läßt.

Geistermedien

Ein „Medium" ist, nach Jordan Papers Definition, „ein sozialer Funktionsträger, dessen Körper allein – während das Bewußtsein der Person in einem ekstatischen Zustand ausgeschaltet ist – als ein Mittel für Geister dient, um Mitgliedern der Gruppe des Mediums beizustehen und / oder mit ihnen in einer positiven Weise zu kommunizieren."[516] Böse Geister sind von dieser Definition ausgeschlossen, wie der Autor betont. In dieser quasi behavioristischen Definition klammert Paper die Seele aus, die (oder deren unbewußter Teil) doch das eigentliche Medium der mediumistischen Kommunikation darstellt. In der Besessenheit gehöre nur der Körper dem Menschen, das „Herz" aber dem Gott oder Geist: so gibt Henri Maspero die chinesische Anschauungsweise wieder.[517]

a) Mediumismus im Sinne der obigen Definition gab es in China seit früher Zeit. Im Ahnenopferritual fungierte der Darsteller des Toten, der *shi*, als Medium des Totengeistes.[518] Die Rolle des *shi* (wörtlich übs. = Leiche[519]) wurde gewöhnlich vom Enkelsohn des Verstorbenen oder von der Schwiegerenkeltochter der (weiblichen) Verstorbenen übernommen. Der Enkel oder die Schwiegerenkelin wurden zum „Mittel" für den Geist des (oder der) Verstorbenen, „zu dem Opfer herabzusteigen, die Opfergaben zu essen und zu trinken, dadurch betrunken zu werden und Segen für die Sippe zu gewähren."[520] Dieses Opfer war, nach Paper, das verbreitetste religiöse Ritual der Elite. Die Formulierung im „Buch der Oden": „Die Geister sind alle betrunken"[521] bezog sich auf den Geist des Verstorbenen, der vom *shi* verkörpert wurde, und auf die Ahnengeister, denen der *shi* während des Rituals Speisen und Wein anbot. Der *shi* hatte sieben Tage gefastet, bevor er rituell den Opferwein trank. Dieser Mediumismus des Darstellers des *shi*, seine Besessenheit durch verstorbene Ahnen des Klans, wurde bis in das chinesische Mittelalter hinein praktiziert.[522]

In einem großen Teil der wissenschaftlichen Literatur werden ekstatische religiöse Phänomene, darunter auch diese mediumistischen, bis heute unter den Begriff des Schamanismus gefaßt. Mircea Eliade betont jedoch, daß Besessenheit durch Geister (also Mediumismus) ein weltweit verbreitetes Phänomen ist und nicht spezifisch für den Schamanismus im strengen Sinn. Diesen Unterschied machte schon T.K. Oesterreich.→[523] Jordan Paper erläutert den Unterschied von Schamanismus und Mediumismus. Der Schamane dirigiert aktiv das Geschehen, ruft und verabschiedet die Schutzgeister, die ihn in Beziehung zur übernatürlichen Welt bringen und so in Stand setzen, zu heilen und zu weissagen. Das Medium hingegen ist passiv und weiß nach dem Ende der Ekstase nichts von dem, was der Geist des Toten durch seinen Mund gesprochen hat. Schamanismus ist den Jäger- und Sammlerkulturen zugeordnet und in Sibirien und der Polarregion, nördlich von China, zuhause. Mediumismus dagegen, mit seinem starken Bezug zu den Ahnen und somit auch zu den Gräbern, setzt eine Ackerbaukultur voraus und kommt auch in Südostasien und Ozeanien, also südlich von China, vor.[524] Paper weist auch auf Überlappungen und Verbindungen der beiden Formen kultischer Praxis hin.[525]

b) Neben der Rolle des *shi* im Ahnenritual ist vor allem der ekstatische *wu*-Kult als Beispiel für Mediumismus zu nennen. Er ist in China seit dem 18. Jahrhundert vor Christus nachweisbar. Die *wu*-Priester und -Priesterinnen waren (nach de Groot) „Männer und Frauen, die von Geistern [der Toten] oder von Göttern besessen waren und infolgedessen als Seher und Wahrsager, Exorzisten und Ärzte agierten; Anrufer und Beschwörer, die Götter zu Opfern herunter brachten und andere priesterliche Funktionen erfüllten und sich gelegentlich in Verwünschungen und Zauberei mit Hilfe der Geister ergingen." (6, 1212) „Die alten Schriften zeigen uns diese Priester und Priesterinnen als Personen, welche die Seelen der Verstorbenen und der Götter in ihren Körper aufzunehmen und dadurch den Opferstätten und anderen Orten zuzuführen imstande waren; sie konnten dadurch Regenfall bewirken, Gespenster vertreiben und Orakelsprache reden",[526] sie konnten die Wünsche der Götter hinsichtlich der Opfer erfahren und medizinischen Rat geben. Ein Autor des 1. Jahrhunderts, Wang Chong, schreibt über die *wu*: „Die Toten vergangener Generationen versetzen Menschen in Trance und gebrauchen sie, um zu reden. Wenn die *wu* mit geheimnisvollen Klängen beten, holen sie die Seelen der Toten herunter, die durch die Münder der *wu* sprechen. Alle ihre Worte sind nichts als Prahlerei."[527] Wang Chong schreibt, daß der Wuismus besonders in den südlichen Regionen Chinas blühte (6, 1205).

Der *wu*-Kult wurde früher als eine Art von Schamanismus beschrieben.[528] De Groot, der ihn Wuismus nennt, vergleicht die *wu* mit den Schamanen Sibiriens (6, 1190) und nennt auch einige Züge bestimmter Ausprägungen des *wu*-Kultes, wie das „Fangen gestohlener menschlicher Seelen" (6, 1248) oder Hilfsgeister und Seelenreise (bei den *wu* in Xiamen) (6, 1335f.), die an den Schamanismus Sibiriens erinnern. Eine Gleichsetzung des chinesischen Wuismus mit Schamanismus (etwa durch Werner Eichhorn) wird heute infrage gestellt.[529]

Bevor die *wu*-Priester durch die konfuzianische Staatsreligion entthront wurden (6, 1205), bildeten sie die eigentliche Priesterschaft Chinas. Ein Han-Kaiser konnte für seine Genesung den Rat einer verstorbenen Fürstin durch das Medium einer *wu*-Priesterin einholen (6, 1201). Ein Kronprinz setzte, nach dem Tod seines Vaters, seine Ansprüche auf den Thron mit Hilfe einer *wu*-Priesterin durch, die unter Tränen ausrief: „Der [tote] Kaiser (...) steigt in mich herab", und darauf dem Toten Stimme verlieh (6, 1206).[530] In einer rebellischen Armee opferte ein *wu*-Priester einem verstorbenen Sproß des Kaiserhauses, um dessen Segen und Hilfe zu erhalten, woraufhin dieser, durch das Medium eines *wu*, auf die Thronvergabe Einfluß nahm (6, 1209). Zeitweise erfuhren die *wu* höfische Unterstützung und Anstellung, zu anderen Zeiten wurden sie auf der höfischen Ebene immer wieder unterdrückt. In der Ming- und Qing-Zeit wurden ihre Kulte unter Androhung der Todesstrafe verboten (6, 1242). „Dennoch, Medien wirkten weiter unter wechselnden Namen, bis in die Gegenwart." (Paper)[531] Im Rahmen der „Volksreligion" bestanden die Praktiken auf lokaler Ebene weiter.[532]

c) Im China des 19. und 20. Jahrhunderts traten, wie in Europa, Geistermedien auf, durch deren Mund Tote (angeblich) zu ihren Angehörigen sprechen konnten. Chiang Monlin [Jiang Menglin, 1886–1964] etwa, der als Junge im Alter von sieben Jahren seine Mutter verlor, schreibt in seiner Autobiographie von 1947: „Ich erinnere mich noch daran, wie aufregend es war, als vor einem halben Jahrhundert meine tote Mutter durch ein Medium zu mir sprach."[533] Valentine R.

Burkhardt publiziert in seinem Buch über „Chinesische Glaubensformen und Gebräuche“ (das auf Beobachtungen in der damaligen britischen Kolonie Hongkong beruht) einen Augenzeugenbericht über eine Séance im 20. Jahrhundert, in der ein toter Großvater mit seinen lebenden Enkelinnen sprach. Der Großvater gab sich durch vielerlei Wissen über die familiäre Situation zu erkennen. Er beantwortete die Frage nach dem Grund des Schweigens einer entfernt wohnenden Enkelin, indem er den Diebstahl ihrer Briefe namhaft machte. „Die beschränkten Lebensumstände seiner Nachkommen schrieb er der Tatsache zu, daß vor der Familienvilla ein Haus gebaut worden war, welches deren Glück ruiniert hatte“[534] („indem es die wohltätigen Ausflüsse einer Lage mit gutem *fengshui* blockiert hatte“, wie Lawrence G. Thompson erläuternd hinzufügt[535]). Ob das Medium bei solchen Sitzungen durch einen Toten inspiriert war oder nur das Bewußtsein des oder der anwesenden Familienangehörigen telepathisch anzapfte, darf gefragt werden (vgl. § 3).[536] Die Auskünfte des Großvaters könnten schon vor der Sitzung im Bewußtsein der anwesenden Enkelinnen vorhanden gewesen sein. Nach Burkhardt sind Chinesen telepathisch ausgesprochen sensitiv begabt.[537] Sogar eine Erklärung von diesseitiger Telepathie, mittels der Begriffe *qi* und Quintessenz, wurde im Han-zeitlichen China versucht (s. unten § 10).[538]

Eine Möglichkeit des Kontaktes zu Verstorbenen war das Geisterschreiben, bei dem eine Astgabel mit einem Haken in der Mitte als Schreibgerät in den Händen des Mediums und eines Mitwirkenden fungierte. Das Gekritzel mußte von einem Dritten, einem geübten Assistenten ‚gelesen‘, das heißt interpretiert werden (6, 1295–1322).[→539] De Groot schildert den typischen Verlauf solcher Sitzungen, die den Glauben an Einfluß *und* Hilfsbedürftigkeit der Verstorbenen bezeugen:

> „Groß auch ist die Freude, wenn irgendein verstorbenes Mitglied der Familie des Ratsuchenden sich selbst unerwartet manifestiert. Es wird dann sicherlich seine Verfassung in den jenseitigen Regionen beschreiben und wie, wo und wann seine Verwandten diesen Zustand mittels Opfern und Requiem-Messen verbessern können. Die Familie erfährt so die Mittel, durch die sie gleichzeitig seine Dankbarkeit, Schutz und Hilfe sicherstellen kann, die für das Leben auf Erden so nützlich sind.“ (6, 1300)

Im Kapitel über den weiblichen Wuismus seiner Zeit handelt de Groot von weiblichen Medien, die in den Gemächern der Frauen gerne konsultiert wurden. „Es sind dann Geister (*ghosts*) von verstorbenen Verwandten, ebenso wie Geister (*spirits*) von Göttern, wie Kwan-ti [Guandi, dem Kriegsgott], die durch solche Medien Rat geben, Zukunft vorhersagen und Dämonen austreiben. Geister der Toten für den Zweck solcher Psychomantie heraufzurufen, ist eine sehr übliche Praxis unter dem weiblichen Geschlecht in Amoy.“ (6, 1332) Es „ist sogar in vielen Familien üblich, jeden Verwandten mindestens einmal, nicht lange nach seinem Tod, [durch ein Medium] zu befragen.“ (6, 1333)[540] (In Japan in der zweiten Hälfte des 20. Jahrhunderts waren Verwandte sogar verpflichtet, einen Toten innerhalb der ersten hundert Tage nach seinem Ableben anzurufen.[541])

Einige zusammenfassende Sätze Valentine R. Burkhardts mögen diesen Abschnitt beschließen. Der Chinese, schreibt Burkhardt,

> „ist bei jedem Schritt des Lebens vom Übernatürlichen umgeben. Seine verstorbenen Verwandten sind wörtlich seine Vertrauten (*familiars*), denn er zögert nicht, sie heraufzurufen, wann immer er Rat benötigt. (...) [D]ie Toten sind immer in Reichweite und anscheinend bereit, sich durch die Dienste eines Mediums mitzuteilen. Solange die Lage des Grabes bekannt ist, scheint der Geist (*spirit*) ansprechbar zu sein.“[542]

Bei dem Volksstamm der Hakka bestand diese Ansprechbarkeit erst 49 Tage *nach* dem Ableben des Verwandten, also erst nachdem dessen Geist, auf dem Höhepunkt der Trauertage, sich in der Ahnentafel niedergelassen hatte.[543] Diese siebenwöchige Totenzeremonie war eine buddhistische Neuerung.[544] Nach de Groots Schilderung fand das Punktieren und Beseelen der Ahnentafel bereits am Tag der Beerdigung statt (1, 211–216).

Unsicherheiten und Kritik des Geisterglaubens

a) Ein Glaube an die Wirkmacht der Totengeister spricht aus großen Teilen der chinesischen Literatur. Es gab aber Gegenkräfte, die auf die Unterdrückung dieses Glaubens ausgerichtet waren und sich in der Literatur gleichfalls bemerkbar machen. Zu ihnen zählte die Lehre des Konfuzius († ca. 476 v.Chr.), die das Denken der staatstragenden gebildeten Oberklasse für lange Zeit prägte. Zu bedenken ist dabei, daß „Konfuzius“ als Autor oder Herausgeber von Schriften weitgehend eine fiktive Gestalt, eine Schöpfung seiner Editoren und Kommentatoren ist. Der Name Konfuzius sollte daher im folgenden immer in Anführungszeichen gedacht werden.

Konfuzius soll gesagt haben: „Man achte auf die Geister, aber halte sich fern von ihnen.“[545] Der Satz stammt aus dem *Lunyu*, den „Gesprächen“ des Konfuzius. Eine vollständigere Übersetzung der Stelle lautet: „Der Meister sagte, ‚Sich seinen Pflichten den Menschen gegenüber gewissenhaft widmen und Geister (*guishen*) zwar respektieren, sich aber von ihnen fernhalten, darf Weisheit genannt werden.‘“[546] Daß Geister existieren, anerkannte Konfuzius, ihre Wirkungsmacht aber wollte er einschränken. Besessenheit im Rahmen mediumistischer Rituale sollte ausgeschlossen werden. „Wer sich mit den Geistern einläßt, wird von ihnen besessen.“[547] Diese Worte vom Anfang des 19. Jahrhunderts (aus Shen Fus Autobiographie, die Warnung eines Nachbarn) artikulierten eine weit verbreitete Befürchtung, die schon die konfuzianische Forderung nach Distanz motiviert haben könnte.

An anderer Stelle im *Lunyu* heißt es: „Worüber der Meister nicht sprechen mochte, das waren außergewöhnliche Phänomene, Kraftstücke, Aufruhr und Geister (*shen*).“[548] Es gab unkontrollierbare Geister, die gefährlich waren. Sie werden hier mit (politischem) Aufruhr zusammen genannt. Über sie zu schweigen, war eine Abwehrstrategie. C.K. Yang [Yang Qingkun, 1911–1999] übersetzt: „Der Meister sprach nicht über außergewöhnliche Kräfte und Unruhe bringende Geister.“[549]

Konfuzius war bestrebt, das menschliche Denken auf den irdischen, sittlichen, ethisch-politischen Bereich zu konzentrieren. Seine Haltung des Humanismus, sein scheinbarer Agnostizismus hinsichtlich der Geister beruhte auf kluger Selbstbegrenzung. Seine Antworten auf die Fragen eines Schülers nach Tod und Totendienst lauten im *Lunyu*: „Solange wir das Leben nicht verstehen, wie können wir den Tod verstehen?“→[550] „Solange wir nicht in der Lage sind, Menschen zu dienen, wie können wir den Geistern der Toten dienen?“ [551] Der Roman „Geschichte einer glücklichen Gattenwahl“ aus der frühen Qing-Zeit (1644–1911) atmet konfuzianischen Geist insofern, als von Geistern überhaupt keine Rede ist. Kompromißlos richtet sich das Handeln der Hauptfiguren auf die Einhaltung der Riten, der Sitten aus.[552]

Trotz Konfuzius' Abneigung, *über* Geister zu sprechen, wurde der Ahnenkult – der sich, nach volkstümlicher Überzeugung, *an* die Geister der Ahnen richtete – zu einem Grundpfeiler der konfuzianischen Lehre. „Die Konfuzianer (...) nahmen [im Gegensatz etwa zu Zhuangzi (Tschuang Tse)] eine konservative Position ein, indem sie akzeptierten, was lange in der chinesischen Kultur existiert hatte: Geister (*ghosts and spirits*)."[553] Sie legten großen Nachdruck auf das korrekte Praktizieren des Ahnenrituals. Festgelegt wurden Inhalt und Anordnung der Opfer, geziemende Kleidung, Gestik und Haltung der Opfernden, Reihenfolge (Priorität) des Erscheinens der Familienmitglieder vor dem Altar.[554] Damit verfolgten sie eine pädagogische Absicht in Hinblick auf das Ideal der kindlichen Ehrfurcht und Ehrerbietung (*xiao* = *filiality*). Zweck der Ahnentempel und Ahnenopfer sei es, „die Herzen pietätvoller Söhne [zu] bestärken", heißt es in einem antibuddhistischen Traktat des 6. Jahrhunderts, in Interpretation klassischer Texte.[555] Diese ethisch-psychologische Rationalisierung des Ahnenkultes entsprach der Tradition des Konfuzianismus.[556] Das Ahnenritual erscheint hier von jenseitigen Erfahrungen entleert.

Das *Lunyu* erklärt die kultische Praxis des Konfuzius aus einer Haltung des Als-ob: „Er opferte den Toten, als ob sie anwesend seien. Er opferte den Geistern (*shen*), als ob die Geister anwesend seien."[557] Mit den Toten sind hier die Ahnen des Konfuzius gemeint, mit den Geistern jene Geister, denen er in seiner Eigenschaft als Beamter opfern mußte.[558] Wang Chong, der skeptische Rationalist des 1. Jahrhunderts, spitzte die Erklärung der Praxis des Ahnenkultes weiter zu: „Die Konfuzianer (...) behaupten, daß die Toten kein Bewußtsein haben und sich nicht in Geister verwandeln können. Wenn sie dennoch zu den Opfern beitragen und anderen Erfordernissen des Grabkultes genügen, so wollen sie damit zum Ausdruck bringen, daß sie den Verstorbenen gegenüber nicht undankbar sind und daß sie sie deshalb behandeln, als ob sie am Leben wären."[559] Im *Liji* (das als Werk des Konfuzius galt) ist dagegen mehrmals von einem „verständigen Geist" die Rede, der beim Tod eines Menschen zum Himmel zurückkehre; auch der Meister selbst gebraucht dort einmal diese Worte.[560] De Groot folgert daraus, Konfuzius habe gelehrt, „daß die entkörperten menschlichen Seelen Bewußtsein haben" (4, 9). – Wenn die Dorfbewohner die Pestdämonen vertrieben, soll Konfuzius „in Hoftracht auf der obersten östlichen Treppenstufe" seines Hauses gestanden haben, „um die

Geister (seiner Verstorbenen) in ihren Altären vor Störungen zu bewahren", heißt es im *Liji*.[561] Es fällt schwer, eine solche Handlungsweise aus einer Haltung des Als-ob heraus zu verstehen. Mehrere Autoren haben die Vorstellung, Konfuzius sei hinsichtlich der Existenz der Totengeister Agnostiker gewesen, denn auch differenziert oder kritisiert.[562]

Der Bereich der Geister ist ein Bereich des „Dunklen und Unsichtbaren", wie es im *Liji* heißt.[563] In diesem Bereich sind bei manchen Fragen allzu genaue Festlegungen nicht möglich. Kenneth E. Brashier arbeitet anhand Han-zeitlicher Quellen ein „Spektrum" von fünf verschiedenen „Interpretationen" der Existenz der Ahnengeister heraus. Diese Interpretationen, obwohl zum Teil logisch widersprechend, konnten von einer und derselben Person gleichzeitig vertreten werden.[564] „Äußerungen der Unsicherheit waren", laut Brashier, „Teil der Standardgrammatik des Ahnenkultes".[565] Das *Liji* bringt an vielen Stellen, die den Ahnenkult betreffen, menschliches Nichtwissen zur Sprache und läßt Fragen ausdrücklich offen, zum Beispiel nach dem Aufenthaltsort des Totengeistes während eines bestimmten Opferrituals[566] oder, ob der Tote die Opfergaben genießen werde.[567]

Der Konfuzianer Xunzi (Hsün Tzu) im 3. Jahrhundert v.Chr. verstand den Ahnenkult als Ausdruck der Gefühle des Trauernden und als Stärkung der Moral und der Familienbande, also ausschließlich diesseitig. Den Glauben an eine übernatürliche Wirklichkeit der Ahnen betrachtete er als Sache des einfachen Volkes.[568] Nicht alle Konfuzianer dachten so rationalistisch wie er. Im *Liji* wird der Glaube an die Existenz der Totengeister an einer Stelle psychologisch erklärt und auf die Praxis der Trauerriten zurückgeführt; die Stelle stammt vielleicht von Xunzi: „Während der Tage solcher Schlaflosigkeit denkt der Trauernde an seine Verstorbenen, wie und wo sie saßen, wie sie lachten und redeten, welches ihre Ziele und Ansichten waren, woran sie Freude hatten, welche Dinge sie wünschten und genossen. Am dritten Tag einer solchen Übung wird er jene *sehen*, für die sie angewendet wird."[569] Und „in seiner versunkenen Zerstreutheit des Geistes" (C.K. Yang übersetzt: „in seiner traumartigen Geistesverfassung") sucht er, „mit den Toten in ihrem unkörperlichen Zustand eine enge Verbindung zu haben, falls sie seine Opfergaben vielleicht genießen, falls sie dies vielleicht tatsächlich tun könnten."[570]

Der Neokonfuzianer Xie Shangcai (1050–1103) sagte über die Totengeister: „Wenn Du willst, daß sie existieren, so existieren sie, wenn du willst, daß sie nichtexistent sind, sind sie nichtexistent.“[571] Die Wirksamkeit der Strategie des Verdrängens durch Sich-Fernhalten und Verschweigen, die Konfuzius in Hinsicht auf gewisse Geister befolgte, läßt sich durch diesen Satz gut begründen.→[572]

b) Daß Gespenster von Toten in der Nähe der Gräber umgehen, war im alten China offenbar eine relativ häufige Erfahrung. Aus diesem Grund wurden Grabstätten in der Landschaft, weit entfernt von den Dörfern, etwa inmitten von Feldern angelegt.[573] In der Nähe von Exekutionsplätzen wurden häufig Gespenster beobachtet, wobei die Enthaupteten ohne Kopf erschienen (1, 355; 4, 419). Shen Fu am Anfang des 19. Jahrhunderts kannte in der Nachbarschaft seines Elternhauses einen Pavillon am Flußufer, wo „stets die Geister von Ertrunkenen umgingen“.[574] Aus dem Taiwan der 1960er Jahre wird von einem Dorf berichtet, durch das jede Nacht ein Geist ging und dabei wie ein Bettler zwei Bambusstöcke aneinanderschlug. Dorfbewohner, die die Erscheinung gesehen oder erlebt haben wollten,[575] verstanden sie als das Gespenst eines Bettlers, der dort einst vor seinem Tod oft durchgezogen war. In den Beispielen dieses Absatzes handelte es sich um ortsgebundene, meist anonyme Gespenster.

Der Aufklärer Wang Chong im 1. Jahrhundert bestritt, daß Gespenster die Geister von Toten seien. Er argumentierte, „es sei für eine Seele absolut unmöglich, in der Gestalt eines Körpers zu erscheinen, der durch den Prozeß des Vermoderns vernichtet ist“ (4, 412).[576] Er leugnete das Vorkommen von Gespenstern nicht und schrieb, es handle sich um Phantome, die die menschliche Gestalt lediglich annehmen; Nachahmungen der menschlichen Gestalt in einem „wundersamen Fluidum“.[577] Damit war er von der Parapsychologie nicht allzu weit entfernt, die etwa betont, daß Gespenster nicht die Toten selbst seien, sondern Abspaltungen (eines „phantasmogenetischen“ Zentrums); oder von der Auffassung, es handle sich um Erscheinungen im Astralleib, der mit dem physischen Leib nicht identisch, sich im Sterben von diesem lösen und dessen Gestalt annehmen könne.[578] Nach Wang Chongs Meinung war ein Geist (*shen*) als solcher etwas Diffuses und Gestaltloses.[579]

Rästelhaft bleibt die Kleidung der Gespenster. Scharfsinnig fragte Wang Chong (in der Zusammenfassung durch de Groot): „Wenn wir zugeben, daß es die Vitalseele (*jingshen*) ist, die ein sichtbares Gespenst (*gui*) wird, wenn der Körper vernichtet ist, wie sollen wir dann die Tatsache erklären, daß Gespenster im allgemeinen mit Kleidern und Gürteln bekleidet gesehen werden, obwohl Kleidungsstücke und Gürtel gewiß niemals eine Vitalseele besaßen?“[580] Auch spätere Schriftsteller führten diese unbeantwortete Frage als ein Argument gegen den Geisterglauben ins Feld.[581] Dieses „Rätsel von Belang“ (Ambrose Bierce) läßt sich durch einen Vorgang der Projektion erklären (s. § 1).

Ein weiteres Argument Wang Chongs gegen die Existenz menschlicher Totengeister lautete: „Wenn die Toten wirklich Bewußtsein besäßen, dann würde es an der Tagesordnung sein, daß die Geister Ermordeter vor irdischen Richtern erscheinen, um ihre Mörder anzuzeigen“.[582] Es gibt viele fiktive Erzählungen wie etwa jene über Richter Bao Gougan, dem in seinen Träumen Tote erscheinen und zur Aufklärung ihres Mordfalles Hinweise geben.[583] Nach Nicholas B. Dennys ist das sogar der „häufigste Typ von Geistergeschichte, dem man in China begegnet“: „jener, in der einer, der ruchlos behandelt wurde, [als Toter] an diejenigen appelliert, die seine Interessen vertreten, ihn zu rächen.“[584] Nichtfiktive Schilderungen im Abendland bezeugen, daß es derartige prozeßrelevante Totenerscheinungen wirklich gegeben hat.[585] Was Wang Chong in kritischer Absicht hypothetisch fingiert, hat also tatsächlich stattgefunden. Analoges gilt für die von Wang Chong aufgestellte hypothetische Fiktion, daß, wenn Tote Bewußtsein hätten, „jene, deren Leichen verborgen sind, regelmäßig ihren Verwandten erscheinen würden, um ihnen zu sagen, wo sie nach ihnen zu suchen hätten“ (4, 414). Auch derartige Hinweise von Toten sind, in Traumerscheinungen, vorgekommen.[586] Bestehen bleibt freilich in beiden Fällen die von Wang Chong festgestellte Tatsache, daß solche Vorfälle nicht „an der Tagesordnung“ waren, sich nicht „regelmäßig“ ereigneten.

Shen Fu, Autobiographie (1809)

Unerachtet aller Kritiker finden sich auch im China der modernen Zeit Beispiele für den Glauben an die Wirksamkeit der Totengeister. Ein Beispiel aus der Literatur des 19. Jahrhunderts entnehmen wir der

Autobiographie von Shen Fu (aus dem Jahr 1809 oder 1816). Dies Beispiel zeigt, daß keineswegs nur das einfache Volk vom Wirken der Totengeister überzeugt war. Shen Fu war ein Gebildeter, zu dessen Lebenserfahrung Vorzeichen, Vorahnungen, Gespenster gehörten. Ihm begegnete ein guter, hilfreicher Totengeist. In der autobiographischen Erzählung von Mao Xiang aus dem 17. Jahrhundert, die als ein mögliches Vorbild Shen Fus gilt, fehlt das Motiv der Beziehung zu einem Totengeist.[587]

In seinen „Sechs Aufzeichnungen über ein unstetes Leben" setzt Shen Fu seinen Ehejahren mit der geliebten und jung gestorbenen Yun ein Denkmal. Diese Ehe war so glücklich und kameradschaftlich, daß Yun auf dem Sterbebett ihr Glück als eine Art Hybris, als das „Glück der Unsterblichen" empfand.[588] Es bestand nicht in materiellem Reichtum, sondern in der vertrauten und harmonischen Beziehung der Eheleute untereinander, gegründet auf vielen gemeinsamen, besonders literarischen Interessen, bei bescheidenstem Auskommen. Auf ihrem letzten Krankenlager wußte Yun (deren Eltern tot waren), daß sie bald sterben werde, denn: „Ich träume Tag für Tag, daß meine Eltern ein Boot schicken, um mich abzuholen".[589] Einige Wochen nach ihrem Tod, aber noch vor der Beerdigung erlebte Shen Fu den Tag der „Rückkehr der Seele". An diesem Tag kehrt nach volkstümlicher Überzeugung die Seele zurück und sieht sich ihr altes Zuhause an.[590] Deshalb wird in den Zimmern alles so hergerichtet, wie es zu Lebzeiten des Verstorbenen war, werden die alten Kleider bereitgelegt, Wein und Speisen bereitgestellt. Shen Fu schildert die volkstümlichen Gebräuche und erläutert, wie sein Verhalten von ihnen abwich. Üblich war es, daß die Angehörigen in der betreffenden Nacht das Haus verließen, aus Angst vor bösen Geistern, in deren Gefolge die Seele kommen könnte, und vor Besessenheit. Dagegen blieb er zuhause und wachte neben Yuns Bett:

> „Ich streichelte die Kleider, die Yun zurückgelassen hatte und in denen noch ihr Duft war. Unvermerkt krampfte mein Herz sich zusammen, und mir wurde schwarz vor den Augen. Aber ich sagte mir, ich sei gekommen, um Yuns Seele zu sehen, und dürfe nicht einfach einschlafen. Also riß ich die Augen auf und blickte um mich, und da sah ich, daß die bläulichen Flammen der beiden Kerzen auf dem Tisch flackerten und so klein wurden wie Bohnen. Es lief mir eiskalt den Rücken hinunter, und ich begann am ganzen

und schaute aufmerksam hin. Da wuchsen die beiden Flammen allmählich in die Höhe, bis sie vielleicht ein *chi* [33 cm] hoch waren, und beinahe wäre das papierbeklebte Lattenwerk der Zwischendecke in Brand geraten. Während ich die Helligkeit nutzte, um mich gut umzusehen, wurden die Flammen plötzlich wieder kleiner wie schon zuvor. Mein Herz klopfte, die Glieder zitterten mir, und schon wollte ich meinen Gefährten hereinrufen, aber dann bedachte ich, daß die Anwesenheit von soviel Lebendigem die zarte Seele der Toten gefährden könnte, und rief nur leise Yuns Namen und sprach ein Gebet. Im Zimmer blieb es still, und es war nichts zu sehen. Bald wurden die Kerzenflammen wieder heller, aber sie stiegen nicht mehr in die Höhe. Ich ging hinaus und erzählte Zhang Yumen, was ich erlebt hatte."[592]

Nach der Beerdigung und nach einer Reise in seine Heimat kehrt Shen Fu an den Sterbeort seiner Frau zurück. „So konnte ich mich oft an Yuns Grab ausweinen und lebte in trauriger Einsamkeit mit meinem Schatten."[593] Am Feiertag des 9.9. betet er an ihrem Grab. (Die Zahl 9 ist im *Yijing* dem *Yang* zugeordnet. Der 9.9. bedeutete, als doppelte Neun, die Fülle des *Yang*, die ein an diesem Tag gesprochenes Gebet besonders wirkungsvoll machte.[594]).

„Im stillen betete ich: ‚Der Herbstwind weht schon heftig, ich aber gehe noch immer in ungefütterten Kleidern. Wenn du die Macht dazu hast, hilf mir, eine Stellung zu finden, damit ich den Rest des Jahres überstehe, bis endlich eine Nachricht von zu Hause kommt.' | Wenig später wollte Herr Zhang Yu'an, der im Kreisamt von Jiangdu eine Sekretärsstelle bekleidete, nach Zhejiang zurückkehren, um einen Angehörigen zu begraben. Er bat mich, ihn drei Monate lang zu vertreten. So hatte ich die Möglichkeit, die kalte Jahreszeit zu überstehen."[595]

De Groot schreibt, die Trennungslinie zwischen Lebenden und Toten sei in China sehr dünn. Durchlässig wird sie aber nur in seltenen Augenblicken. Ein immer wiederkehrender Topos in der chinesischen Geisterliteratur ist die Feststellung oder sogar die Aufforderung, daß Tote und Lebende getrennte Wege gehen oder gehen sollten.[596] Die Trennung bleibt also in der Regel bestehen. So heißt es bei Shen Fu: „ich (...) lebte in trauriger Einsamkeit mit meinem Schatten". In einer chinesischen Anthologie *Wenxuan* des 6. Jahrhunderts gibt es die von Pan Yue verfaßte Rede einer Witwe, wo unter anderem die Undeutlichkeit einer Totenerscheinung beklagt wird: „obwohl alles dunkel und verschwommen ist, kommt es mir vor als würde mein [*verstorbener*] Mann sich mir nähern. Ich beweine die auseinandergehenden Wege von Leben und Tod".[597] So bleibt auch Yuns Totengeist, selbst in dem kurzen Augenblick der Nähe, für den Witwer unfaßbar und kann sich ihm nur als ein Hauch, eine Luftbewegung in dem nächtlichen Zimmer, oder später durch eine freundliche Fügung des Schicksals in Gestalt einer Anstellung Shen Fus in den Wintermonaten bemerkbar machen. (Kerzenflammen „klein wie Bohnen" deuten auch an einer anderen Stelle der Autobiographie Shen Fus auf die Gegenwart eines Totengeistes hin: in der Szene beim „Pavillon der Dunklen Wellen".[598])

§ 10. „Berichte von der Suche nach Geistern" (4. Jh.)

Das *Soushen ji* aus dem 4. Jahrhundert – der Titel lautet, wörtlich übersetzt, „Berichte von der Suche nach Geistern"[599] – besteht, in der 20-Kapitel-Version, aus 464 kurzen Texten, die von wundersamen, anormalen oder übersinnlichen Gestalten und Ereignissen handeln und in Kapiteln nach Sachgebieten locker geordnet sind. Das Werk wurde von Gan Bao († 336) aus verschiedenen Quellen kompiliert oder teilweise auch selbst verfaßt. Es war zeitweise verloren, wurde in der späten Ming-Zeit aus Zitaten in anderen Büchern (Textsammlungen, Anthologien) rekonstruiert und 1603 erstmals gedruckt.[600] Die einzelnen Texte variieren nach Länge (zwischen zwei Zeilen und zwei Seiten) ebenso wie nach Charakter und Realitätsgehalt. Die Ausgabe von DeWoskin und Crump von 1996, „*In Search of the Supernatural. The Written Record*", ist die einzige vollständige Übersetzung des Werkes in eine westliche Sprache. Wir zitieren die Texte nach dieser Ausgabe, mit der dortigen durchlaufenden Numerierung.

Im Einzelnen behandelt das Werk: mythische Gestalten der Vor- und Frühzeit, Magier und ihre Wundertaten (Kap. 1–3); Wege der Kommunikation zwischen Götter- und Menschenwelt (Kap. 4, 5); Vorzeichen, die den Zustand des Reiches und der Dynastie betreffen (6, 7); Vorzeichen, Träume und numinose Ereignisse, die sich an Einzelne richten (8, 9); prophetische Träume (10); wunderbare Taten und Ereignisse und ihre besonderen seelischen und moralischen Voraussetzungen im Menschen (11); wundersame Naturwesen und Naturerscheinungen (12); Geschichten über Wasser (Quellen, Brunnen, Regen, Flut), Feuer oder Insekten (13); unnormale Zeugungen oder Geburten (14); unnormale Tode, Fälle einer Rückkehr ins Leben, Nahtoderlebnisse (15); Beziehungen zwischen Lebenden und Toten (-geistern), einschließlich sexueller und ehelicher Beziehungen (16); Geister (17–20), darunter: streichspielende, betrügerische Geister (17); Ding-, Baum- und Tier- (bes. Fuchs-) Geister (18, 19); bedürftige, dankbare, hilfreiche oder rachedurstige Tiergeister (20).[601]

Das *Soushen ji* vertritt prototypisch eine literarische Gattung, die sich in China im 3. bis 6. Jahrhundert herausbildete, das *zhiguai* („Beschreibung des Außergewöhnlichen"). Dieses neue Genre war „inhaltlich auf der Grenzlinie zwischen Geschichtsschreibung und Literatur angesiedelt".[602] Unter dem Begriff des Außergewöhnlichen konnten ganz verschiedene Dinge zusammengefaßt werden. Das *Soushen ji* zum Beispiel gibt unter anderem mythische Vorstellungen, Erzählungen aus Volkstraditionen und mündliche Überlieferungen wieder und gebraucht auch „Materialien, die sich persönlichen Erfahrungen verdankten".[603] „Der Kompilator des *Sou-shen Chi* nutzte ohne Umstände Auskünfte aus zugegebenermaßen erdichteten Werken ebenso wie aus solchen, die er für ‚historisch' hielt."[604]

Affinitäten der *zhiguai*-Texte zu historischen Texten bestehen durch die Untertitel der Sammlungen (als Berichte, Aufzeichnungen, Überlieferung), durch Datierung und Lokalisierung der berichteten Ereignisse, Verweise auf Quellen, Interesse an fremden Völkerschaften sowie durch die bibliographische Klassifizierung der Texte als historische Literatur. Noch in der Tang-Zeit (7.–9. Jahrhundert) wurden sie in Bibliographien als eine Art von Historie geführt, wenn auch als eine mittelmäßige, zweitklassige Art, und erst im 11. Jahrhundert aus der bibliographischen Rubrik Historie ausgegliedert.[605] DeWoskin betrachtet die *zhiguai*-Texte als Geburt der Prosadichtung (*fiction*), die sich in jener Zeit von der Historie zu lösen beginne.[606] Die Gattung nimmt also eine eigenartige Stellung zwischen Historie und Dichtung, Tatsachen und Fiktion ein, deren Bereiche noch nicht scharf unterschieden werden. Für unseren Zusammenhang ist bedeutsam, daß es sich nicht *nur* um fiktive Geschichten handelt. Ein *zhiguai*-Verfasser hatte auch etwas von einem Ethnographen. Einzelne Texte des *Soushen ji* wurden nach Gan Baos Tod als Beiträge zur Anthropologie und

Ethnographie der „barbarischen“ südlichen Kulturen ernstgenommen.[607] Gan Bao, der zeitweise das Amt eines Hofhistoriographen innehatte und auch ein historisches Werk verfaßte (*Jinshu*), wollte sein *Soushen ji* als ein Werk eigener Kategorie beurteilt sehen, als eine „andere Historie“ (Campany).[608] Er verfolgte mit seinem *Soushen ji* die Absicht, die Macht des Übernatürlichen zu veranschaulichen.[609] In einem Vorwort, das separat in der „Historie der Jin-Dynastie“ (*Jinshu*) überliefert ist,[610] formuliert er seine Absicht, „klar zu machen, daß die Geisterwelt keine Lüge ist“.[611] Grund genug, uns hier mit diesem Buch zu befassen. Erinnert sei auch an die Hoffnung eines anderen *zhiguai*-Verfassers, Guo Xian (Kuo Hsien), auf Leser, „deren Verständnis sich über das Gewohnte hinaus erstreckt“.[612]

Textarten

Das *Soushen ji* stellt verschiedenartige Texte zusammen, auch solche, die sich für uns heute hinsichtlich des Realitätsgehaltes der berichteten Ereignisse erheblich unterscheiden. Die Kategorien von Texten a – d, die wir im folgenden unterscheiden, erfassen bei weitem nicht alle Arten von Geschichten, die in dem Werk vertreten sind. Viele andere Gesichtspunkte der Einteilung und Typisierung wären möglich.[613]

a) Es wird etwa von Menschen eines Volksstammes berichtet, deren Köpfe die Fähigkeit besitzen, nachts vom übrigen Körper losgetrennt umherzufliegen, wobei sie die Ohren als Flügel verwenden (Nr. 306). Hier handelt es sich um eine bildhaft einprägsame, phantastisch-surreale Erzählung, die nach heutigen Maßstäben nicht auf einer realen Erfahrung basieren kann (außer vielleicht auf Traumerfahrungen). Nach Derk Bodde handelt es sich um eine „wandernde“ Sage, die sich auf der ganzen Welt findet, und die in China durch die eingeborenen Stämme im Süden und Südwesten des Landes inspiriert worden sein könnte.[614]

b) Anders verhält es sich bei Texten, die von außersinnlichen Wahrnehmungen berichten, die wir heute als zwar außergewöhnlich, aber doch möglich einstufen würden. Das *Soushen ji* enthält manche Texte, die als Erlebnisberichte ebensogut in der Stoffsammlung eines wissenschaftlichen parapsychologischen Werkes des 19. oder 20. Jahrhunderts auftauchen könnten und dort nicht auffallen würden. Das ist bei einem Zeitabstand von anderthalb Jahrtausenden bemerkenswert. In einigen dieser Fälle muß man hinzufügen: *mutatis mutandis*; das heißt: zeitbedingte Einzelheiten müßten geändert werden; und Einzelheiten, die sich literarischer Stilisierung und Ausschmückung oder legendenhafter Anreicherung verdanken, müßten eingeklammert werden. Bei großzügiger Zählung machen diese Texte etwa zehn Prozent des *Soushen ji* aus. Wir denken hier an die Berichte über:

- Vorahnung und Präkognition (Nr. 38, 168, 246),
- Vorhersage (Prophetie) (234, 242, 448),
- Prophetische Träume (101, 236, 248, 258, 260, 284, 286),
- Telepathie, außerräumliche Kommunikation von Lebenden (276f.),
- Traumerscheinungen Sterbender (299, 387)
- Traumerscheinungen Toter (259, 291, 382ff.),
- ein Gespenst (386),
- Nahtoderfahrungen (146, 177, 365–368),
- Stimmenauditionen (312, 385, 413),
- Lichtvisionen (52, 237),
- Poltergeister (51, 358), u.a.

Alle diese Phänomene können nach Auskunft der Parapsychologie als real möglich und nicht phantastisch betrachtet werden. Sie gehören einer allgemein menschlichen Ebene paranormaler Erfahrung an. Texte dieser Sorte kann man im Kern als „historische“ begreifen. Wir kommen im nächsten Abschnitt auf sie zurück. Sie können freilich, trotz der Möglichkeit der beschriebenen Erfahrungen, erdichtet oder literarisch stilisiert sein.

Als eine gewisse Parallele zu manchen Texten des *Soushen ji* lassen sich europäische Sagen betrachten. Auch viele Sagen erheben, im Unterschied zu Märchen, den Anspruch auf Glaubwürdigkeit, auf Wahrheit. Sie lokalisieren die Ereignisse und erzählen vom Einbruch des Jenseitigen in die Menschenwelt. Sie wurden im 18. bis 20. Jahrhundert gesammelt und zum Teil damals auch erst aufgezeichnet.[615] Es gibt, wie Leander Petzoldt schreibt, Phänomene, „die einerseits zum festen Bestandteil einer magischen Sagenwelt gehören (Todanmelden, Vorgesichte, d.h. Präkognition, und Telepathie), andererseits aber ebensogut in einer parapsychologischen Fallsammlung ihren Platz haben“.[616] –

Zwischen den beiden Textarten a und b im *Soushen ji* besteht für uns heutige Leser ein prinzipieller Unterschied. Unklar ist, ob er für den chinesischen Kompilator des 4. Jahrhunderts ebenso bestanden hat. Im Werk sind die beiden Textarten durcheinander gemischt. Sie wurden vielleicht nicht als kategorial verschieden betrachtet. Der Kompilator und seine Zeitgenossen hielten sie wohl für gleichermaßen wahr oder jedenfalls gleichermaßen wissens- und bewahrenswert. De-Woskin erwägt, „daß Gan Baos Absicht beim Schreiben des *Sou-shen-chi* weithin undifferenziert war hinsichtlich Historie, Philosophie und Fiktion, so wie wir die Begriffe verstehen.“[617]

Den Anstoß zum Ausarbeiten des *Soushen ji* bildete angeblich, einer Biographie Gan Baos aus dem 7. Jahrhundert zufolge, ein wunderbares Erlebnis, nämlich eine Nahtoderfahrung seines Bruders, der „einst erkrankt, zu atmen aufgehört hatte. Dennoch erkaltete sein Körper etliche Tage lang nicht, sondern [*der Bruder*] kam später wieder zu Bewußtsein und sagte, er habe die Handlungen der Geister und Seelen im Himmel und auf Erden gesehen. Es war, als ob er von einem Traum erwacht sei, und davon, daß er tot gewesen war, wußte er nichts.“[618] Die Glaubwürdigkeit dieses Berichtes bestätigen heutige Nahtoderfahrungen.[619] Wie eine Legende klingt dagegen die im selben biographischen Zusammenhang erzählte Geschichte von einer Dienerin des Vaters, die in dessen Grab zehn Jahre lang ohne Kontakt zur Außenwelt überlebte, vom toten Vater mit Nahrung versorgt, und danach wieder in ein normales Leben zurückkehrte. In diesen beiden Geschichten sind persönliche Erfahrung und legendenhafte Fiktion als Wurzeln des Werkes nebeneinandergestellt.

Das *Soushen ji* wurde, wie gesagt, aus verschiedenen Quellen geschöpft. Eine dieser Quellen war möglicherweise das Familienarchiv des Kompilators, oder Archive verschiedener Familien in seinem Umkreis. Ein Vorwort zu einer analogen *zhiguai*-Sammlung, von Guo Xian (Kuo Hsien), berichtet von solchen Quellen.[620] In einem derartigen Archiv können geschriebene Berichte über paranormale Erfahrungen aufbewahrt und überliefert worden sein. In einem der Texte des *Soushen ji* bittet ein Toter in einer Traumerscheinung um die Umbettung seines Sarges. Nachdem der Sarg wirklich, den Angaben des Traumes gemäß, aufgefunden worden ist, sagt der Rezipient der Traumerscheinung: „Ich habe oft genug gehört, daß Erfahrungen wie diese falsch und nichtig seien. Aber was über Generationen weitergegeben worden ist, kann nicht ohne einige Wahrheit sein.“ (aus: Nr. 383) Diese Sätze enthalten vielleicht eine Selbstaussage des Verfassers oder Kompilators. Nicht zufällig findet sich diese mutmaßliche Selbstaussage in einem Text der Kategorie b. – Neben den mythologisch-fiktiven (a) und parapsychologisch-möglichen (b) Texten gibt es weitere Kategorien, nämlich:

c) fiktive Geistergeschichten, die in Anknüpfung an Texte der Sorte b und in spielerischer Weiterspinnung der dort geschilderten Erfahrungen entwickelt worden sein könnten. Aus der Parapsychologie ist die Erfahrung bekannt, daß ein sterbender Mensch durch eine Traumerscheinung oder seine Erscheinung als Gespenst nahestehenden Familienangehörigen oder Freunden von seinem Tod Nachricht gibt (s. § 1). Zwei Texte des *Soushen ji* beziehen sich auf diese Erfahrung (Nr. 299, 387; s. den folgenden Abschnitt). In einigen anderen Texten des Werkes mißbrauchen scherzende, streichspielende Geister dieses Erfahrungsmuster und führen Menschen über den Tod eines Familienangehörigen oder Ehepartners in die Irre (Nr. 400ff.). Bei diesen letzteren Texten könnte es sich um spielerische Weiterentwicklungen handeln, seien sie nun mythologisch (im Sinne der Trickster-Vorstellung) oder literarisch zu verstehen.

d) Eine weitere Kategorie bilden die quasi aufklärerischen Texte, die zum Glauben an die Realität und Macht der Geister implizit kritisch Stellung nehmen. Texte dieser Art sind wiederum unter die anderen gemischt. Die Geschichten sind also nicht alle gleichsinnig.

Ein Zauberer läßt einen weißen Ochsen erscheinen, der als Opfertier benötigt wird, um einen Kranken zu heilen. Aber nicht durch das Opfer wird der Kranke „unverzüglich" geheilt, sondern durch sein Erstaunen über den erfolgreichen Apport, das Herbeizaubern des Ochsen (Nr. 64). – Ein vermeintliches Wunder – ein Maulbeerbaum trägt Pflaumen – wird, samt der darum herum entstandenen Wallfahrt, auf eine menschliche Ursache zurückgeführt und dadurch beseitigt. Der Mann, der einst den Pflaumenkern in den hohlen Maulbeerbaumstamm legte, klärt über diese Ursache auf und fällt schließlich den Baum (Nr. 100). Diese Geschichte praktischer Aufklärung findet sich auch in Ge Hongs *Neipian*.[621] DeWoskin meint, sie könne dem originalen *Soushen ji* nicht zugehört haben, weil sie dessen Zielsetzung widerspricht, die Geisterwelt als real zu erweisen.[622] Aber Gan Bao könnte erkannt haben, daß die Geisterwelt zweideutig ist und nicht insgesamt, wohl aber in einzelnen Fällen auf Täuschung beruht.

Eine Ratte, die einem Magistratsbeamten mehrmals den Tod voraussagt und schließlich an dem besagten Tag sogar in Trauerkleidung erscheint, stirbt am Ende selbst, weil der Betroffene in keiner Weise reagiert hat (Nr. 437).→[623] Die Macht der Geister liegt hier im Glauben an sie begründet, Unglaube läßt sie in sich zusammenbrechen. Ein entgegengesetztes Beispiel liefert die Geschichte eines Rationalisten, der unerschütterlich die Nichtexistenz von Geistern vertritt – im Gespräch mit einem Geist! Nachdem der Geist mit seinen Argumenten nicht durchgedrungen ist, bleibt ihm am Ende nur übrig, sich als solchen zu erkennen zu geben, woraufhin sein Gegenüber die Fassung verliert und stirbt (Nr. 378).[624] Der Rationalist in dieser Geschichte, der durch die Begegnung widerlegt wird, trägt übrigens den Namen eines Zeitgenossen Gan Baos, Rhuan Zhan (Juan Chan), der „eine Schule des Denkens" gegründet hatte, „die auf der Nichtexistenz von Geistern basierte".[625] Den Herrschaftsanspruch der Rationalität bestärken Geschichten, in denen ein unerschrockener Konfuzianer einen spukenden Tiergeist (oft Fuchsgeist) bekämpft und tötet und so den Spuk überwindet. Ein furchtloser Bürger, „berühmt für seine orthodoxen Anschauungen", erweist sich einer solchen Tat fähig (Nr. 426).[626] Die orthodoxen (konfuzianischen) Anschauungen „pflegten einen Glauben an Dämonen und Anomalien auszuschließen", wie die Übersetzer hinzufügen.[627]

Der Kompilator nimmt also eine aufklärerische oder konfuzianisch-konservative Geisterkritik in sein Werk mit auf. Er stellt sich über den Gegensatz von (blindem) Geisterglauben und rationalistischem Unglauben. Wenn Geister zum Gegenstand des literarischen Spiels und der Fiktion werden können, gilt dies für eine Kritik der Geister in gleicher Weise. Durch das literarische Spiel wird die Macht der Geister *ebenso wie* der Geisterkritik gebrochen. Die Vereinbarkeit von Geisterglauben und Rationalität wird durch das chinesische Nebeneinander von Daoismus und Konfuzianismus, als zwei „Schulen",[628] erleichtert. Von seinem *Baopuzi* bezeichnet Ge Hong die „äußeren Kapitel", welche menschliche und staatliche Dinge betreffen, als konfuzianisch, die „inneren Kapitel" über Götter und Geister, Wunder und Beschwörungen als daoistisch. Ein ähnliches „Schisma" findet sich auch im Denken von Gan Bao, der mit Ge Hong befreundet war. In seinen öffentlichen, offiziellen Schriften und in privaten, persönlich motivierten Büchern vertrat er divergente Positionen.[629]

Außersinnliche Wahrnehmungen

Im folgenden zitieren wir einige Geschichten der Kategorie b aus dem *Soushen ji* und erläutern sie, indem wir auf Theorien in Han-zeitlichen Texten (aus dem 3. Jh. v.Chr. bis 1. Jh. n.Chr.) zurückgreifen, die K.E. Brashier in seinem Buch „Ancestral Memory in Early China“ anführt. Das *Soushen ji* wurde im 4. Jahrhundert n.Chr. aus zum Teil schon vorliegenden älteren Texten kompiliert. Datierung und Zugehörigkeit einzelner Nummern der Sammlung können aufgrund der Textgeschichte unsicher sein.

> „Tseng-tze [Zengzi] folgte Konfuzius nach Ch'u, aber plötzlich wurde seine Seele *(heart)* bewegt, und er bat um die Erlaubnis, nach hause zurückzukehren. Als er seine Mutter befragte, antwortete sie: ‚Ich vermißte dich, deshalb kaute ich auf meinen Nägeln.‘ | Konfuzius hörte man sagen: ‚Tseng Shens kindliche Ergebenheit *(filiality)* war so groß, daß ihr Wesentliches über zehntausend Li [5000 km] gefühlt werden konnte.‘“ (Nr. 276)[630]

Die Hauptperson dieser Geschichte, Zengzi, auch Zeng Shen genannt, galt als Musterbeispiel kindlicher Liebe. Das beschriebene Ereignis stellt ein Beispiel einer telepathischen Kommunikation zwischen nahen Verwandten dar. In der unmittelbar darauffolgenden Geschichte geht es nochmals um eine solche innere Verbindung von Mutter und Sohn: „Chou Ch'ang [Zhou Chang] (...) lebte allein mit seiner Mutter, und bei all seinem Kommen und Gehen mußte seine Mutter nur in ihre Hand beißen, um ihn herbeizurufen; Ch‘ang fühlte dann jedesmal einen Schmerz in seiner eigenen Hand und ging sofort zu ihr.“ (aus: Nr. 277)

Die erste Geschichte, über Zengzi, wurde viel zitiert; in einer älteren Version bereits von Wang Chong im 1. Jh. n.Chr. in seinem *Lunheng*, der sich dabei auf andere Bücher beruft. In Wang Chongs Version brauchte die Mutter nur mit der rechten Hand ihren linken Arm zu drücken, um ihren Sohn vom Feld zurückzurufen. Der Autor hält die Geschichte zwar für unwahr und behandelt sie im Kapitel „Erfundene Einflüsse“.[631] Aber er formuliert zugleich eine mögliche Erklärung des Vorgangs mit Hilfe der Begriffe *qi* und Quintessenz (*jing*): „Das kommt von dem gemeinsamen *qi* äußerster Anhänglichkeit eines Sohnes gegenüber seinem Vater und seiner Mutter, welches bedeutet, daß immer dann, wenn deren Körper verletzt oder krank sind, der eigene quintessentielle Geist [*des Sohnes*] wiederklingen wird.“[632] Die seelische Kraft und stoffliche Substanz des *qi*, dieses rätselhafte Fluidum, überbrückt die Gegensätze von Psyche und Physis, von Geist und Materie[633] und kann eine Verbindung zwischen räumlich getrennten, seelisch sich nahestehenden Menschen zustande bringen. Der Begriff *qi* umschreibt einen für westliches Denken rätselhaften Sachverhalt.

Dieses Phänomen der überräumlichen seelischen Kommunikation begegnet in der chinesischen Literatur noch an anderen Stellen, so im *Huainanzi* (2. Jh. v.Chr.): „Wenn ein Reisender draußen, unterwegs [an seine Geliebte] denkt, träumt diese im Bett von ihm; wenn eine gütige Mutter in Yan [im Norden] seufzt, denkt ihr redlicher Sohn in Jing [im Süden] an sie."[634] Für ein europäisches Beispiel einer „mysteriösen Verbindung" zwischen zwei Liebenden, die durch eine weite räumliche Entfernung getrennt sind, verweist Brashier auf das vorletzte Kapitel von Charlotte Brontës „Jane Eyre".[635] Auch in China waren solche Vorkommnisse, ähnlich wie in Europa, selten und merkwürdig. Daher wurden diesbezügliche Berichte auch angezweifelt. „Ein Mitarbeiter der lokalen Verwaltung bezweifelte solche Geschichten...", heißt es in Nr. 277 des *Soushen ji*. Ausführlich beschrieben wird die innere Verbindung zwischen Eltern und Kindern in den „Frühlings- und Herbstannalen des Herrn Lü" (3. Jh. v.Chr.). Diese Stelle zitieren wir in der Übersetzung von Richard Wilhelm, da uns eine neuere, wörtlichere Übersetzung nicht zur Verfügung steht. „Eltern und Kinder und Kinder und Eltern sind ein Leib in zwei Gestalten. (...) Sind sie auch äußerlich getrennt, so stehen sie dennoch in Beziehung zueinander. Die geheimsten Gedanken wirken aufeinander ein. (...) Darum heißt es, daß die Liebe von Fleisch und Bein so stark ist, daß der Geist, der sich im Innersten des einen regt, im Herzen des anderen Widerhall findet. Sie verstehen einander im innersten Wesen. Darum bedürfen sie keiner Worte."[636] Zhu Xi im 12. Jahrhundert griff den Gedanken auf, indem er formulierte, daß „das Fluidum (*qi*) in mir und in meinen Vorfahren ein und dasselbe" sei.[637]

Zwei Texte des *Soushen ji* behandeln „Anmeldungen" Sterbender (zu diesem Begriff s. § 1), also wiederum Phänomene, die in erster Linie zwischen seelisch Nahestehenden vorkommen. „Die beiden Freunde" (Nr. 299) handelt von zwei engen Freunden, Klassenkameraden aus der kaiserlichen Akademie, die weit voneinander entfernt leben. Auf seinem Sterbebett sehnt sich Zhang (Chang) vergeblich danach, seinen

Freund Fan noch einmal zu sehen. Kurz nach seinem Tod erscheint er ihm im Traum:

> „Fan (...) hatte gerade einen Traum, als plötzlich Chang in diesem erschien. Er trug einen dunklen, feierlichen Hut mit passenden Quasten und Pantoffeln. ‚Chü-ch'ing' [Juqing, *Fans Beiname*], rief er in Erregung, ‚Ich bin an dem-und-dem Tag gestorben und soll zu der-und-der Zeit beerdigt werden, und werde dann für immer zu den Gelben Quellen zurückkehren. Ich weiß, daß du mich nicht vergessen hast, aber werden wir uns jemals wiedersehen?' | Fan erwachte verwirrt. Er seufzte voll Schmerz, und Tränen rannen herab, als er die hanfenen Trauerkleider anzog, die man für Freunde trägt. Er brach eilig auf, um zu dem Begräbnis an dem festgesetzten Tag zu gelangen, aber die Trauerfeierlichkeiten hatten schon begonnen, bevor er eintraf."

Das Ende der Geschichte werden westliche Leser als legendenhaft ansehen: erst als der Freund eingetroffen war, ließ der Sarg sich zum Grab hinbewegen. Handelte es sich um einen Fall von Psychokinese? Die Kommunikation des Toten durch eine Traumerscheinung jedenfalls kann als realistisch gelten.

Zur Erklärung einer solchen Kommunikation kann erneut ein Satz aus den „Frühlings- und Herbstannalen des Herrn Lü" beitragen. K.E. Brashier verwendet in seiner Übersetzung auch hier wiederum die Begriffe *qi* und Quintessenz (*jing*). (Qin und Qi waren Staaten im antiken China. Die beiden Worte *qi* und Qi haben verschiedene Zeichen und nichts miteinander zu tun.) Der Satz lautet: „Wenn du selbst in Qin lebst und die von dir innig geliebte Person in Qi lebt und wenn diese Person stirbt, dann wird sich das deiner Seele (*mind*) eingeprägte Qi [*qi*] unbehaglich fühlen, weil deine Quintessenz unsicher vor und zurück wandern wird."[638] Wird die durch das Fluidum des *qi* geschaffene innere Verbindung zwischen zwei Personen für die eine Person fühlbar, weil sie durch den Tod der anderen gestört und unterbrochen ist? Der zitierte Satz erklärt nicht das Zustandekommen einer Geistererscheinung im Unterschied zu einer bloßen Gefühlsregung. Die Begriffe *qi* und Quintessenz sind dafür nicht spezifisch genug. Im *Guanzi* („Buch des Meisters Guan", kompiliert im 1. Jh. v.Chr.) wird Quintessenz (*jing*) als eine Konzentration des *qi* definiert.[639] Es heißt dort: „Was die Quintessenz der Dinge betrifft: *sie* ist es, die ihnen Leben gibt. (...) Wenn sie zwischen Himmel und Erde fließt, sprechen wir von ‚Gespenstern und Geistern' (*ghosts and spirits*). Wenn sie in der Brust einer Person gespeichert ist, sprechen wir von ‚Weisen' (*sages*).“[640]

„Chu Chung-wu [Zhu Zhongwu] und der Tintenfleck“ (Nr. 387):

> „Chu Chung-wus Tochter wurde mit einem Herrn Mi Yuan-tsung [Mi Yuanzong] verheiratet. Sie starb später bei der Entbindung im Haus ihrer Familie [*Eltern*]. Nun war es allgemeiner Brauch, einen schwarzen Punkt auf die Gesichter derer zu setzen, die bei der Niederkunft starben. Ihre Mutter konnte sich nicht dazu durchringen, das Gesicht ihrer Tochter mit dem Tintenklecks zu markieren, deshalb tat ihr Vater es für sie im Geheimen.* Niemand war Zeuge dabei. | Zur gleichen Zeit war ihr Ehemann (...) Berater im Shih-hsin-[Shixin-]Distrikt geworden, und er träumte, daß seine Frau an sein Bett trat. Während sie das tat, erkannte er auf ihrem geweißten Gesicht klar einen schwarzen Tintenfleck.“ (* Anmerkung der Übersetzer: „Die Übersetzer vermuten, daß dies [der schwarze Fleck] ein Zeichen war, das beträchtliche Schande mit sich brachte, weil es anzeigte, daß die Frau bei der Erfüllung der wichtigsten Pflicht des Ehesakramentes versagt hatte.“)

Es gibt in Myers' Buch „Human Personality“ einen vergleichbaren Erlebnisbericht aus Boston aus dem Jahr 1888. Dort handelt es sich nicht um ein absichtlich gesetztes Zeichen, sondern um eine unabsichtliche Verletzung der Gesichtshaut der Toten. Als die Mutter den Leichnam ihrer Tochter für den Sarg vorbereitet, verursacht sie versehentlich einen Kratzer, eine rote Linie, im Gesicht der Toten, den sie durch Puder verdeckt und verheimlicht und der anderen Menschen unbekannt bleibt, der aber Jahre später, als die Tote ihrem Bruder erscheint, diesem deutlich sichtbar ist.[641] In beiden Geschichten erscheint eine Verstorbene einem Nahestehenden und zeigt sich ihm mit einem erst nach dem Tod hinzugefügten, dem Perzipienten unbekannten Merkmal ihres Aussehens.[642] Im Unterschied zu der chinesischen Geschichte erscheint in der amerikanischen die Tochter erst neun Jahre nach ihrem Tod. Ihre Erscheinung kündigt den Tod der Mutter an, der wenige Wochen später folgen wird.[643] Nach Frank Podmore könnte es sich bei der Erscheinung der Tochter mit dem Kratzer im Gesicht um ein telepathisch aus dem Geist der Mutter in den des Sohnes übertragenes Bild handeln.[644] Entsprechendes könnte man in der chinesischen Geschichte annehmen. Der Vorschlag von Podmore würde freilich nur das einzelne Merkmal (Fleck, Kratzer) erklären, nicht aber die Erscheinung als solche, die in dem chinesischen Beispiel als die „Anmeldung“ einer Sterbenden, in dem amerikanischen als „Abholung“ der Mutter verstanden werden kann. In beiden Geschichten übermittelt das einzelne Merkmal eine wichtige Botschaft: für den chinesischen Ehemann die Kinderlosigkeit seiner verstorbenen Frau, für die amerikanische Mutter die Identifikation der Erscheinung als die ihrer Tochter. Myers hebt hervor, daß die amerikanische Tochter gesund und glücklich erscheint, nicht leichenhaft, wie sie im Geist der Mutter mit dem Kratzer erscheinen müßte, und folgert daraus, daß die Botschaft der Erscheinung von der Erscheinenden selbst ausgesandt wird.

Die beiden folgenden Geschichten, die nicht zur Kategorie b gehören, sondern vielleicht zur Kategorie c, handeln von Toten als Schutzgeistern. 1.) „Der Geist der jungvermählten Frau Ting [Ding]“ (Nr. 97). Frau Ding war eine junge Ehefrau, deren Schwiegermutter so streng und grausam war, daß sich die Schwiegertochter schließlich an einem 9.9. erhängte. Ihr Geist wurde daraufhin zum Schutzgeist junger Frauen, indem er die Einführung eines arbeitsfreien Tages für diese bewirkte. Das geschah so: Nach dem Tod Frau Dings „wurde ihr Geist (*spirit*) unter den Bürgern gehört. Sie sprach durch ein Medium und sagte, ‚Ich habe Mitleid mit jungen Frauen, die ohne Pause arbeiten. Laßt den 9.9., als einen Ruhetag für sie, ausgenommen sein.‘“ Nach mehreren wundertätigen Erscheinungen (zwei zudringliche Machos wurden bestraft, ein bescheidener, hilfsbereiter Alter belohnt) kehrte Dings Geist (*ghost*) in ihre Heimatprovinz zurück, „und die Leute in Chi-ang-nan [Jiangnan] sprechen von ihr noch immer als ‚Tante Ting‘. Der 9.9. wird von allen als ein Ruhetag betrachtet, an dem Frauen keine Arbeit verrichten. Heute gibt es überall Altäre für Tante Ting.“ (Jiangnan war die Gegend, in der das Manuskript der 20-Kapitel-Version des *Soushen ji* auftauchte.[645]) Die Geschichte gibt sich als eine Ursprungslegende für eine Feiertagssitte aus.[→646] Von den Wundertaten im Stil einer Heiligenlegende hebt sich das vorherige Geschehen als parapsychologisch glaubhaft ab.

2.) In der Geschichte „Li Ngo [Li E] kehrt von den Toten zurück, und andere Dinge“ (Nr. 362) findet an einem Flußufer die Begegnung eines Sohnes mit seinem toten Vater statt. Flüsse galten in China „seit frühesten Zeiten als eine Nahtstelle zwischen dem Diesseits und dem Jenseits“.[647] Der Tote nimmt am Ergehen seiner Nachkommen auf Erden Anteil und gibt ihnen nützlichen Rat: er warnt vor einer großen

Pest im folgenden Frühjahr. Das Gespräch ähnelt teilweise den Gesprächen in mediumistischen Sitzungen. Die Grenze der Bereiche von Leben und Tod wird aber durch zwei Requisiten kunstvoll verwischt. Die Begegnung ist mittels eines Briefes anberaumt worden, den der Tote seinem Sohn aus dem Totenreich hat überbringen lassen: durch seine Kusine Li E, die gestorben war und ins Leben zurückgekehrt ist; das Briefpapier stammt, wie der Sohn bemerkt, aus einem Koffer, der mit dem Vater beerdigt worden ist. Zweitens bleibt als eine Gabe des Vaters ein Arzneimittel physisch präsent zurück, das erfolgreich an die Türpfosten des Hauses geschmiert wird, um die Pestdämonen fernzuhalten. Die Geschichte handelt von einem Verstorbenen als Schutzgeist seiner Nachfahren, die, unter anderem durch die Requisiten, legendenhaft ausgesponnen ist.

§ 11. Zwei große Romane

„Schlehenblüten in goldener Vase" (16. Jh.)

Der Roman „Schlehenblüten in goldener Vase", *Jinpingmei*, stammt aus der Zeit um 1600. Er „beschreibt", nach Worten Friedrich Alexander Bischoffs, „in einer realistischen Weise das Leben in einer Provinzstadt, oder genauer, das Leben der sogenannten *gentry*, der wenig gebildeten Geldaristokratie, die China früher regierte und die trotz all ihres Geldes den Tod – und das Leben nach dem Tod – nicht verhindern konnte."[648] Wir schließen uns im folgenden dieser realistischen Lesart des Romans an, ohne zu verkennen, daß in mancher Hinsicht auch eine allegorische Lesart möglich wäre und von dem (anonymen) Autor durch gewisse Kunstgriffe sogar nahegelegt wird, etwa durch die Wahl von Personen- und Ortsnamen.[→649] Beide Lesarten schließen sich nicht gegenseitig aus, sondern können sich, als zwei verschiedene Bedeutungsebenen des Textes, ergänzen. Wir zitieren den Roman nach der deutschen Übersetzung der Gebrüder Otto und Artur Kibat, die in fünf Bänden 1967–1983 erschien. (Stellenangaben mit römischen Band- und arabischen Seitenzahlen beziehen sich, ebenso wie Kapitelangaben, auf diese Übersetzung.)

Im Mittelpunkt des Werkes steht der reiche Kaufmann und „Lebemann" (II, 543; III, 11) Ximen Qing (Simen Tjing), umgeben von sechs Ehefrauen sowie zahlreichen Geliebten und Kurtisanen. Er kann mit Geld vieles erreichen: Kameradschaft (ein Kreis von Schmeichlern und Schmarotzern umdrängt ihn), Befriedigung seiner sexuellen Gier, selbst um den Preis von Verbrechen (mindestens eine seiner Ehefrauen erringt er, indem er ihren rechtmäßigen Ehemann beseitigen läßt), dazuhin Recht und Ämter. Denn ein Rechtswesen und eine Verwaltung außerhalb von Korruption existieren nicht. Opfer von Vergehen reicher Täter müssen, wenn sie sich an ein Gericht wenden, damit rechnen, zusätzlich bestraft zu werden.

Ein chinesischer Kommentator des 17. Jahrhunderts, Zhang Zhupo, nennt Ximen Qing einen „vulgären Plebejer" und einen „zügellosen Taugenichts, der jedes Verbrechens fähig ist".[650] Doch das Leben dieses Kaufmanns ist, sozialgeschichtlich gesehen, „weder besonders tugendhaft, noch besonders böse (nach chinesischen Maßstäben)", wie Bischoff bemerkt.[651] Tatsächlich fehlt Ximen Qing jedes Unrechtsbewußtsein (III, 95 und 549). Auch in religiösen Dingen setzt er primär auf die Macht des Geldes. Zur Namenweihe seines ersten Sohnes richtet er ein großes, vielteiliges Opfer in einem daoistischen Tempel aus (39. Kap.). Seine Familiengrabstätte läßt er repräsentativ erweitern (48. Kap.; III, 74ff.). Frau Mondtraut, seine Hauptfrau, kritisiert seine Haltung. Mit den Worten, er sei „ein Großsprecher" und habe das Opfer „nur mit dem Munde, nicht mit dem Herzen gelobt" (II, 437), erinnert sie ihn an sein Gelübde. Auch vom Priester wird er ermahnt: „Zur Verehrung der Götter, verehrter Herr, bedarf es ein wenig eines empfindsamen Herzens." (II, 444)

Tote als Schutzgeister

Viele Beschreibungen kultischer Handlungen im *Jinpingmei* sind von religionshistorischem Interesse. Der Roman wird heute auch als religionshistorische Quelle gewürdigt.[652] Im „Djin Ping Meh liegt uns ein Roman von ungeheurem, von schier unvorstellbarem Realismus vor; und auch solche Passagen, die der westliche Leser gerne dem Reiche der Phantasie zuordnen möchte, etwa die Szenen von Zauber und von Spuk, aber auch Simen Tjings letzte Krankheit, sie alle waren chinesische Wirklichkeit und keineswegs ‚von des Lebens Bühne beschämt'."(Bischoff)[653]

Ein Glaube an die Gegenwart von Totengeistern geht aus vielen Szenen des Romans hervor. Als Schutzgeister der Kinder werden Tote in zwei Szenen angerufen: 1.) bei der erwähnten Namenweihe von Ximen Qings erstem Sohn. Götter und Geister sowie die Seelen der Vorfahren erhalten Opfer und werden um Schutz, Frieden, Glück und langes Leben für den Sohn und die Familie gebeten. Von den Vorfahren des Kindes werden die Großeltern und Eltern des Vaters namentlich angerufen. Alle „mehr oder minder früh verschiedenen Seelen höheren oder niederen Ranges, ob bekannt oder unbekannt", werden ebenfalls angefleht, das Glück des Kindes zu fördern. (II, 447f.) Die Ahnen spielen in dem Roman sonst keine Rolle.[654] Der Glaube an ihre Wirksamkeit wird an einer Stelle sogar lächerlich gemacht, wenn es in der Anklageschrift gegen einen erfolglosen General heißt: „Er zehrt vom Ruhme seiner Ahnen und verläßt sich ganz auf den Beistand der Seelen der Verstorbenen." (I, 467)

2.) Frau Mondtraut, Ximen Qings Hauptfrau, ist fromm und lauscht gerne den Rezitationen buddhistischer Sutren. Als Mutter seines zweiten Sohnes spricht sie am Grab ihres Mannes ein Gebet. „Frau Mondtraut tat ihr Weihrauchstäbchen in das dazu bestimmte Gefäß, verneigte sich tief und sprach mit leiser Stimme: ‚Mein Liebster! Als Mensch hast du gelebt, als Geist bist du jetzt nach deinem Tod zugegen. (...) Schütze das Kind, daß ihm ein hundertjähriges Leben beschieden sei und daß es Pfleger deines Grabes und Beter daran werde!'" (89. Kap.; V, 231) Das Gebet geht ebensowenig in Erfüllung, wie die Gebete bei der Namensweihe. Der erste Sohn stirbt im Alter von vierzehn Monaten, der zweite wird mit fünfzehn Jahren Mönch und geht dadurch für die Pflege des väterlichen Grabes wie des Familienerbes verloren (V, 571f.).

Totenerscheinungen

Die meisten Traumerscheinungen Toter im *Jinpingmei* sind negativer Art, das heißt, sie gewähren nichts, sondern bedürfen oder verlangen etwas. Ximen Qings Opfer, rechtmäßige Ehemänner, an deren Beseitigung er als Nebenbuhler beteiligt war (Kap. 9→[655]; Kap. 14; I, 382–396), fordern Rache oder Sühne. Seine fünfte Ehefrau Goldlotos bemüht sich nach ihrer Ermordung um die Beerdigung ihres Leichnams

(Kap. 88). Eine Sonderstellung nimmt Väsele Li, die sechste Ehefrau, ein. Zu ihren Lebzeiten wird sie zur Lieblingsfrau Ximen Qings.[656] Sie ermahnt ihn in seinem Richteramt zu Mitmenschlichkeit und Milde (II, 316). Ihre „Menschenfreundlichkeit" wird nach ihrem Tod von Ximen Qing ausgesprochen (III, 540) und von dessen Diener Daian gerühmt (III, 581ff.). Sie stirbt als erste der sechs Ehefrauen, kurz nach ihrem Kind. In Zusammenhang mit ihrem Tod ereignen sich viele Totenerscheinungen. In Träumen erscheint ihr zweimal ihr erster Mann mit Vorwürfen, das erste Mal vor dem Tod ihres Kindes (Kap. 59; III, 420f.), das zweite Mal, zusammen mit dem Kind, vor *ihrem* Tod (Kap. 60; III, 439). Auch während ihres Sterbens ist er immer präsent: „Sobald ich die Augen schließe, steht jener Bursche vor mir und belästigt mich." (Kap. 62; III, 511) Hier handelt es sich um die „Abholung" nicht durch einen liebevollen, sondern durch einen vorwurfsvollen Vorangegangenen, der Väsele Li vor dem Richter der Unterwelt anklagt (III, 526).

Als Sterbende verabschiedet sich Väsele Li in einer Traumerscheinung von ihrer Dienerin Lenzfreude (Kap. 62; III, 534). Als Tote erscheint sie ihrem Mann in zwei Träumen, die eine emotionale Verbundenheit der Eheleute zum Ausdruck bringen (Kap. 67 und 71; IV, 99ff., 240ff.). Trotz seiner vielen anderen Ehefrauen, Geliebten und Prostituierten kann Ximen Qing, wie er sagt, „über [s]eine Liebe zu Väsele Li gar nicht hinwegkommen" (Kap. 72; IV, 289). Solche Gefühle hätte man ihm bis dahin nicht zugetraut. Als Totengeist dankt Väsele Li ihrem Mann für seine Fürsprache in den Totenzeremonien, hat sexuellen Verkehr mit ihm,→[657] und bringt ihre Hoffnung auf eine erneute Verbindung in der nächsten Reinkarnation zum Ausdruck. Sie warnt ihn vor dem Geist ihres ersten Mannes, an dessen Tod sie beide nicht unschuldig gewesen sind. Väsele Lis Erscheinungen weisen auf Ximen Qings Tod voraus. Mehr als hundert Tage nach ihr stirbt auch er, im Sterben verfolgt von den „Spukgestalten" der Toten, die er auf dem Gewissen hat (Kap. 79; IV, 607).

Am Ende des Romans wird der Geist des toten Ximen Qing in einem Kloster von den nächtlichen Rezitationen eines Eremiten heraufgerufen, der im Gebet „um Erlösung der in Finsternis befangenen Seelen" und um deren „Befreiung aus den Fesseln feindseliger Gesinnung" fleht. Zusammen mit vielen anderen Toten des Romans, die eines gewaltsamen Todes gestorben und hinter dem Kloster begraben sind und die jetzt heraufkommen, unter ihnen auch Ximen Qings Opfer, lauscht er der Predigt des Eremiten. Dieser, mit Namen Pujing, „Allschlichter“, bewirkt durch seine Gebete die Umwandlung der Seelen, ihre Befreiung vom Haß, ihre Erlösung von den Qualen der Hölle und damit eine Voraussetzung ihrer Wiedergeburt zu neuem Leben (Kap. 100; V, 560–574). Der Roman endet also „in einem hoffnungsvollen Ton buddhistischer Erlösung“ (Hsia),[658] was nicht ausschließt, daß eine frühere Stelle des Romans die buddhistische Lehre, der Frau Mondtraut anhängt, als „frömmelnden Unsinn“ (II, 466) abtut. Die Berufung von Ximen Qings zweitem Sohn zum buddhistischen Mönch beendet die Generationenfolge und den Ahnenkult der Familie Ximen und stellt damit aus konfuzianischer Sicht eine Katastrophe dar (Kap. 74; IV, 356f.), die Frau Mondtraut durch die Adoption des Dieners Daian auszugleichen sucht.[659] Der Romanschluß läßt die entgegengesetzten Sichtweisen von Konfuzianismus und Buddhismus nebeneinander bestehen.[660]

Besessenheit

Wir sind auf den Roman nur relativ kurz eingegangen, weil in ihm vorwiegend Totengeister mit negativen Impulsen, zum Beispiel mit einer Anklage, auftreten. Zu diesem Themenkomplex gehören noch die folgenden Motive. Totengeister können auf Kleinkinder negativ einwirken. Die kinderlose Goldlotos, von Haß auf die Sprößlinge ihrer Konkurrentinnen erfüllt, vermag noch als Tote aus ihrem Grab heraus Frau Mondtrauts Söhnchen zu schädigen. Als dieses gegen den Willen seiner Mutter ans Grab von Goldlotos getragen wird, erkrankt es. Die Diagnose einer Heilerin lautet: „‚Es ist erschreckt worden, hat sich erkältet und ist einem Dämon begegnet.‘“ (V, 258) Daß es für ein Kleinkind schädlich ist, am Ahnenopferritual bei der Familiengruft teilzunehmen, hat früher Väsele Lis Söhnchen zu spüren bekommen (Kap. 48; III, 75–88). Es hat, nach Worten der Heilerin, „unterwegs den Herrn der fünf Bahnen getroffen“ (III, 87), das heißt, den Schutzgeist der Räuber (VI, 128), und ist deswegen erkrankt.

Entgegen der Bitte seiner Hauptfrau kann der tote Ximen Qing sein zweites Kind nicht beschützen. Der Sohn, in der Todesstunde des Vaters geboren, wird von dem Eremiten Pujing am Ende des Romans in einer momentanen, prophetischen Verwandlung als eine Wiedergeburt des Vaters enthüllt (V, 571) und hat einen sittenlosen Lebenswandel, ja sogar eine kriminelle Karriere vor sich, vor der ihn nur seine Berufung zum Jünger Buddhas durch den Eremiten bewahrt. Diese Relation des Sohnes zum toten Vater, in der deutschen Übersetzung des Romans als Wiedergeburt bezeichnet,[661] deutet F.A. Bischoff als Besessenheit. Bischoff schreibt: Ximen Qing war es bestimmt, „sich in eine Art Vampir (*vetâla*) zu verwandeln, seinen eigenen Sohn besessen zu machen und in einen Verbrecher umzuwandeln, den ein Gericht zu Tode foltern würde. Zum größten Glück für beide, Vater und Sohn, wurde dieses Schicksal durch den frommen Pu-djing abgewendet."[662] Die Aufspaltung der Seele nach dem Tod nach altchinesischer Vorstellung macht es, wie Bischoff erläutert, möglich, daß Ximen Qings Totengeist gleichzeitig verschiedene Schicksale erleidet. Scheinbar widersprüchliche Aussagen über Ximen Qings Wiedergeburt[663] lassen sich so miteinander in Einklang bringen.

„Der Traum der roten Kammer" (18. Jh.)

„Der Traum der roten Kammer", *Hongloumeng*, der berühmteste Roman der chinesischen Literaturgeschichte, gilt als autobiographisch. Der Verfasser, Cao Xueqin (Tsau Hsüä-tjin) (1715–1763) schildert in ihm seine Jugend in einer dem Kaiserhaus nahestehenden und verschwägerten reichen Adelsfamilie sowie den Niedergang dieser Familie. Eine vollständige Fassung in 120 Kapiteln erschien gedruckt erst 1792, fast dreißig Jahre nach dem Tod des Autors. Das letzte Drittel des Romans wurde vielleicht vom Herausgeber Gao E (1738–1815) nach dem Konzept des Autors vollendet.[664] Wir zitieren im folgenden die Übersetzung von Rainer Schwarz und Martin Woesler (2. Aufl. 2010) mit Kapitelnummern und Seitenzahlen.

Der junge, musisch und intellektuell begabte Baoyu (Bau-yü) lebt in einem Kreis von zwölf Schwestern und Kusinen, die sich zumeist höchst kultivierten Tätigkeiten hingeben, Feste feiern und dichten. Sie sind von Dienern, Dienerinnen und Ammen umgeben, leben in Beziehungen zu ihren Familienangehörigen der verschiedenen Generationen und zu Menschen anderer Stände und Berufe. Cao entwirft „ein fast enzyklopädisches, philosophisch vertieftes Zeit- und Sittengemälde".[665] Der Kreis löst sich auf, als die Mädchen nach und nach verheiratet werden. Baoyu beabsichtigt, seine Lieblingskusine, die dichterisch begabte Daiyu (Dai-yü) zu heiraten, wird aber gegen seinen Willen mit einer anderen Kusine, der pragmatischeren Baochai (Bautschai) verheiratet, während Daiyu stirbt.

Das *Hongloumeng* bildet zu dem anderthalb Jahrhunderte älteren *Jinpingmei* eine Art Gegenentwurf. In beiden Werken steht eine männliche Hauptfigur im Zentrum eines Kreises von Frauen. Baoyu ist jedoch, ebenso wie sein weibliches Pendant Daiyu, im Gegensatz zu Ximen Qing durch große Empfindsamkeit charakterisiert. In dem älteren Roman werden viele Szenen von Geschlechtsverkehr ausführlich, drastisch und detailliert beschrieben, was dem Werk den Vorwurf der Pornographie eingetragen hat. Die Erotik im Mädchenkreis des *Hongloumeng* dagegen ist eine geistige. Baoyu ist kein Frauenheld und großer Liebhaber, sondern verkörpert Sensibilität, Mitgefühl und Freundschaft mit den Frauen. Ximen Qing stirbt nach einer sexuellen Ausschweifung an der Überdosis eines Potenzsteigerungsmittels, Baoyu wird am Ende als Mönch in eine überweltliche Sphäre entrückt.

Erscheinungen von Totengeistern in Träumen, Auditionen und Visionen, sowie Totenanrufungen und erhoffte Erscheinungen machen einen bedeutsamen Teil der Schilderungen des *Hongloumeng* aus. Solche Vorkommnisse bildeten im Leben der damaligen chinesischen Menschen eine Erfahrungsschicht, die von den chinesischen Hochreligionen, den drei ‚Lehren', unabhängig war. Daß sie einen so breiten Raum einnehmen, entsprach der chinesischen Mentalität und Realität jener Zeit. In einer mythischen Rahmenhandlung hat das Werk zwar eine explizit nichtrealistische Ebene, die in die Romanhandlung immer wieder hineinspielt. Baoyu wird zum Beispiel mit einem Jadestein im Mund geboren, der übernatürliche, magische Qualitäten besitzt. Andererseits erhebt der Roman aber den Anspruch, ohne Schablone „von den wahren Gefühlen der jungen Leute" zu handeln (Kap. 1, 11), und tut dies mit psychologischer Subtilität. Er ist ein „Werk des psychologischen Realismus".[666] Die Totenerscheinungen sind in der Mehrzahl nicht phantastisch. Sie stellen – soweit sie nicht der mythischen Ebene zugehören – paranormale Erfahrungen dar, seien sie nun autobiographisch oder fiktiv. Für viele Arten der Erscheinungen gibt es Parallelen im Abendland, auch in der Moderne. Die Frage bleibt freilich bestehen, wo im Roman jeweils die Grenze zwischen den authentischen Schilderungen des Paranormalen und dem Märchenhaft-Phantastischen verläuft. Eine Frage ist auch, warum das letzte Romandrittel mehr „Aberglauben“ enthält als die ersten beiden Drittel. Liegt es daran, daß dieser Teil von einem anderen Verfasser stammt (was keineswegs sicher ist), oder daran, daß in ihm mehr Menschen sterben und umwälzendere Ereignisse berichtet werden?[667] Die folgenden Seiten versuchen eine Phänomenologie des Totengeisterglaubens in dem Roman.

Ahnenverehrung

Die Ahnen wachen über die guten Sitten und das Wohlergehen der Familie und werden verehrt. Die Familie ist sich bewußt: „Zum einen genießen wir das Wohlwollen des Herrschers, zum anderen danken wir den Ahnen unser Glück.“ (Kap. 53, 920) Nicht lange bevor die Herzoginmutter stirbt, erklärt sie, daß sie „unseren Ahnen nach meinem Tod mit Stolz gegenübertreten“ möchte (Kap. 107, 1943). Deshalb sollen die Vergehen zweier ihrer Nachkommen gesühnt werden. – Beim Ahnenopfer des Neujahrsfestes (Kap. 53f.) hängen in der Haupthalle des Ostanwesens die Bilder der alten Herzöge Ningguo und Rongguo (Jung-guo), der Gründergestalten der Sippe, und weiterer Ahnen. In Baoyus großem Traum im 5. Kapitel äußern die Seelen der beiden Herzöge im Gespräch mit einer Fee den Wunsch, daß Baoyu „später einmal den rechten Weg findet“, und bitten sie, darauf hinzuwirken (Kap. 5, 98).

Gegenwart von Geistern Verstorbener

Der Geist eines jüngst Verstorbenen kann in einem bestimmten irdischen Raum gegenwärtig sein. Baoyu spielt auf diese Möglichkeit an, als er zu seiner geliebten Kusine Daiyu in ihrer Wohnung sagt: „Selbst nach meinem Tod noch wird mein Geist hundertmal am Tag hierher kommen.“ (Kap. 30, 515) – Als Daiyu gestorben ist, kann die Herzoginmutter, ihre Großmutter, von dem Leichnam nicht Abschied nehmen, weil sie bei dem kranken Baoyu bleiben muß. Sie beauftragt ihre Schwiegertochter: „Gib ihrem Geist diese Nachricht von mir. Sag’ ihr: ‚Es ist nicht, weil ich hartherzig bin, daß ich mich nicht von dir verabschiedet habe, sondern weil mein Enkelsohn mich hier braucht.‘“ (Kap.

98, 1805) – Als die Herzoginmutter gestorben ist und Baoyu zum Examen geht, weint seine Mutter beim Abschied und meint, es sei „eine Schande, daß deine Großmutter das nicht mehr erleben kann". Baoyu tröstet sie mit den Worten: „Auch wenn Großmutter nicht hier ist, bin ich sicher, sie weiß davon und ist glücklich. Es ist beinahe so, als sei sie wirklich da. Uns trennt nur etwas. Zusammen sind wir in einem Geist." (Kap. 119, 2133)

Totenerscheinungen, die Baoyu erlebt oder erhofft

Sterbende oder Tote nehmen von Nahestehenden in Träumen Abschied und bringen dadurch ihre Verbundenheit mit diesen zum Ausdruck. Drei Freundinnen verabschieden sich nach (oder kurz vor) ihrem Tod von Baoyu.

a) Jinchuan (Djin-tschuan) ist eine junge Dienerin seiner Mutter, mit der Baoyu leichtfertig ein wenig flirtet. Sie wird daraufhin entlassen und nimmt sich deswegen das Leben. Sie erscheint Baoyu im Halbschlaf. Da „sah er, wie auch Djin-tschuan hereinkam und weinend davon sprach, wie sie sich seinetwegen in den Brunnen gestürzt hatte. Das alles nahm Bau-yü im Halbschlaf wahr, ohne groß darauf zu achten." (Kap. 34, 578) Von ihrem Suizid hatte er vorher schon erfahren. An Jinchuans Geburtstag reitet Baoyu in Trauerkleidern aus und opfert für sie in der Nähe eines Klosters. In einem Räucherkessel, den er von der Äbtissin erhalten hat, verbrennt er Räucherholz. „Mit Tränen in den Augen machte er eine leichte Verbeugung, dann wandte er sich um und befahl Ming-yän [*seinem Diener*], den Räucherkessel wieder wegzuräumen." (Kap. 43, 749) Der Diener spricht, bevor er den Befehl ausführt, ein Gebet zu der Verstorbenen, deren Namen er nicht kennt. Er kniet nieder, macht mehrmals den Stirnaufschlag auf den Boden und sagt unter anderem: „Wenn du duftige Seele Gefühl und Empfinden hast, mußt du meinen jungen Herrn als deinen besten Freund trotz der Trennung zwischen der Welt der Lebenden und der Welt der Toten öfter einmal besuchen kommen!"

b) Qingwen (Tjing-wën) ist eine Dienerin, die wegen ihres hübschen Äußeren und ihrer Lockerheit beneidet und verleumdet, von Baoyu aber verehrt wird. Während ihres letzten Krankenlagers besucht Baoyu sie unerlaubterweise. Später erscheint sie ihm im Traum und verabschiedet sich: „Lebt alle wohl, ich komme nicht mehr wieder!" (Kap. 77, 1433) In dem Augenblick weiß Baoyu, daß sie gestorben ist. Xiren (Hsi-jën), seine Dienerin, hört, wie er weint und sagt: „Tjing-wën ist gestorben." Baoyus Beziehung zu Qingwen geht tief, und entsprechend umfangreich sind seine Trauerriten nach ihrem Tod. Als er an ihrem Sarg trauern will, erfährt er, daß dieser bereits eingeäschert worden ist. Stellvertretend bringt er der Hibiskuspflanze im Garten seine Opfer und seinen Ritus dar, weil Qingwen nach ihrem Tod eine Blumenfee geworden und als solche für den Hibiskus zuständig sein soll. Einer ausführlichen Totenklage in Prosa läßt er eine Herbeirufung in Versen folgen. (Eines seiner literarischen Vorbilder dabei ist, seinen Worten nach, das „Zurückrufen der Seele".[668]) Baoyu sagt unter anderem:

„Weil ich hoffe, daß ihre unvergängliche Seele vielleicht hierher herabsteigt, spreche ich diese unbedachten, profanen Worte, auch wenn ich damit ihr Ohr beleidige. | Jetzt will ich singen, um sie herbeizurufen: (...)."

„Ich trage weiter die Fesseln der Welt,
kommst du mich hier noch besuchen?
Kommst du? Bleibst du?
Ich bitte dich, komm!

Wenn du dich aber in der Formlosigkeit aufhältst und in der Stille wohnst, werde ich dich nicht sehen können, auch wenn du hierher kommst." (...)

„Komm und empfange das Opfer!" (Kap. 78, 1462ff.)

Auf diese Anrufung hin erscheint tatsächlich eine weibliche Gestalt. Eine anwesende Dienerin ruft „Hilfe, ein Geist! Tjing-wën zeigt sich wirklich." Es nähert sich dann aber nicht Qingwen, sondern die lebende Daiyu. Darin liegt vielleicht mehr als eine bloße Ironie, weil Qingwen wegen ihrer gerunzelten Brauen Daiyu ähnlich gesehen hat (1350). Auch unmittelbar nach der Traumerscheinung der toten Jinchuan sieht Baoyu übrigens Daiyu: „Als er aus seinen Träumen schreckte und die Augen aufschlug, erblickte er niemand anders als Dai-yü." (578)

c) Daiyu ist die weibliche Hauptfigur des Romans. Baoyu und Daiyu sind durch die mythische Vorgeschichte des Romans, ohne sich deren bewußt zu sein, miteinander verbunden und fühlen sich deshalb zueinander hingezogen. Beide haben bei ihrer ersten Begegnung ein Déjà-vu-Erlebnis. Eine Dienerin Daiyus sagt einmal zu einer Kollegin, im Blick auf die Frage der Partnerwahl für Baoyu: „‚Hochzeiten, die im Himmel geschlossen wurden, sollen nie gebrochen werden'!" Baoyu und Daiyu seien „nach allem für das Heiraten vorherbestimmt". „Ihre Liebe muß ein Bund aus einem früheren Leben sein" (Kap. 90, 1658). Zeichen einer telepathischen Verbundenheit ist ein Alptraum, den beide gleichzeitig träumen (Kap. 82f.) und der auf ihre Trennung vorausweist.

aa) Vor ihrem Tod nimmt Daiyu von Baoyu im Traum Abschied. Es scheint ihm aber nicht bewußt zu sein, daß es sich um eine Traumerscheinung und einen Abschied für immer handelt. Der kranke, geistig verwirrte und bettlägerige Baoyu sagt zu seiner Großmutter: „Gestern abend sah ich Kusine Dai-yü, und sie sagte mir, daß sie zurück in den Süden gehen werde. Ich habe gedacht, daß niemand hier sei, der sie überreden könnte zu bleiben, außer dir, Großmutter. Tust du es, um meinetwillen?" (Kap. 98, 1806) Marion Eggert schreibt: „Damit ist angedeutet, daß sie [Daiyu] sich im Traum von ihm verabschiedet haben muß. Da Dai-yü aus dem Süden kam, wird ihr Sarg dorthin zurückgebracht, ihr Tod bedeutet also Rückkehr in die Heimat."[669] – Die außergewöhnliche Persönlichkeit Daiyus kommt darin zum Ausdruck, daß nach ihrem Tod Auditionen erlebt werden:

bb) Unmittelbar nach ihrem Tod, als einige Mägde und Verwandte um Daiyu klagen, heißt es: „in einer kurzen Pause der Ruhe zwischen ihrem Klagen, hörten sie eine schwache Melodie in der Ferne. Sie lauschten hinterher, um sie zu hören, aber sie war schon wieder weg. Tan-tschun und Li Wan gingen hinaus in den Garten, um wieder zu lauschen, aber alles, was sie hören konnten, war das Rascheln der Bambusbäume. Das Mondlicht warf einen schwankenden Schatten auf die Wand. Es war eine unheimliche, einsame Nacht." (Kap. 98, 1803) Baoyu erlebt diese Audition zwar nicht selbst mit, die während seiner Hochzeit stattfindet, interessiert sich aber sehr für sie. Er fragt Tanchun (Tan-tschun): „Denkst du, Kusine Dai-yü war wirklich eine Fee und daß sie bei ihrem Tod lediglich zu ihrem himmlischen Wohnsitz zurückkehrte?" (Kap. 100, 1838) Hier liegt die buddhistische Anschauung zugrunde, daß eine himmlische Musik, die in einer Sterbeszene erklingt, eine Wiedergeburt im Paradies erahnen läßt.[670] Von musikalischen Auditionen im Zusammenhang mit Sterbefällen wird auch im Abendland berichtet.[671]

cc) Während einer Feier des Geburtstages seiner Ehefrau Baochai geht Baoyu in den Garten. „Von plötzlichem Kummer überwältigt, hatte er die Feier verlassen und lief ziellos umher." Von Xiren begleitet, gelangt er zum Gartentor, das offensteht, und geht hinein. Xiren warnt ihn vor Geistern, doch andere Dienstmädchen sagen, daß sie seit dem priesterlichen Exorzismus, der dort veranstaltet worden ist, oft in den Garten gehen. Sie schließen sich Baoyu an. Der Garten ist verwahrlost, die Blumen vertrocknet. Bei Daiyus alter Wohnung, der Herberge am Xiaoxiang-Fluß, hört Baoyu Weinen. Xiren erklärt es für Einbildung, aber eine Amme bestätigt: „Wir haben (...) sagen gehört, daß seit Fräulein Dai-yü gestorben ist, öfter Geräusche des Weinens gehört wurden." Daraufhin weint auch Baoyu, redet Daiyu an und bittet sie, ihm wegen seiner Heirat (bei der er hinsichtlich der Identität der Braut getäuscht wurde; er glaubte Daiyu zu heiraten) keine Vorwürfe zu machen. (Kap. 108, 1962ff.)

dd) Einige Zeit nach Daiyus Tod problematisiert Xiren Daiyus Feenexistenz, indem sie fragt: „Wenn Fräulein Dai-yüs Geist den Garten heimsuchen würde, warum ist sie mir dann niemals im Traum erschienen? Wir waren doch sehr gute Freunde." (Kap. 109, 1968) Baoyu, inzwischen mit Baochai verheiratet, wird durch diese Worte dazu angeregt, sich die gleiche Frage in einem ernsthaften Sinn zu stellen. Er will deswegen eine Nacht in einem äußeren Zimmer schlafen, spricht vor dem Einschlafen ein leises Gebet, schläft aber traumlos. Am anderen Morgen zitiert er die Zeile (aus Bo Juyis „Lied andauernden Kummers"): „Sogar in meinen Träumen | ward ihr Antlitz nicht mehr gesehen". In der folgenden Nacht wiederholt er das Experiment. Er plaudert spät in dieser Nacht mit einer Dienerin, Wu'er (Wu-örl), die ihn an Qingwen erinnert, und gesteht ihr seine Absicht, „eine Fee [zu] treffen". Während die beiden miteinander sprechen, gibt es einen plötzlichen Lärm im Hof. Baoyu begreift ihn als Spuk. Er sagt sich: „Diesen Lärm hat Kusine Dai-yü gemacht! Sie kam, und als sie mich mit Wu-örl sprechen hörte, wollte sie uns erschrecken." – Nach dem Aufwachen am anderen Morgen blickt er auf die Nacht zurück. „Nein, es hatte immer noch keinen Traum gegeben. Er war niemandem begegnet. Er tröstete sich selbst mit den Worten des alten Sprichwortes: ‚Feen und Sterbliche beschreiten verschiedene Pfade, die sich niemals kreuzen.'" (Kap. 109, 1976f.) Daß Baoyu den Lärm im Hof Daiyu zuschreibt, ist nicht unmotiviert, nachdem sie sich vorher schon durch Auditionen bemerkbar gemacht hat.

Außerkörperliche Erfahrungen Baoyus

Baoyus außerkörperliche Erfahrungen gründen in seiner Verbundenheit mit Daiyu. Als er nach der Hochzeit von seiner Ehefrau erfährt, daß Daiyu gestorben ist, wird er ohnmächtig. „Plötzlich war vor seinen Augen alles schwarz." (Kap. 98, 1798) Ein Fremder begegnet ihm, der ihm sagt: „Dies ist der Weg zu den Quellen der Unterwelt, deine Zeit ist noch nicht gekommen." Der Fremde erklärt ihm, daß Daiyu „keine normale Sterbliche" war und im Tod „kein normaler Schatten" wurde und deshalb in der Unterwelt nicht zu finden sei. Er erklärt ihm ferner, die Existenz der Unterwelt sei vom Glauben der Menschen abhängig. Baoyu müsse seine spirituelle Natur stärken, um Daiyu wiedersehen zu können.

Kurz vor dem Ende des Romans und bevor Baoyu glanzvoll die Beamtenprüfung besteht, bringt ein Mönch ihm seinen Jadestein wieder, den er verloren hatte. Damit kehren auch seine Gesundheit und seine Geisteskräfte zurück (Kap. 115, 2080). Baoyu erleidet jedoch eine neue Ohnmacht, als eine Dienerin ihn ungewollt an seine erste irdische Begegnung mit Daiyu erinnert. Während dieser Ohnmacht ist Baoyu „ohne Bewußtsein (...), mit verkrampftem Gebiß und keiner Spur eines Pulses" (Kap. 116, 2082). Es werden bereits „Begräbnisvorbereitungen" für seine Leiche getroffen. Er erlebt in dieser Zeit eine zweite, längere Seelenreise. „Doch Bau-yüs Geist hatte bereits sein sterbliches Umfeld verlassen. (...) [S]ein Geist war in körperlosem Zustand in die Empfangshalle geschwebt, wo er den jadebringenden Mönch sah". Er folgt nun dem Mönch auf eine lange „Seelenwanderung", nach deren Ende er sich sagt: „‚ich habe die Sphäre der Toten besucht, und jetzt bin ich wieder zu den Lebenden zurückgekehrt!'" (2091) Diese Erfahrung verändert ihn nachhaltig. In ihm vollzieht sich eine „große, innere Wandlung" (2095). Er entwickelt „eine tiefe Abneigung (...) gegenüber der Liebe"; gemeint ist die erotische Liebe als eine Verstrickung ins Irdische. Die Schilderung dieser Seelenreise ist durch die buddhistische Unterlegung der Romankonzeption mitbestimmt.

Auf dieser Reise begegnen Baoyu die verstorbenen Mädchen, jungen Frauen und Dienerinnen seiner Familie. Die Gestalten bleiben unnahbar. Sie winken nur von ferne, bestreiten, mit den namentlich Genannten identisch zu sein, entziehen sich ihm. Für den Erlebenden sind diese Begegnungen rätselhaft und verwirrend. Sie bringen ihm seine „Unreinheit" zum Bewußtsein. Daiyu darf er nur kurz sehen; sie ist jetzt Königin des Reiches der Blumenfeen und zu einer „majestätische[n] Person" verfremdet. Die Nichtidentität und das Sich-Entziehen der Gestalten machen ihm die Kluft zwischen Leben und Tod erfahrbar. Auf Anordnung seiner verstorbenen älteren Schwester, der kaiserlichen Nebenfrau, gelangt Baoyu schließlich wieder ins irdische Leben zurück. Von dieser älteren Schwester hatte es früher einmal, zu ihren Lebzeiten, geheißen, sie sei wie eine Mutter für Baoyu (Kap. 17/18, 307).

Am Ende des Romans, im letzten Kapitel, wird Baoyu schließlich selbst in den übernatürlichen Bereich entrückt und zu einer visionären Erscheinung. Zuerst erscheint er seiner langjährigen treuen Dienerin Xiren im Traum. Danach sieht ihn sein Vater. Baoyu erscheint ihm als Mönch gekleidet und in Begleitung eines buddhistischen Mönchs und eines Daoisten, kniet vor ihm nieder und verneigt sich, kann aber nicht sprechen. Der Vater vermutet, daß sein Sohn „aus einer höheren Sphäre stammt", und sieht in ihm „die Reinkarnation eines unsterblichen Buddhisten" (Kap. 120, 2160f.).

Totenerscheinungen anderer Perzipienten

Nicht alle Totenerscheinungen des Romans sind mit positiven seelischen Werten verbunden. Manche Tote, besonders jene, die kommen, um einen Lebenden ‚abzuholen', erheben Vorwürfe oder verlangen nach Strafe oder Rache (wie es häufig im *Jinpingmei* der Fall ist).

a) Während eines sittenlosen Gelages (mit Trinkrunden, Glücksspiel und Lustknaben), das ein Vetter Baoyus *während der Trauerzeit* nach dem Tod seines Vaters veranstaltet, werden Seufzer aus dem Ahnentempel hörbar. Anscheinend ist es der Verstorbene, der sich in dieser Audition bemerkbar macht. Der Vetter versteht die Mahnung und

Warnung zuerst sehr wohl, ihm wird die Laune gründlich verdorben. „Alle hatten es deutlich gehört, und jedermann wurde von Furcht befallen." Er vollzieht am andern Tag im Ahnentempel mit den Söhnen des Hauses die Opfer, „wie es zu Neumond und Vollmond der Brauch ist". Weil er aber im Tempel „keine verdächtigen Spuren" entdeckt, sagt er sich, „er müsse in der Trunkenheit einer Sinnestäuschung zum Opfer gefallen sein". Angesichts der Tatsache, daß *alle* diese Seufzer deutlich gehört haben, muß dieser Sinneswandel dem Leser als eine Verdrängung erscheinen (Kap. 75, 1383f.).

b) Eine junge Frau geht in den Tod, und als vorwurfsvoller Totengeist erscheint sie ihrem ungetreuen Verlobten, der daraufhin Mönch wird (Kap. 66, 1202). Eine Herrin, die sich erhängt hat,[672] erscheint einer Dienerin, die aus dem Leben scheiden will, macht ihr die Geste des Sich-Erhängens vor und zieht sie so nach sich in den Tod (Kap. 111, 2006).[→673] Das ist eine „Abholung" im negativen Sinn, ohne Vorwurf. Ein positives Gegenstück wird im letzten Kapitel erzählt: Die Seele einer jungen Frau, die bei der Geburt ihres Kindes stirbt, wird im Jenseits von ihrem Vater empfangen (Kap. 120, 2172).

c) Xifeng (Hsi-fëng), die negative Hauptfigur des Romans, ist nicht eindeutig böse. Sie ist nur „zu gescheit", wie die Herzoginmutter sagt (1988). Anfangs ist sie der Freundschaft fähig, etwa mit Qin Keqing (Tjin Kë-tjing), und tut auch Gutes (zum Beispiel für Oma Liu, Kap. 6). Sie ist ein Organisationstalent. Aber sie hängt zu sehr am Geld (255ff. u.ö.) und ist heuchlerisch. Durch ihre Intrigen bringt sie Menschen ums Leben (Kap. 12; Kap. 68f.). Auch das Täuschungsmanöver bei Baoyus Hochzeit ersinnt sie (Kap. 97, 1765ff., 1776). Sie erlebt mehrere Totenerscheinungen.

Im Anfangsteil des Romans erscheint ihr im Halbschlaf Qin Keqing im Augenblick ihres Todes und sagt: „weil wir uns immer gut verstanden haben, kann ich mich nicht so ohne weiteres von Euch trennen und komme mich wenigstens verabschieden." (Kap. 13, 217) Sie gibt ihr ausführliche Ratschläge für die Zukunftssicherung der Großfamilie, besonders für die Sicherung der Ahnenopfer und des Schulbetriebs. – Xifeng ist zu gescheit, um an Geister zu glauben. Sie glaubt auch nicht an Jenseits und Hölle (255). Doch ändert sich ihre Haltung im Laufe des Romans. Eine junge Dienerin, die in leeren Gebäuden Seufzer gehört hat, wird von ihr zurechtgewiesen: „So ein Unsinn!, (...) ich werde es nicht zulassen, daß Leute bei mir im Haus so einen abergläubigen Unsinn reden! Ich habe niemals an solche Dinge geglaubt." (Kap. 88, 1637) In der folgenden Nacht gruselt es sie plötzlich selbst, und sie fürchtet sich.

Jahre nach dem ersten Mal erscheint ihr die tote Qin Keqing erneut, diesmal mit Vorwürfen. Sie wirft ihr ihre „Begeisterung für Prunk und Wohlstand" sowie Treulosigkeit und Vergesslichkeit in der Freundschaft vor (Kap. 101, 1842). Diese neue Erscheinung findet im nächtlichen Garten statt und ist von einem unheimlichen großen Hund begleitet. Es heißt: „Hsi-fëng hatte stets alle Formen des Aberglaubens abgelehnt. Doch ihre Begegnung mit Tjin Kë-tjings Geist in der vorigen Nacht begann, ihre Skepsis zu untergraben (...). Sie konnte fast spüren, wie sie anfing, an die Wirkung solcher Rituale [*zur Fernhaltung böser Geister*] zu glauben." (1854)

Auf ihrem Sterbebett wird Xifeng schließlich von allen Übeltaten ihres Lebens eingeholt, und bereut. Zuerst erscheint ihr die Zweite Schwester You, You Erjie (You Örl-jie), eines ihrer Opfer, die ganz sanft und einfühlsam mit ihr spricht. „Hsi-fëng wachte plötzlich auf und erinnerte sich sofort, daß You Örl-jie tot war. Dies mußte ihr Geist gewesen sein, der nach dem Leben ihres Folterers trachtet und auf Rache sinnt." (Kap. 113, 2039) Die Sterbende wird von vielen anderen Geistern heimgesucht, die nicht namentlich identifiziert werden, unter anderem „von einem Mann und einer Frau" (2040). Vielleicht handelt es sich um das Paar, dessen Verlöbnis aufzulösen Xifeng gegen dreitausend Liang Silber mitgeholfen hat, und das sie dadurch „in den sicheren Tod" getrieben hat.[674] Andererseits hat sie in der noch lebenden Oma Liu, die sie einst unterstützt hat, eine Fürsprecherin. „Hsi-fëngs Seele war belagert von den Geistern derer, denen sie während ihres Lebens geschadet hatte, und sie wollte, daß die alte Dame sofort ging und für sie betete" (2046). Nach Xifengs Tod wird ihre Tochter von Oma Liu beschützt und verheiratet.

d) Totenerscheinungen können der Rache und der Strafe dienen. Das geht so weit, daß ein Mörder dadurch zu Tode kommen kann, daß er vom Totengeist des Ermordeten verfolgt wird. Auf diese Möglichkeit wird im Roman angespielt. Feng Yuan ist einem Angriff Xue Pans (Hsüä Pans) zum Opfer gefallen. Um Xue Pan der gerichtlichen Verfolgung zu entziehen, wird sein Tod mit folgenden Worten fingiert: „Von Fëng Yüans Seele verfolgt, sei Hsüä Pan inzwischen einer unbekannten Krankheit erlegen." (Kap. 4; 76)

Besessenheit

Besessenheit durch Geister ist, nach damaligem chinesischem Glauben, eine häufige Krankheitsursache.→675 Eine Erkältung kann durch Begegnung mit einem Blumengeist verursacht sein (Kap. 42, 720f.). Die Angstvision einer Nonne, Miaoyu, kann durch das Eindringen „eines umherwandernden bösen Dämons" während ihrer Meditation verursacht worden sein (Kap. 87, 1621). Seit der große Garten der Familie verwahrlost und nicht mehr bewohnt ist, treiben sich dort allerlei Feen und Geister herum. Eine Dame der Familie erkrankt und gerät in eine Wahnattacke. „Möglicherweise ist sie auf ihrem Weg [*durch den Garten*] einem bösen Geist begegnet und ist nun besessen", mutmaßt ihr Sohn (Kap. 102, 1861). Wegen dieser und anderer Vorkommnisse läßt die Familie in dem Garten durch einen daoistischen Hohepriester, drei Hauptpriester und 49 Diakone einen aufwendigen Exorzismus durchführen (Kap. 102, 1869f.).

Ein besonders schlimmes Ende nimmt es mit Frau Zhao (Dschau), einer Nebenfrau von Baoyus Vater (Kap. 112, 2034–37). Sie hat früher, aus Neid und Mißgunst gegenüber der Hauptfrau und deren Sohn Baoyu, diesen und Xifeng mit Hilfe magischer Praktiken beseitigen wollen und in einen Anfall von Wahnsinn getrieben (Kap. 25, 434–442; vgl. Kap. 81, 1503ff.). Auch sonst hat sie in ihrem Leben viele Gemeinheiten und Niedrigkeiten begangen. An ihrem Ende verfällt sie den Dämonen. Man hält sie zunächst für besessen vom Totengeist einer bestimmten Dienerin (jener, die sich erhängt hat), aber sie protestiert dagegen. Sie sei vom König der Unterwelt geholt worden, der sie über schwarze Magie ausfragen wolle. Ihre Gewissensqualen vor dem Höllengericht steigern sich vor ihrem Tod zu einem Delirium, in dem sie sich zunehmend in den Dämon verwandelt, der sie besessen hält. „Es war ein schrecklicher Anblick, und niemand traute sich, ihr nahezukommen." (Kap. 113, 2038)→676

Ironisierungen des Geisterglaubens

Hin und wieder wird der Geisterglaube im Roman ironisiert, sodaß offen und in der Schwebe bleibt, ob es sich bei den Geistern um Wirklichkeit oder Aberglaube, um Erfahrung oder Einbildung handelt. Die

Unsicherheit der lebenden Menschen bei dem Thema wird nicht ausgeblendet. Die differenzierte und ausbalancierte Art der Darstellung ist dem psychologischen Anspruch des Romans angemessen und erhöht den Reiz der Schilderungen. Zum Thema der Geister gehört diese Unsicherheit der Menschen hinsichtlich Realität oder Irrealität hinzu. Mehrmals wird der Spott über den Geisterglauben seinerseits ironisiert. Der Roman vertritt also keine dogmatisch „aufklärerische" Position.

In einer Vollmondnacht hält Daiyu einen weißen Kranich für einen „Totengeist" (Kap. 76, 1407). Als der verwahrloste Garten angeblich von Geistern heimgesucht und deswegen von Baoyus Onkel (dieser „war der einzige, der nichts von dem glaubte") mit großem Gefolge inspiziert wird, hält ein junger Bursche einen Fasan für einen Dämon und löst damit die umfangreiche Exorzismusprozedur aus (Kap. 102, 1870). Baoyu ist besonders gutgläubig. Daß Qingwen als Blumenfee für die Hibiskuspflanze zuständig sei, ist die momentane Eingebung einer Dienerin während ihres Gespräches mit Baoyu (Kap. 78, 1445ff.). Er findet Trost in diesem Gedanken und erweist der Pflanze anstelle des Sarges seine Reverenz.

Mehrmals tritt in dem Roman ein Wahrsager auf, der aus dem *Yijing* (I Ging) prophezeit. Er wird über Schicksal und Krankheit zweier Damen der Familie befragt. Seine weitschweifigen Ausführungen werden zwar als Geschwätz eingestuft (1863), aber in beiden Fällen treffen seine Voraussagen ein (Kap. 95, 1746; Kap. 102, 1865). Nach Bischoff ist das typisch für die chinesische Haltung „gegenüber Orakeln und Magie aller Arten: offen werden sie verspottet, und dennoch werden sie fest geglaubt."[677] – Während einer Krankheit der kaiserlichen Nebenfrau erscheint diese mehrmals ihrer Großmutter, der Herzoginmutter, und warnt sie vor dem vorzeitigen Aufbrauchen des Wohlstandes der Familie: „immer, wenn [die Herzoginmutter] ihre Augen schloß, hatte sie eine Vision von der kaiserlichen Nebenfrau." (Kap. 86, 1595) Gleichzeitig mit diesen Visionen trifft die Nachricht von der ernsthaften Erkrankung und später die vom Tod einer kaiserlichen Nebenfrau ein, und die Herzoginmutter ängstigt sich um ihre Enkelin. Als sich herausstellt, daß eine andere Nebenfrau gestorben ist, glaubt die Herzoginmutter zwar, „daß ich mir das alles eingebildet hatte" (Kap. 95, 1745). Aber dann stirbt ihre Enkelin tatsächlich. Marion Eggert meint, hier werde die prognostische Kraft des Traumes ironisiert.[678] Aber bezieht sich die Ironie nicht vielmehr auf die Verunsicherung der Perzipientin hinsichtlich der Prophezeiung?

Eine Freundin der Familie ist Schwester Miaoyu. Zusammen mit einigen anderen Nonnen lebt sie im Garten in einem Kloster. Sie gilt mit ihren strengen Reinheitsvorstellungen als etwas verschroben, wird aber von der Herzoginmutter, von Baoyu und anderen hoch geachtet. Gegen Ende des Romans wird sie bei einem nächtlichen Überfall von einem brutalen Räuber betäubt und aus dem Kloster entführt. Über ihr weiteres Schicksal ist nichts bekannt. (Kap. 112, 2028f.) Nur eine der Schwestern in der Herberge hat einen Traum, in welchem Miaoyu ermordet wird. Als von diesem Traum in einer Männerrunde erzählt und auf das Schicksal Miaoyus geschlossen wird, heißt es: „Das wurde mit Spott aufgenommen: ‚Träume kann man doch nicht ernst nehmen.'" (Kap. 117, 2112) Doch der Leser muß annehmen, daß Miaoyu sich gegen versuchten sexuellen Mißbrauch zur Wehr gesetzt hat, und den Traum für einen Wahrtraum halten. Auch hier wird also der Spott ironisiert. Miaoyu hat übrigens die Gabe des Zweiten Gesichts (1736), genauer: der Prophetie aufgrund von „Geisteranrufung" (1740). Um Baoyus Jadestein wiederzufinden, veranstaltet sie eine Séance mit Geisterschreiben (Kap. 95, 1741f.). Für ihr eigenes Schicksal bleibt ihre Begabung nutzlos, wie die pragmatische Baochai trocken feststellt (Kap. 114, 2055). In einem Angsttraum hat Miaoyu ihr Schicksal aber vorweg geträumt: „Plötzlich bedrohte sie eine Horde Raufbolde mit Schwertern und Knüppeln. Sie schrie um Hilfe." (Kap. 87, 1619ff.)[679]

Epilog zum 3. Kapitel

Wir lassen in diesem Epilog unsere Gedanken etwas freier schweifen und fügen dem Kapitel ein paar Spekulationen an. a) Die im dritten Kapitel angeführten Werke der chinesischen Literatur schildern Erfahrungen, die im Leben der heutigen westlichen Menschen selten sind (wie Erscheinungen von Totengeistern) oder gar nicht mehr gekannt werden (wie Phänomene der Besessenheit durch Totengeister). Es kommen auch Gespenster Lebender (s. § 1, Bilokation) und Besessenheiten durch Geister Lebender vor. Im „Traum der roten Kammer“ wird einmal der Geist eines Lebenden sichtbar. Jiang Yuhan, der aufgrund einer erzwungenen Aussage seines Freundes Baoyu entführt worden ist, erscheint weit entfernt vom Ort seiner Gefangenschaft Baoyu im Halbschlaf und klagt über seine Situation.[680] Der japanische Roman „Die Geschichte vom Prinzen Genji“ (s. das folgende Kapitel) schildert Fälle der Besessenheit von Frauen durch den Geist einer Lebenden. Genjis erste Ehefrau Aoi etwa stirbt nach ihrer Besessenheit durch den Geist einer eifersüchtigen Geliebten Genjis, der Dame Rokujô.[681]

Diese Schilderungen basieren auf der Annahme, daß es eine seelische oder geistige Wesenheit des Menschen gibt, die zu Lebzeiten oder beim Tod sich vom Körper lösen und sich verselbständigen kann. (Vgl. auch das oben in § 1 über die Seelenreise der Hexen, Zauberer und Schamanen Gesagte, S. 41f.) Wir machen uns diese Annahme, der zufolge Bewußtsein vom Körper unabhängig existieren kann, hypothetisch zu eigen.[682] Die betreffenden literarischen Schilderungen müssen nicht phantastisch sein. Wir können in fernen Epochen und Kulturen mit anderen seelischen Wirklichkeiten als den uns vertrauten rechnen. Unbegreiflichkeit der Phänomene bedeutet nicht deren Unmöglichkeit.[683] Parapsychologie, Ethnologie und Religionswissenschaft liefern Beiträge zu einer historischen Phänomenologie außerkörperlicher seelischer Ereignisse. [684]

b) Frederic W.H. Myers hat festgestellt, daß in den von ihm ausgewerteten Berichtsammlungen (s. § 2) keine bösen Totengeister auftauchen. (Anonyme Spukgeister schließt er aus seiner Definition aus.) Diese Feststellung ist bemerkenswert angesichts der Tatsache, daß in früheren Geschichtsepochen und in anderen Kulturen, nicht nur in China, die wirklich oder potentiell bösartigen, neidischen, rachsüchtigen Totengeister gefürchtet waren.[685] Die Verwandlung böser Totengeister war ein Hauptmotiv vieler Kulte (s. unten § 12, zum Nô). Das Ausbleiben böser Totengeister im Westen seit dem späten 19. Jahrhundert könnte zum einen darin begründet sein, daß abnorme und psychopathische Persönlichkeiten von den Umfragen nicht erreicht wurden, auf denen die zitierten Fallsammlungen beruhen, die somit nur einen Ausschnitt aus dem Spektrum der Totengeister wiedergeben würden. Myers' Feststellung könnte aber auch einen Wandel anzeigen und auf die Geschichtlichkeit der menschlichen Seele hinweisen: nämlich darauf, daß Zivilisierung und Christianisierung der westlichen Welt sich seit dem Ende des 19. Jahrhunderts in einer Versittlichung der Totengeister bemerkbar machten, daß also die Geister sich zum Guten wandelten. Auch Rilke begegneten in seinem Leben nur förderliche und leitende oder aber anspruchsvolle und zehrende, aber keine eigentlich bösen Totengeister.

Gerne wüßten wir, ob es in China einen analogen Wandel der Totengeister gegeben hat. Wenn man nur die vier Texte des *Soushen ji*, des *Jinpingmei*, des *Hongloumeng* und der „Aufzeichnungen" Shen Fus vergleicht, möchte man die Frage bejahen. Das *Soushen ji* (4. Jh.) enthält zwei Geschichten mit wohltätigen Totengeistern (Nr. 97 und 362; s. oben), dagegen fünf mit bösen, todbringenden, rachsüchtigen (Nr. 22, 56, 74, 376, 398).[686] Im *Jinpingmei* (16. Jh.) erscheinen vorwiegend rachdurstige, „böse" Totengeister. Im *Hongloumeng* (18. Jh.) gibt es solche zwar ebenfalls. Für den sittlich guten, empfindsamen Baoyu, die Hauptfigur des Romans, haben die Totengeister ihren Schrecken aber verloren und an Anziehungskraft gewonnen. Er sucht, wenn auch meist vergeblich, die Begegnung mit den Geistern seiner toten Freundinnen. Für den gebildeten Erwachsenen Shen Fu (1809) gibt es vor allem den liebenden Totengeist seiner verstorbenen Ehefrau. Die Ängste seiner Nachbarn teilt Shen Fu nicht. Unverkennbar korrespondiert das sittliche Niveau der Totengeister in den drei zuletzt genannten Texten jeweils mit dem des oder der Perzipienten – ähnlich wie in Myers' Umfragen.

Vier Beispieltexte sind als Basis zu schmal für weitreichende Schlüsse. Wenn wir dennoch von der Hypothese ausgehen, daß auch in China ein Wandel der Totengeister zum Guten stattgefunden hat, so stellt sich die Frage nach den Gründen dieses Wandels. Man wird auch hier an die ethisch-pädagogischen, zivilisierenden Kräfte denken, die auf die Menschheit eingewirkt haben, unter ihnen an die Religionen, von denen viele sich explizit auch auf das Schicksal der Seelen im Jenseits ausrichten. Der buddhistische Mönch und Eremit Pujing im Schlußkapitel des *Jinpingmei* kann als eine sinnbildliche Gestalt für den Wandel der chinesischen Totengeister gelten. (Wir halten uns hier an die wörtliche Ebene des Textes.[687]) Seine Gebete und Predigt zielen auf die Verwandlung der Seelen. Sie wandeln die erscheinenden Totengeister, befreien sie vom Haß und ermöglichen ihnen dadurch, als Menschen wiedergeboren zu werden. Diese Szene, die den Roman hoffnungsvoll ausklingen läßt, demonstriert die Einwirkung der Religion, hier der buddhistischen, auf die menschlichen Seelen und deren vorgestelltes oder tatsächliches Schicksal nach dem Tod.

In der christlichen Kirchengeschichte spielte der Gedanke einer Bekehrung der Totengeister eine wichtige, nicht nur literarische Rolle, und der christliche Okkultismus kannte auch einen Erfahrungsgehalt dieser Vorstellung. Justinus Kerner schildert in seinem ärztlich-seelsorgerlichen Bericht über „Die Seherin von Prevorst", daß Friederike Hauffe (1801–1829), so der bürgerliche Name der Seherin, mit vielen einzelnen Seelen sündiger, unglückseliger Toter betete und sie zum Guten, das hieß in diesem Fall zu Christus, bekehrte.[688] Als dunkle Gestalten kamen die Geister heran, als helle, aufgehellte entschwanden sie wieder.[→689] Ein Jahrhundert vor Hauffe soll Friedrich Christoph Oetinger (1702–1782) in einem ähnlichen Sinn gewirkt haben. Er „pflegte nachts in der leeren Kirche den Geistern zu predigen", heißt es;[690] diese Aussage ist freilich legendenhaft und apokryph.[691] Johann Christoph Blumhardt (1805–1880), ein evangelischer Pfarrer in Schwaben wie Oetinger, kämpfte mit bösen, dämonischen Totengeistern, die eine von ihm betreute Kranke besessen hielten. Allerdings wollte er seine Kämpfe nicht als „Geisterbekehrungen", sondern als „Befreiung (...) gläubig gewesener Seelen" verstanden wissen.[692]

Das Urbild aller christlichen missionarischen Bemühungen um die Seelen der Toten bestand in der Unterweltpredigt Christi selbst. Der Gedanke der Höllenfahrt Christi bildete einstmals „nahezu das Hauptstück der Verkündigung vom Erlöser" (Adolf von Harnack).[693] Denn die Auferstehung Christi, als soteriologischer Akt, als Rettung und Erlösung der Seelen verstanden,[694] setzte die Höllenfahrt voraus.

Dieser Rettung diente die Predigt Christi in der Unterwelt (1. Petri 4, 6; Joh. 5, 25). Sie wurde oft mit einer Taufe der Toten verbunden gedacht. „Der ursprüngliche theologische Sinn der Unterweltpredigt [bestand in der] Möglichkeit der bereits Verstorbenen, sich auch nach dem Tode zu Christus zu bekehren und den Weg der Erlösung zu gehen“.[695] Auch Apostel und andere christliche Lehrer sollen nach ihrem Tod den Gerechten des Alten Bundes gepredigt haben.[696] Trotz aller Unterschiede kann ein Beispiel wie das der Seherin von Prevorst zu dem Gedanken anregen, daß es sich bei der Höllenfahrt Christi um mehr handelte als eine bloß mythologische Vorstellung, nämlich um das Ereignis einer Wirkung im Geisterreich. Die Totengeister der Friederike Hauffe hatten freilich ein Sündenbewußtsein, das den „gerechten“ vorchristlichen Toten fehlen mußte. Die Toten im *Jinpingmei* haben immerhin so etwas wie ein Bewußtsein ihres negativen Karmas.

c) Die Frage, ob und inwieweit das Motiv der Geisterpredigt im *Jinpingmei* von christlichem Denken angeregt worden sein könnte, dessen Elemente damals in China schon seit langem bekannt waren, mögen Fachleute beurteilen. Jedenfalls zeigt sich am Motiv der Geisterpredigt eine Affinität von Buddhismus und Christentum. „Nur die buddhistische Kirche verstand es, was vorher in China niemand verstanden, die Toten selig zu machen, sie zur Erlösung zu führen.“[697] Dieser Satz de Groots unterstreicht die Verwandtschaft der beiden Religionen, auch wenn Erlösung und Seligkeit in ihnen verschieden gedacht werden. Nach buddhistischer Auffassung war Predigen „ein seligmachender Akt“.[698] Der Sinn der buddhistischen Totenmessen in China bestand in der Hilfe für die Seele eines oder einer Toten, nämlich darin (nach Ch'en), „die Seele dazu zu befähigen, als Mensch oder Gottheit wiedergeboren zu werden, anstatt in einer üblen Existenzform wie in derjenigen eines Tieres, eines hungrigen Geistes oder Höllenbewohners.“[699] Pujings Geisterpredigt erfüllte insoweit die Funktion der chinesischen buddhistischen Totenzeremonien. Einen Einfluß der nestorianischen christlichen Kirche auf die Ausbildung der buddhistischen Seelenmessen in China nahm Karl Ludvig Reichelt an. In der Gestalt des Dizang, „des barmherzigen Bodhisattvas der Unterwelt“, und in dessen „Predigtwirksamkeit“ zur Erlösung der unglücklichen Seelen „unten im Hades“ sah er einen Reflex der Vorstellung von Christi Höllenfahrt.[700] Die buddhistische Anschauung könnte jedoch auch unabhängig entstanden sein, zumal wenn sie, wie wir hier annehmen, sachlich begründet war.

Eine andere mögliche Spur christlicher Mission in China sei bei dieser Gelegenheit erwähnt. Im „Traum der roten Kammer“ begegnet Baoyu auf einer Jenseitsreise verstorbenen Mädchen, jungen Frauen und Dienerinnen seiner Familie, die er mit Namen anspricht, die aber bestreiten, die Genannten zu sein.[701] Dieses Motiv könnte aus dem Abendland stammen und durch Predigten christlicher Missionare in den chinesischen Vorstellungsschatz eingegangen sein. Es kommt im 12. Jahrhundert bei Guibert de Nogent vor, dessen Mutter auf einer Jenseitsreise im Traum ihrem verstorbenen Ehemann begegnet, den sie namentlich anredet und fragt, ob er so heiße, und der bestreitet, diesen Namen zu tragen. Guibert schreibt dazu:

> „Es ist aber kein Wunder, wenn der Geist leugnete, mit dem Namen bezeichnet zu werden, den er einst als Mensch getragen hatte: Als Geist konnte er einem Geist nichts anderes antworten, als was zu seinem Wesen als Geist passte. Zu glauben, Geister nähmen voneinander durch Namen Kenntnis, ist sehr lächerlich; sonst würden wir in der kommenden Welt ja fast nur unsere Verwandten erkennen. Es ist überhaupt nicht notwendig, dass Geister Namen haben; denn ihre ganze Erscheinung (*tota visio*) oder besser das Wissen von ihrer Erscheinung kommt von innen her (*ab intus*).“[702]

Bei Le Goff heißt es in der Übersetzung: „Geistliche Wirklichkeiten kann man nur mit geistlichen Worten ausdrücken“.[→703] Noch in Rilkes Erster Duineser Elegie (1912) kehrt dieser Gedanke wieder. Dort wird den Verstorbenen das Verhalten zugeschrieben, „selbst den eigenen Namen | wegzulassen wie ein zerbrochenes Spielzeug.“ (Z. 74f.)

4. Kapitel: Japanische Literatur

§ 12. Totengeister in der japanischen Volksreligion

Im modernen Japan gibt es, trotz des „aggressiven Säkularismus" intellektueller Zirkel,[704] einen Totengeisterglauben bis in unsere Gegenwart hinein.[705] Dieser Volksglaube reicht weit in die Geschichte zurück. In Kenji Mizoguchis Film „Ugetsu Monogatari" („Erzählungen unter dem Regenmond") von 1953 wird der Töpfer Genjuro am Schluß vom Geist seiner verstorbenen Frau Miyami, der aus dem Off spricht, bei der Arbeit begleitet und ermutigt. Der Titel und einzelne Motive des Films sind von Ueda Akinaris Novellensammlung aus dem 18. Jahrhundert angeregt. Das Motiv der Inspiration durch den Totengeist der Frau hat bei Akinari kein Vorbild, ist aber im Sinne tradierter japanischer Anschauungen gestaltet.[706]

Da wir uns in den beiden folgenden Paragraphen mit einem Roman aus dem 11. Jahrhundert und Erzählungen aus dem 17. Jahrhundert befassen wollen, interessieren uns hier vor allem die frühen Formen des japanischen Volksglaubens, deren Rekonstruktion schwierig ist.

Shintô. Probleme der Rekonstruktion

Unter dem Begriff „Shintô" werden die einheimischen religiösen Traditionen Japans zusammengefaßt. Die Frage, wie diese Traditionen beschaffen waren, bevor der Buddhismus nach Japan kam, ist schwer zu beantworten, weil eine schriftliche Überlieferung erst spät einsetzte. Japan war bis um 400 n.Chr. eine schriftlose und somit vorgeschichtliche Kultur. Seit der Übernahme der chinesischen Schrift (5. Jh.) drangen auf allen Gebieten vielfältige Einflüsse aus China nach Japan und beförderten dort den Schritt zur Hochkultur. Im Zuge dessen gelangte auch der Buddhismus nach Japan (6. Jh.). Das Wort Shintô ist seit dem 8. Jahrhundert belegt.[707]

Mehr als tausend Jahre lang bestand eine shintôistisch-buddhistische Mischreligion. Eine Trennung von Shintôismus und Buddhismus wurde erst in der Meiji-Zeit (ab 1868) aus politischen Gründen gewaltsam ins Werk gesetzt. Die frühen Texte seit dem 8. Jahrhundert, auf die sich die Rekonstruktionsversuche eines „reinen" Shintô beriefen, wie etwa das *Kojiki* und das *Nihongi,* waren auch ihrerseits staatspolitisch motiviert. Sie betreffen nur den offiziellen (Staats-) Shintô (die „Große Tradition") und klammern die mündliche Überlieferung (die „Kleine Tradition") aus.[→708] Spätere Texte idealisieren die nationale Frühzeit. „Die Lehre, die sich [*seit dem 18. Jh.*] als Shintô begriff, ignorierte zweierlei: die religiösen Vorstellungen des Volkes, die in den alten Schriften nicht vorgeprägt waren, und die Entwicklung der einheimischen religiösen Vorstellungen unter dem Einfluß fremder Religionen oder Denksysteme" (Nelly Naumann).[709]

Shintô kommt vom chinesischen *shen-tao* (Weg der Geister). Es bedeutet „der Weg der *kami*".[710] *Kami* waren alle „übernatürlichen Wesen",[711] „Hierophanien, numinose Präsenzen",[712] Gottheiten und Geister, auch kollektive und Naturgeister. Die frühe japanische Religion bestand in einer Verehrung der *kami*.[713] Zu diesen zählten, seit Beginn der schriftlichen Überlieferung, auch „Ahnengeister oder Ahnengötter der verschiedenen Sippen".[714] Es gab ferner rächende Totenseelen (*goryô*), deren Kulte zwischen dem 8. und 10. Jahrhundert zahlreich entstanden und sich verbreiteten.[715] Naumann schreibt, daß der *goryô*-Kult eine „Aufnahmebereitschaft für die allmählich festere Formen annehmende Vorstellung von den Totenseelen oder Totengeistern" voraussetzte. „Spätestens von dieser Zeit an müßte daher auch mit einem Kult der wohlwollenden Totenseelen zu rechnen sein, die zu bestimmten Zeiten die Lebenden besuchen."[716]

Eine politische Zwecksetzung prägte die schriftlichen Zeugnisse des Shintô seit den Anfängen. Im *Nihongi* (8. Jh.) heißt es im Zusammenhang mit der legendären Reichsgründung: „Ein kaiserliches Dekret lautet: Die Geister meiner kaiserlichen Ahnen haben vom Himmel herunterblickend mich erleuchtet und unterstützt."[717] Naumann weist darauf hin, daß hier wohl „lediglich ein chinesischer Topos übernommen wurde, der den legitimen Beginn einer neuen Dynastie markiert".[718] Es gibt weitere Stellen über den kaiserlichen Ahnenkult im *Nihongi* (das in chinesischer Sprache abgefaßt ist). Einmal heißt es, über die Ära Temmu (7. Jh.): „Dem erhabenen Geist des Großvaters des Kaisers wurde kultische Verehrung zuteil."[719] Die Ausgestaltung des Ahnenkultes des Kaisers Temmu im 8. Jahrhundert war laut Naumann politisch motiviert und entstand unter chinesischem, konfuzianischem Einfluß.[720]

In der Edo-Periode (17.–19. Jh.) entwickelte sich Shintô, zum Teil in Verbindung mit Elementen des Konfuzianismus, zu einer Staatsideologie, mit dem Tennô (Kaiser) im Mittelpunkt. In der Meiji-Zeit (1868–1912) wurde er schließlich zu einer nationalreligiösen Ideologie ausgestaltet, in der der Ahnenkult und der Gedanke der göttlichen Abstammung des Herrschers dazu dienten, das nationale Staatswesen zu legitimieren, das als eine große Familie, mit dem Herrscher als Familienoberhaupt, begriffen wurde.[721] Im heutigen Shintô spielen Totengeister eine geringe Rolle.[722] Eine Ausnahme bilden die Geister der Gefallenen, die im Yasukuni-Schrein offiziell als Gottheiten, als Schutzgeister der Lebenden verehrt werden. Damit werden „religiöse, dem Volksglauben entspringende Gefühle in den Dienst des Staates gestellt" (Klaus Antoni).[723] Teilweise interpretieren Kritiker diese Totengeister als Rachegeister, als Seelen von Menschen, die gegen ihren Willen durch eine verfehlte Politik zu einem sinnlosen Tod gezwungen wurden und nun durch ihre Verehrung im Schrein beschwichtigt werden müssen.[724]

Die Frage nach einer ursprünglichen einheimischen Religion Japans, jenseits politisch motivierter Fiktionen, und nach einem genuin japanischen Ahnenkult können wir unbeantwortet lassen. Sicher ist, daß ein Totengeisterglaube und ein familien- und sippenbezogener Ahnengeisterglaube strukturell einer früheren Schicht der Kultur angehören als die Universalreligion des Buddhismus. In Japan verband sich, ebenso wie in China, der Ahnenkult mit dem Buddhismus. In der Edo-Zeit bestand in Japan eine Haupteinnahmequelle buddhistischer Tempel darin, die Riten des Ahnenkultes für alle registrierten Einwohner durchzuführen.[725] Die drei großen japanischen Systeme (Buddhismus, Konfuzianismus, Shintôismus) waren, ebenso wie die japanischen Formen des Volksglaubens, synkretistisch.[726] Selbst der Meiji-Restauration gelang es nicht, diesen Synkretismus zu beenden. „In Japan, im Gegensatz [*zu Europa*], verschmolzen alle Glaubensformen (*beliefs*)".[727]

Volksreligion im 20. Jahrhundert

Im 20. Jahrhundert herrschte in der japanischen Bevölkerung ein Glaube an Totengeister, den Robert J. Smith folgendermaßen zusammenfaßt: „die Geister der Toten bleiben wirklich ihren lebenden Nachfahren nahe. Sie beschützen die Lebenden, solange die Lebenden sich um sie kümmern. Aber wenn sie vernachlässigt oder aufgegeben werden, machen sie wahrscheinlich auf ihre Notlage aufmerksam, indem sie sich in die Angelegenheiten der Lebenden einmischen."[728] Carmen Blacker beschreibt den japanischen Glauben, daß die Totengeister der verstorbenen Großeltern oder Eltern, bevor sie ihre Individualität verlieren und in das Ahnenkollektiv eingehen, „fortfahren, als Mentoren und Mahner ihrer Nachfahren zu handeln", vorausgesetzt, sie erhalten die korrekten Opfer und Rituale.[729]

Der japanische Ahnenkult des 20. Jahrhunderts umfaßte familiäre Zeremonien vor den Seelentafeln auf dem Ahnenaltar, wie das Darbringen von Getränken und Speisen, das Begehen des Todestages, Bewirten der Toten- und Ahnenseelen zu Neujahr und zum Totenfest (dem buddhistischen Bon-Fest im August, nach gregorianischem Kalender). „Neben den Verpflichtungen des Familienhauptes ist es (...) das persönliche Gefühl, das im einzelnen das Verhalten zum Toten bestimmt, sei es daß Geschenke zuerst vor dem Altar dargeboten werden, sei es daß die Toten über alles, was die Familie betrifft, unterrichtet werden, daß ihr Schutz und ihre Hilfe erfleht, Dank erstattet und bei Mißerfolg ihre Verzeihung erbeten wird" (Naumann).[730] Nur durch gewisse kultische Schritte im Verlauf eines Prozesses wandelt sich der Geist eines kürzlich Verstorbenen in einen Ahnengeist.[731]

Die Frage nach dem Aufenthaltsort der Totengeister beantworten die japanischen Gebräuche (implizit) in einer widersprüchlichen Weise.[732] Kurz nach dem Tod mag der Geist sich in der Nähe der Leiche oder des Sterbehauses aufhalten, später jedoch auf dem Friedhof beim Grab oder in den Bergen oder im Paradies. Zum Bon-Fest kehren die Toten aus den Bergen oder vom Friedhof in das Wohnhaus der Familie zurück – um am Ende des Festes wieder hinausgeleitet und fortgeschickt zu werden. Trotzdem können die Angehörigen mit einem Toten jederzeit in Beziehung treten, indem sie die Ahnentafel auf dem Hausaltar ansprechen (nachdem eine Reihe von rituellen Schritten vollzogen worden ist), und können ihm täglich Opfer bringen. „Die jenseitige Welt kann nur in widersprüchlichen Ausdrücken beschrieben werden“ (David W. Plath).[733]

Wie weit man von dem Volksglauben des 20. Jahrhunderts auf den der Frühzeit zurückschließen darf, ist fraglich. Laut Smith haben sich die gegenwärtigen Formen des Ahnenkultes, als Teil eines *allgemeinen* Volksbrauches (der auch die niederen Schichten erfaßte), erst ab Mitte des 17. Jahrhunderts herausgebildet.[734] Auch Naumann weist die Absicht zurück, „den rezenten Volksbrauch oder Volksglauben als das getreue Spiegelbild archaischer Glaubensformen hinzustellen“, fügt aber hinzu, „daß sich gerade im Volksglauben Relikte äußerst altertümlicher Vorstellungen erhalten haben.“[735]

Matthias Eder (1901–1980), der als Priester und Missionar zur Japanologie fand, verbindet in seinem Buch über „Die alte Landesreligion [Japans]“, im Abschnitt „Totenseelen und Ahnenkult im Volk bis zur Neuzeit“,[736] Zeugnisse der alten Literatur (etwa Stellen aus dem *Manyôshû*, einer Liedersammlung der Mitte des 8. Jahrhunderts) allzu umstandslos mit lebenden Volksbräuchen des 20. Jahrhunderts, etwa einer Totenseelenzeremonie, die er 1958 selbst miterlebte. Das gilt als methodisch fragwürdig. Auch Ichirô Hori stellt eine Verbindung der Volksreligion des 20. Jahrhunderts zur Literatur der Frühzeit her. Ihm zufolge war die Zeit des 8. bis 12. Jahrhunderts ein „Zeitalter der bösen Geister“, was sich beispielhaft in der Literatur der Heianzeit, etwa im *Genji*-Roman zeige. „Alle sozialen und persönlichen Krisen (...) wurden als Folge der Rache zorniger Totengeister angesehen. Manchmal glaubte man auch, sie seien durch zornige oder eifersüchtige Geister *lebender* Männer und Frauen verursacht. (...) Diese Glaubensvorstellungen überdauern in der ländlichen Gesellschaft Japans bis heute.“[737] Robert J. Smith weist ebenfalls anhand von Beispielen auf die Fortdauer dieser frühen Besessenheitsvorstellungen bis ins 20. Jahrhundert hin.[738]

Der Begriff „Totenseele“

Der Begriff „Totenseele“ ist in den japanischen Quellen frühestens seit dem 10. Jahrhundert nachweisbar.[739] Das Wort für Seele lautet im Japanischen *tama*. Es meint den Lebensgeist, die Kraft, die einem Wesen Leben verleiht. Im *Manyôshû* (8. Jh.) etwa wird eine Seele von Toten, laut Naumann, nirgends erwähnt. „Das *tama*, dessen Entweichen den Tod bewirkt, verflüchtigt sich, es wird keinesfalls zu einer ‚Totenseele'."[740] Walter F. Otto hat, ausgehend von der griechischen Antike, auf den Unterschied von (unpersönlicher) Lebensseele und (persönlichem) Totengeist hingewiesen.[741] „Dem [japanischen] Begriff der ‚Totenseele', *naki-tama*, begegnet man erstmals im *Tônomine-Shôshô-monogatari*, das vermutlich nach der Mitte des 10. Jahrhunderts entstand", sowie im 11. Jahrhundert im *Genji-monogatari*.[742] (*Naki* bedeutet verblichen, verstorben, dem Schattenreich angehörig.) Gary L. Ebersole spricht mit Blick auf das *Manyôshû* dennoch von dem „*spirit (*tama*) of the dead*".[743] Hier ist der entschwundene Lebensgeist des Toten gemeint, der durch gewisse Riten zurückgerufen werden soll (*tama-furi*). Weil der Tod nicht als unumkehrbare Schranke, sondern als „potentiell umkehrbar" betrachtet wurde, ist diese Redeweise gerechtfertigt. Wie ein Übergang vom Lebensgeist (*tama*) des Toten zum Toten als Geistwesen (*kami*) zu denken ist, bleibt eine offene Frage.[744]

Schauen wir uns die betreffende Stelle im *Tônomine-Shôshô-monogatari* an. In diesem Epos verläßt ein hoher Adliger die Hauptstadt und geht in die Berge, um Mönch zu werden. Das Hauptthema des Epos ist die Trauer seiner Angehörigen über ihren Verlust und der Austausch von Briefen und Gedichten zwischen ihnen und dem Entschwundenen. Einen Höhepunkt erreicht das Werk im 24. von 32 Abschnitten: Der verstorbene Vater erscheint dem buddhistischen Novizen im Traum, um ihm nachträglich die Erlaubnis zu geben, der Welt zu entsagen, eine Erlaubnis, die er ihm zu Lebzeiten verweigert hatte. Er verspricht ihm, seine „Totenseele" werde ihm, dem Sohn, oft erscheinen, vorausgesetzt daß dessen Glaube ungetrübt und stark bleibe.[745] Träume bilden in diesem Epos ein Mittel der Kommunikation mit abwesenden Personen, auch mit lebenden. Seiner jüngeren Schwester, die in der Hauptstadt geblieben ist, erscheint der Mönch in einem Traum. Vergeblich hofft er, sein leibliches Kind nachts in Träumen zu sehen.[746]

Der verstorbene Vater sagt zu seinem Sohn, er wolle „durch den Himmel fliegen, um Dich zu besuchen". Die Übersetzerin erläutert: die Wendung „durch den Himmel fliegen" „deutet das Fliegen eines Gottes oder eines Geistes durch die Luft an". Sie nennt andere Beispiele dieser Wendung aus der frühen japanischen Literatur. Sie alle handeln davon, daß „der Totengeist eines Menschen zu den Lebenden zurückkehrt, wenn er glaubt, daß dort etwas unerledigt geblieben ist".[747] Totenerscheinungen mit solcher Motivation sind eine allgemein menschliche Erfahrung, wie die Parapsychologie belegt.[748]

In der japanischen Frühzeit, etwa im *Manyôshû*, wurden Menschen nach dem Tod weiterhin als eine Einheit von Körper und Seele vorgestellt, wie Naumann darlegt.[749] Die Vorstellungen einer physisch-leiblichen Gestalt der Toten und eines Aufenthaltsortes der Toten in den Bergen waren mythische Anschauungen.[750] Der Begriff ‚Totenseele' bedeutete im 10. Jahrhundert den Übergang zu einer begrifflichen Denkweise. Erfahrungen mit Totengeistern dürfte es auch vor diesem Wandel gegeben haben.[751] Sie stellen eine menschliche Urerfahrung dar.

Phänomene wie der Ahnengeisterglaube und Ahnenkult oder der Glaube an eine krankhafte Besessenheit durch Totengeister (s. hierzu den folgenden Paragraphen) sind in China früher belegt als in Japan. Man nimmt daher an, daß sie von China nach Japan übertragen wurden.[752] Dies muß nicht bedeuten, daß es sich in Japan um aufoktroyierte Vorstellungen ohne Erfahrungshintergrund gehandelt hätte. Die chinesischen Anregungen können in Japan neue Erfahrungen entbunden oder bestehende artikuliert haben. Allgemein stellt sich die Frage, inwieweit religiöse Vorstellungen durch den Nachweis historischer Prioritäten und Einflüsse überhaupt ‚erklärt' werden können.[753]

Mediumismus

In bestimmten Regionen Japans war mediumistische Totenbeschwörung bis ins 20. Jahrhundert hinein gebräuchlich.[754] Die Institution der Miko („Totenbeschwörerin"[755]), ein passives Medium, durch das ein Geist sprechen und befragt werden konnte, gab es in Japan seit früher Zeit.[756] In einer Erzählung von Akutagawa, „Im Dickicht" (1921), (sie wurde von Kurosawa in „Rashomon" verfilmt) kommt ein Ermordeter durch das Medium einer Miko zu Wort und schildert vor dem Untersuchungsrichter seine Todesumstände, nachdem die beiden lebenden Zeugen des Verbrechens (der Räuber, die Frau) ihre Versionen des Geschehens dargelegt haben.[757] Die Szene ist fiktiv, aber nicht phantastisch.

Carmen Blacker hat in den 1960er und 70er Jahren in Japan Praktiken erforscht, die sie schamanistisch nennt. Sie unterscheidet zwei

Formen. In der einen bleibt das (oft weibliche) Medium passiv, die Geister aus dem Jenseits nehmen von ihm Besitz und sprechen durch seinen Mund. In der anderen unternimmt die Seele des Schamanen aktiv, mit Hilfe seiner Schutz- und Hilfsgeister, eine Jenseitsreise, während sein Körper leblos daliegt. Die Art der Trance ist in beiden Fällen verschieden.[758] Die erste Form, die uns hier hauptsächlich angeht, nennen wir Mediumismus, entsprechend dem oben im Abschnitt „Geistermedien" Gesagten (s. S. 115ff.).[759] Japanische Ethnologen nehmen zwei Herkunftsstränge der Phänomene an: einen nördlichen sibirischen, und einen südlichen polynesischen und melanesischen. Dieser letztere sei besonders von einem weitverbreiteten Kult der Besessenheit durch Totengeister bestimmt.[760] Blacker sieht Übereinstimmungen praktizierter Rituale des 20. Jahrhunderts mit Riten, die in frühen Chroniken wie dem *Kojiki* und *Nihon Shoki* (*Nihongi*) beschrieben sind.[761] Versuche, solche Verbindungen herzustellen, kritisiert Naumann als bisher „wenig überzeugend."[762]

Blacker befragte weibliche Medien, *kuchiyose* genannt, die ihren Beruf ausübten, und zu deren Tätigkeiten das Heraufrufen von Geistern jüngst Verstorbener gehörte. (*kuchiyose* bedeutet, laut Wörterbuch: Nekromantie, Medium; wörtlich „den Mund näherbringen" = die Worte eines Geistes mitteilen.[763]) Diese Beschwörungen bildeten einen Teil des buddhistischen Totenrituals und wurden innerhalb bestimmter Trauerzeiten (49 Tage; 100 Tage) für notwendig erachtet, um dem Toten den Abschied von dieser Welt zu erleichtern und die Erlösung seiner Seele zu ermöglichen, besonders in Fällen von gewaltsamem Tod.[764] Nekromantie meint hier jeweils nur einen Totengeister-Mediumismus. Die Toten werden nicht in eigener Gestalt heraufgerufen. (Die Wörterbücher machen diesen Unterschied nicht.)

Ein japanischer Forscher berichtet von einer Sitzung im Jahr 1966 im Rikuzen-Distrikt, bei der der älteste Sohn einer Familie zu Wort kam, der hundert Tage zuvor durch Sturz von einer Brücke ums Leben gekommen war und dessen Geist jetzt von einem blinden Medium heraufgerufen wurde. Mehrere *kami* wurden als Wächter dazu gerufen, ein Ahnherr der Familie fungierte als Führer.[765] Der Totengeist redete alle seine Verwandten, Nachbarn und Freunde einzeln der Reihe nach an. (Das Medium wurde nach der Zahl der Ansprachen des Toten bezahlt.) Unter anderem bat er eine große Zahl von Freunden, oft zu seinem Haus zu kommen und sich zu überzeugen, daß es seiner Familie gut gehe. „Er fügte hinzu: ‚Ich bin jetzt euer Beschützer und werde dafür sorgen, daß ihr unversehrt und glücklich seid, deshalb nehmt euch besonders zwischen 27. August und 10. September vor Unfällen in acht.'"[766] Blacker erläutert, daß die Botschaften dieser blinden Medien vom beteiligten Publikum als „überzeugende Mitteilungen" der Toten aufgenommen wurden, jedoch stereotyp waren und einen Mangel an übernatürlicher Begabung und Inspiration verrieten. Es handle sich hier nur um „die leere Hülle einer authentischen schamanischen rituellen Praxis, die noch bis vor kurzem im Norden Japans überlebte" und auf das Altertum zurückgehe.[767] Die gleiche Einschränkung und Kritik trifft auch auf die Praxis der Schamanen im eigentlichen Sinn zu. Deren Seelenreisen wurden in der 2. Hälfte des 20. Jahrhunderts häufig nicht mehr wirklich vollzogen, sondern nur noch symbolisch dargestellt.[768] Eder berichtet, auf der Grundlage japanischen Schrifttums (ohne detaillierte Quellenangaben), von vielen Totenbeschwörungen, auch von solchen, die von einem Volkskundler erlebt und als echt empfunden wurden. „Sogar die natürliche Stimme des Verstorbenen äußert sich in der Sprache der *miko*", heißt es bei Eder.[769]

Besessenheit durch Totengeister, insbesondere bei der Anrufung verstorbener Verwandter, war in Japan nicht nur „ein moderner Brauch",[770] wie man gemeint hat. Im *Eiga-Monogatari*, einem Roman des 11. Jahrhunderts, wird durch ein weibliches Medium der Geist einer soeben Verstorbenen heraufbeschworen, weil die Hinterbliebenen sich Auskünfte über deren letzten Willen und die Todesursache erhoffen. Der Totengeist scheint gegenwärtig zu werden: das Medium erkennt die von Anderen versteckte Mutter und die Amme der Toten. Durch seinen Mund beklagt die Tote ihr Los. Neue Erkenntnisse aber bleiben aus. „Geister sind unberechenbar", denkt die Mutter.[771] Das *Eiga-Monogatari* gilt als eine „historische Erzählung" und als ein „enzyklopädisches Werk, reich an Einzelheiten (...) der Sitten".[772] Die Schilderung der Beschwörungsszene darf also wohl als realistisch angesehen werden.

Nô und die Verwandlung böser Geister

Daß aus dem Jenseits erscheinende Totengeister als unerlöst und der Erlösung bedürftig begriffen wurden, kann eine andere Stelle im *Eiga-*

Monogatari anschaulich deutlich machen. Eine jung, mit 18 Jahren gestorbene Tochter Michinagas (der Hauptperson des Romans), Kishi, wird zwei Jahre nach ihrem Tod zu einem der Besessenheitsgeister, die ihre Schwester Kenshi zu Tode bringen. Es heißt dazu im Roman: „Kishi hatte gegen ihre Schwester [*zu Lebzeiten*] keine besonderen Beschwerden gehabt, aber dies ist die traurige und schreckliche Art, in der Leute sich zu verhalten in der Lage sind, wenn sie in die andere Welt fortgegangen sind.“[773] Ohne es zu Lebzeiten gewollt zu haben, wird die tote Kishi zu einem „hungrigen Geist“ (japan. *gaki*, für indisch *preta*) und zieht ihre Schwester nach sich in den Tod.

Dem *Eiga-Monogatari* eignet ein „ausgesprochen buddhistischer Ton, besonders in der zweiten Hälfte“ (nachdem Michinaga Mönch geworden ist), wie die Herausgeber in ihrer Einleitung bemerken.[774] Die Furcht vor „hungrigen Geistern“, böswilligen und schädlichen Totengeistern, war in Indien ursprünglich nicht spezifisch buddhistisch, in Japan aber eine buddhistische Neuerung.[775] Die hungrigen Geister bildeten nach indischer Lehre eine von sechs Existenzformen bei einer möglichen Wiedergeburt.[776] Ihr Status wurde als eine Folge geringfügiger übler Taten, von Gier, Ärger und Unwissenheit zu Lebzeiten angesehen.[777] Ihnen wurden in Japan eigene Riten und sogar ein eigenes Festival (*segaki*) gewidmet.[778]

Man fürchtete im mittelalterlichen Japan auch die Rachegeister (*onryô* oder *goryô*) hochgestellter lebender oder toter Personen, die sich für erlittenes Unrecht, Schmach oder Niederlagen rächen wollten. Sie konnten politische Krisen, Krankheiten und Kriege bis hin zu Naturkatastrophen über die Menschen bringen und mußten deshalb versöhnt werden. Man versuchte, sie durch Tempelbauten, Riten und Feste (*goryô-e*) zu besänftigen.[779] In einzelnen Fällen konnte aufgrund eines Traumes oder durch Wahrsagung ein individueller Rachegeist für ein Unglück verantwortlich gemacht werden. Nach Herbert E. Plutschow war japanische Literatur in ihrer Frühzeit vielfach durch das Ziel einer Verwandlung böser Geister motiviert. Wir begnügen uns hier mit einem kurzen Hinweis auf das Nô-Theater.

Das Nô ist „das klassische Theater Japans“.[780] Es entstand im 14. und 15. Jahrhundert. Viele der damals verfaßten Stücke werden noch heute gespielt. In mehr als der Hälfte der Stücke des gegenwärtigen Repertoires begegnet das Motiv der Besessenheit durch einen Gott oder Geist. Dieses Motiv bildet ein „grundlegendes Muster“ dieses

Theaters.[781] Viele der erscheinenden Geister sind Totengeister. In der Handlung von Stücken, die neben einem Grabhügel spielen, erscheint auf der Bühne der oder die Begrabene (wie etwa in dem Stück „Das gesuchte Grab“[782]). Diese Sachverhalte können möglicherweise so verstanden werden, daß „die Wurzeln der dramatischen Kunst“ Japans in „Darstellungen von Geisterbesuchen“ zu sehen sind.[783] Thomas Immoos vertritt die Auffassung, das japanische Theater wurzle in den Aufführungen der Schamanen.[784] Blacker schreibt, viele Nô-Theaterstücke seien „verdeckte schamanische Rituale“ (wir würden lieber sagen: mediumistische Rituale), viele der Stücke seien „abgeleitet aus Ritualen, die eine Gottheit oder einen Geist heraufbeschwören“.[785]

Im Nô-Theater wurden die Geister dieser Rituale humanisiert und religiös umgeformt. Geister überhaupt müssen (nach Meister Zeami, dem maßgeblichen Theoretiker des Nô aus dem 15. Jahrhundert) vermenschlicht werden, um ästhetisch zu sein. „Wenn Geister (*ghosts*) erschreckend sind, hören sie auf, schön zu sein.“[786] Totengeister, die erscheinen, werden im Nô als erlösungsbedürftig charakterisiert.[787] Diese Totengeister, als Figuren etwa aus der früheren japanischen Literatur entnommen, können zur Illustration der buddhistischen Lehre dienen, daß affektive Bindungen an die Welt, sei es auch posthum, überwunden werden sollen. Im Verlauf des Stückes „Der Schrein in den Feldern“ wird der böse Totengeist der Dame Rokujô (einer Gestalt aus dem *Genji*-Roman; s. § 13) durch die Gebete und Anrufungen eines Priesters verwandelt und von der Bindung an die Welt befreit.[788]

Mehr als die Hälfte aller existierenden Nô-Stücke handeln, laut Plutschow, von der Erlösung von Seelen. „Nô scheint ein soteriologisches Theater zu sein, in dem böse Geister gebannt (*exorcised*) werden und Götter erscheinen.“[789] Der shintôistische Kern des Nô wird besonders in den Stücken sichtbar, in denen Götter erscheinen, die ihre Identität und Geschichte enthüllen und ihr Wohlwollen kundtun. Die im Nô-Theater dargestellte Überwindung böser Geister begreift Plutschow als Exorzismus, als ein Ritual, in dem Shintôismus und Buddhismus zusammenwirken. Die bösen Geister werden nicht einfach abgewehrt und (in ein Medium) ausgetrieben, sondern verwandelt und geheilt. Sie werden „zu einer Vergöttlichung oder Erlösung geführt, entsprechend den beiden Traditionen, der shintôistischen und der buddhistischen“.[790]

§ 13. „Die Geschichte vom Prinzen Genji" (11. Jh.)

Das *Genji-Monogatari*, „Die Geschichte vom Prinzen Genji", verfaßt kurz nach 1000, ist ein umfangreicher Roman, der die Sitten am japanischen Kaiserhof seiner Zeit spiegelt. Die Titelfigur, Prinz Genji, gehört als Kaisersohn, als leiblicher Vater eines Kaisers und einer Kaiserin und als zeitweiliger „Großminister" (I, 608)* zum Kreis der politisch Mächtigen.[791] Im Roman spielen politische Fragen aber keine Rolle. Die anonyme Autorin, nach ihrer weiblichen Hauptfigur Murasaki Shikibu genannt, hatte als Frau keinen Zugang zu politischen Ämtern. Im Mittelpunkt des Romans stehen Genjis zahlreiche, oft unglückliche Liebesabenteuer und, nach dem Tod seiner Hauptfrau (9. Kap.), der Aufbau seines Hausstandes mit mehreren Nebenfrauen (s. 23. Kap.) und einer neuen Hauptfrau (34. Kap.). Danach kommen Liebeserlebnisse einiger Mitglieder seines Haushaltes und seiner Familie in der nächsten und übernächsten Generation zur Sprache. Sichtbar wird die Strenge der Etikette in den Beziehungen der Geschlechter in diesen hochadligen Kreisen. Frauen waren in den inneren Gemächern eingeschlossen und durften höchstens hinter einem Vorhang verborgen mit einem Mann sprechen. Diese Kultur war andererseits von äußerster Feinheit. Die Künste hatten eine große Bedeutung, etwa als Formen des Werbens, zum Beispiel durch den Austausch von Gedichten.

Genjis charismatische Schönheit wird als unvergleichlich und überwältigend (II, 14) geschildert. Seine Besuche erfreuen nicht nur seine Geliebten, sein bloßes Auftauchen kann auch für deren Zofen und Dienerinnen „ein unvergessliches Erlebnis" sein (I, 572; 583; 601). „[B]ei seinem Anblick beginnt man unversehens glücklich zu lächeln, und man vergißt das Leid der Welt", sagt sein Freund, der Naidaijin (Innenminister), als reifer Mann (I, 875). Als ein großer Liebender neigt Genji zu schwierigen und unkonventionellen, ja auch zu unerfüllbaren Liebesbeziehungen (I, 31; I, 317), er sucht die Liebesqual.[792] Moralisch ist er keine reine Lichtgestalt. Er ist sich einer schweren

---

* Stellenangaben in dieser Form (römische Bandnummer, arabische Seitenzahl), ebenso wie Kapitelnummern beziehen sich in diesem § 13 auf Oscar Benls Übersetzung des Romans im Manesse-Verlag. Die Bandnummer wird nicht jedesmal wiederholt.

Verfehlung und Schuld bewußt. Er kritisiert selbst einmal seine Eigensüchtigkeit in der Liebe (I, 116). Im Ganzen aber ist sein Verhalten durch Feingefühl, Gewissen, Frömmigkeit (*dôshin*)[793] und, in der Liebe, durch Großmut geprägt. Genji verkörpert, nach Worten von Motoori Norinaga (1730–1801), „weibliche" Eigenschaften wie Empfindsamkeit, Zartheit, Verletzlichkeit und die „Fähigkeit, durch Dinge tief bewegt zu werden" (*mono no aware*),[794] eine Fähigkeit, die auch Mitgefühl, Empfänglichkeit für die Gefühle anderer, einschließt. Das Ideal des *mono no aware* enthält einen „buddhistischen Sinn für das Ephemere". Der Begriff läßt sich auch als „Empathie und Sensibilität für die Erbärmlichkeit (*aware*) der Dinge (*mono*)" übersetzen.[795] Genjis Charakter ist also kein besonders politischer.

Auf das Leben des Prinzen Genji wirken immer wieder Totengeister ein. Zum Teil werden sie ihm als Erscheinungen gegenwärtig, zum Teil erkennt er sie auch nur in Gedanken als wirksam an. Sie sind bedeutungsvoll für seine Beziehungen zu einigen seiner Frauen. Diese Erscheinungen sind glaubhaft geschildert und psychologisch motiviert und in die Handlung eingebunden. Der Roman hat „als erster psychologischer Roman der Weltliteratur zu gelten".[796] Von früheren japanischen Erzählungen unterscheidet er sich nicht nur durch seinen Umfang und die relative Geschlossenheit der Handlung, sondern auch durch „psychologische Zeichnung der Figuren" und „Vermeidung von phantastischen Motiven".[797] Nach Worten von Claude Lévi-Strauss sind die psychologischen Analysen des Romans von einer Feinheit und Tiefe, die der Westen erst sieben oder acht Jahrhunderte später erreichen sollte.[→798]

Prinz Hitachi

Dem Prinzen Hitachi ist eine Tochter „erst in seinem Alter geboren und von ihm besonders zärtlich aufgezogen worden" (I, 188). Nach seinem Tod lebt diese Prinzessin einsam und ärmlich dahin, umgeben von alten oder ländlichen Dienerinnen in einem verfallenden Haus. Was bewegt Genji, sich um sie zu bemühen? Da ist zum einen das Geheimnis, das sie in ihrer Einsamkeit umgibt, sowie das Bewußtsein ihres hohen Ranges. Auch spielt sie hübsch auf dem Koto. Hinzu kommt die Konkurrenz zu seinem Freund Tô-no Chûjô (dem späteren Innenminister) als Mitbewerber. Die Sitte, eine Frau zu umwerben, noch bevor man sie zu Gesicht bekommen hat, wird Genji hier zum Verhängnis. Als er die Frau zum ersten Mal erblickt, ist er „entsetzt“ (I, 206). Sie ist erschreckend häßlich, lang aufgeschossen, hager, knochig und mit einer Nase, die nach unten gebogen ist und deren Spitze rot leuchtet. Auch ist ihr Verhalten befangen, steif und konventionell, ihr Dichten ohne Reiz.[→799] Dennoch beschließt Genji aus Korrektheit, „sich ihrer in Zukunft anzunehmen“ (203). Er fühlt „Mitleid“ mit ihr (207; 689). Als er sich fragt, wie das so hat kommen können, und warum er in diese Lage geraten ist, sich um eine Frau zu bemühen, „die wahrhaftig nicht zum ihm paßt“, sagt er sich: „Wer außer [mir] wäre trotzdem bereit, sie weiter zu ertragen? Es war wohl, dachte er, der Geist ihres noch für sie sorgenden Vaters, der ihn in dieses Haus geführt hat.“ (208)

Der verstorbene Prinz Hitachi wird hier als Schutzgeist seiner Tochter angesehen, der Genji mit ihr zusammengebracht und zu ihrem Kavalier und Beschützer gemacht hat. Als Genji für zwei Jahre in der Verbannung leben muß, kann er die Frauen seiner Bekanntschaft nicht mehr besuchen. Die Prinzessin vereinsamt immer mehr, ihr Haus und Garten verfallen und verkommen weiter, Dienerinnen verlassen sie. Sogar „Baumgeister“ hausen jetzt in ihrem verwilderten Garten. Nach Genjis Rückkehr vergehen noch Monate, bis er auf einer Ausfahrt zufällig an dem verfallenen Anwesen vorbeikommt. Dunkel erinnert er sich an die Bäume im Garten. Er schickt seinen Diener in das Haus und besucht die Dame. An diesem Tag, der die Wiederannäherung einleitet, hat sie gerade „während des Mittagschlafes von ihrem Vater geträumt“ (I, 491). Bei der Wende ihres Schicksals zum Guten ist also der Geist ihres Vaters erneut anwesend (wenn wir den Traum so interpretieren dürfen). Die Dame wird in der Folge in Genjis Hausstand aufgenommen, und Genji erkennt immer mehr ihre Qualitäten. „‚Es ist seltsam, wie ich Euch tief von Herzen vertraue!‘“, sagt er einmal zu ihr. „In ihrer Scheuheit erschien sie ihm seltsam edel.“ (497) Und er legt Wert darauf, dass ihr Achtung entgegengebracht wird. Damit hat er die Schutzfunktion ihres Vaters übernommen. „‚Wenn ich bedenke, wie liebevoll und sorgsam ihr Vater sie umhegt hat, tut es mir von Herzen weh, falls sie nun achtlos behandelt wird!‘“ (793)

Utsusemis Ehemann

Utsusemi ist eine verheiratete junge Frau, die vom jungen Genji geliebt wird und seine Gefühle erwidert, aber vor Komplikationen zurückweicht (Kap. 2f.). Später nach seiner Rückkehr aus der Verbannung begegnen sich ihre Kutschwagen einmal an einem Paß und es kommt zum Austausch von nostalgischen Gedichten und zur Wiederanknüpfung eines freundschaftlichen Kontaktes. Utsusemis Ehemann Iyo no Suke ist viel älter als sie. Vor seinem Tod macht er sich Sorgen über ihr Schicksal als Witwe. „So gern hätte er wenigstens seine Seele als Schutz für sie zurückgelassen!“, heißt es (I, 504). Das postmortale Schicksal der Seele unterliegt jedoch nicht dem Willen des Sterbenden. Nach dem Tod ihres Mannes von einem ihrer Stiefsöhne umworben, wird Utsusemi Nonne, um dieser Art der ‚Fürsorge‘ zu entgehen. Genji übernimmt auch in ihrem Fall die Rolle des Beschützers, ohne dass dieses Mal vom Wirken eines Totengeistes die Rede wäre. Sie wird als Nonne ein Mitglied seines Haushalts und lebt dort, zusammen mit jener Tochter des Prinzen Hitachi, etwas abseits, im Osten des Anwesens Nijô-in. Genji bewundert, „mit welcher Hingabe sie sich den frommen Übungen widmete“. Sie ist Genji dankbar: „‚Ich habe es nun wirklich erfahren, daß ich mich auf Grund von Schicksalsbanden auf Euch verlassen kann!‘“ (I, 691)

Der Exkaiser

Im zweiten Teil des Romans (Kap. 9–19) ereignet sich am Hof ein politischer Umschwung. Genji fällt in Ungnade und wird, nach dem Tod seines Vaters, des Exkaisers, an den Strand von Suma in die Verbannung geschickt. Nur etwa hundert Kilometer von Kyôtô entfernt, in einer ärmlichen Welt der Fischer, sind Genji und einige treue Gefolgsleute aus ihrer Umgebung herausgerissen und von adäquaten Kontakten isoliert. Die Verbannung ist mehrfach motiviert. Ein politisches Motiv wird nicht genannt. Ein Verhältnis Genjis zur jüngeren Schwester der neuen Großkaiserin (Kaisermutter) Kokiden ist entdeckt worden. Kokiden ist eine erklärte Gegnerin Genjis. Genji fühlt sich schuldlos (I, 365).[800] Aber in einer anderen, tieferen Hinsicht hat er doch eine (seinen Mitmenschen unbekannte) Schuld auf sich geladen:

er hat früher mit seiner jungen Stiefmutter Fujitsubo, einer Lieblingsfrau des damaligen Kaisers, seines Vaters, außerehelich einen Sohn gezeugt, der vom Kaiser als eigenes Kind betrachtet und später (unrechtmäßig) selbst Kaiser wird.

Vor seiner Abreise nach Suma besucht Genji das Grab seines Vaters in den Bergen und spricht dort mit dem Toten.

> „Er trug ihm, bitterlich weinend, all seinen Kummer vor, aber es ward ihm keine Antwort zuteil." „Der Mond war hinter Wolken versteckt (...). Ihm [*Genji*] war, als wüßte er die Richtung seines Rückweges nicht mehr. Andächtig betete er noch einmal und erschauerte tief, als plötzlich die Gestalt des Toten vor seinen Augen aufzutauchen schien. ‚Was mag der Tote, | wenn er mich jetzt so sieht, | über mich denken? | Der Mond, zu dem ich aufseh', | verbirgt sich hinter Wolken.'" (I, 377)

Nach Oscar Benls Erläuterung steht der Mond in diesem Gedicht für Genjis Vater, „der über Genjis verbotene Liebe zu Fujitsubo erzürnt und über seine Verbannung betrübt ist."

Nach einem Jahr gerät Genji in Suma durch eine Sturmflut in Lebensgefahr. Dieses Ereignis wird zum Anlaß, den Exilort zu wechseln und in die Bucht von Akashi umzusiedeln. Der Umzug, das danach erfolgende Ende der Verbannung und somit Genjis „wunderbare Errettung" (I, 418) werden durch den Geist des toten Vaters eingeleitet und betrieben. An einem stürmischen Tag erscheint dieser seinem Sohn in Suma.

> „Wegen des den ganzen Tag über stürmenden Windes fühlte sich Genji, der bis jetzt kraftvoll ausgeharrt hatte, nun doch recht müde, und er schlummerte unversehens, an diesem unzulänglichen Orte irgendwo angelehnt, ein. Da stand plötzlich der Exkaiser, der genau so wie immer aussah, vor ihm und fragte ihn: ‚Wie kommt es, daß Ihr an einem so häßlichen Orte weilt?' Und er griff nach seinen Händen und wollte ihn aufrichten. ‚Vertraut Euch ganz dem Gott von Sumiyoshi an, der Euch führen wird, und fahrt schnell mit dem Boot von hier fort! Verlaßt diese Bucht!'" (413)

Nach einem kurzen Dialog erklärt der Vater, er wolle dem jetzigen Kaiser, einem Halbbruder Genjis, berichten und sich zu diesem Zweck in die Hauptstadt begeben.

> „Darauf entschwand er. | Genji fühlte sich völlig verzweifelt und rief laut weinend: | ‚Ich begleite Euch!' Jedoch, als er die Augen auftat, war niemand da. Nur das Antlitz des Mondes strahlte hell. Es war ihm keineswegs so, als sei dies alles nur ein Traum gewesen, und er glaubte zu spüren, daß sein Vater noch irgendwo in der Nähe weilte. (...) | Er hatte seinen Vater schon lange nicht mehr im Traume gesehen und war nun dankbar und gerührt, daß er seine geliebte Gestalt endlich wieder, mochte sie auch nur unklar sichtbar gewesen sein, erblickt hatte und jener ihm in seinem großen Kummer und der Todesgefahr, in der er schwebte, zu Hilfe geeilt war. Was für ein Glück war doch dieser Sturm! Jetzt nach dem Traume fühlte er sich plötzlich froh und voll Zuversicht" (414).

Auch dem jetzigen Herrscher erscheint der Exkaiser im Traum, mit vorwurfsvollen Blicken, und weist ihn auf Mißstände hin. Obwohl die Kaisermutter Kokiden versucht, diesen Traum ihres Sohnes zu bagatellisieren („Ihr [sahet] nur, was Euch bewegt, in einem Traume wieder", 430), führt er, in Verbindung mit weiteren Vorzeichen, zur Aufhebung des Exils (437).

In Akashi lernt Genji eine weitere seiner Frauen kennen, die „Dame von Akashi", mit der er eine Tochter zeugt, die später Kaiserin wird. Genji ist sich bewußt, seine Verbindung mit der Dame von Akashi „einer Fügung des Gottes von Sumiyoshi zu verdanken" (467). Der Vater der Dame hat achtzehn Jahre lang diesen Gott, eine Shintô-Gottheit, um Hilfe bei der Verheiratung seiner Tochter angefleht (424). Es ist jedoch Genjis Vater, der seinen Sohn aufgefordert hat, sich diesem Gott anzuvertrauen. Er hat als Schutzgeist bei der Errettung seines Sohnes aus der Sturmflut mitgewirkt und die Beendigung des Exils erwirkt.

Fujitsubo: ein vorwurfsvoller Totengeist

Auch Geister geliebter Frauen erscheinen Genji, sei es zu ihren Lebzeiten, sei es nach ihrem Tod, und wirken auf sein Leben ein. Kaiserin Fujitsubo, seine Stiefmutter, ist Genjis große, tragisch unerfüllbare Liebe. Nach dem Tod ihres Mannes wird sie, aufgrund von Schuldgefühlen wegen ihres Fehltrittes mit Genji, Nonne. Bevor Genji das Grab seines Vaters besucht, kommt er zu ihr, um zu fragen, ob er ihm von ihr etwas „melden" dürfe (I, 375). Doch sind ihrer beider Herzen zu aufgewühlt und es kommt nur zum Austausch von Gedichten. Auch in ihrer letzten Krankheit ist Fujitsubo von Schuldgefühlen bedrückt. „Es erschien ihr unentschuldbar, dass der Herrscher [*ihr Sohn*] das furchtbare Geheimnis [*seiner Herkunft*] nicht einmal im Traume ahnte, sie fürchtete, sich bis über ihren Tod hinaus dafür schämen zu müssen, und hielt dies für das unheilvolle Band, das sie immer noch weiter an dieses Leben fesselte." (560) Nach ihrem Tod enthüllt ihr Beichtvater dem Kaiser das Geheimnis seiner Abstammung und stürzt ihn dadurch in „tausendfältige Verwirrung" (565).

Genjis Lebensgefährtin Murasaki, eine Nichte Fujitsubos, erinnert ihn aufgrund physiognomischer Ähnlichkeit an ihre Tante. Nach einem vertraulichen Gespräch Genjis mit Murasaki heißt es:

> „Auch nachdem er sich in sein Schlafgemach begeben hatte, mußte er Fujitsubos gedenken. Dann legte er sich zur Ruhe, und da erschien sie ihm im Halbschlaf und sagte mit vorwurfsvoller Stimme: ‚Ihr habt mir versprochen, das Geheimnis werde sorgsam gehütet. Doch der traurige Ruf unseres Leichtsinns ist nicht verborgen geblieben, und so muß ich hier zu meiner Beschämung vieles leiden.[→801] Ich grolle Euch sehr…' | Genji wollte ihr darauf Antwort geben, aber er stöhnte im Schlafe nur auf. ‚Was habt Ihr?' fragte Murasaki besorgt, und nun wachte er bestürzt auf und war tief bekümmert, daß das Traumbild verschwunden war." (I, 597)

Die Traumerscheinung bringt Genjis und Fujitsubos gemeinsame Schuldgefühle zum Ausdruck. Das vorangehende Gespräch mit Murasaki hatte Genjis Lebensführung und seiner Reue gegolten. Daß eine moralische Verfehlung, die „Unregelmäßigkeiten in der dynastischen Linie" zu Folge hat, sich auf Seelen im Jenseits auswirke, ist die Überzeugung auch des amtierenden Kaisers. Er empfindet es „als ein Unheil für die Seele des verstorbenen Herrschers", „daß Genji als Untertan am Hofe" dient, statt in die Thronfolge einbezogen zu sein. Als er Genji die Kaiserwürde und seine Nachfolge anträgt, lehnt dieser ab. Genji tut es „für den verstorbenen Herrscher [*seinen Vater*] leid", daß der jetzige Herrscher das Geheimnis erfahren hat. „Betroffen überlegte er, wer es wohl ausgeplaudert haben mochte." (I, 565ff.) Er und Fujitsubo haben beide das Geheimnis ihrer Verfehlung ängstlich gehütet. Einzig Fujitsubos Dienerin Ômyôbu und der Priester sind eingeweiht gewesen. Zu ihren Lebzeiten hat Fujitsubo die Tatsache belastet, daß ihr Sohn von seinem wahren Vater nicht wußte, im Jenseits belastet sie die Tatsache, daß ihm die wahre Vaterschaft bekannt geworden ist. Die Befürchtung, ihre Seele werde über den Tod hinaus durch ihren Fehltritt und Schuldgefühle an das Diesseits gefesselt sein, wird durch die Traumerscheinung bestätigt.

Die Dame Rokujô: der Geist einer Eifersüchtigen

Diese vornehme Geliebte, nach ihrer Wohngegend benannt, ist sieben Jahre älter als Genji (I, 87). Er verehrt sie, zum Beispiel ihres erlesenen Geschmackes wegen, hat aber auch sehr unter ihr zu leiden. Ihre Eifersucht tötet andere von ihm geliebte Frauen, indem ihr Geist diese besessen macht: Yûgao, seine Ehefrau Aoi und Murasaki. Daß die Seele der Dame von Rokujô zu Lebzeiten sich von ihrem eigenen Körper lösen kann, um im Körper einer anderen Frau Wohnung zu nehmen und diese Frau zu schädigen und zu töten, und daß sie nach ihrem Tod zu einem bösen Dämon wird, der diese schädlichen Handlungen fortsetzt, verleiht ihr im Roman eine Sonderstellung. Durch ihren besitzergreifenden, unnachgiebigen Charakter wird diese Besonderheit motiviert. Die Vorstellung von einer (oft tödlichen) Besessenheit eines Menschen durch den Geist einer oder eines Lebenden oder Toten begegnet in der japanischen Literatur seit der Heianzeit.[802]

Yûgao ist eine junge Frau, die in einem kleinen, armseligen Häuschen wohnt und die Genji *incognito* besucht (4. Kap.). Um vom Lärm der Umgebung ungestört zu sein, zieht er mit ihr in eine einsame Villa mit verwildertem Garten, an einen Ort, den beide als unheimlich empfinden und an dem sie Dämonen gewärtigen. Yûgao, die sehr bedrückt ist und sich ängstigt, erleidet eine Trance und stirbt während des Liebeslagers. Kurz vor und nach ihrem Tod sieht Genji ein „böses Gespenst“. Zuerst, in einem „leichten Schlaf“, erscheint ihm eine sehr hübsche Frau an seinem Kopfkissen, die ihre Eifersucht zum Ausdruck bringt (I, 111). Beim zweiten Mal glaubt er „jene Frauengestalt, die ihm vorhin im Traum erschienen war, wie ein Gespenst an ihrem [*Yûgaos*] Kopfkissen hocken zu sehen“. (113f.) In der Nacht, die er neben dem Leichnam verbringt, meint er Spuk wahrzunehmen, einen huschenden Schatten, „Schritte, die über den Boden schleiften, und kam da nicht von hinten her unheimlich etwas auf ihn zu?“ (115) Daß es sich bei dem Gespenst um den Geist der Dame Rokujô handelt, wird nicht gesagt. Nur Andeutungen könnten diese Identifikation nahelegen: 1. Das Häuschen Yûgaos liegt auf dem Weg zur Wohnung dieser Dame (I, 89), es besteht also räumliche Nähe. Für manche Besessenheiten ist räumliche Nähe zum Ort des Dämons ursächlich.→[803] 2. Beim Zusammensein mit der sanften Yûgao denkt Genji an die Dame, an diese viel höherstehende, aber auch sehr fordernde Geliebte, und vergleicht die beiden Frauen miteinander, unmittelbar bevor das Gespenst auftaucht. Es könnte sich andererseits aber auch um einen ‚hungrigen Geist', einen unglücklichen Totengeist handeln, der mit der Geschichte der Villa verbunden ist.[804]

Aoi, Genjis Ehefrau, erkrankt während ihrer Schwangerschaft und stirbt kurz nach der Geburt ihres Sohnes (9. Kap.). Einer der bösen Geister (*mononoke*), die ihre Besessenheit verursachen, gibt sich, nach langen vergeblichen Beschwörungen der Priester, Genji als der der Dame von Rokujô zu erkennen. Er redet zu Genji *mit deren Stimme* aus dem Munde Aois, ja Aoi nimmt sogar für Genji „plötzlich das Aussehen Rokujôs an" (I, 281) – während die Dame Rokujô selbst gleichzeitig zuhause sich „in einem seltsamen, geistesabwesenden Zustand befand und wie betäubt darniederlag" und „täglich im Traume sah, wie sie das prächtige Gemach einer Dame betrat, die wie Aoi aussah und [die] sie hin und her stieß" (278f.). „Seltsamerweise war ihr seit einiger Zeit schon so zumute, als sei sie ein ganz anderer Mensch". Als sich sogar Geruchsempfindungen von verbranntem Mohn aus den Exorzismen bei Aoi auf sie übertragen, heißt es über die Dame Rokujô: „Da graute ihr vor ihr selbst." (282) Ihre Eifersucht auf Aoi ist, zusätzlich zur Konkurrenz um Genji, durch eine Demütigung angestachelt worden, die sie während des *Kamo*-Festes erlitten hat, als ihre Fahrzeuge hinter die von Aois Gefolge abgedrängt und von der Sicht auf den Festzug abgeschnitten wurden (267). In einem späteren Gespräch gibt Genji Aoi die Schuld an diesem Vorfall (I, 883).→[805]

Dieses nichtalltägliche Phänomen der Geistbesessenheit wird im Roman aus Anlaß von Aois Erkrankung ausführlich als ein reziprokes Phänomen beschrieben. Die komplementäre Bestürzung der Erlebenden auf beiden Seiten wird in folgenden Sätzen geschildert.

> „Ihre [*Aois*] Stimme und die ganze Art, wie sie das sprach, erschienen ihm [*Genji*] wie die eines völlig anderen Menschen. Betroffen sann er darüber nach, und mit einem Male wurde ihm klar, dass es Rokujô war! Er war maßlos bestürzt. Schon bisher hatten manche

> dergleichen vermutet, doch er hatte dies stets als ein dummes Geschwätz zornig zurückgewiesen. Nun aber, da es ihm selber klargeworden war, wurde ihm bei der Erkenntnis, welch fürchterliche Dinge es auf Erden gab, die Welt verleidet." (I, 281)

Die Niedergeschlagenheit der Dame von Rokujô andererseits zeigt ihr folgendes Selbstgespräch.

> „Ohne Zweifel geschah es häufig genug, daß jemand nach seinem Tod einen weiterhin aktiven bösartigen Geist hinterließ, und dieses allein, von einem anderen Menschen berichtet, würde Abscheu und Furcht hervorrufen. Aber daß es *ihr* tragisches Schicksal sein sollte, daß man von ihr etwas so Schreckliches sagen würde, *während sie noch lebte!*"[806]

Murasaki. Im 34. Kapitel (bei Tyler 35.) spricht Genji mit Murasaki über seine verschiedenen Frauen und charakterisiert dort auch die Dame Rokujô: „es war nicht leicht, mit ihr zu leben, denn sie war launisch. Immer dachte sie nur an das, bei dem sie im Recht war, mich zu hassen, sie grollte mir aus ganzem Herzen, und dies bedrückte mich sehr." (II, 140) In anderen Zusammenhängen sagt Genji, sie habe „stets so grausam über mich geurteilt" (I, 570) und sei ihm „oft unheimlich erschienen" (II, 161). Er fühlt sich der Dame gegenüber schuldbewußt, weil „sie der Schmerz über den schlimmen Ruf meines Leichtsinns bedrückte und sie sich in ihrem hohen Stande verletzt fühlte." (II, 140) Nach ihrem Tod hofft Genji, ihren Groll besänftigt zu haben, indem er dazu beigetragen hat, daß ihre Tochter Kaiserin geworden ist. Auch der Bau seines Anwesens Rokujô-in soll der Besänftigung des ruhelosen Totengeistes der Dame dienen, die auf einem Teil des Geländes residiert hatte. Ihr Geist soll in einen Schutzgeist verwandelt werden.[807] „Ich hoffe, daß sie nunmehr im Jenseits dahin gelangt ist, besser von mir zu denken." (T. 646) Diese Hoffnung erfüllt sich nicht. Kurz nach dem Gespräch befällt Murasaki eine Krankheit, von der sie sich nicht mehr erholen wird. Es handelt sich erneut um eine Besessenheit durch den Geist der Dame von Rokujô. Diese hat sich jetzt, als Tote, ihren eigenen Worten zufolge in einen „bösen Geist", einen „bösen Dämon" verwandelt (II, 157ff.). Durch den Mund eines Pagenmädchens, in das der Dämon aus Murasaki übergegangen ist, gibt die Tote Genji Auskunft über ihre Motive, ihren Groll und auch ihre Bemühung, den Groll zu überwinden. Zu Genjis Erstaunen ist dem Geist das Gespräch über die Dame Rokujô bekannt, „das er mit Murasaki doch ganz allein geführt hatte". Diese Tatsache bestärkt Genji in der Überzeugung, „daß dieser Geist die Dame Rokujô war, und er erinnerte sich deutlich der schrecklichen Zeiten mit ihr." (II, 162)

Onna San no Miya (Dritte Prinzessin) (35. Kap.), eine Tochter des Exkaisers Suzaku (II, 623), ist Genjis zweite Hauptfrau. Sie wird ebenfalls während der Schwangerschaft von einem Geist besessen, aber nicht getötet. Handelt es sich erneut um den Geist der Dame von Rokujô? Als Onna San no Miya sich nach der Niederkunft entschließt, Nonne zu werden, ist sie für Genji als Geliebte verloren, und der böse Geist verläßt sie mit Gelächter (II, 207; T. 682). – Die Besessenheiten der Frauen sind Ereignisse, die an Genji adressiert sind. An ihn richten sich die dämonischen Mitteilungen der Rokujô. Genji empfindet „Abscheu" vor ihr, als ihm die Urheberschaft ihres Dämons hinter den Besessenheiten seiner Geliebten bewußt wird. „Um der Seele der verstorbenen Rokujô zu helfen", läßt er Sutren lesen „und sonstige fromme Zeremonien halten" (II, 162) – ohne Erfolg, wie sich bei Murasakis Tod und vielleicht bei Onna San no Miyas Erkrankung zeigt. Die Vorfälle, die dem Geist der Rokujô zugeschrieben werden, kommen auch ihrer Tochter Akikonomu zu Ohren. Auch Akikonomu läßt nun ständig Seelenmessen für ihre Mutter lesen. Zu einer offenen Aussprache zwischen ihr und Genji kommt es jedoch nicht (II, 259ff.).

Geistbesessenheit als „Waffe" der Frauen?

In diesen Zuständen der Geistbesessenheit der Geliebten Genjis erblickt Doris Bargen Auseinandersetzungen im „Krieg der Geschlechter" (87).[*→808] Ioan M. Lewis folgend, sieht sie in diesen Krankheiten eine „verdeckt aggressive Strategie",[809] eine „Waffe" der besessenen Frauen, nämlich deren selbstdestruktiven Protest gegen die Polygynie (Vielweiberei).[→810] Sie schreibt etwa, Yûgao habe, *in* ihrem Tod, über Genji und über die männlich dominierte höfische Gesellschaft der Zeit

---

* Seitenzahlen ohne Bandangabe und ohne andere Zusätze beziehen sich in diesem Abschnitt auf das Buch von Doris Bargen: *A Woman's Weapon. Spirit Possession in The Tale of Genji*, Honolulu 1997.

einen „Sieg erzielt".[811] Dem Wortlaut des Romans zufolge handelt es sich dagegen, in einigen Fällen, um eine Rache der Dame Rokujô an ihren Nebenbuhlerinnen, und zwar um eine unbewußt, unwillentlich geübte. Die Autorin des Romans weiß, daß die Situationen der betroffenen Frauen und deren körperliche Schwächung, auch durch seelische Leiden, die Krankheit ermöglichen: *Mononoke* (Besessenheitsgeister) nutzen die Schwächung eines Menschen aus (II, 292, 301). Die Romanfigur Murasaki etwa erleidet, vor ihrer Erkrankung, durch Genjis zweite Heirat einen seelischen Schmerz, den sie nicht nach außen dringen läßt (II, 32f., 39, 59).

Eine Betrachtung der Romanhandlung aus weiblicher Sicht legt sich nahe. „Ja, dachte sie [*Murasaki*], nichts ist so bedauernswert wie die Frauen, die, mögen sie tun, was immer sie wollen, stets furchtbar beengt sind" (II, 306). Bargens Deutung korrigiert eine Einseitigkeit. Nach der traditionellen, oben von uns befolgten Lesart aus männlicher Sicht, nämlich aus der Genjis, tauchen im Roman nur Schutzgeister männlichen Geschlechts auf, während weibliche Totengeister als vorwurfsvoll (Fujitsubo) oder eifersüchtig, rachsüchtig (Rokujô) geschildert werden. Bargen dagegen sieht in dem Geist der Dame Rokujô einen „Verbündeten", also einen *guten* Geist der besessenen Frauen. Diese Deutung bezieht sich, ebenso wie die unsrige, weniger auf den Roman als solchen als auf die in ihm geschilderten Phänomene, und somit auf eine Wirklichkeit, die, nach Worten Max Kommerells, im Genji-Roman „ungedeutet" bleibt und „wie für Deutung geschlichtet" daliegt.[812] Im Wortlaut des Romans selbst und in anderen Schriften der Romanautorin konnte Ivan Morris „nicht die Spur eines sozialen Protestes" gegen die Polygynie entdecken.[813] Nicht der Roman, sondern die Krankheiten üben diese Kritik. Das Phänomen der Geistbesessenheit enthüllt, Bargen zufolge, eine Tiefenstruktur, eine verborgene Dynamik der Gesellschaft und stellt insofern ein *„deep play"* im Sinne von Clifford Geertz dar.[814] Nach Bargens Überzeugung ist es ein Verdienst der Romanautorin, diese Tiefenstruktur bewußtzumachen (90).

Das Phänomen der Bessenheit durch den Geist eines *lebenden* anderen Menschen (*ikisudama; ikiryo*) taucht, nach Fujimoto Katsuyoshi, als literarisches Motiv erstmals im Genji-Roman auf und darf somit als eine „Neuerung" der Autorin Murasaki Shikibu gelten (86). Die Möglichkeit des Phänomens wird von der Romanautorin (ebenso wie, innerhalb der Romanhandlung, von den beteiligten Figuren) als selbstverständlich gegeben vorausgesetzt. Es wird nicht als phantastisch angesehen. Vergleichsbeispiele aus anderen Werken sowie aus anderen Kulturen legen nahe, daß es dies auch nicht war.[815] Eine „Erfindung", wie Fujimoto Katsuyoshi meint, war es also nicht.

Trotz des Perspektivenwechsels bleibt auch in Bargens Deutung die Tatsache bestehen, daß eine besitzergreifende Seelenreise Rokujôs stattfindet, die zum Beispiel mit Aois Besessenheit korrespondiert. Nur insofern kann von einer „Allianz" (27) der beiden Frauen gesprochen werden. Der Roman macht, am Beispiel der beiden Frauen, die reziproken, wechselseitig aufeinander bezogenen Symptome der Geistbesessenheit deutlich.→[816] Beide Frauen *erleiden* diese Symptome.

Bargens Auffassung, daß die Besessenen selbst an ihrer Krankheit ursprünglich aktiv beteiligt sind, weicht von der traditionellen Ansicht ab, wonach gekränkte Totengeister die Lebenden verfolgen (139). Die Romanfigur Murasaki bewundert, Bargen zufolge, aufgrund von Genjis Erzählungen die Dame Rokujô, die längst tot ist, und spricht als Besessene durch deren Maske (123f., 136). Zu dieser Maske, die ihr (nach Bargen) hilft, ihr ‚wahres Selbst' zu zeigen, gelangt sie *durch* die Geistbesessenheit. Weder sie noch das Pagenmädchen, das bei dem Exorzismus als Medium dient, haben die Dame Rokujô je kennengelernt. Deswegen können sie sie auch nicht nachahmen (140). In Bargens Lesart hat Murasakis Seele unbewußt den Totengeist der Dame Rokujô herbeigezogen, um sich Rokujôs Charisma, die Stärke und Wirkungsmacht ihrer Persönlichkeit anzueignen und um zu artikulieren, was auch Rokujô empfunden und ausgesprochen hat: Eifersucht.

Manche Besessenheitsdämonen geben sich nicht leicht zu erkennen. Die Schwierigkeit der Exorzisten, einen Geist zu identifizieren, der aus einer Besessenen spricht, wird im Genji-Roman öfters beschrieben. Es läßt sich daher rechtfertigen, daß Bargen zum Teil andere Geister als die im Roman benannten als ursächlich ausmacht. Im Falle der Besessenheit der Dritten Prinzessin (Onna San no Miya) schlägt sie, abweichend vom Roman, vor, daß es sich um den Geist des noch lebenden, aber sterbenskranken Kashiwagi handeln könnte, des Liebhabers der Prinzessin, der gleichzeitig geschildert wird, „als sei ihm tatsächlich seine Seele entfleucht", und der selber vermutet, daß seine Seele „bei Onna San no Miya im Rokujô-in umherschweift!" (II, 196) Die beiden wären dann ein in der Besessenheit vereintes Liebespaar, das den gesellschaftlichen Normen zufolge als ein gesundes nicht zusammenkommen darf. Sie würden somit einem Liebespaar aus der jidddischen Literatur ähneln, dem „Dibbuk“, der in dem Theaterstück von An-Ski († 1920) dargestellt wird. Dort ist die Geliebte vom Geist ihres toten Liebhabers besessen. Sie bittet ihn, sie nicht zu verlassen, und stirbt nach einem Exorzismus.[817] Die Eifersucht auf Murasaki, die der Mononoke-Geist der Dritten Prinzessin andeutet (II, 207; T. 682), paßt im Wortlaut des Romans freilich eher zum Geist der Dame Rokujô.

Als Ukifune besessen wird (53. Kap.), lebt Genji nicht mehr. Der eifersüchtige Totengeist Rokujôs kommt als Ursache folglich nicht mehr in Betracht. Im Exorzismus gibt sich ein toter Priester zu erkennen. Bargen folgt einem Nô-Drama, das den Stoff verarbeitet, und identifiziert diesen Priester als den toten Vater Ukifunes, der zu Lebzeiten priesterliche Ambitionen gehabt hat. Auch hier wäre die Frau also in der Besessenheit mit einem Mann vereint, dessen Liebe sie als Gesunde hat entbehren müssen. Denn ihr Vater hat sie zu seinen Lebzeiten aus gesellschaftlichen Gründen nicht als sein Kind anerkannt. Im Wortlaut des Romans handelt es sich um ein zufälliges, unverdientes Leiden Ukifunes. [818]

Das Phänomen der Geistbesessenheit bleibt unbegreiflich. Mit soziologischen, psychologischen oder psychoanalytischen Kategorien läßt es sich nicht erklären.→[819] Der Genji-Roman schildert auch andere Züge einer geschichtlichen Wirklichkeit, die heute fremd geworden sind. Mehrere Personen des Romans sterben durch rein seelische Ursachen. „Daß Haß tötet, ist eine fundamentale Behauptung des Buches“, sagte Arthur Waley (300). Genjis Mutter etwa, die Kôi Kiritsubo, eine Lieblingskonkubine des Kaisers, stirbt durch den Neid und die Eifersucht ihrer Mitfrauen (I, 15). Das könnte dafür sprechen, daß Menschen damals seelisch stärker miteinander verbunden waren als heute, stärker einer Art ‚Kollektivseele‘ zugehörten.

Geistbesessenheit manifestierte sich vorwiegend an Frauen, wenn wir den Schilderungen des Romans Glauben schenken dürfen. Daß auch Männer betroffen sein konnten, wird gelegentlich beiläufig erwähnt,[820] als Tatsache oder als Befürchtung, letzteres zum Beispiel bei Genji nach Yûgaos Tod (I, 134). Bargen zieht zur Erklärung des Sachverhalts, daß vorwiegend Frauen betroffen waren, einen Gedanken von Janice Boddy aus einer Abhandlung über den Zâr-Kult im Nördlichen Sudan heran.[821] Frauen waren machtloser als Männer, ihr Selbst deshalb weniger abgegrenzt und eher fähig, in der Besessenheit mit einem anderen Selbst zu verschmelzen.→[822] Den Gedanken ausweitend, kann man vermuten, daß das Phänomen der Geistbesessenheit in der abendländischen Moderne selten wurde, weil die seelische Entwicklung der Menschen auf eine Abgrenzung und Befestigung des Selbst hinauslief.

Die Entscheidung, von welcher der beiden beteiligten Frauen das Geschehen der Besessenheit jeweils seinen Ausgang nahm, von der besitzergreifenden oder der besessenen (122), bedeutet nur eine Akzentverschiebung. Ob die Seele einer Frau den besessen machenden Geist einer anderen herbeizog oder das passive Opfer von deren Eifersucht wurde: in beiden Lesarten erstaunt die Zielgenauigkeit, mit der die Seele eines Menschen, außerhalb des physischen Raumes, in einem seelischen ‚Feld', →[823] die Seele eines anderen Menschen auffinden konnte und entweder in dessen Körper Wohnstatt nehmen oder dessen Seele und Charakter in sich aufnehmen konnte. Eine analoge außerräumliche Zielgenauigkeit, jedoch ohne seelische Einwohnung, charakterisiert manche Erscheinungen der außersinnlichen Wahrnehmung (ASW), etwa der Telepathie oder des Hellsehens, die bis heute vorkommen. Die Parapsychologin Louisa Rhine kam (laut Rogo) zu der Auffassung, „daß beim ASW-Erlebnis oft der Empfänger der aktive Partner ist. Das würde die allgemeine Auffassung von einem reinen Sender und einem Perzipienten, der empfängt, also das Schema aktiv-passiv vollständig auf den Kopf stellen." Rogo berichtet weiter: „In seiner Untersuchung telepathischer Impressionen hat Ian Stevenson behauptet, daß entweder der Empfänger oder der Sender bei spontaner ASW der aktive Teil sein könnte."[824] Für die heianzeitliche Geistbesessenheit kehrt Bargen das geläufige Schema von aktiv-passiv ebenfalls um. Die Strukturanalogie, die hier sichtbar wird, kann die traditionelle Auffassung der Geistbesessenheit als telepathisches Phänomen→[825] ebenso wie die Möglichkeit von Bargens Deutung stützen.

Im *Eiga-Monogatari* wird ein Sohn Michinagas, Yorimichi, vom Totengeist seines Schwiegervaters besessen und an den Rand des Grabes gebracht. Dieser Totengeist fungiert hier als Schutzgeist seiner Tochter und will verhindern, daß sein Schwiegersohn an eine weitere Dame, eine Konkurrentin seiner Tochter, vermählt wird. Doris Bargen versteht diese Besessenheit als einen Protest Yorimichis gegen die ihm aufgezwungene neue Ehe.[826]

Musik und Geister

Im Genji-Roman haben zwei Totengeister eine besondere Affinität zur Musik. Im ersten Kapitel des Romans wird der Geist von Genjis kürzlich verstorbener Mutter, der Kôi Kiritsubo, durch die Musik heraufgerufen und wird ihrem Ehemann und Witwer, dem Kaiser, der sie besonders geliebt hat, gegenwärtig.

> „Als sich die Herbstwinde erhoben, die abends plötzlich erschauern lassen, geschah es noch öfter als sonst, daß seine Gedanken bei der Toten weilten. (...) Es war ein prächtiger, mondheller Abend, und er blickte allein und verträumt nach dem Monde. An solchen herrlichen Abenden, fiel ihm ein, hatte er sonst kleine Musikfeste gegeben, und plötzlich hatte er das Gefühl, daß ihre Gestalt, wie sie dann wundersam Koto zu spielen oder Gedichte zu rezitieren pflegte, ihn nun wie ein Phantom umschwebte. Aber all dies erschien ihm weniger greifbar und noch flüchtiger als die ‚Wirklichkeit im Dunkel'." (I, 11f.)[→827]

Kashiwagi, der älteste Sohn von Genjis Jugendfreund, liebt, wie wir gesehen haben, Genjis sehr junge Ehefrau Onna San no Miya, die „Dritte Prinzessin", mit der er einen illegitimen Sohn zeugt, Kaoru, den Genji als eigenes Kind annimmt. Kashiwagi verzehrt sich in „Liebessehnsucht" (II, 192) nach seiner Geliebten und stirbt in jungen Jahren an diesem „Liebesleiden" (II, 212). Genjis ältester Sohn Yugiri, der engste Freund Kashiwagis, erhält von dessen Schwiegermutter dessen Lieblingsflöte zur Erinnerung als Geschenk. Als er nachts zuhause ein wenig auf dieser Flöte geblasen hat und sich zu Bett legt, erscheint ihm der tote Kashiwagi im Traum, nimmt die Flöte in die Hand und sagt in einem Gedicht, er möchte „dieser | Flöte Melodie meinen | Nachkommen überlassen!" (II, 240), und fügt, nach Tyler, in Prosa hinzu: „Ich hatte jemand anderes im Sinn" (T. 702). Genji, der den Traum erzählt bekommt, versteht – wie vermutlich auch Yugiri selbst, der das Geheimnis um Kaorus Abkunft ahnt – daß die Flöte nach dem Willen Kashiwagis dessen leiblichem Sohn Kaoru gebührt (II, 245). Die Botschaft des Traumes, den Yugiri seinem Vater erzählt, ergibt für Genji als Mitteilung des Toten einen Sinn: „Er [*Genji*] erkannte, dass der Traum einen Sinn ergab." (T. 705). Später gibt Yugiri die Flöte, der Anweisung des Traumes folgend, tatsächlich an Kaoru weiter. (II, 695)

Die Musik der Flöte hat den Toten heraufgerufen. (In der japanischen Religionsgeschichte wurde der Flötenmusik allgemein diese Macht zugeschrieben.[828]) „Kashiwagi (...) fühlte sich von ihrem Tone offenbar angezogen" (II, 240), sagt sich Yugiri während seines Traumes. Das wertvolle Besitzstück der Flöte soll in der Familie bleiben. Royall Tyler erläutert: „Eine Flöte wurde eigentlich vom Vater an den Sohn weitergegeben. Weil Frauen nicht Flöte spielten, konnte, wenn man sie von einer Frau erhielt, dieses als ein Bruch der Linie der angemessenen Überlieferung angesehen werden." (T. 703, A. 17). Kashiwagi hat vor seinem Tod befürchtet, daß ihn „dieses Gefühl der Sorge [*wegen seines illegitimen Sohnes*] noch nach [s]einem Tode nicht verlassen wird." (II, 211) Seine durch Yugiri an Genji herangetragene Bitte um Vergebung (wegen des Ehebruches) sowie jene posthume Traumbotschaft sind Mittel, irdische Bindungen in Ordnung zu bringen. Der Traum illustriert auch die buddhistische Forderung, sich von irdischen Bezügen zu lösen, um die „Hinübergeburt" der Seele ins Paradies nicht zu behindern. „Wahrhaftig, seufzte Yugiri, an nichts in der Welt will ich fortan mein Herz hängen!" (II, 241).

Kashiwagi als Gestalt ähnelt durch mehrere Charakterzüge der Kôi Kiritsubo, Genjis Mutter. Beide sterben früh, ohne eigentlich physische Krankheit, durch seelische Leiden: die Kôi Kiritsubo durch den Neid und die Eifersucht ihrer Mitfrauen,[829] Kashiwagi durch Liebessehnsucht und Schuldgefühle. (Yugiri erkennt Kashiwagis besondere Sensibilität für schmerzliche Dinge; II, 298.) Beide haben zu Lebzeiten bei Hof so schön musiziert, dass der jeweilige Kaiser nach ihrem Tod an sie denkt, wenn musiziert wird.[830] Beide werden als Tote durch Musik heraufgerufen.

§ 14. Ihara Saikaku (17. Jh.)

Realismus

Ihara Saikaku, ein japanischer Dichter und Prosaschriftsteller des 17. Jahrhunderts (er lebte von 1642–1693), entstammte dem Bürgertum, dessen Vertreter damals vielfach zu Wohlstand gelangten, von der politischen Macht aber ausgeschlossen waren und sich deshalb umso mehr dem irdischen Lebensgenuß hingeben konnten. Sein erstes Prosawerk, der Roman „Ein Mann der Liebe“ (1682),[831] „ist bewußt als bürgerliches Gegenstück zu dem höfischen ‚Genji monogatari‘ der Murasaki Shikibu konzipiert und parodiert dieses stellenweise.“[832] Er besteht aus ebenso vielen Kapiteln wie der Genji-Roman und reiht am Leitfaden der Biographie eines einzelnen Mannes dessen zahllose Liebesabenteuer aneinander. Der Roman gehört zur damals neuen literarischen Gattung des *Ukiyozôshi* (Hefte über die vergängliche Welt), die „wirklichkeitsgetreue Sittenschilderungen“,[833] auch aus den Vergnügungsvierteln, bietet. Der Held Yonosuke wurde gelegentlich als ein „vulgärer Genji“ bezeichnet. Sein Name bedeutet „Weltkind“. Yonosuke wird zwar im Laufe seines Lebens einmal vorübergehend Mönch, aber seine innere Einstellung widerspricht, wie sein Name, diesem Stand. „Das Leben nach dem Tode konnte er sich nicht vorstellen, darauf war kein allzu großer Verlaß.“[834] Er ist dem Diesseits zugewandt. Das kommt auch im (parodistischen) Romanschluß zum Ausdruck. Nach einer Meditation bricht Yonosuke mit sechs Gefährten zu einer Reise ohne Wiederkehr auf, die ihn zu einer „Insel der Frauen“ jenseits des Ozeans führen soll.

Saikakus Prosaschaffen kann, in einem weiten Sinn, realistisch genannt werden, weil es soziale Themen behandelt und weil der Autor öfters hinter geistigen, zum Beispiel religiösen Bestrebungen verborgene materielle Motive aufdeckt. Saikaku, der in dem genannten Roman die hohe Kultur der Kurtisanen preist, blendet die traurige Kehrseite des Kurtisanendaseins nicht aus. In einem zweiten Roman schildert er den sozialen Abstieg einer ranghohen Kurtisane zur Straßendirne („Eine Frau der Liebe“, 1686).[835] In anderen Werken widmet er sich dem ökonomischen Gewinnstreben des Stadtbürgertums. Mit viel Sympathie nimmt er auch das Leben der Armen in den Blick. Einer tradierten Sammlung von Beispielen kindlicher Ehrerbietung stellt er eine Sammlung von Beispielen kindlicher Respektlosigkeit gegenüber.[836] Mehrere seiner Bücher stellen das Leben der Samurai dar, zum Teil auch kritisch, etwa gegenüber der Institution der Blutfehde. So gibt Saikakus Prosawerk ein Bild der japanischen Gesellschaft jener Zeit und ihrer Sitten. Er versteht sein Werk als einen „Begleiter der sichtbaren Welt“,[837] in Abhebung von Kenkô, der in seinem *Tsurezuregusa* (14. Jh.) Bücher gestorbener Autoren als „Begleiter einer unsichtbaren Welt“ verstand.[838]

In Saikakus Büchern kommen paranormale Phänomene häufig vor, keineswegs nur „gelegentlich“, wie man gesagt hat.[839] Das wurde von Kommentatoren als Widerspruch zur diesseitigen Orientierung des Autors und als erklärungsbedürftig empfunden. Zum Bild Saikakus als eines „Vertreter[s] der japanischen Aufklärungsbewegung“ des 17. Jahrhunderts[840] scheinen diese Phänomene nicht zu passen. Richard Douglas Lane schreibt, im Blick auf ein Beispiel aus „Alle Arten von Brieffetzen“ (*Yorozu no fumi-hôgu*): „Saikakus Methode ist höchst beeindruckend in ihrer erfolgreichen Anwendung realistischer Charakterzeichnung in Verbindung mit übernatürlichen Elementen. Eine solche Kombination scheint auf den ersten Blick widersinnig, aber bei Saikaku ist das Resultat gleichwohl ein Realismus höherer Ordnung; besser gesagt, ein durch die Einführung erdichteter (*imaginative*) Elemente intensivierter Realismus.“[841] Nach Daniel Struve benützt Saikaku „das Wunderbare systematisch als ein Verfahren, um die innere Welt seiner Figuren darzustellen.“[842] Saikakus Prosa hat, laut Struve, den Menschen und seine Leidenschaften zum Gegenstand. Das Wunderbare in ihr diene, als eine Art der gleichnishaften Rede (*gûgen*), dem selben Zweck. Struve zeigt dies an einer Reihe von Beispielen wie Gespenstererscheinungen, Halluzinationen und Verwandlungen. „In allen diesen Fällen verweisen die wunderbaren Motive auf kein Jenseits und führen auf keine andere Realität als die innere Welt der Figuren.“ „Wunderbares und Befremdendes spielen (…) im Aufbau von Saikakus Roman eine wesentliche Rolle, als besonders machtvolle Mittel, um das Reale zum Leuchten zu bringen“. Die Motive des Wunderbaren übersetzen eine Realität „in ein erdichtetes und phantastisches Universum (höchst real übrigens für eine großen Teil der Gesellschaft der Epoche, wenn nicht gar für die Leser Saikakus)“.

Diese wunderbaren Motive im Werk Saikakus sind verschiedenartig. Aus dem Blickwinkel der Parapsychologie wird man einen nicht unerheblichen Teil dieser Phänomene als keineswegs phantastisch und imaginär, sondern als in der Realität möglich, wenn auch paranormal und unerklärlich einstufen. Da es sich um allgemeinmenschliche Erfahrungen handelt, dürfte auch Saikaku sie als möglich verstanden haben. Von dem Autor, dem „eine wache Sensibilität für die Gefühle der Menschen“ bescheinigt wurde,[843] war zu erwarten, daß er diesen (wie wir heute sagen würden) Grenzbereich des Seelischen nicht ausklammerte. Jenseitige Erfahrungen bildeten für ihn und seine Zeit einen

Bestandteil des Lebens im Diesseits. Struve spricht von Saikakus „Forschertrieb“ in Bezug auf die verschiedenartigen Situationen und Zustände der Menschen.[844] Das dürfen wir auch auf die parapsychischen Erfahrungen beziehen. Eine Phänomenologie solcher Erfahrungen bildet die Grundlage, sozusagen das Vokabular der einschlägigen Textabschnitte Saikakus. Erdichtete Motive oder Motivdetails bauen auf dieser Schicht realer Erfahrungen auf, wobei die Grenze zwischen Erfahrung und Erdichtung nicht immer leicht gezogen werden kann. Insgesamt hat die literarische Ausspinnung und phantasievolle Fortdichtung der paranormalen Motive bei Saikaku ein weitaus größeres Gewicht bekommen als im Genji-Roman, der sich um authentische Schilderung bemüht. Doch lassen sich auch bei dem späteren Autor die realen Grundlagen nicht verkennen. In diesem Paragraphen wird es zwar auch um Totengeister, darüber hinaus aber allgemeiner um den Aufweis dieser parapsychischen Erfahrungsschicht im Werk Saikakus gehen. Saikakus Prosaschaffen ist enorm umfangreich. Innerhalb von zwölf Jahren schrieb er etwa sechsundzwanzig Bücher.[845] Den diachronischen Aspekt seines Werkes, die Veränderung seiner Anschauungen innerhalb dieser Jahre müssen wir hier vernachlässigen.

Einige paranormale Motive

In dem Roman „Eine Frau der Liebe“ hat die Protagonistin im Alter von dreizehn Jahren ein Verhältnis zu einem jungen Samurai. Nachdem das verbotene außereheliche Verhältnis entdeckt worden ist, wird sie aus dem Dienst bei einer Palastdame entlassen, ihr Geliebter getötet. „Vier oder fünf Tage lebte ich in dunkler Trauer, wie in einem bösen Traum. In der Nacht erschien mir der Mann, stand im Dunkel an meinem Bett und schwieg. Ich hätte mich vor Angst am liebsten umgebracht.“[846] Bei dieser Erscheinung handelt es sich um die „Anmeldung“ eines Sterbenden, wie sie aus vielen Kulturen bezeugt wird.[847] Die Erscheinung bringt eine emotionale Verbindung der beiden Liebenden zum Ausdruck, aber nicht als ein bloßes Gleichnis, sondern als eine reale, telepathisch induzierte, „wahrheitsgemäße Halluzination“ (s. Kap. 1). Ein verwandtes Phänomen, das sei hier nachgetragen, begegnet auch im Genji-Roman. Als Yûgao mehrmals ihrer Amme im Traum erscheint, wird dieser klar, daß Yûgao gestorben ist.[848]

In „Ein Mann der Liebe" liebt der Held eine Kurtisane in Osaka namens Washu. Nach der Lektüre eines Briefes von Washu hat er Tränen in den Augen – und „plötzlich stand die Tayu Washu leibhaftig hinter ihm, sie kam näher und sagte mit schluchzender Stimme", daß sie nach Kyoto übersiedeln müsse. (Tayu ist der Titel einer Kurtisane der obersten Klasse.) „Yonosuke schrie laut: ‚Das ist doch…', er hörte noch ein paar Schritte, Washu blickte nochmals zu ihm zurück und verschwand, es war nur eine Vision oder ein Geist." [849] Hier handelt es sich um das Gespenst eines lebenden Menschen: um dessen Erscheinung an einem von seinem physischen Körper entfernten Ort, um Bilokation.[850] Saikaku benützt das Phänomen der Bilokation hier, um die Verbundenheit zweier lebender Menschen darzustellen, nicht nur als eine allegorische oder gleichnishafte Darstellung, sondern als ein real mögliches Phänomen. Er verstand auch die gleichnishafte Rede des *gûgen* so, daß sie auf Reales rekurrieren sollte. Von ihm wird die poetische Devise überliefert: *„gûgen* ist nicht Falschheit. Erdichtet keine Lügen, bringt keine Erfindungen vor!"[851] Dieser Satz, im Rahmen der Haikai-Theorie formuliert, darf nach Struve auch auf die Gattung des Romans angewendet werden.

Im „Großen Spiegel der männlichen Liebe" (1687/88)[852] begegnet im achten Kapitel (Nr. 8:1) erneut das Motiv des Gespenstes einer lebenden Frau, die diesmal von mehreren Personen wahrgenommen wird. Nach einem Landausflug hat sich eine Gruppe von Knabenschauspielern auf einem Boot am Flußufer niedergelassen. Nachts sehen einige ihrer Freier voll Schrecken auf dem Dachfirst eines gegenüber liegenden Teehauses die Gestalt einer hübschen Frau, die dem Schönsten aus der Gruppe zuwinkt, ihn anspricht und für ihn ein Lied singt. An ihrer Stimme glaubt jemand der Anwesenden, sie als ein bestimmtes Mädchen zu erkennen, das in der Gegend für seinen Gesang bekannt ist.→[853] Durch das Rezitieren der Kannon Sutra können die anwesenden Zuschauer weder die Erscheinung selbst noch das Gefühl des Schreckens, das sie auslöst, vertreiben. Die nächtliche Erscheinung (in der Überschrift Elfe genannt, *goblin*, im einleitenden Dreizeiler „Geist" einer Frau, *spirit*) soll zeigen, daß auch Frauen sich in diesen schönen Knaben verlieben, obwohl er die erotische Liebe der Frauen verachtet, und soll dadurch seinen unwiderstehlichen Liebreiz veranschaulichen. Das Mittel, mit dem dieses Ziel erreicht wird, die Geistererscheinung, ist der Erfahrungswelt entnommen.→[854] In der übernächsten Erzählung desselben Kapitels (Nr. 8:3) ist von einer Holzpuppe, die lebendig wird und sich in zwei hübsche Knaben verliebt, die Rede. Das Motiv dieser Puppe soll ebenfalls durch eine tragisch unerfüllbare Liebe den Gegenstand einer Liebessehnsucht erhöhen, ist jedoch nicht im gleichen Sinn *gûgen* wie die erwähnte Erscheinung der Frau, sondern in einem engeren Sinn, nämlich als eine Figur „der Phantasie oder Erfindung, mit dem vollen Anschein des Ernsten dargeboten".[855] Dieser Unterschied war dem Autor zweifellos bewußt. Durch Ausschmückungen (das Singen, das Werfen eines Briefes, eines Weinbechers) wird das Bild jener Geisterfrau gleichfalls ins Phantastische hinübergespielt.

In einer anderen Geschichte aus derselben Sammlung (Nr. 6:5) stirbt eine Frau vor Liebeskummer, weil sie sich in einen schönen Knabenschauspieler verliebt hat, der von Frauen nichts wissen will. Diesmal stirbt der Knabe ihr nach, obwohl er sie im Leben gar nicht kennengelernt hat. „[Seine] einzigen Worte bei seinem Tod waren: ‚Ich kann einen Geist (*phantom*) sehen, die Gestalt eines ausnehmend hübschen Mädchens.'"[856] Diese Szene erinnert zwar an das Phänomen der „Abholung". Die Seele des Sterbenden wird im Jenseits durch eine vorangegangene Seele in Empfang genommen. In der Parapsychologie haben wir dieses Phänomen vor allem als ein Geschehen zwischen Verwandten kennengelernt.→[857] Hier aber kommt darüber hinaus der Sterbende *durch* den abholenden Totengeist zu Tode. Der sehnsuchtsvolle Geist des Mädchens holt den Geliebten zu sich: der Knabe erkältet sich am Tage ihres Todes, durch einen herbstlichen Wind mitten im Frühjahr, und stirbt an der Erkältung innerhalb eines Monats. Die Präsenz eines Totengeistes im irdischen Raum wird oft als mit Kälte verbunden beschrieben.[858] Dem Erzähler zufolge stirbt der Knabe aufgrund der Besessenheit durch einen Totengeist: „Damals erkannten wir, daß er [*der Sterbende*] von einem leidenschaftlichen Geist (*a spirit of passion*) besessen gewesen war."[859] Der frühe Tod dieses Knabenschauspielers ist historisch. Lane erläutert: „Die Andeutung, daß es der sehnsüchtige Geist des Mädchens war, der den Tod des Schauspielers beschleunigte, ist eine Hinzufügung Saikakus, aber eine Vorstellung, die in dieser Epoche fest geglaubt wurde, und die sich in der gesamten japanischen Literatur seit der Genjigeschichte findet. Das übernatürliche Element in Verbindung mit Geistern, deren Liebe unerwidert geblieben oder verraten worden ist, muß als eine der Konventionen dieser ansonsten höchst realistischen Erzählungen akzeptiert werden."[860]

Dieselbe Vorstellung kehrt zum Beispiel in Saikakus Buch „Arashis flüchtiges Leben" (1688) wieder, das von dem seinerzeit bekannten Schauspieler Arashi Saburôshirô handelt. Lane faßt die Szene folgendermaßen zusammen: „Auf dem Nachhauseweg wurde sein [*Arashis*] geschwächter Geist (*spirit*) von den verbitterten Geistern (*phantoms*) der Mädchen besessen, die aus unerwiderter Liebe zu ihm gestorben waren, und die jede sein Leben forderten."[861] Arashi nimmt sich anschließend selbst das Leben. Auch Yonosuke wird einmal von den rachsüchtigen Geistern verstorbener Geliebter verfolgt, kann sich ihrer aber erwehren.[862] An anderer Stelle droht Yonosuke einem Zuhälter, falls er gemeinsam mit seiner Geliebten sich von diesem zum Suizid gezwungen sehen sollte, ihn als rachsüchtige Totengeister zu verfolgen und in Wahnsinn und Suizid zu treiben. Diese Stelle findet sich nur in der frei übersetzten englischen Ausgabe.[863]

Mit dem Gedanken der tödlichen Besessenheit durch einen eifersüchtigen oder rachsüchtigen Totengeist (oder sogar durch mehrere) haben wir uns bereits im vorigen Paragraphen beschäftigt. Hinter diesem literarischen Topos könnte ursprünglich einmal eine Erfahrung gestanden haben. Die Vorstellung von der tödlichen Besessenheit durch einen Totengeist ist auch aus der christlichen Antike und der jiddischen Literatur bekannt.[864]

Neben Anmeldung und Abholung, Bilokation und Besessenheit begegnen in Saikakus Texten noch eine Reihe weiterer paranormaler Phänomene. *Psychometrie* (s. Glossar): Auf der Suche nach einer bestimmten Geliebten findet Yonosuke ihren Kamm und betrachtet ihn als ein Mittel, das es einem Wahrsager ermöglichen könnte, ihrer beider Geschick, oder, in der deutschen Übersetzung, den Aufenthaltsort der Besitzerin des Kammes, außersinnlich zu erkennen.[865] – *Psychokinese* (s. Glossar): In „Tales of Samurai Honor", Nr. I:4, manifestiert sich nach einem erschwindelten Spuk an dem hierbei verwendeten Köcher ein realer Spuk, der ein Ende findet, als der Besitzer den Köcher zerbricht. Daß ein wirklicher Spuk durch Schwindel fortgesetzt wird, kennt man. Die umgekehrte Reihenfolge, wie hier bei Saikaku, klingt daher phantastisch. Aber auch ein Spukforscher des 20. Jahrhunderts, Émile Tizané, der als Polizist mit vielen Spukfällen konfrontiert war, fragte sich (nach Mulacz), „ob bei manchen Gelegenheiten ein beglaubigter Schwindel in ein echtes parapsychologisches Phänomen übergehen könnte“,[866] und Walter von Lucadou weist darauf hin, daß bei Spuk „Manipulationen, Tricks oder Betrug (...) paradoxerweise sogar konstitutiv für ‚echte‘ Phänomene werden können.“[867] – *Präkognition* (Vorherwissen) und *Seelenreise*: Ein hochbegabter Knabe sieht die Rückkehr eines von ihm geliebten Samurai voraus. Er verfügt über die Fähigkeit zur Seelenreise und hat den Samurai auf dessen Reise außerkörperlich begleitet: „Mein Körper blieb hier, aber meine Seele folgte Euch überallhin nach“.[868] Er hat dadurch ein hellsichtiges Wissen von den Aufenthalten des Samurais erlangt. Eine reziproke Erscheinung (im Sinne von Myers[869]), das heißt eine Erscheinung der Gestalt des Knaben bei dem Samurai, wird in der Erzählung nicht erwähnt.

Totenerscheinungen und ihre ‚Beglaubigungen‘

Einige Totenerscheinungen sind in dem Buch „Der große Spiegel der männlichen Liebe“ beschrieben. a) Ein verstorbener Knabe erscheint seinem einstmaligen Liebhaber, der gerade unterwegs ist, um die Asche des Toten auf einen heiligen Berg zu tragen und dort zu beerdigen (Nr. 3:3). Die Erscheinung des toten Knaben ist motiviert durch die Absicht, einen Irrtum zu berichtigen, der hinsichtlich einer Grabbeigabe unterlaufen ist: das Schwert, das ihm in den Sarg gelegt worden ist und nun zusammen mit der Asche zum zweiten Mal beerdigt werden soll, ist verwechselt worden. Wir haben schon früher gesehen, daß Tote manchmal noch aus der anderen Welt um ihren Leichnam und ihr Begräbnis Sorge tragen können.[870]

b) Ein Knabe, der gerade erwachsen geworden ist, nimmt einen jüngeren Knaben zum Geliebten. Der verstorbene einstmalige Liebhaber des Älteren hatte sich vor seinem Tod dem Jüngeren versprochen, ohne daß dieses in Aussicht genommene Liebesverhältnis noch realisiert werden konnte. Nun erscheint er dem Jüngeren im Traum und bejaht das neue Bündnis seiner beiden ehemaligen Geliebten, des tatsächlichen und des nur intendierten, und segnet es gleichsam mit den Worten: „Ich bin glücklich, daß Ihr beide Euch Liebe gelobt habt, um Eure Traurigkeit zu lindern.“[871] Wir haben früher gesehen, daß Menschen manchmal auch über ihren Tod hinaus am Ergehen ihnen Nahestehender Anteil nehmen können.[872]

c) Ein verstorbener Priester erscheint einem jungen Mönch, den er zu Lebzeiten geliebt hat, als dieser noch weltlich und ein Prostituierter gewesen ist, regelmäßig im Traum. Der Jüngere empfindet diese Träume als beglückend: „immer wenn er [*der Jüngere*] in einen Schlummer verfiel, erschien ihm der Priester und sprach liebevoll mit ihm. Das machte ihm die größte Freude. Wenn er erwachte, verblaßte die Gestalt, aber sobald er wieder einschlief, erschien sie wieder, deutlich, obgleich in seinen Träumen."[873] Das besonders Beglückende dieser Traumbegegnungen erklärt sich daraus, daß diese Liebe zu Lebzeiten des Priesters sich nicht hatte realisieren können. Der Priester hatte lediglich mehrmals Leuchtkäfer in der Nähe des Knaben fliegen lassen, um ihn auf sich aufmerksam zu machen und um ihm eine Freude zu machen. Als der Knabe auf ihn hatte zugehen wollen, war der Priester geflohen, gestolpert und – ertrunken. Die Erzählung hebt die widerlichen Seiten des Lustknabendaseins hervor, die unkultivierten Kunden, die Erniedrigungen. Im Kontrast dazu mußten die Leuchtkäfer, als ein Liebesgeständnis von „ungewöhnlicher Feinheit",[874] den Knaben besonders berühren. Aus Kummer über diese nicht realisierte Liebe wurde der Knabe Mönch, und aus demselben Grund konnten ihn nun diese Träume so sehr beglücken. Daß Traumerscheinungen transzendenter Toter besonders deutlich sein können und sich durch Wiederholung als authentisch ausweisen können, hatten wir gesehen.[875] Immer wieder wird auch das Beglückende solcher Träume bezeugt.[876] Daß ein Liebesverhältnis zwischen einem Toten und einem Lebenden sich allein in Traumerscheinungen verwirklicht, dies zu schildern blieb wohl einem Dichter vorbehalten.

Alle drei soeben angeführten Erzählungen haben das Gemeinsame, daß die Realität der Geistererscheinungen durch ein Requisit ‚beglaubigt' wird, das, aus einem Traum herstammend, im Wachzustand übrigbleibt, oder das von einem Gespenst zurückgelassen wird. In der ersten Geschichte (3:3) hat der tote Knabe das Schwert aus der Totenwelt mitgebracht, das nun mit seiner Asche mitbeerdigt werden soll, und hinterläßt es zu diesem Zweck seinem lebenden Freund. „Es war sein [*des Freundes*] einziger Beweis, daß das, was er gesehen hatte, wirklich war."[877] In der zweiten Geschichte (2:3) hat sich am Morgen nach dem Traum die *wirkliche* Frisur des Träumenden geändert, obwohl, wie betont wird, kein Wasserbecken und kein Rasiermesser in der Nähe sind: der verstorbene Liebhaber hat dem Träumenden im

Traum eine Änderung der Frisur vorgeschlagen und dann sogleich auch *realiter* vorgenommen. In der dritten Geschichte (7:1) stehen nach jeder Traumerscheinung des toten Priesters am anderen Morgen frische Blumen *tatsächlich* auf dem Buddha-Altar des jungen Mönchs: der Priester hat sie im Traum gebracht, um den Jüngeren zu erfreuen.

Diese Motive der Beglaubigung einer Geistererscheinung durch ein reales Requisit sind erdichtet und eine literarische Konvention. Wir finden sie in vielen anderen Texten Saikakus und anderer Autoren, etwa bei Ueda Akinari im 18. Jahrhundert oder im chinesischen *Soushen ji* (4. Jh.).[878] Nach George N.M. Tyrrell unterscheiden sich literarisch erfundene Geistergeschichten von nichterfundenen allgemein dadurch, daß die „Erscheinungen" materielle Spuren hinterlassen, „um die Wahrheit der Geschichte zu beweisen".[879] Wollte man versuchen, solche phantastischen Motive auf reale Erfahrungsgrundlagen zurückzuführen, müßte man an die „Apporte" erinnern, von denen die Parapsychologie weiß. Diese sind jedoch von lebenden Personen vollbracht worden.[880] Die Traum- oder Geistererscheinung eines toten Vaters, der sich noch im Jenseits über die Mißwirtschaft seines Sohnes Sorgen macht, ist ein aus der Parapsychologie bekanntes Motiv.[881] Bei Saikaku wird sie durch einen angedrohten Eingriff in die diesseitige Realität ‚beglaubigt': der tote Vater droht, wertvolle Stücke aus dem Familienbesitz mitzunehmen.[882] Das wäre das Gegenteil eines Apports, ein „Asport" (Wegbringen); auch dies ein parapsychologischer Begriff.

Ein weiterer literarischer Topos ist der nächtliche Empfang eines Geliebten durch den Geist eines oder einer Liebenden, ein Empfang, bei dem der Geliebte erst am anderen Morgen erkennt, daß der oder die Liebende längst gestorben ist.[883] Dieses Motiv der „Rückkehr von den Toten, um einen Geliebten zu treffen" (Lane), ist in der japanischen Literatur spätestens seit dem *Konjaku monogatari* bekannt.[884] In der oben erwähnten Geschichte der Liebe des hochbegabten Knaben zu einem Samurai haben der Samurai und der Geist des (lebenden) Knaben sexuellen Verkehr. Der Knabe verbringt außerkörperlich eine Liebesnacht mit dem Samurai. Wie der Samurai diese Nacht erlebt, darüber schweigt die Erzählung. Nur zwei Bruchstücke eines Aloëzweiges, die zueinander passen, beglaubigen am Ende der Erzählung die Tatsächlichkeit dieses Beisammenseins.[885] Die Vorstellung, als Mensch mit einem Geist, auch einem Totengeist, sexuell zu verkehren, ist in der japanischen Literatur nicht ungewöhnlich. Auch hier können

Religionswissenschaft und Parapsychologie dazu beitragen, in der Vorstellung etwas anderes als bloß eine literarische Erfindung zu sehen. „Incubus" und „Succubus" wurden seit Spätantike und Mittelalter Geister genannt, die mit Menschen sexuell verkehrten. Vom Christentum wurden sie verteufelt. Werner F. Bonin hält es für vertretbar, „bei einzelnen Berichten von solchen Beiwohnungen an *telepathische* sexuelle Attacken zu denken".[886]

Kenntnis des menschlichen Herzens

Ihara Saikaku hat die Vermittlung von Kenntnis des menschlichen Herzens als das Ziel seiner Prosa bezeichnet.[887] „Es ist das Herz des Menschen, wie er [*Saikaku*] nicht aufhört zu wiederholen, welches uns das Schauspiel der wahren Wunder bietet und das allein den Schriftsteller wahrhaft interessiert."[888] Für das Jenseits als solches interessiert sich Saikaku in seinen Texten nicht. Gott und Jenseits sind Wirklichkeiten, die der Mensch nur in seinem Herzen und Gemüt *erfahren* kann. Deshalb kann der Autor diese Wirklichkeiten als Bezirke des menschlichen Herzens in den Blick nehmen. In einer Szene des Romans „Eine Frau der Liebe" klärt ein Gott eine Bittstellerin über Gebete von Gläubigen auf, die unvernünftig und egoistisch und deshalb unerfüllbar sind. Struve schreibt dazu: „Aber diese Gottheit selbst ist nur eine Erscheinungsform, eine Äußerung der Subjektivität der Figur, eine innere Stimme, die in deren Gewissen spricht".[889]

Religion läßt sich legitimerweise als ein Teil der menschlichen Persönlichkeit betrachten, auch wenn in dieser anthropologischen, ethisch-psychologischen Sicht nur ein beschränkter Aspekt von ihr in den Blick kommen kann. Ein lachender, humorvoller, phantasievoller literarischer Umgang mit religiösen und paranormalen Motiven läßt sich mit dem Glauben an die Realität des Geglaubten und an die reale Möglichkeit paranormaler Erfahrungen durchaus vereinbaren. In China konnten Orakel und Magie ironisiert *und gleichzeitig* fest geglaubt werden, wie wir gesehen haben.[890] Dieses Nebeneinander findet sich auch bei unserem Autor. Der Glaube an die unheilbringende Bedeutung einer bestimmten Himmelsrichtung, Nordost, wird in einer Erzählung Saikakus als Aberglaube lächerlich gemacht. Ein Hausbesitzer fragt dort seine Verwandten, die bei ihm in eine Wohnung einziehen sollen, die in ungünstiger Richtung liegt: „In diesen modernen Zeiten hängt ihr immer noch einem solchen Aberglauben an?“[891] Im Fortgang der Erzählung bestätigt sich dieser „Aberglaube“ dann jedoch auf Schritt und Tritt.

Bei Saikaku werden viele Priester und Mönche satirisch, in ihrer Schwäche als Menschen dargestellt,[892] etwa als Menschen, die ihren Lebensunterhalt verdienen müssen.[893] Die Leichtgläubigkeit der Menschen hinsichtlich paranormaler Phänomene nimmt Saikaku besonders in dem Buch *Futukoro suzuri*, einer Sammlung lokaler Legenden und Kurzgeschichten,[894] aufs Korn. Dort „koexistiert eine kritische Haltung [*des Autors*] gegenüber dem Wunderbaren (...) mit einer reichlichen Verwendung desselben“, wie Struve schreibt.[895] Allgemein gilt hinsichtlich der wunderbaren Phänomene bei Saikaku: „ihr spektakulärer und erschreckender Charakter wird durch das Komische gemildert“.[896] Dennoch ist Saikaku kein Rationalist. Die Haltung der ironischen und kritischen Distanz bezieht sich auch auf die Rationalität. „Die Welt der Referenz, real oder imaginär, wird ihres absoluten Charakters beraubt“, schreibt Struve über die Wirkung von Saikakus Ironie.[897]

„Religiöse Andacht fehlt“ in Saikakus Werk.[898] Einen Gott bloß als Teil und Äußerung der menschlichen Seele oder der menschlichen Persönlichkeit zu betrachten, heißt ihn verkleinern, ihn nicht religiös, als Gott verstehen. Was im Werk Saikakus ebenfalls fehlt, ist, nach Lane, der „große Maßstab“ (*grand scale*),[899] oder, wie wir mit einem deutschen Begriff sagen können, das Erhabene, sei es Gottes, der Natur oder der menschlichen Seele. Wollte man doch etwas Übergroßes im Werk Saikakus ausmachen, so wäre es wohl am ehesten die Gewalt der Liebe oder der Leidenschaft überhaupt. „Der große Spiegel der männlichen Liebe“ läßt sich als ein Epos in vierzig Geschichten über die Gewalt der Liebe lesen, die Gewalt einer erotischen Leidenschaft, die adlige wie stadtbürgerliche Existenzen ruinieren kann, deretwegen Liebende sich selbst verstümmeln, vor Liebeskummer krank werden oder sterben.[900] „*Omnis vincit amor*“, überschreibt Lane einen zusammenfassenden Abschnitt über das Buch „Fünf Geschichten von liebenden Frauen“.[901] Ein der Liebesleidenschaft Ergebener konnte, wie Erzählungen aus der Sammlung „Saikakus Abschiedsgeschenk“ (*Saikaku okimiyage*) illustrieren, sein gesamtes Vermögen verschwenden und in bitterster Armut enden, ohne sich deswegen vor sich selbst schämen oder seinen Stolz verlieren zu müssen.[902]

Die Macht einer Leidenschaft kann manchmal über den Tod hinausreichen. Das gilt etwa für den Geiz. Wir haben gesehen, daß Bestrebungen aus dem irdischen Dasein die Seele eines oder einer Toten im Diesseits festhalten können.[903] Literarisch angereichert und ausgestaltet wird diese Erfahrungstatsache zum Beispiel in Saikakus Geschichte von dem reichen Geizkragen, der auch noch nach seinem Tod, als Gespenst, Schulden eintreibt – und bezahlt bekommt![904] Die Wirksamkeit einer Leidenschaft über den Tod hinaus gilt in Saikakus Texten erst recht für die Liebe. Liebende versprechen einander ihre Liebe in diesem *und* dem nächsten Leben.[905] In vormodernen Zeiten starben Menschen oft jung, ihre Gefühle wollten über die flüchtige Welt des Diesseits hinausreichen. Oftmals werden bei Saikaku Liebende in ihren Gefühlen als so kompromißlos dargestellt, daß sie den Tod in Kauf nehmen.[906] Eine von einem treulosen Liebhaber verlassene und seinetwegen gestorbene Geliebte kann zu einem rachedurstigen Geist werden, wie es Yonosuke erlebt.[907] „Keine Furie [Rachegöttin] kommt einer getäuschten Frau gleich, insbesondere nachdem diese in den Suizid getrieben worden ist“, heißt es in der englischen Übersetzung.[908]

Viele „Erscheinungen“ im Werk Saikakus hängen mit einer Liebesleidenschaft zusammen.[909] Den gleichen Zusammenhang können wir auch im Genji-Roman und, in der chinesischen Literatur, im *Jinpingmei*, im *Hongloumeng* oder bei Shen Fu beobachten. Auch dort zeugen paranormale Motive von der Größe einer Liebe, einer Liebesleidenschaft. Seelische Nähe, die für diese parapsychischen Erscheinungen vorausgesetzt ist, kann es nicht nur zwischen Verwandten geben, sondern auch zwischen nahen Freunden[910] oder Liebenden. Geistererscheinungen sind nicht bloß literarisches Ausdrucksmittel für die Darstellung von Leidenschaften. Im Fall der Liebensleidenschaft gilt vielmehr auch umgekehrt, daß solche Erscheinungen *durch* die Leidenschaft gefördert oder ermöglicht werden. Der Parapsychologe Hans Bender hat, als eine allgemeine These, einen Zusammenhang zwischen einer gesteigerten Emotionalität und dem Zustandekommen paranormaler Phänomene hergestellt. Er sagte in einer Diskussion: „Die Emotionalität, gesteigert in das Affektive, hat eine solche Wirklichkeit, daß sie die ‚Binnenhaftigkeit‘ des Seelischen, mit der wir ja gewöhnlich rechnen, übergreifen kann. Emotion, Gefühl, Affekt, vor allem wenn sie im Sinne von C.G. Jung archetypische Konditionen sind, können ein raumzeitliches Feld um sich haben, in dem die merkwürdigen Phänomene, die die Parapsychologie untersucht, zu geschehen scheinen."[911]

DRITTER TEIL: ABENDLAND

5. Kapitel: Totenerscheinungen im Mittelalter

§ 15. Altnordische Sagas
(nach Claude Lecouteux)

Wiedergänger

Die Furcht, daß Tote zu den Lebenden zurückkehren, dort „umgehen“ und viel Unheil anrichten,[912] war und ist nicht nur in schriftlosen Kulturen verbreitet. Es gab sie auch in frühen Hochkulturen, in der Antike (Griechenland und Rom),[913] im alten China (s. § 9), im Abendland.[914] Zu solchen Vorstellungen gehört die nordgermanische Vorstellung vom „Wiedergänger“. Sie ist in der altnordischen Literatur, vor allem den altisländischen Sagas faßbar. Diese heidnischen Sagas wurden erst nach der Christianisierung niedergeschrieben. Die Schreibkundigen waren Mönche oder Geistliche. Man kann deswegen nicht sicher sagen, wieviel in diesen Texten germanischer Glaube ist und was auf christliche Umdeutung und Verzeichnung zurückgeht. In diesen „literarisch ausgestalteten Spukgeschichten [vermengen sich] vorchristliche Reminiszenzen mit kirchlich-didaktischen Unterweisungen“, heißt es im Reallexikon der Germanischen Altertumskunde.[915]

Die Wiedergänger der Sagas kehren nach einer Erdbestattung aus ihrem Grabhügel in voller Körperlichkeit zu den Lebenden zurück. Sie sind überwiegend bösartig und gefährlich, töten Mensch und Vieh und können einen Hof, ein ganzes Tal entvölkern. Es wird angenommen, daß dieses Überwiegen der Bösartigkeit auf der Überzeugung der christlichen Schriftsteller beruht, daß nur christliche Tote wohltätige Tote sein können. Anscheinend bestand die Tendenz der Schreiber, den germanischen Totengeisterglauben insgesamt zu dämonisieren und zu diabolisieren.[916]

Wir wenden uns ins diesem Paragraphen der altnordischen Literatur zu, weil in ihre mythologische Wiedergänger-Vorstellung auch Züge realer parapsychischer Totengeist-Erscheinungen eingegangen sind. Wir stützen uns dabei hauptsächlich auf das Buch von Claude Lecouteux, „Geschichte der Gespenster und Wiedergänger im Mittelalter“ (1987). (Seitenzahlen ohne weitere Angaben beziehen sich in diesem Paragraphen auf dieses Buch.)

Altnordische Wiedergänger sind keine Gespenster. Den Unterschied zwischen beiden Arten von Erscheinungen benennen einige mittelalterliche Erzählungen ausdrücklich: Gespenster haben keinen Körper (163). Altnordische Wiedergänger dagegen besitzen tastbare Körperlichkeit und Willen, Gefühle wie zu Lebzeiten, sind rachsüchtig. Man kann sie körperlich verletzen, ja töten (das ist dann ihr zweiter Tod), man kann mit ihnen ringen, ihnen Prügel, Schwerthiebe, Axthiebe versetzen, ihnen das Rückgrat brechen. Manche Wiedergänger haben übermäßige Kräfte, sie können einen Menschen töten, indem sie ihm den Hals brechen und alle Knochen zermalmen. Oft werden sie jedoch besiegt und anschließend geköpft, um auf diese Weise dauerhaft unschädlich gemacht zu werden.[917]

Die Vorstellung einer festen Körperlichkeit und Kampflust der umgehenden Toten entsprach dem germanischen Glauben, daß Tote im Jenseits so weiterleben wie vor ihrem Tod im Diesseits. Grabbeigaben in germanischen Gräbern illustrieren diesen Glauben. Andere Züge der Wiedergänger entsprechen jedoch denen der Gespenster aller Zeiten und lassen Erfahrungen durchscheinen, die in die Sagas einflossen. Wir beschränken uns hier weitgehend auf diese parapsychischen Aspekte der Wiedergängervorstellung. Zu allen folgenden kursiv gedruckten Motiven gibt es Parallelen in Erfahrungsberichten der Parapsychologie über Totenerscheinungen. Die Vorstellung, daß Leichen sich wiederbeleben, sich körperlich erheben, um den Lebenden zu schaden, die in vielen Kulturen anzutreffen ist,[918] steht dagegen nicht im Zentrum unseres Interesses. Andere Aspekte, wie die Tiermetamorphosen, klammern wir ganz aus.

Die Toten gehen *in der Nähe ihrer Gräber* um.[919] Das entspricht einer Erfahrung, für die es viele Beispiele gibt, aus alter wie neuer Zeit.[920] Werden Wiedergänger verfolgt und in die Enge getrieben (etwa durch Kerzenlicht), so können sie in die Erde *versinken, ohne Spuren zu hinterlassen* und ohne daß der Grabhügel sich öffnet.[921] Sie fühlen sich an ihre Heimat, *an ihr früheres Zuhause*, an Hof, Familie und Tal *gebunden* und gehen dort mit Vorliebe um.[922] Sie manifestieren sich durch *Spuk*. Hierfür ein Beispiel:

> „Oft hörte Thorgil während des Winters, daß einer draußen aufs Dach schlug. Eines Nachts stand er auf, nahm seine Axt zur Hand, ging hinaus und sah, wie ein großer und bösartiger Wiedergänger (*draugr*) vor der Tür stand. Thorgil hob die Axt, da entfloh der andere nach seinem Grabhügel."[923] (Es folgt eine Kampfszene.)

Die Erscheinung der Wiedergänger *läßt die Art ihres Todes erkennen*: Ertrunkene erscheinen in triefenden Kleidern, ein Enthaupteter geht kopflos um.[924] Wenn ein Wiedergänger einer Gruppe von Menschen erscheint, so *können ihn nur einige von ihnen sehen, andere nicht* (152).[925] – Daß Begegnungen mit einem Totengeist zu einer tödlichen Besessenheit führen können, haben wir in Oesterreichs Werk „Die Besessenheit" (s. § 4) sowie im Genji-Roman (s. § 13) gesehen. Auch diese unheilvolle Wirkung wird altnordischen Wiedergängern zugeschrieben;[926] auch hier könnte Erfahrung zugrunde liegen. Neben diesen möglicherweise aus der Erfahrung geschöpften Motiven gibt es sagentypische unrealistische Motive, wie das der ‚Beglaubigung' einer Erscheinung durch ein ‚Andenken' (ein Motiv, das wir bei Saikaku in § 14 kennengelernt haben), wenn etwa eine Speerspitze, die ein Wiedergänger seinem Gegner im Kampf abgebrochen hat, später bei ihm im Grab gefunden wird (126).

„Das Christentum ist der Erzfeind der Spukgestalten" (181f.). Das Licht, „Symbol der neuen Religion", vertreibt oft die Gespenster und Wiedergänger. Lecouteux schreibt, die Kirche habe die Wiedergänger in den Bereich des Traumes, der Sinnestäuschung gebannt, wobei sie ihre Körperlichkeit einbüßten.[927] Die Kirche entkleidete die Wiedergänger somit ihrer mythischen Körperlichkeit und näherte sie dadurch der Ebene jener Erfahrung wieder an, der sie ursprünglich entstammten. Totenerscheinungen (im Traum oder als Gespenster), deren Realitätsgrad bis heute strittig und uneindeutig ist, wurden als Sinnestäuschungen hingestellt. Es fällt auf, daß sich im 9. und 10. Jahrhundert in althochdeutschen Wörterverzeichnissen für (Geister-) „Erscheinungen" Wörter mit der Wurzel *trug* ausbreiteten.[928]

Für die Totenerscheinungen in Träumen, von denen die altnordische Literatur berichtet,[929] gilt ebenfalls, daß ihre reale Möglichkeit in vielen Zügen durch die Parapsychologie bestätigt wird. Sie liegen näher bei dieser Erfahrungsebene als die Wiedergängervorstellung. Diese Toten sind keine Wiedergänger und sie sind auch nicht überwiegend bösartig. Doch vollzieht sich in den Sagas manchmal ein Übergang: Tote aus Träumen können im Wachen zu körperlichen Wiedergängern werden. Auch in Träumen erscheinen Tote *in der Nähe ihrer Gebeine*. Auch hier ist an den Erscheinungen ihre *Todesursache ablesbar*: bei Bränden Umgekommene erscheinen in Flammen gehüllt, durch das Schwert Getötete blutüberströmt oder mit dem Schwert in der Brust. Die Toten nehmen *Anteil am Ergehen ihrer lebenden Angehörigen*: ein Toter äußert seine Unzufriedenheit mit dem Entschluß eines Verwandten, den Erbsitz zu verlassen, ein anderer rät einem Verwandten davon ab, außer Landes zu gehen. Ein Mann, der an einem unüberquerbaren reißenden Strom eingeschlummert ist, träumt von einem Toten, der ihn auf ein rettendes Boot hinweist; als er erwacht, kommt das Boot tatsächlich angeschwommen. Solche Motive altnordischer Traumberichte könnten auch in Fallsammlungen der Parapsychologie begegnen. Die Traumtoten der altnordischen Literatur haben einen Blick in die Zukunft. „Ratschläge aus prophetischem Wissen heraus bilden den Inhalt der allermeisten Traumreden [der Toten]".[930] Krankheitsdiagnosen, Bekanntgabe des Sterbezeitpunktes durch einen Toten gibt es auch in der Parapsychologie.[931] Daß die Erscheinungen in einem Bereich angesiedelt sind, der Traum und Wachen übergreift, sodaß eine Traumerscheinung in eine Wacherscheinung übergehen kann, stimmt ebenfalls mit Totenerscheinungen der Parapsychologie überein.[932]

Was ist das für eine eigenartige Körperlichkeit, die den Wiedergängern eignet? Bei einem Schwertstreich gegen den Körper eines Wiedergängers klingt dieser dumpf wie ein weiches Bett, wie ein Torfsack (165); oder „als ob [jemand] in Wasser geschlagen hätte" (242). Gespenster haben zwar vielleicht ebenfalls eine unbegreifliche physische Beschaffenheit, aber diese ist weniger greifbar, luftiger, ihr fehlt die „materielle Dichtigkeit".[933] In der Parapsychologie berichten manche Rezipienten davon, die eiskalte Hand eines Gespenstes gedrückt zu haben. Unklar ist, ob es sich dabei um Halluzinationen oder Materialisationen handelte. Erfahrungen solcher Art könnten in die Vorstellung von einer Körperlichkeit der Wiedergänger eingeflossen sein.[934] Manchen Wiedergängern wird ein unverweslicher Leichnam im Grab zugeschrieben. Auch dieses Phänomen hat Entsprechungen in der historischen Realität; seine Beschreibungen in Heiligenviten sind nach Herbert Thurston keine bloßen Legenden.[935]

Seelenvorstellung

Bedeutsam hinsichtlich der parapsychischen Phänomene ist die altnordische Seelenvorstellung. Sie zeigt die Relevanz dieser Phänomene im Leben der Nordgermanen. Wir begnügen uns mit einem kurzen Ausblick auf dieses Gebiet.

Régis Boyer nennt aus dem altnordischen Wortschatz drei Worte für Seele: *hamr*, *fylgia* und *hugr*.[936] Dabei gibt er zu bedenken, daß die Germanen keine Seelenvorstellung in unserem Sinne kannten.[937] Es gab zum Beispiel keine Ungewißheit über das Schicksal der Seele nach dem Tod.[938] Der nordgermanische Seelenglaube bezog sich, nach Rudolf Simek, „nur auf den lebenden Menschen, während im Bereich von Tod und Weiterleben der Glaube an eine Seele keine Rolle spielte".[939] Die Seelen der Lebenden können sich jedoch diesem Glauben zufolge vom Körper lösen und in eine Verbindung mit der Geisterwelt, dem Totenreich treten. Es gibt zwei Welten, die sichtbar-reale und die Geisterwelt, und die Grenze zwischen beiden ist durchlässig. (Das Folgende nach Boyer.)

Der Mensch besitzt einen *hamr* (wörtlich Haut, Hülle, Gestalt), eine innere Form, die dem Individuum eigentümlich ist und seine Persönlichkeit, seine Eigenart, sein Aussehen bestimmt. Der *hamr* hat die Fähigkeit, sich vom Körper zu lösen und sich unabhängig von ihm, ja unabhängig von raumzeitlichen Kategorien zu bewegen. Er kann sich auf die Reise begeben, sei es in der menschlichen Gestalt seines Besitzers, sei es in tierischer Gestalt; er befähigt zu Verwandlungen und Verdoppelungen. Die Fähigkeit zur Seelenreise (*hamför*[940]) kann Phänomene der Bilokation und der Hellsicht erklären.[941] – Zum zweiten besitzen ein Mensch oder seine Familie eine *fylgia* (Folgerin, „Folgegeist"[942]). Sie ist ein vom Körper gelöster, meistens unsichtbarer Doppelgänger, der in Gestalt einer Frau, häufiger aber in Tiergestalt erscheinen kann, eine Art Schutzgeist, durch den ein Mensch oder eine

Familie an der Geisterwelt partizipieren.→[943] Eine *fylgia* kann stellvertretend für einen Menschen agieren, etwa mit der *fylgia* von dessen Gegner kämpfen. Die Fylgien „werden für gewöhnlich nur im Traum oder von seherisch begabten Menschen wahrgenommen".[944] Wer bei Tag seine eigene *fylgia* sieht, ist dem Tod geweiht, heißt es.[945] Nach dem Tod kann seine *fylgia* auf einen Nachkommen übergehen. – Drittens gibt es den *hugr* (Geist, Denken), ein dynamisches Prinzip, das im Unterschied zum *hamr* nicht individuell und weniger innerlich ist. Der *hugr* ist vorwiegend intellektuell, kognitiv, meint jedoch auch Stimmung, Mut, Begehren. Er kann sich vom Menschen lösen und wie ein Mittel, ein Werkzeug außerhalb des Körpers verwendet werden, er kann ausgesendet werden, um in der Ferne Wirkungen zu erzielen (210). In den Sagas nicht immer von der *fylgia* unterschieden, kann er auf andere Menschen als Vorbote oder Vorzeichen seines Besitzers wirken und dessen Kommen ankündigen, besonders wenn Kämpfe bevorstehen. Analoge neuzeitliche Beispiele von Bilokationen, die eine Ankunft ankündigen, und andere Fälle von unbewußten oder willentlichen Seelenexkursionen und Selbstprojektionen, besonders in Krisensituationen,[946] lassen vermuten, daß diese altnordischen Ideen auf Erfahrungen beruhten. Der *hugr* kann den Gegner heimsuchen und schädigen.[947]

Boyer sieht einen schamanischen Hintergrund der *hamr*-Vorstellung (mit Seelenreise, Gestaltwechsel und Verdoppelung) und schreibt, dies verweise auf einen Begriff von Seele „als Ausstrahlung (Emanation) aus der Welt der Geister (…) zugunsten jedes Einzelnen". Durch seine Seele habe der Mensch Anteil an der Geisterwelt. Diese Konzeption erkläre „die ständigen Wechselwirkungen zwischen dem realen Universum und der anderen Welt" im nordgermanischen Denken, die Durchlässigkeit der Grenze zwischen Leben und Tod.[948] Nach Lecouteux macht diese Seelenvorstellung mit ihrer Verbindung beider Welten verständlich, „wie sich ein Toter im Traum zeigen kann, wie einige Menschen die Gabe der Prophezeiung und des Hellsehens besitzen, sie erklärt die Wahrnehmung der unsichtbaren Überwelt und die Nekromantie und zuletzt die Erscheinung des *feigð*, des ‚Dem-Tode-geweiht-Seins'. Durch seine dreifache Seele hat der Mensch einen Teil seines Selbst im Jenseits, deshalb kann er die Zukunft kennen, die Toten befragen und sein eigenes Verscheiden voraussehen." (225f.)

Die Monographie von Hilda R. Ellis, „The Road to Hel" (Der Weg ins Totenreich) (1943) widmet sich ebenfalls den Vorstellungen von den Toten in der altnordischen Literatur. Bemerkenswert erscheinen auch dieser Autorin „die Betonung der Beziehung zwischen der Welt der Lebenden und der der Toten" sowie „die Vorstellung einer außerkörperlichen Seele (*disembodied soul*)".[949] Ein „Glaube an die Nähe und Wirksamkeit des Jenseits (*other world*) [sei] in Skandinavien in vorchristlicher Zeit vorherrschend" gewesen,[950] etwa in der Praxis, sich durch einen Toten mittels Sitzen oder Liegen auf dessen Grabhügel inspirieren zu lassen[951] oder in der Praxis der Totenbeschwörung zu dem Zweck, ein bestimmtes Wissen zu erlangen.[952] Von Toten in ihren Grabhügeln, die Lebende zur Poesie inspirieren oder ihnen Redekunst, zweites Gesicht und Sehergabe oder die Fähigkeit zu träumen verleihen, handelt ein Aufsatz von Nora K. Chadwick.[953]

Schamanistische Züge erblicken viele Autoren in der altnordischen Überlieferung.→[954] Ellis sieht in der Vorstellung einer außerkörperlichen Seelenreise eine „auffallende Parallele" zur schamanischen Seelenvorstellung in Nordeuropa und Asien. Zwar habe „die wesentliche Aufgabe der vom Schamanen ‚ausgesandten' Seele (*spirit*), mit den Seelen (*souls*) der Toten in Kontakt zu kommen und sie möglichst ins Leben zurückzurufen", in den Texten der Sagas keine Entsprechung.[955] Aber „daß das Bewußtsein, während der Körper bewegungslos daliegt, durch einen Willensakt aus ihm ausgewiesen werden kann, um an einem anderen Ort den Auftrag seines Besitzers auszuführen und zuweilen große Entfernungen zurückzulegen, manchmal nach Auskünften zu suchen, manchmal mit anderen ebenfalls außerkörperlichen Geistern zu kämpfen",[956] diese Vorstellung begegne häufig in der altnordischen Literatur.

Gute Tote, Ahnen und Heilige

Nicht alle Menschen werden, nordgermanischem Glauben zufolge, nach ihrem Tod zu Wiedergängern, sondern nur ganz bestimmte unglücklich Gestorbene: vorzeitig Gestorbene, Selbstmörder, Hingerichtete, Ermordete, Unbegrabene, Bestattete, deren Ruhe gestört wurde,[957] Tote, deren Übergang ins Jenseits „mißlungen" ist.[958] Von vielen Wiedergängern heißt es, daß sie schon zu Lebzeiten böse waren und zu

Gewalttätigkeiten neigten (125–130). Manche Unglückliche begehen aus Rachsucht Suizid, um sich posthum, als Totengeist, Gespenst oder Wiedergänger an ihren Feinden rächen zu können.[959] Diese Art der Rache wird in der Neuzeit gelegentlich „chinesische Rache" genannt, weil das Motiv im chinesischen Schrifttum häufig begegnet.[960]

Die mythische Figur des Wiedergängers macht verständlich oder wird dadurch verständlich, daß der germanische Totengeisterglauben durch die Christen verteufelt wurde. Diese Untoten mit ihren Tötungsorgien waren wirkliche ‚Teufel'. Über einen Übeltäter, der nach seinem Tod Nacht für Nacht in seinem Heimatdorf umging und Dorfbewohner in den Tod nach sich zog, soll ein englischer Bischof des 12. Jahrhunderts gesagt haben: „Gott hat vielleicht dem bösen Engel jenes Verlorenen die Macht gegeben, sich in jener Leiche zu bewegen".[961] Man war der Auffassung, wenn Tote umgehen, geschehe dies *operatione diaboli*.[962]

Auf der anderen Seite gab es die guten Toten, die eines ehrbaren Todes gestorben waren und vom Grab aus wohltätig auf das Leben ihrer Nachkommen einwirkten. In Guillaume Durands „Rationale divinorum officiorum" (13. Jh.) heißt es: „In alten Zeiten pflegten die Menschen in ihren eigenen Häusern beerdigt zu werden".[963] Der Grund für diese Sitte lag, nach Lecouteux, darin, daß „ein Verstorbener zum Schutzgeist des Hauses werden konnte"; „diese guten Verstorbenen wurden vielleicht als *Lares* oder *Penates* angesehen, bevor die Kirche sie als *mali* in die Nähe des Teufels bannte." (107f.) Laren und Penaten waren römische Schutzgottheiten: die Laren beschützten Bauerngut und Haus, Penaten die Wohnstätte der Familie.[964] Hans Schreuer hat zahlreiche antike Belege für „die Sitte, die Toten im Hause zu begraben", gesammelt. Schon in antiken Quellen wurde die römische Larenverehrung aus dieser Sitte abgeleitet.[965] Der Verstorbene wurde zum „Beschützer seiner Familie".[966] Die einseitige Hervorhebung der bösartigen Züge der Wiedergänger war, wie wir sahen, möglicherweise das Werk der christlichen Erzähler. Kurt Ranke hat gezeigt (nach Oexle), „daß der Ehrung des Toten und dem Gedanken der Verbundenheit mit ihm im europäischen Bereich, bei Griechen, Römern, Germanen und Slawen eine ungleich größere und bedeutendere Rolle [zukam] als der Furcht vor den Toten".[967] Ranke schreibt: „das starke Hineinragen der Totenwelt in die Verhältnisse der Lebenden (...) ist nur möglich, wenn die Beziehungen zu den Verstorbenen keine abwehrenden, gespannten oder auch nur gleichgültigen, sondern vertraute, d.h. nicht gemütliche, sondern auf Sitte und Gesetz aufgebaute waren."[968]

Kurt Ranke zufolge bestand für die Menschen im indoeuropäischen Bereich „schon sehr früh, zum mindesten in den historisch greifbaren Zeiten" eine „grosse Einheit zwischen den Verstorbenen, den Ahnen und den Lebenden".[969] Lecouteux führt dies aus:

> „Bei allen germanischen Völkern fand früh eine Entwicklung statt, die darauf hinauslief, die Toten in die Gemeinschaft der Lebenden aufzunehmen. Diese Tendenz läßt sich ab dem 10. Jahrhundert im ganzen Abendland nachweisen. Nachdem man sich vor den Verstorbenen gefürchtet hatte, versuchte man sie nun günstig zu stimmen, indem man vielfältige Totenbräuche entstehen ließ und die Ahnen feierte und ehrte, was die Form eines echten Totenkultes annahm. (...) Der gute, ins Sakrale zurückgekehrte Dahingeschiedene wurde zum Mittler zwischen den Lebenden und den Göttern bzw. den höheren Mächten, und er wachte von nun an über Familie und Sippe. Dafür gab man dem Neugeborenen seinen Namen." (203)

Zwar ist gesagt worden, daß von Germanen nur Zeugnisse für einen *Toten*kult als verbreiteten Brauch existieren, nicht für einen speziellen *Ahnen*kult. Es gab nicht einmal ein germanisches Wort für unser ‚Ahn', ‚Ahnherr'.[970] Andererseits waren aber, laut Rudolf Simek, verehrte Tote prähistorisch „in der Regel" die eigenen Ahnen.[971] Schon die Megalithgräber lassen sich als Zeugnisse einer Ahnenverehrung verstehen.[972] Die mythologischen Vorstellungen der Germanen von den Alben (Elfen) und den Disen gehen möglicherweise auf eine Verehrung der Ahnen zurück.[973] Das germanische Mittwinterfest (Julfest) wird als Totenfest gedeutet.[974] Lecouteux schreibt: „Bei den Heiden ist Jól bzw. Weihnachten das große Totenfest, [es] heißt auch ‚Opfer an die Elfen' (*álfablót*), was ein weiterer Beweis der ursprünglichen Identität der Elfen mit den guten Toten – nur diese feiert man nämlich – ist." (144)

„Bei den germanischen Völkern sind die Toten mehr oder minder mit der Fruchtbarkeit der Erde, des Bodens verbunden" (232). In vielen Ackerbaukulturen wurden die Toten, die Ahnen, mit der Fruchtbarkeit des Landes in Verbindung gebracht, wohl auch deshalb, weil die Toten in der Erde bestattet und in der Erdtiefe hausend gedacht wurden.[975] „Das Getreide kommt von den Toten", heißt es bei Hippokrates († um 370 v.Chr.).[976] Die Ahnen sichern die Fruchtbarkeit des Landes, die Vermehrungsfähigkeit von Mensch und Tier, und damit Wohlstand und Frieden – vorausgesetzt, daß sie eine geziemende kultische Verehrung erhalten. Ein Beispiel ist der mythische schwedische König Freyr, unter dessen Herrschaft Friede und Wohlstand herrschten, und der deshalb nach seinem Tod zum Gott ernannt wurde und „immer weiter Opfer um Frieden und fruchtbare Jahre" erhielt (232ff.; nach Snorri Sturluson, 13. Jh.). Solche *geglaubten* mythischen Vorstellungen liegen außerhalb unseres eigentlichen Themenkreises. Totenbegegnungen in Träumen und Beschwörungen dagegen könnten auf *Erfahrungen* beruhen. Ihnen wenden wir uns jetzt zu.

In Träumen erscheinen verstorbene Angehörige und Verwandte, einzeln oder in einer Gruppe, und geben Rat und gestatten einen Blick in die Zukunft. Einige Beispiele aus der altnordischen Literatur mögen dies illustrieren.[977] Freilich gilt: „Die Beispiele für das Eingreifen verstorbener Ahnen zugunsten ihrer lebenden Nachkommen in der altnordischen Literatur sind nicht allzu häufig."[→978] Einer Witwe erscheint ihr toter Gemahl „in leiblicher Gestalt" im Traum und sagt ihr voraus, daß ihr Schwiegersohn die Rache für die Tötung eines ihrer Gefolgsleute vollziehen wird. Er bittet sie, dem Schwiegersohn wegen seines Zauderns nicht böse zu sein.[979] Den Recken Thorstein besucht im Traum seine Mutter, die „damals schon tot" ist, und berät ihn bei der Wahl des Tatzeitpunktes und der Tatwaffe für die Rache an einem Verleumder. Der Bericht schließt mit den Worten: „Da erwachte Thorstein und meinte noch ihre Bewegung zu sehen, als sie hinausging."[980] Das Überlappen der Traumerscheinung in den Wachzustand ist typisch für solche Besuche von Toten.[→981] Der Recke Glum, wegen eines Totschlags angeklagt, träumt, daß eine große Zahl Männer zu dem an einem Flußufer thronenden Gott Freyr kommen, dessen heiliger Acker durch den Totschlag mit Blut besudelt wurde. Diese Männer geben sich Glum als seine verstorbenen Verwandten zu erkennen. Sie wollen Freyr darum bitten, daß Glum nicht aus seinem Land vertrieben wird. Sie werden Glum aber auch mitteilen, daß die Bitte vergeblich ist.[982]

Eine andere Weise, von Toten Rat und Zukunftswissen zu erhalten, war die Nekromantie. In dem „Zauberlied der Gróa" aus der Lieder-Edda holt der Held Svipdagr „Rat von seiner verstorbenen Mutter. Mit ihrer Hilfe will er um das Mädchen Menglöð werben, das zu gewinnen als unmöglich gilt. Groa nennt ihrem Sohn mehrere Zaubersprüche und entlässt ihn."[983] Svipdagr hat es leicht, er braucht keine Zaubermittel, um seine Mutter heraufzubeschwören. „Seine Mutter hatte ihn vor dem Tode gebeten, sie zu rufen, bevor er zu Menglöð auszöge. Nun genügt ein Wort, sie kommt und hilft bereitwillig. Anders verhalten sich die Toten sonst. Sie verhehlen nicht, wie qualvoll ihnen die Erweckung ist."[984] Heraufbeschworene Tote sind keine Wiedergänger. Sie erscheinen nicht aus eigenem Antrieb, sondern widerwillig und agieren auch nicht körperlich, sondern teilen Wissen mit, und zwar (nach Ellis) in der Regel überpersönliches Wissen.[985]

Nekromantie wurde in vorchristlicher germanischer Zeit betrieben, obwohl sie gefahrvoll war, da von den heraufgestiegenen Toten Gefahr ausging.[986] Sie konnte unter anderem der Wahrheitsfindung in Rechtsprozessen dienen. In der Färinger Saga ruft ein Zauberkundiger einen Erschlagenen herauf, um den Täter zu überführen.[987] Selbst der Gott Odin bedarf der Nekromantie: er beschwört eine tote Seherin herauf, um sich die bösen Träume seines Sohnes Baldr deuten zu lassen und dessen Schicksal zu erfahren.[988] Die altnordischen Gesetzbücher bezeugen die Praxis der Nekromantie.[989] Auf diese Form der schwarzen Magie wurden drastische Kirchenstrafen verhängt. Im westnorwegischen GulaÞingslög Christenrecht Kap. 32 wurden Nekromanten, die es unternahmen, „beim nächtlichen Außensitzen Trolle [*hier: Tote*] aufzuwecken und damit heidnisches Wesen zu treiben", zu unlösbarer Friedlosigkeit verurteilt.[→990] In dem Bußbuch des Burchard von Worms († 1029)[→991] und im ersten Buch der „Gesta Danorum" des Saxo Grammaticus († 1216)[992] wird die Nekromantie erwähnt. Laktanz hatte um 300 n.Chr. die Totenbeschwörung als teuflische (dämonische) Kunst verurteilt. Diese Sicht blieb bei christlichen Autoren in Vor-, Früh- und Hochmittelalter herrschend.[993]

Wiedergänger-Erzählungen handeln selten von guten, hilfreichen Toten. Kar der Alte hat nach seinem Tod so sehr gespukt, „daß er alle Bauern fortgescheucht hat, die hier Höfe hatten, so daß jetzt [sein Sohn] Thorfinn die ganze Insel allein besitzt. Nur denen, über die Thorfinn seine Hand hält, tut er kein Leid."[994] Dieser Wiedergänger setzt sich zwar für seinen Sohn ein, aber mit den schlimmsten Mitteln. – In einer Episode aus der Saga von Gull-Thorir (ca. 14. Jh.) will Thorir den Grabhügel seines Onkels Agnarr aufbrechen. Der Tote „wehrt die

Hügelerbrechung leicht ab und übernimmt dann sofort die Rolle des Beschützers seines Verwandten".[995] Dieser Tote, dessen Grabesruhe gestört wird, ist kein echter Wiedergänger, da er nicht von sich aus umgeht. Jedoch ist er als im Grabhügel körperlich und aktionsfähig anwesend vorgestellt. Er schenkt Thorir schützende Kleinodien, die diesem später dazu verhelfen, andere Schätze zu erringen. Agnarr „erscheint dem Thorir noch einmal in der folgenden Nacht [im Traum]", sagt ihm viele Dinge voraus, die später eintreffen, und gibt ihm Ratschläge. Auf diese Weise wird er zum „Schutzengel" seines Neffen.[996]

Bei anderen Erzählungen von Toten, die, im Traum oder im Wachen, in voller Körperlichkeit erscheinen und *zugunsten* Lebender hilfreich agieren, handelt es sich um christliche Heiligengeschichten, wie zum Beispiel in der Saga Olafs des Heiligen. Der Heilige erscheint im Traum und bewirkt Wunder in der Realität (eine Krankenheilung, eine Gefangenenbefreiung). Er erscheint im Traum und anschließend – unerkannt – in der Wirklichkeit und bewirkt eine Krüppelheilung.[997]

Die Christianisierung der Germanen führte zu einer Einschränkung des Totengeisterglaubens. Lecouteux schreibt: „Für die Heiden waren die Verstorbenen Mittler zwischen ihnen und den Höheren oder, da sie auch als göttliche Mächte – Asen, vættir, Genien – aufgefaßt und manchmal sogar vergöttlicht wurden, waren sie selbst der letzte Rekurs. Für die Christen sind die Heimgekehrten keine Mittler mehr bis auf die Heiligen, die das stetige Anschauen Gottes genießen und die ehemalige Funktion der heidnischen wohlwollenden Toten übernommen haben, wenigstens zum Teil." (247) Für eine Vergöttlichung von Toten bei den Germanen sei noch einmal an das Beispiel des mythischen Königs Freyr erinnert. Ein anderer Toter, der wegen seiner Popularität vergöttlicht wurde und Opfer erhielt, war Thórólf mit dem Beinamen Butter.[998] Daß Tote mit *vættir*, Schutzgeistern eines Landes, verschmolzen, bestreiten einige Forscher.[999] Daß gute Tote zu „Genien" wurden, wie im Falle der Alben (Elfen) und Disen, wird jedoch zugegeben.[1000] „Die Elfen sind auch die guten Toten, die in den Rang von Schutzgeistern erhoben worden sind."→[1001]

„Im 11. und 12. Jahrhundert stehen die Toten im Mittelpunkt eines ideologischen Kampfes, der darauf abzielt, den heidnischen Toten- und Ahnenkult durch die Heiligenverehrung zu ersetzen", schreibt Lecouteux im Anschluß an Jacques Le Goff und Jean-Claude Schmitt, und fährt fort: „Der Ahnenkult weicht der Heiligenverehrung. (...)

Nur die Toten, die sich in den guten, von Gott erlaubten Geschichten offenbaren, d.h. in den von Gott zugelassenen Visionen, erhalten sozusagen eine Aufenthalts- bzw. Erscheinungserlaubnis. Die anderen sind Teufel, die in Menschengestalt aus der Hölle emporsteigen." (12) Erlaubt sind im Mittelalter zunächst nur Erscheinungen von Heiligen. Daß auch bedürftige Tote, „arme Seelen" erscheinen, werden wir im folgenden § 16 sehen. Sie werden sogar als Mittler angerufen (s. § 19). Die Kirche und das kirchliche Leben im Mittelalter haben „den Totenkult der Heiligen gefördert (...), während der des gemeinen Mannes bekämpft worden ist" (Schreuer).[1002] Ein konkretes Beispiel dafür, daß der Ahnenkult der Heiligenverehrung weicht, bildet die christliche Eigenkirche, die in einer Burg eine Bestattung des Stifters *ad sanctos,* in der Nähe von Heiligengräbern, ermöglichen sollte und die „direkt über dem älteren Ahnengrab errichtet wurde".[1003]

§ 16. Geistliche Literatur: *Miracula* und *Mirabilia*

(nach Jean-Claude Schmitt)

Menschen des christlichen Mittelalters glaubten, wenn auch nicht einstimmig, an die Existenz von Totengeistern und an die Möglichkeit von deren Erscheinen, von Mitteilungen aus dem Jenseits. Nach den altnordischen Sagas (13./14. Jh.), in denen Totengeister zu körperlichen Wiedergängern verfremdet erscheinen, wenden wir uns nun der geistlichen Literatur des Mittelalters zu. Unsere Grundlage ist hier das Buch von Jean-Claude Schmitt „Les revenants. Les vivants et les morts dans la société médiévale" (1994).[1004] (Seitenangaben in Klammern, ohne weitere Erläuterung, beziehen sich in diesem und dem folgenden Paragraphen, auch in den Fußnoten, auf dieses Buch.) *Revenants* wird oft mit „Gespenster" übersetzt. Wir übersetzen mit „Totengeister", weil Traumerscheinungen von Toten keine Gespenster sind und hier einen großen Teil der Beispiele ausmachen.

Im Mittelalter wurden viele wunderbare Ereignisse und Erscheinungen, auch Totenerscheinungen, aufgeschrieben und gesammelt: 1. als Beweise göttlicher Wunderkraft (*miracula*), für die Verehrung der Gläubigen; 2. als unerklärliche und staunenswerte Vorgänge (*mirabilia*), die Neugier und Forscherdrang weckten; 3. als Beispiele (*exempla*) zur Verwendung in Predigten. Schmitt referiert in seinem Buch zahlreiche, meist mittellateinische Berichte von Totenerscheinungen aus dem 9. bis 15. Jahrhundert. Dabei lassen sich Typen von Geschichten unterscheiden. Erzählungen, in denen Tote in voller Körperlichkeit oder in mancherlei Tiergestalt begegnen, wurzeln in der Vorstellungswelt der Sagas. Uns interessieren vor allem autobiographische Erfahrungsberichte, die sich in ihrem Bemühen um Authentizität oft nicht von modernen Berichten unterscheiden. Dieser Typus erlebte seinen Durchbruch im 12. Jahrhundert.

Schmitt betrachtet Totengeister im Rahmen einer Sozialgeschichte des Imaginären funktional, als Teil einer Ritualisierung des Todes und als Mittel zu dem Zweck, die Toten vergessen zu können. Die Realität der erscheinenden Toten verneint er (22; 96). Wir gehen zwar von der entgegengesetzten Hypothese ihrer Realität aus, machen uns aber die Stoffsammlung seines Buches dankbar zunutze, das sich streckenweise wie eine parapsychologische Phänomenologie *avant la lettre* des Mittelalters lesen läßt. Wir versuchen, aus den Erzählungen und Berichten jeweils den Kern einer Erfahrung herauszuheben, die auch von Menschen anderer Epochen gemacht wurde. Solche Übereinstimmungen unabhängig vom historischen Kontext erlauben es, die Berichte als authentisch einzuschätzen. Freilich haben nicht alle Wundererzählungen einen realen Kern. Erzählungen von offensichtlich sagenhaftem oder mythisch-surrealem Charakter klammern wir aus. Bei manchen Erzählungen handelt es sich um didaktische Erfindungen oder Abwandlungen eines Erzählschemas (161ff.). Die Unterscheidung zwischen Erfahrung und Erfindung, für Schmitt weniger relevant, für uns dagegen zentral, ist nicht immer leicht zu treffen. Wir ordnen die folgenden Beispiele inhaltlich phänomenologisch. Für fast alle gibt es Parallelen in unserem ersten Kapitel. Wir heben die entsprechenden Motive durch Kursivdruck hervor.

Bedürftige und bittende Tote

Manche Tote des Mittelalters erscheinen aus *Sorge um ihr Andenken* oder Fortwirken auf Erden, um die Verhältnisse, die sie auf Erden zurückgelassen haben, oder aus *Reue wegen Fehlern und Versäumnissen* in ihrem Leben. Diese Toten bedürfen etwas, bitten um etwas und lösen Handlungen Lebender aus. Dabei befinden sie sich in Übereinstimmung mit den Erfordernissen der Religion, den Normen der Moral und des Rechts (wenn auch nicht immer mit der kirchlichen Dogmatik) und sind insofern *gute* Tote. In manchen Geschichten *teilen sie ein Wissen mit, das dem Rezipienten fehlt.* Sie können deshalb nicht ohne weiteres als bloße Imaginationen abgetan werden.

Ein im Ausland verstorbener Mönch erscheint in seinem Heimatkloster einem Mitbruder, der zugleich sein leiblicher Bruder ist, im Traum dreimal hintereinander und bittet ihn, den Abt um die üblichen Fürbittgebete zu seinen Gunsten zu ersuchen.[1005] Hier handelt es sich um die *Anmeldung eines Sterbenden.* Die leibliche Verwandtschaft des Rezipienten der Erscheinung begünstigt den telepathischen Vorgang (218). Die Erscheinung bezweckt die Mitteilung des Toten an seinen leiblichen Bruder und an die Mönchsgemeinschaft über sein Ableben sowie die Bitte an den Abt. Am selben Tag taucht ein Bote im Kloster auf, der das Sterbedatum mitteilt. Dieser Bote ist nachher unauffindbar. Rückblickend verstehen die Mönche ihn als eine Erscheinung des Toten selbst, der, ohne erkannt zu werden, die Nachricht von seinem Tod in der Ferne am selben Tag seinem Heimatkloster überbracht hat, weil Fürbittgebete für einen Toten im Kloster nur gesprochen werden, wenn das Sterbedatum bekannt ist.

Ein Mönch, der im Ruf der Heiligkeit steht, erscheint nach seinem Tod einer Nonne seines Ordens und bitte sie, seine Tunika weiterzugeben, die in ihren Besitz gelangt ist und die künftig in einem anderen Kloster als Reliquie wundertätige Heilkräfte entfalten wird.[1006] *Die Sorge,* verbunden mit Präkognition, *um ein posthumes Wirken auf Erden* treffen wir auch bei anderen Heiligen an: im Mittelalter beim heiligen Godrik, im 19. Jahrhundert bei der heiligen Therese von Lisieux (s. § 18). – Ein Klosterverwalter hält einen ertrunkenen Mönch seines Klosters fälschlich für einen Selbstmörder und verweigert ihm deshalb die Almosenspende, die üblicherweise beim Tod von Brüdern zugunsten ihres Seelenheils gewährt wird. Daraufhin erscheint ihm der Ertrunkene und erinnert ihn daran, daß Gott allein zu richten befugt ist.[1007] Den vergleichbaren Fall eines jungen Mannes, der sich versehentlich vergiftet hat und danach seinem Vorgesetzten erscheint, um *die Fehldeutung seines Todes als Suizid abzuwehren*, berichtet Myers.[1008]

Der Prior eines von Cluny abhängigen Klosters, den einer seiner Mönche vergiftet hat, erscheint dem Abt von Kloster Cluny zweimal hintereinander in nahezu identischen Träumen und bestätigt ihm den

Verdacht hinsichtlich der Ursache seines Todes. Diese Träume führen zu einer Untersuchung und, verbunden mit einem Geständnis des Täters, zu dessen Landesverweisung. Das ist die einzige autobiographische Erzählung des Abtes Petrus Venerabilis von Cluny und einer der wenigen Träume, die er in seine Sammlung „De miraculis" aufgenommen hat.[1009] Sie reiht sich in eine Vielzahl vergleichbarer Fälle aus allen Kulturen ein, in denen Ermordete durch ihr Erscheinen an der Rächung ihres Todes oder *an der Aufklärung ihres Falles mitwirkten.*[1010] Ein Gerücht hinsichtlich der Todesart des Priors war zwar schon vor diesen Träumen zu dem Abt gedrungen. Die Traumerscheinungen wird man dennoch nicht als ein bloßes Produkt seines Verdachts abtun. Die vollkommen deutliche Erinnerung an diesen Traum noch im Schlaf, sowie die identische Wiederholung authentifizieren den Traum für den Träumenden und veranlassen ihn, den Verdacht zu verifizieren. „Traumgesichte sind nicht immer nichtig", schreibt der Abt.[1011]

Sorgen um den Nachfolger oder den Nachlaß können Tote dazu motivieren, auf Erden zu erscheinen.[1012] Ein kürzlich verstorbener Erzbischof erscheint einem lieben Vertrauten im Traum, um ihm seine Unzufriedenheit mit der Wahl seines Amtsnachfolgers kundzutun, den er zu Lebzeiten abgelehnt und von der Nachfolge explizit ausgeschlossen hatte. Tatsächlich leitet dieser Nachfolger eine katastrophale Zukunft des erzbischöflichen Stuhles ein.[1013] – Ein Prior, der in seinem weltlichen Vorleben als adliger Schloßherr eine ungerechte Steuer erlassen hat, erscheint nach seinem Tod einer Nonne im Traum und bittet sie, auf seinen Sohn einzuwirken, diese Steuer zurückzunehmen.[1014] – Ein Mönch, der sein aus weltlichem Vorleben stammendes Vermögen, einschließlich noch offener Schuldscheine, seinem Kloster vermacht hat, erscheint nach seinem Tod dem Klosterkaplan und veranlaßt ihn, eine Geldforderung einzutreiben, deren Fälligkeit nicht schriftlich fixiert worden ist und außer dem Schuldner *nur dem Toten bekannt* ist.[1015] Insoweit könnte die Geschichte auch im 19. oder 20. Jahrhundert spielen. Die Moral der Geschichte ist jedoch ein Beispiel für die zeitbedingte Vorstellung einer „Buchführung des Jenseits", einer Aufrechnung von Geldspende und Seelenheil (gegen die später Luther protestierte).[1016] Die an das Kloster nicht bezahlte Geldschuld veranlaßt den Toten zu erscheinen, weil sie seinen Eintritt ins Paradies verzögert.

Alle diese Erscheinenden waren Mönche und Geistliche. Gerade aus dem Milieu des schreibkundigen geistlichen Standes sind viele Totenerscheinungen überliefert. Laien und Weltliche erscheinen mit vergleichbaren, zum Beispiel geldlichen Motiven. Ein Mann hat einst versäumt, seinen Hufschmid zu entlohnen, und erscheint kurz nach seinem Tod bei Tag „einem sehr treuen Diener" mit glühenden Hufeisen in den Händen. Er bittet ihn, seine Witwe aufzusuchen und zu veranlassen, *die dreißig Jahre zurückliegende Schuld zu begleichen.*[1017] Totenerscheinungen, die durch eine geringfügige Schuld aus Erdentagen motiviert sind, kennt auch die Parapsychologie.[1018] Die glühenden Hufeisen sind ein bildliches, auf die Erscheinung projiziertes Traumsymbol für das Brennen des schlechten Gewissens.

Im 14. Jahrhundert gab es in Montaillou, einem Dorf in den Pyrenäen, „Seelenboten". Das waren Medien, Menschen, die besonders dafür begabt waren, Erscheinungen Toter wahrzunehmen (vgl. § 3). Einer von ihnen, Küster und Diener eines Domherrn, gab auf Befragen der Inquisition an, etwa zwanzig solcher Erscheinungen im Wachzustand erlebt zu haben. Seine Aufgabe sei es jeweils gewesen, Bitten der Toten zu erfüllen, Suffragien (etwa die Lesung von Seelenmessen) zugunsten der betreffenden Toten oder ihrer Verwandten zu leisten oder zu veranlassen, Botschaften der Toten an Lebende zu überbringen, oder auch einmal in einem Familienkonflikt zu vermitteln, wenn der Verstorbene dies zu Lebzeiten versäumt hatte.[1019] Daß spiritistische Medien Aufträge Verstorbener ausführen, wird auch in heutiger Zeit berichtet.[1020]

Einer Sünde wegen spukt der unsichtbare Geist eines kürzlich verstorbenen Bürgers von Alès in seinem Haus und quält seine Witwe.[1021] Die Sünde, die beide gemeinsam (?) begangen und gebeichtet, aber nicht gebüßt haben, treibt ihn zum Ehebett als dem Ort des Verbrechens. Es ist unbekannt, um welche Sünde ihres ehelichen Verhaltens es sich handelt. Die Witwe heult, wenn sich um Mitternacht der Totengeist ihres Mannes nähert, wird von ihm besessen und wird ohnmächtig. Der zu Hilfe gerufene Dominikaner beschwört ihn in mehreren Sitzungen in Anwesenheit weiterer Ordensbrüder und treibt ihn aus. Streng genommen handelt es sich nicht um einen Exorzismus, da der Totengeist nicht auf rituellen Befehl des Priors, sondern aufgrund der Übertragung von Ablässen die Witwe verläßt.[1022] Nach Schmitt ist der Totengeist von Alès, der seine Witwe heimsucht, lediglich „das

Trugbild ihrer eigenen Gewissensbisse" (178). Das ist eine psychoanalytische Lesart.[1023] Wie aber steht es mit den Totengeistern, die der Zisterzienserin Gertrude von Helfta († 1301) erscheinen? Sind auch sie nur Trugbilder? Es handelt sich meistens um kürzlich verstorbene Ordensschwestern oder Laienbrüder, sowie um andere verstorbene Nahestehende, Verwandte von Mitgliedern der Gemeinschaft. Gertrude *sieht* sie in ekstatischer Vision in der Mitte eines blendenden Lichtes und eng verbunden mit Christus oder der heiligen Jungfrau. Auch hier sind die Erscheinungen meist durch ungesühnte Fehltritte motiviert, aber Gertrudes Gewissen ist hinsichtlich dieser Toten unbelastet. Sie ist hier nicht Patientin (wie die Witwe von Alès), sondern Seelenheilerin. Durch Gebete und Hostienopfer, von einem Priester erbeten, wirkt sie auf die Erlösung dieser Toten hin (57f.).[1024]

Der Anteil der Rezipienten

Totenerscheinungen wurden im Mittelalter für die eschatologische Lehre der christlichen Kirche didaktisch instrumentalisiert. Sie wurden viel berichtet und aufgezeichnet, aber auch verändert und umgedeutet. Seit die Lehre vom Fegefeuer aufgekommen war (spätestens seit Gregor dem Großen im 6. Jahrhundert; als kirchliches Dogma seit dem 13. Jahrhundert[1025]), dienten sie zur Bestätigung dieser Lehre. Tote erschienen nun, angeblich um von ihrem Dasein im Strafort Nachricht zu geben und um Suffragien (Fürbittgebete, Seelenmessen, Almosen) zugunsten ihres Seelenheils und der Verkürzung ihres Aufenthaltes im Fegefeuer zu erbitten. Verdammte Sünder erschienen, um ihre Bestrafung im Jenseits zu veranschaulichen. Suffragien wurden zu einer Haupteinnahmequelle der Kirche, und Totenerscheinungen zu einem Faktor in deren ökonomischem System (185).

Kirchliche Dogmatik und Glaubenslehre formte eine historisch bedingte, zeitgebundene Schicht nicht nur der Berichte, sondern auch der Erfahrungen selbst. Es ist daher schwierig, einen überirdischen, transzendenten Anteil der Totenerscheinungen gedanklich abzulösen. Daß es Totenerscheinungen in der Parapsychologie, auch wenn man sie als Transzendenzerfahrungen begreift, nicht ohne einen Anteil des Perzipienten gibt, lehrt das Problem der Kleidung, auf das wir schon mehrmals hingewiesen haben.[1026] Die äußere Gestalt einer Totenerscheinung wird durch den Perzipienten ergänzt, der sie gleichsam einkleidet, indem er Vorgewußtes, innere Bilder auf sie projiziert. Tote erscheinen auch im Mittelalter oft in den Kleidern, die sie zu Lebzeiten gewöhnlich trugen (231).

Ein Beispiel eines expliziten Projektionsvorganges liefert eine Erzählung aus der „Chronik der Iria" aus Galizien (Spanien) im 11. Jahrhundert.[1027] Nachdem König Sancho von einem Vasallen vergiftet worden ist, erscheint er in einer Wachvision seiner Gemahlin Godo, die in würdiger Weise, wie es ihrer Rolle als Königinwitwe angemessen ist, reagiert. Sie weint und trauert, fastet vierzig Tage lang und verteilt Almosen. Den Pelz des Königs schenkt sie einem armen Priester, um dadurch das Seelenheil ihres Mannes zu fördern. In einer zweiten Vision erscheint ihr daraufhin ihr Mann mit *diesem* Pelz angetan und in weißer Kleidung, die bezeugt, daß er gerettet ist (82). Die Moral dieser Fabel besagt, daß Almosen, die zugunsten der Seele eines Verstorbenen gespendet werden, dieser zugute kommen. „*Donner aux pauvres, c'est donner aux morts.*" (Bresc)[1028] Die Bekleidung eines erscheinenden Toten, die durch die Spende eines Kleidungsstückes an einen armen Lebenden möglich geworden ist, bildet einen Topos.[1029] Trotzdem kann auch die zweite Totenerscheinung als im Kern authentisch beurteilt werden. Mit Recht hat man davor gewarnt, „bereits im Auftreten von Topoi Symptome der Fiktionalität eines Textes sehen zu wollen".[1030] Oder, wie Schmitt schreibt, „die Erinnerung an eine erlebte Erfahrung kann in einen literarischen Topos einfließen" (267). Das Ende der Geschichte dagegen ist legendenhaft. Godo entreißt während der zweiten Vision dem Pelz des *erscheinenden* Königs einen kleinen Fetzen, der nachher, wie sich herausstellt, dem *realen* Pelz des Priesters fehlt (234). Dieses Requisit soll die Verbindung von überirdischer und irdischer Sphäre beglaubigen und die Wahrhaftigkeit der Visionen bezeugen.

Oben war von dem Totengeist von Alès die Rede, der seine Witwe heimsuchte und durch einen Dominikanerprior befragt und ausgetrieben wurde. Der lateinische Bericht (in seiner ursprünglichen Form) protokolliert das Gespräch des Dominikaners mit dem Toten, das im Beisein der Witwe und weiterer Mönche geführt wurde.[1031] Die Antworten des Toten auf die Fragen des Priors werden durch „irgendeine schwache, aber klare Stimme" ungefähr in der Mitte des ehelichen Schlafgemaches hörbar (*apparuit in voce*) (229), ohne daß eine Quelle (ein Geist oder eine Person) sichtbar wäre. Die Witwe, die zu Beginn dieser Stimmaudition heftig geschüttelt wird, liegt während des Gesprächs sehr „erschreckt und wie tot“ auf ihrem Bett.→[1032]

Es ist erstaunlich, als wie „konform mit den Lehren der Kirche“ (177) sich der Tote erweist, wie vertraut mit Schriften des Thomas von Aquin, der, wie der Prior, Dominikaner war. Seine Äußerungen weiten sich zu einem „Lehrplädoyer“ (177) aus. Sehen wir einmal davon ab, wieviel auf das Konto der schriftlichen Fixierung und literarischen Redaktion des Gesprächs geht. Der Tote offenbart sich hier durch das Medium seiner von ihm besessenen Witwe. Die gehörte Stimme wird als eine „direkte Stimme“ vermutlich durch das Unterbewußte der Witwe hervorgebracht; wie dies geschieht, ist unbekannt.→[1033] Der Inhalt der Antworten des Toten kann also durch das Medium aus dem Geist des dominikanischen Fragestellers telepathisch abgegriffen worden sein. Das erklärt, warum sich in diesen Antworten das Denken des Dominikanerpriors spiegelt. Auch wenn in den Sitzungen von Alès ein wirklicher Totengeist gegenwärtig war – das Ergebnis seiner Befragung bleibt, ähnlich wie in spiritistischen Sitzungen des 20. Jahrhunderts, zweideutig. Auf die Inhalte des Gesprächs im einzelnen (die Person und die Sünden des Toten, dessen jetzigen Aufenthalt, die Orte des Purgatoriums, die Wirksamkeit der Suffragien) brauchen wir hier nicht einzugehen.

Gervasius von Tilbury berichtet Gespräche mit einem Totengeist in Beaucaire aus dem Jahr 1211.[1034] Ein junger Mann, der schuldlos durch fremde Einwirkung tödlich verletzt worden ist und, versehen mit den kirchlichen Sakramenten, gestorben ist, erscheint mehrmals seiner elfjährigen Cousine, mit der er spricht und die als Medium seine Äußerungen an Andere weitergibt. Zwischen den beiden jungen Leuten hatte ein keusches Liebesverhältnis bestanden. Diese Vorgeschichte macht die mediale Empfänglichkeit des Mädchens für die Erscheinungen des Toten plausibel (113). Nach zwei Erscheinungen des Toten geht die Angelegenheit über die private Sphäre hinaus. Andere Bürger wollen durch Vermittlung des Mädchens mit dem Toten reden, und bald bemächtigt sich der Klerus der Erscheinungen. In der zweiten Hälfte des Berichtes hält der Tote eine „Theologievorlesung“ (108) über das Jenseits, die sich aus seinen Antworten auf, nunmehr direkt, an ihn gestellte Fragen eines „sehr belesenen“ Priesters zusammensetzt.

Die theologische Lehrhaftigkeit und Auskunftsfreudigkeit dieser Totenerscheinung erinnert an die Mitteilsamkeit mancher „Kommunikatoren" der spiritistischen Medien des 19. und 20. Jahrhunderts. Der Tote von Beaucaire verfolgt mit seinen Erscheinungen ausdrücklich einen missionarischen Zweck. Er sagt: „Der Grund dafür, daß ich wiederkomme, ist der, daß durch meine Worte sich die Skepsis der Ungläubigen wieder zum Glauben wendet und der Glaube der Gläubigen noch stärker entflammt wird."[1035] (Skeptiker gab es also schon damals.[1036]) Daß die Erscheinung des Toten missionarisch instrumentalisiert wird, weckt Zweifel an der Authentizität seiner Äußerungen. Anfangs klingt der Bericht realistisch. Die Eltern des Mädchens können den Toten weder sehen noch seine Stimme vernehmen. Sie hören lediglich die Worte, die ihre Tochter an ihn richtet. Auch der Prior, der ihn als erster Geistlicher befragt, sieht ihn nicht, er spricht mit ihm nur durch das Medium des Mädchens. Der „sehr belesene" Priester dagegen spricht mit ihm direkt, ja nimmt „ein penibles Verhör" mit ihm vor, ohne daß noch von der Art der Erscheinung die Rede wäre. Hört der Priester nun selbst in sich die Stimme des Toten, sieht er ihn in Wachvisionen? Das Mädchen bleibt bis zum Schluß am Gespräch beteiligt. Welche Rolle spielt es bei den Gesprächen des Priesters mit dem Toten? Diese Fragen bleiben offen. Eine Person, die die Äußerungen des Mediums oder der Medien protokollierte, wird nicht erwähnt. Nach Schmitt ist Gervasius hier der Protokollant, der unter dem Diktat des Priesters schreibt (109).

Gervasius hat in dem Werk, wo er diesen Bericht überliefert, den Anspruch erhoben, keine Märchen aufzutischen, sondern zuverlässig Beglaubigtes, in schriftlichen Werken Bestätigtes oder aus täglicher Beobachtung gewonnene Erfahrung darzubieten.[1037] Im dritten Buch, das von Mirabilien (wundersamen Dingen) handelt und in dem er diesen Anspruch formuliert, kann man „die neuen rationalen, systematischen und empirischen Ansätze [des Gervasius] im Umgang mit der vorgefundenen Tradition" feststellen.[1038] In seinem Bericht über die Erscheinung von Beaucaire zitiert er zwar öfters zur Erläuterung den heiligen Gregor. Aber er sagt auch, bei einer Unsicherheit (etwa hinsichtlich der Lagebestimmung des Fegefeuers) halte er es „mehr mit dem, der es näher erlebt hat", mit dem Toten also. Um Erfahrung zu sammeln, beteiligt er sich indirekt sogar selbst an dem Gespräch.

„[W]eil er [der Priester] ein sehr guter Bekannter von uns war, legte er dem Toten auch unsere eigenen Fragen zu Lösung vor.“

Das Problem des Berichts von Beaucaire dürfte wiederum darin liegen, daß die vermeintlichen Antworten des Toten, entsprechend der oben erwähnten Zweideutigkeit spiritistischer Sitzungen, großenteils nur die eigenen Vorstellungen der Fragenden spiegeln. Manchmal schwanken die Vorstellungen des Toten, sind häretisch, orthodox oder populär, jedenfalls aber vereinbar mit der „religiösen Kultur“ des elfjährigen Mädchens, des gebildeten Priesters und mit dem unvollständigen und autodidaktischen Wissen des Gervasius.[1039] Auch die vermeintliche „Hellsicht“ des Toten, der weiß, was die Fragenden (der Ritter, der Prior) am selben Tag kurz vor dem Gespräch getan haben, läßt sich telepathisch, durch Gedankenlesen des Mädchens erklären. Nicht zufällig sagt der Tote, mit einer Ausnahme, die Zukunft *nicht* voraus. Die Fragenden selbst wissen nichts über diese. Dagegen könnte seine Warnung, die ein geplantes Attentat auf seine Verwandten vereitelt, auf Präkognition beruhen. Das berichtete Phänomen von Bilokation müßte gesondert untersucht werden.

Wenn wir heute Nahtoderfahrungen ernstnehmen, die Mediziner uns aufgrund von Berichten ihrer Patienten mitteilen, so verhalten wir uns wie Gervasius. Äußerungen aufgrund von Erfahrung halten wir für authentischer als tradierte Lehrmeinungen. Ein auffallender Unterschied des Jenseitsberichtes von Beaucaire zu modernen Nahtoderfahrungen liegt in der Angst vor dem Tod. Der Tote von Beaucaire sagt, „keine Pein sei dem Tod vergleichbar oder ähnlich“, der Tod sei „so schrecklich und unvergleichlich bitter, daß, wer den Tod einmal gekostet hat, nicht einmal seine bloße Erwähnung ertragen kann, ohne daß sein Herz wieder von Qual erfüllt wird.“ Und Augustin folgend, ohne ihn zu nennen, lehrt er, „die geringste Pein im Fegefeuer sei schlimmer als jede körperliche Pein“.[1040] Dagegen werden heutige Nahtoderfahrungen oft als so beglückend empfunden, daß die Erlebenden nur gegen ihren Wunsch dazu gebracht werden, wieder in ihr irdisches Leben zurückzukehren, und daß sie danach oft alle Angst vor dem Tod verloren haben. In den Gefühlen des Toten von Beaucaire hinsichtlich des Todes könnte sich demnach in erster Linie die Angst der Lebenden spiegeln.

Wahrsagende Tote und Spuk

Totenerscheinungen ereignen sich häufig in Zusammenhang mit Todesfällen (vgl. § 2, zur „Abholung"). Es ist, als ob sich durch den Tod ein Spalt zum Jenseits öffnete. Die Erscheinung kann in die Zukunft vorausweisen und einen bevorstehenden Tod ankündigen. Evodius, der Briefpartner Augustins, staunte darüber, daß solche Ankündigungen der Toten in Erfüllung gehen (32).

Öfters werden Tode in Träumen angekündigt.[1041] Guibert von Nogent († 1125) erzählt einen Traum seiner Mutter.[1042] Im Rahmen eines langen Traumes, der sie ins Jenseits führte, sah sie über einem Brunnenrand, der den Eingang zur Hölle darstellte, auf einem Bild zwei Männer: einen Ritter sowie einen ihrer Söhne (einen Bruder Guiberts), der ein Gefolgsmann dieses Ritters war. Sie verstand das Traumbild als ein Vorzeichen. Durch die folgenden Ereignisse wurde es bestätigt. Der Ritter starb noch am selben Tag, ihr Sohn erst viel später. Die Höllenstrafe, die der Traum ankündigte, entsprach nach Meinung der Mutter dem Lebenswandel der beiden. – Gerald von Wales († 1223) berichtet einen Wahrtraum vom Vorabend eines Feldzuges. Sein Halbbruder, „ein ausgezeichneter Soldat", sah im Traum seine tote Stiefmutter (die Mutter Geralds), „die ihn mit mütterlicher, nicht stiefmütterlicher Zuneigung liebte". Sie riet ihm ab, an dem Feldzug teilzunehmen. Sein Vater, dem er den Traum erzählte, legte ihm nahe, dem Rat der Toten zu folgen. Er schlug die Weisung des Traumes jedoch in den Wind, „um nicht für jemand gehalten zu werden, der durch leere Träume erschreckt wird", und wurde noch am selben Tag in der Schlacht getötet.[1043]

Traumerscheinungen von Toten spielten im Kloster Cluny eine wichtige Rolle. Ein Mönch, dem ein Toter im Traum erschien, war verpflichtet, die Gemeinschaft davon zu benachrichtigen, damit diejenigen, die ihm bekannt gewesen oder mit ihm verwandt waren, für ihn beten, Fürbitte einlegen und heilbringende Messen zelebrieren konnten.[1044] „De miraculis" von Petrus Venerabilis enthält Beispiele solcher Traumerscheinungen. „Ein Toter kann einem Lebenden nützliche Ratschläge geben und ihm seinen bevorstehenden Tod ankündigen: in der christlichen Gesellschaft kann ein Toter einem Lebenden keinen größeren Dienst erweisen, als indem er ihn auffordert, sich auf das Sterben vorzubereiten." (94)[1045]

Das Umgehen von Toten als Gespenster war nach manchen früheren, nicht nur mittelalterlichen Berichten mit Spuk verbunden: mit unerklärlichen Geräuschen oder unerklärlichen Bewegungen von Dingen. Der Totengeist von Alès etwa (s. oben) kündigte seine Gegenwart durch das „Geräusch eines Besens" (177) an. Solche spukhaften Aspekte sind nicht unser Thema und sollen uns nur am Rande beschäftigen. (Über Spuk als Anmeldung s. oben § 1, S. 40. Auch altnordische Wiedergänger manifestieren sich durch Spuk; s. § 15, S. 207.) Ein Autor des 15. Jahrhunderts, Jakob von Jüterbog (Jakob von Paradies), vermerkt in seinem „Traktat über die körperlosen Seelen", daß die Geister der Toten sich nicht immer in sichtbarer Gestalt manifestieren, sondern „indem sie Steinchen, Töpfe oder andere Dinge werfen, Tische und Bänke umstürzen",[1046] zum Schrecken der Bewohner, die aus ihren Häusern fliehen. Heute würde man solche „Poltergeist"-Phänomene, wenn möglich, als den Ausdruck seelischer Spannungen im Inneren eines lebenden, meist jungen Menschen (des „Spukagenten") verstehen, die sich auf unbegreifliche Weise an Gegenständen in dessen Umgebung entladen (unbewußte Telekinese).[1047] Kaiser Karl IV. (14. Jh.) berichtet in seiner Autobiographie ein Spukerlebnis seiner Jugendzeit. Mit einem Gefährten hörte er nachts Geräusche von Schritten im Schlafzimmer, ein Weinglas wurde von unsichtbarer Hand an die Wand geschleudert. Mittelalterliche Illustrationen führen diesen Spuk auf die Anwesenheit eines Totengeistes zurück, indem sie der Szene eine anonyme Gestalt hinzufügen.[1048] Daß akustische und psychokinetische Spukphänomene von Erscheinungen anonymer Gespenster begleitet waren, ist auch aus der Neuzeit bekannt.→[1049]

In einem autobiographischen Bericht schildert Bischof Thietmar von Merseburg (11. Jh.), wie auf seinem Landgut an einem bestimmten Tag „beim ersten Hahnenschrei ein helles, von der Kirche ausstrahlendes Licht den ganzen Hof [erfüllte]; auch hörte man ein lautes, lärmendes Grunzen." Von sehr alten Leuten erfuhr er, daß sich schon einmal etwas Ähnliches ereignet hatte, das einen Tod angekündigt hatte. Und in der Tat bestätigte der Tod seiner Nichte Liutgarde im gleichen Jahr diese Vorhersage. „Oft ist es mir begegnet, daß ich in der Nacht Holz fällen hörte, und einmal vernahm[en] ich und mein Gefährte, während die anderen schliefen, deutlich ein Totengespräch (*defunctos pariter colloquentes*); an beiden Zeichen erkannte ich, daß für den nächsten Tag ein Todesfall bevorstand."[1050] Mimikry-Geräusche ohne erkennbare Ursache wie von Holzfällen und Holzspalten sind ein häufiges Merkmal von Spukereignissen.[1051] Auch zu dem Lichtphänomen in der Kirche gibt es Parallelen in modernen Berichten.→[1052]

Tröstliche Erscheinungen

Nach einem Todesfall kann der Verstorbene in einer Traumerscheinung Zurückgebliebene trösten. Das galt im 4. und 9. ebenso wie im 15. und 20. Jahrhundert. Ambrosius, der Lehrer Augustins, träumte von seinem verstorbenen Bruder und dankte ihm mit den Worten: „Du geruhst, den Trauernden zu besuchen und zu trösten".[1053] Für Schmitt war dieses Traumbild „nur eine Illusion" (60). – Im Jahr 874 starb Äbtissin Hathumod von Gandersheim. Ein Freund der Verstorbenen, der Mönch Agius von Corvey, der „geistliche Vater" ihres Klosters,[1054] verfaßte eine Lebensbeschreibung der Äbtissin und hängte ein fiktives Gespräch mit den verwaisten Nonnen an, in dem er eine starke wechselseitige Verbundenheit mit Hathumod deutlich werden läßt.[1055] Auch nach ihrem Tod sei sie ihm gegenwärtig, im Schlaf wie im Wachen. „Wenn ich wache, denke ich an sie oder rede von ihr, bei Nacht lassen mich Träume ihr teures Gesicht sehen." (Verse 651f.) Die Traumerscheinungen seien zahlreich. Als ein Beispiel erwähnt er ein Traumgespräch, in dem Hathumod ihn auf ihre (auch leibliche) Schwester Gerberga als ihre Nachfolgerin im Amt der Äbtissin hinweist. „Sobald ich froh aus dem Schlaf erwacht war, war mir das gesehene Traumgesicht höchst erfreulich." (Verse 673f.) Er teilte es den Brüdern mit, auch weil es hinsichtlich der Amtsnachfolge bedeutsam war.→[1056]

Giovanni Morelli (1371–1444), ein Florentiner Kaufmann, berichtet in einem Tagebuch vom Tod seines ältesten Sohnes Alberto, der 1406 im Alter von neun Jahren, nach sechzehn Tagen körperlichen Leidens, starb. Der Vater schildert dort eine Erscheinung seines verstorbenen Sohnes. Wir wollen bei Morellis Tagebuch etwas verweilen.

Alberto war ein außergewöhnlich begabtes Kind. „Dieser Knabe ragte in jeder Hinsicht hervor, hatte ein scharfes Gedächtnis, eine feine Ausdrucksweise und ein gutes Aussehen; er war vornehm und von guten Manieren, und hatte doch die Schüchternheit und das Schelmische eines Jungen."[1057] Die Eltern taten nach seinem Tod viel, um dem Schmerz zu entfliehen. Sie versuchten, so wenig wie möglich an ihren

Sohn zu denken, außer im Gebet; aber es gelang ihnen nicht. Der Vater schrieb: „Ich kann nicht vergessen, und seine Mutter auch nicht. Wir haben ständig sein Bild vor Augen, erinnern uns an seinen Gang, seine Wesensart, seine Worte und Handlungen, Tag und Nacht, beim Frühstück und Abendessen, drinnen wie draußen, wenn wir schlafen und wenn wir wach sind, in unserem Landhaus und in Florenz."[1058] Der Vater machte sich Vorwürfe, weil der Junge ohne die Sterbesakramente, ohne Beichte und letzte Ölung gestorben war. Diese Unterlassung belastete ihn, obwohl der Junge sich auf dem Sterbebett Gott und der heiligen Jungfrau geweiht und fromm gebetet hatte.

Um die Qualen der Erinnerung zu lindern, führt der Vater am Jahrestag des Todes zuhause alleine in seinem Schlafzimmer eine private Zeremonie durch, um „der gesegneten Seele [seines Sohnes] einige Erleichterung (*rifrigero*) oder wenigstens eine Erinnerung an seinen betrübten und gequälten Vater zu verschaffen".[1059] Diese Zeremonie gestaltet er nach eigenem Ermessen und ohne kirchlichen Beistand. Er zieht ein Büßergewand an und ergreift und küßt dasselbe kleine Gemälde des Kruzifixus mit den Heiligen Johannes Evangelist und Maria, das sein Sohn auf dem Sterbebett umfaßte. Er bereut seine Sünden, meditiert die Passion und betet nacheinander unter Tränen zu Christus, Maria und Johannes, Gott möge Alberto zu sich in den Himmel aufnehmen. Zwischen seinen Gebeten rezitiert er Psalmen und Lobgesänge, Teile der Evangelien und der Messe.

Nach dieser Zeremonie geht Giovanni zu Bett, kann aber zunächst keinen Schlaf finden. Während er sich im Bett hin und her wälzt, quält ihn die Stimme des Teufels, die ihm einreden will, daß er für den Tod seines Sohnes verantwortlich sei, weil er ihn zu wenig geliebt habe; daß er seinem Sohn die letzte Beichte vorenthalten habe. Der Teufel versucht, ihn von der Nichtigkeit von Gebeten zu überzeugen. Die Seele seines Sohnes sei nur eine Chimäre, sei „nichts oder ein wenig Lufthauch".[1060] Er zeigt Giovanni auch dessen eigenes Leben in einem völlig negativen Licht, als eine bloße Kette böser Schicksalsschläge und führt ihn an den Rand der Verzweiflung und des Suizids.

Nachdem Giovanni diese Vorstellungen durch eine erneute Hinwendung zum Gekreuzigten abgewehrt hat, schläft er ein und hat im leichten Schlaf eine Vision, deren Wahrhaftigkeit für ihn durch die Anwesenheit Gottes und mehrerer Heiliger gewährleistet wird. Im Gefolge der heiligen Katharina von Alexandrien, seiner persönlichen

Schutzheiligen, erscheint ihm sein Sohn als ein Engel, der mit ihrer Erlaubnis zu ihm spricht und ihn tröstet. Dieser Engel Alberto eröffnet dem Vater, daß dessen Gebete „vor Gott angenommen worden sind. Als ein Zeichen dafür sehen Sie mich hier, um Sie zu trösten." Er nimmt dem Vater die Schuldgefühle: „Es gefiel Gott, mich zu sich zu rufen für das Heil Ihrer Seele und Ihrer Familie",[1061] und versichert ihm, daß er, der Vater, noch lange leben werde. Giovanni hatte befürchtet, der Tod des Sohnes sei ein Vorzeichen seines eigenen Todes. „Vor der Majestät [Gottes] werde ich Ihren Bedürfnissen und [denen] meiner treuen leiblichen Mutter immer günstig gesinnt sein."[1062] Nach diesen Worten Albertos verschwindet die Vision. Giovanni erwacht, „völlig erschreckt und teilweise froh."

Auf dem Tiefpunkt der Verzweiflung über sein persönliches Leben und vorbereitet durch das gesamte Ritual, war der Vater offen für die Vision. Sie widerlegte die kirchliche Vorschrift, daß ein Christ nur versehen mit den Sterbesakramenten in den Himmel gelangen könne.[→1063] Sie widerlegte auch die Einflüsterungen des Teufels, daß die Seele nichtig sei, denn die Seele des Toten wurde hier als Teil einer überirdischen Wirklichkeit gegenwärtig. Die historisch-wissenschaftliche Würdigung der Vision nimmt sozusagen die Position des Teufels ein, indem sie die Realität der Totenseele bestreitet. Es ist zwar richtig, daß die Vision dem Vater half, weiterzuleben und den Verlust seines Sohnes zu bewältigen. Aber ging sie in dieser Funktion auf, war sie nichts anderes als ein Mittel zu diesem Zweck?[1064] War sie „nur ein Traumbild" (75), das die Seele des Vaters produziert hatte, um sich von der obsessiven Erinnerung an den Toten zu befreien? Für die historische Wissenschaft bleiben Totenerscheinungen, ebenso wie Gott selbst, Illusionen. Sie trösten nur den, der aufrichtig betet und glaubt. Wir erinnern daran, daß transzendente Wesenheiten, nach Kant, den Beweisen einer wissenschaftlichen Theorie nicht zugänglich sind, da sie auf einer anderen Ebene liegen, der der Praxis. Aus kirchlicher Sicht war Morellis Traum eine „Privatoffenbarung".[1065]

In Giovannis Ritual spielt die Vorstellung des Fegefeuers eine Rolle. Er geht davon aus, daß sein Sohn die ewige Seligkeit noch nicht erlangt habe, sich also noch in einem Zwischenzustand befinde. Denn sonst könnte er seine Eltern nicht in der Erinnerung unaufhörlich quälen, ihnen nicht gleichsam (so empfinden sie es) fortwährend ein Messer ins Herz bohren.[1066] Das Ritual soll dem Sohn „Erfrischung" (*rifrigero*) bringen, ein traditioneller Ausdruck im Zusammenhang mit der Vorstellung von Seelen im Fegefeuer. Daß der Sohn nach seinem Tod Sünden abzubüßen hat, schließt der Vater aus seinen eigenen Seelenqualen.[1067] Die Qualen dieses Fegefeuers, ebenso wie die erhoffte Erfrischung, sind hier also in Wahrheit solche der Eltern, nicht des Sohnes. Das muß jedoch nicht heißen, daß Traum und Vision insgesamt nur psychische Vorgänge im Vater spiegeln würden.

Der Vater möchte das Verdienst alles Guten, das er je gesagt oder getan hat, für die Errettung des Sohnes opfern.[1068] Zu diesen Verdiensten gehört auch das Ritual selbst, das je länger umso verdienstvoller ist und deshalb sehr lang und ausführlich gestaltet ist. Seine Länge macht das Ritual geeignet zu einem Weg der Annäherung an die Transzendenz (von ferne vergleichbar mit schamanistischen Tänzen), als asketische Vorbereitung der Vision.[1069] Darin besteht wohl das eigentliche „Verdienst" des Rituals. Giovanni ist fromm auf eine nicht unreflektierte Weise. Um mit der Aussicht auf Erhörung beten zu können, bittet er Gott, ihm zu der rechten Haltung, den rechten Worten zu verhelfen. Er ist sich dessen bewußt, daß sein Gebet von Anfang an der Gnade und Inspiration Gottes bedarf, „damit ich zu Deinem Lob und Deiner Verehrung Worte sagen kann, die es verdienen, Deine Gegenwart zu erreichen", und er betet: „mache sie [meine Worte] aufgrund Deiner Barmherzigkeit förderlich für die gesegnete Seele [Albertos]...".[1070] Er betet in Gottes Gegenwart und empfängt daher *durch* das Gebet Trost und Gottvertrauen, wie er schreibt. Das Gebet enthält in sich schon den Anfang seiner Erhörung. Der Weg des Rituals setzt sich, nach der Auseinandersetzung mit dem „Feind" (dem Teufel), in Traum und Vision fort.

Giovannis Traumgesicht ist kein Ergebnis einer „Nekromantie", einer „quasirituellen Totenbeschwörung", wie Schmitt meint (72). Es hat Charakteristika einer Vision. Der Vater betet nicht darum, daß die Seele des Alberto *ihm*, sondern daß sie *vor Gott* erscheinen möge. Die Vision findet im Traum, in einem leichten Schlaf statt.[1071] Zunächst ist es nur ein Traum. Giovanni sieht sich einen Berg besteigen, auf dem Eremiten hausen, und erwägt, diese aufzusuchen, aber der Weg dorthin ist weit. Nach der Beobachtung zweier Schweine, die sich paaren, und nachdem er selbst durch die Sau beschmutzt worden ist und deswegen (im Traum) beschlossen hat, künftig kein Schweinefleisch mehr zu essen, steigt er weiter bergan. Dort oben beginnt dann, innerhalb des Traumes, die Vision.[1072] Giovanni sieht einen Lichtglanz und empfindet das Gefühl der Süße. Er kniet nieder, betet zu Gott um Aufklärung, worum es sich handelt, und entschließt sich, dem Weg Gottes nach Kräften so weit wie möglich zu folgen. Daraufhin wird ein Schleier von seinen Augen genommen. Der Lichtglanz wird übermäßig stark..., und es folgt die oben erwähnte Erscheinung der hl. Katharina und des Alberto. Der visionäre Charakter dieser Traumerscheinung verleiht ihr Gewicht und hebt sie über einen bloßen Wunschtraum hinaus.[→1073]

§ 17. Wechselnde Deutungen

Erscheinung im Traum oder Wachen?

Totengeister unterlagen im Mittelalter der Deutungsmacht der Kirche. Christliche Denker interpretierten diese Erscheinungen unterschiedlich und zum Teil gegensätzlich. Selbst die Frage, ob eine Erscheinung im Traum oder im Wachen erlebt wurde, hing von Interpretation ab. Viele autobiographische Berichte des Mittelalters über Totenerscheinungen handeln von Träumen. Bei Otloh von St. Emmeram ereigneten sich, seinen Berichten zufolge, alle von ihm selbst erlebten Totenerscheinungen in Träumen (62).[*] Für die Totenerscheinung, die Petrus Venerabilis als von ihm selbst erlebt berichtet, gilt das gleiche. Jean-Claude Schmitt führt dazu Folgendes aus:

> „Der größte Teil der autobiographischen Berichte [des Mittelalters] von Totengeistern (*revenants*) sind Traumberichte. Es besteht sogar ein enges Band zwischen der Traumerfahrung und der Hinwendung zur Autobiographie. Autobiographie und Traumerzählung konnten sich in der christlichen Literatur des hohen und späten Mittelalters nur entwickeln, indem sie sich von dem Mißtrauen freimachten, das traditionell auf beiden lastete. Worum es beim Thema Traum ging, war die Anerkennung des Individuums, seiner Autonomie, des Unbewußten, das der Schlaf befreit, das Eingestehen der Triebe und uneingestandenen Wünsche des schlafenden Körpers". „Während

* Einfache Seitenangaben in Klammern beziehen sich auch in diesem Paragraphen auf das Buch von Schmitt, *Les revenants*, Paris 1994.

des ganzen Vor- und Frühmittelalters lastete ein schwerer Verdacht auf den Träumen. Wie die Höherbewertung des Traumes im 12. Jahrhundert mit der des Individuums zusammengehörte, so waren beide im frühen Mittelalter gleichzeitig unterdrückt. Einer der Gründe war, daß der Traum direkten Zugang zur Enthüllung der verborgenen Wahrheiten des Jenseits gibt, ohne Vermittlung oder Kontrolle irgendeiner kirchlichen Autorität. Deshalb das Mittel, das die klerikale Kultur den Versuchungen einer übermäßigen Wertschätzung des Traumes entgegensetzte: seine Verteufelung." (58f.)

Mittelalterliche Autoren wie der Benediktiner Petrus Venerabilis oder der Zisterzienser Cäsar von Heisterbach mußten Träumen stets mißtrauen und ihre Berichte mit dem Vorbehalt versehen, es könnten vom Teufel eingegebene Illusionen sein. Auch Visionäre mußten befürchten, daß ihre Visionen vom Teufel nur vorgegaukelt seien.[1074] Erscheinungen im Wachen wurden entschieden bevorzugt.→[1075] Traumerscheinungen waren „unsicher und ambivalent" und dem Zweifel unterworfen (62), bei ihnen mußte die Zuverlässigkeit des Informanten eigens betont werden (92). Ein verbreitetes Erzählschema legte fest, daß eine Traumerscheinung anschließend durch eine Wachvision bestätigt wurde. Zu Recht hat man zu bedenken gegeben, daß der „Wachzustand" bei den Erscheinungen, die Petrus Venerabilis berichtet, etwa bei Visionen Sterbender, „sehr weit von der vollständigen Klarheit entfernt [war], die wir [*im 20. Jahrhundert*] unter diesem Ausdruck verstehen".[1076]

Es gab auch die umgekehrte Reihenfolge. In einer Erzählung erscheint ein toter Prior einem Mönch seines Klosters *zuerst* im Wachen und *dann* im Traum, nachdem der Mönch sich aus Angst wieder ins Bett gelegt hat und eingeschlafen ist, und berichtet ihm von seinem Ergehen im Jenseits.[1077] In einer anderen Erzählung (aus dem Kloster Marmoutier) erscheint ein toter Mönch seinem (auch leiblichen) Bruder dreimal im *Traum* und gleichzeitig oder am selben Tag einem anderen Bruder (oder anderen Brüdern) desselben Klosters in einer *Wach*erscheinung, um die Botschaft von seinem Ableben in der Ferne zu überbringen (s. § 16). Diese beiden Erzählungen erinnern an die Äquivalenz (Entsprechung) von Geistererscheinungen im Wachzustand und im Traum (s. Kap. 1), die deutlich wird, wenn eine Erscheinung mit derselben Botschaft in Traum *und* Wachen erlebt wird, entweder von verschiedenen Rezipienten gleichzeitig und parallel, oder kurz nacheinander vom selben Rezipienten.[1078]

Schmitt vermutet, daß autobiographische Berichte von Totenerscheinungen normalerweise auf Träume zurückgehen (252). Die von der Parapsychologie gesammelten Berichte des 19. und 20. Jahrhunderts zeigen jedoch, daß Tote öfters in einem *Zwischenzustand* zwischen Traum und Wachen oder in einem Übergang vom einen zum anderen gesehen werden.[1079] Demnach bedurften Totenerscheinungen der Interpretation, um als Traum *oder* Wacherscheinung angesprochen werden zu können. Eine moralische Bevorzugung der Wacherscheinung wäre damit gegenstandslos. Daß der Wahrheitsgehalt telepathischer Träume nicht immer eindeutig ist, haben wir oben gesehen.[1080] Für den mittelalterlichen Menschen konnten Träume als nicht-illusionäre unter anderem durch ihre Wiederholung (wie in den Beispielen aus Kloster Marmoutier und von Petrus Venerabilis) oder durch besondere Deutlichkeit und Eindringlichkeit authentifiziert werden.[→1081]

In den Formulierungen der mittelalterlichen Erscheinungsberichte kommt oft die Unsicherheit der Rezipienten gegenüber dem Gesehenen zum Ausdruck. Schmitt umschreibt diese Unsicherheit folgendermaßen:

> „Die Texte nennen [eine Erscheinung] manchmal *umbra* und gebrauchen das entsprechende Adjektiv in der Wendung *species umbratica*: eine ‚Erscheinung eines Schattens', ein Trugbild (*fantôme*). Was die Lebenden sehen, ist nur eine Erscheinung (*similitudo, forma, species, effigies, imago*) der lebenden Menschen, die diese Toten gewesen sind. Auf diese Toten, die erscheinen, wird meistens das Adverb *quasi* [als ob] angewendet: obwohl sie tot sind, sind sie, ‚als ob' sie lebten. Dieses Adverb *quasi* ist charakteristisch für die gesamte Erscheinungsliteratur (...). Es drückt den Zweifel, die Unentschlossenheit vor diesen Phänomenen aus, von denen man zwar weiß, daß sie immateriell sind, die aber dennoch alle Erscheinungsformen des sinnlich Wahrnehmbaren haben (...). Dieselbe Bemerkung gilt für die so häufigen Wendungen ‚*visum est sibi*' oder ‚*videtur sibi videre*', die dem Aktivum *vidit* [er hat gesehen] vorgezogen werden. Sie müssen mit ‚es hat ihm geschienen' oder ‚er hat geglaubt zu sehen' übersetzt werden, was die Ungewißheit hinsichtlich der Natur des Gegenstandes des ‚geistigen Sehvermögens' (*vision spirituelle*) kenntlich macht." (40)

Verteufelung und Entwirklichung der Totengeister

Im Unterschied zu den Erscheinungen der Heiligen wurden die Erscheinungen gewöhnlicher Toter von Kirchenlehrern verteufelt oder für unwirklich erklärt.→[1082] Die Verteufelung hatte mehrere Gründe. Zum einen wurden heidnische Götter als Erscheinungsformen des Teufels angesehen, da sie in Konkurrenz zum Herrschaftsanspruch des christlichen Vatergottes standen, und das betraf auch die Ahnen (*di manes, di parentes*), die im alten Rom als göttlich verehrt wurden.→[1083] Zum anderen agierten Totengeister oft tatsächlich böse, konnten besessen machen und töten (s. § 4 und 15). Im alten Rom gab es eine Vielzahl von bösartigen Toten (*morts malfaisants,* s. Jobbé-Duval), und manche Wiedergänger der alten Germanen wurden als höchst aggressive Wesen erlebt oder dargestellt. Nekromantie, das Heraufbeschwören von Toten zum Zweck der Wahrsagung, wurde schon in vorchristlicher Zeit unterdrückt.[1084] Sie wurde von den Nachbarvölkern Israels und einmal auch im Alten Testament (1. Sam. 28, 8; 1. Chronik 10, 13f.) praktiziert, war aber im Alten Testament verboten (5. Mose 18,11). Im alten Rom war sie bei Todesstrafe verboten (26), bei den christianisierten Germanen bei Strafe andauernder Friedlosigkeit. Totenbeschwörung wurde bei den Germanen als gefährlich betrachtet, besonders wenn die Toten keine Familienmitglieder waren.[1085]

Die Kirchenväter Tertullian und Augustin ließen es sich angelegen sein, den Glauben an die Erscheinungen und Mitteilungen der Totengeister zu unterdrücken und zu verdrängen. Wir gehen auf Augustin ausführlicher ein, weil sein Denken das mittelalterliche stark prägte. Er war der „Begründer der christlichen Theorie der Totengeister (*revenants*)" (31). Tertullian († 230) hebt in seiner Schrift „Über die Seele" die Unwirklichkeit der Toten hervor, die in Träumen erscheinen.[1086] Das greift Augustin († 430) in seiner Schrift „Die Sorge für die Toten" auf. Ihm zufolge erscheint in Träumen weder der Körper noch die Seele eines Toten, sondern lediglich dessen „geistiges Bild".[1087] Ein Toter weiß nichts davon, wenn ein Mensch von ihm träumt, ebensowenig wie ein Lebender, wenn ein anderer von ihm träumt. Tote können in Träumen nur „in der Form ihres Abbildes" (*imaginaliter*) auftauchen.[1088]

Die einzig legitimen Formen, in denen Tote ins Leben zurückkehren dürfen, sind für Tertullian die Auferstehung Jesu Christi sowie die Auferweckungen Toter durch Christus, Apostel oder Heilige. Alle anderen Erscheinungen Toter, sei es im Traum oder Wachen, als Vision oder Gespenst, seien Betrug. „Jedes Auftauchen von Toten ohne Körper solltest du als Betrug betrachten!“[1089] Dieser Satz richtet sich gegen den „Trug der Träume“. Bei den heraufbeschworenen Toten der Nekromantie und den bösartigen Wiedergängern gewaltsam Verstorbener handle es sich nicht um die Seelen der Toten, sondern um „Dämonen, die unter der Maske jener Seelen ihre Tätigkeit ausüben“. In der Nekromantie bestehe der Betrug darin, daß „sowohl ein Trugbild (*phantasma*) geliefert als auch ein Scheinkörper gebildet wird (*corpus affingitur*)“.[1090] Manche böse, besessen machende Geister gestünden ihre dämonische Natur im Exorzismus selbst ein.→[1091]

Tertullian wußte freilich, daß Tote in Träumen manchmal Vorhersagen machen, die in Erfüllung gehen. „Die Träume werden nach ihrem Ausgang (*de effectu*), nicht nach dem, was sie vorgaukeln (*de conspectu*) für wahrhaftig erklärt.“ Dieser Satz bezieht sich unter anderem auf die Orakel in Inkubationsträumen (das sind Orakel, die im Schlaf in der Nähe von Gräbern bestimmter Toter empfangen werden).[1092] Auf weitere Phänomene geht Augustin in „Die Sorge für die Toten“ ein. Diese Schrift enthält manche präzisen Beschreibungen paranormaler Erfahrungen. Der Autor unterwirft sie seiner theologischen Interpretation, gesteht aber des öfteren auch sein Nichtwissen ein. In Übereinstimmung mit der Geschichte vom armen Lazarus (Lk. 16, 31) bestreitet er, daß eine Kommunikation zwischen Toten und Lebenden möglich sei – kennt aber doch Beispiele solcher Kommunikation. Auch christliche Autoren haben Fälle beschrieben. Es gab etwa die Geschichte von jenem Mann, der eine Geldschuld seines verstorbenen Vaters begleichen sollte, und dem der tote Vater im Traum erschien und den Platz zeigte, wo sich die Quittung über die bereits bezahlte Schuld befand. Dieser Vorfall wurde Augustin in Mailand als wahr verbürgt berichtet. (Ähnliches erlebte im 18. Jahrhundert die Witwe des holländischen Gesandten in Stockholm, die eine Quittung über einen bezahlten Geldbetrag suchte. Von ihrem verstorbenen Mann erklärte Emanuel Swedenborg in Erfahrung gebracht zu haben, wo sich die Quittung befand – die daraufhin tatsächlich gefunden wurde.[1093]) War es der Tote selbst, der erschien, weil er die von Hinterbliebenen benötigte Information besaß? Augustin gesteht: „Wie so etwas vor sich geht, weiß ich nicht.“ (XI.13) Aufgrund seiner vorgefaßten Meinung bestreitet er die Realität des erscheinenden Totengeistes.

Es gab Tote, die sich um ihre unbestatteten Leichname sorgten und deshalb Lebenden erschienen, um ihnen den Fundort ihres Leichnams mitzuteilen. Ambrosius erwähnt die Erscheinung der Gervasius und Protasius, die ihm zuteil wurde und zur Auffindung der Leichname der beiden Märtyrer führte.[1094] Über solche Kommunikationen schreibt Augustin: „Ich möchte (...) annehmen, es geschieht durch die Vermittlung dazu ermächtigter Engel, die entweder mit Zulassung oder auf Befehl von oben den Träumenden irgendeine Mitteilung über die Bestattung ihrer Leiber zu machen scheinen, während die, denen diese Leiber gehören, ganz und gar nichts davon wissen." (X.12) Analog deutet er Fälle wie die Geschichte mit der Quittung. Diese Geschichte sei zwar „ein Fall, wo jeder glaubt, die Seele des Verstorbenen habe sich um den Sohn Sorge gemacht und sei zu ihm im Schlafe gekommen" (XI.13). Augustin aber rückt Menschen, die im Traum Mitteilungen von Toten zu empfangen glauben, in die Nähe jener Geisteskranken, die „Gespräche mit sich selbst [führen], gleich als ob die Gesprächspartner anwesend wären." (XII.14)

Er erwähnt ferner das Erlebnis eines Mannes, den er selbst getauft hatte: die Nahtoderfahrung des Bauern Curma, die dieser ihm ausführlich und unter Zeugen schilderte. Curma lag „einige Tage wie tot" da, wurde in dieser Zeit in „traumähnlichen Gesichten" „in das Reich der Toten" geführt und sah dort die Toten „eine ihren unterschiedlichen Verdiensten entsprechende Behandlung empfangen". Er sah „unter den Toten" auch Lebende, oder sah, wie Augustin variierend schreibt, „in demselben Gesicht" Lebende, „in dem er *später* auch Tote sah" (XII. 15).[1095] Nach Augustins Überzeugung waren, was Curma sah, nur *Bilder* der Toten. Denn diese Toten tauchten zusammen mit Lebenden auf, die in der Vision nur als Bilder, nicht wirklich anwesend sein *konnten*. Wollte man, trotz dieses Arguments, annehmen, daß Curma auf seiner Seelenreise wirklichen Totengeistern begegnet sei, so würde das bedeuten, daß diese Nahtoderfahrung Vorstellungen verschiedener Herkunft und verschiedenen Realitätsgrades mischte oder aufeinanderfolgen ließ.[1096]

Als letztes Beispiel aus seinem persönlichen Umkreis führt Augustin eine Geschichte an, die ihm von einer „durchaus glaubwürdigen Persönlichkeit" berichtet wurde, die sie von dem betroffenen Ehepaar selbst gehört haben wollte. Der Eremit Johannes von Lykopolis, den eine Frau durch die Vermittlung ihres Ehemannes um ein Gespräch gebeten hatte, erschien ihr, um eine persönliche Begegnung mit dem anderen Geschlecht zu vermeiden, statt dessen willentlich und mit Vorankündigung im Traum und gab ihr dort „alle für eine gläubige Ehefrau heilsamen Ratschläge. Nach ihrem Erwachen schilderte die Frau ihrem Ehegatten den Gottesmann, den sie gesehen hatte, genau so, wie jener ihn kannte" (XVII. 21). Diese Geschichte fordert Augustin deshalb besonders heraus, weil hier *ein Lebender* einer Lebenden im Traum erschien, ohne daß man sicher annehmen könnte, die Frau habe ein *bloßes Abbild* des Eremiten gesehen und nicht diesen selbst. Augustin schreibt, er würde den Eremiten gerne fragen, „ob er persönlich (*ipse*) jener Frau im Traume erschienen sei, d.h. seine Seele (*spiritus eius*) im Abbild seines Leibes (...), oder ob diese Erscheinung auf eine andere Weise beim Traume der Frau zustande gekommen sei, entweder durch die Vermittlung eines Engels (*per angelum*) oder auf irgendwelche andere Weise." Die Fähigkeit zu einer solchen willentlichen telepathischen Traumprojektion,[1097] die später auch von Benedikt von Nursia und anderen berichtet wird,[1098] bezeichnet Augustin als eine besondere Gnadengabe. Er rechnet damit, daß der Eremit seine Frage mit einem Wort der Heiligen Schrift beantworten könnte: „Was zu hoch für dich ist, danach frage nicht, und was über deine Kräfte geht, das untersuche nicht." (Sirach 3, 21)[1099]

Wenn Tote Botschaften zu überbringen scheinen, so tun dies also wie Augustin vermutet, in Wahrheit Engel, die das Aussehen der Toten angenommen haben.[1100] Diese Engel können gut oder böse sein und unterschiedliche Ziele verfolgen: „sei es daß durch diese Gesichte die Menschen belehrt oder bestraft, getröstet oder in Schrecken gesetzt werden" (XIII. 16).[1101] Augustins Ansicht wurde auch im Mittelalter von manchen Theologen vertreten.[1102] Für die gläubigen Rezipienten des Mittelalters dagegen, für das Volk (darunter auch viele Kleriker) waren Totenerscheinungen keine maskierten Engel oder Dämonen, sondern *die Toten selbst*, arme Seelen aus dem Fegefeuer, die um Suffragien baten, oder Seelen, die als erlöste ihre Verklärung oder als verdammte ihr Strafleiden kundtaten. Gründe für diese Abweichung der Kirche des Mittelalters von der Autorität des Kirchenvaters lagen, nach Schmitt, im Aufschwung der Totenliturgie um das Jahr 1000, der die Vorbehalte Augustins hinfällig machte und zu einer Vervielfachung der Totenerscheinungen führte (48), sowie in der Entstehung des Fegefeuerbegriffs.[1103] Zum Zweck der Bitte um Fürsprache und andere geistliche Hilfen durften *jetzt* die *wirklichen* Toten erscheinen, die Augustin durch seine Interpretation hatte ausschließen wollen.

In einem Punkt berührte sich die mittelalterliche Anschauung mit derjenigen Augustins. Das *Bild* des Toten als Maske eines Engels – oder die Seele des Toten selbst „im *Abbild* seines Leibes“ (XVII. 21, s.o.): in beiden Verständnismöglichkeiten, die Augustin erwägt, präsentiert die Erscheinung ein Bild und nicht die physische Körperlichkeit eines lebenden Menschen. Petrus Venerabilis konnte deshalb schreiben, bei Totenerscheinungen erwecke die göttliche Güte keinen toten Körper wieder auf, „sondern *der Geist oder das Bild des Körpers* des Toten erscheine den Lebenden“.[1104] Diese Formulierung betont das Gemeinsame der augustinischen und der mittelalterlichen Auffassung. Auch wenn der Tote *selbst* erscheint, wird *nur ein Bild* seines Körpers (wie er zu Lebzeiten aussah) sichtbar. Der Geist des Toten bleibt an sich selbst unsichtbar.

Das Fegefeuer

Augustin glaubte an ein Feuer, das die Seelen der gläubigen, reuigen Sünder nach dem Tod läutern und von der Befleckung durch geringfügige Sünden reinigen sollte,[1105] bevor sie in den Himmel gelangten, während die von schweren Sünden belasteten Seelen auf ewig verdammt blieben. Im Frühmittelalter wurde der Läuterungsort bereits „vollauf ausgedeutet“.[1106] Als ein separater *dritter Ort*, unterschieden von Himmel und Hölle, etablierte sich das Fegefeuer im Glauben der abendländischen Christenheit erst zwischen 1150 und 1250.[1107] Erst jetzt hieß es *das* Purgatorium (der Reinigungsort), statt nur *ignis purgatorius* (reinigendes Feuer).

Den Seelen der Verstorbenen geistlich helfen zu können, setzte den Zwischenzustand voraus, in dem sie vor ihrer Aufnahme in den Himmel verharren mußten. Im Protestantismus war eine solche Hilfe nicht mehr möglich und nötig, weil geglaubt wurde, daß die Gläubigen, sofern sie nicht als verstockte Sünder zur Hölle fahren, „nach dem Tode des Leibes geradewegs zu Christus gehen“, wie es ein Anhänger Zwinglis formulierte.[1108] Luther erhoffte in seiner Erklärung zur siebten Bitte des Vaterunsers, daß Gott uns nach dem Tod „zu sich nehme in den Himmel“.[1109]

Die mittelalterlichen Vorstellungen von dem Ort, woher Totengeister erscheinen, waren verschiedenartig. Die Folklore wich vom kirchlichen Dogma des Fegefeuers (das seit 1245 bestand[1110]) öfters ab. Wir greifen auf Beispiele des vorigen Paragraphen zurück. Die Vorstellung, daß Totenseelen sich überall in der Luft aufhalten, begegnet bereits in der Antike.→[1111] Wir treffen sie wieder bei dem Toten von Beaucaire (13. Jh.), der sagte, „er wohne in der Luft unter den Geistern und müsse die Strafen des reinigenden Feuers verbüßen".[1112] Für die Dorfbewohner von Montaillou (14. Jh.) irrten die Toten, wenn auch unsichtbar, in der Umgebung des Dorfes umher. Der Tote von Alès, den der Dominikanerprior Jean Gobi befragte (14. Jh.), hielt sich bei Tag im Zentrum der Erde an einem allgemeinen Reinigungsort auf, bei Nacht aber am Ort seiner Sünde, dem Schlafzimmer seiner Witwe, als seinem besonderen Purgatorium (177).[1113] Diese Zweiteilung des Fegefeuers war dominikanisches Gedankengut. Sie machte es möglich, Totenerscheinungen auf Erden als Sündenbuße der Seelen im Fegefeuer zu erklären.

Augustin betonte, daß die Orte, an die die Seele nach dem Tod gelangt, keine körperlichen Orte seien, sondern geistige (*spiritalia*). Die Hölle sei eine substanzielle Realität, aber, wie er glaube, keine körperliche, sondern eine geistige (*spiritalem*),[1114] und deshalb weder unter- noch oberirdisch. Geister konnten einen feinmateriellen Körper haben,[1115] aber die Seele war nach Augustin unkörperlich (wie für Plotin→[1116]). Thomas von Aquin (genauer: das Supplement zu seiner „Theologischen Summe") zitiert den Satz des Boëthius: „Es ist bei den Weisen allgemeine Auffassung, daß Unkörperliches sich nicht an einem Orte befindet", und knüpft daran die Bemerkung, daß die körperlosen Seelen nach dem Tod nur gleichnisweise an einem Ort (*quasi in loco*) sein können.[1117] An anderer Stelle wird bei ihm erörtert, daß das Paradies „kein körperlicher, sondern ein geistiger Ort" sei.[1118] Der Gedanke der unkörperlichen Natur der Seele erschwerte es beiden Denkern, irdische Totenerscheinungen als solche zu akzeptieren, die es doch unleugbar gab. Stattdessen wurden diese Erscheinungen eher stellvertretenden Engeln zugeschrieben, die immerhin einen feinmateriellen Körper hätten. Wir übergehen hier die gedanklichen Konstruktionen, mit denen Augustin und Thomas den Widerspruch zu lösen suchten, daß unkörperliche Seelen im Fegefeuer körperliche Pein erleiden.[1119] Beide Autoren waren unsicher, ob das Reinigungsfeuer körperlichen oder metaphorischen Charakter habe.[1120]

Andere Autoren schrieben dem Feuer der Hölle und des Fegefeuers von vornherein nur eine geistige Bedeutung zu. Für Clemens von Alexandrien (um 200) und Origenes († 254) bestand das Läuterungsfeuer in den „Qualen des Gewissens".[1121] Hölle war für Origenes ein reinigendes Feuer nach dem Tod, „da jeden seine Sünde brennt".[1122] „Durch Gottes Kraft und Macht wird uns die ganze Erinnerung an unsere Sünden vor Augen gestellt", so umschrieb Hieronymus († 420) Origenes' Höllenvorstellung.[1123] Diese Auffassung war relativ modern. Auch für Luther waren (1523) die Höllenstrafen keine körperlichen, sondern Gewissensqualen.[1124] Das Gewissen war der Strafort.[1125] „Wenn es kein böses Gewissen gäbe, wäre keine Hölle da."[1126]

Die moralische Metaphorik des Fegefeuers veranschaulichen die Geschichten von dem Toten mit zwei brennenden Hufeisen in den Händen (s. S. 221)[1127] und von dem Toten in Beaucaire (bei Gervasius), der einen Feuergürtel trug.[1128] Den einen ‚brannten' die nicht bezahlten Hufeisen, den anderen ein entliehener, nicht zurückgegebener Gürtel. In einer Geschichte des 12. Jahrhunderts erschien einem Priester ein toter Ritter, den sein Gewissen drückte und der eine Wiedergutmachung bestimmter zu Lebzeiten begangener Sünden erreichen wollte: eine Erstattung von unrechtmäßig Angeeignetem und eine Entschädigung ungerecht Besteuerter.[1129] Die Forderung nach Restitution geraubter Güter an die geschädigten Klöster war ein Teil der Klosterreform des 12. Jahrhunderts (63). Manche Geschichten von Totenerscheinungen könnten erfunden worden sein, um dieser Forderung Nachdruck zu verleihen. In der Parapsychologie wird jedoch auch ohne diesen geschichtlichen Hintergrund von Toten berichtet, die einer drückenden Gewissenschuld wegen erschienen. Einen authentischen Kern von Erfahrung wird man den betreffenden mittelalterlichen Geschichten deshalb nicht generell absprechen.

Wenn Gewissen ein Inbegriff verinnerlichter sozialer (moralischer, rechtlicher) Normen ist, so war die Botschaft der meisten mittelalterlichen Totenerscheinungen sozialer Art. Nach Anschauung mancher Katholiken bis heute steht die menschliche Seele nicht nur im irdischen, sondern auch im jenseitigen Leben in sozialen Beziehungen. Abt Bernhard Durst etwa war 1922 von der „Weiterführung der auf dieser Welt geknüpften sozialen Beziehungen" im Jenseits überzeugt.→[1130] Mittelalterliche Totenerscheinungen bezeugen, unabhängig von ihrer jeweiligen Botschaft, eine fortdauernde soziale Bezogenheit der Seelen. Rezipienten der Erscheinungen waren meistens Nahestehende, auch wenn die Sünden, die das Gewissen drückten, Fernerstehende betrafen. Tote erscheinen bevorzugt „Verwandten und Freunden" (*confinibus et amicis*), schreibt Gervasius.[1131] Die Parapsychologie bestätigt dies. Häufige Rezipienten waren Blutsverwandte oder eine Witwe (wie im Beispiel von Alès); Ehegatten bildeten nach Auffassung der Zeit eine geistliche „Familie".[1132] Auch in anderen sozialen Beziehungen kamen Totenerscheinungen vor (was wiederum die Parapsychologie beglaubigt): ein toter Lohnarbeiter erschien seinem Lohnherrn, ein toter Vasall seinem Lehnsherrn.[1133] Ordensgemeinschaften bildeten ebenfalls geistliche „Familien" und stifteten Familienbande auch über den Tod hinaus.[1134] Leibliche Verwandtschaft zwischen Ordensbrüdern oder Ordensschwestern konnte die geistlichen Bande verstärken und Totenerscheinungen zusätzlich begünstigen (s. das Beispiel aus Kloster Marmoutier, s. § 16, S. 219, Anm. 1005).

Wie können wir Suffragien verstehen?→[1135] Erlebnisse von Telepathie vor allem bei Nahestehenden lassen auf eine überräumliche Verbundenheit von Seelen im Diesseits schließen. Wenn Totenseelen existieren, ist auch eine telepathische Einwirkung Lebender auf sie denkbar. Sie könnte die Anschauung verständlich machen, daß Fürbitten sich auf den Zustand der Seelen Verstorbener positiv auswirken. Gebete im Rahmen des Suffragienwesens wären dann ursprünglich keine bloße Geldmacherei der Kirche gewesen, sondern hätten im Kern eine sachliche Berechtigung gehabt. Historische Wissenschaft wird diesen Sachverhalt kaum würdigen können. Es bedurfte einer Seherin wie Gertrude von Helfta († 1301), um die spirituelle Leistung Betender aus Kirchen und Klöstern in Worte zu fassen. Als Gertrude während einer Messe für die Seele einer Verstorbenen betete und für sie die Hostie opferte, fühlte sie sich von den Gebeten der anderen Gläubigen in der Kirche getragen und fühlte, daß die Verstorbene aus diesem Opfer Trost schöpfte.[1136] Ihr Bericht schließt mit den Worten: „So schien sich diese Seele, von den *Gebeten der Kirche* unterstützt, immer höher zu Gott zu erheben (...)".[1137] Nähe zu Gott galt als der Inbegriff der jenseitigen Seligkeit, die die Seelen verstorbener Christen nach christlicher Auffassung erhoffen konnten.

Das von Gertrude Gemeinte läßt sich auch durch sein Gegenteil verdeutlichen. Gustav Theodor Fechner († 1887), der Leipziger Naturphilosoph und Psychologe, macht einen Vorschlag, was unter Hölle als jenseitigem Zustand der Unseligen verstanden werden könnte. Er schreibt:

> „Weh dem, welchem Verwünschungen, Fluch, ein Andenken voll Schrecken folgen. Die ihm im Diesseits folgten, holen ihn im Tode ein: das gehört zu der Hölle, die seiner wartet. Jedes Wehe, das ihm nachgerufen wird, ist ein ihm nachgesandter Pfeil, der in sein Inneres eindringt.“[1138]

Diese Umkehrung des Gedankens der Fürbitte für die Toten ist unchristlich, wie das Wort Fluch anzeigt.

Was hatte es mit den Bitten der Toten um Gebetshilfe auf sich? Wenn „allein schon das stumme Auftreten eines bereits verstorbenen Mitbruders im Traum eines Mönches als Bitte des Toten um vermehrte Gebetshilfe aufgefaßt wurde“,[1139] so beruhte die Vorstellung, der Tote habe eine Bitte geäußert, auf Interpretation. Daß Tote aus dem Fegefeuer erscheinen, um Fürsprache zu erbitten, lehrte Thomas von Aquin, wobei er sich auf Beispiele bei Gregor dem Großen bezog.[1140] Doch auch heute noch können Verstorbene mit belastetem Gewissen erscheinen und um Vergebung und Versöhnung bitten (s. S. 76), kann ein Verstorbener um Gebete zu seinen Gunsten bitten.[1141]

Wir haben in §§ 16 und 17 vor allem von Toten gehandelt, die der Hilfe Lebender bedurften. Die Rolle der guten Totengeister, die ihrerseits den Lebenden Hilfe oder Inspiration gewähren (das eigentliche Thema unseres Buches), wurde im Mittelalter von den Heiligen übernommen, die als Ärzte und Heilsmittler und, vor allem im Tod, als Fürsprecher und Seelengeleiter agierten.[1142] Gewöhnliche Tote in der Rolle von Helfern und Schutzgeistern begegnen in der mittelalterlichen (weit gefaßten) geistlichen Literatur nur selten und ausnahmsweise, wenn etwa (wie wir in § 16, S. 227 gesehen haben) ein Toter bei der Ankündigung von Toden nützliche Ratschläge erteilt, ein anderer vor einem Attentat warnt oder wenn Alberto Morelli seinen hinterbliebenen Vater tröstet und von Schuldgefühlen befreit. Das 12. Jahrhundert kannte die Vorstellung, daß Tote von „Sorge um die Lebenden“ (*cura de vivis*) erfüllt seien.[1143] Dante vertritt an einer Stelle seines Hauptwerks den Gedanken, daß die Hilfeleistungen der Lebenden und Toten auf Gegenseitigkeit beruhen.[1144] Daß verstorbene Angehörige „immer noch tiefen Anteil nehmen“, konnten Menschen durch Nachtodkontakte auch im 20. Jahrhundert erfahren.[1145]

Epilog zum 5. Kapitel

Zur mittelalterlichen Epik

Wir haben im fünften Kapitel aus der christlichen Literatur des Mittelalters nur geistlich-didaktische oder autobiographische Beispiele herangezogen. Die Sagas in § 15 bildeten einen heidnischen Kontrapost. Es bietet sich aus der abendländischen weltlichen, etwa höfischen Literatur kein großer, literarisch anspruchsvoller Roman an, in dem Totengeister eine erhebliche Rolle spielen würden und der darin mit der „Geschichte vom Prinzen Genji“ oder dem „Traum der roten Kammer“ vergleichbar wäre. Das gilt nicht nur für das Mittelalter. Auch aus der frühen vormodernen Neuzeit wüßten wir kein allgemeiner bekanntes Epos zu nennen, in dem das Erscheinen und Wirken guter Totengeister in einer gewissen Breite geschildert würde und das wir in dieser Hinsicht jenen ostasiatischen Romanen gegenüberstellen könnten. Im Abendland, so scheint es, haben Totengeister als Teil der Erfahrungsrealität und Begleiter des Menschenlebens weder im Mittelalter noch in der frühen Neuzeit Eingang in hervorragende epische Dichtungen gefunden, wie dies in den beiden ostasiatischen Beispielen des 11. und 18. Jahrhunderts der Fall ist. Grimmelshausens Roman „Simplicissimus“ (1669) können wir immerhin entnehmen, daß okkulte Praktiken und Erfahrungen wie Hexerei, Zauberei, Wahrsagerei und lokale Gespenster zur Lebenswirklichkeit eines Landsers im dreißigjährigen Krieg gehörten.[1146] Die dramatische Dichtung und die wissenschaftlich-didaktische Literatur der Neuzeit lassen wir hier außer Betracht.

Warum haben wir Dantes „Göttliche Komödie“ (14. Jh.) nicht herangezogen? In Dantes Epos werden zahllose Verstorbene an ihren jeweiligen Straf- oder Lohnorten geschildert. Dort begegnet dem Dichter auch seine verstorbene Geliebte, die selige Beatrice. Ihre Rolle als seine Führerin im Paradies ist so umschrieben worden: „Bald einer Mutter, bald einer älteren Schwester vergleichbar, umgibt sie Dante mit ihrer Fürsorge. Sie unterrichtet ihn, sie ermahnt ihn, sie zieht ihn hinan."[1147] In einer Strafrede erinnert sie Dante daran, daß er – nach ihren keuschen irdischen Begegnungen und nach ihrem Tod – „vom wahren Wege", von der „rechte[n] Richtung" abgekommen sei, und sagt: „Nichts half es mir, Eingebungen (*spirazion*) für ihn zu erflehen, mit denen ich ihn im Traum oder sonstwie zurückrief: so wenig kümmerte er sich darum."[1148] Eingebungen will Dante von der toten Beatrice also erhalten, aber mißachtet haben. Es bleibt offen, ob er die Eingebungen als solche verkannte oder ihren Inhalt, den Ruf zur Umkehr ignorierte.

Die „Göttliche Komödie" beschreibt eine Jenseitsreise. In dieser literarischen Gattung, die wir fast vollständig ausgeklammert haben, hat Dantes Epos im Mittelalter zahlreiche Vorläufer, etwa die Visionen des Drythelm, des Wetti, des Tnugdal, die als „im Kern echte Erfahrungsberichte von todkranken (...) Personen" angesehen werden[1149] und mit modernen Berichten über Nahtoderfahrungen verglichen werden.[1150] Auch Nahtoderfahrungen haben wir aus unserer Darstellung mehr oder weniger ausgeklammert und nur am Rande gelegentlich erwähnt. Im Unterschied zu jenen mittelalterlichen Jenseitsvisionen ist Dantes Epos kein Erfahrungsbericht. Es spiegelt keine Erfahrungswirklichkeit, sondern beruht auf einer großen theologisch-kosmologisch-politischen Konzeption. Für Jacques Le Goff ist Dante, obwohl Laie, „der größte Theologe in der Geschichte des Fegefeuers".[1151] Schon im Mittelalter wurde er von einem Kommentator als „*gloriosus theologus, philosophus et poeta*", in dieser Reihenfolge, apostrophiert.[1152] Dantes Beziehung zu Beatrice (der Name bedeutet „die, die Seligkeit schenkt") ist so vergeistigt, daß umstritten war, ob es sich bei dieser Frau nicht um eine Allegorie handele.[1153] Nach Dantes eigener Darstellung in seiner „Vita Nuova" (die man eine „pseudobiographische Liebesgeschichte" genannt hat[1154]) sah er die Geliebte nur wenige Male, ohne je mit ihr sprechen zu können. Dieser Minnedienst hatte seinen Sinn demnach in den Gedichten, zu denen er den Liebenden inspirierte.[1155] Daß „die fiktive Jenseitswanderung Dantes auch in echter, ekstatischer Schau nachvollzogen werden konnte", schreibt Peter Dinzelbacher und nennt als Beispiel Visionen der hl. Francesca Romana († 1440).[1156] Auch in Giovanni Morellis Bericht über seine Traumbegegnung mit seinem toten Sohn Alberto († 1406) hat man

Anklänge an Dantes „Divina Commedia" entdeckt.[1157] Die Authentizität beider Visionen wird durch solche Bezüge nicht infrage gestellt.

Warum erscheinen so selten Tote in der sonstigen großen abendländischen Epik, etwa in der mittelhochdeutschen oder frühen neuhochdeutschen Epik? Worin gründet diese Asymmetrie zwischen dem zweiten und dem dritten Teil dieses Bandes? Diese kulturvergleichende Frage läßt sich auf der Grundlage unseres beschränkten Materials nur vermutungsweise beantworten. Die Lücke in der abendländischen Epik könnte zunächst erstaunen, weil es im christlichen Mittelalter (wie auch später) diese Erfahrungen offensichtlich gab, wie unser fünftes Kapitel zeigt. „In der deutschsprachigen [weltlichen] Literatur des Hochmittelalters sind Gespenster und Wiedergänger eine Seltenheit, dafür begegnen sie uns weit zahlreicher in den religiösen Schriften und Traktaten."[1158] Diese Feststellung von Claude Lecouteux gilt für Totenerscheinungen überhaupt. Ob sie auch für den Bereich der Träume gilt, kann hier nicht untersucht werden.

Die mittelhochdeutsche Epik beschreibt nicht psychologisch realistisch, sondern umschreibt ein höfisch-ritterliches Erziehungsideal. Im „Erec" des Hartmann von Aue heißt es: „Erec (...) kannte keinen Aberglauben: Auf das Gemurmel der Weiber gab er nichts [weder im Guten noch im Bösen]; was er träumte, war für ihn bedeutungslos; er achtete nicht abergläubisch auf das Wetter".[1159] In Vergils „Äneis" erscheint Hektor als Totengeist dem Aeneas im Traum, um ihn zu ermahnen, sich durch eine Flucht aus Troja zu retten. Heinrich von Veldeke dagegen klammert aus seiner an Vergil angelehnten „Eneide" die Traumerscheinung des toten Hektors aus.[1160] Totenerscheinungen gehörten zum Aberglauben. Von ihnen zu sprechen, konnte bereits in Nekromantieverdacht geraten.[1161] In den Sagas wird viel geträumt; drei bis vier Träume werden in einer Saga durchschnittlich erwähnt, die „Laxdoela Saga" steht mit sieben Träumen an der Spitze.[1162] In dem grönländischen „Atlamál" (das von Atli, das ist Attila, handelt) heißt es wieder: der Held Högni glaubte „nicht an Träume und solches Weibergeschwätz". Sein Bruder Gunnar jedoch nahm die unheilvollen Träume seiner Ehefrau ernst. Sie waren Vorzeichen des Untergangs der beiden Brüder.[1163]

Lecouteux erklärt die Seltenheit von Totenerscheinungen in der mittelalterlichen weltlichen Literatur auch damit, daß Wiedergänger dort als dämonische Ungeheuer verkleidet und entstellt erscheinen.[1164]

„Die altenglische Literatur ist arm an Spukgestalten, weil es den Geistlichen mehr oder minder gelungen ist, die umgehenden Toten als dämonische Wesen darzustellen."[1165] Ein Beispiel bilden das Ungeheuer Grendel und seine Mutter in dem altenglischen Epos „Beowulf" (8. Jh.). In den Wiedergängern der Sagas sind Totenerscheinungen zu machtvollen Wesen mit Körperlichkeit, Rachsucht und Kampflust gesteigert. Ihre Verkleidungen als dämonische Ungeheuer in der mittelalterlichen epischen Literatur setzen diesen Weg fort. Lecouteux entlarvt Wiedergänger „unter ihren verschiedenen Masken" in einigen mittelalterlichen Romanen[1166] und sieht in dieser Maskerade ein Ausweichen unter dem Druck der Christianisierung. „Die Gleichsetzung der Umgehenden [*Gespenster und Wiedergänger*] mit Riesen, Monstren, Teufeln und feenhaften Wesen, ihre Verwandlung in beliebte literarische Requisiten, ist die logische Folge des von der Kirche gegen sie geführten Kampfes."[1167]

Eine Verdiesseitigung transzendenter Motive läßt sich in mittelalterlicher Dichtung vielfach beobachten. „Übernatürliche (oder magische) Elemente werden [dort] oft ihrer jenseitigen Assoziationen entkleidet und als rein säkulare Motive verwendet".[1168] Chrétien von Troyes basiert in seinen Romanen, besonders für die Motive des Wunderbaren, zum Teil auf keltischen Mythen, die er unter dem Druck der christlichen Kirche umformt und unkenntlich macht.[1169] Sein Artusroman „Le Chevalier de la Charrete" („Der Karrenritter") erzählt vom Raub und der Rückführung einer Königin. Der Handlung liegt ein Mythos zugrunde, demzufolge eine Königin „im jahreszeitlichen Wechsel aus dem Totenreich zurückgeholt werden" muß, um dem Land seine Fruchtbarkeit zu sichern.[1170] Dieser Mythos ist im Roman literarisiert, das heißt transformiert und säkularisiert, wenn er auch in Einzelheiten oder in Grundzügen noch durchscheint, etwa in der Liebesauffassung (indem der Roman „das irrationale Moment im Übergang zwischen Diesseits und Jenseits auf die Begegnung zwischen dem Ich und dem Du überträgt"→[1171]). In Hartmanns „Erec" gibt sich die Burg Limors, in die der Held scheintot hineingetragen wird, durch ihren Namen als eine diesseitige Variante des Totenreiches zu erkennen. Als die Gattin des Helden, um gemeinsam mit ihm zu sterben, den Tod herbeiruft, taucht der Burgherr auf, den man folglich als eine vermenschlichte Gestalt des Herrn der Unterwelt begreifen kann; die Handlung selbst verläuft ganz diesseitig menschlich.[1172] Das säkulare

Travestieren jenseitiger Motive in mittelalterlichen Romanen konnte ein Auftauchen wirklicher Totengeister nicht begünstigen.

Totenerscheinungen sind ‚schwache', wehrlose Phänomene, keine robusten, unbestreitbaren Tatsächlichkeiten. Sie können nicht objektiviert werden, sondern rufen beim Rezipienten Furcht und zugleich Unsicherheit hinsichtlich seiner Wahrnehmung hervor.[1173] Ihr unsicherer Charakter erlaubte es, sie willkürlich wechselnd, ja gegensätzlich zu interpretieren. So konnten sie im germanischen Heidentum phantastisch zu Wiedergängern gesteigert und unter dem Druck der Christianisierung als dämonische Ungeheuer maskiert werden. Während der christliche Heiligenkult den Bereich der guten Totengeister im Abendland großenteils absorbierte und verwandelte, wurden die Erscheinungen der gewöhnlichen Toten durch die Kirchenväter verteufelt oder als unwirklich bagatellisiert und verdrängt, später dagegen, im abendländischen Hochmittelalter, als ‚arme Seelen im Fegefeuer' zum Nutzen der kirchlichen Lehre und Ökonomie instrumentalisiert. Sie bildeten nach Jacques Le Goff „ein weiteres Werkzeug zur allgemeinen Kontrolle (*encadrement*) der Gesellschaft."[1174] Auf die kirchliche Instrumentalisierung folgte mit der Reformation als Gegenreaktion eine erneute Verteufelung. Luther blieb mit seinem Verständnis im Bannkreis der kirchlichen Tradition, wenn er Totengeister als Täuschungen dem Teufel zurechnete. Das Fegefeuer war für ihn eine Erfindung des Papstes, den er als Maske des Teufels verstand.[1175] (Melanchthon dachte anders über Totenerscheinungen.[1176]) Es gab, soweit sich den überlieferten Zeugnissen entnehmen läßt, keine Volksreligion, in der die gewöhnlichen Totengeister anerkannt und geduldet gewesen wären. Der Hexenglaube, vielleicht Abkömmling und Überrest einer heidnischen Volksreligion (s. unten § 20), wurde unerbittlich verfolgt.

Totengeister bedurften der Deutung, um im christlichen Weltverständnis des Mittelalters zugelassen zu werden. Nach dieser geistlichen ‚Zensur' konnten sie, so darf man vermuten, in der weltlichen epischen Literatur des Abendlandes nicht mehr im gleichen Maße unbefangen präsent werden wie in den ostasiatischen Literaturen. Ja, man kann mutmaßen, daß der „Zensurmechanismus in der menschlichen Psyche",[1177] der verhindert, daß paranormale Wahrnehmungen überhaupt häufiger ins Bewußtsein treten, damals beeinflußt und mitgeformt wurde. Einzelne Erfahrungen mit Totengeistern wurden dennoch auch im Abendland und unabhängig von der Kirche weiterhin gemacht und blieben Gegenstand der Beunruhigung oder Beglückung und des Nachdenkens, wie etwa im 18. Jahrhundert bei den Autoren Samuel Johnson und Friedrich Oberlin.[1178]

6. Kapitel: Christliche Heilige

§ 18. Heilige als Schutzgeister im 19. und 20. Jahrhundert

„Heilige sind Tote“,[1179] „sehr spezielle Tote“.[1180] Sie *leben* (nach Überzeugung der Gläubigen), im Himmel. Sie wirken posthum für die Gläubigen auf Erden, werden posthum verehrt, kanonisiert. Wir dürfen sie als gute Totengeister in unsere Untersuchung einbeziehen.

Im Leben der Heiligen, dem irdischen und dem postmortalen, ereignen sich unerklärliche Phänomene, „Wunder“. Manche Arten dieser Wunder sind auch Thema der Parapsychologie, wie zum Beispiel die körperlichen Phänomene Levitation oder Telekinese, die nichtkörperlichen Phänomene Kardiognosie (Herzenserkenntnis), Präkognition, Prophetie, Hellsehen, Gedankenlesen, oder aber innere Phänomene, die als äußere, körperliche *erscheinen*, wie Lichterscheinungen, Visionen, Auditionen, Bilokation. Die Parapsychologie hat erwiesen, daß alle diese Wunder kein Vorrecht von Heiligkeit sind, sondern auch in profanen Zusammenhängen begegnen.[1181] Herbert Thurston und andere Autoren nennen die paranormalen körperlichen Begleiterscheinungen der christlichen Mystik und die entsprechenden parapsychischen Spontanphänomene einander „analog“.[1182] Das Wirken der Heiligen hebt sich durch Besonderheiten ab, die die Parapsychologie nicht erfaßt und die wir mitzubedenken suchen.

Es gibt Tausende christlicher Heiliger, und Zeugnisse und Reflexionen über ihr Wirken aus nahezu der gesamten Geschichte des Christentums. Wir beschränken uns hier darauf, ein paar wenige Beispiele und Gesichtspunkte herauszugreifen, um das Thema des Kapitels zur Fragestellung unseres Buches ins Verhältnis zu setzen.

Clelia Barbieri (1847–1870) (nach P. Giovetti)*

Die heilige Clelia Barbieri aus Le Budrie bei Bologna gründete mit gleichgesinnten Freundinnen eine Laienkongregation. Nach ihrem Tod

* Dieser Abschnitt beruht, einschließlich der Zitate, auf: Paola Giovetti: Aussergewöhnliche Phänomene im Leben von Mystikern und Heiligen. In: Andreas Resch (Hg.): *Paranormologie und Religion*, Innsbruck 1997, S. 535–547, dort S. 545f.

wurde diese Kongregation als religiöse Gemeinschaft anerkannt. Auf ihrem Sterbebett versprach Clelia ihren Freundinnen, sie nie zu verlassen, sondern „vom Himmel herab zu trösten", und erfüllte dieses Versprechen auf folgende Weise. Als die Freundinnen „ein Jahr nach ihrem Tod in ihrem Sterbezimmer beteten, hörten sie zum erstenmal ihre Stimme." In einem Bericht dieser Frauen heißt es:

> „Indem wir beteten, hörten wir – fast alle – eine hohe Engelstimme, die unseren Chor begleitete, sich im Zimmer bewegend, bald an unserem Ohr, bald über uns. Wir erkannten sofort die Stimme Clelias und ihr Versprechen, uns nicht zu verlassen. Die Stimme blieb bei uns bis zum Abend. Wir entschieden uns, noch die ganze Nacht zu beten, und die Stimme war immer noch mit uns. Seitdem hat sie uns nicht mehr verlassen. Zu bemerken ist, daß nicht alle Schwestern die Stimme hörten...".

Paola Giovetti, der wir diese Zitate verdanken, schreibt: „Dieses Phänomen der Stimme sollte später im Heiligsprechungsverfahren eine bedeutende Rolle spielen. Es gibt Hunderte von Personen – Priester und Nonnen ebenso wie Laien, Gläubige wie Nichtgläubige –, von denen sie wahrgenommen wurde bzw. wird. Die Stimme Clelias zeichnet sich durch ihren prophetischen Charakter aus – sie klingt heiter, wenn Erfreuliches bevorsteht, und traurig, wenn das Gegenteil zu erwarten ist. Immer jedoch ist sie ein Symbol der Liebe."

Einem getauften Häuptling in Kenya, der sich der traditionellen Religion seines Stammes wieder zugewandt hatte und mit vier Frauen zusammenlebte, erschien die Heilige während einer Fieberkrankheit. „Er hatte sie zuvor nie gesehen. Sie sprach lange mit ihm über religiöse Grundsätze. Nach ihrem Verschwinden war das Fieber von ihm gewichen und er fühlte sich geheilt. Als er später über sein Erlebnis sprach und ihm ein Foto gezeigt wurde, erkannte er darauf Clelia wieder. Der Mann bekehrte sich und sein Leben hat sich seitdem stark gewandelt."

Zu mehreren Aspekten der Stimmaudition im Sterbezimmer gibt es Parallelen in Berichten der Parapsychologie: 1. zur Stimmaudition als solcher, die nicht von allen geteilt wird;[1183] 2. zur Einhaltung eines gegebenen Versprechens jenseits des Todes; 3. zur (zunächst bestehenden) Bindung an den Sterberaum. Aus dem Angeführten erhellen auch Momente der spezifischen Differenz des christlichen Wunders: 1. die überpersönliche, überfamiliäre Ausdehnung des Phänomens:

Clelias Stimme wird einer großen Zahl von Menschen hörbar, gläubigen wie nichtgläubigen. Die Auditionen beschränken sich nicht auf das engere persönliche oder familiäre Umfeld der Heiligen und sind nicht an einen bestimmten Ort gebunden, auch wenn sie von dort ausgingen. 2. Die Auditionen und Erscheinungen sind ethisch und religiös motiviert („Symbol der Liebe", Bekehrung).

Therese von Lisieux (1873–1897)

Auch die heilige Thérèse Martin, eine Karmeliterin aus Lisieux in der Normandie, kündigte ihre posthumen Wirkungen zu Lebzeiten an. Die „kleine" Therese, wie sie zur Unterscheidung von ihrer spanischen Ordensschwester und Namenspatronin aus Avila genannt wird, gelangte zu großer Bekanntheit und weitverbreiteter Verehrung. Papst Pius X. bezeichnete sie 1914 als „die größte Heilige der Moderne". Von Pius XI. wurde sie 1923 und 1925 selig- und heiliggesprochen, von Johannes Paul II. 1997 zur Kirchenlehrerin erhoben.[1184] Zeugenaussagen über ihre posthumen Wirkungen sind in den beiden Bänden über die Prozesse ihrer Selig- und Heiligsprechung dokumentiert.

Thereses Wirkungsgeschichte basierte zu einem nicht geringen Teil auf ihrer als Buch gedruckten und vielfach übersetzten Autobiographie „Geschichte einer Seele".[1185] Die posthumen Wirkungen bestanden großenteils, aber nicht nur, in Wunderheilungen, manche verbunden mit Erscheinungen der Heiligen.[1186] Sie hatte diese Wirkungen vorausgesagt. Auf dem Sterbebett (sie starb mit 24 Jahren an Lungentuberkulose) war sie sich ihrer künftigen Rolle als Heilige bewußt. Sie sagte: „Ich will meinen Himmel damit zubringen, Gutes auf Erden zu tun",[1187] und: „Nach meinem Tode werde ich einen Rosenregen fallen lassen".[1188] Die Berichte über ihre posthumen Wirkungen wurden ab 1912 unter dem Titel *„Pluie de roses"* in mehreren Bänden gesammelt.[1189]

Sie sah auch den Kult um ihre Reliquien voraus und forderte ihre Mitschwestern auf, sorgsam die Materialien aufzubewahren, die für Amulette verwendet werden konnten, etwa Abfälle ihrer Fingernägel oder Rosenblätter, die sie berührt hatte.→[1190] Ihre Mitschwestern kamen der Aufforderung nach. Allein in Frankreich wurden zwischen 1898 und 1925 mehr als 17 Millionen „Reliquien und Bilder mit Reliquien" abgesetzt, also Schnipsel ihrer Briefe, Stoffstückchen ihrer Kleider, Splitter ihrer Möbel, Haare, von ihr berührte Rosenblätter.[1191] In Wunderheilungen spielten solche Amulette öfters eine Rolle, jeweils verbunden mit Gebeten, Andachten.[1192] Daß einem Gegenstand Eigenschaften, Kräfte unbekannter Art aufgeprägt sein können, wissen wir aus dem parapsychischen Phänomen der Psychometrie (s. Glossar). Dort geht es um das meist *tragische* Schicksal des Vorbesitzers, das einer medial begabten Person durch diesen Gegenstand außersinnlich erkennbar wird. Der Gegenstand dient dabei möglicherweise dazu, einen „telepathischen Rapport" zwischen Medium und Vorbesitzer herzustellen.[1193] Entsprechend könnte auch die *heilende* Wirksamkeit von Reliquien in einer mit dem Gegenstand verknüpften unbekannten objektiven Ursache begründet sein.

Zu den posthumen Wundern Thereses gehörten Wahrnehmungen von „Düften (wie Weihrauch, Rosen, Veilchen usw.) (...), die natürlicherweise unerklärlich waren", an verschiedenen Orten in ihrem Kloster. Fast alle Ordensfrauen – nicht alle – nahmen mit Unterbrechungen diese Düfte wahr. Die meisten Ordensfrauen „zeigten sich ihnen gegenüber skeptisch. Ich selbst" berichtete die Priorin, „konnte anfangs kaum daran glauben und fürchtete, Illusionen zu verfallen".[1194] Solche Duftwahrnehmungen nach dem Tod sind ein hagiographischer Topos,[1195] aber nicht in jedem Text nur intertextuell (aus anderen Texten) erklärbar. Sie stellten hier offenbar Erfahrungen dar, analog zu den Musikauditionen, die manchmal bei Sterbefällen vorkommen.[1196] (Therese selbst hörte auf ihrem Sterbebett „Töne eines fernen Konzertes".[1197]) Die Priorin antwortete auf die an sie gerichtete Frage: „Haben Sie selbst solche Düfte bemerkt?" „Ja, ungefähr zehnmal seit dem Tod der Dienerin Gottes. Aber ich ziehe die inneren Gnaden vor."[1198] Ihre abwehrende Reaktion war in Anbetracht der Sinnlichkeit der Duftwahrnehmungen verständlich. Daß nicht alle Nonnen diese Düfte wahrnahmen, läßt erkennen, daß es sich auch bei diesen Wahrnehmungen um *innere* Phänomene handelte.→[1199]

Was ist unter den „inneren Gnaden" zu verstehen, die die Priorin vorzog? Das wunderbare Auftauchen von Geldscheinen in der Klosterkasse in einer Zeit finanzieller Not eines Klosters[1200] stellte zweifellos in erster Linie eine *äußere* Gnade dar. Das gilt ebenfalls für alle Wunderheilungen, die sich unter Anrufung der Heiligen ereigneten und die auch außerhalb der Klöster häufig bezeugt sind. Innere Gnaden sind zum Beispiel Erfahrungen von Trost, Seelenführung, geistlicher Bestärkung, geistlichem Fortschritt. Einem 80-jährigen Priester erschien kurz vor seinem Tod die Heilige, die er sehr verehrte, und nahm ihm die Furcht vor der göttlichen Gerechtigkeit.[1201] Ein presbyterianisch-protestantischer Pfarrer trat, aufgrund von Erscheinungen und Eingebungen der Heiligen, zur katholischen Kirche über.[1202] Innere Gnaden sind weniger leicht beschreibbar und mitteilbar als äußere, denn, wie es in den Prozeßakten heißt: „Diese Gnaden, die zahlreicher sind als die Heilungen und die Erleichterung irdischer Übel, erfordern für gewöhnlich Verschwiegenheit für die vertraulichen Mitteilungen, welche die Kämpfe und Siege offenbarten."[1203] Über die italienischen Karmeliterinnen, denen der erwähnte Geldapport zugute kam, schreibt ihre Priorin in einem Bericht: „Alle Schwestern beteuern (...), daß jede einzelne, abgesehen von den zeitlichen Wohltaten, innere und sehr große Gnaden erhalten hat..."[1204]

Zwei Schützlinge Thereses

Maurice Bellière (1874–1907) war ein ungefähr gleichalter Geistlicher, mit dem Therese in briefliche Korrespondenz eintrat, nachdem er sich als junger Seminarist an den Karmel von Lisieux mit der Bitte um geistliche Unterstützung gewandt hatte. Er ging 1897 als Missionar der Pères blancs nach Afrika.[1205] Therese betrachtete ihn als ihren Schützling über ihren Tod hinaus. Als Sterbende schrieb sie ihm:

> „Lieber Bruder! Ich bin glücklich zu sterben, weil ich fühle (...), daß ich den Seelen, die mir teuer sind, mehr als hier auf Erden nützlich sein werde, besonders der Ihrigen. (...) Ich werde Ihnen ganz nahe sein, ich werde alles sehen, was Sie brauchen, und werde dem lieben Gott keine Ruhe lassen, bis er mir alles gegeben hat, was ich gerne hätte! (...) Meine Seele wird immer mit Ihnen sein (...). Alle diese Versprechungen, mein Bruder, werden Ihnen vielleicht ein bißchen schimärisch erscheinen (...)".[1206]

Nach ihrem „Aufbruch in das ewige Leben" werde die Beziehung zwischen ihnen keine briefliche Korrespondenz in irdischer Sprache mehr sein, sondern „ein geschwisterliches Gespräch, das die Engel erfreuen wird, ein Gespräch, das die Kreaturen nicht werden tadeln können, da es ihnen verborgen sein wird".[1207]

In seiner Verborgenheit bleibt dieses Gespräch für uns unfaßbar. Einige briefliche Äußerungen Bellières zeugen jedoch von ihm. In einer von der Karmeliterin Sœur Cécile († 2010) verfaßten Biographie Bellières lesen wir:

> „Therese lebt, das ist das Leitmotiv fast aller Briefe des neuen Afrikamissionars. Gegenwart einer Freundschaft, die dem Novizen für die Zukunft ‚große Kraft und großes Vertrauen' gibt. Er wiederholt unablässig: ‚Vom Himmel aus wacht sie über mich, ich empfinde es klar,→[1208] auch schreite ich kühn voran, des Zieles gewiß.' [24.11.97] ‚Ich fürchte nichts, denn ich weiß, daß sie bei mir ist.' ‚Ich bin immer noch erstaunt über ihr Eingreifen, sogar heute.' ‚Ich spüre, daß ihr Handeln meines lenkt – seit dem Noviziat habe ich mir das gesagt (wie oft!): ‚Therese, meine Schwester, Sie sind da, *Sie* haben dies getan, *Sie* erleuchten mich *(m'inspirez)*' – Und alles, was ich vom lieben Gott erbitte, erhalte ich.' [24.11.98]“[1209]

In einem anderen Text über Bellière steht:

> „Maurice wird unaufhörlich zu Therese beten und die Photographie, die sie ihm geschickt hat, bei sich behalten. ‚Ich weiß, daß sie bei mir ist, und ich habe die Angewohnheit, sie um Rat zu fragen, bevor ich eine Entscheidung treffe. Ich sage ihr: ‚Zeigen Sie mir, was ich tun soll.' Ihr Porträt steht immer vor mir und oft befinde ich mich vor ihm auf den Knien im Gebet, mit Glauben und Vertrauen.'“[1210]

Auf diese Weise wurde die Tote lange vor ihrer Selig- und Heiligsprechung verehrt. Die Zitate in den Texten sind aus Bellières Korrespondenz mit dem Karmel von Lisieux geschöpft und stammen aus seiner Zeit als Novize und Priesteramtsanwärter in Algier und Karthago, 1897–1901. Bellière, ab Oktober 1902 drei Jahre lang auf verschiedenen Stationen im heutigen Malawi (Südostafrika) tätig, starb 1907 im Alter von 33 Jahren.[1211]

Thereses zweiter Schützling, der China-Missionar Pater Adolphe Roulland (1870–1934), war ein anderer Menschentyp als Bellière, weniger sensibel und rezeptiv begabt, dafür energisch, entschieden und willensstark. Auch er war „überzeugt, durch ihre [Thereses] Fürsprache geistliche Gnaden erhalten zu haben“, wollte aber nicht darauf beharren, wie er in einer Sitzung des Seligsprechungsprozesses 1911 sagte.[1212] Er blieb (nach Suzanne Vrai) „immer sehr zurückhaltend über die geistlichen Gnaden, die ihm von seiten seiner geistlichen Schwester zugute kamen".[1213] Immerhin die wundersame Rettung von fast zweihundert chinesischen Schützlingen während eines von Banditen geplanten Überfalls im Jahr 1904 schrieb er dem Eingreifen Thereses zu.[1214]

Daß Thereses posthumes Wirken im Leben dieser beiden Missionare keine bloße Schimäre war, könnte durch Folgendes an Plausibilität gewinnen. Für die Art des Fortlebens einer Seele nach dem Tod kann es folgenreich sein, in welcher Haltung und mit welchen Vorsätzen ein Mensch in den Tod geht und welche Versprechen er zu Lebzeiten gegeben hat. Das lehren Beispiele der Parapsychologie.[1215] Therese war in ihren letzten Lebensmonaten ganz darauf ausgerichtet, nach ihrem Tod aktiv zu sein. Die Aktivität des Gebetes und Fürbittgebetes war ihr zu einer ständigen Haltung geworden. Ihre Vorstellungen vom Leben nach dem Tod waren (trotz Phasen der Anfechtung) sehr entschieden. Während sie im Sterben lag, schrieb sie an Père Roulland: „Ich beabsichtige wirklich, im Himmel nicht untätig zu bleiben, mein Wunsch ist es, weiter für die Kirche und die Seelen zu arbeiten, ich bitte den lieben Gott darum und ich bin sicher, daß Er mich erhören wird."[1216] Und einer Ordensschwester und zeitweiligen Priorin, die auch ihre leibliche Schwester war, sagte sie:

> „Ich fühle, daß ich im Begriff bin, in die ewige Ruhe einzugehen (...). Aber vor allem spüre ich, daß meine Aufgabe erst beginnen wird, meine Aufgabe, Seelen zu veranlassen, Gott zu lieben, wie ich ihn liebe, ihnen meinen kleinen Weg mitzuteilen. Wenn der liebe Gott meine Wünsche erhört, wird sich mein Himmel bis zum Ende der Welt auf der Erde abspielen. Ja, ich möchte meinen Himmel damit verbringen, auf Erden Gutes zu tun. Das ist nicht unmöglich, weil doch auch die Engel, während sie sich im Innersten der seligen Schau befinden, über uns wachen."[1217]

In dem Brief an Roulland schrieb sie: „Sind die Engel nicht ständig mit uns beschäftigt, ohne jemals aufzuhören, das göttliche Angesicht zu schauen und sich in dem uferlosen Ozean der Liebe zu verlieren?"→[1218]

Thereses geschwisterliche Verbundenheit mit den beiden jungen Geistlichen wird auch aus einer familiären Konstellation heraus verständlich. Ihre leiblichen Brüder waren im Kindesalter gestorben. Sie hatten Missionare werden sollen. Therese, die sich das Anliegen der Eltern zu eigen machte, wünschte inbrünstig, einen Priester und Missionar als Bruder zu haben. In Bellière und Roulland wurde ihr dieser

Wunsch auf eine unerwartete Weise erfüllt.[1219] Diese Konstellation könnte eine telepathische Einwirkung nach Thereses Tod begünstigt haben.

Parapsychologie und Wunder

Unter den Wunderberichten aus der Geschichte der christlichen Heiligenverehrung dominieren quantitativ, auch bei Therese, die Heilungswunder. Auf einen Jenseitsbezug deuten die die Heilung begleitenden Träume und Visionen hin, in denen der oder die angerufene Heilige dem gläubigen Patienten erscheint. Solche Erscheinungen geschahen seit der Frühzeit: „oft zeigt sich der Heilige selbst seinem Patienten", schreibt ein Kirchenhistoriker, ausgehend von spätantiken Wunderberichten.[1220] Auch im Mittelalter waren Krankenheilungen am Grab eines Heiligen „außerordentlich häufig" mit einer Vision oder Traumerscheinung dieses Heiligen verbunden.[1221]

Wir können in eine Erörterung des Wunders hier nicht eintreten.[1222] Nur ein paar Punkte seien angeführt. Posthume Wirkungen christlicher Heiliger unterscheiden sich von parapsychischen Phänomenen in mehrfacher Hinsicht. Das lehren die beiden bisher behandelten Beispiele:

Erstens sind die Erscheinungen der Heiligen bei ihren Wunderheilungen – im Unterschied zu den meisten guten Totenerscheinungen in der Parapsychologie – nicht auf einen kleinen Kreis von Familienangehörigen oder Freunden beschränkt, sondern beziehen sich auf einen größeren Personenkreis, unabhängig vom Ort und Zeitpunkt des Todes.

Zweitens beruhen die Wunder der Heiligen auf einer geistlichen, spirituellen Stärke, die durch lebenslange Übung (Askese),[1223] durch Gebet, Gottesdienst, Versenkung, Liebe und Bejahung des Leidens erworben worden ist. Der heilige Martin betete zu Lebzeiten manchmal lange, bevor er ein Wunder vollbrachte.[1224] Den Zeugnissen zufolge zielen sie auch auf geistliche Stärkung, auf Trost, auf Gottesliebe; sie sind ethisch-religiös ausgerichtet; was für die parapsychischen nur in Ausnahmefällen gilt. Die Vermutung drängt sich auf, daß beide Unterschiede ursächlich zusammenhängen: daß die Ausdehnung des Wirkungskreises auf erworbener geistlicher Stärke und Charisma beruht.

Drittens: Wunder sind aus christlicher Sicht zweideutig. Auch falsche Propheten (Mk. 13,22) und Dämonen tun Wunder. Erforderlich ist deshalb eine „Unterscheidung der Geister" (*discretio spiritum*).[1225] Christus lehnte es Satan gegenüber ab, Steine in Brot zu verwandeln (Mt. 4,3); später aber verwandelte er Wasser in Wein (Joh. 2). Er widerstand der Versuchung, mittels Wundern seine eigene Macht zu demonstrieren;[1226] Wunder sollten zum Glauben hinführen.→[1227] Im Neuen Testament wird die Bedeutung des Wunders immer wieder relativiert (Joh. 20,29). Manchmal forderte Christus von ihm Geheilte dazu auf, ihre wunderbare Heilung zu verheimlichen. Das gleiche forderten auch christliche Heilige zu Lebzeiten von Patienten, die sie geheilt hatten.[1228] Die großen Religionsstifter Buddha, Christus, Mohammed vollbrachten zwar Wunder, wollten aber keinesfalls vor allem als Wundertäter gesehen werden.[1229]

Die parapsychischen Wunder (etwa die von spiritistischen Medien vollbrachten Levitationen) wurden aus christlich-theologischer Sicht oft negativ beurteilt. Der Spiritismus galt als „das Werk böser Geister",[1230] als Ersatzreligion und als eine „List des Satans", um vom wahren Gottesdienst abzulenken.[1231] Der Jesuit Joseph de Tonquedec betonte indessen auch, er könne „in der Menge der parapsychischen Phänomene", von Ausnahmen abgesehen, „kein Anzeichen einer teuflischen Aktion außergewöhnlicher Art" erkennen.[1232] Die Auffassung, die meisten dieser Phänomene seien als solche ethisch und religiös neutral, „vorreligiös",[1233] setzte sich durch. Spiritismus als Form der Totenbeschwörung blieb in der katholischen Kirche jedoch verboten.[1234] – Auch im indischen Mahâyanâ-Buddhismus galten übernatürliche Kräfte eines Menschen als religiös indifferent. Sie konnten als Nebeneffekt spiritueller, yogischer Übungen erlangt werden, die nicht religiös motiviert waren. Auch böse Menschen konnten potentiell diese Kräfte erlangen. Die Fähigkeit, Wunder zu tun, galt zwar als eine *Voraussetzung*, um den Weg zur Buddhaschaft beschreiten und ein Bodhisattva werden zu können, war aber als solche kein Zeichen von Heiligkeit.[1235]

Seraphim von Sarow (1759–1833)

Seraphim war ein Priestermönch im Einödkloster von Sarow, der als Asket und Beter lange Zeit (21 Jahre) ein Eremiten- und Reklusendasein im Wald oder in einer Klosterzelle führte. Nach seiner Rückkehr in die mönchische Gemeinschaft wirkte er als geistlicher Vater (Starez) vieler Mönche und Nonnen, Novizen und Novizinnen, Laienbrüder und -schwestern. Er tat Wunder, heilte Kranke, trieb Dämonen aus. Als Seelsorger und Beichtvater konnte er in den Herzen seiner Beichtkinder lesen. Öfters sagte er Zukünftiges voraus. 1903 wurde er heiliggesprochen.

Auch dieser populäre russische Heilige sagte sein posthumes Wirken vorher: seine posthume Anteilnahme am Ergehen seiner Schützlinge, besonders der „Waisen", einer klösterlichen Gemeinschaft von Jungfrauen, deren geistliche Leitung ihm anvertraut worden war. Er soll zu diesen gesagt haben: „Wenn ich nicht mehr bin, kommt oft an mein Grab, kommt immer, wenn ihr Zeit habt, erzählt mir alles, was euch betrübt, sprecht zu mir wie zu einem Lebenden, denn für euch werde ich immer leben, ich werde euch hören, und euer Kummer wird vergehen."[1236] Daß ein heiliger Abt nach seinem Tod weiter für seine Schützlinge im Kloster sorgte, dafür gibt es in der Geschichte der russisch-orthodoxen Kirche auch andere Beispiele.[1237]

Die geistliche Leitung und das Wohlergehen der „Waisen" lag Seraphim wie zu Lebzeiten auch nach seinem Tod anscheinend am Herzen. Vera Zander schreibt über das Leben der „Waisen" in der Zeit nach dem Tod des Heiligen:

> „Die unsichtbare Gegenwart Vater Seraphims machte sich bei der geringsten Kleinigkeit ihres Lebens bemerkbar, und sie suchten seine geistliche Hilfe in allen ihren Nöten. Bisweilen wurde seine mystische Gegenwart durchaus wirklich und fühlbar. Zwei Jahre nach seinem Tode erschien er einer der Schwestern: Sie fühlte sich in die Kirche versetzt und sah Vater Seraphim in weißleuchtendem Gewand ihr entgegenkommen, ‚Bist du es, Väterchen?' rief sie. ‚Aber ja, meine Freude, erkennst du mich denn nicht? Du brauchst mich doch nur zu rufen. Ach, wie bist du ungläubig, weißt du denn nicht, daß ich täglich mit euch die Messe feiere?' Damit ging er durch die Königspforte in den Altarraum zurück."[1238]

Die Königspforte befindet sich in der Mitte der Bilderwand, die den Altarraum vom Kirchenschiff trennt. Der kranke Seraphim hatte sich vor seinem Tod während der Liturgie oft im Altarraum aufgehalten, weil die Gläubigen sich im Kirchenschiff zu sehr um ihn drängten.[1239] Zander schreibt weiter über die Zeit nach dem Tod des Starez:

> „Zahlreiche Fälle wurden bekannt, bei denen Vater Seraphim Menschen, die ihn bis dahin weder gesehen noch gekannt hatten, erschien und sie vor irgendeiner drohenden Gefahr warnte. Auch wunderbare Heilungen ereigneten sich nach wie vor in Diweewo [*dem Ort der ‚Waisen'*] und stärkten noch den unumstößlichen Glauben der ‚Waisen' an den Schutz ihres Starez."[1240]

Alle Wunder, die Seraphim zu Lebzeiten tat, vollbrachte er nach eigenem Verständnis nicht selbst, sondern als Werkzeug Gottes, erfüllt von Gottes Geist. Die heilige Jungfrau Maria, die ihm zwölf Mal im Lauf seines Lebens erschien, soll in mehreren dieser Visionen über ihn gesagt haben: „Er ist einer von uns",[1241] wie er berichtete. Eine dieser Marienvisionen wurde von einer Schwester, Eudoxia, miterlebt und bezeugt.

Die Lübecker Märtyrer († 1943)

Hermann Lange 1912–1943
Eduard Müller 1911–1943
Johannes Prassek 1911–1943
Karl Friedrich Stellbrink 1894–1943, ev.

Diese vier Lübecker Geistlichen, drei katholische Kapläne und ein evangelischer Pastor, wurden am 10. November 1943, anderthalb Jahre vor Kriegsende, enthauptet, weil sie ausländische Rundfunksender gehört hatten – das galt als „Rundfunkverbrechen" und Wehrkraftzersetzung – und in der kirchlichen Öffentlichkeit einer Predigt oder eines Gesprächskreises die Politik und Kriegführung des NS-Regimes kritisiert hatten. Sie werden heute als Märtyrer verehrt, weil sie die Rechtlosigkeit, Unmenschlichkeit und Barbarei des Regimes erkannten und kritisierten und für ihren Glauben in den Tod gingen. Die drei katholischen Kapläne wurden 2011, im Rahmen eines festlichen Pontifikalamtes in Lübeck, seliggesprochen, wobei ihres evangelischen Mitbruders ehrend gedacht wurde.

Die Abschiedsbriefe dieser Geistlichen an Angehörige oder Freunde geben Zeugnis von dem Gottvertrauen und der spirituellen Stärke dieser Männer und von der Freude, mit der sie dem Tod entgegengingen.[1242] Sie bekräftigen die Zuversicht auf ein postmortales Sein und Wirken. „Seid nicht traurig, daß ich nicht mehr bei Euch bin – von oben her bin ich immer bei Euch“, schreibt Hermann Lange, und:

> „Seht, die Bande der Liebe, die uns miteinander verbinden, werden mit dem Tod ja nicht durchschnitten. Ihr denkt an mich in Euren Gebeten und daß ich allzeit bei Euch sein werde, für den es jetzt keine zeitliche und räumliche Beschränkung mehr gibt, das ist ja klar!“[1243]

Karl Friedrich Stellbrink schreibt an seine Frau und seine Kinder:

> „Jetzt aber werde ich immer bei Euch sein. Zeit und Raum sind keine Grenzen mehr für mich, und allezeit werde ich vor Gottes Angesicht stehen mit meiner Fürbitte für euch. Immer wird meine Seele Euch umschweben, sich mit Euch freuen, mit Euch auch Leid und Schweres tragen, bis wir einst uns dort wiedertreffen, wohin ich Euch nun vorangehe.“[1244]

Johannes Prassek schreibt einem Beichtkind:

> „Wenn der liebe Herr mich jetzt ruft, – es ist so unbegreiflich, dass das Wunderbare möglich sein soll! – dann sollen Sie nicht traurig sein oder sich verlassen fühlen, Sie nicht und all die Anderen auch nicht. Ich bin dann nicht fern von Euch, dann bin ich Euch allen viel näher; und wenn dann wieder Ihre dunklen Stunden kommen, dann werden Sie wieder irgendwo auf einem Sofa sitzen und wir werden miteinander sprechen, anders als früher, aber doch wirklich. Und ich werde Ihnen helfen, anders als früher, aber besser und sicherer. Mein Beten für Sie und alle hört drüben ja nicht auf, im Gegenteil, alles Störende und Ablenkende fällt dann fort, es wird alles leichter gehen.“[1245]

Die Glaubenssicherheit der vier Märtyrer bewährte sich im Tod. Ihr Glaube wurde durch ihre Tode bezeugt (griech. *martys* bedeutet Zeuge). Diese Männer wirkten auch posthum, durch die Erinnerung an sie, als Vorbilder.[1246] Für Nachtodkontakte gibt es keine Zeugnisse. Einzelne Märtyrer wurden schon unmittelbar nach ihrer Hinrichtung als „Schutzengel“ und „Fürsprecher für uns an Gottes Thron“ bezeichnet. Josef von de Berg schrieb am 27.11.1943 an seinen Bruder Franz, einen Freund Eduard Müllers: „So mußt Du also trotz allem dankbar sein, geistlich froh, daß Edu[ard] nun als gleichsam zweiter Schutzengel immer bei Dir und für Dich da ist.“[1247]

Ein konfessioneller Unterschied zwischen den Geistlichen lag darin, daß Stellbrink, der als einziger von den Vieren eine Ehefrau und Kinder zurücklassen mußte, eine Wirkung aus dem Jenseits verneinte. Er schrieb: „Ihr aber bleibt nun zurück und habt noch alles Kämpfen und Ringen vor Euch. Und ich kann Euch dabei nicht mehr helfen, wie ich es so liebend gern noch getan hätte."[1248] Dagegen glaubten die Kapläne an eine Fortsetzung ihrer seelsorgerlichen und missionarischen Tätigkeit nach ihrem Tod. Eduard Müller schrieb seinem Bischof: „Und wenn ich an Gottes Thron stehen darf, dann werde ich dort helfen am Aufbau des Reiches Gottes in unserem lieben Vaterland und besonders in Ihrer Diözese."[1249] Der konfessionelle Unterschied, der hier sichtbar wird, macht anschaulich, warum der Katholizismus als eine Art von Spiritismus im weitesten Sinn bezeichnet werden konnte.[1250]

Angesichts des unmittelbar bevorstehenden Todes sprachen alle vier Märtyrer freudig und gewiß von ihrem postmortalen Sein. Das war die Perspektive des siegreichen Glaubens, die Perspektive einer im Glauben vorweggenommenen Vereinigung mit Gott. Der heutige laienhafte Leser hingegen, in der Begrenztheit seines irdischen Lebens, sieht sich dem Tod als einer undurchdringlichen Wand gegenüber. Seine Glaubensversuche werden von Zweifeln begleitet. Auch vielen Heiligen blieben Zweifel nicht erspart. Für Therese von Lisieux verschloß sich der Himmel in den qualvollen letzten vierzehn Monaten ihres Erdenlebens, während eine innere Stimme ihr immer wieder einreden wollte, nach dem Tod erwarte sie „die Nacht des Nichts".[1251] Sie betrachtete diese Erfahrung, die den dunklen Hintergrund der Äußerungen aus ihrer letzten Zeit bildet, als eine schwere Prüfung.

Nachtodkontakte, postmortale Wirkungen, Brückenschläge zwischen Diesseits und Jenseits stellen etwas Geheimnisvolles dar. Rilke, der in Distanz zum Christentum lebte, empfahl, das Geheimnis *als solches* anzunehmen. Christliche Glaubensgewißheit überspringt dieses Rätselhafte des Transzendenzbezuges, das aus irdisch-menschlicher Sicht besteht. Bei Gott ist die Grenze und Dunkelheit des Todes überwunden, sind Zweifel aufgehoben. Gemessen an moderner Skepsis verkörpert der Glaube das Rätselhafte gewissermaßen selbst. Aus christlicher Sicht ist er selbst Heilsgeschehen und damit „das eigentliche Wunder".[1252]

§ 19. Heilige und „arme Seelen“

Kirchenlehrer über das Wirken der Heiligen

Daß Heilige nach ihrem Tod auf Erden wirken, glauben viele Christen der römisch-katholischen Kirche und der christlich-orthodoxen Kirchen. Der Glaube an ein solches Wirken war mit dem christlichen Heiligenkult seit früher Zeit verbunden. Origenes († 254) schreibt in seinem Kommentar zum Hohen Lied, „daß alle Heiligen, die aus dem Leben abgeschieden sind, immer noch Liebe (*caritas*) hegen für die, die in dieser Welt sind, sich um deren Heil sorgen, ihnen mit Gebeten und mit ihrer Fürbitte bei Gott helfen“.[1253] Diesen Gedanken vertritt der Autor auch in seinem Kommentar zum Johannes-Evangelium. Die Herausgeberin erläutert den Gedanken dort, indem sie thematisch zugehörige Stellen aus anderen Schriften des Autors anführt. Wir zitieren einen Passus aus dieser Stellenkompilation, dessen erster Satz sich auf eine postmortale Erscheinung des alttestamentlichen Propheten Jeremias (2. Makk. 15, 11–16) bezieht:

> „Sein [Jeremias'] Gebet ist der Liebe geschuldet, die, weit entfernt davon, mit dem irdischen Leben zu erlöschen, bei den Seligen klarer wird und ihre Vollkommenheit erreicht. Patriarchen, Propheten, Apostel, alle Gerechten, alle Heiligen, die vor uns entschlafen sind, die dieses Leben und ihren Körper verlassen haben, sind in Sorge um das Heil der noch auf Erden lebenden Menschen (...); besser als auf Erden sorgen sie für die, für die sie Verantwortung trugen: sie helfen ihnen durch ihre Fürsprache, kämpfen mit ihnen und vernichten ihre Feinde; sie treten nachdrücklich für die Vergebung ihrer Sünden ein und erreichen diese. Sie vereinigen sich schließlich mit den Gläubigen, die zur Stunde des Gebets in den Kirchen versammelt sind.“[1254]

Origenes' Darlegungen werden durch die Formen des Wirkens, von denen wir im vorigen Paragraphen gehört haben, illustriert: die Teilnahme von Heiligen am irdischen Kampf (Therese bei der Ausbildung des Afrikamissionars), ihre Teilnahme am Gottesdienst (Clelia, Seraphim), ihre Fürbitten (Lübecker Märtyrer). Moderne Selige und Heilige könnten Origenes' Gedanken gekannt haben, sei es durch Lektüre seiner Schriften oder durch andere Autoren, die seine Gedanken weitertrugen.→[1255] Die Erfahrungen, auf die es uns ankommt, lassen sich aus Texten nicht ableiten. Origenes sagte, er habe seine Lehre über die Fürbitte der Heiligen von einem seiner alten Lehrer übernommen. Nach Johann Peter Kirsch handelt es sich um „eine in der ganzen Kirche verbreitete Glaubensanschauung, welche wir bereits in der nachapostolischen Zeit vorf[i]nden".[1256]

Der heilige Basilius († 379) zählte in einer Rede alle Wohltaten auf, die der heiligen Mamas († ca. 275) seinen frommen Verehrern erwies:

> „Erinnert euch des Märtyrers, ihr alle, die ihr in Träumen seine Gegenwart genossen habt, ihr alle, die ihr hierher gekommen seid und im Gebet seine Unterstützung gefunden habt; ihr alle, denen er in ihren Verrichtungen geholfen hat, sobald ihr seinen Namen angerufen habt; ihr, die er von einer Reise zurückgebracht hat; die er aus einer Krankheit aufgerichtet hat; denen er schon gestorbene Kinder zurückgegeben hat; deren beschränkte Lebenszeit er verlängert hat – vereinigt alle diese Liebesdienste, um gemeinsam sein Lob zu feiern."[1257]

Die Stelle zeigt, daß „innere Gnaden" (hier die Präsenz und Unterstützung in Traum und Gebet) im 4. Jahrhundert für ebenso wichtig und erwähnenswert gehalten wurden wie „äußere". Die Unterscheidung äußerer und innerer „Gnaden" (Wunder) ist traditionell. Thomas von Aquin unterschied zwischen körperlichen und geistigen Wundern.[1258] Für das mittelalterliche Frankreich unterscheidet ein Historiker zwischen praktischen Wundern (wie Heilungen) und Wundern der Überschreitung von Erfahrung (wie Visionen, Erscheinungen, Jenseitsreisen).[1259]

Heilige konnten zu Lebzeiten ihre spätere postmortale Wirksamkeit voraussehen. Therese von Lisieux verstand sich in ihrem künftigen Wirken als ein Medium Gottes. Vom Himmel aus wollte sie durch ihre Fürbitte bei Gott auf Erden wirken. Ihre Gewißheit erhört zu werden stimmte mit der theologischen Dogmatik überein. Thomas von Aquin begründet die Wirkmacht von Heiligen in der engen Verbindung, ja Identifikation ihres Willens mit dem göttlichen Willen. „Je mehr die Heiligen, die im Himmel sind, von vollkommenerer Liebe sind [*als zuvor auf Erden*], umso mehr beten sie für die Erdenpilger, denen durch Gebete geholfen werden kann; und je verbundener sie Gott sind, desto wirkmächtiger sind ihre Gebete."[1260] „Sofern sie (…)

durch ihre Gebete für uns etwas verlangen, werden sie immer erhört, weil sie nur das wollen, was Gott will, und nur um das bitten, dessen Erfüllung sie wollen".[1261]

Die katholische Lehre von der Fürbitte der Heiligen baut auf Gedanken von Augustin, Gregor dem Großen und Thomas von Aquin auf, wie Johann Baptist Walz in einem Buch von 1927 darlegt.[1262] Diese Denker stellten unter anderem die Frage, ob und wie die Heiligen von den Anliegen der Gläubigen überhaupt wissen können; wie sie deren Gebete vernehmen können.[1263] In seiner Schrift „Die Sorge für die Toten" schreibt Augustin († 430): „Es können die Toten auch von den Engeln, welche bei den irdischen Geschehnissen gegenwärtig sind, etwas erfahren, was jeder einzelne von ihnen erfahren muß nach dem Urteil dessen, dem alles unterworfen ist."[1264] Oder sie können von anderen Toten, „abgeschiedenen Seelen, die zu ihnen im Jenseits stoßen", etwas über die Vorgänge auf Erden hören, oder „durch Offenbarungen des Geistes Gottes".[1265]

Gregor der Große († 604) begründet das Wissen der Heiligen mit ihrer nach dem Tod erlangten Gottesschau. Es sei „keinesfalls zu glauben, daß es für jene [heiligen Seelen], die drinnen die Klarheit des allmächtigen Gottes schauen, draußen etwas gibt, was sie nicht wissen".[1266] Nach Thomas von Aquin († 1274) erkennen die Heiligen unsere Gebete „dadurch, daß sie Gott ihnen offenbart".[1267] „Den Seligen wird im Wort [= *in Gott*[1268]] das offenbart, das ihnen von den Dingen zu wissen geziemt, die bei uns geschehen, auch was die inneren Bewegungen des Herzens betrifft."[1269] Die Kommunikationen im Jenseits werden von dem allumgreifenden Bewußtsein Gottes ermöglicht gedacht, „in" dem die Verstorbenen sind, ohne dadurch selbst allwissend zu sein. Die Begrenztheit des Erkenntnishorizontes der Verstorbenen, der *animae separatae* (den vom Leib getrennten Seelen), bleibt nach Thomas erhalten.[1270]

Worin liegt der Grund für den Erfolg der Fürbitte der Heiligen? Augustin fragt: „Warum vermögen selbst die Toten so Großes, die für diesen Glauben, der eine solche Auferstehung verkündet, in den Tod gegangen sind?"[1271] Er erklärt, daß „diese Frage die Kräfte meines Geistes übersteigt, *wie* die Märtyrer denen helfen, von denen zweifellos feststeht, daß ihnen durch sie geholfen wird". Diese Frage sei „zu hoch, als daß sie von mir entschieden werden könnte."[1272] Thomas beantwortet die Frage in einer Weise, die seither als dogmatisch korrekt angesehen wird: nur Gott selbst kann „der Urheber unserer Güter" sein.[1273] Nicht die Heiligen tun Wunder, sondern Gott tut sie aufgrund der Fürbitte der Heiligen.

Auch die Wunder, die Heilige zu ihren Lebzeiten tun, werden nach Thomas in Wahrheit durch Gott bewirkt, aufgrund der Fürbitten der Heiligen. Allerdings können „gewisse Heilige bisweilen ‚aus Machtvollkommenheit' (*ex potestate*) und nicht nur durch Fürsprache (*ex intercessione*) Wunder tun", wie Thomas sagt. [1274] Er beruft sich dabei auf den heiligen Gregor. Die „Schnelligkeit des Wunders" (Gregor)[1275] könne es nötig machen anzunehmen, daß der umständliche ‚Instanzenweg' von Fürbitte und Erhörung übersprungen wird. Aus „Machtvollkommenheit", das heißt, daß in den Heiligen eine göttliche Kraft wirkt, ein Charisma.[1276]

Im Alten Testament läßt die Engelvorstellung an manchen Stellen eine klare Unterscheidung zwischen Gott und Engel nicht zu, weil Gott selber im Engel ist (2. Mose 23, 21; wörtlich: „sein Name ist in ihm"). Der Engel ist „göttliche Manifestation". Eine solche „unscharfe Denkweise"[1277] wäre wohl auch im Hinblick auf das Wirken der Heiligen den Phänomenen angemessener. Die Annahme, daß Gott den Heiligen unsere Gebete zur Kenntnis gibt und daraufhin die Fürbitten der Heiligen erhört,[1278] daß er also zwischen den Heiligen und uns in beiden Richtungen vermittelt, ist eine gedankliche Konstruktion. In der scholastischen Dogmatik wird zwar, wie in der Bibel, theistisch über Gott als Person, als abgrenzbares Individuum gesprochen, über dessen „Willen" definite Aussagen gemacht werden können. Andererseits schreibt Thomas aber: „Gott (...) als die denkbar größte Kraft, wirkt unmittelbar in allen Dingen".[1279] „Die göttliche Wesenheit (*essentia*) ist ein hinreichendes Mittel, um alles zu erkennen", heißt es im Ergänzungsband der „Theologischen Summe".[1280] Solche Formulierungen erweitern den Begriff Gottes ins Überpersönliche. Versucht man, den personhaften Aspekt mit den überpersönlichen Aspekten Gottes zusammenzudenken, so versteht man Thomas' Worte, daß Gottes Wesen „kein Mensch im Stande dieses Lebens mit seinem Verstand begreifen kann."[1281]

Wie sich gezeigt hat, gibt es zwischen den Phänomenbereichen der Theologie und der Parapsychologie Überschneidungen. Manche unerklärlichen Phänomene, die die Parapsychologie beschäftigen, fielen für Augustin und Thomas in die Zuständigkeit der Theologie. Für

Augustin war die Hellsicht Elisas (2. Kön. 5,26) ein Beispiel für das geistige Sehen, mit dem die Seligen Gott schauen.[1282] Thomas begründete die Möglichkeit der prophetischen Zukunftsschau damit, „daß unsere Seele rein Geistiges um so besser zu fassen vermag, je mehr sie das Körperliche abstreift. Darum werden ihr göttliche Offenbarungen und ein Schauen in die Zukunft vor allem im Traum zuteil und wenn sie den Sinnen entrückt ist."[1283]

Für die Frage, wie die Heiligen im Himmel von unseren Nöten wissen können, weist Walz auch auf analoge irdische Phänomene wie Hellsicht, Kardiognosie (Herzenserkenntnis) und Gedankenlesen hin. Die Bibel berichte „von heiligen Männern (...), die *auf Erden* schon Verborgenes, Gedanken und Werke von Abwesenden, erkannten". Er erklärt diese Phänomene aus „göttlicher Erleuchtung".[1284] Aus Gottes Allwissen kann auf Augenblicke für einzelne lebende Menschen übernatürliches Wissen fließen. Nach Augustin und Thomas verdankt sich auch das Zukunftswissen der Propheten oder der Toten göttlichen Mitteilungen.[1285] Phänomene wie Telepathie, Hellsicht und Präkognition weisen in dieser Sicht auf Gott als ihre Quelle. Auf die Beziehung von katholischer Theologie und Parapsychologie kommen wir im Epilog zurück.

Die Gemeinschaft der Heiligen

a) Das apostolische Glaubensbekenntnis spricht von der christlichen Kirche als einer „Gemeinschaft der Heiligen".[1286] Hier sind mit den Heiligen nicht nur die Märtyrer und anderen herausragenden Gestalten gemeint, die von der Kirche verehrt und angerufen werden, sondern gemäß neutestamentlichem Sprachgebrauch alle frommen Gläubigen, die durch die Taufe von Sünden gereinigt und durch Gemeinschaft mit Christus geheiligt sind.[1287] Die Märtyrer und anderen Ausnahmegestalten sind als Heilige im eminenten Sinn von den übrigen gerechten Getauften zu unterscheiden.

Diese beiden Bedeutungen des Wortes „Heilige", die weitere und die engere, hängen sachlich miteinander zusammen. (Wir folgen hier einer Darstellung von Romano Guardini.) Die Getauften der Urgemeinden waren anfänglich vom Heiligen Geist so ergriffen und erfüllt, daß die Menge der Gläubigen „*ein* Herz und *eine* Seele" war (Apg. 4,

32). Die Geistergriffenheit manifestierte sich in Begabungen (Charismen), zu denen auch paranormale Fähigkeiten wie Prophetie, Kardiognosie, Xenoglossie und Wunderheilungen gehörten (1. Kor. 12 und 14). „Der ursprüngliche Begriff des Heiligen war (...) pneumatischer Natur" (Guardini).[1288] Dieses ‚Wehen' des Geistes schwächte sich freilich bald ab. Später, als das Christentum zur Staatsreligion und im Mittelalter zur kulturprägenden Macht und dadurch alltäglich und gewöhnlich geworden war, brach das Charismatische in den einzelnen außergewöhnlichen Heiligengestalten erneut durch.

b) Wir wenden uns nun der Gemeinschaft der Heiligen zu, die alle getauften Gerechten umfaßt. Lebende und tote Gläubige stehen nach christlicher Überzeugung durch den göttlichen Geist in einer übersinnlichen, geistlichen Gemeinschaft: sie bilden den mystischen „Leib Christi" (nach 1. Kor. 12, 12–27).[1289] „Die durch die Erlösungsgnade geheiligten Glieder des Gottesreiches auf Erden und im Jenseits stehen mit Christus, dem Haupt, und untereinander in einer übernatürlichen Lebensgemeinschaft", heißt es in einer katholischen Dogmatik.[1290] In der Gemeinschaft von Lebenden und Toten sieht Augustin ein Kennzeichen der christlichen Kirche. Er schreibt: „die Seelen der verstorbenen Frommen sind nicht etwa von der Kirche getrennt, die schon jetzt das Reich Christi bildet. Denn sonst würde ihrer nicht am Altar in der Gemeinschaft des Leibes Christi [*beim Abendmahl*] gedacht werden."[1291] Der Begriff „Gemeinschaft der Heiligen" wird (nach Wilhelm Breuning) seit der Väterzeit „auf eine ausdrückliche Interkommunikation zwischen jenseitigen Heiligen [*seligen Getauften*] und der irdischen Kirche hin angewandt".[1292]

Interkommunikation meint hier zunächst die Gemeinschaft der lebenden und toten Frommen untereinander und mit Christus in der Feier der Eucharistie. Gregor der Große umschrieb das Ereignis dieser Feier mit folgenden Worten: „wer von den Gläubigen möchte daran zweifeln, daß gerade in der Opferstunde auf die Stimme des Priesters hin die Himmel sich auftun, daß bei diesem Geheimnis die Chöre der Engel zugegen sind, daß Oben und Unten sich verbinde[n], daß Himmel und Erde sich vereinig[en], Sichtbares und Unsichtbares eins wird?"[1293] (Die Eucharistie wurde als Opfer begriffen.[1294]) Zur Gemeinschaft der Heiligen gehören Wechselwirkungen zwischen Diesseits und Jenseits, wie Anrufungen der Heiligen und Erhörungen der Gebete. Der Tod zerbricht diese Gemeinschaft nicht, im Gegenteil:

„Nach christlichem Glaubensverständnis wird die Interkommunikation der Menschen durch den Tod nicht geringer, sondern größer; die [*eminenten*] Heiligen stehen den Lebenden (und erst recht den übrigen Seligen) nicht ferner, sondern näher [*als vor ihrem Tod*]", schreibt Gisbert Greshake.[1295] Man denkt an Prasseks Worte: „dann bin ich Euch allen viel näher".

Die Basis dieser Interkommunikation, die Zugehörigkeit zur Kirche als dem mystischen Leib Christi, wird durch Taufe, Sündenbekenntnis und Sündenvergebung gelegt. Sie ist also nicht naturgegeben, anders als die zwischen Verwandten oder Freunden bestehende seelische Verbundenheit, die telepathischen Kommunikationen oft zugrunde liegt. Gläubige haben mit den Verstorbenen Gemeinschaft „in Christus".[1296] Daraus ergibt sich „die wahre Perspektive hinsichtlich der Verstorbenen: wir sollen sie *in Christus* denken, lieben; wir suchen keine *direkten* Beziehungen zu ihnen."[1297] Mit diesen Worten dürfte eine heute verbreitete überkonfessionelle Sichtweise formuliert sein. Für die katholische Kirche jedoch folgt aus dem Gedanken der „Gemeinschaft der Heiligen" bis heute, daß eine Kommunikation mit Verstorbenen, nicht nur mit eminenten Heiligen, möglich ist. „Wo Gemeinschaft ist, da ist auch Kommunikation", erklärte 1999 ein theologischer Kommentator der Zeitschrift „L'Osservatore Romano" des Vatikan bei diesem Thema, und sie umfaßte für ihn ausdrücklich auch die Inspiration Lebender durch verstorbene Angehörige.[1298]

Im antiken Christentum wurden, wie Inschriften beweisen, die Seelen verstorbener Verwandter angerufen und um ihre Fürbitte gebeten.[1299] Man dachte sie im Besitz der Seligkeit (im Paradies, im Reich Gottes). Darauf weisen bei manchen Inschriften Zusätze hin wie „weil wir dich in Christus wissen".[1300] Die seligen Verstorbenen und mehr noch die Heiligen im eminenten Sinn galten wegen ihrer Nähe zu Gott, zu Christus als wirksame Fürsprecher.[1301] Man erhoffte sich von ihren Fürbitten die Vergebung der Sünden, Erlösungsgnade und das Eingehen in die ewige Seligkeit. Gregor von Nazianz († 390) zweifelte nicht daran, daß sein verstorbener Vater, der ein Bischof gewesen war, jetzt nach seinem Tod für die Gemeinde „durch seine Fürbitte mehr wirkt als früher durch seine Belehrungen, sofern er Gott näher ist, da er die körperlichen Fesseln abgeschüttelt (...) hat."[1302] Origenes konnte einen Freund sogar zum Martyrium ermahnen „mit der Begründung, daß er durch seinen Tod seinen Kindern mehr nütze, indem er sie dann verständiger lieben und mit mehr Einsicht für sie beten werde“, als wenn er bei ihnen bliebe.[1303] Auch zeitliche, irdische Güter konnten in den Anrufungen der eminenten Heiligen erbeten werden, etwa Hilfe in „leiblichen Nöthen“.[1304] Für das Erbitten solcher Güter von gewöhnlichen Verstorbenen geben die Inschriften keine Beispiele.

Im Mittelalter fand die „Gemeinschaft der Heiligen“ ihren Ausdruck unter anderem im Suffragienwesen (vgl. §§ 16f.): im Gedanken der geistlichen Hilfe, der Übertragbarkeit der Verdienste, derzufolge ein Christ seine guten Werke (etwa Almosen) einem anderen, auch einem Toten, geistlich zueignen und quasi gutschreiben lassen konnte. Es bestand eine „Solidargemeinschaft“ (Le Goff) der Lebenden und der Toten.[1305] Während Pierre du Brui in der Kirche des 12. Jahrhunderts einen individualistischen Standpunkt vertrat und Suffragien ablehnte, begründete Petrus Venerabilis, in seiner Kritik an diesem ‚Ketzer‘, das Suffragienwesen mit dem Gedanken der „Gemeinschaft der Heiligen“.[1306]

c) Die Unterscheidung zwischen eminenten Heiligen und gewöhnlichen verstorbenen Christen spiegelt sich bis heute in der kirchlichen Trennung des Festtages Allerheiligen vom Gedenktag Allerseelen. Die beiden Arten von „Heiligen“, in der „Gemeinschaft der Heiligen“ vereint, haben für das Leben der Gläubigen unterschiedliche Bedeutungen. Sie lassen sich aber nicht strikt trennen, wie wir im Folgenden hervorheben. Uns interessiert dabei die Frage, inwieweit das Wirken der eminenten Heiligen mit dem der gewöhnlichen Toten verwandt ist und aus parapsychischen Keimen erwächst und gespeist wird. Wir können diesen Fragenkomplex hier nur andeuten.

Eine Verehrung von Heiligen geht nie ursprünglich von der Amtskirche aus, sondern immer vom Kirchenvolk.[1307] Erfahrungen aus dem persönlichen Umfeld eines künftigen Heiligen können zur Entstehung eines Rufes der Heiligkeit (*fama sanctitatis*) dieses besonderen Menschen führen. Solche Erfahrungen (wie zum Beispiel Wunder) können sich über das engere Umfeld hinaus in lokale Bevölkerungsgruppen ausbreiten; Heiligenverehrung ist oft ursprünglich lokal begrenzt. Eine offizielle kirchliche Anerkennung (Kanonisation) durch den Papst hebt die Verehrung des Heiligen über die Sphäre privater biographischer Beziehungen und über die lokale Sphäre hinaus. Durch eine Heiligsprechung wird die *vox populi* bestätigt. Oft wurden jedoch, etwa in Ordensgemeinschaften, auch Heilige verehrt, die nie kanonisiert wurden;[1308] das wurde von der Kirche als privater Kultus gestattet. Oft wurden in Diözesen lokal bekannte Persönlichkeiten (zum Beispiel Bischöfe) als Heilige verehrt und gefeiert, deren Kanonisierung erfolglos betrieben oder nie veranlaßt wurde.[1309]

Der christliche Heiligenkult setzte sich von Anfang an der Begrenzung des Ahnenkultes auf das Kollektiv der Familie entgegen.[1310] Heiligenverehrung wurzelte in individuellen Erfahrungen. In unserem Zusammenhang stellt sich die Frage, welche Bedeutung den Erfahrungen in direkten persönlichen Beziehungen für die Genese der Heiligenverehrung zukommt. Denn persönliche Beziehungen sind es vor allem, in denen parapsychische Vorgänge nach heutigen Maßstäben vor allem stattfinden. Auch Christus selbst erschien als Auferstandener auf Erden (also vor seiner Himmelfahrt) „nicht dem ganzen Volk" (Apg. 10, 41),[1311] sondern nur seinen Jüngern, Menschen, die zu ihm in einer engen persönlichen Beziehung gestanden hatten. Das früheste Zeugnis für die Erscheinungen des Auferstandenen findet sich im Ersten Korintherbrief, wo es heißt, „dass er dem Kephas [Petrus] erschien, dann den Zwölfen. Hernach erschien er mehr als fünfhundert Brüdern auf einmal" (1. Kor. 15,5f.). Hier wird der Prozeß einer fortschreitenden Ausweitung beschrieben, der von der Erfahrung eines einzelnen Nahestehenden, des „hervorragendsten Apostels",[1312] ausging. Ähnlich wie in der Parapsychologie stellt sich die Frage, wie solche kollektiven Visionen zustande kommen (vgl. oben, S. 40ff.). Ob sich beim Wirken anderer Heiliger der Kirchengeschichte ähnliche Ausweitungsprozesse beobachten lassen, können wir hier nicht untersuchen.[→1313] Man kann vermuten, daß in der Genese eminenter Heiliger deren persönliche Beziehungen zu Verwandten, Landsleuten oder Freunden, zu Ordensbrüdern oder -schwestern eine Rolle spielten. Dazu noch ein paar Hinweise.

Im Ergänzungsband zur „Theologischen Summe" des Thomas von Aquin heißt es, daß die eminenten Heiligen nach ihrem Tod „die Zuneigung der Liebe zum Nächsten bewahren". Es sei zu glauben, „daß sie ihren Angehörigen viel dadurch helfen, daß sie für diese Fürbitte einlegen."[1314] Durch persönliche Beziehungen kann eine „spezifische Fürbitte bestimmter Heiliger für bestimmte Personen [und] Orte" (Walz) entstehen.[1315] Wenn zum Beispiel einzelne Adlige zu Heiligen wurden, gelangten deren Familienmitglieder „zu direkten Fürsprechern".[1316] Solche besonderen Beziehungen konnten schon *vor* der

Heiligsprechung oder der Anerkennung von Heiligen bestehen. Unmittelbar nach ihrem Tod konnten künftige eminente Heilige von ihren Verwandten, Freunden oder Landsleuten verehrt und angerufen werden. (Ein Beispiel aus dem 20. Jahrhundert haben wir oben, im Abschnitt über die Lübecker Märtyrer kennengelernt.) Persönliche Beziehungen spielten für die Verehrung und Anrufung Verstorbener seit der Frühzeit eine Rolle. Johann Peter Kirsch schreibt über das antike Christentum: „Die Gläubigen riefen nämlich hauptsächlich solche Verstorbene um ihre Intercession [Fürbitte] bei Gott an, die ihnen nahe gestanden hatten im Leben und zugleich durch ihren frommen Wandel sich Gottes Wohlgefallen verdient hatten, so dass man überzeugt war, ihre Fürsprache werde um so eher Erhörung bei Gott finden.“[1317] Auch im Mittelalter mußten die Angerufenen keine offiziell anerkannten Heiligen sein. Papst Innocent IV. gestand im 13. Jahrhundert ausdrücklich zu, „daß jedermann berechtigt ist, einen Toten um Fürbitte anzurufen, von dem er glaubt, daß dieser ein guter Mensch gewesen sei“. Nur dürfe kein Gottesdienst zu Ehren dieses Toten gefeiert und keine feierlichen Gebete zu seinen Ehren gesprochen werden[1318] – solange er nicht vom Papst offiziell heiliggesprochen war. Die Heiligenverehrung erscheint im Licht dieser Zitate als besonderer Fall einer Verehrung einzelner guter Verstorbener.

Die Anrufung der „armen Seelen“

Seelen im Fegefeuer werden, nach volkstümlichem Sprachgebrauch seit dem Mittelalter, „arme Seelen“ genannt. Diese Menschen haben, so die kirchliche Lehre, auf Erden keine schweren Verbrechen, sondern nur leichte („läßliche“) Sünden begangen und müssen diese nach ihrem Tod im Fegefeuer abbüßen, falls eine Sühne nicht schon vor dem Tod geleistet wurde. Ihre Buße ist zeitlich begrenzt, je nach Anzahl und Schweregrad der Sünden. Nur durchaus guten Menschen bleibt das Fegefeuer erspart. Arme Seelen können nach katholischer Lehre von ihren lebenden Verwandten und Freunden unterstützt werden, ihre Zeit im Fegefeuer kann durch Fürbittgebete und andere Suffragien verkürzt werden. Sie werden von ihren Verwandten und Freunden aber auch um Hilfe und Fürbitte angerufen.

Diese Anrufung der armen Seelen um Hilfe und Fürbitte war unter Theologen jahrhundertelang umstritten. Auf der Grundlage von Aussagen der kirchlichen Lehrautoritäten trugen katholische Theologen diese Kontroverse zwischen 1897 und 1933 erneut aus.[1319] Daß gläubige Christen privat die Seelen *ihrer* Verstorbenen anriefen, geschah außerhalb der Amtskirche und ohne liturgische Form. Die Praxis, „sich der Fürbitte der Seelen des Fegfeuers, und zwar auch bezüglich ganz bestimmter Anliegen und Bedürfnisse, zu empfehlen", sei eine „unter den Gläubigen weit verbreitete", schrieb B. Dörholt 1897.[1320] „Es sind besonders große Nöthen (*sic*), in welchen sich die gewöhnlichen Gläubigen an die armen Seelen wenden, zumal wenn die Verstorbenen selbst an den Angelegenheiten noch betheiligt waren", heißt es bei Constantin Gutberlet 1904.[1321]

Diese Praxis war unter Christen schon seit langem verbreitet. Die heilige Katharina von Bologna († 1463) ermahnte ihre Mitschwestern, für die Verstorbenen zu beten, mit der Begründung: „Wenn ich irgendeine Gnade vom ewigen Vater wünsche, dann nehme ich gerne die Seelen des Fegefeuers zum Beistand, mache sie zu meinen Gesandten und finde mit ihrer Hilfe Erhörung."[1322] Auch im 17. Jahrhundert räumten manche Autoren ein, „daß wir Gebete zu den Seelen des Purgatoriums sprechen können, weil das offenbar überall von den Gläubigen getan wird".[1323] In diesen Zitaten ist von Seelen des Purgatoriums (den armen Seelen) zwar nur im Plural die Rede, doch könnten die Anrufungen sich auch an einzelne Seelen gerichtet haben. Nach Walz war dies den erhaltenen Zeugnissen zufolge „nur selten" der Fall.[1324]

Aus dem Mittelalter scheinen kaum Beispiele der Armenseelenanrufung überliefert zu sein. Arnold Angenendt führt in seiner „Geschichte der Religiosität im Mittelalter" keine Beispiele an.[1325] Zur Zeit des heiligen Thomas (13. Jh.) sei diese Praxis „nicht in weiteren Kreisen in Übung" gewesen, meint Bernhard Durst.[1326] Immerhin kannte das 12. Jahrhundert die Vorstellung, daß Tote von „Sorge um die Lebenden" (*cura de vivis*) erfüllt sein können.[1327] Theologen des 13. Jahrhunderts erörterten die Frage der Armenseelenanrufung im allgemeinen.[1328] Offenbar handelte es sich um eine Praxis der Volksfrömmigkeit, deren konkrete Vollzüge in den schriftlichen, von Geistlichen verfaßten Quellen keine Spuren hinterließen. „Die Geschichten in ‚De miraculis' von Petrus Venerabilis stellen die Toten niemals als Fürsprecher der Lebenden dar."[1329] Im kirchlichen Christentum des Mittelalters dominierte das Anliegen, den Seelen im Fegefeuer zu Hilfe zu kommen und ihr Los durch Gebete, Meßopfer, Almosen und andere gute Werke zu erleichtern. Dieses Anliegen wurde von der Kirche unterstützt, weil es ihre Macht auf die Seelen der Toten ausdehnte und sich zu einer einträglichen Einnahmequelle ausgestalten ließ. Für die Armenseelenanrufung galt beides nicht, sie war gratis und der Macht der Kirche entzogen.

Die Streitfrage der theologischen Kontroverse lautete, ob Verstorbene im Fegefeuer überhaupt Fürbitte zugunsten der Lebenden einlegen *können*. Die Autorität, auf die sich alle Kontrahenten des Streites bezogen, Thomas von Aquin, verneinte diese Frage. Er schrieb:

> „Jene, die im Purgatorium sind, sind uns, obwohl wegen der Unfähigkeit zu sündigen überlegen, dennoch unterlegen hinsichtlich der Strafen, die sie erleiden; und demgemäß sind sie nicht in der Verfassung zu beten, sondern vielmehr, daß für sie gebetet wird“.[1330]

An anderer Stelle sagt Thomas aber einmal: „Die Seelen der Verstorbenen können Sorge tragen um die Dinge der Lebenden, auch wenn sie deren Zustand nicht kennen, so wie wir Sorge tragen um die Verstorbenen, indem wir ihnen unsere Fürbitten zuwenden, obgleich wir von ihrem Zustand keine Kenntnis haben.“[1331] Thomas denkt hier unter anderem an den reichen Prasser in der Hölle, der auf Erden den armen Lazarus hat darben lassen und sich nun, an seinem „Ort der Qualen“, um seine noch lebenden Brüder sorgt (Lk. 16, 28).

Im 19. und frühen 20. Jahrhundert hielt die Mehrheit der katholischen Theologen das fürbittende Gebet der armen Seelen für möglich und wirksam. Schon bei Francisco Suarez († 1617) und anderen Autoren des 17. Jahrhunderts hatte sich dieser Wandel angebahnt.[1332] Johann Ernst kritisiert 1916 diese neue, positive Sichtweise der Theologen, weil sie mit der Stellungnahme „des großen Theologenfürsten“ nicht in Einklang stehe.[1333] Bedenklich erscheint ihm, daß die armen Seelen den Heiligen gleichgestellt werden, wenn etwa ein Gebet für eine Allerseelenandacht in einem offiziell gebrauchten Andachts- und Gebetbuch mit der Anrufung beginnt: „Heilige Seelen, (…) ganz besonders ihr, unsere verstorbenen Eltern, Verwandte und Freunde! (…) Helfet uns durch euere bei Gott so mächtige Fürbitte“.[1334]

Woher können die armen Seelen von den Nöten ihrer Nachfahren und Freunde auf Erden überhaupt *wissen*[1335] (wenn man einmal von dem Wissen absieht, das sie aus ihrem Erdenleben mitbringen)? Diese Frage stellte sich analog auch bei den Heiligen (s. oben S. 266). Ernst meint, die armen Seelen seien wie Gefängnisinsassen zur Strafe isoliert und vom Kontakt mit den Lebenden ausgeschlossen.[1336] Die Gegenposition vertritt der Neuscholastiker Constantin Gutberlet.[1337] Mit der Aussicht auf die ewige Seligkeit sowie mit ihrer Unfähigkeit, weiter zu sündigen, befinden sich die armen Seelen in einem „Gnadenstand" und müssen deshalb „zum mindesten ebenso verehrt werden (...) wie die Seligen".[1338] Das Fegefeuer stehe „dem Himmel unendlich näher, als der Hölle". Wir dürfen uns „Diesseits und Jenseits, Fegfeuer und Himmel nicht hermetisch gegeneinander abgeschlossen vorstellen". Die Gemeinschaft der Heiligen, die unser Glaube lehrt, bedeute „eine innige Liebesgemeinschaft zwischen Lebenden, Verstorbenen und Seligen. Dieselbe besteht nicht in einer bloßen idealen [*gedachten*] Einheit, sondern in einem regen und thatkräftigen Liebesverkehr. Ein solcher ist aber mit dem Abschluß der armen Seelen vom Diesseits und vom Himmel unverträglich."[1339]

Gewöhnliche Verstorbene können, wie Heilige, „durch die täglich zu ihnen [neu hinzu-] kommenden Seelen, durch die Engel, selbst durch die Teufel, und im Nothfalle durch göttliche Offenbarung" von unseren Angelegenheiten wissen, schreibt Gutberlet im Gefolge von Augustin und Thomas. Totenseelen vermögen jene irdischen Dinge zu erkennen, „zu welchen sie eine besondere *affectio* [Zuneigung] oder *habitudo* [Beziehung] haben (...). Dazu gehören (...) die Nöthen der Ihrigen."[1340]

> „Wer sagt uns denn auch, daß die Abgeschiedenen so streng vom Diesseits geschieden sind? Wo der Aufenthalt der seligen Geister ist, wissen wir nicht: es entspricht aber mehr dem Gefühle der Christen und der Heiligen, ihn uns recht nahe als in weiter Ferne und Isolirung zu denken. Es ist auch für ein religiöses Leben ersprießlicher, die jenseitige Welt in engster Verbindung mit der diesseitigen sich vorzustellen, worauf ja die Gemeinschaft der Heiligen, welche die Offenbarung lehrt, [und] der Schutz der Engel ausdrücklich hinweist."[1341]

Jahrhundertelang hatte die katholische Kirche zum Thema der Armenseelenanrufung offiziell geschwiegen und diese Praxis geduldet.

Die Enthaltung des Vatikans (des heiligen Offiziums, der Glaubenskongregation) von jeder Stellungnahme konnte als eine „stillschweigende Billigung" gewertet werden.[1342] Die Praxis der Armenseelenanrufung zeugt vom Eigensinn der Volksfrömmigkeit, von der Unabhängigkeit der privaten Glaubenspraxis des Kirchenvolkes von Dogmatik und Liturgie. Theologen, die sich zugunsten der Armenseelenanrufung äußerten, bezogen sich dabei auf die Praxis des Volkes. Zwar galten die Heiligen als die eigentlichen Nothelfer der katholischen Christen. Aber das Volk betrachtete auch seine Verstorbenen als Nothelfer. In einer populären Schrift „Der Goldene Himmelsschlüssel" (1691, 3. Aufl. 1885) heißt es, „daß du ebensowohl die Seelen im Fegfeuer als die Heiligen im Himmel als Fürbitter anrufen kannst und daß jene ebensowohl als diese dir zeitliche und geistige Gnaden erwerben können."[1343]

Bernhard Durst unterstreicht, daß es sich bei der Überzeugung vom Nutzen der Armenseelenanrufung „nicht um ein Dogma, sondern um eine fromme Meinung handelt".[1344] Er argumentiert ausgehend von der sozialen Natur des Menschen. Die „Weiterführung der auf dieser Welt geknüpften sozialen Beziehungen" nach dem Tod müsse denkbar und möglich sein.[1345] Die Anrufung der armen Seelen könne „oft wirksamer sein als die Anrufung der Heiligen", dann nämlich, wenn sie mit „größerer Andacht und (...) größerem Vertrauen beim Gebete" geschehe als diese. Denn die Wirksamkeit eines Gebetes hänge, Thomas zufolge, von seiner Andacht ab. Gott erhöre diese Gebete, so Durst, „oft in recht auffallender Weise (...), was man kaum wird bestreiten können".[1346] Auf welche Erfahrungen er sich hier bezieht, sagt der Autor nicht.

Weniger umstritten als die Hilfe von seiten der armen Seelen war die Annahme, daß Seelen, sobald sie aus dem Fegefeuer befreit und Selige geworden sind, ihren Nachkommen (durch Fürbitte) zu Hilfe kommen können. „Der Freund der armen Seelen", eine populäre, von einem Jesuiten verfaßte Schrift (1881), belehrt eine Witwe, für ihren verstorbenen Ehemann zu beten, um seine Zeit im Fegefeuer zu verkürzen. „Suche ihn aus dem Flammen herauszubringen; sobald er im Paradiese ist, wird er dich außer Verlegenheit setzen und für dich und deine Familie Sorge tragen."[1347] Dieses Motiv der Dankbarkeit und Vergeltung der aus dem Fegefeuer befreiten Seelen, deren Hilfe für

Lebende somit an zuvor geleistete Suffragien gekoppelt wurde, begegnet bereits in einer Pariser Predigt des 13. Jahrhunderts.[1348]

Die Praxis der Armenseelenanrufung war von der Fegefeuervorstellung und anderen christlichen Dogmen relativ unabhängig. Sie stimmte dagegen mit Vorstellungen eines weltweit verbreiteten heidnischen Ahnen- und Totenkultes (s. Kap. 3 und 4) überein. Nicht nur Menschen heidnischer Hochkulturen, sondern auch Angehörige der Stammesgesellschaften, der sogenannten Naturvölker, beteten zu ihren Vorfahren. Ein Beispiel bildet das Gebet eines Cora-Indianers zu seinen Vorfahren, seinen verstorbenen Eltern und Großeltern: um deren wohlwollende, gnädige Gesinnung, um Leben sowie darum, sie möchten bei den „Alten", bei Sonnengott, Mond- und Erdgöttin, bei Morgenstern und Regengöttern für ihn um Leben bitten.[1349] Johann Baptist Walz unterstreicht in seinem Buch „Die Fürbitte der Armen Seelen" (2. Aufl. 1933) diese anthropologische Konstanz. Er schreibt:

> „Der allgemeine Glaube der Heidenvölker an eine fortdauernde Lebensgemeinschaft zwischen Lebenden und Dahingeschiedenen ist uns ein Fingerzeig für die hohe Wahrscheinlichkeit unserer (...) Auffassung, daß Gott den Menschen von Natur aus als soziales Wesen geschaffen (...) [hat], und daß dieser Grundzug der menschlichen Natur, das Streben nach Gemeinschaft und gegenseitiger Hilfeleistung auch nach dem Tode, im Jenseitsleben, der Natur der Seele erhalten bleibt und von Gott nach Möglichkeit erfüllt wird."[1350]

Um mit Zeugnissen aus neuerer Zeit zu schließen, die nicht mehr in den engeren Zusammenhang der referierten Kontroverse gehören: Die „Katholische Dogmatik" von Michael Schmaus stellt es (1959) als herrschende Meinung der neueren Theologen dar, daß eine „Hilfe der Verstorbenen für die Lebenden" möglich sei, besonders für diejenigen Lebenden, „die ihnen [*den Verstorbenen*] im irdischen Leben verbunden waren".[1351] Dort heißt es außerdem, daß „die Vollendeten" (die aus dem Fegefeuer Befreiten) „denen besonders nahe [bleiben], denen sie während der Pilgerzeit [auf Erden] nahe waren. Ihnen wenden sie ihre Liebe und ihre Gebete mit besonderer Dringlichkeit zu."[1352] Sogar eine „katholische Dogmatik nach den Grundsätzen des heiligen Thomas" von 1962 stimmt der Armenseelenanrufung zu – mit der Einschränkung, die armen Seelen dürften nicht, den Heiligen gleich, *verehrt* werden.[1353] Karl Rahner sieht in der „Anrufung (...) eines durch den einzelnen Christen glaubend und hoffend geliebten Heimgegangenen" einen möglichen persönlichen Zugangsweg der Christen zur Verehrung der Heiligen überhaupt. Das Fegefeuer stellt für Rahner keinen Hinderungsgrund einer Anrufung dar. Denn der Heimgegangene wird „hoffend geliebt", das heißt mit der Hoffnung auf seine Erlösung. Rahner kann sogar schreiben: „auch der evangelische Christ hat eine Heiligenverehrung. Denn er liebt seine Toten, die im Glauben an den Erlöser heimgegangen sind."[1354]

§ 20. Totenerscheinungen in Heiligenviten

Erscheinungen Sterbender (nach E. Benz)

In einem Abschnitt seines Buches über „Die Vision" (1969) handelt Ernst Benz von Visionen, die das Schicksal Verstorbener zum Gegenstand haben. „Die Vision von Verstorbenen ist eine der zahlreichen Formen typischer, im Bereich des christlichen Glaubenslebens vorkommender visionärer Erfahrungen" (618).[*] Dem Autor liegt daran, diese Vision von dem „gefährliche[n] Gebiete spiritistischer Vorstellungen und Praktiken" abzugrenzen. Die christlichen Visionen Verstorbener seien nicht absichtlich provoziert und hätten mit Totenbeschwörungen nichts zu tun. Benz erwähnt nicht, daß es sich bei vielen dieser Visionen im Kern um „Anmeldungen" Sterbender handelt, wie sie die Parapsychologie kennt: Menschen erscheinen im Augenblick ihres Sterbens einer nahestehenden Person und geben dieser dadurch von ihrem Tod Kenntnis. Empfänger der Visionen, die wir im folgenden (in chronologischer Reihenfolge) zitieren, waren christliche Heilige. Die Berichte betonen jeweils, daß die Erscheinung des räumlich entfernt sterbenden Menschen genau in der Stunde seines Todes stattgefunden habe.

Pachomius († 346) war einer der charismatischen Mönchsväter des 4. Jahrhunderts. „In seiner Vita wird berichtet, wie Pachomius auf dem Weg zu einem kranken Bruder, der ihn zu sich gerufen hatte, in einer Vision die Seele des soeben verstorbenen Bruders sieht, ‚wie sie in glänzendem Zuge von psalmensingenden Engeln zum seligen Leben

---

* Seitenzahlen in Klammern verweisen in diesem Abschnitt auf das Buch von Ernst Benz, *Die Vision*, 1969.

Gottes geführt wurde'." Er setzt daraufhin seinen Weg nicht fort. „,Einige von den Brüdern nun, die sich bei ihm befanden, (...) erkundigten sich genauer nach der Stunde, in der der Bruder entschlafen war; da erkannten sie, daß das, was der Greis [Pachomius] ihnen erzählt hatte, wahr sei.'" (622)[1355]

„Ansgar [† 865], der ‚Apostel des Nordens' und erste Erzbischof von Hamburg, sah in der Stunde, in der einer der ihm anbefohlenen Schüler der Klosterschule von Corbie infolge einer von einem Mitschüler erlittenen Verletzung starb, in einer Traumvision, wie die Seele des Knaben Fulbert von Engeln zum Himmel emporgetragen wurde und wie er selbst sie dabei wunderbarerweise bis in die geheimen Räume des Himmels begleitete, wo sie in einen purpurnen Raum geführt und in die Scharen der Märtyrer eingereiht wurde. (...) Ansgar erlebt[e] seine Vision genau zur Todesstunde des Knaben, so daß er, als man ihn wecken wollte, um ihm die Todesnachricht zu überbringen, bereits wußte, was sich zugetragen hatte." (624)[1356]

Vincenz Ferrer († 1419) mußte eine Predigt in Saragossa unterbrechen, als eine Vision ihm offenbarte, „daß meine Mutter in dieser Stunde zu Valencia gestorben ist (...) und daß sie sich bereits im Himmel unter den heiligen Engeln befindet", wie er seinen Zuhörern anschließend erklärte. Nach wenigen Tagen bestätigten Boten, daß seine Mutter genau in der Stunde jener Vision gestorben war (633f.).[1357] – Bernardin von Siena († 1444) soll Entsprechendes im Augenblick des Todes einer Cousine erlebt haben, die für ihn als Waisenjungen wie eine Mutter gewesen war. Mitten in einer Predigt in Mailand ergriff ihn die Vision von der Himmelfahrt dieser Cousine, die in Siena starb und deren Seele, „umhüllt vom Glanz der Unsterblichkeit", zum Himmel aufstieg.[1358]

Über Filippo Neri († 1595) schreibt sein Biograph:

> „Er hatte die besondere Gabe von Gott erhalten, daß er die Seelen seiner Beichtkinder in den Himmel eingehen sah. Marius Tosini war einer (...), der (...) sich durch Reinheit des Lebens auszeichnete. In der Nacht nach seinem Tode erschien er dem Heiligen, und rief mehrmals mit klarer Stimme: ‚Philippus!' Als dieser um sich schaute, sah er die Seele des Tosini, wie sie hellglänzend zum Himmel auffuhr und in die Wohnung der seligen Geister eintrat. Am anderen Tage erhielt er die Nachricht, daß jener gerade in dem Augenblick gestorben sei, da er ihm in der Nacht erschien." (zit. 633)[1359]

Ein zweites Beispiel: „Vincenzio Miniatore (...), ein Mann von großer Frömmigkeit, erschien ihm unmittelbar nach dem Tode in voller Glorie und Filippo sah ihn, von einem Lichtkranze umgeben, zum Himmel auffahren." (zit. 633)[1360]

Verglichen mit diesen christlichen Erscheinungen, sind die „Anmeldungen" Sterbender des späten 19. Jahrhunderts (s. § 1) reduziert. Die heiligen christlichen Visionäre nehmen nicht nur die Tatsache des Todes einer Person wahr, sondern auch die Art von deren postmortalem Schicksal. In den zitierten Beispielen kommen die Seelen in den Himmel, meist ist von Engeln die Rede. Ansgar darf sogar, in einer Seelenreise während der Vision, die Seele des toten Knaben in den Himmel begleiten. Mit der Todesnachricht als solcher aber entsprechen diese Visionen den modernen, von der Parapsychologie beschriebenen Erfahrungen. Vom Himmel und Engeln ist in „Phantasms of the Living" nicht mehr die Rede, allenfalls von einem Licht, von dem die Erscheinung umflossen sei (der britische Junge, der seinem Vater in Paris erscheint).[1361] Oder die Traumerscheinung einer Sterbenden löst ein „Seligkeitsgefühl" aus (wie Gräfin Sizzo in einem Brief an Rilke schreibt).[1362]

In christlichen Visionsberichten kommt auch das Fegefeuer vor und werden Höllenqualen geschildert. Benz unterscheidet zwei polar entgegengesetzte Typen christlicher Visionen der Verstorbenen: [a] „die Vision der Himmelfahrt erlöster Seelen, die bereits auf Erden für ihre Sünden gebüßt haben, und [b] die Vision vom Vollzug der Sühnestrafen an denen, die den Weg des Heils in diesem Leben versäumt haben." (635) Visionen des zweiten Typs, die postmortales Sühneleiden zeigen, wurden in Benz' Beispielen durchweg Frauen zuteil, die sich zur Anteilnahme und Fürbitte für die leidenden Seelen aufgefordert fühlten. Die Visionärinnen übernahmen in diesen Fällen die Rolle von Schutzgeistern der Sterbenden.[1363]

Manche Visionärinnen sahen Seelen Verstorbener im Spannungsfeld zwischen Himmel und Hölle. Elisabeth von Schönau († 1164) sah beim Tod einer Ordensschwester den Streit der Engel und Dämonen um die Seele der Sterbenden und erlebte dann deren Himmelfahrt unter dem Geleit zweier Engel (624f.). Ähnliche Visionen erlebten Katharina von Bologna, † 1463, [1364] und Seraphim von Sarow, † 1833.[1365] Birgitta von Schweden († 1373) nahm visionär an einem Streitgespräch zwischen Gott, Teufel und einigen Heiligen über eine Seele teil (625).

Ernst Benz schreibt: „Deutlicher als bei anderen Visionären tritt (...) bei Gertrud von Helfta [† 1301] ein entscheidender Zug der visionären Erfahrung hervor, der bis zu Therese von Konnersreuth [† 1962] hin sich immer wieder feststellen läßt: die Visionärin nimmt an dem Schicksal des Verstorbenen Anteil, indem sie mit ihm oder für ihn leidet; durch ihre aktive Teilnahme an seinem Leiden und durch ihre Fürbitte trägt sie zur Verbesserung seiner Strafsituation und zur Wendung seines Schicksals zum Heile bei." (626) Infolge ihrer Sünden erscheinen die menschengestaltig vorgestellten Seelen in Gertrudes Visionen durch Mißgestalt, Schwärze, Befleckung und Wunden entstellt. Mit ihren Fürbittgebeten erreicht die Visionärin, unterstützt von der ganzen Klostergemeinde, die Aufhellung, Reinigung und Heilung der Gestalten (626–630).

Maddalena de' Pazzi († 1607) konnte es widerfahren – auch dies eine häufig bezeugte Form visionärer Erfahrung – „daß sie plötzlich an dem Schicksal von ihr persönlich bis dahin unbekannten Sterbenden Anteil erhielt, die in ihrer Umgebung den Tod fanden, so z.B. an dem Schicksal von unbekannten Delinquenten, die in ihrer näheren Umgebung hingerichtet wurden." (634) In ihrer Biographie heißt es dazu:

> „Eines Tages hatte man nahe bei dem Kloster zwei Verbrecher zum Tode geführt; während sich nun Schwester Maria Maddalena vor dem allerheiligsten Sakramente in Verzückung befand, hörte man sie mit aller Inbrunst für diese beten. In dieser Verzückung sah sie, wie der eine von ihnen, der den Tod mit Ergebung in den göttlichen Willen als Buße und Genugtuung für seine Sünden annahm, Gott hierdurch so wohlgefiel, daß er gleich in den Himmel eingehen werde, und daß die Seele des andern, der nicht so gut vorbereitet starb, kurze Zeit im Fegefeuer bleiben werde. Die gute Verfassung, in welcher beide starben, schrieb man großenteils dem Gebete der Heiligen zu" (zit. 634f.).

Dieses Fernmitleiden mit dem Schicksal zweier Delinquenten, die der Heiligen außerhalb ihrer Vision unbekannt waren, wurde anscheinend durch räumliche Nähe ausgelöst.

Als einzige der in diesem Abschnitt erwähnten Visionärinnen wurde Marina von Escobar († 1633) nicht heiliggesprochen. Glimpflich kam ein sterbender Ordenspriester davon, für den sie wirksam betete, und der deshalb nur sehr kurz im Fegefeuer verweilen mußte. Sie schreibt:

„Einige Tage darauf kam eine Person zu mir im Namen eines sterbenden Ordenspriesters, den ich Gott anempfehlen sollte, was ich auch eifrig tat; und noch in der Stunde, in der er verschieden war, kam er voller Freude in mein Kämmerlein und sprach zu mir: ‚Ich bin Sieger, Mutter! ich bin Sieger, denn ich bin auf dem Wege zum Himmel, nachdem ich so durch das Fegfeuer gegangen bin, wie man rasch durch ein Feuer geht.'" (635)

Das andere Extrem bildete Marinas Vision einer rettungslos verdammten weiblichen Seele, die durch ihren zornigen Schutzengel von der Himmelsleiter gezogen, von Teufeln in Gestalt wilder Tiere übel zugerichtet und gequält wurde, in einen tiefen Brunnen fiel und mit den Untieren in einem feurigen Fluß immer tiefer hinab in die Hölle stürzte (635f.). In dieser Vision wird der Vollzug des göttlichen Strafgerichtes teilnahmslos beschrieben. Die Regel ist jedoch, daß Marina „beim Anblick solcher Strafurteile über Verstorbene die ganze Kraft ihrer Fürbitte und ihres Mitleidens zusammenfaßte und Gott selbst bestürmte, das Los der Verdammten zu mildern und Barmherzigkeit an ihnen zu üben", und daß sie „in ihren Gebeten mit Gott um eine Seele [rang]" (636), der ihr schließlich willfahrte, im Sinne des Gleichnisses vom bittenden Freund, wo es heißt: „Bittet, so wird euch gegeben werden" (Lk. 11, 9).

Abholungsvisionen

Totenerscheinungen ereignen sich häufig im Zusammenhang mit Sterbefällen. Das haben wir mehrfach gesehen. [1366] Sterbenden „begegnen (...) häufig die Gestalten von Toten", steht in Ciceros Schrift „De divinatione".[1367] Heute werden solche Erfahrungen als Sterbebettvisionen bezeichnet.[1368] Sterbende werden von Nahestehenden „abgeholt", die ihnen im Tod vorausgegangen sind.

Gregor der Große († 604) schildert im vierten Buch seiner „Dialoge" zahlreiche Abholungen. Nicht alle diese Geschichten handeln von Heiligen, manche von einfachen frommen Christen. Gregor betont den Aspekt des Seelengeleites.[1369] Er schreibt: „Häufig geschieht dies bei Gerechten, daß sie bei ihrem Tode die Erscheinung Heiliger sehen, die ihnen vorangehen, damit sie sich nicht vor der Strafe, die im Tode liegt, fürchten, sondern unbehelligt von Schmerz und Furcht von den Banden des Fleisches sich lösen, während ihr Geist selige Mitbürger um sich sieht." [1370] Dem Bischof Probus von Rieti († 570) erschienen im Sterben zwei heilige Märtyrer. Als sein Vater und seine Ärzte hinausgegangen waren, blieb nur ein Knabe am Krankenbett zurück.

> „Während dieser am Bette des Kranken stand, sah er plötzlich zu dem Manne Gottes weiß gekleidete Männer treten; das Leuchten ihres Angesichtes übertraf noch den Glanz ihrer Gewänder. Durch den Lichtglanz aufgeschreckt, fing er an zu schreien: ‚Wer sind diese?' Durch diesen Ruf aufmerksam gemacht, sah auch Bischof Probus die Eintretenden und erkannte sie; er tröstete den zitternden und weinenden Knaben: ‚Fürchte dich nicht, mein Sohn, denn die heiligen Märtyrer Juvenalis und Eleutherius sind zu mir gekommen!'"[1371]

Als der Vater und die Ärzte zurückkamen, war Probus gestorben. Eine ähnliche Geschichte handelt von dem sterbenden Bischof Paulinus von Nola († 431), dem die heiligen Januarius und Martin erschienen.[1372] Die Heiligen und Märtyrer, die zur Leichenfeier des Aredius († 591) erschienen, sah eine besessene Frau visionär, während Aredius noch auf dem Sterbebett lag: es waren Heilige, mit denen er durch Reliquienbesitz und Verehrung besonders verbunden war. [1373]

Hedwig († 1243) sah auf dem Sterbebett die Erscheinung mehrerer weiblicher Heiliger. Ein Patenkind Hedwigs erlebte die von Lichtglanz umflossene Vision mit, während die Pflegerinnen abwesend waren.[1374] Mit dem Motiv des Kindes als einzigem Zeugen entspricht diese Visionserzählung Gregors Geschichte des Probus von Rieti. Die Erscheinung wiederholte sich später in Anwesenheit zweier Nonnen, die nichts sahen, aber von Hedwig aufgefordert wurden niederzuknien.

Ebenfalls in Heiligenviten findet sich ein weiteres, der Abholung verwandtes Phänomen: Künftigen Heiligen wird ihr Tod durch die Erscheinung älterer Heiliger oder anderer Verstorbener prophetisch angekündigt. In einem weiteren Sinn kann man diese Todesankündigungen als Abholungen verstehen, auch wenn die betroffenen Rezipienten noch nicht sterbenskrank sind. Hier geht es auch nicht erkennbar explizit um ein Seelengeleit für den Sterbenden. Die Erscheinenden sind oft Ordensgründer oder andere geistliche Führungsfiguren und Schutzheilige. Da ein Orden als eine geistliche Familie verstanden wurde,[1375] entsprechen Ordensgründer, -brüder und -schwestern auf dem spirituell höheren Niveau des Mönchstums den Verwandten weltlicher Personen.

Auf dem höchsten Niveau der Religionsstifter kann selbst die „Transfiguration" (Verklärung) Christi, mit dem Erscheinen von Moses und Elias, als eine Abholung begriffen werden. In der Erzählung des Lukasevangeliums weisen die beiden Erscheinenden durch den Inhalt ihrer Reden explizit auf den Tod Jesu voraus:

> „Und während er betete, veränderte sich das Aussehen seines Angesichtes, und sein Gewand wurde strahlend weiss. Und siehe, zwei Männer redeten mit ihm – es waren Mose und Elia – die erschienen in Lichtglanz und redeten von seinem Lebensausgang, den er in Jerusalem vollenden sollte." (Lk. 9, 28–31)[1376]

Lichtglanz und die Veränderung des Aussehens von Jesu Angesicht sind Anzeichen der Gottesgegenwart. „Die Schau des [*himmlischen*] Lichtes stellt wohl die ursprünglichste Form der Erfahrung Gottes, der Erfahrung der transzendenten Welt überhaupt dar." (Benz)[→1377]

Thomas von Aquin († 1274) sah ein Jahr vor seinem Tod eine Erscheinung seines Nachfolgers als Theologe an der Pariser Universität, des Paters Romanus aus Rom, der gerade gestorben war und der ihm ein baldiges „Erfahrungswissen der göttlichen Geheimnisse" in Aussicht stellte, wie ein Biograph sich ausdrückt.[1378] Auf Thomas' Frage nach der Art der Gottesanschauung antwortete Romanus mit einem Psalmvers (Ps. 48, 9). Die Erscheinung erfüllte Thomas' Seele mit Freude. Er begriff sie als eine Ankündigung seines bevorstehenden Todes, obwohl er damals erst fünfzig Jahre alt war und in voller physischer und intellektueller Kraft stand. Er starb ein Jahr später.

In der Lebensbeschreibung der Katharina von Bologna († 1463) wird gesagt: „Diese gebenedeite Mutter war ganz auf den Himmel ausgerichtet (...). Ihr war offen gezeigt worden, daß sie Bürgerin des himmlischen Hofes sein werde. [Wenig mehr als] ein Jahr vor ihrem Tod sah sie den himmlischen Hof kommen, um ihre Seele zu holen." In einer Himmelsreise wurde sie auf eine wunderschöne Wiese entrückt. „Mitten darin war Gott in seiner Majestät." Es erklang eine Musik zu den Worten des Jesaja-Verses „Und seine Herrlichkeit wird sich an dir zeigen" (Jes. 60,2; Vulgata), dessen Bedeutung Gott selbst Katharina eröffnete. „Mehrere Monate hindurch blieb sie [Katharina] in großer Freude".[1379] Sie starb etwas über ein Jahr nach dieser Vision.

Seraphim von Sarow († 1833) hatte eindreiviertel Jahre vor seinem Tod eine Marienvision, die von Mutter Eudoxia, einer Schwester der Gemeinschaft von Diweewo, miterlebt und geschildert wurde, und in der Maria zu ihm sagte: „Bald wirst du bei uns sein, mein Vielgetreuer!“[1380]

Der sterbenskranken Therese von Lisieux († 1897), einer Karmeliterin, begegneten in einem Traum drei gestorbene Karmeliterinnen, unter ihnen die Gründerin des Karmels in Frankreich, Mutter Anna von Jesus († 1621), deren „himmlisches Antlitz von unaussprechlich mildem Licht erhellt“ war.[1381] Diese liebkoste Therese und versprach ihr ein baldiges Lebensende. Gott sei sehr mit ihr zufrieden. Therese berichtet:

> „Beim Erwachen glaubte ich, ja fühlte ich: es gibt einen Himmel, und in diesem Himmel sind Seelen, die mich zärtlich lieben (...): Dieser Eindruck blieb in meinem Herzen haften und beglückte mich um so mehr, als mir bisher die ehrwürdige Mutter Anna von Jesus fast gleichgültig gewesen war; ich hatte sie niemals angerufen und mich nie mit ihr beschäftigt, außer soweit man von ihr sprach, und das war selten. Jetzt weiß ich und begreife, daß sie trotzdem nicht gleichgültig gegen mich war, und dieser Gedanke fördert nicht nur meine Liebe zu ihr, sondern zu allen Seligen im Himmel.“[1382]

Daß Mutter Anna von Jesus ihr „bisher fast gleichgültig gewesen war“, läßt erkennen, daß dieser Traum keine bloße Projektion einer Gestalt von Thereses Wachbewußtseins war.

Neben diesen Beispielen dürfte es in der Geschichte der christlichen Heiligen noch viele Visionen der gleichen Art gegeben haben. Eine Voraussetzung von Himmelsvisionen war oft die Verachtung der „Welt“ als Wirkungsfeld Satans.→[1383] Visionäre Erfahrungen wurden durch eine „geistige, seelische und leibliche Disziplin“ begünstigt, zu der Fasten, Schlaflosigkeit und Keuschheit gehörten.[1384] Keuschheit wurde als Nachahmung der Reinheit der Engel verstanden.[1385] Kasteiung des Leibes diente dem Kampf gegen die Versuchungen der „Welt“. Katharina von Bologna, die so sehr dem Himmel zugewandt war, „achtete die Dinge dieser Welt gering und belächelte sie“.[1386] Franziska Romana († 1440) entflammte ihre Zuhörer zur „Gottesliebe und Weltverachtung“.[1387] Über Angela Merici († 1540) schrieb eine Biographin: „Ihre Verachtung alles Irdischen und Vergänglichen wuchs in dem Maße, als ihre Sehnsucht nach dem Himmel sich steigerte.“[1388]

Obwohl Weltverachtung im 19. und 20. Jahrhundert nicht mehr vorherrschte, wurden Sterbebettvisionen in dieser Zeit immer noch als beglückend empfunden, nicht nur von Christen, sondern auch von Hindus, und waren teilweise von strahlendem Licht oder Musik erfüllt. William Barretts Buch „Death-Bed Visions“ (1926) enthält Beispiele aus den Jahren etwa 1850–1910 von sterbenden anglikanischen Laienchristen, die in den letzten Augenblicken ihres Lebens vorausgegangene Verwandte, Ehepartner oder Freunde visionär vor sich sahen und die sich deshalb im Moment des Todes nicht einsam, sondern glücklich fühlten. Vergleichbare Beispiele von Sterbebettvisionen aus Amerika und Indien aus der 2. Hälfte des 20. Jahrhunderts bringt das Buch von Karlis Osis und Erlendur Haraldsson „Der Tod – ein neuer Anfang“ (1978). In einigen Fällen lebten die Sterbenden auf Augenblicke in beiden Welten (vgl. oben, S. 72f.). Heilige begegneten hier zwar selten, wohl aber Engel oder ganz in Weiß gekleidete Gestalten.[1389] Es kam vor, daß Anwesende am Sterbebett die Erscheinungen miterlebten. Auch eine moderne Parallele zu Gregors Geschichte vom Tod des Probus gibt es. Beim Tod eines Jungen sagte dessen kleiner Bruder: „Mutter, schau die schönen Frauen um meinen Bruder herum. Wie hübsch sie sind, sie wollen ihn mitnehmen.“[1390] Für solche Abholungen Sterbender durch nahestehende Verstorbene, die als Engel erscheinen, gibt es Augenzeugenberichte auch aus der Gegenwart.[1391]

Berufungsvisionen

Christliche Heilige orientieren ihr Leben auf das Jenseits, den „Himmel“ hin. Sie betrachten ihn als die eigentliche Wirklichkeit, als Heimat; das Diesseits dagegen als eine Zeit der Vorbereitung, der irdischen „Prüfungen“, als Exil. Der Todestag eines Heiligen wird als sein Festtag begangen, weil er als neuer Geburtstag gilt.[1392] Einige Heilige wurden durch Visionen auf ihren Weg berufen oder auf ihm bestärkt.[1393] In einzelnen dieser Berufungsvisionen erschienen auch gewöhnliche Verstorbene. In der ersten Berufungsvision Ansgars († 865), die er als Kind erlebte, erschien ihm im Traum seine verstorbene Mutter im Gefolge der Jungfrau Maria. Die Gottesmutter sagte zu ihm: „‚Liebes Kind, du willst zu deiner Mutter? Auf sein unverzügliches ‚Ja‘ fuhr sie fort: ‚Wenn dich nach unserer Gesellschaft verlangt, mußt du alle Eitelkeit meiden, von den Kindereien lassen und ernsthaft auf dich achten. Leichtsinn und Faulheit mögen wir gar nicht; wer daran Freude hat, kann nicht unter uns weilen.‘ Seit dieser Zeit zeigte er größeren Ernst und sonderte sich von den anderen Kindern ab“.[1394]

Die heilige Angela Merici führte schon seit ihrer Kindheit zuhause ein mönchisches Leben. Daß ihre jüngere Schwester ohne den Empfang der Sterbesakramente starb, bedrückte Angela und veranlaßte sie zu glühenden Fürbittgebeten. Vierzehn Tage nach diesem Tod hatte sie beim Gang aufs Feld folgende Vision: „sie sieht in [einer] glänzenden Wolke ihre Schwester inmitten einer lieblichen Engelgruppe, welche die hehre Himmelskönigin umgibt. Dabei vernimmt sie die Worte: ‚Angela, wenn du auf dem betretenen Wege beharrst, wirst du einst unser Glück teilen.‘“[1395] Diese Trostvision zeigt, daß die Schwester, auch ohne die Sterbesakramente erhalten zu haben, in die ewige Seligkeit gelangt war. Später, als Nonne des Tertiarierordens (Franziskaner), verlor Angela eine vertraute Freundin und erlebte einen Monat nach deren Tod eine zweite Vision, nachdem sie zu Gott um Wegweisung gebetet hatte. Auf einer Himmelsleiter erschienen ihr zahlreiche Jungfrauen, mit Engeln paarweise angeordnet, unter ihnen auch jene Freundin, die zu ihr sagte: „‚Angela, wisse, dass Gott dir dieses Gesicht zeigt, um dir zu bedeuten, dass du vor deinem Tod in Brescia eine Gesellschaft von Jungfrauen ähnlich denen, die du hier siehst, zu gründen hast; denn so befiehlt er es.‘“[1396] Ermutigt durch diese Vision, gründete Angela später die Compagnia di Sant' Orsola, aus der der Orden der Ursulinen hervorging.

Für die Bekehrung und Berufung des anerkannten Naturforschers Emanuel Swedenborg († 1772) in der Mitte seines Lebens zum christlichen Visionär und Geisterseher spielte sein verstorbener Vater, der selbst protestantischer Geistlicher gewesen war, eine Rolle. Er erschien ihm nun in Träumen „in einem verklärten Lichte als Führer auf dem neuen Wege“.[1397]

Daß Seelen verstorbener Familienangehöriger oder anderer Nahestehender in Berufungsvisionen erscheinen, erinnert an die Berufung von Schamanen in Sibirien oder Amerika. Dort sind es, nach Eliade, oft die Seelen verstorbener Verwandter, verstorbener Schamanen oder schamanischer Vorfahren, die bei der Berufung des künftigen Schamanen mitwirken, etwa indem sie „die Seele des Kandidaten in den Himmel bring[en], um ihn zu unterrichten“ (Buriäten) oder indem sie den Kandidaten mit den Geistern in Verbindung bringen (Apinayé).[1398] Totenseelen spielen bei diesen Berufungen eine Rolle, weil der künftige Schamane die Fähigkeit erlangen muß, „sich in einen ‚Toten' zu verwandeln – kurz: selbst ein ‚Geist' zu werden",[1399] um Zutritt zur Geisterwelt (Unterwelt oder Himmel) zu haben. Auch für die christlichen Heiligen und für den evangelischen Swedenborg galt, daß sie schon zu Lebzeiten eine enge Beziehung zur überirdischen Welt unterhielten und in gewissem Sinn zu deren Bewohnern wurden. Die Unterschiede zwischen christlichen Heiligen und heidnischen Schamanen sollen damit nicht geleugnet werden. In den beiden eingangs zitierten Visionen Ansgars und Angelas sind die verstorbenen Angehörigen gegenüber den hohen himmlischen Personen in die zweite Reihe gerückt und treten nur in deren Gefolge auf.

Franziska Romana (1384–1440)

Francesca Bussa dei Ponziani, die heilige Franziska Romana, war in Rom verheiratet und hatte drei Kinder. Dabei führte sie ein heiligmäßiges Leben der tätigen Nächstenliebe und des Gebetes; unter anderem pflegte sie Pestkranke. Ihr zweiter Sohn Evangelista starb als Junge von neun Jahren um 1410/12 an der Pest.[1400] Ein Jahr nach seinem Tod erschien er seiner Mutter. Er besuchte sie eines Morgens, als sie betete, zwischen Morgenröte und Sonnenaufgang zusammen mit einem überirdischen Gefährten, einem Erzengel, den er ihr nach dem Ende des Gespräches für ihr weiteres Leben als dauernden Begleiter zurückließ. Dieser Erzengel war von da an ständig bei Franziska, ihr allein sichtbar.[1401] Sie „sah ihn in vertrauter Weise Tag und Nacht unzertrennlich bei ihr stehen".[1402]

Franziska hatte zeitlebens Visionen. Der Beichtvater ihrer letzten elf Lebensjahre, Giovanni Mattiotti, hat die Visionen aus dieser Zeit aufgeschrieben. In der Einleitung zu seinem „Libro della vita et delli visioni della beata francesca" (das von Armellini 1882 und von Carpaneto 1995 transkribiert und herausgegeben wurde)[1403] schildert er die Erscheinung des Erzengels und dessen Funktionen. Er berichtet dort, daß Franziskas Erzengel sie gegen Angriffe des Teufels beschützte, sie ihre eigenen Fehler erkennen ließ (etwa indem er für kurze Zeit verschwand), sie, auch durch Worte, tröstete und stärkte; daß er ihr die

Bedeutung von Visionen erklärte. [1404] Es wird deutlich, daß die Erscheinung ihres Sohnes mit der Einführung des Erzengels einen „Wendepunkt“[1405] in Franziskas Leben darstellte. Es handelte sich zugleich um eine Abholung, denn Evangelista kündigte seiner Mutter den Tod seiner kleinen Schwester an.[1406] Die Heilige erhielt den himmlischen Begleiter also im „Tausch“ gegen ein weiteres ihrer Kinder.[1407]

Wer war dieser Erzengel, den der Sohn seiner Mutter als Begleiter zurückließ? Er hatte die „Gestalt eines Knaben von neun Jahren“[1408] und scheint somit ein himmlischer Doppelgänger des seligen Evangelista gewesen zu sein. Er gehörte, wie dieser, „dem Chor der Erzengel“ an,[1409] dem „zweiten Chor der Engel“.[1410] (Der erscheinende Evangelista sagte von sich, sein Ort sei „im zweiten Chor der Engel, das heißt der Erzengel“. [1411]) Evangelista hatte schon als Kind die Gabe der Hellsicht gehabt und den Wunsch, bei den Engeln zu sein.[1412] Handelte es sich bei dem Erzengel um Franziskas „verklärten“ Sohn selbst, wie gesagt worden ist,[1413] um „die leuchtende Geist-Erscheinung (*lo spirito luminoso*) des hellsichtigen Sohnes“?[1414] Dogmatische katholische Theologen könnten das schwerlich zugeben; schon eher vielleicht der evangelische Geisterseher Emmanuel Swedenborg († 1772), nach dessen unorthodoxer Ansicht alle Engel ursprünglich Totengeister waren. Franziska unterwarf sich in allen Fragen ihrer Visionen dem Urteil der Kirche, wie ihr Beichtvater Mattiotti hervorhebt.[1415] Beichtväter hatten „für die Stilisierung und Redaktion der Visionsberichte ihrer visionären Beichtkinder“ große Bedeutung (Benz).[1416] Franziskas Schilderung zufolge, die Mattiotti überliefert, mußte ihr Sohn in jener Vision sich von ihr verabschieden und durfte nur seinen himmlischen Gefährten zurücklassen.[1417] Der Visionsbericht läßt an die wirkmächtige Lehre Augustins denken, daß erscheinende Tote in Wahrheit Engel mit dem Aussehen dieser Toten seien.[1418] Könnte er unter dem Einfluß dieser Lehre redigiert worden sein?

Im Heiligsprechungsverfahren schildern die Zeugen, auch Mattiotti, den Erzengel, seine Erscheinung und seine Dienste – die Beziehung zu Franziskas Sohn aber verschweigen sie.[1419] Der Name Evangelista Ponziani fällt in den Prozeßakten von 1440–1451 kein einziges Mal.[1420] Anscheinend war es für den Zweck des Verfahrens nicht tunlich, diesen Bezug zu erwähnen. Für eine Heiligsprechung war doktrinale Reinheit vorausgesetzt; dieser Maßstab, im 17. Jahrhundert explizit formuliert, betraf ein „seit langer Zeit bestehendes Problem“.→[1421]

Auch Ippolito da Roma, der Olivetanermönch des 15. Jahrhunderts, verschweigt in seinen Biographien der heiligen Franziska Romana jenen „mystischen Bezug".[1422] Das Erlebnis der Erscheinung Evangelistas mit der Einführung des Erzengels war Franziska jedoch so wichtig, daß sie es noch Jahre später Mattiotti erzählte, der es (am Ende der Einleitung) seiner Sammlung der späten Visionen voranstellte. Diese haben einen vorwiegend liturgiebezogenen, christologischen Charakter[1423] und inhaltlich mit dem Sohn nichts und mit dem Erzengel nur wenig zu tun. (In den Kämpfen Franziskas mit den Dämonen taucht dieser immer wieder als Helfer auf.[1424]) In der lateinischen Version seines Textes behielt Mattiotti die Episode bei, *obwohl* er in dieser Version, im Blick auf ihre Brauchbarkeit im Prozeß (wie vermutet wird), radikale Kürzungen vornahm.[1425]

Seit der Erscheinung des seligen Evangelista erinnerte der Erzengel die Mutter an ihren Sohn – und an dessen Verlust. Franziska war seither mit der höheren Welt stärker verbunden und war dessen dauerhaft inne. Die visionäre Einführung des Erzengels durch den toten Sohn ermöglichte es Franziska und forderte von ihr, ihre irdische mütterliche Sohnesliebe in eine himmlische Liebe und Verehrung zu überführen. Der Sinn dieser Zwillingserscheinung ergibt sich aus der Verknüpfung der beiden Ebenen, der Menschen- und Gotteswelt: Evangelista, dem die Mutterliebe gegolten hatte, wurde in den Himmel versetzt, dafür trat das himmlische Wesen des Erzengels an Franziskas Seite. Die beiden Zwillinge sind in einem tieferen Sinn eins.

Der Erzengel Franziskas, in der bildenden Kunst ihr Attribut, war nicht einfach ihr Schutzengel. Einen solchen besaß sie schon seit ihrer Geburt. Erst seit der Erscheinung des seligen Evangelista übernahm der Erzengel die Führung der Heiligen – bis er 1436 von einem „Engel höherer Ordnung",[1426] einem „Erzengel des vierten Chores"[1427] abgelöst wurde, als Franziska Witwe geworden war und in einen durch sie gestifteten Orden eintrat. In diesen letzten Lebensjahren hatte sie die Aufsicht über ihre leibliche Familie abgegeben. Die Ordensschwestern bildeten nun ihre Familie, ihre ‚Töchter'. Die Rolle des ersten Erzengels, der an die Erscheinung Evangelistas geknüpft war, endete mit der durch Franziskas leibliche Mutterschaft geprägten biographischen Epoche.

Daß eine christliche Heilige jahrzehntelang von einem Erzengel geleitet wird, ist eine seltene Konstellation. Eine „einzigartige Gnade" wird der Erzengel Franziskas in den Prozeßakten genannt.[1428] Die Konstellation bestätigt Worte des Thomas von Aquin: „Es ist nun wahrscheinlich, daß die höheren Engel zum Schutze derer bestimmt sind, die von Gott zu höherer Stufe der Herrlichkeit (*gloriae*) auserwählt sind",[1429] wobei Schutz auch Erleuchtung (*illuminatio*) einschließt.[1430] Joseph von Görres führt einige Heilige an, die in „ähnlichen Beziehungen zu solchen himmlischen Gestalten" gestanden haben sollen wie Franziska.[1431]

Für Franziskas ersten Erzengel, den himmlischen Doppelgänger ihres verstorbenen Sohnes, kann eine schamanische Analogie zu einem religionswissenschaftlichen Verständnis beitragen. Jack M. Potter hat in den 1960er Jahren in einer Gruppe von Dörfern im Gebiet von Hongkong die Praxis des weiblichen Schamanismus erforscht. (Schamanismus und Mediumismus sind hier nicht getrennt.) Potter schreibt: „Verstorbene Kinder, die zwischen ihrer Mutter und der übernatürlichen Welt vermitteln, sind [dort] unentbehrlich für den Beruf als Geistmedium." Hier handelt es sich um die Geister der toten Kinder selbst, nicht um Doppelgänger. Oft gegen ihren Willen wurden die dortigen betroffenen Frauen von ihren toten Kindern dazu gedrängt, den Beruf des Geistmediums zu ergreifen. Zu einer dieser Frauen sagten ihre toten Kinder, „sie besäßen Verbindungen zu anderen Geistern und Gottheiten und würden ihren Einfluß dazu nützen, ihr zu helfen, mit der übernatürlichen Welt umzugehen."[1432] Die Berufung zur Schamanin setzte den traumatischen Verlust der eigenen Kinder oder des Gatten oder beides voraus. Auch hier, wie bei Franziska, erbrachte der Verlust eines Kindes für die Mutter einen Zuwachs an spiritueller Fähigkeit und Macht. Daß verstorbene Angehörige die Hauptschutzgeister der Schamanen bildeten, dafür gibt es Beispiele auch aus anderen Kulturen.[1433]

Eine christliche Heilige kann man mit einer Schamanin nicht gleichsetzen. Es gibt jedoch Gemeinsamkeiten. Francesca erlangte in Ekstasen visionäre Verbindungen mit der überirdischen Welt, während die Schamaninnen in Trance zum Medium einzelner Totengeister werden oder auf Seelenreisen ins Totenreich gelangen konnten. Trance und Ekstase lassen sich nicht streng trennen. Psychopathologisch wird Ekstase als eine Form der Trance begriffen.[1434] In beiden Beispielen, in Rom und Hongkong, handelte es sich um spirituell besonders befähigte Mütter, deren Verbindung zur übersinnlichen Welt durch den Geist eines oder mehrerer ihrer toten Kinder hergestellt oder vertieft wurde. Den Schamaninnen wurde durch diese Verbindung eine wunderbare Heilkraft und mit dieser wiederum Bedeutung in der Gesellschaft zuteil. Wann sich Franziska ihrer wundertätigen Macht erstmals bewußt wurde, ist unbekannt. Franziskas Fähigkeit zur Kardiognosie aber stellte sich erst mit der Erscheinung des Erzengels ein.[1435] Der Erzengel pflegte, wie Mattiotti berichtet, seine Augen mit der Hand zu bedecken, wenn er Franziska sein Mißfallen an Personen ihres Umgangs signalisieren wollte, die die göttlichen Gebote verletzten. Sie sah in diesem „Engelsspiegel" (*angelico spechio*) die Niedrigkeit ihrer Nächsten ebenso wie ihre eigene. Die „traurigen Schwächen in den Nächsten zu sehen", war für sie eine „ständige Qual".[1436] In beiden Fällen halfen die Kindertotengeister ihren Müttern im Kampf gegen böse Geister. Diese machten die Klienten der Schamaninnen krank, griffen dagegen Franziska selbst an und versuchten, deren geistlichen Weg zu behindern. Die Kindergeister standen als Hilfsgeister bei Bedarf zur Verfügung, waren aber nicht dauernd anwesend wie der Erzengel. Trotz aller Unterschiede spricht die schamanische Analogie für eine, wenn auch verborgene, Identität des Erzengels mit dem toten Sohn Franziskas.

Daß Schamanen durch ihre zukünftigen Hilfs- oder Schutzgeister berufen werden, ist vielfach belegt.[1437] Die Erscheinung des verstorbenen Evangelista war keine eigentliche Berufung Franziskas, sondern ist eher als eine Bestärkung und Tröstung zu verstehen, vielleicht als eine Berufung zum Eintritt in eine neue Epoche auf höherer Entwicklungsstufe. Die für unseren Zusammenhang bedeutsame Parallele hinsichtlich der Rolle der toten Kinder macht wahrscheinlich, daß der Erzengelerfahrung dieser christlichen Heiligen des 15. Jahrhunderts eine Struktur zugrunde lag, die auf einem anderen Kontinent, in einer anderen Kultur und Religion noch im 20. Jahrhundert gültig und wirksam war. Das Unbegreifliche und Wunderbare jener Erfahrung wird durch diese Parallele nicht aufgehoben, ihre historische Wahrheit und Glaubwürdigkeit aber bekräftigt. Auch in Jesu Leben und Wirken gab es schamanische Analogien. Die Kluft zwischen der christlichen Hochreligion und den in einer christianisierten Kultur eventuell noch vorhandenen volksreligiösen schamanistischen Vorstellungen war deshalb weniger tief, als lange Zeit geglaubt wurde.[1438]

Im Rom des 15. Jahrhunderts war Hexerei verbreitet. Sie wurde von Franziska wie von der christlichen Kirche aufs äußerste verabscheut und bekämpft. Franziska mußte diesen Kampf sogar in der eigenen Familie austragen, denn ihr Ehemann und ihr ältester Sohn glaubten an die Heilkünste von Hexen. Zum Hexenstereotyp gehören Elemente wie Hexenflug und Hexenbesen, die Analogien zu schamanischen Erlebnissen und Praktiken (Himmelsreise der Seele, Schamanenstab) darstellen.[1439] Manche Autoren vermuten deshalb, daß das europäische Hexenwesen mit dem asiatischen Schamanismus ursprünglich verwandt und erst sekundär verteufelt worden sei, und halten ein vorgeschichtliches „eurasisches Kontinuum" des Schamanismus für möglich.[1440] Inwieweit die abendländischen Hexen in eine praktische Beziehung zur Totenwelt traten (etwa zum Zweck der Wahrsagung), darüber ist wenig bekannt. Eine schweizerische Chronik des 16. Jahrhunderts erwähnt die Nekromantie alter Frauen.[1441] Nekromantie galt im Mittelalter als eine Form der Magie→[1442] und als Todsünde; sie wurde als ein Bündnis mit Dämonen, mit dem Teufel verstanden.[1443] Vor diesem Hintergrund ist es verständlich, daß ein kirchliches Heiligsprechungsverfahren nicht der geeignete Ort dafür war, die Erscheinung eines toten Familienmitgliedes an zentraler Stelle zu erwähnen. Die abendländischen Hexenverfolgungen des 14. bis 18. Jahrhunderts zeugen von einer extremen, fast dualistischen Polarisierung von Gut und Böse, Gott und Teufel im westlichen Christentum, die einen scharfen Gegensatz von Hochreligion und Volksglauben zur Folge hatte – einen Gegensatz, den es für die kantonesischen Schamaninnen nicht gab. Im abendländischen Christentum wurde scharf (auch mit dem Schwert) zwischen Heiligen und Ketzerinnen, zwischen Heiligen und Hexen unterschieden. Peter Dinzelbacher hat jedoch gezeigt, daß diese kirchlichen Grenzziehungen in Mittelalter und Frühneuzeit oft zufällig, schwankend und widersprüchlich waren und daß es zwischen den gegensätzlichen Polen von mystischer Heiligkeit und Hexentum, bei allen Unterschieden, eine große Zahl von Entsprechungen und Gemeinsamkeiten gab,[1444] zu denen auch ein (je verschiedener) Zugang zu den Seelen der Toten zählte.→[1445] Angesichts dieser „Verwandtschaft" (Dinzelbacher) von Mystikerinnen und Hexen[1446] muß es nicht verwundern, daß auf beiden Seiten des Gegensatzes Analogien zum Schamanismus festgestellt werden können.

Epilog zum 6. Kapitel

Katholische Theologie und Parapsychologie

Christliche Heilige sind ein Thema der Kirchengeschichte. Auch in der katholischen systematischen Theologie (Dogmatik) werden sie behandelt, wenn auch nur am Rande, im Rahmen der Kirchenlehre. Wir haben in diesem Kapitel das Leben und Wirken von Heiligen aus dem Blickwinkel von Parapsychologie und Religionswissenschaft betrachtet. Ein paar Bemerkungen über das Verhältnis der katholischen Theologie zur Parapsychologie mögen das Kapitel beschließen. Dieses Verhältnis ist zwiespältig. Oft ist es durch Abwehr geprägt. Theologen betonen den weiten Abstand beider Bereiche, um den banalen Gehalt paranormaler Erscheinungen nicht unangemessen aufzuwerten und christlichen Glauben nicht mit der Sensationslust am Paranormalen zu vermengen. Andererseits interessieren sich einzelne Theologen durchaus für diese Grenzwissenschaft und sind sich dessen bewußt, daß der Phänomenbereich der Parapsychologie das Feld der Theologie berührt.[1447] Papst Benedikt XVI. (Josef Ratzinger) zum Beispiel weist am Ende seiner „Letzten Gespräche“ (2016) auf die analoge gedankliche Herausforderung hin, die von beiden Bereichen ausgeht. Auf die Frage nach dem Ort Gottes („Wo ist dieser Gott eigentlich, von dem wir sprechen…?“) antwortet er, daß

> „es so was nicht gibt, einen Ort, wo er thront. Gott selber ist der Ort über allen Orten. (…) So wie es auch unter Menschen die seelische Präsenz gibt – es können sich zwei Menschen über Kontinente hin berühren, weil dies eine Dimension ist, die anders ist als die räumliche –, so ist Gott nicht in einem Irgendwo, sondern er ist *die* Realität.“[1448]

Phänomene der Telepathie erfordern ebenso wie der Gottesglaube nach Ratzinger eine Erneuerung des Denkens, weil sie den gewohnten Begriff von Räumlichkeit infragestellen und auf eine überräumliche Wirklichkeit hinweisen.

In anderen Zusammenhängen erscheint das Verhältnis von Theologie und Parapsychologie als das zweier konkurrierender Erklärungsmodelle. Michael Schmaus schreibt in seiner „Katholischen Dogmatik“:

> „Der geistliche Austausch zwischen den Gliedern der Kirche erfolgt (...) nur auf dem Wege über den freiwaltenden Willen Gottes. Es gibt also nicht eine direkte Beziehung geistlicher Art von einem zum anderen. Es ist vielmehr Gottes Heilswille, der dem einen um des Gebetes und der Liebe des anderen willen Gnade zuwendet. Die gegenteilige Ansicht wäre übernatürlicher Naturalismus und Biologismus."[1449]

Es gibt Menschen, die glauben, sich in kritischen Situationen durch Aneinanderdenken und gute Wünsche aus der Ferne wechselseitig unterstützen zu können. Diese Form der Telepathie (oder besser der „Telergie", Fernwirksamkeit[1450]) erinnert an die Unterstützung abwesender Gruppenmitglieder in Stammesgesellschaften bei schwierigen Unternehmungen durch „Korrespondenzriten".[1451] Der Glaube an einen direkten, überräumlichen Einfluß, ohne den ‚Umweg' über Gott oder seine Helfer, wäre nach Schmaus „übernatürlicher Naturalismus". Mit diesem widersprüchlichen Ausdruck trifft der Autor implizit die Unbegreiflichkeit des Phänomens der Telepathie, ohne diesen Terminus zu verwenden. Nichtchristen könnten auch die Fernwirkung von Fürbittgebeten als eine Art von Telepathie oder Telergie verstehen. Theologisch begriffen, beruht der geistliche, eine räumliche Ferne überbrückende Austausch zwischen Christen darauf, daß sie Glieder der Kirche, des „mystischen Leibes Christi" sind.[1452] Die Zugehörigkeit zu diesem setzt, im Unterschied zu den Wirkungen der Telepathie, eine geistige Entscheidung (Bekehrung, Bekenntnis, Taufe) voraus.

Sind die Erscheinungen der Totengeister, von denen die Parapsychologie spricht, von christlichen Heiligenerscheinungen kategorial verschieden? Sind sie bloß „natürliche" Phänomene, im Unterschied zu den übernatürlichen des christlichen Glaubens, sind sie weltimmanent und nicht transzendent? Ein Parapsychologe hielt es für möglich, daß ein von seiner Wissenschaft ins Auge gefaßtes „Jenseits" bloß „eine erweiterte Natur" sein könnte.[1453] Mitteilungen Toter in spiritistischen Sitzungen bleiben „innerweltlich" (Rahner),[1454] sie haben ganz und gar irdische Inhalte. Wenn Tote durch Traum, Vision oder Medium zur Auffindung ihrer Leiche beitragen, wenn Ermordete an der Aufklärung ihres Mordfalles mitwirken, Verstorbene posthum zur Regelung ihres Nachlasses beitragen (etwa den Fundort der Quittung über eine beglichene Schuld nennen), so bleiben diese Mitteilungen im engsten Umkreis des Todes. In mediumistischen Sitzungen melden sich öfters frisch Verstorbene.[1455] Umgehende Gespenster sind an den Ort ihres Todes oder an Gewohnheiten zu Lebzeiten gebunden und können sich von diesen nicht lösen.

Trotz alledem, es handelt sich hier jeweils um „Erscheinungen“. Sie durchbrechen und überschreiten das Kontinuum unserer Welt der Erfahrungserkenntnis. Aussagen über sie sind insofern „transzendent“ im Sinne Kants. Wunder sind für Kant „überhaupt keine Gegenstände möglicher Erfahrung“,[→1456] weil Erfahrung für ihn (im engeren Sinn, im Unterschied zur Wahrnehmung) zusammenhängend sein muß. Schon Thomas von Aquin zählte Totenerscheinungen zu den „Wundern“.[1457] Ihnen haftet das Numinose, das Erschauern an, das (nach Rudolf Otto) ein Merkmal des Heiligen ist, aber auch Unheiliges wie Spuk charakterisieren kann.

Zwischen parapsychologischen Totenerscheinungen gibt es Rangunterschiede. Daß eine verstorbene Mutter, ein verstorbener Vater als ‚Schutzengel‘ ihrer Kinder erscheinen und diese in Gefahr unterstützen:[1458] solche Beispiele verlassen den Umkreis des Todes und reichen an die christlichen Vorstellungen vom Wirken der Heiligen und der Schutzengel heran, wenn sie auch auf den engen Familienkreis beschränkt bleiben und auf naturgegebener Bindung beruhen. Manchmal erscheinen verstorbene Familienmitglieder als Engel (Alberto Morelli) oder in Begleitung eines Engels (Evangelista Ponziani) oder im Gefolge von Heiligen. Manche Phänomene der Parapsychologie und der Heiligenviten lassen sich schwer voneinander trennen.[1459] Die „Phantasms of the Living“ (s. § 1) sind mit den Erscheinungen Sterbender in Heiligenviten verwandt, wenn auch oft auf eine bloße „Anmeldung“ Sterbender reduziert. Noch in heutigen Trostvisionen (s. § 5) lassen manche Verstorbene ein Glück spüren, das an die himmlische Seligkeit des christlichen Glaubens erinnert. Die Erscheinungen sind oft von einem überirdischen Licht umgeben und werden von religiösen Rezipienten als himmlische verstanden. Hier wäre es künstlich, zwischen „empirischer“ und „religiöser“ Transzendenz zu unterscheiden. Die Heiligen mit ihren Wundertaten, ihren Charismen (Begnadungen) stellen in der katholischen Theologie nur ein Randthema dar. Die Kirche war gegenüber Visionen und anderen charismatischen Begabungen stets mißtrauisch. Auch das verbindet die Heiligen mit den gewöhnlichen Totenerscheinungen. „Die Theologen haben sich der Heiligen nie recht annehmen wollen.“[1460]

Karl Rahner (1904–1984) verweist als Theologe immer wieder auf Parapsychologie. In einem Vortrag vor Ärzten „Zur Theologie des Todes“ (1947) sagt er, im Tod des Menschen ereigne sich, nach traditionellem christlichem Verständnis, eine Trennung der Seele von der konkreten Leibgestalt. Die Seele werde dadurch jedoch „nicht akosmisch, sondern all-kosmisch“. Sie gerate „in eine größere Nähe zu jenem schwer faßlichen, aber doch sehr realen Grund der Einheit der Welt, in dem alle Dinge der Welt zusammengebunden sind und untereinander kommunizieren, weil sie ihre leibliche Einzelgestalt nicht mehr festhält“. Wir können Rahner nur zustimmen, wenn er fragt, „ob nicht auch einzelne parapsychologische Erscheinungen unter den gemeinten Voraussetzungen leichter zu deuten wären“.[1461] Für telepathische Verbindungen zwischen Menschen im Augenblick des Sterbens leuchtet dieser Gedanke ein. Die irdische Gestalt der Erscheinungen wird vom Perzipienten ergänzt. „Weltgrund“ lautet eine traditionelle philosophisch-begriffliche Formel für Gott, der als der „Grund der Wirklichkeit jedes Seienden“ begriffen wird,[1462] und ist eine weitere Formulierung für einen überpersönlichen Aspekt Gottes. Das Allkosmisch-Werden der Seele und ihre Annäherung an den Weltgrund durch den Tod muß potentiell für alle Menschen gelten. Denn parapsychologische Erscheinungen sind keine christliche Besonderheit.

Auf der anderen Seite weiten sich die Gedanken des Parapsychologen Frederic W.H. Myers in Metaphysik. Er sagt, Telepathie sei „ein vermittelnder Begriff zwischen der augenscheinlichen Vereinzelung der Seelen (*minds*), die hier auf Erden in der Regel nur durch rohe stoffliche Organe kommunizieren, und dem äußersten Begriff der Einheit aller Seelen (*the unity of all mind*).“[1463] Myers spricht gelegentlich, in Anlehnung an Plotin, von „Universalseele“ oder „Weltseele“.→[1464] Wie die katholische Theologie gründet sein Denken in einer Geistmetaphysik, in deren Zentrum jetzt aber der Begriff des Unterbewußten (*subliminal*) tritt. Telepathische Erfahrungen und die Transzendenzerfahrungen der Ekstase beruhen für ihn auf dem Unterbewußten.[1465] Beide Seiten, Theologie wie Parapsychologie, nähern sich schwer Faßlichem an. Die Sache weist über die Grenzen der begrifflichen Systeme hinaus. Wenden wir uns noch einmal der Theologie zu.

Nach dem Tod gelangen die Gläubigen, christlichem Glauben zufolge, in die Nähe Gottes, die „Seligkeit“, die nach römisch-katholischer Überzeugung verschiedene Grade kennt.[1466] Heilige erreichen, durch ihre Christusnachahmung, nach dem Tod eine größere Gottnähe als gewöhnliche Christen und andere Sterbliche. Das postmortale Wirken der Heiligen und das Wirken mancher gewöhnlicher Toter lassen sich, trotz der Unterschiede, als analog, nur graduell verschieden verstehen. Beide sind, nach Thomas, Manifestationen göttlichen Wirkens. Während die Heiligen aus einer Identifikation ihres Willens mit dem Willen Gottes heraus wirken und erscheinen, „sooft sie wollen", erscheinen die gewöhnlichen Toten nur „manchmal", „auf Grund gelegentlicher Erlaubnis".→[1467]

Den „allkosmischen (...) Weltbezug" der menschlichen Seele nach dem Tod erläutert Rahner auch mit der Analogie der Engel.[1468] Auch Engel können überräumlich präsent sein und an verschiedenen Orten eingreifen und wirken. Thomas von Aquin zufolge sind sie Diener und Boten Gottes. Gott aber ist, als „die allumfassende Ursache" (*universale agens*) der Welt, räumlich nicht eingeschränkt, sondern ist „überall".[1469] Ein Engel kann nach Thomas zwar nicht gleichzeitig an verschiedenen Orten sein,[1470] aber aufgrund seines überräumlichen Seins „braucht er zur örtlichen Bewegung keine Zeit, sondern er kann sofort zur Stelle sein".[1471] Eine vergleichbare Überräumlichkeit erkennt Thomas auch den Heiligen zu, die als „Verherrlichte" auf Erden erscheinen und wirken können und „dort sein können, wo sie wollen". Das sei jedoch „nicht so zu verstehen, als seien sie zugleich an mehreren Orten und überall".[1472] Schon zu Lebzeiten können sie dort erscheinen, wo sie angerufen werden.[1473] Die Überräumlichkeit der Engel und der Heiligen dürfte, im reduzierten Wirkungskreis, auch für einfache persönliche, nicht lokalgebundene Totengeister gelten, die ja hin und wieder auch angerufen werden und manchmal dort erscheinen, wo sie gebraucht werden.

Für eine Theorie der parapsychologischen Erscheinungen kann Thomas nicht in Anspruch genommen werden. Das Phänomen der Bilokation zum Beispiel, das Augustin als unbegreiflich erwähnt hatte,[1474] und das bis ins 20. Jahrhundert hinein bezeugt wird,[1475] leugnete er. Eine unmittelbare Wirkung des Menschen in die Ferne (*actio in distans*), wie in der Magie, erklärte er für unmöglich. Denn nur Gott wirke unmittelbar in allen Dingen und er allein tue Wunder.[1476] Für Thomisten und Neuscholastiker blieb es deshalb schwierig, Phänomene der Telepathie anzuerkennen.[1477]

Mystik als religiöses Urphänomen meint eine „unmittelbare Erfahrung der göttlichen oder transzendenten Realität“,[1478] eine „erfahrungsmäßige Gotteserkenntnis“ (*cognitio Dei experimentalis*).[1479] In der christlichen Mystik wird die Vereinigung und Gemeinschaft einer Seele mit Gott als göttliche Gnade begriffen. Auf einer „Mystik als Erfahrung von Gnade“ beruhen nach Rahner religiöse Offenbarungen und Prophetien, weil sie Gottesbegegnungen voraussetzen.[1480] Auch die Fähigkeiten von Heiligen, Wunder zu wirken, sind Gnade (Charisma). Mystische Erfahrungen wurden oft von außergewöhnlichen körperlichen oder seelischen Erscheinungen begleitet, die profanen parapsychischen Phänomenen glichen.[1481] Nichtchristliche Mystiker (etwa die indischen Yogi) entwickelten, ebenso wie christliche, paranormale Fähigkeiten. Meditative Zustände, Zustände einer kosmischen Bewußtseinserweiterung können außersinnliche Wahrnehmungen fördern.[1482] Paranormale Phänomene seien vorreligiös und „letztlich unwesentlich“, schrieb Rahner, als mystisch seien sie nur qualifiziert, sofern sie „mit eigentlich religiöser Transzendenzerfahrung (...) zusammen auftreten“.[1483] Während Mystik auch interreligiös begriffen werden kann,[1484] suchte Rahner christliche Mystik von nichtchristlicher scharf abzugrenzen. Sie müsse mit den Grundüberzeugungen (Dogmen) des christlichen Glaubens verbunden sein. „Mystische *Theologie* kann, wo sie mehr sein will als Parapsychologie, nur ein Stück der eigentlichen Dogmatik sein nach *deren* Prinzipien“,[1485] betonte er in einem Lexikonartikel von 1962.

Ungefähr gleichzeitig setzte Gustav Hartlaub Parapsychologie und Mystik aus einer nichtchristlichen Sicht zueinander in Beziehung. Er verstand Mystik säkular und berief sich auf Henri Bergson, dessen Schriften die katholische Kirche 1914 auf den Index verbotener Bücher setzte.[1486] Hartlaub formulierte die Hypothese, daß parapsychische Phänomene „seltene Einblicke gewähren in den sonst verborgenen Untergrund einer jenseits der Raum- und Zeitkategorien unserer menschlichen Sinnesorganisation bestehenden *Realität*“, einen Untergrund, „in dem auch unsere eigene Seele wurzelt.“[1487] (Über ein individuelles Weiterleben der Seele nach dem Tod und die Möglichkeit von Nachtodkontakten machte er keine Aussagen.)

Religiöse mystische Erfahrungen setzen einen Weg der Vorbereitung und eine spirituelle Praxis voraus. Dagegen werden viele parapsychische Erfahrungen auch von unvorbereiteten Laien gemacht. Sie können zu einem momentanen Erschrecken oder Erstaunen vor einer Realität des Unbegreiflichen führen und dadurch die Lebensauffassung der Betroffenen verändern.

Anmerkungen

1 Über Glauben und Taufe als „erste" Auferstehung, als Übergang der Seelen vom Tod zum Leben (nach Eph. 2, 1–7; Joh. 5, 24) s. Augustinus, *Der Gottesstaat,* übs. Perl (s. § 19), Bd. II, S. 533–539 (Buch 20, 6).

2 Für die Ethnologie s. Christine Hardy: *Ethnologie et parapsychologie: une double perspective sur la transe, les états modifiés de conscience et les phénomènes paranormaux,* Diss. Paris 1987; Klaus E. Müller, *Der sechste Sinn* (s. Kap. 1). Für die Volkskunde s. Fritz Harkort: Volkserzählungsforschung und Parapsychologie. Gemeinsame Probleme. In: *Volksüberlieferung. Festschrift Kurt Ranke,* Göttingen 1968, S. 89–105; vgl. auch *Zs. f. Volkskunde,* 71. Jg., 1975, S. 161–180, und 72. Jg, 1976, S. 74–80. Für die Literaturwissenschaften s. Kap. 2–4.

3 Ernst Bloch: Technik und Gespenstererscheinungen (1935). In: ders.: *Literarische Aufsätze,* Frankfurt a.M. 1965 (= Gesamtausgabe Bd. 9), S. 358–365, dort S. 358 und 361.

4 Rogo (s. Kap. 1), S. 51, 263.

5 Raymond A. Moody: *Leben nach dem Tod. Die Erforschung einer unerklärlichen Erfahrung,* Reinbek 5. Aufl. 2004 (1. Ausg. 1977); Pim van Lommel: *Endloses Bewußtsein. Neue medizinische Fakten zur Nahtoderfahrung,* o.O. (Patmos-Verlag) 6. Aufl. 2012. Vgl. von parapsychologischer Seite: Bender, Sterbeforschung (s. Kap. 1); von theologischer Seite: Schweer, *Hoffnung* (s. Kap. 1), S. 9–94; von ethnologischer Seite: Hans Peter Duerr: *Die dunkle Nacht der Seele. Nahtoderfahrungen und Jenseitsreisen,* Berlin 2015. Siehe Nicolay (s. Kap. 1); s. unten Anm. 282.

6 Peter L. Berger: *Zur Dialektik von Religion und Gesellschaft,* Frankfurt a.M. 1988 (am. Orig.ausg. „The Sacred Canopy", 1967), S. 109–121; Jan Assmann: Die biblische Einstellung zu Wahrsagerei und Magie. In: ders. u.a. (Hg.): *Magie und Religion,* München 2010, S. 11–22, dort bes. S. 17–22.

7 Hubert Cancik: Erwin Rohde – ein Philologe der Bismarckzeit. In: *Semper apertus. Festschrift Universität Heidelberg,* Bd. 2, Berlin u.a. 1985, S. 436–505, dort S. 471. Über die Abtrennung der Toten von der Welt der Lebenden bei Homer s. Walter F. Otto: *Die Götter Griechenlands,* Frankfurt a.M. 6. Aufl. 1970, S. 136–149, dort S. 138.

8 Josef Tropper: *Nekromantie. Totenbefragung im Alten Orient und im Alten Testament,* Neukirchen-Vluyn 1989, S. 344–347; Thomas Podella: Nekromantie. In: *Theologische Quartalsschrift,* 177. Jg., 1997, S. 121–133; Schwenke (s. Kap. 1), S. 251ff.

9 Oswald Loretz, zit. Podella (wie Anm. 8), S. 130f., A. 36f.; und zit. Podella, in: J. Assmann und R. Trauzettel (Hg.): *Tod, Jenseits und Identität. Perspektiven einer kulturwissenschaftlichen Thanatologie,* Freiburg u.a. 2002, S. 535, A. 18.

10 Zum Verbot der Geisterbeschwörung in der katholischen Kirche s. Denzinger-Hünermann, *Kompendium* (s. § 19), Nr. 4169, A. 2. Zum Verbot der Totener-

weckung im Gulaþing Christenrecht (erste Niederschrift 11./12. Jh.) s. Klare, Die Toten (s. § 15), S. 15; Simek, Art. ‚Totenglaube' (s. § 15), S. 82.

11 Für einen analogen, auf Astrologie und Magie bezogenen Gedanken s. Adolf Köberle; zit. Hans Bender, in: *Glaube im Abseits.* Hg. D.-R. Moser, Darmstadt 1992, S. 410.

12 Claude Lévi-Strauss: *Traurige Tropen,* übs. E. Moldenhauer, Leipzig 1988, S. 469 (Erstausg. Frankfurt a.M. 1978); frz. Orig.: *Tristes Tropiques,* Paris 1955, S. 489.

13 Dieter Harmening: Superstition – ‚Aberglaube'. In: E. Harvolk (Hg.): *Wege der Volkskunde in Bayern,* München u.a. 1987, S. 261–292, dort S. 274.

14 Thomas Hauschild: *Der böse Blick. Ideengeschichtliche und sozialpsychologische Untersuchungen,* Berlin 2. Aufl. 1982, S. 18, A. 4: „Der Rekurs der Aufklärung auf die christliche Dogmatik und umgekehrt ist in der Auseinandersetzung mit der ‚Zauberei' ein häufiger Vorgang."

15 Martin Luther: *Werke. Weimarer Ausgabe,* I. Abt., Bd. 10,3, 1905 (Repr. 1966), S. 195; Bd. 12, 1891 (Repr. 1966), S. 597; Bd. 18, 1908 (Repr. 1964), S. 547; Harmannus Obendiek: *Der Teufel bei Martin Luther,* Berlin 1931, S. 246.

16 Berger, *Dialektik* (wie Anm. 6), S. 107ff.; Thomas Nipperdey: Luther und die moderne Welt. In: ders.: *Nachdenken über die deutsche Geschichte. Essays,* München 1986, S. 31–43, dort S. 41, Nr. 5.

17 Wilhelm Stählin: Der Engel in unseren Tagen. In: Alfons Rosenberg (Hg.): *Begegnung mit Engeln,* München-Planegg 1956, S. 67–92, dort S. 87.

18 Schleiermacher: *Der christliche Glaube. 2. Auflage (1830/31).* 2 Bde. in 1 Bd. Hg. R. Schäfer, Berlin u.a. 2008, Bd. 1, S. 246 (§ 43); s. Oskar Planck: Unsere Verbindung mit der oberen Welt. In: *Die Katholizität der Kirche,* hg. H. Asmussen u.a., Stuttgart 1957, S. 309–374, dort S. 314.

19 Hinweise bei Giacomo Marramao: *Die Säkularisierung der westlichen Welt,* Frankfurt a.M. u.a. 1996, S. 82–88.

20 François Bovon: Ces chrétiens qui rèvent. In: *Geschichte – Tradition – Reflexion. Festschrift Martin Hengel, Bd. 3, Frühes Christentum.* Hg. H. Lichtenberger, Tübingen 1996, S. 631–653, dort S. 632.

21 Schmied-Knittel (s. Kap. 1), S. 111.

22 Benz, *Vision* (s. § 18), S. 17.

23 1. Samuel 3,1 (Zürcher Übersetzung).

24 Benz, *Parapsychologie* (s. Kap. 1), S. 30ff. und S. 127.

25 Lewis, *Religion in Context* (s. § 13), S. 71.

26 Josef Franz Thiel: *Religionsethnologie. Grundbegriffe der Religionen schriftloser Völker,* Berlin 1984, S. 17, vgl. ebd. S. 131.

27 Schreuer, Art. ‚Totenrecht' [1918/19] (s. § 15), S. 339, schreibt: „Ein Jenseits, die Transzendenz, ist [*sogenannten*] primitiven Völkern und primitiv denkenden Individuen heute noch unfaßbar." Nach Edgar Morin kennen „archaische" Gesellschaften „keine ‚Transzendenz'" und nur eine schwach ausgeprägte „Diskontinutät" (*rupture*) zwischen der Welt der Lebenden und der der Toten (Edgar Morin: *L'Homme et la Mort,* Paris 1970, S. 154; s. Delumeau, *Angst im Abendland* – s. Anm. 914 –, Bd. I, S. 111). Vgl. unten Anm. 36.

28 Philippe Ariès: *Geschichte des Todes,* München 1980 (frz. Orig. 1978), S. 34 u. 741.

29 Peter L. Berger: *Auf den Spuren der Engel. Die moderne Gesellschaft und die Wiederentdeckung der Transzendenz,* Frankfurt a.M. 1970 (am. Erstausg. 1969), S. 107f.

30 Patrick J. Geary: *Living with the Dead in the Middle Ages,* Ithaka NY 1994, S. 2, über das europäische Mittelalter. Allgemeiner: Oesterreich, *Besessenheit* (s. Kap. 1), S. 376; Mitterauer (s. Anm. 1310), S. 228f.

31 Oexle, Gegenwart der Toten (s. § 15), S. 22. Zur Definition von Memoria s. ebd., S. 25 und 29. Über die Epochenschwelle ‚um 1800' s. ebd. S. 21, A. 11: „etwa 1750 bis 1850" (nach R. Koselleck). Vgl. O.G. Oexle: Das Ende der Memoria. In: Truus van Bueren u.a. (Hg.): *Reformations and their Impact on the Culture of Memoria,* Turnhout 2016, S. 315–330.

32 Zur „Gegenwart durch Namensnennung" s. Rupert Berger: *Die Wendung „offerre pro" in der römischen Liturgie,* Münster i.W. 1965, S. 228–240; Otto Gerhard Oexle: Memoria und Memorialüberlieferung im frühen Mittelalter. In: *Frühmittelalterliche Studien,* Bd. 10, 1976, S. 70–95, dort S. 79–86; ders.: Memoria in der Gesellschaft und in der Kultur des Mittelalters. In: J. Heinzle (Hg.): *Modernes Mittelalter,* Frankfurt a.M. 1999, S. 297–323, dort S. 308f.

33 Oexle, Gegenwart der Toten (s. § 15), S. 25 u. 29.

34 Zum Mesmerismus s. Bauer, Gegen den Strom (s. Kap. 1), S. 16–22; zum Spiritismus s. ebd., S. 22–27; Sawicki, *Leben mit den Toten* (s. Kap. 1); und unten Anm. 149.

35 Nach Karl Hutten; zit. Ruppert (s. Kap. 1), S. 601.

36 Meyer Fortes: Some Reflections on Ancestor Worship in Africa. In: ders. u. G. Dieterlen (Hg.): *African Systems of Thought,* London 1965, S. 122–144; Thiel, *Religionsethnologie* (wie Anm. 26), S. 138–150, 199 u.ö. Für den jenseitigen Charakter der Ahnen s. Thiel, ebd., S. 105–110 („Buschschule"), S. 149 u.ö. Zur Analogie von Afrika und China s. Fortes, Some Reflections, S. 122.

37 John S. Mbiti: *Afrikanische Religion und Weltanschauung,* Berlin u.a. 1974, S. 98. Zum afrikanischen Totenseelenglauben s. ebd. S. 98–114 und 204–209. Vgl. K. Ranke, Art. ‚Animismus', in: RGA, Bd. 1, 1973, S. 340: „Seelen- und Geistervorstellungen [spielen] in den [*sogenannten*] primitiven und archaischen Religionen oft eine dominierende Rolle".

38 Schreuer, Recht der Toten (s. § 15), S. 336–343, über die altgermanischen, indogermanischen, ja „primitiven" (S. 336) Wurzeln des Totenrechts; über Heilige s. ebd., S. 426–431.

39 Zu den „widersprechenden Logiken" in den Totenkulten des japanischen Buddhismus s. Stone/Walter (Hg.) (s. § 12), S. 8–20, 325–348 u.ö.

40 Zu „Tropical Malady" s. James Quandt (Hg.): *Apichatpong Weerasethakul,* Wien 2009, S. 63–80 und 225–228. Zu Noi Inthanon s. ebd., S. 64ff. und 169.

41 Max Weber: Vom inneren Beruf zur Wissenschaft (1919/21). In: ders.: *Soziologie. Weltgeschichtliche Analysen. Politik.* Hg. J. Winckelmann, Stuttgart 1956, S. 311–339, dort S. 317. Vgl. Andreas Anter: Entzauberung der Welt und okzidentale Rationalisierung (Weber). In: Th. M. Schmidt u.a. (Hg.): *Religion und Säkularisierung. Ein interdisziplinäres Handbuch,* Stuttgart u.a. 2014, S. 14–20.

42 Vgl. Novalis: *Werke/Briefe. Dokumente.* Hg. E. Wasmuth, Bde. II u. III, Heidelberg 1957, Fragment Nr. 1687.

43 Richard Jenkins: Disenchantment, Enchantment and Re-Enchantment: Max Weber at the Millenium. In: *Max Weber Studies*, Bd. 1, 2000, S. 11–32, dort S. 17.

44 Schwenke, *Transzendente Begegnungen* (s. Kap. 1), passim. Über den Unterschied von Erscheinung und Begegnung und weitere Begriffsklärungen s. ebd. S. 20–32.

45 Rudolf Otto: *Das Heilige. Über das Irrationale in der Idee des Göttlichen und sein Verhältnis zum Rationalen*, München 1963 (1. Ausg. 1917), S. 143, 146f., 154ff.

46 Zur Stilisierung von Erfahrungen in Übereinstimmung mit kulturellen Mustern s. Eric R. Dodds: *The Greek and the Irrational*, Berkeley 1951, S. 114; zit. Pilch (s. § 20), S. 56.

47 Siehe hierzu Tzvetan Todorov: *Einführung in die fantastische Literatur*, München 1972.

48 Dorthe Jørgensens Begriff der „Erfahrungsmetaphysik" (s. Magnússon, *Dichtung* – s. Kap. 2 –, S. 32ff.) zielt auf den Gehalt von Kunst und ästhetischer Erfahrung. Er distanziert sich damit von der die abendländische Tradition beherrschenden Vernunftmetaphysik ebenso wie vom kartesianisch-neuzeitlichen, auch kantischen, Wissenschaftsbegriff. Siehe hierzu: Dieter Jähnig: Philosophie und Kunst. In: *Kulturwissenschaften. Festschrift Wilhelm Perpeet*. Hg. H. Lützeler, Bonn 1980, S. 229–243, und ders.: *Der Weltbezug der Künste* (s. Anm. 397), S. 22–30.

49 Jan Assmann, in: ders. u.a. (Hg.), *Tod, Jenseits und Identität* (s. Anm. 9), S. 26. Zu Nahtoderfahrungen s. Anm. 5 und S. 42, Anm. 101f.

50 John Lagerwey: *Der Kontinent der Geister. China im Spiegel des Taoismus. Eine Reise nach Innen*, Olten u.a. 1991, S. 11 und 165: „Kontinent der Geister [*Shenzou*]: einer der Namen, den China sich gibt".

51 Goethe zu Eckermann, 31.1.1827. Es handelte sich vielleicht um den Roman „Geschichte einer glücklichen Gattenwahl" (*Hao qiu zhuan*), dessen erste deutsche Übersetzung durch De Murr 1766 erschien (s. die in Anm. 552 genannte Übersetzung, dort S. 322, Nachwort von Eva Müller); Gero von Wilpert: *Sachwörterbuch der Literatur*, 5. Aufl., Stuttgart 1969, S. 846f., Art. ‚Weltliteratur'; Berndt u.a., *BI-Lexikon* (s. § 14), S. 30.

1. Kapitel: Parapsychologie

52 Siehe den Titel des Handbuches der „wissenschaftlichen Anomalistik", in dem die Parapsychologie prominent figuriert; s. G. Mayer und M. Schetsche (Hg.).

53 Bender, Grenzfrage, S. 84 („Wissenschaft an der Grenze"); Lux, S. 11–14 und passim.

54 Rogo, S. 65; über Flammarion s. Jaffé, S. 73.

55 Für den Begriff der Parapsychologie s. Bauer, Die Welt des Paranormalen, und Bauer/von Lucadou; ferner Beloff, Rhine/Pratt, Rogo sowie die Sammelbände von Bender (Hg.) und Wolman (Hg.).

56 Myers, in: PhoL, I, S. LXVI.

57 Gurney u.a., *Gespenster*, S. 2 und 39; zum Titel s. ebd. S. 42ff.

58 Myers, in: PhoL, I, S. LXV.

59 Gurney u.a., *Gespenster*, S. 61 (PhoL, I, S. XIII und 6).

60 Gurney u.a., *Gespenster*, S. 183.

61 Bozzano, *Naturvölker*, S. 51–55, über die „drahtlose Telegraphie" der Schwarzen; Laurens van der Post: *Die verlorene Welt der Kalahari. Roman*, Zürich 1995, S. 316f.; ders.: *Das Herz des kleinen Jägers. Roman*, Zürich 1995, S. 300ff.

62 Sigmund Freud: *Neue Folge der Vorlesungen zur Einführung in die Psychoanalyse*, London 1940 (= Gesammelte Werke, Bd. XV), S. 59. Ebenso schon Myers, Bd. II, S. 258: Telepathie als *„a potential communication between all life"*.

63 Über die telepathischen Fähigkeiten der Inder s. Jean Cocteau, in: Ernst Jünger, *Strahlungen* II, Stuttgart 1979, S. 108 (20.7.43); über die der Chinesen s. hier, S. 118, Anm. 537; über willentliche Gedankenübertragung zwischen Meister und Schüler in Tibet s. David-Néel, S. 192–202.

64 Myers, I, S. 25: *„spiritual environment"*; vgl. II, S. 269: *„transcendental environment"*.

65 Der Ausdruck „Anmeldung Sterbender" stammt von Marcinowski. Frühere Beispiele für dieses Phänomen finden sich u.a. bei Ovid, Metamorphosen 11. 400–750 (zit. Patricia Cox Miller: *Dreams in Late Antiquity*, Princeton 1994, S. 6); bei Petrarca im 14. Jh. (s. Tenhaeff, S. 620); bei christlichen Heiligen (s. unten § 20, „Erscheinungen Sterbender"); im 18. Jh. bei dem Abt Calmet (zit. Ludwig, S. 67); in England/Nordamerika 1785 (zit. Finucane – s. § 16 – S. 158f., A. 17).

66 PhoL, I, S. 112f.

67 Halluzinationen sind „Erscheinungen, denen keine dauerhafte dreidimensionale Realität entspricht" (PhoL, I, S. LXIII). Zum Begriff der Halluzination s. G. Mayer u.a. (Hg.), *An den Grenzen*, S. 124ff.; Schwenke, S. 206–210; Schweer, *Abbruch*, S. 76ff. und 107, A. 52ff. (Lit.).

68 *Proceedings S.P.R.*, Bd. X, 1894, S. 25–422 (lt. Rogo, S. 62).

69 Gurney u.a., *Gespenster*, S. 142f.; PhoL, I, S. 210.

70 Gurney u.a., *Gespenster*, S. 135f.

71 Gurney u.a., *Gespenster*, S. 316; PhoL, I, S. 444f.

72 PhoL, I, S. LXIII; PhoL, I, S. 389: *veridical, truth-telling.*

73 Marcinowski, Bsp. III; PhoL Nr. 32 und 189.

74 PhoL, I, S. 347, Nr. 116.

75 Rogo, S. 58. Vgl. D. Scott Rogo: *An Experience of Phantoms*, New York 1974, S. 110ff., 130ff. (zit. n. Emmons, S. 62). Vgl. Schwenke, S. 142f.

76 PhoL, II, S. 170 (Gurney); ebd., S. 314 (Myers).

77 Vgl. Tenhaeff, S. 628; Emmons, S. 121.

78 Jaffé, S. 129f.; Emmons, S. 63f. (Nr. G034f.).

79 Myers, II, S. 18. Zum Begriff der „telepathischen Hellsicht" s. PhoL, I, S. XXV und 266f.

80 Vgl. Ringger, S. 111ff.; Roll, Abschnitt 6.4.3. Beispiele: Marcinowski, Bsp. I; Jaffé, S. 236f.; Ernst Jünger: Das zweite Pariser Tagebuch, 24.6.44, in: ders., *Strahlungen* II, Stuttgart 1979, S. 282. Für ein Beispiel aus der chinesischen Literatur s. *Die Jadelibelle*, übs. F. Kuhn, Zürich 1952, S. 178–184, 12. Kap. – Für andere Formen der Anmeldung Sterbender durch Spuk s. PhoL Nr. 34; Bozzano, *Spukphänomene*, Kap. 4: Fälle G und K; Flammarion, *La Mort* III,

S. 216; Mischo (s. § 18), S. 25f.; Moser, *Spuk*, S. 246f. Vgl. Guggenheim, Kap. 13, S. 167–177.

81 Nach Rogo, S. 115f. Vgl. Roll, S. 240–246.

82 Rogo, S. 11.

83 Bonin, *Naturvölker*, S. 141; vgl. Christoph Martin Wieland: *Werke* Bd. 36, Leipzig 1805, S. 239 (Ludwig, S. 83f.).

84 Erdbebenartige Stöße als „Anmeldung" einer Sterbenden: s. Flammarion, *Rätsel des Seelenlebens*, S. 47f. (dort als Halluzination erklärt).

85 Helmuth von Glasenapp: *Die fünf Weltreligionen*, Düsseldorf 2. Aufl. 1967, S. 77.

86 PhoL, II, S. 168–270 (Kap. XVIII, „Collective Cases"); Gauld, *Founders*, S. 168–171. Zur „Kollektivhalluzination" vgl. Moser, in: Bender (Hg.), *Parapsychologie*, S. 531f.; Schweer, *Abbruch*, S. 100, A. 21 (Lit.).

87 Gurney, Brief an William James, 16.1.1887; zit. n. Gauld, *Founders*, S. 171.

88 Gauld, *Founders*, S. 171.

89 Mayer/Bauer, Erscheinungen, S. 199.

90 PhoL, II, S. 289–292; hierzu Gauld, *Founders*, S. 170f.

91 PhoL, II, S. 303–310.

92 Beispiele für Bilokation: PhoL, I, S. 103–108 (Nr. 13–15); PhoL, II, S. 671–675 (Nr. 685); Bozzano, *Spukphänomene*, Fall A, Kap. 4; Schamoni (s. § 18), S. 399–439; Schwenke, S. 141–147. Für zwei asiatische Beispiele, in denen ein Guru einer Anhängerin erscheint, s. *Die sieben Meister des wunderbaren Tao* (s. Anm. 495), S. 110–115 u.ö. (China, 18. Jh.), und Braude, S. 185 (Indien, 1970).

93 Bozzano, *Naturvölker*, S. 221–226. Vgl. Bonin, *Naturvölker*, S. 87f.

94 Jaffé, S. 196; Tenhaeff, S. 628; Müller, *Im Schatten*, S. 213f.

95 Zum Erscheinungskörper s. Hornell Hart (zit. Rogo, S. 261); Schweer, *Abbruch*, S. 82–85; ders., *Hoffnung*, S. 99ff.; Schwenke, S. 277ff.: „Nichtphysische Körperlichkeit".

96 Magnússon, Okkultismus (s. Kap. 2), S. 162, mit Hinweisen auf du Prel, Indien (A. 44) und Lord Byron (A. 47).

97 Schweer, *Abbruch*, S. 83 und A. 71.

98 Ein Beispiel bei Schwenke, S. 142f.

99 Bonin, *Lexikon*, S. 40.

100 PhoL, II, S. 278f., und S. 294ff. über die Kleidung der Gespenster.

101 Siehe Anm. 5 und 282; Schwenke, S. 122–132.

102 Vgl. das außerkörperliche Erlebnis des Dr. Wiltse von 1889 (Myers, Nr. 713 A). Dr. Wiltse erschien sich selbst, beim Austritt aus seinem physischen Leib, zuerst als „etwas wie eine Qualle hinsichtlich Farbe und Form", dann als von der Gestalt eines nackten Mannes, durchsichtig und bläulich, und schließlich sogar als bekleidet. (Myers, II, S. 316)

103 Tenhaeff, S. 625–629 „Außerkörperliche Erfahrung", dort S. 626ff.

104 Myers, in: PhoL, II, S. 294ff.; Tyrrell, S. 117–150 und passim; Roll, S. 165. Für Beispiele „sinnliche[r] Umkleidung" und Verkleidung einer Erscheinung im 18. Jh. s. Rosenberg, *Oberlin*, S. 237f.

105 Kant, S. 31.

106 Schopenhauer, S. 319 und 335; zit. Schweer, *Abbruch*, S. 54.

107 Bender, Spiritismus, S. 1.

108 Nach Henri Bergson sprechen die Phänomene und Erfahrungen der Mystik und der Parapsychologie „für eine weitgehende Unabhängigkeit der Seele vom Leibe“ (zit. Hartlaub, S. 97).

109 Bender, Spiritismus, S. 21.

110 Myers; zit. n. Gauld, *Founders*, S. 196.

111 Vgl. Guggenheim, Kap. 17, S. 213–222: Späte Nachtod-Kontakte: 5 bis 33 Jahre; Bozzano, *Spukphänomene*, Kap. 3, Fall VIII: 40 Jahre.

112 Myers, II, S. 18f.

113 Ein Begriff von Carl du Prel (s. Ringger, S. 121). Bsp. 751 A = Bozzano, *Spukphänomene,* Fall IV, S. 44–49.

114 Myers; zit. n. Gauld, *Founders*, S. 194f.

115 Primot, S. 672ff.; zit. Flammarion, *La Mort,* III, S. 420ff.

116 Mord 745 A, Gewalt 745 B, unerwarteter Tod in einem Hotelzimmer 745 C; Suizid: Bozzano, *Spukphänomene* VII und VIII.

117 Bozzano, *Spukphänomene,* Kap. 3, Nr. IV–IX; Kap. 4, I und J; Kap. 5, Nr. XIII–XV. Jaffé, S. 155ff.: „Die unerlösten Geister“; ebd. S. 115, A. 57.

118 751 A; s. Myers, II, S. 395: *„Proofs of Immateriality“*; Gauld, *Founders*, S. 197ff.

119 751 B = Bozzano, *Spukphänomene* Nr. V. Für ein Hindurchgehen durch eine Erscheinung s. Flammarion, zit. EOP, Bd. I, S. 57; Green/McCreery, S. 106. Für die Modalitäten von Erscheinungen s. Green/McCreery, passim.

120 Bozzano, *Spukphänomene* Nr. VII; Myers, Nr. 722.

121 Myers, II, S. 75: *actual spatial change*; dt. nach Bozzano, *Spukphänomene,* Nr. VII, S. 63. Zu Myers' Begriff des „Metätherischen“ s. ders., Bd. I, S. XIX: *„the spiritual or transcendental world in which the soul exists“*; S. 218: *„spiritual or metetherial environment“*; hierzu Tyrrell, S. 58, 89; Gauld, *Founders*, S. 308ff.

122 Für die Unterscheidung von Erscheinung (im Wachzustand) und Vision (in Träumen und anderen veränderten Bewußtseinszuständen) s. Roll, S. 151. Den Terminus Vision verwenden wir teilweise in einem weiteren Sinn, der Erscheinungen im Wachzustand mitumfaßt (so in § 5, Abschnitt „Trostvisionen heute“).

123 Zur Reaktion von Tieren auf Erscheinungen s. Braude, S. 214, und die Beispiele bei Schwenke, S. 42–51.

124 Vgl. Schopenhauer: „die Gränze zwischen Subjekt und Objekt“ wird „zweifelhaft, undeutlich, wohl gar verwischt“ (S. 323). Vgl. die Formulierung von H.H. Price, Erscheinungen seien *„real objects...neither mental nor physical, but betwixt and between“*; zit. n. Andrew MacKenzie: *Hauntings and Apparitions*, London 1982, S. 214.

125 Tyrrell, S. 62ff., 142ff., 155ff.

126 Zur Kritik s. Braude, S. 204–208.

127 Für Beispiele s. Bozzano, *Spukphänomene*, Kap. 3; ders., *Naturvölker*, S. 110–116 („Psychometrie des Ortes“, S. 114); Moser, *Spuk*, S. 238–246: Spuk von Dünzling.

128 Vgl. Roll, S. 156f. (*„‚bystander‘ case“*). Zu den adressierten Erscheinungen vgl. die Anmeldung durch akustischen Spuk: PhoL Nr. 34 = Bozzano, *Spukphänomene,* Fall F, S. 96–100.

129 Vgl. die abgelenkten Erscheinungen Sterbender: PhoL Nr. 242, 355; und Myers, Nr. 727 A.

130 Gurney; zit. Myers, II, S. 351 (bei Nr. 727 A).

131 Für Warnungen durch Verstorbene s. Cicero, *Wahrsagung*, S. 63 (Buch I, 56) (Ludwig, S. 12); Jaffé, S. 41–48. Vgl. unten S. 77, Anm. 285.

132 Aus dem Russischen übersetzt von A. Aksakoff. „Ich bin [da] gewesen, ich habe gesehen." „Hab keine Angst vor mir, ich bin gut und liebevoll."

133 Charles Webster Leadbeater: *L'autre côté de la mort* (vor 1922), S. 221; referiert nach: Flammarion, *La Mort*, III, S. 250f.

134 Weitere ‚Schutzengel'-Erscheinungen Verstorbener: Flammarion, *La Mort* III, S. 309f., 311f.; Guggenheim, S. 37, 221f. (in allen diesen Fällen erscheint der verstorbene Vater).

135 Gurney, in: *Proceedings S.P.R.*, Bd. V, 1888/89, S. 404; zit. Myers, II, S. 11. Für ähnliche Kriterien vgl. Mrs. Sidgwick, zit. PhoL, I, S. LXIV; Gauld, *Founders*, S. 187f. Vgl. Arcangel, Kap. 3, S. 65–104.

136 Geld: 721, Votivkerze: 722 A; Tagebuch: Bozzano, *Naturvölker*, S. 251–257; Quittung über eine bezahlte Geldschuld: Augustinus, *Die Sorge* (s. § 17), S. 21f. Für die Erscheinung Dantes wegen des Manuskripts der letzten Gesänge seines Hauptwerkes, s. Schwenke, S. 113f.

137 Beispiele für „Abholung": Flammarion, *Rätsel*, S. 303, Nr. XXIV; ebd., S. 342f., Nr. XXVI; Jaffé, S. 58–61 und 73f. Zur „Abholung" in Totenbettvisionen s. Rogo, S. 257ff. Für Analogien in Nahtoderfahrungen vgl. Schweer, *Abbruch*, S. 58ff.; ders., *Hoffnung*, S. 70ff.

138 PhoL Nr. 128; dt. Gurney u.a., *Gespenster*, S. 271.

139 Zu diesem Beispiel s. Tyrrell, S. 179f.; Bender, Spiritismus, S. 19.

140 Klaus E. Müller, in: *Zs. f. Parapsychologie und Grenzgebiete der Psychologie*, 50. Jg., 2017, S. 18, über Abholungsphänomene in Nahtoderfahrungen.

141 Myers, II, S. 31. Zur Kritik s. Timm, S. 253 (zit. Schweer, *Abbruch*, S. 98, A. 7).

142 Frances Power Cobbe: *The Peak in Darien*, London 1882. Für neuere Beispiele s. Bruce Greyson, in: *Anthropology and Humanism*, 35, 2010, S. 159–171 (lt. Hinweis von: Schwenke, S. 133, A. 142).

143 Arcangel, S. 120.

144 Harriet Beecher-Stowe: *Onkel Toms Hütte*. Hg. W. Herzfelde, Berlin 2010, S. 318 (25. Kap. „Wiedervereinigung"); Anton Čechov: Volodja. In: ders.: *Die Steppe. Erzählungen 1887/88*. Hg. P. Urban, Zürich 1976, S. 114.

145 Myers, II, S. 78.

146 Ariès (s. Anm. 28), S. 602.

147 Bozzano, *Spukphänomene*, Kap. 7, Nr. XXVII, S. 229–235.

148 Myers, II, S. 200. Zur Psychopathie s. die Diskussion bei Myers, Nr. 912f. u.ö.

149 Bauer, Art. ‚Spiritismus'; A. Röttgers: Art. ‚Spiritismus'. In: HWP, Bd. 9, Sp. 1401ff.; Peter Gerlitz: Art. ‚Spiritismus'. In: TRE, Bd. 31, S. 695701.

150 Bsp. für Xenoglossie: Flammarion, *La Mort*, III, S. 362ff.; Rogo, S. 254.

151 Rogo, S. 249.

152 Bonin, *Lexikon*, S. 397, sieht in den Leistungen von Mrs. L. Piper im Regelfall nur „Anwesenheitstelepathie". Dagegen Fanny Moser: Eine Sitzung mit Mrs. Piper. In: Bender (Hg.), *Parapsychologie*, S. 192ff. Zu Piper s. auch Gauld, Survival, S. 582f., 586f.

153 Bender, Spiritismus, S. 1.

154 Siehe z.B. Rogo, S. 250; Schweer, *Hoffnung*, S. 103.

155 Myers, I, S. 26; II, S. 282; I, S. 21.

156 Vgl. Tyrrell, S. 161, über das Lesen eines versiegelten Briefes.

157 Rogo, S. 246: Die „Theorie einer allwissenden, unbegrenzten und selektiven Psi-Fähigkeit heißt ‚Super-ASW-Hypothese'." (ASW = Außersinnliche Wahrnehmung). „Psi" ist ein Sammelbegriff für alle paranormalen Fähigkeiten.

158 Bauer, Gegen den Strom, S. 39.

159 Für ein Beispiel heutiger Zeit s. Arcangel, S. 176–198.

160 Myers, II, S. 250.

161 Weitere Beispiele für Manifestationen von Totengeistern auf zweierlei Weise – a) als Geistererscheinung und b) in einer spiritistischen Sitzung durch Klopfgeräusche, in denen sich der Totengeist identifiziert – bringt Myers in Nr. 714 (Palladia) und 868 B.

162 Flammarion, *La Mort*, III, S. 391: *vulgaire banalité*.

163 Bozzano, *Spukphänomene*, Fall XIV, S. 125ff.

164 David Fontana; zit. n. Rock/Beischel/Schwartz, Thematic Analysis, S. 188. Zum Begriff des physikalischen Mediums s. unten, Anm. 407.

165 https://de.wikipedia.org/wiki/Medium_(Person); ohne Belege. Gelesen am 3.7.19. Ein Fall der Entlastung einer Angeklagten durch den Ermordeten aus dem Jahr 2006 s. ebd., mit Beleg.

166 Pons, S. 255–295; vgl. Heijnen, S. 175ff.; Haraldsson, *The Departed*, Kap. 28, S. 173–176.

167 Haraldsson, *The Departed*. Das Buch berücksichtigt keine Träume und mediumistischen Phänomene.

168 Pons, S. 248ff., S. 252ff.

169 Heijnen, S. 171f.

170 Pons, S. 247 (Kommode); Heijnen, S. 180 (Haus, alte Erinnerungen).

171 Arcangel, wie Anm. 159.

172 Vincent Crapanzano: Art. ‚Spirit Possession: An Overview' (1987), in: ER, Bd. 13, S. 8687–8694; Hartmut Zinser, Art. ‚Besessenheit', in: HrwG, Bd. 2, S. 131–135.

173 Sawicki, S. 35.

174 Raymond Firth: *Essays on Social Organisation and Values*, London 1964, S. 247f.; zit. n. Beatrix Heintze: *Besessenheits-Phänomene im mittleren Bantu-Gebiet*, Wiesbaden 1970, S. 6. Vgl. R. Firth: *Tikopia Ritual and Belief*, 2. Aufl. Abingdon, Oxon 2011, S. 296.

175 Erika Bourguignon (Hg.): *Religion, Altered States of Consciousness, and Social Change*. Columbus Ohio 1973, S. 12f. (Einl.).

176 Oesterreich, S. 37ff.

177 Bourguignon (Hg.) (s. Anm. 175), S. 15f.; dies. u.a. (s. Anm. 180), S. 42.

178 Beispiel bei Heijnen, S. 175ff. Für den Begriff s. Schwenke, S. 26.

179 Für Beispiele s. Görres, *Mystik* (s. § 18), S. 478–486 („Epidemische Besessenheit") und S. 543–558 (Loudun).

180 Erika Bourguignon und Louanna Pettay: Spirit Possession, Trance and Cross-Cultural Research. In: *Proceedings of the 1964 Annual Spring Meeting of the American Ethnological Society*, S. 38–49, dort S. 45.

181 Roll, S. 196.

182 Oesterreich, S. 366. Ähnlich Myers, II, S. 191 (Nr. 902). Vgl. auch: Carl-A. Keller: Spiritismus als Besessenheit – Eine religionswissenschaftliche Be-

trachtung. In: *Kontakte mit dem Jenseits? Spiritismus aus christlicher Sicht*, Freiburg/Schweiz 1989, S. 25–55.

183 Josephus, Geschichte des jüdischen Krieges, VII, 6, 3; übs. H. Clementz (Oe. 166).

184 Justinus der Märtyrer, Apologia secunda pro Christianis; zit. n. Justinus Kerner: *Geschichten Besessener neuerer Zeit*, Stuttgart 1834, S. 7 (Oe. 25).

185 Adolf von Harnack: *Die Mission und Ausbreitung des Christentums in den ersten drei Jahrhunderten*, 3. Aufl., Leipzig 1915, Bd. I, S. 141. Vgl. auch H. Achalis: *Das Christentum in den ersten drei Jahrhunderten*, Leipzig 1912, Bd. I, S. 132–147 (Oe. 160f., A. 301).

186 Oesterreich, S. 160f. Vgl. David E. Aune: Magic in Early Christianity. In: *Aufstieg und Niedergang der römischen Welt*, Bd. 23/2, hg. W. Haase, S. 1507–1557, dort S. 1545–1549, „The Magical Use of the Name of Jesus".

187 J.J. Dannholz: *Im Banne des Geisterglaubens. Züge des animistischen Heidentums bei den Wasu in Deutsch-Ostafrika*, Leipzig 1916, S. 23 (Oe. 135f.).

188 Karl Wohlrab: *Die christliche Mission unter den Schambala*, Diss. Tübingen 1929, S. 48ff.

189 J.J. Dannholz (zit. Oe. 136). Zum Christentum als Schutz gegen Besessenheit, in einem Fall in China, s. Oe. S. 213f.

190 Eric R. Dodds: *Die Griechen und das Irrationale*, Darmstadt 1970, S. 165f., im Abschnitt über „mediumistische Trance" in der Antike.

191 Rituale Romanum; zit. n. Edward B. Tylor: *Primitive Culture*, Bd. II, London 1871, S. 130, A. 1. Auch bei: Johannes Mischo: Psychologische Aspekte der Besessenheit. In: *Zs. f. Parapsychologie und Grenzgebiete der Psychologie*, 13. Jg. 1971, S. 69–94, dort S. 75.

192 Oesterreich, S. 213; nach: John L. Nevius: *Demon Possession and Allied Themes*, 2. Aufl., London 1896. Für eine Rezension des Buches von Nevius s. Myers, II, S. 500f. (Nr. 912 A).

193 Priester Surin, in Loudun, 17. Jh. (zit. Oe. 50).

194 Carl Wickland: *Dreißig Jahre unter Toten*, Darmstadt 1952 (Desiderat); s. die Kritik von Hans Sexauer, in: *Zs. f. Parapsychologie und Grenzgebiete der Psychologie*, Bd. II, 1958/59, S. 202.

195 Justinus Kerner: *Nachricht von dem Vorkommen des Besessenseins*, Stuttgart 1836, S. 14 (Oe. 26).

196 Oesterreich, S. 231–292.

197 Oesterreich, S. 237–247 und 261–285.

198 J.L.D. van der Roest; zit. n. J.G. Frazer: *The Belief in Immortality and the Worship of the Dead*, Bd. I, London 1913, S. 322 (Oe. 284).

199 F.S.A. de Clercq, zit. n. J.G. Frazer (s. Anm. 198), S. 309 (Oe. 283f.).

200 C.G. Seligmann und Brenda Z. Seligmann: *The Veddas*, Cambridge 1911, S. 128f. (Oe. 241).

201 William Mariner: *Nachrichten über die Freundschaftlichen oder die Tonga-Inseln*, hg. J. Martin, Weimar 1819, S. 113f. (Oe. 276f.).

202 R.H. Codrington: *The Melanesians. Studies in Their Anthropology and Folk-Lore*, Oxford 1891, S. 220 (Oe. 281f.).

203 Joh. Warneck: *Die Religion der Batak. Ein Paradigma für die animistischen Religionen des Indischen Archipels*, Leipzig 1909, S. 91 (Oe. 266).

204 Vgl. § 9, S. 116, Anm. 523.

205 Adolf Bastian: Ein Besuch bei den burätischen Schamanen. In: ders.: *Geographische und ethnologische Bilder,* Jena 1873, S. 406 (Oe. 299f. und 302).

206 V. M. Mikhailowsky: Shamanism in Siberia and European Russia. In: *The Journal of the Anthropological Institute of Great Britain and Ireland,* Bd. XXIV, 1895, S. 62–100 und 126–158, dort S. 85f. (Oe. 302).

207 Wilhelm Radloff: *Aus Sibirien. Lose Blätter aus dem Tagebuch eines reisenden Linguisten,* Bd. II, Leipzig 1884, S. 16f. (Oe. 303f.).

208 Diogenes Laërtius 8.32; Diogenes Laërtius: *Leben und Meinungen berühmter Philosophen.* Übs. O. Apelt. Hg. K. Reich, Hamburg 1990, S. 124f. Griechischer Text: *Die Fragmente der Vorsokratiker,* 8. Aufl., hg. W. Kranz, Bd. I, Berlin 1952, S. 451.

209 Dodds (s. Anm. 190), S. 63. Vgl. unten S. 241, Anm. 1111.

210 Marco Frenschkowski: Art. ‚Traum' I–V, in: TRE, Bd. 34, S. 28–46, dort S. 40.

211 Tischner, S. 9.

212 De Groot, *Religious System* (s. § 9), Bd. 4, S. 449 und ebd. S. 116. Vgl. Roberto K. Ong: *The Interpretation of Dreams in Ancient China,* Bochum 1985, Kap. II, „Dreams as Message from the Spirit World", S. 17–46.

213 Herodot, Historien IV, 172; de Groot, *Les Fêtes* (s. § 9), Bd. II, S. 593; W. Crooke, Art. ‚Ancestor-Worship and Cult of the Dead. Intorduction', in: ERE, Bd. 1, S. 425–432, dort S. 428f., „Ancestors oracular".

214 Berthold Laufer: Inspirational Dreams in Eastern Asia. In: *The Journal of American Folk-Lore,* Bd. 44, Nr. 172, April-Juni 1931, S. 208–216, dort S. 210f.

215 Siehe unten S. 124, Anm. 585.

216 Für ein Beispiel aus dem Bereich der ärztlichen Tätigkeit s. Erwin Rohde: *Psyche,* Bd. II, 4. Aufl. Tübingen 1907, S. 392 f. (Inschrift in Pergamon). Für weitere ähnliche Beispiele s. Delehaye, *Les Origines* (s. § 19), S. 100ff.

217 Oswald Loretz, zit. Thomas Podella (s. Anm. 8 und 9). Zum Nebeneinander von offiziellem monotheistischem Jahwekult und familiärem Ahnenkult in Israel bis weit in die Königszeit hinein, s. Podella, Nekromantie (s. Anm. 8), S. 131ff.

218 *Boswell's Life of Johnson.* Hg. G. Birkbeck Hill, erw. Ausg. hg. L.F. Powell. Bd. I, Oxford 1934, S. 235f. (Gebet vom 26.4.1752); Hinweis: Keith Thomas: *Religion and the Decline of Magic,* London 1991, S. 703.

219 Wilhelm Moufang und W.O. Stevens: *Mysterium der Träume,* München 1953, S. 26. Das Tagebuch Oberlins wurde auszugsweise veröffentlicht in: Gotthilf Heinrich Schubert: *Die Symbolik der Träume,* 3. Aufl., Leipzig 1840 (ab der 4. Aufl. 1862 nicht mehr enthalten). Ausführlich zu Oberlin s. Rosenberg, S. 127–151, „Die Geisterehe"; Oskar Planck (s. Anm. 18), S. 358–366; Erich Psczolla: *Johann Friedrich Oberlin 1740–1826,* Gütersloh 1979, S. 120–129.

220 Vgl. Schopenhauer, S. 315f. Beispiele: Kerner, S. 182 und 194; *Proceedings S.P.R.,* Bd. 5, 1888/89, S. 438f.; Myers, I, S. 682ff. (dt. Flammarion, *Rätsel,* S. 351ff., Nr. XXXVIII; Schwenke, S. 144f.); Haraldsson, *The Departed,* S. 166 („Fish from grandfather").

221 Klaus-Uwe Adam; zit. J. Nicolay, in: A. Serwaty u.a. (Hg.), *Begegnung mit Verstorbenen?,* S. 198.

222 Wolff, S. 271; LaGrand, S. 203. Für Beispiele s. Flammarion, *La Mort,* III, S. 298; Schwenke, S. 115. Vgl. PhoL Nr. 128: *„more vivid than an ordinary dream"*; s. oben, S. 49, Anm. 138.

223 Für Beispiele s. Schwenke, S. 115ff.; s. unten § 16 (Giovanni Morelli).

224 Für ein mittelalterliches Beispiel s. unten § 16, S. 220 (Anm. 1009); für ein japanisches Beispiel des 17. Jhs. s. § 14, S. 198 (Anm. 873); für ein modernes Beispiel s. Arcangel, S. 79.

225 Gregor, *Dialoge* (s. § 19), S. 257 (Buch IV, Nr. 48); PL Bd. 77, Sp. 409. *cogitatio* dürfte hier Vorstellung, Vorstellungskraft, *imaginatio* bedeuten; s. *Mittellateinisches Wörterbuch*, hg. Bayerische Akad. d. Wissenschaften, Bd. 2, München 1999, Sp. 787.

226 Gurney u.a., *Gespenster,* S. 235 (frei übs.); vgl. PhoL, I, S. 341f.

227 Sigmund Freud: Einige Nachträge zum Ganzen der Traumdeutung (1925). In: ders.: *Gesammelte Werke*, Bd. I, London 1952, S. 559–573, dort S. 573. Zu Freud s. Rogo, S. 123f.

228 Nicolay, Nahtoderfahrungen, S. 24.

229 Francis Bacon; zit. Flammarion, *La Mort,* III, S. 390.

230 Rogo, S. 33ff.

231 Rogo, S. 244. Vgl. Myers, II, S. 284–292: *„Religious Synthesis"*.

232 Du Prel; zit. n. Magnússon, *Dichtung* (s. Kap. 2), S. 42, A. 74. Schopenhauer, S. 292.

233 Flammarion, *Rätsel,* S. XIX.

234 Myers, II, S. 203 (Nr. 918).

235 Bozzano, *Naturvölker,* S. 268.

236 Rhine/Pratt, S. 122.

237 Donald Warren, Jr.: Spiritism in Brazil. In: *Journal of Inter-American Studies*, Bd. 10, 1968, S. 393–405; Ernst Benz: Gebet und Heilung im brasilianischen Spiritismus (1976), in: ders., *Parapsychologie*, S. 106–127; David J. Hess: *Spirits and scientists: ideology, spiritism, and Brazilian culture*, University Park PA 1991.

238 A.N. Aksakow: *Animismus und Spiritismus,* 2 Bde., Leipzig 1890; Bonin, *Lexikon*, Art. ‚Animismus' und ‚Spiritismus'.

239 Bender, Spiritismus, S. 1.

240 Bender, Spiritismus, S. 9; vgl. Rogo, S. 246.

241 „Es gibt vom Übersinnlichen (...) kein theoretisches Wissen." Rudolf Eisler: *Kant-Lexikon*, Berlin 1930, Nachdruck Hildesheim 1969, S. 205.

242 Ludwig, S. 27.

243 Rhine/Pratt, S. 122.

244 Rhine (zit. Rogo, S. 243); Gauld, Survival, S. 615; Haraldsson, Erscheinungen, S. 484.

245 Schwenke, S. 185: „Das notwendige Scheitern einer beweisorientierten ‚Survival-Forschung'". Ulrich Timm stellte 1980 fest, „daß wissenschaftliche Survival-Beweise bis heute nicht existieren" (Timm, S. 258).

246 M. Luther: Quinta disputatio contra Antinomos. Anno 1538. In: ders., *Werke.* Weimarer Ausgabe, I. Abt., Bd. 39, Weimar 1926, Nachdruck 1964, S. 356 (zit. Eberhard Jüngel: *Das Evangelium von der Rechtfertigung der Gottlosen,* Tübingen 2. Aufl. 1999, S. 209).

247 Zitate nach Thiede, S. 221f. (Bachmann), S. 226 (Rahner), 220 (Benson † 1896).

248 Kurt E. Koch: *Seelsorge und Okkultismus. Die seelsorgerliche Behandlung der Menschen, die durch die Beschäftigung mit okkulten Dingen seelisch angefochten oder erkrankt sind.* 9. Aufl, Berghausen o.J. (Hinweis bei Thiede, S. 226, A. 44). Zur Kritik an Koch s. Peter Ringger, in: *Neue Wissenschaft. Zeitschrift für Parapsychologie*, 4. Jg., 1954, S. 133f.; Frei, S. 112f.

249 Siehe Anm. 15.

250 Referat und Zitate nach Thiede, S. 222 (Tillich), 224 (Heim), 225 (Köberle).

251 Schweer, *Abbruch*, S. 74f., 82–88.

252 Angenendt, *Heilige und Reliquien* (s. § 19), S. 109.

253 Gastone de Boni, in: Bozzano, *Naturvölker*, S. 306.

254 Flammarion, *La Mort*, III, S. 210.

255 Flammarion, *La Mort*, III, S. 198–202. Vgl. Bender, Spiritismus, S. 22.

256 Primot, S. 671–674; zit. Flammarion, *La Mort*, III, S. 420ff.

257 Nach Primot, S. 671, war das in seinen mediumistischen Erfahrungen eine häufige Antwort des Totengeistes.

258 Max Dessoir: *Das Ich, der Traum, der Tod*, Stuttgart 1947, S. 4.

259 Sybo A. Schouten: Macht die Parapsychologie Fortschritte? In: *Zs. f. Parapsychologie und Grenzgebiete der Psychologie*, 31. Jg., 1989, S. 211–240.

260 Diese Einigkeit notierte Johannes Kreyher 1880; zit. Thiede, S. 221 (A. 19).

261 Siehe die Liste der Titel bei Schwenke, S. 30, A. 54. Für weitere Titel über Halluzinationen Hinterbliebener s. Dale C. Allison jr.: *Resurrecting Jesus. The Earliest Christian Tradition and its Interpreters*, New York u.a. 2005, S. 273f., A. 306. Vgl. unten, Anm. 1073.

262 Myers, II, S. 26. Vgl. Roll, S. 155.

263 Zit. Finucane (s. § 16), S. 194, A. 71.

264 Guggenheim, S. 99; zit. Schwenke, S. 109.

265 Guggenheim, S. 100; zit. Schwenke, S. 109.

266 Guggenheim, S. 129; zit. Schwenke, S. 119.

267 Guggenheim, S. 284, 265.

268 Guggenheim, S. 146, 291.

269 Guggenheim, S. 76, 78.

270 Barrett (s. § 20), S. 58; übs. Schwenke, S. 134; die zweite eckige Klammer stammt von Schwenke.

271 Vgl. Myers' Ausführungen über das Gebet als telepathische Kommunikation, Bd. I, S. 242 (Nr. 628); dort über höhere Geister, die in der Lage sind, „uns innerlich zu erfüllen und zu beeinflussen" („*to impress and influence us inwardly*").

272 Rudolf Bultmann; zit. Ruppert, S. 590.

273 Ruppert, S. 607.

274 Ruppert, S. 595; Hervorhebungen original.

275 Siehe unten Anm. 1065.

276 Zur Kritik an dem Buch der Guggenheims s. Schweer, *Abbruch*, S. 61f.

277 Guggenheim, Kap. 18, S. 223–232: Nachtod-Kontakte mit Beweiskraft.

278 Guggenheim, Kap. 16, S. 202–212: Nachtod-Kontakte ohne Kenntnis der Todesnachricht.

279 Guggenheim, Kap. 21, S. 259–270: Nachtod-Kontakte mit Zeugen.

280 Vgl. Art. ‚Paradise', in: ER, Bd. 10, S. 6981–6986.

281 Luther-Übersetzung; *Die Bibel*, Stuttgart 1963.

282 Zur Transkulturalität der Nahtoderfahrungen s. Nicolay, Nahtoderfahrungen; und ders. in: A. Serwaty u.a. (Hg.): *Nahtoderfahrung – Neue Wege der Forschung*, Goch 2009, S. 72–86. Zu Nahtoderfahrungen s. oben, Anm. 5, und S. 42, Anm. 101.

283 Zum Begriff der Spiritualität s. Joachim Nicolay, in: A. Serwaty u.a. (Hg.), *Begegnung mit Verstorbenen?*, S. 223–246. Zu E. Kübler-Ross s. unten Anm. 435.

284 Myers, II, S. 79.

285 Guggenheim, Kap. 19, S. 233–245: Nachtod-Kontakte als Schutz und Warnung; weitere Beispiele ebd., S. 50f., 126, 218, 222.

286 Guggenheim, S. 37, 222. Vgl. oben S. 48 und Anm. 134.

2. Kapitel: Rilke und die Parapsychologie

287 Brief an H. Pongs, 21.10.24 (Br. V, S. 323); G.M., S. 69ff. (die Geisterhand; Ingeborg und der Hund Cavalier).

288 Veröffentlicht 1927; G.M., S. 70f.

289 Brief an Paula Becker, 5.11.00; *Briefe und Tagebücher aus der Frühzeit 1899–1902,* Leipzig 1931, S. 68 (zit. Schiwy, S. 156; KA I, S. 639 u.).

290 Brief an M. Taxis, 6.9.15; MTT, I, S. 440. Vgl. das Bild der kleinen Anemone, die „sich zur Nacht nicht mehr schließen konnte", als Bild der übergroßen Offenheit Rilkes; Brief an Lou, 26.6.14; LAS, S. 337.

291 Hofmannsthal, Brief an Hermann Ubell 12.3.07; zit. n. RCh. S. 264.

292 Friedrich Gundolf: *Rainer Maria Rilke.* Hg. E. Gundolf, Wien 1937, S. 38.

293 Brief an ein junges Mädchen [Emmi Hirschberg] 20.11.04; Br. II, S. 62. Vgl. Brief an Karl von der Heydt, 21.2.07; KEH, S. 118. Vgl. Brief an M. Taxis, 27.2.13, MTT Bd. I, S. 269: *fausse-couche.*

294 Gadamer, Deutung des Daseins, S. 274.

295 Gadamer, Nach fünfzig Jahren, S. 309.

296 Brief an Prinz Schönburg, 12.1.20 (Br. IV, S. 285).

297 Brief an Clara, 19.12.06 (Br. II, S. 224f. und S. 231).

298 Fingierter Brief an Rilke, aus der Feder von „Ewald" (einer Figur aus den „Geschichten vom lieben Gott"); Brief an Gudrun Baronin Uexküll, 2.2.07 (Br. II, S. 250f.).

299 Brief an Ellen Key, 16.3.07 (Br. II, S. 286).

300 Brief an Gräfin Maria Gneisenau, 9.8.17 (Br. IV, S. 150).

301 Brief an Achill von Karwinsky, 10.12.25 (Br. V, S. 382).

302 Brief an Sidonie Nádherny von Borutin, Paris, 24.10.07; SNB, S. 37.

303 Brief an Sidonie N. v. B., Ronda, 11.12.12; SNB, S. 167.

304 Zit. Müller, *Im Schatten* (s. Kap. 1), S. 198; zu Bergengruen s. Ruppert (s. Kap. 1), S. 525f.

305 Erlebnis I, 1913; KA IV, S. 667.

306 Myers (s. Kap. 1), Bd. I, S. 254. Vgl. PhoL (s. Kap. 1), Bd. I, S. 302: *faint potential rapport.*

307 Brief an Magda v. Hattingberg, 18.2.14; MvH, S. 124.

308 Thurn und Taxis, *Erinnerungen*, S. 57.
309 Brief an Dr. Bauschinger, 1895 (Br. I, S. 8); zit. G.M., S. 73.
310 Brief an Gräfin Sizzo, 23.1.24 (GSi., S. 87 f., und die Anm. S. 141f. mit dem Bericht der Gräfin).
311 Erlebnis I, 1913; SW 11, S. 1038; G.M., S. 80–85.
312 Brief an Adelheid von Marwitz, 14.1.19; zit. G.M., S. 84.
313 Ralph Freedman: *Life of a Poet: Rainer Maria Rilke*, New York 1996, S. 239f. Auf den Tod der Gräfin Schwerin dichtete Rilke „Sinnend von Legende zu Legende" und „Liebende und Leidende verwehten" (KA I, S. 355f.) sowie „Todes-Erfahrung" (KA I, S. 480).
314 Brief an Gudrun Baronin von Uexküll, 9.9.06 (Br. II, S. 174ff., S. 181).
315 Brief vom 11.9.06, KEH, S. 91; vgl. Brief 9.9.06, ebd., S. 89. Vgl. Brief an Clara 11.11.07 (Br. III, S. 20).
316 Brief an Sidonie Nádherny, 31.5.13; SNB, S. 190f.
317 Brief an Sidonie Nádherny, 1.8.13; SNB, S. 193f.
318 Thurn und Taxis, *Erinnerungen*, S. 52f.; zit. G.M., S. 89.
319 Thurn und Taxis, *Erinnerungen*, S. 53; zit. G.M., S. 89.
320 Brief an Marie Taxis, 24.12.11; MTT, I, S. 80.
321 G.M., S. 89, A. 230.
322 Brief an Prinz Schönburg, 12.1.20 (Br. IV, S. 284).
323 Thurn und Taxis, *Erinnerungen*, S. 27f.
324 Brief an Marie Bunsen, 22.9.18 (Br. IV, S. 201).
325 Brief an Nora Purtscher-Wydenbruck, 11.8.24 (Br. V, S. 294).
326 Magnússon, Okkultismus, S. 171.
327 Charles Webster Leadbeater: *Das Leben nach dem Tode*, Düsseldorf 1913, S. 48.
328 Alain Mercier: *Les sources ésotériques et occultes de la poésie symboliste (1870–1914)*, Bd. II, Paris 1974, S. 60.
329 G.M., S. 299, A. 932, mit Hinweis auf Mercier (s. Anm. 328).
330 Johann Michl: Art. ‚Engel IV (christlich)', in: RAC, Bd. 5, 1962, besonders die Abschnitte „Einfluß auf den menschlichen Geist", „Schutzengel" und „Ähnlichkeit der Verklärten mit Engeln", Sp. 152–160; Georges Tavard: Art. ‚Engel V, kirchengeschichtlich', in: TRE, Bd. 9, 1982, S. 599–609.
331 Bernhard Lang/Colleen McDannell: *Der Himmel. Eine Kulturgeschichte des ewigen Lebens*, Frankfurt a.M. 1990, S. 256; Schwenke (s. Kap. 1), S. 69, A. 98. Über den Einfluß der Engel auf den Menschen s. Swedenborg: *Über das Leben nach dem Tode.* Übs. F. Horn. 2. Aufl. Zürich 1991, S. 98; Kurt Hutten: *Seher, Grübler, Enthusiasten.* 12. Aufl., Stuttgart 1982, S. 571.
332 Thurn und Taxis, *Erinnerungen*, S. 8.
333 Zur „produktionsästhetischen" Verwandtschaft von Früh- und Spätwerk s. Martin Engel, in: KA II, S. 606.
334 Thurn und Taxis, *Erinnerungen*, S. 119.
335 Brief an Marlise Gerding, 14.5.11; zit. KA I, S. 729.
336 Brief an Marie Taxis, 11.2.22 (Br. V, S. 114).
337 Brief an Veronika Erdmann, 20.12.20 (Br. IV, S. 364).
338 Brief an Witold von Hulewicz, 13.11.25 (Br. V, S. 372).
339 Brief an X.v.Moos, 20.4.23 (KA II, S. 708ff.).
340 Brief an Gudi Nölke, 23.4.23 (KA II, S. 708ff.).

341 Einen Widerspruch behauptet: Pott, S. 341f.
342 Brief an W. Hulewicz, 13.11.25 (Br. V, S. 373).
343 Zu dem Requiem: G.M., S. 333-337.
344 Brief an A. Kippenberg, 4.11.08; in: *Briefe an seinen Verleger 1906 bis 1926*, Bd. I, o.O. 1949, S. 53.
345 Kommentar in: KA I, S. 853f.
346 G.M., S. 100. Zu dieser schöpferischen Krise s. KA II, S. 607–610.
347 G.M., S. 91.
348 Brief an Marie Taxis, 13.5.15; MTT, I, S. 418.
349 G.M., S. 92.
350 Walter Falk: Rilkes spanische Reise. In: J. Vincke (Hg.): *Gesammelte Aufsätze zur Kulturgeschichte Spaniens*, 14. Bd., Münster i.W. 1959, S. 210–240, dort S. 218.
351 Wolfgang Leppmann; zit. G.M., S. 93.
352 Brief an Marie Taxis, 2.11.12; MTT, I, S. 218f.
353 Brief an Marie Taxis, 6.9.15; MTT, I, S. 436; Br. IV, S. 68. Vgl. SW 3, S. 259: „Erfahren in den flutenden Verkehren".
354 Brief an Marie Taxis, 27.12.13; MTT, I, S. 343; zit. G.M., S. 132.
355 G.M., S. 105–108.
356 G.M., S. 136; vgl. Brief an N. Wunderly-Volkart, 20.5.21.
357 Martin Engel, in: KA II, S. 421–426.
358 Rilke; zit. Thurn und Taxis, *Erinnerungen*, S. 44.
359 G.M., S. 94; ebd., S. 307–310.
360 Brief an Marie Taxis, 21.10.13; MTT, I, S. 322f.; G.M., S. 96.
361 Marie Taxis, Brief an Rilke, 26.10.13; MTT, I, S. 327.
362 SW 3, S. 112–129; G.M., S. 101–105.
363 Brief an Marie Taxis, 15.12.20; MTT, II, S. 631f.
364 G.M., S. 101.
365 Brief an Marie Taxis, 6.3.21; MTT, II, S. 644.
366 *Briefe an seinen Verleger*, Bd. II, Frankfurt a.M. 1949, S. 545f.; zit. G.M., A. 288.
367 Erstdruck: Insel-Verlag 1950; lt. KA II, S. 563.
368 G.M., S. 105.
369 Manfred Engel, im Anschluß an Ulrich Fülleborn, in: KA II, S. 567.
370 Mörchen, S. 89.
371 Mörchen: „unter den Toten, d.h. angesichts des Todes" (S. 112).
372 Brief an Marie Taxis, 25.8.11; MTT, I, S. 59.
373 Goethe: *Sämtliche Werke. Münchner Ausgabe.* Bd. 4,1. Hg. R. Wild, München 1988, S. 906–911.
374 Jacopo Vincenzo Foscarini: Verse auf den Tod der jungen Polyxena Thurn (1830); von Rilke übersetzt: *Sämtliche Werke, Bd. VII, Die Übertragungen*, Frankfurt a.M. 1977, S. 762–767.
375 Eine Zusammenfassung in: Bassermann, S. 428ff.
376 Brief an Gertrud Ouckama Knoop, 5.4.23 (RCh., S. 823).
377 Brief an Gertrud Ouckama Knoop, 7.2.22 (*Briefe*, hg. vom Rilke-Archiv, S. 740).
378 Brief an Gräfin Sizzo, 12.4.23; GSi., S. 60.
379 Bassermann, S. 429.

380 Brief an Witold Hulewicz, 13.11.25 (Br. V, S. 372 und 377).
381 Brief an Nanny von Escher, 22.12.23 (Br. V, S. 231).
382 Brief an Gräfin Sizzo, 12.4.23; GSi., S. 61f.
383 Rehm, S. 637.
384 RCh., S. 513.
385 Brief an A. Schuler, 30.11.17 (Br. IV, S. 171).
386 Brief an Marie Taxis, 18.3.15; MTT, I, S. 409; RCh., S. 494. Vgl. A. Schuler: „die Toten sind quintessenzielles Leben" (In: ders., *Ges. Werke,* hg. Baal Müller, S. 281).
387 Brief an Clara, 23.4.23 (Br. V, S. 207f.).
388 G.M., S. 266, über Nietzsche.
389 Brief an Gräfin Sizzo, 6.1.23; GSi., S. 51.
390 G.M., S. 234.
391 Für weitere Autoren der modernen deutschsprachigen Swedenborg-Rezeption s. Ringger (s. Kap. 1), S. 157.
392 H. de Geymüller: *Swedenborg und die übersinnliche Welt,* Stuttgart o.J. [1936], S. 58; Ernst Benz: *Emanuel Swedenborg. Naturforscher und Seher,* München 1948, S. 357, 571. – Myers (s. Kap. 1), Bd. I, S. XXIV, betrachtete Swedenborg als Vorläufer.
393 Strindberg: *Inferno* (1897), München 1920, S. 190 (zit. G.M., S. 234).
394 Timothy Materer: *Modernist Alchemy. Poetry and the Occult.* Ithaca NY, 1995. Vgl. Pytlik, *Okkultismus und Moderne.*
395 Brief an Lisa Heise, 19.1.20; *Briefe,* hg. vom Rilke-Archiv, S. 615f.
396 G.M., S. 146ff.
397 Zu Nietzsche und Valéry s. Dieter Jähnig: *Der Weltbezug der Künste. Schelling, Nietzsche, Kant.* Freiburg i.Br. 2011, S. 92ff.
398 Hans Georg Gadamer: Mythopoietische Umkehrung in Rilkes ‚Duineser Elegien' (1967). In: *Rilkes Duineser Elegien. Bd. 2, Forschungsgeschichte.* Hg. U. Fülleborn u.a., Frankfurt a.M. 1982, S. 244–263, dort S. 248.
399 Für ein Beispiel s. F.D. Luke: „Die Geister der jungen Toten sind die Lebenden – wie sie sein sollten, aber nicht sind." (In: *Oxford German Studies,* Bd. 2, 1967, S. 110–128, dort S. 124.)
400 Zit. n. G.M., S. 73; zu Flammarion ebd., S. 72ff.
401 Brief an C. du Prel, 16.2.97 (Br. I, S. 31f.).
402 Rilke, nach einem Bericht von Albert Steffen; zit. G.M., S. 79, A. 196.
403 Brief an M. Taxis, 15.1.18; MTT, II, S. 533 (Kritik an Gustav Meyrink); zit. G.M., S. 150, A. 438.
404 RCh., S. 336.
405 Brief an M. Taxis, 27.2.13; MTT, I, S. 271; zit. G.M., S. 126f.
406 G.M., S. 132.
407 Über Materialisationsmedien (physikalische Medien) und ihre Materialisationen bis hin zu vollständigen Personen s. Schwenke (s. Kap. 1), S. 136–140.
408 Brief an M. Taxis, 27.12.13; MTT, I, S. 343.
409 G.M., S. 134f.
410 Brief vom 13.3.22; *Blätter der Rilke-Gesellschaft,* Bd. 24, 2002, S. 188 (G.M., S. 143).
411 Brief vom 5.4.22; *Blätter* (s. Anm. 410), S. 191.
412 G.M., S. 135.

413 G.M., S. 116–120.
414 Brief an M. Taxis, 5.4.12 (MTT, I, S. 134); zit. G.M., S. 87.
415 G.M., S. 122 und S. 157.
416 Brief an N. Purtscher-Wydenbruck, 11.8.24 (Br. V, S. 288–295).
417 Zur Herkunft des Gedankens der Bewußtseinspyramide aus der Romantik (Carl Gustav Carus) s. G.M., S. 243f.
418 Vgl. oben § 3, S. 54.
419 Br. V, S. 293. Das Verb „leisten" ist eine typische Rilke-Vokabel (s. KA II, S. 489). Eine seiner Nuancen zielt, vermutlich angeregt durch den transzendentalphilosophischen Sprachgebrauch, auf den produktiven Charakter geistiger Vollzüge überhaupt (vgl. Art. ‚Leistungsprinzip', in: HWP, Bd. 5, 1980, Sp. 221f.; Art. ‚Leistung', in: *Wörterbuch der phänomenologischen Begriffe*, hg. H. Vetter, Hamburg 2004, S. 337f.). Man könnte das Wort in diesen Fällen bei Rilke übersetzen als: mittels Dichtung, Gefühl, Erkenntnis, Erinnerung *geistig vollziehen oder nachvollziehen, geistig bewältigen*. Akkusativobjekte sind in Gedichten unter anderem das „Hiesige" (= Irdische) (SW I, 717), Natur (II, 63), der ganze Bezug (II, 139); im „Malte" die Liebe oder die Kindheit (SW VI, 944f.). Nicht das Gedicht oder das Werk also ist, so verstanden, die „Leistung" des Dichters. Für die Nähe der dichterischen Sprache Rilkes zur philosophischen Begrifflichkeit („Übersteigung", „rein", „unendlich") s. Mörchen, S. 52. Zur Ferne Rilkes von der Philosophie s. Bollnow, S. 13.
420 Brief an N. Purtscher-Wydenbruck, 11.8.24 (Br. V, S. 294).
421 Immanuel Kant: Beantwortung der Frage: Was ist Aufklärung? (1784). In: ders: *Was ist Aufklärung? Ausgewählte kleine Schriften*. Hg. H.D. Brandt, Hamburg 1999, S. 20.
422 Brief an F.X. Kappus, 12.8.04 (*Briefe an einen jungen Dichter*, S. 44).
423 KA I, S. 416f.; G.M., S. 335.
424 Rilke, SW 11, 952, Nachlaß zum „Malte".
425 Rilke: Moderne Lyrik (1898). In: KA IV, S. 79; zit. G.M., S. 312.
426 Rilke: Maurice Maeterlinck (1902). In: KA IV, S. 216.
427 Daragh Downes: *The Fear and Trembling of Malte Laurids Brigge*. Diss. Dublin 2002; zit. n. G.M., S. 236.
428 Siehe oben S. 94f., Anm. 401. Vgl. Rilkes Vortrag „Moderne Lyrik", zit. G.M., S. 312.
429 Walter H. Sokel: Zwischen Existenz und Weltinnenraum: Zum Prozeß der Ent-Ichung im Malte Laurids Brigge. In: I.H. Solbrig u.a. (Hg.): *Rilke heute. Beziehungen und Wirkungen*, Frankfurt a.M. 1975, S. 105–129; Pytlik, S. 182f.
430 G.M., S. 283.
431 „Malte", 22. Aufz., SW VI, S. 775; vgl. Brief an Clara Rilke, 19.10.07; vgl. Fick, S. 314, A. 111. Zur Todesfurcht im „Malte" s. Fick, S. 312–318.
432 Brief an N. Purtscher-Wydenbruck, 11.8.24, 4. Absatz (Br. V, S. 290f.). Vgl. zum Begriff der Balance: Brief an dieselbe Adressatin vom 5.9.24 (RCh., S. 903; G.M., S. 115).
433 Wasielewski, S. 200.
434 Zur langsamen Entwöhnung der Toten vom Irdischen s. Myers (s. Kap. 1), Bd. II, S. 61: „ein Zustand posthumer Verwirrung". Vgl. Rilke, „Requiem auf

den Tod eines Knaben“: „Nun bin ich plötzlich ab-geschieden. | Fängt | ein neues Lernen an, ein neues Fragen?“ (SW 3, S. 107).

435 Elisabeth Kübler-Ross: Es gibt keinen Tod. In: dies.: *Über den Tod und das Leben danach*, 32. Aufl. Güllesheim 2004 (engl. Orig. 1984), S. 23–45, dort S. 33.

436 Zit. in: Guggenheim (s. Kap. 1), S. 129, die Aussage eines Rezipienten.

437 Joel Martin u.a.: *We don't die. George Anderson's Conversations with the Other Side*, East Rutherford 2002 (Erstausg. 1988). (Desiderat)

438 Zur Trauertherapie s. die Beiträge von J. Grodhues, R. Kachler und J. Nicolay, in: A. Serwaty u.a. (Hg.), *Begegnung mit Verstorbenen?* (s. Kap. 1), S. 139–202.

439 Brief an Ilse Jahr, 22.2.23 (Br. V, S. 195f.).

440 Vor Weihnachten 1914; KA II, S. 126.

441 Siehe Heidegger, S. 261; Bollnow, S. 179–185; Glaser, S. 183–197.

442 In: KA II, S. 724. Vgl. auch Ulrich Fülleborn: *Besitzen als besäße man nicht. Besitzdenken und seine Alternativen in der Literatur*, Frankfurt a.M. 1995, S. 255–274.

443 Vgl. Brief an Ilse Jahr, 22.2.23 (s. Anm. 439); vgl. SW 3, S. 360.

444 SW 3, S. 157; KA II, S. 314.

445 SW 3, S. 360; KA I, S. 411.

446 Vor Weihnachten 1914; SW 3, S. 96.

447 Entwürfe aus zwei Winterabenden, KA II, S. 308 (1924); und II, S. 314.

448 KA I, S. 411.

449 KA II, S. 127.

450 SW 3, S. 152; KA II, S. 308.

451 SW 3, S. 78; KA II, S. 94.

452 SW 3, S. 466; KA II, S. 279 (1922).

453 „An die Musik“, SW 3, S. 111.

454 SW 3, S. 468; KA II, S. 281 (bezogen auf Pan, lt. Fülleborn; s. KA II, S. 783); Mörchen, S. 197.

455 SW 4, S. 520 („Vergers“, Nr. 9).

456 Heiner, S. 401 (Zu Heiner s. G.M., S. 413f.) Zu Stille und Hören bei Rilke s. Bollnow, S. 148ff.; Schiwy, S. 151.

457 Bollnow: „Der andere Bezug ist (...) das Jenseits, in das der Mensch mit dem Tod eintritt“; „das Jenseits, insofern in ihm der Mensch sich in einem neuen Bezugssystem neu bestimmen muß.“ (Bollnow, S. 125; S. 181) Vgl. oben Anm 434. Nach Magnússon (Interpretation, S. 198, A. 63) ist der Ausdruck ‚der andere Bezug‘ bei Rilke „synonym mit Tod“.

458 Eberhard Jüngel: *Tod*, Gütersloh 1979, S. 98–101, S. 138–144, über das alttestamentliche Verständnis des Todes.

459 Brief an Hulewicz, 13.11.25 (Br. V, S. 371).

460 Brief an Gräfin Sizzo, 6.1.23; GSi., S. 53f.; *Briefe*, hg. vom Rilke-Archiv, S. 806f.

461 Heidegger, S. 279. Der Philosoph las Rilke seit 1910; s. *Heidegger-Handbuch*, hg. D. Thomä, Stuttgart 2. Aufl. 2013, S. 2.

462 Siehe das Gedicht „Todes-Erfahrung“ (1907), SW 2, S. 518.

463 Heidegger, S. 280. Zum Begriff „der reine Bezug“ s. SO II, 13; Mörchen, S. 301.

464 Brief an Sidonie Nádherny, 1.8.13; SNB, S. 194; vgl. oben, S. 83. Vgl.: „Hier- und Dortsein, dich ergreife beides | seltsam ohne Unterschied"; SW 3, S. 467.
465 SW 11, S. 1114 („Der Brief des jungen Arbeiters").
466 Brief an W. Hulewicz, 10.11.25 (Br. V, S. 372).
467 Allemann, S. 195.
468 SW 11, S. 1036–1042.
469 Für den Sinn einer Rede von Rilkes „Vergöttlichung des Todes" (von Balthasar, S. 193-315) s. die Ausführungen zu SO II, 24 bei Mörchen, S. 375–378.
470 KA II, S. 725; „vollziehst" (SO II, 13).
471 *Deutsches Fremdwörterbuch*, Bd. 1, Berlin u. a. 1995, S. 590ff.
472 Brief an Gertrud Ouckama-Knoop, undatiert, Anfang 1922; (Br. V, S. 92).
473 Goethe, Gespräche mit Eckermann, 7.10.27; s. oben, S. 36.
474 Mörchen, S. 129.
475 Brief an Lou Andreas-Salomé, 13.1.23 (Br. V, S. 182); LAS, S. 456.
476 Mörchen, S. 129.

§ 9. Chinesische Volksreligion

477 Gardner, Ghosts, S. 606. Hierzu s. Loewe, *Ways to Paradise*, S. 9–16; ders., *Chinese Ideas*, S. 26f.; Röllicke, *Hún* und *pò*.
478 Legge (Übs.), *Lî Kî*, Buch VII, Sektion 1, Nr. 7; Bd. 27, S. 369. Zur Atemseele *hunqi (hun-ch'i)* s. Yü, S. 373–376.
479 Zur Unterscheidung dreier Seelen s. Rev. Justus Doolittle 1865 (zit. Wolf, Gods, S. 175); Burkhardt, I, S. 2; III, S. 30; Cohen, S. 181ff., bes. A. 4. Vgl. de Groot 4, 1ff.; 4, 70ff.
480 Cohen, S. 201.
481 Hans-Peter Hasenfratz: *Leben mit den Toten. Eine Kultur- und Religionsgeschichte der anderen Art,* Freiburg 1998, S. 98. Vgl. das Zitat aus Emily Brontë, *Wuthering Heights*, bei Ariès, *Geschichte des Todes* (s. Anm. 28), S. 564ff. – Für ähnliche Widersprüche in Japan s. Smith, *Ancestor Worship* (s. § 12), S. 63–68; in der christlichen Heiligenverehrung s. Angenendt, *Heilige und Reliquien* (s. § 19), S. 114.
482 Legge (Übs.), *Lî Kî,* Buch XXI, Sektion II; Bd. 28, S. 220: *kwei* und *shan*. Über *gui (kwei)* und *shen* ausführlich de Groot, 4, 1–65 (*Psychological Philosophy*) und 4, 70–75 (*On the Multiplicity or Divisibility of the Souls of Man*).
483 Zu *hunpo* s. Kenneth E. Brashier: Han Thanathology and the Division of „Souls". In: *Early China* 21, 1996, S. 125–158. Zur Kritik s. Röllicke, *Hún* und *pò*, S. 171, A. 38.
484 Grube, *Religion und Kultus,* S. 38.
485 Thompson, S. 29. Vgl. den „Schrein für obdachlose Seelen" in einem Kloster bei Peking; Abb. s. Grube, *Religion und Kultus,* Taf. II, gegenüber S. 38.
486 Für Beispiele von *angry ghosts* s. Potter, S. 208ff.
487 Brashier, S. 191 führt Han-zeitliche Quellen an, in denen Ahnen als Verursacher von Krankheiten ihrer Nachkommen betrachtet werden. Wolf, Gods, S. 160: „Vernachlässigung des Kultes ist die üblichste Ursache, die für Unglück angegeben wird, das der Wirkung der Vorfahren zugeschrieben wird." Für Fälle einer Bestrafung durch die Ahnen s. ebd. S. 163–168.

488 De Groot, Die Religionen, S. 173.

489 Paper, S. 11f.

490 Hankel, S. 176f., A. 16–19 (dort Nachweise). Die drei Ritenklassiker sind das *Zhouli,* das *Liji* und das *Yili* (Hankel, S. 7).

491 Huang Kan (488–545), Subkommentar zu einem *Lunyu*-Kommentar; wiedergegeben nach: Röllicke, „Als-ob"-Struktur, S. 519.

492 De Groot, Die Religionen, S. 173.

493 De Groot, *Les Fêtes,* I, S. 201. Ebd., II, S. 516–529 werden legendäre Wundertaten des Gottes berichtet.

494 Shanghai u.a. 1940, S. 47–54.

495 *Die sieben Meister des wunderbaren Tao. Taoistische Geschichten aus der Schule der vollkommenen Verwirklichung.* Hg. G. Endres, Bern u. a. 1990, S. 178.

496 Burkhardt, II, S. 133; III, S. 29; Thompson, S. 44, 53 *(deification)*. Vgl. zum Tod eines Herrschers: Legge (Übs.), *Lî Kî,* Bd. 27, S. 108, A. 4; und ebd., S. 307 *(deified)*.

497 Wolf, Gods, S. 168; Daniel L. Overmyer/Joseph A. Adler: Art. ‚Chinese Religion: An Overview'. In: ER, III, S. 1605.

498 Thompson, S. 43; Paper, S. 5.

499 Mitteilung eines Doktoranden aus der Provinz Hebei; Gespräch in Berlin am 12.2.2012.

500 Helwig Schmidt-Glintzer: *Das alte China,* München, 5. Aufl. 2008, S. 75.

501 Über Zhu Xi (1130–1200) s. Gardner, Ghosts; und ders., Zhu Xi.

502 Vermutlich aus: *Taiping Guangji* (10. Jh.); zit. in: Scherer, *Spuk der Frauenseele* (s. § 12), S. 61.

503 Ulrich Jahn (Hg.): *Volkssagen aus Pommern und Rügen,* 2. Aufl. Berlin 1889, S. 403, Nr. 517 „Geist der rechten Mutter züchtigt die Stiefmutter"; zit. Helmut Fischer: Art. ‚Tot, Tote'. In: *Enzyklopädie des Märchens,* Bd. 13, 2010, Sp. 795.

504 Vgl. Myers, *Human Personality* (s. Kap. 1), Nr. 716 C, 719; *Proceedings S.P.R.* Bd. VIII, 1892, S. 234f., A. 1; Flammarion, *La Mort* (s. Kap. 1), III, S. 283f., 309f., 311f. u.a. Vgl. oben, S. 47f., Anm. 131, 133f.

505 Vgl. Oskar Weggel: *Chinesische Rechtsgeschichte,* Leiden u.a. 1980 (= Handbuch der Orientalistik, 4. Abt., Bd. 6), S. 4f.; Harro von Senger: *Einführung in das chinesische Recht,* München 1994, S. 16–28.

506 Görres, *Mystik* (s. § 18), S. 314–324. Nach Rogo (s. Kap. 1), S. 34, handelte es sich in Tedworth um einen gewöhnlichen Poltergeist.

507 *Die Räuber vom Liangshan* [*Shuihu zhuan*]. Übs. J. Herzfeldt, Bd. 2, Leipzig 1968, S. 511 (nicht bei de Groot).

508 Yü, S. 385.

509 *Der Weg zu den weißen Wolken. Geschichten aus dem Gelehrtenwald.* Übs. Yang Eu-lin u.a., Weimar 1962, dort S. 56f., 903f. Zu diesem Roman des 18. Jhs. s. Yang, S. 266; Paul S. Ropp: *Dissent in Early Modern China. Ju-lin waishi and Ch'ing Social Criticism,* Ann Arbor 1981, Kap. 5, bes. S. 167ff.

510 Wolf, Gods, S. 153.

511 Potter, S. 230.

512 Jordan, S. 166 *(Deified ghosts)*; zum Begriff „unharmonisch" s. ebd. S. 92f.

513 Jordan, S. 140–155 (Abschnitt *Spirit brides*). Vgl. Emmons, S. 71 (Nr. G045).

514 Maurice Freedman: *Chinese Lineage and Society: Fukien and Kwangtung*, London 1966, S. 151 (Hinweis bei Jordan, S. 97). Vgl. jedoch oben, Anm. 487. Vgl. Emmons, S. 22.

515 Brashier, S. 188 und A. 5.

516 Paper, S. 87, in Abwandlung von Åke Hultkrantz' Definition des Schamanen; zu Hultkrantz s. unten, Anm. 1437.

517 Maspero, S. 164; Hinweis bei Eder, S. 44.

518 Maspero, S. 181f., gestützt u. a. auf Stellen aus dem *Liji*; Eichhorn, S. 35; Paper, S. 111–115; Trauzettel.

519 Grube, *Religion und Kultus*, S. 44; Paper, S. 112.

520 Paper, S. 114.

521 Bernhard Karlgren: *The Book of Odes*, Stockholm 1950, Ode 209 (Entstehungszeit: 8.–6. Jh. v.Chr., nach Paper, S. 30f.).

522 Paper, S. 115. Für Zeugnisse über das Schwinden dieses Rituals s. Trauzettel, S. 509.

523 Mircea Eliade: *Schamanismus und archaische Ekstasetechnik*, Zürich u.a. 1956, S. 461; Oesterreich (s. Kap. 1), S. 306f.; s. oben S. 61f. Gegen die Trennung von Schamanismus und Mediumismus argumentieren Ioan M. Lewis: *Ecstatic Religion. A study of shamanism and spirit possession*, 2. Aufl. London u.a. 1989, S. 43–50; und Hans Peter Duerr: *Diesseits von Eden. Über den Ursprung der Religion*, Berlin 2020, S. 361–369.

524 Paper, S. 89 (anknüpfend an Åke Hultkrantz und Daniel Merkur) und S. 110 (mit Hinweis auf eine Untersuchung von Torben Monberg zu Polynesien).

525 Paper, S. 87–92.

526 De Groot, Die Religionen, S. 176f.

527 *Lunheng*, Kap. 20; engl. Übs. de Groot, *Religious System*, 6, 1211; zit. Paper, S. 117. Eine andere Übs. s. Wang Ch'ung, *Lun-hêng* I, S. 196.

528 Vgl. Tshen-Tsu Schang: *Der Schamanismus in China. Eine Untersuchung zur Geschichte der chinesischen „wu"*, Diss. Hamburg 1934.

529 Naumann, *Einheimische Religion* (s. § 12), Bd. 1, S. 132, A. 10; s. Werner Eichhorn: *Die Religionen Chinas*, Stuttgart 1973, S. 25.

530 Vgl. zu dieser Episode: Loewe, *Chinese Ideas*, S. 107f.; Brashier, S. 206.

531 Paper, S. 117.

532 ER, Bd. III, S. 1589, Art. ‚Chinese ‚Religion: An Overview'.

533 Chiang Monlin: *Tides from the West*, 2. Aufl. Taipei 1957, S. 14 (Orig.ausg. 1947).

534 Burkhardt, II, S. 144–148.

535 Thompson, S. 26.

536 Zur Problematik der „Abzapfung" s. Bender, Glaubensheilung (s. § 19), S. 163f.

537 Burkhardt, II, S. 146f. Vgl. Emmons; David Eisenberg: *Encounters with Qi. Exploring Chinese Medicine*, New York u.a. 1985, S. 79–90 (The Sisters Wang); James McClenon: Chinese and American Anomalous Experiences. The Role of Religiosity. In: *Sociological Analysis* 1990 (51, 1), S. 53–67.

538 Brashier, S. 203f. und A. 68. Über *qi* s. ebd. S. 234–276. Vgl. unten, S. 134f.

539 Die Geschichte dieses Verfahrens läßt sich bis in die Tang-Zeit zurückverfolgen (6, 1310f.); damals wurde eine Art Planchette verwendet. Vgl. Bonin, *Lexikon* (s. Kap. 1): Art. ‚Planchette'; Burkhardt, I, S. 110f.

540 Für Beispiele s. Potter, S. 207–215.
541 Blacker (s. § 12), S. 154.
542 Burkhardt, III, S. 57.
543 Burkhardt, III, S. 81.
544 Thompson, S. 50.
545 *Lunyu* 6.20 (= Buch VI, Kap. XX); Übs.: Franz, S. 11. (In anderer Zählung 6.21)
546 Legge (Übs.), *Analects*, S. 191. (Der chinesische Ausdruck nach de Groot, 4, 411.)
547 Shen Fu, S. 125. Für eine verwandte Furcht in Japan s. Eder, *Landesreligion* (s. § 12), S. 80 (zum Thema „Seelenblumen").
548 *Lunyu* 7.21; Deutsch nach: Konfuzius, *Gespräche*. Übs. Ralf Moritz, S. 71 (geändert); zit. Zimmer, *Roman* (s. § 11), Bd. 2/1, S. 9. (Der chinesische Ausdruck nach Thompson, S. 46.)
549 Yang, S. 246 und ebd. A. 5.
550 Hierzu schreibt Li: „Das Problem ist nur: Gerade angesichts des Todes wird das Leben unverständlich." (Li, S. 483)
551 *Lunyu* 11.11; Rushton (s. § 11), S. 203. Vgl. Legge (Übs.), *Analects*, S. 240f. Der chinesische Begriff für „Geister der Toten" lautet in der Frage *guishen*, in der Antwort *gui*; nach Paper, S. 23.
552 *Eisherz und Edeljaspis, oder die Geschichte einer glücklichen Gattenwahl.* Übs. F. Kuhn, Leipzig u.a. 1981.
553 Mu-chou Poo: Art. ‚Afterlife: Chinese Concepts'. In: ER, I, S. 172.
554 Helen Hardacre: Art. ‚Ancestors: Ancestor Worship'. In: ER, I, S. 323.
555 Fan Zhen: Über das Erlöschen des Geistes. Übs. in: Thomas Jansen: *Höfische Öffentlichkeit im frühmittelalterlichen China. Debatten im Salon des Prinzen Xiao Ziliang*, Freiburg 2000, S. 235–246, dort S. 243.
556 Yang, S. 48–53.
557 *Lunyu* 3.12; Legge (Übs.), *Analects*, S. 159. Zur Bedeutung des Als-ob s. Thompson, S. 46. Für ein anderes Verständnis s. Röllicke, Als-ob-Struktur.
558 Legge (Übs.), *Analects*, S. 159, Kommentar zur Stelle.
559 Wang Ch'ung, *Lun-hêng*, II, S. 369.
560 Legge (Übs.), *Lî Kî*, Bd. 27, S. 369 und S. 444: *the intelligent spirit*. Ebd., Bd. 27, S. 278: *the Intelligences of the ancestral temple*; Bd. 28, S. 240: *communion with the spiritual intelligences*.
561 Legge (Übs.), *Lî Kî*, Buch IX, 1,16; Bd. 27, S. 423.
562 Yang, S. 245ff.; Thompson, S. 46f.; Paper, S. 123f.
563 Legge (Übs.), *Lî Kî*, Buch IX, 3,29; Bd. 27, S. 448.
564 Brashier, S. 184–228; vgl. ebd., S. 44.
565 Brashier, S. 278; s. ebd. S. 332–343.
566 Legge (Übs.), *Lî Kî*, Buch IX, 3,18; Bd. 27, S. 444.
567 Legge (Übs.), *Lî Kî*, Buch IX, 3,25; Bd. 27, S. 446; ebd. Bd. 27, S. 169 und S. 177.
568 Yang, S. 48–53.
569 Legge (Übs.), *Lî Kî*, Buch XXI, Nr. 2; Bd. 28, S. 211 (Hervorhebung B.S.); vgl. ebd., Buch IX, Nr. 3, 29; Bd. 27, S. 448.
570 Legge (Übs.), *Lî Kî*, Buch XXI, Nr. 9; Bd. 28, S. 214. – Yang, S. 50; Yang schreibt die Stelle Xunzi (Hsün Tzu) zu; vgl. Thompson, S. 46.

571 Zit. n. Zhu Xi, in: Lopez (Hg.), S. 116.

572 Zur Abhängigkeit der Geistererscheinungen von der Aufmerksamkeit der Menschen, im ethnologischen Bereich, s. Müller, *Der sechste Sinn* (s. Kap. 1), S. 106.

573 Burkhardt, II, S. 28.

574 Shen Fu, S. 28.

575 Wolf, Gods, S. 171.

576 Vgl. Wang Ch'ung: *Lun-hêng*, I, S. 191–201: „On Death", dort S. 191ff. Über Wang Chong vgl. Brashier, S. 219ff.

577 Wang Ch'ung, *Lun-hêng*, I, S. 239–249: „All about Ghosts", dort S. 244.

578 Zum Gedanken der Abspaltung s. Myers, *Human Personality* (s. Kap. 1), Nr. 750 A und 751. Zum Gedanken des Astralleibes s. oben, S. 42f.; Ringger (s. Kap. 1), S. 134ff.

579 Wang Ch'ung: *Lun-hêng* I, S. 191.

580 De Groot 4, 413; vgl. Wang Ch'ung, *Lun-hêng* I, 194.

581 Ambrose Bierce: Art. ‚Ghost'. In: ders.: *The Devil's Dictionary* [1911], New York 1966 (= The Collected Works, Bd. 7), S. 115f.; Hinweis bei Li, *China-Mission*, S. 480; ebd. ein Hinweis auf eine Briefstelle von Lord Byron vom 6.10.1820, zum selben Thema. Weiteres s. Finucane (s. § 16), S. 209f.

582 De Groot 4, 414; vgl. Wang Ch'ung, *Lun-hêng* I, 195.

583 Schommer. Vgl. Kan Pao: *In Search* (s. § 10), *Soushenji* Nr. 384; *Die Jadegöttin. 12 Geschichten aus dem mittelalterlichen China.* Hg. J. Průšek u.a., Berlin 1966, Nr. 3. Vgl. de Groot, 4, 440f.: die Geister von Ermordeten, die Rache nicht nur verlangen, sondern auch erreichen. Vgl. Leon Comber 1972 (zit. Emmons, S. 22).

584 Nicholas B. Dennys: *The Folk-Lore of China and its Affinities with that of the Aryan and Semitic Races*, London 1876, S. 74; Hinweis in: *An Encyclopaedia of Occultism*, New York 1968 (Orig. London 1920), S. 103.

585 Für Beispiele prozeßrelevanter Totenerscheinungen aus der Antike s. Finucane (s. § 16), S. 22f. Zu Cicero, *Wahrsagung* (s. Kap. 1), S. 63 (I, 57) vgl. Ficino (Ludwig – s. Kap. 1 – S. 40): fast täglich höre man von ähnlichen Vorkommnissen. Für ein Beispiel aus dem Mittelalter s. Pierre le Vénérable, s. Schmitt, *Les revenants* (s. § 16), S. 92f. (s. unten, S. 220, Anm. 1009); für Fälle aus dem 16. bis 18. Jh. s. Finucane (s. § 16), S. 98ff., 126f. und 160. Weitere Beispiele: Flammarion: *La Mort* (s. Kap. 1), III, S. 191–194; van Lommel (s. Anm. 5), S. 318. Ein Fall von 1995: Arcangel (s. Kap. 1), S. 66–73.

586 Beispiele von Toten, die sich um den eigenen Leichnam sorgen, in China: *Soushen ji* Nr. 383 (s. unten S. 131); *Jinpingmei* (s. § 11), Kap. 88: Goldlotos; im Abendland: bei Homer, Ilias, XXIII. Gesang, Verse 65–107: Patroklos erscheint Achill; s. Myers, *Human Personality* (s. Kap. 1), II, S. 55, Nr. 731; Plinius der Jüngere: *Letters.* Übs. B. Radice, 1963, S. 203f. (zit. Finucane – s. § 16 –, S. 2); Augustinus, *Die Sorge* (s. § 17), S. 19f.; Thomas von Aquin erscheint einem Abt: s. Dinzelbacher, Realpräsenz (s. § 18), S. 154, A. 271, 273; Andreas Bobola († 1656): s. Schamoni (s. § 18), Sp. 283–291. Für neuere Beispiele s. Myers (s. Kap. 1), Nr. 868 B; Flammarion, *La Mort* (s. Kap. 1), III, S. 252f., 257, 313–318, 373–376.

587 Mao Xiang: *La Dame aux pruniers ombreux.* Übs. M. Vallette-Hémery, Arles 1997.

588 Shen Fu, S. 119.

589 Ebd., S. 120.

590 De Groot, 5, 769–777, „Apparitions at Death"; Day, S. 97–104. Für Beispiele einschlägiger Erfahrungen aus dem 20. Jh. s. Emmons, S. 67f., 72ff., 137f., 166f.

591 Über Kälteempfinden als begleitendes Merkmal von Totenerscheinungen: s. Bozzano, *Spukphänomene* (s. Kap. 1), S. 47; Tyrrell (s. Kap. 1), S. 93f.; Schwenke (s. Kap. 1), S. 14 und 93; von Erscheinungen überhaupt: s. Green/McCreery (s. Kap. 1), S. 114ff.

592 Shen Fu, S. 126f.

593 Ebd., S. 128.

594 Zum Feiertag des 9.9. s. Art. ‚Chinese Religious Year', in: ER, III, S. 1643; Burkhardt, I, S. 56ff.

595 Shen Fu, S. 128f.

596 Für ein Beispiel s. Kan Pao, *In Search* (s. § 10), Nr. 74. Zu dieser Geschichte vgl. Yu, Rest, Rest (s. § 10), S. 414; Campany, Ghosts Matter (s. § 10), S. 17, A. 8.

597 Von Zach (Übs.), *Anthologie*, I, S. 242f. (XVI, 6) (P'an Yo).

598 Shen Fu, S. 28.

§ 10. „Berichte von der Suche nach Geistern"

599 Klöpsch (Hg.), *Lexikon*, S. 98.

600 Zur Textgeschichte s. DeWoskin, *Chih-kuai Tradition*; Campany, *Strange Writing*, S. 55–62.

601 Vgl. die Inhaltsverzeichnisse bei DeWoskin, *Chih-kuai Tradition*, S. 264f.; Campany, *Strange Writing*, S. 58.

602 Klöpsch (Hg.), *Lexikon*, S. 98, Art. ‚Gan Bao'.

603 DeWoskin, *Chih-kuai Tradition*, S. 300.

604 DeWoskin/Crump (Übs.), *In Search*, S. 114.

605 DeWoskin, Six Dynasties, S. 28, und ebd. A. 13.

606 DeWoskin, Six Dynasties.

607 DeWoskin, Six Dynasties, S. 37f.

608 Campany, *Strange Writing*, S. 149f.

609 Schmidt-Glintzer, *Geschichte*, S. 215.

610 DeWoskin, Six Dynasties, S. 32; Campany, *Strange Writing*, S. 146.

611 Übs. DeWoskin/Crump (Übs.), *In Search*, S. XXVII.

612 Zit. n. DeWoskin, Six Dynasties, S. 31.

613 Für weitere Typisierungen s. DeWoskin, *Chih-kuai Tradition*, S. 265–296.

614 Bodde, S. 353f. Nr. 7.

615 Lutz Röhrich/Hans-Jörg Uther: Art. ‚Sage', Nr. 1–9, in: *Enzyklpädie des Märchens*, Bd. 11, Berlin u.a. 2004, Sp. 1017–1041.

616 Leander Petzoldt: *Dämonenfurcht und Gottvertrauen. Zur Geschichte und Erforschung unserer Volksssagen*, Darmstadt 1989, S. 166.

617 DeWoskin, *Chih-kuai Tradition*, S. 300.

618 Biographie Gan Baos, im *Jinshu*; s. DeWoskin/Crump (Übs.), *In Search*, S. XXVI; DeWoskin, *Chih-kuai Tradition*, S. 20; Campany, *Strange Writing*, S. 147. Dt. Übs.: Klöpsch (Hg.), *Lexikon*, S. 98.

619 Siehe Anm. 5.

620 Zit. DeWoskin, Six Dynasties, S. 30f. Vgl. Schmidt-Glintzer, *Geschichte*, S. 217, über Ge Hong.

621 Ko Hung, *Alchemy*, S. 161.

622 DeWoskin, *Chih-kuai Tradition*, S. 150.

623 Zum Typus der Todankündigung, den diese Geschichte abwandelt, s. das Beispiel bei Walter Scott; Hinweis bei Schopenhauer (s. Kap. 1), S. 302.

624 Zum Typus dieser Geschichte s. Yu, Rest, Rest, S. 403–406; Campany, Ghosts, S. 23.

625 DeWoskin, *Chih-kuai Tradition*, S. 280 und A. 88.

626 Vgl. hierzu Schmidt-Glintzer, *Geschichte*, S. 215.

627 DeWoskin /Crump, in: Kan Pao: *In Search*, S. 221.

628 Ge Hong, zit. DeWoskin, Six Dynasties, S. 30.

629 DeWoskin, *Chih-kuai Tradition*, S. 36ff.; zur Freundschaft mit Ge Hong: ebd., S. 27.

630 Übersetzt nach der englischen Version von DeWoskin/Crump. Eine andere englische Version findet sich bei Wu Hung: *The Wu Liang Shrine. The Ideology of Early Chinese Pictorial Art*, Stanford 1989, S. 277.

631 Wang Ch'ung, *Lun-hêng* (s. § 9), Bd. II, Kap. XVII, S. 189f.

632 Engl. Übs. Brashier (s. § 9), S. 276. Zur Übersetzung von *jing* mit Quintessenz kritisch: Röllicke, *Hún* und *pò* (s. § 9), S. 161f., A. 32.

633 Brashier (s. § 9), S. 236f.

634 Zit. n. Brashier (s. § 9), S. 422, A. 139; Hinzufügungen in Klammern von Brashier.

635 Brashier (s. § 9), S. 408, A. 68. Vgl. Ariès, *Geschichte des Todes* (s. Anm. 28), Kap. 10, S. 579f.

636 Wilhelm (Übs.), *Lü Bu We*, S. 115f.; aus dem Abschnitt „Fernwirkungen des Geistes / Dsing Tung" (Buch IX, Kap. 5). Vgl. Kalinowski, S. 184, aus dem Kapitel: „*Jing tong (…), ‚De la circulation de l'essence subtile*'"(ebd., S. 171, A. 3).

637 Zit. n. Li, *China-Mission* (s. § 9), S. 480; s. Gardner, Zhu Xi (s. § 9), S. 115, Nr. 22.

638 Zit. n. Brashier (s. § 9), S. 203; vgl. Kalinowski, S. 184.

639 Brashier (s. § 9), S. 266, mit Hinweis auf: Rickett (Übs.), *Guanzi*, II, S. 29; *jing = vital essence* (Rickett), *quintessence* (Brashier). Für eine andere Übs. s. Röllicke (s. Anm. 632).

640 Zit. n. Brashier (s. § 9), S. 267; vgl. Rickett (Übs.), *Guanzi*, II, S. 39.

641 Myers, *Human Personality* (s. Kap. 1), II, S. 27–31, Nr. 717.

642 Vgl. hierzu auch einen Erlebnisbericht bei Arcangel (s. Kap. 1), S. 25f.

643 Ringger (s. Kap. 1), S. 201, A. 43.

644 Frank Podmore, in: *Proceedings S.P.R.*, Bd. VI, 1889/90, S. 291.

645 DeWoskin, *Chih-kuai Tradition*, S. 74.

646 Nach DeWoskin/Crump (Übs.), *In Search*, ist die ätiologische Motivation der Geschichte angehängt (S. XXXV, A. 11).

647 Bauer, *Antlitz Chinas*, S. 223.

§ 11. Zwei große Romane

648 Bischoff, Concepts, S. 147.

649 Für eine konfuzianische allegorische Interpretation des Romans s. Roy, Introduction. Zur Kritik an der konfuzianischen Deutung (durch Roy, Carlitz und andere) als reduktionistisch s. Rushton, S. 3–8 und passim.

650 Zhang Zhupo, Nr. 18 und Nr. 29.

651 Bischoff, Concepts, S. 154.

652 Martinson; Carlitz, Conclusion; und Bischoff, Concepts.

653 Bischoff, *Epitome*, S. 7, mit einem Zitat aus dem Prolog zu Schillers „Wallenstein".

654 Bischoff, Concepts, S. 153.

655 Diese Szene stammt aus einem älteren Roman: *Die Räuber vom Liangshan*. Übs. J. Herzfeldt, Bd. 1, Leipzig 1968, S. 534ff.

656 Bischoff, Concepts, S. 148.

657 Zu sexuellen Beziehungen zwischen Totengeistern und Lebenden s. unten § 14, Anm. 886.

658 Hsia, S. 196. (Kritisch hierzu: Roy, S. XXXIV u. A. 57 ebd.)

659 Zur Interpretation dieser Stelle s. Carlitz, Conclusion, S. 26 (dort als Prolog zum 75. Kap. angeführt); für eine konfuzianische Deutung des Romanschlusses s. Carlitz, *Rhetoric*, S. 128–145; dies., Codes and Correspondences.

660 Über das Verhältnis von Konfuzianismus und Buddhismus im *Jinpingmei*, besonders in Hinsicht auf den Romanschluß, s. Rushton, S. 57–65, 170–182, 203–219.

661 Ebenso in der englischen Übs. „*The Plum in the Golden Vase*", Bd. V, S. 417.

662 Bischoff, Concepts, S. 152.

663 Hierzu s. Hsia, S. 197f.; Carlitz, Conclusion, S. 25; Martinson, S. 54.

664 Eva Müller: Art. ‚Cao Xueqin', in: Klöpsch (Hg.), *Lexikon*. – Zugunsten der einheitlichen Verfasserschaft für den ganzen Roman s. Yu, Quest, S. 71, A. 15.

665 Eva Müller (s. Anm. 664), S. 50.

666 Hsia, S. 277.

667 Eggert, S. 225.

668 Das „Zurückrufen der Seele" ist enthalten im *Chu ci (Ch'u Tz'u)*, einer Gedichtsammlung, die im 2. Jh. aufgrund älterer Vorläufer kompiliert wurde; s. Loewe (Hg.), *Early Chinese Texts* (s. § 10), S. 48–55; s. David Hawkes (Übs.): *Ch'u Tz'u. The Songs of the South. An Ancient Chinese Anthology*, Oxford 1959, S. 101–114: „Chao Hun (The Summons of the Soul)"; Hankel (s. § 9), S. 45–67; Röllicke (s. § 9), *Hún* und *pò*, S. 157.

669 Eggert, S. 223, Nr. 25.

670 Zu dieser Anschauung s. Gatten (s. § 13), S. 20–23.

671 *Phantasms of the Living* (s. Kap. 1), Nr. 337 und 684; II, S. 221ff. und 639ff.; Myers, *Human Personality* (s. Kap. 1), Nr. 747 und 747A; Barrett (s. § 20), S. 96–104; Art. ‚Music (Paranormal)', in: EOP, Bd. 3, Sp. 914–917; Schwenke (s. Kap. 1), S. 130, A. 137. – Vgl. D. Scott Rogo: *A Psychic Study of the ‚Music of the Spheres'*, 1972 (Desiderat).

672 Qin Keqing. Der Gedanke ihres Suizids entstammt einer früheren Fassung des Romans.

673 Für ein ähnliches Beispiel aus der chinesischen Medizingeschichte des 18. Jahrhunderts s. Messner, S. 100f.: der „‚Dämon einer durch den Strick Verstorbenen'", die „ihr eigenes Schicksal bei noch Lebenden wiederholt sehen" möchte. – Vgl. *Chinesische Märchen*. Übs. R. Wilhelm, Düsseldorf u.a. 1958, S. 190, „Die Geister der Erhängten".

674 Liu Huiru, in: Kubin (Hg.), S. 77.

675 Für einen medizinischen Bericht aus dem China des 18. Jhs. über die Erkrankung eines Menschen nach der Begegnung mit einem Geist (Erdgeist) s. Messner, S. 96f.

676 Für vergleichbare Höllenvisionen Sterbender im Abendland s. Gregor, *Dialoge* (s. § 19), S. 242–245.

677 Bischoff, Concepts, S. 148.

678 Eggert, S. 231.

679 Eggert, S. 222, Nr. 21, und S. 235.

Epilog zum 3. Kapitel

680 Tsau Hsüä-tjin [Cao Xueqin]: *Der Traum der Roten Kammer* (s. § 11), Kap. 34, S. 578.

681 *Genji-Monogatari*. Übs. O. Benl (s. § 13), Bd. I, S. 274ff. (9. Kap. „Aoi"); *Die Geschichte vom Prinzen Genji*. Übs. H.E. Herlitschka, Frankfurt a.M. 1995, Bd. I, S. 256–260.

682 Für Argumente zugunsten dieser Trennbarkeit s. Henri Bergson (s. oben, Anm. 108); Gerda Lier: *Das Unsterblichkeitsproblem*, 2 Bde., Göttingen 2010, Bd. II, S. 787–1214.

683 Vgl. Kant, *Träume* (s. Kap. 1), S. 9–12.

684 Als ein Beispiel sei erwähnt: Hans-Peter Hasenfratz: *Die Seele. Einführung in ein religiöses Grundphänomen*, Zürich 1986, S. 22 (Exkursionsseele).

685 Für Beispiele der Besessenheit durch böse Totengeister s. Oesterreich (s. Kap. 1), S. 25, 29f., 135f., 180, 200–204 u.ö.; W. Crooke: Art. ‚Ancestor-Worship and Cult of the Dead. Introduction', in ERE, Bd. 1, S. 425–432, dort Nr. 2 „The dead unfriendly to the living" (S. 425f.) und Nr. 7 „Disease etc., caused by ancestral spirits" (S. 429).

686 Die beiden Geschichten Nr. 91f. von Männern, die nach ihrem Tod zu Göttern wurden, sind hier nicht mitgezählt.

687 Für die ironische Doppelbödigkeit der Gestalt des Pujing s. Carlitz, Codes and Correspondences.

688 Kerner (s. Kap. 1), S. 204–360.

689 Vgl. Schwenke (s. Kap. 1), S. 107: „Zusammenhang zwischen seelischem Zustand und Leuchtkraft des Erscheinenden" (dort Beispiele).

690 Joachim Bodamer, in: Kerner (s. Kap. 1), Vorwort S. 12.

691 Martin Weyer-Menkhoff: *Christus, das Heil der Natur*, Göttingen 1990, S. 186–190.

692 Friedrich Zündel: *Johann Christoph Blumhardt*, 17. Aufl., Giessen 1962, S. 98–135; die Zitate dort S. 124ff.

693 Adolf von Harnack: Marcion (1921); zit. n. Gietenbruch (s. Kap. 1), S. 27.
694 Josef Kroll (1963); zit. n. Gietenbruch (s. Kap. 1), S. 31.
695 Gietenbruch (s. Kap. 1), S. 39.
696 *Der Hirt des Hermas*. Übs. N. Brox, Göttingen 1991 (= Kommentar zu den apostolischen Vätern, Bd. 7), S. 415f. und 433ff.; oder in: *Die apostolischen Väter. Griech.-dt. Parallelausgabe*. Hg. A. Lindemann, Tübingen 1992, S. 513.
697 De Groot, Die Religionen (s. § 9), S. 191. Die Rede von einer buddhistischen „Kirche", als Übersetzung für *Sangha*, Gemeinde, ist bis heute gebräuchlich; s. Cohen (s. § 9), S. 201.
698 De Groot, Art. ‚China (Buddhism in)' (s. § 9), S. 553.
699 Kenneth K.S. Ch'en: *The Chinese Transformation of Buddhism*, Princeton 1973, S. 54.
700 Karl Ludwig Reichelt: *Der chinesische Buddhismus. Ein Bild vom religiösen Leben des Ostens*, Basel u.a. 1926, S. 101–105, dort S. 101 (Ti-tsang); Hinweis: G. Malmqvist, in: TRE Bd. 7, S. 776.
701 Tsau Hsüä-tjin: *Der Traum der roten Kammer* (s. § 11), Kap. 16, S. 2088.
702 Guibert von Nogent, *Autobiographie* (s. § 16), S. 73f.; PL Bd. 156, Sp. 877.
703 Le Goff, *Geburt des Fegefeuers* (s. § 16), S. 222. Der Autor verweist dazu auf 1. Kor. 2, 12–15. Im Lichte dieses Gedankens darf auch Lk. 10,20 verstanden werden: „Freuet euch aber, daß eure Namen im Himmel geschrieben sind."

§ 12. Japanische Volksreligion

704 Blacker, S. 21.
705 Vgl. Monika Schrimpf, in: Birgit Staemmler (Hg.): *Werden und Vergehen. Betrachtungen zu Geburt und Tod in japanischen Religionen*, Berlin 2016, S. 190–199; dort das 2. Beispiel, S. 194ff.
706 Scherer, *Spuk der Frauenseele*, geht auf diese Schlußsequenz des Films nicht ein.
707 Aston (Übs.), *Nihongi*, Bd. II, S. 106.
708 Der Begriff „Kleine Tradition", für die mündliche Überlieferung der kleinen Leute auf den Dörfern, stammt von Robert Redfield: *The Little Community. Peasant Society and Culture*, Chicago 1960 (Microfiche), 2. Teil, S. 41f. (Blacker, S. 30).
709 Naumann, Shintô, S. 307.
710 ER, Bd. VII, S. 4779 (Art. ‚Japanese Religion: An Overview').
711 Charles Eliot; zit. Hori, S. 16.
712 Blacker, S. 34.
713 Hammitzsch (Hg.), Sp. 1327f.; Blacker, S. 34; Naumann, Shintô, S. 308; Zachert, S. 85f. (Art. ‚kami').
714 Naumann, Shintô, S. 309; über japanische Sippengottheiten, *ujigami*, s. dies., *Einheimische Religion*, Teil 1, S. 175–186.
715 Naumann, Shintô, S. 322; über *goryô* s. dies., *Einheimische Religion*, Teil 1, S. 207ff.; Blacker, S. 48ff.; Plutschow, The Fear.
716 Naumann, *Umwandeln*, S. 171.
717 Naumann, *Einheimische Religion*, Teil 1, S. 130; Aston (Übs.), *Nihongi*, Bd. I, S. 134; Florenz, S. 241, bezieht das Wort „Geister" hier auf zwei Götter.

718 Naumann, *Einheimische Religion,* Teil 1, S. 130f.
719 Aston (Übs.), *Nihongi*, Bd. II, S. 351. Mit „Großvater“ könnten hier die Ahnen allgemein gemeint sein (lt. Florenz, S. 387).
720 Für einen chinesischen Einfluß auf die Entstehung des japanischen Ahnenkultes s. auch: Aston, *Shinto,* S. 44ff.; Florenz, S. 335f., A. 10; Sansom, S. 72.
721 Antoni, *Konzeption,* S. 41–256; ders., in: Kracht u.a. (Hg.), *Grundriß*; und ders., Shintô und *kokutai.*
722 Gründe nennt Naumann, Shintô, S. 315; dies., Art. ‚Ahnenkult‘, Sp. 1350.
723 Antoni, *Konzeption*, S. 343.
724 Zur Debatte um den Yasukuni-Schrein s. Antoni, *Konzeption*, S. 340–347.
725 Smith, *Ancestor Worship*, S. 21ff.
726 Hori 1967, zit. Smith, *Ancestor Worship*, S. 6; Antoni, in: Kracht u.a. (Hg.), *Grundriß*, S. 120f.
727 Smith, *Ancestor Worship*, S. 12.
728 Smith, The Living, S. 271.
729 Blacker, S. 44.
730 Naumann, Art. ‚Ahnenkult‘, Sp. 1351.
731 Siehe Eder, Totenseelen, passim; Smith, *Ancestor Worship*, S. 41, 55f.
732 Das Folgende nach Smith, *Ancestor Worship*, S. 63–68.
733 Zit. Smith, *Ancestor Worship*, S. 66. – Vgl. oben, S. 108f., Anm. 481.
734 Smith, *Ancestor Worship*, S. 23; vgl. Naumann, Art. ‚Ahnenkult‘, Sp. 1349.
735 Naumann, *Einheimische Religion,* Teil 1, S. XIII.
736 Eder, *Landesreligion*, S. 77–87.
737 Hori, S. 72 (Hervorhebung B.S.).
738 Smith, *Ancestor Worship*, S. 40.
739 Naumann, *Umwandeln*, S. 166ff.; dies. *Einheimische Religion,* Teil 1, S. 241.
740 Naumann, *Einheimische Religion,* Teil 1, S. 112.
741 Otto, *Die Manen* (s. Kap. 1), S. 44ff. Vgl. hierzu Ad. E. Jensen: *Mythos und Kult bei Naturvölkern. Religionswissenschaftliche Betrachtungen*, Wiesbaden 1951, S. 351 und 354ff.
742 Naumann, *Einheimische Religion,* Teil 1, S. 112, und dies., Death, S. 60; vgl. dies., *Umwandeln*, S. 157ff., 169ff., 173ff. – Im *Genji*–Roman begegnet *nakitama* an zwei Stellen: Übs. Benl (s. § 13), I, 298: für die tote Aoi; und II, 764: die tote Ôigimi.
743 Ebersole, S. 84f. und 275. Vgl. Blacker, S. 43ff.
744 Blacker, S. 45.
745 Miyake (Übs.), S. 33 und A. 114.
746 Miyake (Übs.), S. 8 und 28.
747 Miyake (Übs.), S. 32, A. 113.
748 Siehe oben, § 2, S. 45 und Anm. 117.
749 Naumann, *Umwandeln*, S. 163–169; dies., *Einheimische Religion,* Teil 1, S. 242.
750 Naumann, *Einheimische Religion,* Teil 1, S. 241. Zur Vorstellung eines „Jenseits“ in den Bergen s. Hori, Kap. IV und S. 208, A. 34; Blacker, S. 79ff.
751 Ebenso: Ernst Arbman; zit. Naumann, *Umwandeln*, S. 168.
752 Zur chinesischen Herkunft des japanischen Besessenheitsglaubens s. McCullough, Spirit Possession (s. § 13), S. 94f.; Strickmann, *Magical Medicine* (s. § 13), Kap. 5; Naumann, *Einheimische Religion,* Teil 1, S. 259.

753 Zur Problematik des „Einfluß"-Gedankens in der Religionsgeschichte s. Buchholz (s. § 15), S. 21.
754 Blacker, Kap. 8, „The Blind Medium".
755 Schinzinger u.a. (Hg.), *Wörterbuch*, S. 733.
756 Über die verschiedenen Arten der Miko s. Okano, *Stellung der Frau*, S. 9–12, S. 198–205; für die Praxis im 20. Jh. s. ebd. S. 199, A. 66, und S. 202, A. 82f.
757 Ryonosuke Akutagawa: *Rashomon. Ausgewählte Erzählungen*. Übs. J. Berndt, Berlin 1975, S. 339–351, dort S. 348ff.
758 Blacker, S. 21ff.
759 Hierzu auch Eliade, S. 95f. (zit. Naumann, *Einheimische Religion,* Teil 1, S. 86).
760 Blacker, S. 27ff. (Vgl. oben § 4, S. 60f.)
761 Blacker, S. 108.
762 Naumann, Art. ‚Schamanismus', in: Hammitzsch (Hg.), *Japan-Handbuch*, Sp. 1437.
763 Schinzinger u.a. (Hg.), S. 647; Knecht, S. 197; vgl. Eder, *Landesreligion*, S. 221.
764 Hori, S. 207; Blacker, S. 152ff.
765 Blacker, S. 153.
766 Bericht von Sakurai Tokutarô; zit. n. Blacker, S. 154.
767 Blacker, S. 162f.
768 Blacker, S. 23 und 186; vgl. Duerr, *Dunkle Nacht* (s. Kap. 1), S. 181ff.
769 Eder, *Landesreligion*, S. 236.
770 Michel Revon: Art. ‚Possession (Japonese)', in: ERE, Bd. 10, S. 131ff., dort S. 132.
771 *Eiga-Monogatari*, Bd. II, S. 613f.
772 Miner u.a. (Hg.), S. 147.
773 *Eiga-Monogatari*, Bd. II, S. 739.
774 Ebd., Bd. I, S. 18.
775 Pörtner, S. 130.
776 Zur indischen Lehre von den fünf Bereichen bedingter Existenz s. Holt, S. 8, A. 30; zur buddhistischen Lehre von den Sechs Pfaden (*rokudô*) der Wiedergeburt s. Plutschow, *Chaos*, S. 224; Stone/Walter (Hg.), S. 245, A. 77 (Lit.); Robert Ellwood: *Introducing Japanese Religion*, 2. Aufl. New York u.a. 2016, S. 137.
777 Über „hungrige Geister" in der chinesischen buddhistischen Mythologie s. Teiser (s. § 9), S. 124–130.
778 Stone / Walter (Hg.), S. 207 und 241 A. 49.
779 Plutschow, *Chaos*, S. 203–216: „The Nature of Japanese ‚Evil Spirits'". Zu *goryô-e* vgl. Tubielewicz (s. § 13), S. 90f.; zit. Pörtner, S. 122, A. 292.
780 Hammitzsch (Hg.), Sp. 1636.
781 Immoos, S. 413.
782 Zit. Smith, *Ancestor Worship,* S. 46ff.
783 Eder, *Landesreligion*, S. 82, mit Berufung auf eine Arbeit von Hori.
784 Immoos, S. 409.
785 Blacker, S. 31, 36.
786 Arthur Waley: *The Nô Plays of Japan*, Rutland, Vermont u.a. 1976, S. 26 (Erstausg. London 1921, S. 47); zit. Smith, *Ancestor Worship*, S. 47. Vgl. Oscar Benl (Übs.): *Die geheime Überlieferung des Nô, aufgezeichnet von Meister Seami*, Wiesbaden 1961, S. 43f. „Dämonen".

787 Smith, *Ancestor Worship*, S. 47; Barnes.
788 Barnes, S. 115ff.
789 Plutschow, *Chaos*, S. 229.
790 Ebd., S. 235.

§ 13. „Die Geschichte vom Prinzen Genji“

791 Shirane.
792 Bargen, S. 306, A. 56.
793 Miner, S. 9.
794 Übs. nach Shirane, S. 643f.
795 Florian Coulmas: *Japanische Zeiten. Eine Ethnographie der Vergänglichkeit*, Reinbek 2000, S. 23f., teilweise nach Motoori Norinagas Abhandlung von 1763.
796 Berndt u.a., *BI-Lexikon* (s. § 14), S. 224.
797 Judit Árokay: Art. ‚Murasaki Shikibu', in: KLL, Bd. 11, S. 629–631, dort S. 630.
798 Lévi-Strauss, S. 107. Der Autor benützt den Genji-Roman als ethnologische Quelle hinsichtlich Verwandtschaftsbeziehungen von Ehepartnern in der Heian-Zeit.
799 Für einen möglichen satirischen Zug dieser Episode s. Morris, S. 314, A. 22.
800 Diese Worte sagt Genji (vgl. die Übersetzung von Tyler, T. 230). Hier muß Benls Übersetzung korrigiert werden.
801 Die Annahme, daß die Art, wie der Toten auf Erden gedacht wird, den Zustand ihrer Seelen im Jenseits beeinflussen könne, hat eine Entsprechung im abendländisch-christlichen Gedanken der Suffragien (s. unten, § 17, S. 243). Für ‚Suffragien' im Buddhismus s. Stone/Walter (Hg.) (s. § 12), S. 5 und 22, A. 13; vgl. die „Seelenmessen“ im Genji-Roman, s. unten S. 184. Vgl. Holt (s. § 12).
802 Für diese Besessenheitsvorstellungen der Heian-Zeit s. McCullough, Spirit Possession; Tubielewicz, S. 34–49; Bargen, passim; sowie die unveröffentlichte Habilitationsschrift von Pörtner (s. § 12), S. 120–162.
803 Zur Bedeutung des Ortes für ein Besessenwerden vgl. II, 900: Ukifunes Erkrankung (vgl. McCullough, Spirit Possession, S. 93 und 95f.). Für Ansteckungsgefahr bei Besessenheit, aufgrund räumlicher Nähe, vgl. II, 264: Ochiba und ihre Mutter; und II, 144: Murasaki und die schwangere Nyôgo Akashi (vgl. Bargen, S. 138); McCullough (Übs.), *A Tale of Flowering Fortunes* (s. § 12), S. 743, A. 30.
804 Bargen, S. 71f.
805 Nach Bargen, S. 93, ist Aois Tod unabhängig von der Besessenheit. Vgl. aber, für Beispiele tödlich endender Besessenheit: Oesterreich, *Besessenheit* (s. Kap. 1): s. § 4.
806 T. 173; Hervorhebungen B. S. Vgl. Benl, in: I, 278.
807 Field, S. 56f.; Bargen, S. 120–124 (ferner ebd. S. 73, 143). Ein Teil des Geländes hatte früher der Dame Rokujô gehört: vgl. I, 636.

808 Bargen definiert Geistbesessenheit als „eine Trance, die die rationalen Fähigkeiten suspendiert und die Person befähigt, den Charakter einer anderen Person anzunehmen“ (S. 166).

809 Ioan Myrddin Lewis: *Ecstatic Religion. An Anthropological Study of Spirit Possession and Shamanism*, Harmondsworth 1971, S. 32 (zit. Bargen, S. 7).

810 Für ethnologische Beispiele einer Geistbesessenheit als Waffe im Geschlechterkampf, besonders aus Afrika, s. Lewis, *Religion in Context*: Kap. 3, „Possession cults in context“, S. 43–74.

811 Doris Bargen: Yûgao. A Case of Spirit Possession in The Tale of Genji. In: *Mosaic. A Journal for the Interdisciplinary Study of Literature (Winnipeg, Kanada)*, Bd. 19, 1986, Heft 3, S. 15–24, dort S. 23.

812 Kommerell, S. 89.

813 Morris, S. 301.

814 Clifford Geertz: Deep Play. Notes on the Bolivian Cockfight. In: ders.: *The Interpretation of Cultures. Selected Essays*, New York 1973, S. 412–453 (zit. Bargen, S. 91).

815 Für Beispiele aus anderen Kulturkreisen für Besessenheiten durch Geister Lebender s. Oesterreich, *Besessenheit* (s. Kap. 1), S. 26, A. 41f. (nach Gottlieb Müller); S. 347f., A. 756 (nach A. Bastian); S. 401 (nach Frank Podmore). Vgl. Ludwig, *Geschichte* (s. Kap. 1), S. 114.

816 Vgl. die *reziproken* Fälle in der Parapsychologie, s. hier S. 41 (Anm. 91).

817 KLL, Bd. 1, S. 355; M. Goldish (Hg.): *Spirit Possession in Judaism. Cases and Contexts from the Middle Ages to the Present*, Detroit 2003, S. 318. Zur Geschichte der Dybbuk-Besessenheit s. Nancy Caciola: Art. ‚Exorcism‘, in: ER, Bd. 5, S. 2932f.; vgl. J.H. Chajes: *Between Worlds. Dybbuks, Exorcists, and Early Modern Judaism*, Philadelphia PA 2003.

818 Miner, S. 15.

819 Zu einem psychologischen Verständnis der Autorin Murasaki Shikibu für das Phänomen der Geistbesessenheit („Dämonen im Herzen“) s. Field, S. 63; Bargen, S. 23ff.; Pörtner (s. § 12), S. 146.

820 Bargen, S. 281, A. 68.

821 Janice Boddy: *Wombs and Alien Spirits. Women, Men, and the Zâr Cult in Northern Sudan*, Madison 1989, S. 254f. (zit Bargen, S. 22f.).

822 Über „eine vergleichsweise schwach ausgeprägte ‚Ich-Demarkation‘, (...) die im japanischen sozio-kulturellen Milieu (...) als normal gilt“, s. Pörtner (s. § 12), S. 439. – Für die Überlegung, daß Geistbesessenheit bereits eine Individualisierung der Seele voraussetzt, s. Saigô Nobutsuna, zit. Field, S. 53.

823 In dem „unraumhaften und überpersönlichen Seelenfeld“ (Hans Driesch); zit. Bender, Glaubensheilung (s. § 18), S. 147, und ders., Grenzfrage (s. Kap. 1), S. 82.

824 Rogo, *Parapsychologie* (s. Kap. 1), S. 121. Vgl. Andrew MacKenzie: *Hauntings and Apparitions*, London 1982, S. 213.

825 Myers: „Im Eindringen des Besessenheitsgeistes erreicht die telepathische Invasion ihren vollständigsten Sieg.“ Myers (s. Kap. 1), Bd. II, S. 203f.

826 *Eiga-Monogatari* (s. § 12), II, 435ff.; Bargen, S. 13f., S. 280 A. 61.

827 Die letzten Worte zitieren ein Gedicht des *Kokinshû,* einer Gedichtsammlung der frühen Heian-Zeit, dessen Gedanken ironisch umkehrend.

828 Plutschow, *Chaos* (s. § 12), S. 251.

829 Vgl. Morris, S. 221: „vom übelwollenden Klatsch ihrer Rivalinnen zu Tode gequält".

830 Für Kashiwagi: T. 693.

§ 14. Ihara Saikaku

831 Deutsche Übersetzung: *Yonosuke, der dreitausendfache Liebhaber*, 1965.

832 Berndt u.a. (Hg.), *BI-Lexikon*, S. 168.

833 Ebd., S. 290.

834 *Yonosuke, der dreitausendfache Liebhaber*, S. 70.

835 Deutsche Übersetzung: *Kôshokumono. Japanische Kurtisanengeschichten aus dem 17. Jahrhundert*, 1957.

836 *Honchô nijû-fukô*; s. Lane, S. 222–227. Zur Parodie bei Saikaku s. Struve, *Saikaku* (Diss.), S. 153–197; Johnson, S. 331–336.

837 Zit. nach Struve, *Saikaku* (Diss.), S. 143.

838 Kenkô, zit. Struve, *Saikaku* (Diss.), S. 143; vgl. Yoshida Kenkô: *Betrachtungen aus der Stille.* Übs. O. Benl, Frankfurt a.M. 1985, S. 14: Freunde, „die nicht mehr auf dieser Welt weilen". Zum Vergleich von Saikaku mit Kenkô s. Struve, *Saikaku* (Diss.), S. 141ff.

839 Hibbett, S. 414, A. 21.

840 Walter Donat: Nachwort. In: Saikaku: *Fünf Geschichten von liebenden Frauen*, S. 131–141, dort S. 138.

841 Lane, S. 317. Das Beispiel findet sich in: Saikaku: *A Miscellany of Old Letters*, Nr. III:3; S. 276–279.

842 Struve, *Saikaku* (Diss.), S. 207ff. (dieses und die folgenden Zitate).

843 Baiu (18. Jh.); zit. Struve, *Saikaku* (Diss.), S. 74.

844 Struve, in: *Académie*, S. 1481.

845 Für kommentierte Bibliographien s. Lane, S. 364–392; Struve, *Saikaku* (Diss.), S. 450–455.

846 *Kôshokumono. Japanische Kurtisanengeschichten*, S. 15.

847 Siehe oben, § 1, S. 37ff.; für China s. § 10, S. 135ff.

848 *Genji Monogatari.* Übs. O. Benl (s. § 13), II, 644.

849 *Yonosuke, der dreitausendfache Liebhaber*, S. 246.

850 Bonin, *Lexikon* (s. Kap. 1), Art. ‚Bilokation' und ‚Doppelgänger'. Vgl. Saikaku, *Some Final Words of Advice*, S. 114 (Nr. 9): *„astral body"*. Vgl. oben, S. 42; und S. 158 (Jiang Yuhan).

851 Zit. nach Struve (Hg.): *Autour de Saikaku*, S. 57; vgl. Struve, *Saikaku* (Diss.), S. 46 und 72.

852 Englische Übersetzung: *The Great Mirror of Male Love*, 1990.

853 Das Mädchen wird als *„daughter at Izutsuya"* (übs. Schalow) bezeichnet. Izutsuya ist ein Name verschiedener Freudenhäuser (s. *The Life of an Amorous Man*, S. 199; *La Lune de ce monde flottant*, S. 113 und 137). Offenbar handelt es sich bei der Erscheinung um ein Mädchen aus einem solchen Haus.

854 Einen Beweggrund der Erscheinung benennt Saikakus folgender Satz: „Die Kurtisanen mögen noch so sehr als Professionelle ausgebildet sein, es kann ihnen passieren, daß sie auf einen unvergeßlichen Mann treffen und ein authentisches Gefühl empfinden." (*La Lune de ce monde flottant*, S. 114)

855 Formulierung aus einem Zhuang-zi-Kommentar; zit. Konishi Jun'ichi [1960]; zit. Struve, *Saikaku* (Diss.), S. 29, A. 51.

856 *The Great Mirror of Male Love*, S. 246.

857 Siehe § 2, S. 49ff. Ein Beispiel der „Abholung" einer Sterbenden im Genji-Roman ist die Erscheinung von Prinz Hachi no Miya im Traum seiner jüngeren Tochter, als seine ältere Tochter im Sterben liegt; *Genji Monogatari*. Übs. O. Benl (s. § 13), II, 581.

858 Siehe § 9, S. 125f. (Anm. 591) (Shen Fu); S. 143 „erkältet" (*Jinpingmei*). Vgl. Schwenke (s. Kap. 1), S. 14, 93.

859 *The Great Mirror of Male Love*, S. 246.

860 Lane, S. 244, A. 16.

861 Ebd., S. 280; *Arashi, vie et mort*, S. 70ff. Vgl. Struve, *Saikaku* (Diss.), S. 236f.

862 *Yonosuke, der dreitausendfache Liebhaber*, S. 129ff.

863 *The Life of an Amorous Man*, S. 164. (Vgl. *Yonosuke*, dt., S. 190.)

864 Vgl. § 4, S. 59 zur Antike; § 13, S. 187, zum „Dibbuk", Anm. 817.

865 *Yonosuke, der dreitausendfache Liebhaber*, S. 122; *The Life of an Amorous Man*, S. 100. Vgl. Bonin, *Lexikon* (s. Kap. 1), Art. ‚Psychometrie'; Bozzano, *Naturvölker* (s. Kap. 1), s. Register, s.v. ‚Psychometrie', S. 317.

866 Mulacz (s. Kap. 1), S. 132.

867 Walter von Lucadou: Deutungsmöglichkeiten für Spuk. In: A. Resch (Hg.): *Aspekte der Paranormologie* (s. Kap. 1), S. 401–424, dort S. 411, A. 39.

868 *Liebesgeschichten der Samurai*, S. 26ff.

869 Siehe § 1, S. 41 (Anm. 91).

870 Siehe § 9, S. 124, Anm. 586; § 10, S. 131 (*Soushen ji*, Nr. 383). Vgl. *Tales of Samurai Honor*, Nr. IV:3, den Geist des ermordeten Geldverleihers.

871 *The Great Mirror of Male Love*, Nr. 2:3, S. 111.

872 Siehe § 2, S. 47f.

873 *The Great Mirror of Male Love*, Nr. 7:1, S. 253.

874 *The Great Mirror of Male Love*, S. 252.

875 Für Deutlichkeit s. § 2, S. 49, Anm. 138 (PhoL Nr. 128); Anm. 222 (zu § 4, S. 64); für Wiederholung s. Anm. 224 (zu S. 64).

876 Als Beispiel s. das Erlebnis der Gräfin Sizzo, s. Anm. 310 (zu § 6, S. 82); s. § 20, S. 285f., Anm. 1378–82.

877 *The Great Mirror of Male Love*, S. 141.

878 Zu Ueda Akinari s. Bargen (s. § 13), S. 107. Zu *Soushen ji* Nr. 362 s. § 10, S. 138f.

879 Tyrrell (s. Kap. 1), S. 103.

880 Bonin, *Lexikon* (s. Kap. 1), Art. ‚Apport'; EOP, Bd. I, Art. ‚Apports'; Bozzano, *Naturvölker* (s. Kap. 1), S. 117, 121ff. Für unbewußte, unwillentliche Apporte durch Lebende bei Spuk s. Bender, Spukforschung (s. Kap. 1), S. 364, 376f.

881 Siehe § 2, S. 47, Nr. 716 A, 2. Hälfte.

882 *This Scheming World*, Nr. 1, S. 21f.

883 *Fünf Geschichten von liebenden Frauen*, Nr. 5; vgl. Ueda Akinari: Das Haus im Schilfgras. In: ders.: *Unter dem Regenmond* (s. § 12), S. 16–31.

884 Lane, S. 208, A. 30; s. *Konjaku. Altjapanische Geschichten aus dem Volk der Hejan-Zeit*, Zürich 1956, S. 113–116.

885 *The Great Mirror of Male Love*, Nr. II:4, S. 116.

886 Bonin, *Lexikon* (s. Kap. 1), Art. ‚Incubus und Succubus', S. 247f.; vgl. Görres, *Mystik* (s. § 18), S. 486–496. Über „transzendente erotische Begegnungen" s. Schwenke (s. Kap. 1), S. 254ff.; Duerr, *Diesseits von Eden* (s. Anm. 523), §§ 19f., bes. S. 255, Abb. 19.
887 Struve (Hg.), *Autour de Saikaku*, S. 60.
888 Struve, *Saikaku* (Diss.), S. 204.
889 Ebd., S. 208f.
890 Siehe oben, S. 156, Anm. 677 (F.A. Bischoff).
891 Engl. Übs. Keene, S. 209 (aus: *Saikaku-oritome*).
892 Vgl. Johnson, S. 338ff.
893 *Some Final Words of Advice* Nr. 17, S. 187.
894 Lane, S. 376 f.
895 Struve, *Saikaku* (Diss.), S. 202. Für ein Beispiel s. Struve (Hg.), *Autour de Saikaku*, S. 114ff.: „Tsuna de la Porte aux Roix-gardiens".
896 Struve, *Saikaku* (Diss.), S. 207.
897 Ebd., S. 64.
898 Johnson, S. 338.
899 Lane, S. 347.
900 *The Great Mirror of Male Love*: 3:5 (Ruin der Existenz); 6:5, 7:2 (Selbstverstümmelung); 3:4 (Krankheit); 6:1 (Tod aus Liebeskummer).
901 Lane, S. 213.
902 Lane, S. 344f.; *La Lune de ce monde flottant*, Nr. I,1, S. 43–51; ebd. Nr. II,2, bes. S. 78 (*„pas tant de honte"*).
903 Siehe § 2, S. 45, Anm. 117; § 3, S. 57, Anm. 170.
904 *The Japanese Family Storehouse*, S. 96, Nr. IV:4. Vgl. Lane, S. 263.
905 P.G. Schalow, Introduction, in: *The Great Mirror of Male Love*, S. 27. Für ein Beispiel s. *Arashi, vie et mort d'un acteur*, S. 56.
906 *The Great Mirror of Male Love*, Nr. 2:2; 3:2; 3:4; u.ö.
907 *Yonosuke, der dreitausendfache Liebhaber*, S. 129ff.
908 *The Life of an Amorous Man*, S. 107.
909 Vgl. Struve, *Saikaku* (Diss.), S. 206.
910 Siehe § 1; § 10, *Soushen ji* Nr. 299.
911 Bender, Glaubensheilung (s. § 18), S. 165. Zur Bedeutung des „affektiven Feldes" für die Manifestation von Psi s. ders., in: Bauer/von Lucadou (Hg.), *Spektrum* (s. Kap. 1), S. 17f. Vgl. Bender, Wunderheilungen (s. § 18), dort zum Begriff „affektives Feld" S. 13, zur Wirksamkeit von Archetypen S. 18–21.

§ 15. Altnordische Sagas

912 Van der Leeuw (s. § 18), S. 134–141 („Der mächtige Tote").
913 Walter Burkert: *Griechische Religion der archaischen und klassischen Epoche*, 2. Aufl. Stuttgart 2011, S. 298; Sarah Iles Johnston: *Restless Dead. Encounters between the Living and the Dead in Ancient Greece*, Berkeley 1999; Jobbé-Duval.
914 Jean Delumeau: *Angst im Abendland. Die Geschichte kollektiver Ängste im Europa des 14. bis 18. Jahrhunderts. Bd. I*, Reinbek bei Hamburg 1985 (frz. Orig. 1978), S. 108–125.

915 R. Bodner: Art. ‚Wiedergänger', in: RGA, Bd. 33, 2006, S. 599.

916 Lutz Röhrich, in: Lecouteux, *Geschichte*, S. 6f. (Vorwort).

917 Lecouteux, *Geschichte*, S. 127–139.

918 Für ein Beispiel aus dem Tibet des 20. Jahrhunderts s. David-Néel, *Heilige und Hexer* (s. Kap. 1), S. 140.

919 Das Folgende nach: Klare, S. 10–14; Lecouteux, *Geschichte*, S. 119–182.

920 Für antike Beispiele s. Dodds, in: *Proceedings SPR*, 1971, S. 190; zit. Roll (s. Kap. 1), S. 151; für Beispiele aus dem 19. Jh. s. Flammarion, *La Mort* (s. Kap. 1), Bd. III, S. 202, 236–241.

921 Klare, S. 14. – Vgl. § 2, S. 45, Anm. 119 („löste sich auf").

922 Vgl. § 2, S. 44f.; Myers, *Human Personality* (s. Kap. 1), Nr. 742, 744B, 751A.

923 Aus dem 13. Kapitel der *Flóamanna Saga* (Island 14. Jh.). Übs. Lecouteux, *Geschichte*, S. 124. Zugrunde liegt die Übs. von F. Niedner, in: *Grönländer und Färinger Geschichten*, Düsseldorf u.a. 1965 (1. Aufl. 1912), S. 100f. Zu Spuk vgl. § 1, S. 40, Anm. 80–84.

924 Vgl. § 1, S. 38f. (PhoL, Nr. 130, 159, 537).

925 Vgl. § 1, S. 41, über kollektive Fälle.

926 22. Kapitel der *Flóamanna Saga.* (122f.)

927 Lecouteux, in: *Euphorion* 1986, S. 221 und 227; ähnlich Lutz Röhrich, in: Lecouteux, *Geschichte*, S. 5.

928 Lecouteux, in: *Euphorion* 1986, S. 220f.; Tuczay, S. 112.

929 Das Folgende nach Klare, S. 5–10, und Lecouteux, *Geschichte*, S. 112–122; vgl. Kelchner, S. 66–72.

930 Klare, S. 8. Vgl. Klare, S. 5f. für „Todverkünden".

931 Siehe § 3, S. 53; vgl. § 16, S. 228 (Anm. 1050).

932 Siehe unten, Anm. 981.

933 W.F. Otto (s. Kap. 1), S. 47.

934 Für ein Beispiel eines anscheinend körperlichen Wiedergängers im 20. Jh. s. Moser, *Spuk* (s. Kap.1), S. 202–205 (Bericht Karl Peters).

935 Thurston (s. § 18), Kap. 11 „Unverwesbarkeit", S. 285–327. Den legendären Charakter dieser Berichte nimmt dagegen an: Dulaey (s. § 17), S. 219f.

936 Boyer, in: *Heimdal* 1981, S. 5–10; Zusammenfassung Lecouteux, *Geschichte*, S. 203–216. Für eine Erläuterung der Begriffe *fylgia*, *hugr* und *hamr* s. auch de Vries, Bd. I, S. 217–228 (§§ 158–164); Ström, S. 175–181; Hasenfratz, Seelenvorstellungen. Zu *fylgia* s. Ellis, S. 127–130.

937 Boyer, in: *Heimdal* 1981, S. 5; vgl. Ström, S. 175.

938 Walter Baetke: *Die Aufnahme des Christentums durch die Germanen* (1943), Darmstadt 1962, S. 36.

939 Simek, *Mythologie*, S. 357.

940 Lecouteux, *Geschichte*, S. 212–216. Boyer, *Yggdrasill*, S. 151: *hamfar*.

941 Boyer, in: *Heimdal* 1981, S. 6.

942 Buchholz, S. 29.

943 Nach de Vries kann die *fylgia* auch „Schutzgeist der Sippe" sein (Bd. I, S. 227); in gewisser Analogie zum römischen *genius* (Schreuer, Recht der Toten, S. 125). Nach Simek scheinen die *fylgien* in den hochmittelalterlichen isländischen Quellen „durchwegs mit Ahnen identifiziert zu werden" (Art. ‚Totenglaube', S. 81).

944 Simek, *Mythologie*, S. 119, Art. ‚Fylgia'.

945 Für Beispiele s. Ellis, S. 128 und 130.
946 Myers (s. Kap. 1), Bd. I, S. 255–274 (*arrival cases*) und S. 646–661.
947 Strömbäck. Zur Unterscheidung von *fylgia* und *hugr* s. Ellis, S. 124–130.
948 Boyer, in: *Heimdal* 1981, S. 7.
949 Ellis, S. 201.
950 Ellis, S. 199.
951 Ellis, S. 105–111.
952 Ellis, S. 151–169.
953 Chadwick, S. 61–65, 123.
954 Ellis, S. 125ff.; Buchholz; Simek, *Mythologie*, Art. ‚Schamanismus'; Boyer, *Yggdrasill*, S. 143–152, über Odin als Gott-Schamanen (S. 148). Zur Geschichte dieses Gedankens unter ideologiekritischem Gesichtspunkt s. Stefanie von Schnurbein, in: Klaus Böldl u.a. (Hg.): *Kontinuität in der Kritik (...): Historische und aktuelle Perspektiven der Skandinavistik*, Freiburg i.Br. 2005, S. 149–175.
955 Ellis, S. 126.
956 Ellis, S. 147.
957 Vgl. hierzu: Jobbé-Duval, Kap. III, S. 39–85, über analoge Vorstellungen im alten Rom.
958 Lecouteux, *Geschichte*, S. 33, im Anschluß an Jean Delumeau und Emanuel Le Roy Ladurie u.a.
959 (173). Vgl. Jobbé-Duval, S. 74. Vgl. *Isländische Volksmärchen*, übs. H. und I. Naumann, Jena 1923, S. 259f. und 313, A. 64; Hasenfratz, *Die religiöse Welt*, S. 81, A. 1.
960 Nietzsche: Die fröhliche Wissenschaft § 69; Meuli, S. 306. Für ein japanisches Beispiel s. die Androhung eines Suizids bei Saikaku, *Yonosuke*: s. § 14, S. 196 (Anm. 863).
961 Walter Map: *De nugis curialium. Courtiers' trifels.* Hg. M.R. James, Oxford 1983, S. 202f.; zit. Lecouteux, in: *Euphorion* 1986, S. 227. Übs. Lecouteux, *Geschichte,* S. 44 und 62.
962 William of Newburgh: Historia Rerum Anglicarum, Libri V. In: *Chronicles of the Reigns of Stephen, Henry II, and Richard I,* Bd. 2. Hg. R. Howlett, London 1885, Reprint 1964, S. 476 (V, 23): *operatione, ut creditur, Sathanae.* (63)
963 Wilhelm Durandus: *Rationale Divinorum Officiorum.* Dt. Übs. hg. R. Suntrup, 3 Bde., Münster 2016, Bd. I, S. 100 (1. Buch, 5. Kap., Nr. 13).
964 LAW, Sp. 1677 und Sp. 2247.
965 Schreuer, Recht der Toten, S. 92–118; Zitat S. 95f.
966 De Vries, Bd. I, S. 235. (Zum Zusammenhang Laren-Ahnen s. Ranke, *Totenverehrung*, S. 79, A. 2.)
967 Oexle, S. 61.
968 Ranke, *Totenverehrung*, S. 372; zit. Oexle, S. 61. Zum Recht der Toten s. Schreuer.
969 Ranke, *Totenverehrung*, S. 375.
970 Hans Kuhn, Zusatz zu: Ranke, Art. ‚Ahnenglaube', S. 114f.
971 Simek, Art. ‚Totenglaube', S. 81.
972 De Vries, Bd. I, § 65; Simek, *Mythologie*, S. 142, Art. ‚Grabbrauch', über Ganggräber.
973 Simek, Art. ‚Totenglaube', S. 81.

974 De Vries, Bd. I, § 145 und §§ 306f.
975 Thiel, *Religionsethnologie* (s. Anm. 26), S. 48f. Vgl. Braches, *Jenseitsmotive* (s. Anm. 1160), S. 4f. (Persephone, Demeter, Pluto).
976 Hippokrates, De victus ratione, 4, 92, VI, 658 L; zit. n. Burkert (wie Anm. 913), S. 306. Hippokrates: *Ausgewählte Schriften.* Übs. H. Diller, Stuttgart 1994, S. 316 („Die Regelung der Lebensweise“, 4. Buch: „Über die Träume“, Kap. 7).
977 Dieser Absatz nach Ranke, Art. ‚Ahnenglaube‘, S. 113, und Simek, *Mythologie,* S. 429f.
978 Simek, *Mythologie,* S. 429. Ellis, S. 150, sieht das Auftauchen dieser Totenträume in der altnordischen Literatur „untrennbar mit christlichen Vorstellungen verknüpft“.
979 Faereyinga saga, Island (Anf. 13. Jh.); *Grönländer und Färinger Geschichten,* Düsseldorf u.a. 1965 (Thule XIII), S. 352; (= Färinger Geschichten, Kap. 53). (121)
980 Þorsteins saga Siðu-Hallssonar (Mitte 13. Jh.), Kap. 7; *Sieben Geschichten von den Ostlandfamilien.* Übs. G. Neckel, Düsseldorf u.a. 1964 (Thule XII), S. 155.
981 Vgl. Ellis, S. 150. Vgl. Jaffé (s. Kap. 1), S. 158: „Darob erwachte ich, aber damit war auch schon die Traumgestalt verschwunden. Doch hörte ich noch das Zuklinken einer Türe, wo ich doch vollkommen wach war.“ Vgl. analog Habermehl (s. § 17), S. 102, bezüglich einer Geruchswahrnehmung.
982 Viga-Glúms saga (Mitte 13. Jh.), Kap. 26; *Fünf Geschichten aus dem östlichen Nordland.* Übs. W. Kanisch u.a., Düsseldorf u.a. 1964 (Thule XI), S. 92; *Viga Glums Saga.* Übs. J. McKinnell, Edinburgh 1987, S. 121. Vgl. Art. ‚Freyr‘, in: RGA Bd. 9, S. 593.
983 *Die Götterlieder der Älteren Edda.* Übs. A. Krause, Stuttgart 2006, S. 207–211, dort S. 207 (Kommentar des Übersetzers).
984 Klare, S. 16.
985 Ellis, S. 164.
986 Das Folgende nach Lecouteux, *Geschichte,* S. 92–98. Zur germanischen Nekromantie s. Ellis, Kap. VI, S. 151–169; François-Xavier Dillmann: *Les magiciens dans l'Islande ancienne,* Uppsala 2006, S. 92ff. Vgl. *La Saga des chefs du Val au Lac* (= *Vatnsdoela Saga*), Übs. R. Boyer, Paris 1980, Kap. 29 (Desiderat).
987 *Grönländer und Färinger Geschichten.* Übs. F. Niedner, Düsseldorf u.a. 1965 (Thule XIII), S. 331ff. (= Färinger Geschichten, Kap. 40).
988 *Die Götterlieder der Älteren Edda* (s. Anm. 983), S. 177–181 (Baldurs Träume, Str. 4).
989 Das Folgende nach Simek, Art. ‚Totenglaube‘, S. 81f.
990 Rudolf Meißner: *Norwegisches Recht. Das Rechtbuch des Gulathings,* Weimar 1935, S. 29 und Einl. S. XXX. Über „Troll“ s. Lecouteux, *Geschichte,* S. 244. Nach Simek sind in einigen nordischen Regionen die Trolle „zum Teil mit den Wiedergängern, den lebendigen Toten, identisch“ (Simek, *Mythologie,* Art. ‚Trolle‘, S. 431). Zur Bedeutung der *útiseta* (Draußensitzen) s. Buchholz, S. 39–42.
991 Burchard von Worms: Decretorum libri, 19. De poenitentia. In: PL Bd. 140, Sp. 949ff., dort Sp. 961: *vel in bivia sedisti…?* Der Kreuzweg (*bivium*) wurde

als Sammelplatz der Toten verstanden (s. Rudolf His: *Der Totenglaube in der Geschichte des germanischen Strafrechts*, Münster 1929, S. 7 und 11). (25)

992 Saxo Grammaticus: *Die ersten neun Bücher der dänischen Geschichte*. Übs. H. Jantzen, Berlin 1900, S. 32f. (95)

993 Belege s. Harmening, *Superstitio*, S. 104f., 205f. u.ö. (s. Register); Lecouteux, *Geschichte*, S. 93.

994 *Die Geschichte von dem starken Grettir, dem Geächteten.* Übs. P. Herrmann, Neuausg. Düsseldorf u.a. 1965, S. 48 (Kap. 18).

995 Klare, S. 8. Vgl. Simek/Pálsson, *Literatur*, S. 137. Vgl. Art. ‚Grabraub', RGA, Bd. 12, S. 525.

996 Klare, S. 8; Lecouteux, *Geschichte*, S. 122; vgl. Chadwick, S. 54f.

997 *Olafs Saga hins helga.* Übs. Anne Heinrichs u.a., Heidelberg 1982, S. 217ff. (Kap. 96, 98, 101); Lecouteux, *Geschichte*, S. 116f.

998 *Livre de la colonisation de l'Islande (Landnámabók).* Übs. u. hg. R. Boyer, Paris 1973, S. 13 (H 19); zum Beinamen „Butter" s. ebd., S. 4.

999 Simek, *Mythologie*, S. 235; Dillmann, Art. ‚Vættir', in: RGA, Bd. 35, 2007, S. 330.

1000 Simek, *Mythologie*, Art. ‚Alben' und ‚Disen'.

1001 Lecouteux, *Dictionnaire*, S. 76. – Nach Chadwick, S. 58, sind Elfen Seelen Ungeborener oder derer, die eine Wiedergeburt erwarten.

1002 Schreuer, Art. ‚Totenrecht', S. 340.

1003 Wilhelm Störmer: Adlige Eigenkirchen und Adelsgräber. In: *Zeitschrift für bayerische Landesgeschichte*, Bd. 38, 1975, S. 1142–1158, dort S. 1147 (Bsp. Mühltal bei Schäftlarn); Hinweis in: RGA, Bd. 4, 1981, S. 546.

§ 16. Geistliche Literatur

1004 Eine deutsche Übs. erschien unter dem Titel: *Die Wiederkehr der Toten. Geistergeschichten im Mittelalter*, Stuttgart 1995.

1005 Anonyme Sammlung von Wundererzählungen aus der Benediktinerabtei Marmoutier bei Tours (12. Jh.): De rebus gestis in majori monasterio saeculo XI. In: PL Bd. 149, Sp. 403–420, dort Sp. 411, Nr. 9. (89)

1006 Cäsar von Heisterbach (13. Jh.), *Dialogus miraculorum*, Bd. 2, S. 352 (dist. XII, cap. 44). (155)

1007 Otloh von St. Emmeram (11. Jh.): Liber visionum, PL Bd. 146, Sp. 371f.; ders.: *Liber visionum.* Hg. P.G. Schmidt, Weimar 1989, S. 89f., Visio 16. (64)

1008 Myers (s. Kap. 1), Nr. 730; s. hier Kap. 1, S. 49.

1009 Pierre le Vénérable (12. Jh.), *Livre des merveilles*, S. 252–258 (= 2. Buch, Kap. 25); PL Bd. 189, Sp. 937–940. (92f.).

1010 Vgl. hier, Kap. 3, S. 124, Anm. 585.

1011 PL Bd. 189, Sp. 938. Es handelt sich um ein Zitat aus der Vita des hl. Gerald, s. Odon de Cluny (s. § 20), S. 138f. (lib. 1, cap. 2).

1012 Vgl. den Traum der Klausnerin Wiborada († 926) von ihrer kürzlich verstorbenen Dienerin; s. Wittmer-Butsch (s. § 17), S. 286f.

1013 Thietmar von Merseburg (11. Jh.), S. 98–103 (III, 12–15). (54)

1014 Petrus Venerabilis (12. Jh.): De miraculis I, 26; PL Bd. 189, Sp. 898ff.; frz. (s. Anm. 1009), S. 168ff.

1015 Benediktinerabtei Marmoutier (12. Jh.) (s. Anm. 1005), Sp. 409ff., Nr. 8. (88)
1016 „Die Buchführung des Jenseits“ lautet der Titel des Buches von Jacques Chiffoleau.
1017 Thomas de Cantimpré (13. Jh.), S. 508. (161)
1018 Siehe Kap. 1, S. 45, Anm. 117.
1019 Inquisitionsbericht des Bischofs von Pamiers (14. Jh.): Fournier, *Le registre*, Bd. I, S. 158–171. (166ff.)
1020 Arcangel (s. Kap. 1), S. 192.
1021 Jean Gobi (14. Jh.): De spiritu Guidonis (175–178); Quellennachweise s. unten, Anm. 1031.
1022 Chiffoleau, S. 406.
1023 Vgl. Schmitts Hinweis auf Freuds Abhandlung „Trauer und Melancholie“ (261); Sigmund Freud: *Gesammelte Schriften*, Bd. 5, Leipzig u.a. 1924, S. 535–553.
1024 Vgl. Benz, *Vision* (s. § 18), S. 628.
1025 Siehe § 17, S. 241, Anm. 1110.
1026 Siehe Kap. 1, S. 42f., Anm. 104; Kap. 3, S. 123f., Anm. 580f.; vgl. Vorwort („Er trug den Mantel, den er zu Lebzeiten oft getragen hatte“).
1027 Manuel C. Diaz y Diaz: *Visiones del Más Allá en Galicia durante la alta Edad Media*, Santiago de Compostela 1985, S. 74–77. (82, 234)
1028 Bresc, S. 69. „Den Armen spenden, heißt den Toten spenden.“ Zu dieser Gleichung vgl. Schmitt, *Les revenants*, S. 49 und S. 202.
1029 Weitere Beispiele bei: Pierre le Vénérable, S. 116; Gervasius, Bd. II, S. 421; Finucane (s. Kap. 1), S. 66; und Schmitt (233).
1030 Peter Dinzelbacher, in: *Zeitschrift für deutsches Altertum und deutsche Literatur*, Bd. 117, 1988, S. 17.
1031 Jean Gobi (14. Jh.): De spiritu Guidonis. Auszüge aus dem lat. Gesprächsprotokoll finden sich abgedruckt in: Achille Bardon: *Histoire de la Ville d'Alais de 1250 à 1340*, Nîmes 1894, S. 203–209. Eine abweichende Version, in französischer Übersetzung, in: Chiffoleau, S. 403–406. Zum Vergleich der verschiedenen Textvarianten s. *Histoire littéraire de la France*, Bd. 35, Paris 1921, S. 532–556. (175–178) Für eine Textedition mit Kommentar s.: Jean Gobi: *Dialogue avec un fantôme.* Übs. u. hg. M.-A. Polo de Beaulieu, 2. Aufl. Paris 2004.
1032 Wir folgen dem lat. Text bei Bardon (s. Anm. 1031), S. 204–207. Das Motiv der gemeinsam begangenen Sünde fehlt dort, die Sünde ist eine „*offensa matris suae*“ (S. 205). Aber der Geist sagt, seine Witwe kenne den Grund seiner Betrübnis (S. 207).
1033 Vgl. Art. ‚Direct Voice‘, in: EOP, Bd. 1, 1984, S. 337–340. Direkte Stimme wird dort definiert als: „*An isolated paranormal voice in space without visible source of agency*“, ebd., S. 337. Für Beispiele des Phänomens der direkten Stimme bei schriftlosen Völkern s. Bozzano, *Naturvölker* (s. Kap. 1), S. 230–257.
1034 Gervasius, Bd. II, S. 417–433.
1035 Gervasius, Bd. II, S. 424.
1036 Vgl. Peter Dinzelbacher: *Unglaube im „Zeitalter des Glaubens“. Atheismus und Skeptizismus im Mittelalter*, Badenweiler 2003.
1037 Gervasius, Bd. II, S. 308.

1038 Michael Rothmann; zit. in: Gervasius, Bd. I, S. XXXVI (Einleitg. d. Hrsg.).
1039 Zur „religiösen Kultur" dieser Personen s. Bresc, S. 68ff., hier bes. S. 70.
1040 Gervasius, Bd. II, S. 419 und 425. Für die einschlägigen Stellen bei Augustin s. die Hinweise bei Le Goff, S. 90, A. 122 (Ennaratio in Ps. XXXVII), und S. 314f. (Der Gottesstaat XXI, 26). Zur „Infernalisierung" des Fegefeuers durch Augustin s. Le Goff, S. 106.
1041 Siehe auch die Beispiele bei Wittmer-Butsch (s. § 17), S. 270ff.
1042 Guibert von Nogent, *Autobiographie*, S. 75. (67)
1043 *Giraldi Cambrensis* [= Gerald von Wales] *Opera*, Bd. 5. Hg. J.F. Dimock. Reprint Nendeln 1964 (Orig. London 1867), S. 294ff. (I, 42). (106)
1044 *Liber tramitis aevi Odilonis abbatis*. Hg. P. Dinter, Siegburg 1980 (= Corpus consuetudinum monasticorum, Bd. X), S. 277. [*trames* = Weg, Pfad]
1045 Todesankündigungen durch Tote begegnen bei Beda Venerabilis (48); Otloh von St. Emmeram (62); Cäsar von Heisterbach (232).
1046 Jakob von Paradies: De apparitionibus animarum separatarum. In: Fasbender, S. 30–101, dort S. 33; vgl. ebd. 58f. (183)
1047 Dinzelbacher, Traum Kaiser Karls IV., S. 167f. Über „Poltergeister" s. Rogo (s. Kap. 1), S. 167–175; Bender, Spukforschung (s. Kap. 1).
1048 *Die Autobiographie Karls IV.* Lat.-dt. Übs. E. Hillenbrand, Essen 2016, S. 154–157. (55f.)
1049 Für solche Erfahrungen s. Roll (s. Kap. 1), S. 235. Für Beispiele aus dem 19./20. Jh. s. Moser, *Spuk* (s. Kap. 1), S. 168, 212–215, 238–246 („der Rotlaiblete"). Zur Diskussion vgl. Myers (s. Kap. 1), Bd. II, S. 72 (Nr. 748). Roll, ebd., S. 234, unterscheidet wie Myers zwischen akustischem Spuk (*haunting*) und körperlichem Poltergeist (*poltergeist*).
1050 Thietmar von Merseburg, S. 18f. (I, 13). (55) Für wahrsagenden, todankündigenden Spuk s. Moser, *Spuk* (s. Kap. 1), S. 211, 214.
1051 Moser, *Spuk* (s. Kap. 1), S. 95, 110, 153, 187, 294 u.ö.; Bonin, *Lexikon* (s. Kap. 1), Art. ‚Mimikry'.
1052 Moser, *Spuk* (s. Kap. 1), S. 215, 225: „Einige Bauern behaupteten, sie hätten nachts das Pfarrhaus ganz erleuchtet gesehen." Vgl. Guggenheim (s. Kap. 1), S. 169f.; dort elektrisches Licht.
1053 Ambrosius: De excessu fratris Satyri, I, 72; PL Bd. 16, Sp. 1312; zit. n. Dulaey (s. § 17), S. 66, A. 156. (32)
1054 Von Moos, Bd. I, S. 146.
1055 Dialogus Agii. In: *Poetae Latini Aevi Carolini*, Bd. III. Hg. L. Traube, Nachdruck München 1978 (= Monumenta Germaniae Historica), S. 369–388; *Das Leben der Hadumod, beschrieben von ihrem Bruder Agius*. Übs. F. Rückert, Stuttgart 1845. (60f.)
1056 Zu dieser Traumerscheinung vgl. Wittmer-Butsch (s. § 17), S. 285. Kamphausen (s. § 17), S. 167ff. sieht hier nur eine *nachträgliche* Bestätigung der Nachfolge Hathumods.
1057 Diese Zusammenfassung nach: Trexler, *Public Life*, S. 173; für eine wörtliche Übersetzung der Stelle s. ders., In Search, S. 238f.
1058 Morelli, S. 458.
1059 Ebd., S. 476. Eine Zusammenfassung der Zeremonie und der anschließenden Vision gibt Trexler, *Public Life*, S. 172–186. Eine Übersetzung der betreffenden Passagen des Tagebuchs gibt ders., In Search, S. 239–251.

1060 Morelli, S. 492; Trexler, In Search, S. 244 (73).

1061 Morelli, S. 516; Trexler, In Search, S. 251.

1062 Zit. n. Trexler, In Search, S. 251 (Einfügungen von Trexler).

1063 Nach Schmitt, *Les revenants,* S. 267, A. 47 war die Unterlassung problematisch bei einem Kind, das älter als sieben Jahre war und damit seine kindliche Unschuld verloren hatte; nach Trexler, *Public Life*, S. 175, A. 86 dagegen erst ab einem Alter von vierzehn Jahren.

1064 Trexler, In Search, S. 227: *instruments.*

1065 Vgl. Karl Rahner: Art. ‚Privatoffenbarung'. In: LThK, Bd. 8, 1963, Sp. 772f. Vgl. Rahner, *Visionen* (s. § 20), S. 18 über „mystische Visionen". Zur Kritik am Begriff der „Privatoffenbarung" s. Schwenke (s. Kap. 1), S. 260ff.; vgl. oben, S. 54.

1066 Trexler, In Search, S. 239.

1067 Morelli, S. 479; s. Trexler, In Search, S. 227; ders, *Public Life*, S. 178.

1068 Morelli, S. 491; Trexler, In Search, S. 243.

1069 Vgl. Benz, *Vision* (s. Kap. 1), S. 37–63 „Vision und Askese".

1070 Morelli, S. 478.

1071 Morelli, S. 503.

1072 Morelli, S. 511ff.

1073 Für Trostvisionen im 18.–20. Jahrhundert s. Oberlins Traumerscheinung seiner Frau vom 20.4.1783 (Rosenberg, *Oberlin* – s. Kap. 1 – S. 139f.); ferner: Myers (s. Kap. 1), Nr. 716 A, s. oben § 1, S. 47; Guggenheim (s. Kap. 1), S. 104, 127 u.ö. (s. oben, S. 70–77). Für weitere Literatur über die Halluzinationen Hinterbliebener s. Allison, *Resurrecting Jesus* (s. Anm. 261), S. 273f., A. 306.

§ 17. Wechselnde Deutungen

1074 Benz, *Vision* (s. § 18), S. 278ff.; Dinzelbacher, *Heilige oder Hexen* (s. § 20), S. 269–274; Schwenke (s. Kap. 1), S. 257ff.

1075 Über die Vorgeschichte dieser Wertung s. Dulaey, S. 49ff. Die Abwertung des Traumes war nach Dulaey weder biblisch, noch altchristlich, noch augustinisch. Vgl. jedoch das Beispiel des Propheten Jeremia, bei Benz, *Vision* (s. § 18), S. 107. Für Traumskepsis im AT s. auch Kamphausen, S. 30–33.

1076 Torrell/Bouthillier, *Pierre le Vénérable*, S. 139 u. A. 5.

1077 Aus der Sammlung „Wunder der heiligen Jungfrau" (13. Jh.) eines Mönches aus Soissons (238).

1078 Für Beispiele solcher Entsprechungen im 5./6. Jh. s. Dulaey, S. 53, A. 48f. (La vie de Daniel le Stylite).

1079 Beispiele s. oben § 1, S. 38, Nr. 184; vgl. § 4, S. 64. Zum Zwischenzustand zwischen Traum und Wachen vgl. Dulaey, S. 148, A. 39: „*semi-vigilans*"; Habermehl, S. 74f., A. 2; Schmitt, *Les revenants*, S. 33: „halb wach"; Guggenheim (s. Kap. 1), S. 114–124; Schwenke (s. Kap. 1), S. 111ff. Zum Überlappen einer Traumerscheinung in den Wachzustand vgl. oben, S. 214, Anm. 981.

1080 Siehe § 4, S. 64, Anm. 225.

1081 Träume, die sich wiederholten, galten bei den Alten als wahr; Dulaey, S. 155, A. 82ff.; vgl. Otto, *Die Manen* (s. Kap. 1), S. 94 und 112. Siehe oben S. 47, Anm. 224.

1082 Vgl. Schwenke (s. Kap. 1), S. 237–246: „Eliminierung und Dämonisierung transzendenter Konkurrenten".

1083 Das römische Fest der Parentalia war „den als Göttern betrachteten Familientoten insgesamt gewidmet"; LAW, Sp. 74, Art. ‚Ahnenkult'.

1084 Zur Nekromantie s. § 15, S. 214f.

1085 Erika Bourguignon: Art. ‚Necromancy'. In: ER, Bd. 10, 2005, S. 6451–6454, dort S. 6452.

1086 Tertullian, *Über die Seele*, S. 180 (Kap. LVII.10).

1087 Schmitt (31, 41) verwendet diesen Begriff *image spirituelle* aus: Augustin, *La Genèse*, S. 385; *spiritales corporalium similitudines*, ebd. S. 384.

1088 Augustinus, *Die Sorge*, S. 23 (Kap. XII.14).

1089 Tertullian, *Über die Seele*, S. 180 (Kap. LVII.12).

1090 Tertullian, *Über die Seele*, S. 178 (Kap. LVII.6).

1091 Der Ansicht von Laktanz (um 300) über den teuflischen Charakter der Nekromantie folgten vom 9. bis 12. Jh. zahlreiche Autoren; s. Lecouteux, *Geschichte* (s. § 15), S. 93.

1092 Tertullian, *Über die Seele*, Kap. LVII.10. Über Inkubationsträume im Christentum s. Dulaey, S. 186ff.; Moreira, S. 119.

1093 Kurt Hutten: *Seher, Grübler, Enthusiasten*, Stuttgart 12. Aufl. 1984, S. 564, mit Bezug auf Kants Brief an Charlotte von Knobloch vom 10.8.1758.

1094 Sant' Ambrogio: *Discorsi e lettere II/III, Lettere (70–77)*. Übs. G. Banterle, Mailand u.a. 1988 (= Sancti Ambrosii Opera, 21), S. 155, Brief Nr. 77 (Maur. 22); Hinweis bei Ludwig, Lösungsversuch, S. 363f. Zur Auffindung von Reliquien aufgrund von Träumen s. Dulaey, S. 148ff.

1095 Hervorhebung B.S.

1096 Vgl. § 4, S. 64f., Anm. 225ff. Vgl. Schweer, *Abbruch* (s. Kap. 1), S. 59, über den „Mischvorgang" bei der Ausgestaltung der Visionen in Nahtoderfahrungen. Vgl. Rahner, *Visionen* (s. § 20), S. 33 über Mischvisionen.

1097 Als Telepathie begriffen von: Ludwig, Lösungsversuch, S. 365.

1098 Gregor, *Dialoge* (s. § 19) 2.22, S. 83ff.; Moreira, S. 69.

1099 Zit. n. Augustinus, *Die Sorge*, S. 37.

1100 Augustinus, De cura, Kap. XVI.20. Zur Vorgeschichte des Gedankens s. Dulaey, S. 113–121, bes. 115f.

1101 Über die Zwecke der Totenerscheinungen ähnlich: Thomas von Aquin, Summa theol., Suppl., qu. 69, art. 3 (zit. Le Goff, S. 326).

1102 Im 12. Jh. von Alcher von Clairvaux (PL Bd. 40, Kap. 29, Sp. 799f; zit. Wittmer-Butsch, S. 283f.) und Aelred von Rivaulx (zit. ebd., S. 284); im 13. Jh. von Thomas v. Aquin: Summa theol. I, qu. 89, art. 8 (zit. Le Goff, S. 335). Noch im 18. Jh. wurde die Anschauung vertreten: s. Sawicki, *Leben mit den Toten* (s. Kap. 1), S. 123.

1103 Den Zusammenhang der Totenerscheinungen mit dem Fegefeuerbegriff heben hervor: Schmitt, Macht der Toten (s. § 16), S. 149; Lecouteux, in: *Euphorion* 1986 (s. § 15), S. 219f.

1104 Petrus Venerabilis, De miraculis I, 27 (PL Bd. 189, Sp. 903): *sed mortui corporis spiritum vel imaginem viventibus apparere*. Hervorhebung B.S.

1105 Zum Begriff der geringfügigen Sünde bei Augustin s. Le Goff, S. 92f.; zum Begriff der läßlichen Sünde im Mittelalter s. ebd., S. 263–268.

1106 Angenendt, *Religiosität* (s. § 19), S. 711.

1107 Le Goff, S. 14 und 157ff.

1108 Heinrich Bullinger († 1564); zit. n. Fleischhack, S. 157.

1109 Martin Luther: Der kleine Katechismus. In: *Werke (Weimarer Ausgabe)*, Bd. 30,1, Nachdruck Weimar 1964, S. 255. Übs. nach: Karl Gottfried Bretschneider: *Handbuch der Dogmatik der ev.-luth. Kirche*, Bd. 2, Leipzig 1818, S. 328 (Hinweis bei Fleischhack, S. 214, A. 53).

1110 Denzinger-Hünermann (s. § 19), S. 374: Konzil von Lyon.

1111 Vgl. S. 62, Anm. 208f. Vgl. Rohde, S. 265, A. 92: Seelen als „Windgeister". Nach Braches, *Jenseitsmotive* (wie Anm. 1160), S. 14, war diese Vorstellung gemeinindogermanisch.

1112 Gervasius (s. § 16), Bd. II, S. 420 (110), Übs. geändert. Für den lat. Originaltext s.: Gervase of Tilbury: *Otia Imperialia. Recreation for an Emperor.* Hg. S.E. Banks u.a., Oxford 2002, S. 762.

1113 Zum Ort der Sünde als Strafort bei Gregor d. Gr. s. Le Goff, S. 117; bei Thomas von Aquin s. Le Goff, S. 327, 330.

1114 *La Genèse*, S. 436 und 441; hierzu Dulaey, S. 177.

1115 Augustin über die Körper der Engel und Dämonen: s. Dulaey, S. 80, A. 60.

1116 Dulaey, S. 78. Dagegen begreift Tertullian die Seele nach dem Tod als leibhaftig (*corporalis*), s. ders.: *Über die Seele*, Kap. XXII; s. Angenendt, *Heilige und Reliquien* (s. § 19), S. 103.

1117 Summa theol., suppl., qu. 69, art. 1; DTA Bd. 35, S. 4 und 7 (zit. Le Goff, S. 325).

1118 Summa theol., I, qu. 102, art. 1, ad 1; DTA Bd. 7, 1941, S. 174.

1119 Für die Lösung dieses Widerspruches bei Augustin s. Dulaey, S. 87 und 177; Angenendt, *Heilige und Reliquien* (s. § 19), S. 104.

1120 Für Thomas' Lehre, daß die Menschen im Fegefeuer „mit körperlicher Pein für die Tatsünden bestraft" werden, s. Summa theol. III, qu. 52, 2, 2; DTA Bd. 28, 1956, S. 166; zit. n. Fleischhack, S. 65. Für Thomas' Schwanken zwischen körperlichem und metaphorischem Verständnis des Reinigungsfeuers s. Le Goff, S. 329ff.

1121 Adolf von Harnack: *Lehrbuch der Dogmengeschichte*, Bd. 1, Tübingen 5. Aufl. 1931, S. 694 (zit. Fleischhack, S. 28).

1122 Friedrich Loofs: *Leitfaden zum Studium der Dogmengeschichte*, 1. Teil, 5. Aufl. hg. K. Aland, Halle/Saale 1951, S. 157 (zit. Fleischhack, S. 27f.); nach Origenes, Contra Celsum V, 15; s. *Des Origenes acht Bücher gegen Celsus.* Übs. P. Koetschau, 2. Teil, München 1927 (= Bibliothek der Kirchenväter Bd. 53), S. 25ff.; s. DTC, Bd. 5, Sp. 2200 (Art. ‚Feu de l'enfer'). Zur Höllenvorstellung des Mittelalters s. Angenendt, *Religiosität* (s. § 19), S. 735–743; zu Origenes ebd., S. 737f.

1123 Zit. in: Origenes: *Vier Bücher von den Prinzipien.* Hg. u. übs. H. Görgemanns u.a., Darmstadt 1976, S. 429, A. 15. Vgl. die Auslegung des Pauluswortes 1. Kor. 3, 12, in: Origenes: *Contra Celsum. Gegen Celsus.* 4. Teilband, hg. M. Fiedrowicz, Freiburg 2012, S. 899.

1124 Martin Luther: *Werke. Kritische Gesamtausgabe (Weimarer Ausgabe)*, Bd. 12, Nachdruck Weimar u.a. 1966, S. 596 (Predigt vom 7. Juni 1523, über Lk. 16, 19–31).

1125 Fleischhack, S. 116.

1126 Yriö J.E. Alanen: *Das Gewissen bei Luther*, Helsinki 1934, S. 42.

1127 Thomas de Cantimpré (s. § 16), Buch II, Kap. LIII, S. 508. (13. Jh.).

1128 Gervasius (s. § 16), Bd. II, S. 422 (13. Jh.).

1129 Pierre le Vénérable (s. § 16), Bd. I, S. 23.

1130 Siehe unten § 19, S. 277. Vgl. Michael Schmaus: *Vom Wesen des Christentums*, 3. Aufl. Ettal 1954, S. 338 (zit. Fleischhack, S. 234); Gerhard Ludwig Müller: *Katholische Dogmatik*, 6. Aufl. 2005, S. 549. Gegen diese Auffassung argumentieren Thomas von Aquin, Calvin u.a.; s. Schwenke (s. Kap. 1), S. 240f.

1131 Gervasius (s. § 16), Bd. II, S. 327 (213); die dt. Übs. „ihren Bekannten und Freunden" geht am Sinn vorbei.

1132 Le Goff, S. 224; ders., *La naissance du Purgatoire*, Paris 1981, S. 250: *famille spirituelle*. Über die Rezipienten der Erscheinungen von Seelen aus dem Fegefeuer s. Le Goff, S. 356.

1133 Pierre le Vénérable (s. § 16), Bd. I, S. 18 und 27 (217, 220).

1134 Schmitt, *Les revenants*, S. 217–221: „*La parenté spirituelle*".

1135 Für chinesische und japanische Analogien zum abendländischen Suffragienwesen s. oben § 9, S. 109; § 13, S. 180, Anm. 801. Zur Übertragung geistlicher Verdienste auf bedürftige Tote in der frühen buddhistischen Tradition s. Holt (s. § 12); im japanischen Buddhismus s. Stone/Walter (Hg.) (s. § 12), S. 268f.

1136 Fleischhack, S. 79. Zum Verständnis der Eucharistie als Opfer s. unten Anm. 1294.

1137 Zit. n. Jakob Leitner: *Briefe über das Fegfeuer von einem alten Benediktiner an seinen Neffen*, Regensburg 4. Aufl. 1911, S. 34f.; zit. n. Fleischhack, S. 79 (Hervorhebung original).

1138 Gustav Theodor Fechner: *Das Büchlein vom Leben nach dem Tode*, Wiesbaden 1950, S. 30f.

1139 Wittmer-Butsch, S. 285, mit Hinweis auf: *Liber tramitis aevi Odilonis abbatis* (s. Anm. 1044), S. 277, Nr. 195.8.

1140 Thomas von Aquin: Summa theol., suppl., qu. 69, 3 (zit. Le Goff, S. 325f.).

1141 Myers (s. Kap. 1), Bd. II, S. 598 (Nr. 948 B); Guggenheim (s. Kap. 1), S. 201.

1142 Angenendt, *Religiosität* (s. § 19), S. 131, 124ff., 678ff., 697 u.ö.

1143 Liber de spiritu et anima, PL Bd. 40, Sp. 799. (43) Diese Abhandlung eines anonymen Verfassers wurde früher Augustin, heute Alcher von Clairvaux († 1165) zugeschrieben.

1144 Dante Alighieri, *Die Divina Commedia* (s. Anm. 1148), S. 139 (Das Fegefeuer, 11. Gesang); Le Goff, S. 429.

1145 LaGrand, *Messages and Miracles*, 1999 (s. Kap. 1), S. 187.

Epilog zum 5. Kapitel

1146 Hans Jakob Christoffel von Grimmelshausen: *Der Abenteuerliche Simplicissimus Teutsch*. Hg. A. Kelletat, 8. Aufl. München 1984: 2. Buch, 17., 22. und 24. Kap.; 3. Buch, 12. Kap.; 6. Buch („Continuatio"), 15. Kap.

1147 Friedrich Schneider: *Dante. Sein Leben und sein Werk*, Weimar 5. Aufl. 1960, S. 157 (mit Bezug auf Formulierungen von M. Barbis).

1148 Dante Aligheri: *Die Divina Commedia*. Übs. G.P. Landmann, Würzburg 2. Aufl. 1998, S. 208 (Das Fegefeuer, 30. Gesang); dort mit Kleinschreibung der Substantive. Italien. Text nach: *La Divina Commedia. Die göttliche Komödie*, Berlin o.J. (Tempel-Klassiker), Bd. 2, S. 151, Verse 133ff.

1149 Wittmer-Butsch (s. § 17), S. 290. Zu den Visionen des hl. Fury († ca. 650), des Drythelm († ca. 730), des Wetti († 824) s. Le Goff (s. § 17), S. 139–146; alle drei Visionäre werden dort als krank bezeichnet. Vgl. Angenendt, *Religiosität* (s. § 19), S. 695–705; Maximilian Benz: *Gesicht und Schrift. Die Erzählung von Jenseitsreisen und Antike und Mittelalter*, Berlin u.a. 2013.

1150 Peter Dinzelbacher: Mittelalterliche Vision und modere Sterbeforschung. In: *Psychologie in der Mediävistik*. Hg. J. Kühnel u.a., Göppingen 1985, S. 9–49.

1151 Le Goff (s. § 17), S. 25.

1152 Pietro Alighieri; zit. n. Erich Auerbach: *Mimesis*, 5. Aufl. Bern u.a. 1971, S. 189. Zum Begriff der Theologie bei Dante s. Ernst Robert Curtius: *Europäische Literatur und lateinisches Mittelalter*, 6. Aufl. Bern 1967, Kap. 12, S. 221ff.

1153 Schneider, *Dante* (s. Anm. 1147), S. 77; Carl Stange: *Beatrice in Dantes Jugenddichtung*, Göttingen u.a. 1959, S. 27–30.

1154 Dietmar Franz, in: KLL, 3. Aufl., Bd. 4, 2009, S. 392.

1155 Ulrike Kunkel: Nachwort, in: Dante Alighieri: *Vita nova. Das neue Leben*, München 1988, S. 130.

1156 Peter Dinzelbacher: Jenseitsvisionen – Jenseitsreisen. In: *Epische Stoffe des Mittelalters*. Hg. V. Mertens u. a., Stuttgart 1984, S. 61–80, dort S. 73.

1157 Wittmer-Butsch (s. § 17), S. 294.

1158 Lecouteux, in: *Euphorion* 1986 (s. § 15), S. 219.

1159 Erec, Verse 8123–8128; übs. n. Sabine Walther-Vuškāns: *Die Angst vor dem Dunkel des Brunnens. Grenzerfahrung, Sterben und Todesnähe in der deutschsprachigen Literatur*, Berlin 2004, S. 140; ergänzt nach: Hartmann von Aue: *Erec*. Mhd.-Nhd. Hg. u. übs. V. Mertens, Stuttgart 2008, S. 460f.

1160 Hulda H. Braches: *Jenseitsmotive und ihre Verritterlichung in der deutschen Dichtung des Hochmittelalters*, Assen 1961, S. 84.

1161 Vgl. Schmitt, *Les revenants* (s. § 16), S. 66.

1162 Hans Ulrich Schmid: Gudrun, Gisli, Gunnar... Träume(r) in der altisländischen Literatur. In: A. Gerok-Reiter u.a. (Hg.): *Traum und Vision in der Vormoderne*, Berlin 2012, S. 161–174, dort S. 162.

1163 Schmid (s. Anm. 1162), S. 173.

1164 Lecouteux, *Geschichte* (s. § 15), Kap. XII, „Verstellte Wiedergänger".

1165 Ebd., S. 249.

1166 Ebd., S. 263.

1167 Ebd., S. 266.

1168 Dennis Howard Green: Rez. ‚Hulda H. Braches: Jenseitsmotive', in: *The Modern Language Review*, Bd. 58, 1963, S. 129f., dort S. 129.

1169 Lucienne Carassow-Bulow: *The Merveilleux in Chrétien de Troyes' Romances*, Genf 1976, S. 22.

1170 Walter Haug: *„Das Land, von welchem niemand wiederkehrt". Mythos, Fiktion und Wahrheit in Chrétiens „Chevalier de la Charrete"* (...), Tübingen 1978, S. 7.

1171 Walter Haug: Zum Verhältnis von Mythos und Literatur (1979). In: ders.: *Strukturen als Schlüssel zur Welt. Kleine Schriften zur Erzählliteratur des Mittelalters*, Tübingen 1989, S. 21–36, dort S. 35. Haug lehnt den Begriff Säkularisation in diesem Zusammenhang ab (ebd., S. 32).
1172 Braches, *Jenseitsmotive* (s. Anm. 1160), S. 157f.
1173 Siehe § 17, S. 235f.
1174 Le Goff (s. § 17), S. 24; Übs. geändert; frz. Originaltext (s. Anm. 1132), S. XXX .
1175 Siehe Anm. 15.
1176 Zit. Schweer, *Hoffnung* (s. Kap. 1), S. 107f.
1177 Rogo (s. Kap. 1), S. 116.
1178 Siehe S. 63, Anm. 218f.

§ 18. Heilige als Schutzgeister

1179 Van der Leeuw, *Phänomenologie*, § 30, S. 265.
1180 Peter Brown; zit. Schmitt, *Les revenants* (s. § 16), S. 14.
1181 Rogo (s. Kap. 1), S. 30, 35; Mischo, Parapsychologie und Wunder.
1182 Thurston, S. 233; Benz, *Vision*, S. 208–222; Benz, *Parapsychologie* (s. Kap. 1), S. 18ff., 38–42; Ruppert (s. Kap. 1), S. 596ff.
1183 Zum Begriff der „direkten Stimme" s. Anm. 1033.
1184 Gaucher, S. 599–605.
1185 Zur Wirkungsgeschichte dieses Buches s. *Prozesse*, I, S. 57–63, der Abschnitt „Ruf der Heiligkeit".
1186 Ebd., S. 64–108.
1187 Mündlich 17.7.97; Gaucher, S. 565; *Geschichte einer Seele*, 1952, S. 274.
1188 *Geschichte einer Seele. Selbstbiographie der heiligen Therese vom Kinde Jesu*, Trier 1948, S. 247 (aus dem letzten Kapitel, das von Mitschwestern verfaßt wurde).
1189 *Prozesse,* I, S. 208: „Rosenregen"; Gaucher, S. 599.
1190 *Prozesse,* I, S. 164f. Für eine Parallele im Mittelalter s. die Vita des hl. Godric; Dinzelbacher, Realpräsenz, bes. S. 146–154, dort S. 148.
1191 *Die heilige Theresia vom Jesuskinde und vom heiligsten Antlitz*, 1927, S. 204.
1192 *Prozesse*, I, S. 64ff, Nr. 121–125.
1193 Bonin, *Lexikon* (s. Kap. 1), Art. ‚Psychometrie', ‚Psychischer Induktor'.
1194 *Prozesse*, I, S. 207 und 243.
1195 Pratsch, S. 219f., mit Bezug auf Eph. 5,2.
1196 Siehe S. 150, Anm. 671.
1197 *Prozesse*, I, S. 53. Für weitere Auditionen „himmlischer" Musik s. Therese von Lisieux, *Geschichte einer Seele*, 1952, S. 209, 273; Zander, *Seraphim*, S. 24.
1198 *Prozesse*, I, S. 207.
1199 Nach mittelalterlicher Auffassung war Wohlgeruch ein Anzeichen des Paradieses; s. Angenendt, *Heilige und Reliquien* (s. § 19), S. 122. Vgl. Zander, *Seraphim*, S. 140: „der Wohlgeruch des Heiligen Geistes"; Thurston, Kap. 10: „Im Geruche der Heiligkeit", S. 271–283. Vgl. Schreuer, Recht der Toten (s. § 15), S. 379, A. 1. Den Gegenpol bildete der *Gestank* der Hölle. – Zu Geruchswahrnehmungen im Zusammenhang mit transzendenten Begegnungen s.

Schwenke (s. Kap. 1), S. 93ff.; Guggenheim (s. Kap. 1), Kap. 5, S. 63–73 und ebd. S. 261.

1200 *Prozesse*, I, S. 89ff.

1201 Ebd., I, S. 98f.

1202 Ebd., I, S. 103ff.

1203 Ebd., I, S. 103.

1204 Ebd., I, S. 92.

1205 Gaucher, S. 547.

1206 Brief 13.7.97; Gaucher, S. 561; Übersetzung (teilweise geändert) nach: *Die heilige Theresia vom Jesuskinde und vom heiligsten Antlitz*, 1927, S. 182.

1207 Brief 26.7.97; Gaucher, S. 567.

1208 Andere Lesart: ich empfinde *sie* klar (Vrai, S. 95).

1209 Archives du Carmel de Lisieux. Internetadresse: www.archives-carmel-lisieux.fr/carmel/index.php/maurice-bellière. Gelesen 31.1.19. Eingefügte Datierungen nach Vrai, S. 95f. Gedruckte Fassung in: Vie Thérésienne, Nr. 66–69, April 1977 bis Jan. 1978 *(Desiderat)*.

1210 Retraite carême 2012; Internetadresse: https://www.carmes-paris.org/wp-content/uploads/2012/02/P.Bellière.pdf. Gelesen 1.2.19.

1211 Vrai, S. 23 und 98f.

1212 Zit. n. Vrai, S. 103.

1213 Vrai, S. 32.

1214 Vrai, S. 103.

1215 Vgl. Jaffé (s. Kap. 1), S. 172f., s. oben S. 39; vgl. S. 46, Bsp. 728 A.

1216 Brief 14.7.97; Gaucher, S. 563.

1217 Mündlich 17.7.97; Gaucher, S. 565.

1218 Brief 14.7.97; Gaucher, S. 563. Vgl. die Worte Gregors des Großen: „Immerfort dürfen die [Engel], welche für unser Heil zum äußeren Dienst ausgesandt werden, vor Gott stehen und das Antlitz des Vaters schauen“ (2. Mor., cap. 3; PL Bd. 75, Sp. 556, 8; zit. n. Thomas von Aquin, Summa theol. I, qu. 112, 3; DTA Bd. 8, S. 188).

1219 Sœur Cécile (wie Anm. 1209), Abschnitt „En Afrique 1897–1902“.

1220 Delehaye, *Les Origines* (s. § 19), S. 130; Augustinus, *Gottesstaat* (s. § 19), Buch XXII, Kap. 8.

1221 Dinzelbacher, Realpräsenz, S. 128. Für weitere Beispiele s. Benz, *Vision*, S. 21 (Savonarola, 16. Jh.); Bender, Glaubensheilung, S. 155ff. (Pater Pio, 20. Jh.).

1222 Siehe Bender, Glaubensheilung; ders., Wunderheilungen; Mischo, Wunder (Teil IV des Aufsatzes, über christlich-religiöse Wunder, fehlt).

1223 Vgl. Kirsch, *Lehre* (s. § 19), S. 198ff.; Angenendt, *Religiosität* (s. § 19), S. 161f.

1224 Angenendt, Wunder, S. 101.

1225 Jacques Guillet u.a.: Art. ‚Discernement des esprits‘. In: *Dictionnaire de spiritualité ascétique et mystique*, Bd. III, Paris 1957, Sp. 1222–1291; Hans Wulf: Art. ‚Unterscheidung der Geister‘. In: LThK, Bd. 10, 2. Aufl. 1965, Sp. 533ff.; Dinzelbacher, *Heilige oder Hexen* (s. § 20), S. 251–274.

1226 Adolf Ellegard Jensen: Gibt es Zauberhandlungen? In: *Magie und Religion. Beiträge zu einer Theorie der Magie.* Hg. L. Petzoldt, Darmstadt 1978, S. 279–295, dort S. 289.

1227 Angenendt, Wunder, S. 103. Vgl. Augustin: „die Heiligen (…) suchen den Ruhm Gottes“, die Magier suchen ihren eigenen Ruhm. In: ders.: *Dreiundachtzig verschiedene Fragen.* Lat.-dt. Übs. C.J. Perl, Paderborn 1972, S. 245.

1228 Gerald von Aurillac († ca. 920), in: Odon de Cluny, *Vita* (s. § 20), S. 237; Sergij († 1392), in: W. Nigg (Hg.): *Mönchsväter des Ostens* (s. Anm. 1237), S. 192; Marie Madeleine Postel († 1846), zit. de Tonquedec, *Merveilleux*, S. 54.

1229 Rudolf Otto: *Das Heilige*, München 1971, S. 83.

1230 Constantin Gutberlet: *Der Spiritismus*, Köln 1882, S. 75.

1231 De Tonquedec, S. 89.

1232 Ebd., S. 90.

1233 Karl Rahner: Transzendenzerfahrung aus katholisch-dogmatischer Sicht (1977). In: ders., *Schriften zur Theologie*, Bd. XIII, Zürich u.a. 1978, S. 207–225, dort S. 222f.

1234 Denzinger-Hünermann, *Kompendium* (s. § 19), Nr. 1653f. Vgl. Resch (s. Anm. 1250), S. 367.

1235 Donald S. Lopez, jr.: Sanctification on the Bodhisattva Path. In: R. Kieckhefer u.a. (Hg.): *Sainthood. Its Manifestations in World Religions*, Berkeley 1988, S. 172–217, dort S. 178.

1236 Zit. n. Zander, S. 146; für eine andere Übersetzung s. Smolitsch, S. 218.

1237 Feodossij († 1074); s. Walter Nigg (Hg.): *Mönchsväter des Ostens im frühen Mittelalter*, Düsseldorf 1964, S. 131ff.

1238 Zander, S. 150.

1239 Zander, S. 146.

1240 Zander, S. 150.

1241 Zit. n. Zander, S. 22.

1242 Voswinckel, Nach 61 Jahren.

1243 Ebd., S. 52f.

1244 Ebd., S. 58.

1245 Johannes Prassek: Abschiedsbrief an Brigitta Thoemmes (1922–1962). In: Kröll u.a. (Bearb.), *Der Freund und Lehrer*, S. 155–158, dort S. 156. Dankbar gedenke ich meines Freundes Martin Thoemmes (1955–2017), der mir diesen Brief an seine Tante bekanntmachte und dessen Geschichte erläuterte.

1246 Thoemmes, *Sag niemals drei*, S. 71.

1247 Zit. n. Thoemmes, *Sag niemals drei*, S. 19.

1248 *Wer sterben kann*, S. 57.

1249 *Wer sterben kann*, S. 54.

1250 Resch, Zur Frage des Spiritismus (s. Kap. 1), S. 367.

1251 Gaucher, *Sainte Thérèse*, S. 465 und 549ff.; Zitat S. 551.

1252 Ruppert (s. Kap. 1), S. 612. Vgl. Rudolf Bultmann: *Theologie des Neuen Testaments*, 3. Aufl., Berlin 1959, S. 330f. (Hinweis: Obayashi, S. 121).

§ 19. Heilige und „arme Seelen“

1253 Origène, *Commentaire sur le Cantique des Cantiques*, Bd. II, S. 564f.; zur Stelle vgl. Kirsch, S. 49–54.

1254 Origène, *Commentaire sur Saint Jean*, Bd. III, S. 256f., A. 1 (Buch 13, § 403). Zu Origenes' Lehre von der Fürbitte der Heiligen s. Walz, *Fürbitte der Heiligen*, S. 39–43.
1255 Die drei katholischen Lübecker Märtyrer hörten in Münster philosophische und dogmengeschichtliche Vorlesungen; Voswinckel, *Geführte Wege* (s. § 18), S. 24, 44, 66.
1256 Kirsch, S. 52.
1257 Basilius magnus: In sanctum martyrum Mamantem; PG Bd. 31, Paris 1885, Sp. 589–600, dort Sp. 590. Frz. Übs. Delehaye, S. 111. Vgl. Kirsch, S. 192.
1258 *Summe gegen die Heiden* Bd. IV, Kap. 55: *miracula corporalia* vs. *spiritualia.*
1259 Sigal, S. 15 (nach Jean-Louis Derouet).
1260 Summa theol. II, II, qu. 83, 11; zit. Durst 1922 (Tübingen), S. 258 (Übs. B.S.).
1261 Summa theol. Suppl., qu. 72, 3; DTA Bd. 35, S. 148; Übs. geändert nach Walz, *Fürbitte der Heiligen*, S. 146. Vgl. Angenendt, *Heilige und Reliquien*, S. 106ff.: „Verdienst und Fürsprache bei Gott".
1262 Walz, *Fürbitte der Heiligen*, S. 130–163.
1263 Walz, *Fürbitte der Heiligen*, S. 130ff.; vgl. hierzu Kirsch, S. 193ff.
1264 Augustinus, De cura, S. 651 (Kap. XV); übs. Walz, *Fürbitte der Heiligen*, S. 140.
1265 Augustinus, *Die Sorge*, S. 30 (Kap. XV).
1266 Gregorius magnus: Moralia in Iob, liber 12, cap. XXI; *Opera di Gregorio Magno*, Bd. I/2, Rom 1994, S. 276. Übs. DTA Bd. 6, 1937, S. 406 (Thomas von Aquin, Summa theol. I, qu. 89, 8). Vgl. Walz, *Fürbitte der Heiligen*, S. 134.
1267 Summa theol. II, II, qu. 83, 4, 2; zit. Walz, *Fürbitte der Heiligen*, S. 139.
1268 „Wort" als ein Synonym für Gott: nach Joh. 1,1.
1269 Summa theol. II, II, qu. 83, 4, 2; ders.: *Opera omnia*, Bd. 4, Paris 1882, S. 18; Durst 1922 (Tübingen), S. 66.
1270 Summa theol. Suppl. qu. 72,1; DTA Bd. 35, S. 136ff.
1271 Augustinus, *De civitate Dei*, Buch XXII, 9. Kap. Hg. Eman. Hoffmann, Wien 1900, zit. n. Walz, *Fürbitte der Heiligen*, S. 151.
1272 Augustinus: De cura, S. 653ff.; übs. Walz, *Fürbitte der Heiligen*, S. 151f. (Übs. geändert; Hervorhebg. B.S.).
1273 Summa theol. II, II, qu. 83, 4, 1; vgl. Walz, *Fürbitte der Heiligen*, S. 153.
1274 *Summe gegen die Heiden*, lat.-dt. Bd. III/2, S. 117 (Buch III, Kap. 103) (Übs. geändert).
1275 Gregor, *Dialoge*, S. 92–95, dort S. 95 (Buch II, Kap. 30f.).
1276 Für Beispiele s. Angenendt, *Religiosität*, S. 161ff.
1277 Vinzenz Hamp: Art. ‚Engel Jahwes'. In: LThK Bd. 3, 2. Aufl. 1959, Sp. 879.
1278 Vgl. Walz, *Fürbitte der Heiligen*, S. 133.
1279 Summa theol. I, qu. 8, 1, 3: *ad maximam Dei virtutem (...), quod immediate in omnibus agit*; DTA Bd. 1, S. 144.
1280 Summa theol., Suppl., qu. 72, 1: *divina essentia est sufficiens medium cognoscendi omnia*; DTA Bd. 35, 1958, S. 136 (Übs. geändert).
1281 *Summe gegen die Heiden*, Bd. III/2, S. 107. Zur Unbegreiflichkeit Gottes vgl. ders., Summa theol. I, qu. 12; DTA Bd. 1, S. 204–252.
1282 *Vom Gottesstaat*. Übs. Thimme, Bd. II, S. 828, 832 (Buch 22, Kap. 29).
1283 Summa theol. I, qu. 12, 11; DTA Bd. 1, S. 244.

1284 Walz, *Fürbitte der Heiligen*, S. 132. Er folgt damit Augustinus, *Vom Gottesstaat*, Buch 22, Kap. 29.

1285 Augustinus, De cura, S. 651; s. Walz, *Fürbitte der Heiligen*, S. 140. Thomas von Aquin, Summa theol. II, II, qu. 171, 4ff., DTA Bd. 23, S. 21–32; *Summe gegen die Heiden*, Bd. III/2, S. 348f.: *ex revelatione divina*. Über das Wissen der Verstorbenen schließt er sich Augustin an: Summa theol. I, qu. 89, 8; vgl. u. Anm. 1331.

1286 Diese Formulierung gelangte erst im 5. Jh. in das Apostolicum; s. Kirsch, S. 214–227.

1287 Vgl. z.B. Röm. 1,7; Eph. 1,1; Apg. 20, 32 „alle Geheiligten".

1288 Guardini, S. 155.

1289 Kirsch, S. 132–149.

1290 Ludwig Ott: *Grundriß der Dogmatik*, Freiburg i.Br., 3. Aufl. 1957, S. 378; zit. A. Piolanti: Art. ‚Gemeinschaft der Heiligen', in: LThK, Bd. 4, 1960, Sp. 651ff.

1291 Augustinus: *Vom Gottesstaat*. Übs. Thimme, Bd. II, S. 615; vgl. Thomas v. Aquin, Summa theol. Suppl. qu. 71, 2, 4; vgl. den Kommentar DTA 35, S. 475, Nr. 17.

1292 Wilhelm Breuning: Art. ‚Gemeinschaft der Heiligen'. In: *Sacramentum mundi*, Bd. 2, Freiburg i.Br. u.a. 1968, Sp. 227–232, dort Sp. 228.

1293 Gregor, *Dialoge*, S. 270; Buch IV, Kap. 58 (PL Bd. 77, S. 425).

1294 Zum Opfercharakter der Messe nach röm.-kath. Lehre s. Johannes Betz: Art. ‚Meßopfer'. In: LThK, Bd. 7, 2. Aufl. 1965, Sp. 343–350. Zum Meßopfergedanken im Mittelalter s. Angenendt, *Religiosität*, S. 491–499 u.ö.

1295 Greshake, S. 152.

1296 Denzinger-Hünermann, S. 1285, Nr. 4318 (2. Vatikanisches Konzil, Pastoralkonstitution „Gaudium et spes").

1297 Pierre-Yves Emery: L'unité des croyants au ciel et sur la terre. La communion des saints et son expression dans la prière de l'église. In: *Verbum caro*, Bd. 16, Nr. 63, 1962, S. 1–240, dort S. 227 (Hervorhebungen B. S.)

1298 Monsignore Gino Concetti; berichtet von John Hooper, in: London Observer Service, 31. Januar 1999; hier zit. n.: http://www.after-death.com/Pages/Articles/View.aspx?id=12. Gelesen: 19.9.2020; ausführlicher zit. in: A. Serwaty/J. Nicolay (Hg.) (s. Kap. 1), S. 12f.

1299 Kirsch, S. 54ff., 178ff.; Walz 1933, S. 50ff.

1300 Zit. n. Walz, *Fürbitte der Heiligen*, S. 45.

1301 Vgl. Walz, *Fürbitte der Armen Seelen*, S. 49.

1302 Gregor von Nazianz: *Reden*. Übs. P. Haeuser, München 1928 (Bibliothek der Kirchenväter Reihe 1, Bd. 59), S. 355; PG Bd. 35, Paris 1886, Sp. 989f.; Walz, *Fürbitte der Heiligen*, S. 57.

1303 Origenes: Die Schrift vom Martyrium. In: ders., *Werke* Bd. I, hg. P. Koetschau, Leipzig 1899, S. 36 (griech. Text); übs. Walz, *Fürbitte der Heiligen*, S. 41, A. 5.

1304 Kirsch, S. 191. Vgl. Walz, *Fürbitte der Heiligen*, S. 108.

1305 Le Goff, S. 22f.

1306 Jean-Pierre Torrell: L'Église dans l'œuvre et la vie de Pierre le Vénérable: In: *Revue thomiste*, 77, 1977, S. 357–392 und 558–591, dort S. 374–384.

1307 Delooz, S. 41.

1308 Delooz, S. 27. Vgl. Weinstein/Bell (s. § 20), S. 168.

1309 Kemp, S. 116–134.

1310 Vgl. Michael Mitterauer: Die Toten und die Lebenden. Jenseitsvorstellungen und Sozialentwicklung. In: ders.: *Dimensionen des Heiligen. Annäherungen eines Historikers*, Wien u.a. 2000, S. 228–242.
1311 Übersetzung der Zürcher Bibel. Vgl. Apg. 13, 30f.
1312 Zürcher Bibel. *Die Heilige Schrift*, Zürich 1942, Ausliefg. Stuttgart o.J., Anhang S. 27.
1313 Der Studie von Padbergs, *Heilige und Familie,* konnte ich keinen Hinweis auf solche Prozesse entnehmen. Für ein chinesisches Beispiel (Guo Chongfu) s. oben, S. 81.
1314 Summa theol., Suppl., qu. 72, 1, 3; DTA Bd. 35, S. 134–139.
1315 Walz, *Fürbitte der Heiligen*, S. 115.
1316 Othenin-Girard (s. § 17), S. 176, A. 40 (Lit.).
1317 Kirsch, S. 178.
1318 Innozenz IV: *In Quinque Libros Decretalium ... Commentaria,* Venedig 1578; zit. n. Kemp, S. 108.
1319 Hinweis bei: Rudolf Hindringer: Art. ‚Fegfeuer', in: LThK, 3. Bd., 1931, Sp. 980. Vgl. auch A. Michel: Art. ‚Purgatoire', in: DTC Bd. 13/1, Paris 1936 ; dort Sp. 1315ff.: La dévotion aux âmes du purgatoire.
1320 Dörholt 1897, S. 245. Für die weite Verbreitung der Armenseelenanrufung s. Walz 1933, S. 29–37.
1321 Gutberlet 1904, S. 619.
1322 Bembo, *Specchio di illuminazione* (s. § 20), S. 30 (V, 12); dies., Spiegel der Erleuchtung (s. § 20), S. 90 (Übs. geändert).
1323 Johannes a S. Thoma († 1644); zit. n. Ernst 1916, S. 218, A. 2. Für weitere ähnlichlautende Zeugnisse s. Durst 1922 (Linz), S. 641f.
1324 Walz 1933, S. 37.
1325 Angenendt, *Religiosität*, Kap. 22, S. 684–716, „Zwischen Tod und Auferstehung".
1326 Durst 1922 (Tübingen), S. 252f., A. 1.
1327 Liber de spiritu et anima, PL Bd. 40, Sp. 799; s. Anm. 1143.
1328 Zu Alexander von Hales († 1245), Thomas von Aquin († 1274), und Richard von Middletown († 1308) s. die Arbeiten von Durst 1918–23 und Walz 1933, S. 89–102.
1329 Schmitt, *Les revenants* (s. § 16), S. 94.
1330 Summa theol. II, II, qu. 83, 11, 3; ders., *Opera omnia* Bd. 4, Paris 1882, S. 25.
1331 Summa theol. I, qu. 89, 8, 1; DTA Bd. 6, 1937, S. 407f. Thomas knüpft hier an Augustinus, De cura, Kap. XIVf. an; Augustinus, *Die Sorge*, S. 29ff.
1332 Durst 1922 (Linz), S. 638.
1333 Ernst 1916, S. 221.
1334 Zit. n. Ernst 1898, S. 206, und ders. 1916, S. 217, A. 1. Hierzu Walz 1933, S. 33–36.
1335 Ernst 1916, Teil III, S. 309–321.
1336 Ernst 1916, S. 314.
1337 Gutberlet 1904, S. 604–620.
1338 Gutberlet 1904, S. 609. Einschränkend hierzu: Walz 1933, S. 169.
1339 Gutberlet 1904, S. 616, 611, 615.

1340 Gutberlet 1904, S. 608. Zugrunde liegt: Thomas von Aquin, Summa theol. I, qu. 89, 4; DTA Bd. 6, 1937, S. 392ff. – Für die Übersetzung von *habitudo* s. Schütz, *Thomas-Lexikon*.

1341 Gutberlet 1904, S. 767.

1342 Durst 1922 (Linz), S. 645.

1343 P. Martin Cochem: *Der Goldene Himmelsschlüssel*, 1691, 3. Aufl. 1885, S. 15; zit. n. Walz 1933, S. 34f., der diese Gleichstellung pflichtgemäß in Frage stellt.

1344 Durst 1922 (Linz), S. 651f.

1345 Durst 1922 (Tübingen), S. 79f. Ebenso Walz 1933, S. 153–157.

1346 Durst 1922 (Tübingen), S. 261, A. 1.

1347 Binet 1881, S. 208. Zu den aus dem Fegefeuer Befreiten s. auch Ernst 1916, S. 316, sowie Suarez, zit. Ernst 1916, S. 323, A. 3.

1348 Le Goff, S. 388. Vgl. ebd., S. 429 (Dante); Othenin-Girard (s. § 17), S. 173f.

1349 Konrad Theodor Preuss: *Die Eingeborenen Amerikas*, Tübingen 1926 (= Religionsgeschichtliches Lesebuch, 2. Aufl., Nr. 2), S. 3.

1350 Walz 1933, S. 148.

1351 Michael Schmaus: *Katholische Dogmatik,* Bd. IV/2, *Von den letzten Dingen*, 5. Aufl. München 1959, S. 564.

1352 Schmaus, ebd., S. 638f., mit Berufung auf Hieronymus' Kommentar zum 2. Korintherbrief, Kap. 5, Nr. 6; Brief 29, Nr. 7.

1353 Franz Diekamp: *Katholische Dogmatik nach den Grundsätzen des heiligen Thomas*, Bd. III. 13. Aufl. hg. K. Jüssen, Münster i.W. 1962, S. 474f. – Zum Unterschied von Heiligen- und Armenseelenanrufung s. Walz 1933, S. 167ff.

1354 Karl Rahner: Warum und wie können wir die Heiligen verehren? (1964) In: ders., *Schriften zur Theologie,* Bd. VII, Einsiedeln 1966, S. 283-303, dort S. 302.

§ 20. Heiligenviten

1355 Quelle: Leben des heiligen Pachomius (1917), S. 89.

1356 Quelle: Rimbert, Vita Anskarii, S. 28f., Nr. 5.

1357 Quelle: Ranzano, *Leben des heiligen Vincenz Ferrer* (1869), S. 68f.

1358 Facchinetti, *San Bernardino da Siena*, S. 292. Vgl. Origo, *Der Heilige der Toskana*, S. 29. (Nicht bei Benz.)

1359 *Das Leben des heiligen Philippus Neri* (1847), S. 275.

1360 Ebd., S. 252; vgl. Gallonio, *Leben des hl. Philipp Neri* [1600], 2017, S. 96.

1361 Siehe oben, S. 38, Anm. 71: PhoL (s. Kap. 1), Nr. 184. Für weitere Beispiele s. Guggenheim (s. Kap. 1).

1362 Für Gräfin Sizzo s. Anm. 310.

1363 Vgl. die „Seherin von Prevorst"; s. die Hinweise bei Ringger (s. Kap. 1), S. 131ff.

1364 Bembo, Spiegel der Erleuchtung, S. 129ff. (Nicht bei Benz.)

1365 Zander, *Seraphim* (s. § 18), S. 104. (Nicht bei Benz.)

1366 Siehe Vorwort; s. § 2, „Abholungen", S. 49f.; vgl. auch in § 16 den Abschnitt „Wahrsagende Tote und Spuk".

1367 Cicero, *Über die Wahrsagung* (s. Kap. 1), S. 69; Buch I, Abschnitt 63.

1368 Barrett, *Death-Bed Visions*; Osis/Haraldsson, *Der Tod – ein neuer Anfang*, S. 25ff. und passim. Vgl. Rogo (s. Kap. 1), S. 259ff.
1369 Zum Seelengeleit vgl. Angenendt, S. 168–171; ders., *Religiosität* (s. § 19), S. 697 u.ö.
1370 Gregor, *Dialoge* (s. § 19), S. 200.
1371 Gregor, ebd., S. 201.
1372 Uranius: De obitu Paulini (PL Bd. 53, Sp. 859). Hinweis in: Grégoire le Grand: *Dialogues*, Bd. III (Buch IV), Paris 1980 (= Sources chrétiennes Nr. 265), S. 55 (Adalbert de Vogüé).
1373 Gregor von Tours: *Zehn Bücher Geschichten*. 2. Band: Buch 6–10. Bearb. u. hg. R. Buchner, Darmstadt 1974, S. 396ff. Hinweis Margarete Weidemann: *Kulturgeschichte der Merowingerzeit nach Werken Gregors von Tours*, Teil I, Mainz 1982, S. 252.
1374 *Das Leben der heiligen Hedwig*, S. 129f.
1375 Schmitt, *Les revenants* (s. § 16), S. 217–222.
1376 Zürcher Übersetzung.
1377 Benz, *Vision*, S. 326. Vgl. 2. Mose 34,30. Vgl. Schamoni (s. § 18), Sp. 269–284. Für eine Verklärung des Seraphim von Sarow s. TRE Bd. 23, S. 577. Für ein analoges profanes Lichtglanzphänomen s. Rahner, *Visionen*, S. 78.
1378 Walz, *Saint Thomas d'Aquin*, S. 189. Vgl. de Tocco, *Saint Thomas d'Aquin*, S. 108ff.
1379 Bembo, Spiegel der Erleuchtung, S. 134 und 140 (= Kap. VII, Nr. 48 und Nr. 65ff.); dies., *Specchio di illuminazione* [1469], S. 62 und 65f.
1380 Zit. Zander, *Seraphim* (s. § 18), S. 124ff., dort S. 125. Vgl. Mereschkowski: *Der letzte Heilige* (s. § 18), S. 164.
1381 Therese von Lisieux: *Geschichte einer Seele*, München 1952, S. 227.
1382 Therese von Lisieux, ebd., S. 228.
1383 Zur Weltverachtung vgl. Gregor, *Dialoge* (s. § 19), S. 270 (Buch IV, Kap. 58): „Wir müssen also die Welt, die wir ja schon dem Ende nahe sehen, von ganzem Herzen verachten".
1384 Benz, *Vision*, S. 37.
1385 Angenendt, *Religiosität* (s. § 19), S. 150, 571.
1386 Bembo, Spiegel der Erleuchtung, S. 134.
1387 Lugano (Hg.): *I processi* (s. unter „Franziska Romana"), S. 245.
1388 *Geschichte der heiligen Angela Merici*, S. 19.
1389 Barrett, S. 37, 46, 61f.; 41ff.; Osis/Haraldsson, S. 181, 198 u.ö.
1390 Barrett, S. 75.
1391 Schwenke (s. Kap. 1), S. 69f., 130f.
1392 Art. ‚Märtyrer'. In: RGG, 4. Aufl., Bd. 5, 2002, Sp. 863.
1393 Zur Berufungsvision als hagiographischem Topos in der mittelbyzantinischen Literatur s. Pratsch (s. § 18), S. 109–116.
1394 Rimbert, Vita Anskarii, S. 21.
1395 *Geschichte der heiligen Angela Merici*, S. 19.
1396 Ebd., S. 28.
1397 Ernst Benz: *Emanuel Swedenborg. Naturforscher und Seher*, München 1948, S. 179.
1398 Mircea Eliade: *Schamanismus als archaische Ekstasetechnik*, Zürich u.a. 1956, S. 77–115, bes. S. 91–95; Zitate S. 85 (Burjäten) und S. 92 (Apinayé).

1399 Eliade, ebd., S. 95.

1400 Die genauen Lebensdaten von Evangelista sind nicht bekannt. Nach einigen lebte er von 1403–1410 (Lugano, Hg., *I processi*, S. VII; Vaccaro, Sp. 1012). Mattiotti zufolge starb er mit neun Jahren (Armellini, Hg., *Vita*, S. 9).

1401 Lugano (Hg.), *I processi*, S. 90.

1402 Ippolito da Roma (15. Jh.), in: Picasso (Hg.), S. 134; vgl. *Acta Sanctorum Martii*, Bd. 2, Antwerpen 1668, S. *95.

1403 Eine kritische Edition ist in Vorbereitung; s. Bartolomei Romagnoli, *Fonti studi*, S. 317.

1404 Armellini (Hg.), *Vita*, S. 14f.

1405 Stelzer, S. 101.

1406 Armellini (Hg.), *Vita*, S. 11.

1407 Stelzer, S. 108.

1408 Lugano (Hg.), *I processi*, S. 89f.

1409 Armellini (Hg.), *Vita*, S. 11.

1410 Lugano (Hg.), *I processi*, S. 89.

1411 Carpaneto (Hg.), *Dialetto*, S. 9; Armellini (Hg.), *Vita*, S. 10 schreibt: „im *ersten* Chor“.

1412 Armellini (Hg.), *Vita*, S. 8f.

1413 Marc Fumaroli: *Nicolas Poussin, Sainte Françoise Romaine annonçant à Rome la fin de la peste*, Paris 2001, S. 26.

1414 Bartolomei Romagnoli, in: Picasso (Hg.), S. 370, A. 22; und dies., *Edizione critica*, S. 108.

1415 Armellini (Hg.), *Vita*, S. XVIII.

1416 Benz, *Vision*, S. 306.

1417 Armellini (Hg.), *Vita*, S. 11.

1418 Siehe oben, § 17, S. 239f., Anm. 1100ff.

1419 Lugano (Hg.), *I processi*, S. 89–92.

1420 Lugano (Hg.), *I processi*, S. 344, Register, s. v. Ponziani, Evangelista.

1421 Weinstein/Bell, S. 141f. Seit die Ketzerbewegungen (12. Jh.) sich ausbreiteten, scheint die doktrinale Reinheit eines Kandidaten untersucht worden zu sein; ebd., S. 142.

1422 Bartolomei Romagnoli, *Edizione critica*, S. 55.

1423 Bartolomei Romagnoli, in: Picasso (Hg.), S. 370.

1424 Bartolomei Romagnoli, in: Picasso (Hg.), S. 375, A. 43 (dort Stellen).

1425 Bartolomei Romagnoli, *Edizione critica*, S. 381–391 (Text); zur Interpretation s. dies., *Fonti studi*, S. 318ff.

1426 Stelzer, S. 329.

1427 Lugano (Hg.), *I processi*, S. 94ff., dort S. 96.

1428 Lugano (Hg.), *I processi*, S. 89; AASS Martii, Bd. 2, S. *103.

1429 Thomas von Aquin, Summa theol. I, qu. 113, 3; DTA Bd. 8, S. 203.

1430 Thomas von Aquin, Summa theol. I, qu. 113, 2, 2, und 6, 2; DTA Bd. 8, S. 200 und 209.

1431 Von Görres, *Mystik* (s. § 18), S. 191f.

1432 Potter (s. § 9), S. 226f.

1433 Bonin, *Naturvölker* (s. Kap. 1), S. 159f., bei den Karibu-Eskimos: Bruder, Mutter.

1434 Klaus Hesse: Art. ‚Schamanismus‘. In: HrwG, Bd. 5, S. 30–42, dort S. 40.

1435 Stelzer, S. 107; Rambuteau, S. 81f.

1436 Armellini (Hg.), *Vita*, S. 15ff. Vgl. Lugano (Hg.), *I processi*, S. 58ff.: *De superinfusa gratia cognoscendi defectus aliorum*; diese „Gnade" wird dort in Zusammenhang mit dem „Engel" gesehen.

1437 Åke Hultkrantz: A Definition of Shamanism. In: *Temenos. Nordic journal of comparative religion*, 9. Jg., 1973, S. 25–37, dort S. 34 (Sibirien und Nordamerika); Susanne Elsensohn: *Schamanismus und Traum*, Kreuzlingen u.a. 2000, S. 37–47, bes. S. 40 (brasilianische Bororo) und 45 (ostsibirische Gilyaken).

1438 Barbara Wilhelmi: Art. ‚Christianity and Shamanism'. In: *Shamanism. An Encyclopedia of World Beliefs (...)*, Bd. I, 2004, S. 35–41 (Lit.).

1439 Hubert Mohr: Art. ‚Hexe/Hexenmuster'. In: HrwG Bd. 3, S. 122–138, dort S. 126, Nr. 4.

1440 Dinzelbacher, *Heilige oder Hexen*, S. 138ff. und S. 293, mit Hinweis auf: Carlo Ginzburg: *Hexensabbat*, Berlin 1990, S. 212. Vgl. Gabor Klaniczay: Shamanistic Elements in Central European Witchcraft. In: ders.: *The Uses of Supernatural Power*, Princeton 1990, S. 129–150.

1441 Dieter Harmening: *Zauberei im Abendland*, Würzburg 1991, S. 45f.; Hinweis bei Dinzelbacher, *Heilige oder Hexen*, S. 232, A. 1161. Zur Nekromantie vgl. § 15, S. 214f., Anm. 983–993.

1442 So bei Isidor von Sevilla (7. Jh.); s. Harmening (s. Anm. 1441), S. 15. Albertus Magnus (13. Jh.) trennte die Magier von den Wahrsagern (*aruspices, divinatores*) und Zauberern (*necromantici, incantatores*); ebd. S. 18.

1443 Harmening (s. Anm. 1441), S. 22–30; Richard Kieckhefer: *Magic in the Middle Ages*, Cambridge 1990, S. 38f. (zu Augustin), S. 183 (zu Thomas).

1444 Dinzelbacher, *Heilige oder Hexen*, passim, bes. S. 153–247.

1445 Für die mystischen Heiligen s. auch das Beispiel der Elisabeth von Schönau: ihr Engel zeigte ihr einen seligen Verstorbenen, dessen postmortales Schicksal sie erfragt hatte; s. *Die Visionen der hl. Elisabeth etc.* Hg. F.W.E. Roth, Brünn 1884, S. 50 (Liber visionum 2, 22); Dinzelbacher, *Heilige oder Hexen*, S. 173 und 211. Für die Hexen s. Anm. 1441.

1446 Dinzelbacher, ebd. S. 260.

Epilog zum 6. Kapitel

1447 Unter lebenden katholisch-theologischen Autoren ist an erster Stelle Andreas Resch (*1934) zu nennen; s. ders. (Hg.), *Fortleben nach dem Tode* (s. Kap. 1); ders. (Hg.): *Paranormologie und Religion*, Innsbruck 1997 (= Imago mundi, Bd. 15).

1448 Benedikt XVI.: *Letzte Gespräche.* Mit Peter Seewald, München 2016, S. 268f.

1449 Schmaus (s. § 19), S. 597, im Abschnitt „Die Gemeinschaft der Heiligen".

1450 Zum Begriff der Telergie s. Myers (s. Kap. 1), Bd. I, S. XXII.

1451 Müller, *Im Schatten* (s. Kap. 1), S. 126, begreift diese „Korrespondenzriten" als Telepathie.

1452 Zur Kirche als mystischem Leib Christi vgl. oben § 19, S. 269; vgl. Schmaus (s. § 19), S. 239–314; Gerhard Ludwig Müller: *Die Heiligen und ihre Verehrung. Geschichtlich-systematische Grundlegung der Hagiologie*, Freiburg u.a. 1986, S. 194–197.

1453 Tyrrell; zit. n. Bender, Spiritismus (s. Kap. 1), S. 22.

1454 Karl Rahner: *Schriften zur Theologie*, Bd. VII, Einsiedeln 1966, S. 287.

1455 Für ein Beispiel s. Myers (s. Kap. 1), Nr. 948 A/3.

1456 Robert Spaemann: *Das unsterbliche Gerücht*, 5. Aufl. Stuttgart 2007, S. 76. – Der von uns verwendete Terminus ‚Erfahrung' ist nicht der kantische; etwa in „Transzendenzerfahrung" (s. oben, S. 26).

1457 Summa theol. I, qu. 89, 8; DTA Bd. 6, S. 408: *divina miracula.*

1458 Siehe § 2, S. 48, Anm. 132ff.; § 5, S. 77, Anm. 286.

1459 Thurston, *Begleiterscheinungen* (s. § 18). Vgl. hierzu Rahner, *Schriften zur Theologie*, Bd. XIII, Zürich u.a. 1978, S. 222.

1460 Wolfgang Beinert, in: ders. (Hg.): *Die Heiligen heute ehren*, Leipzig 1988, S. 36.

1461 Karl Rahner: SW Bd. 9, Freiburg i.Br. 2004, S. 395–417, dort S. 401f. Eine erweiterte Fassung des Textes in: *Zs. f. kath. Theologie* Bd. 79, 1957, S. 1–44, dort S. 8f. (= SW Bd. 9, S. 348ff.).

1462 Rahner, Art. ‚Grund' (1961), in: ders., SW, Bd. 17/1, Freiburg i.Br. 2002, S. 614. – Zu überpersönlichen Aspekten Gottes vgl. oben S. 267, Anm. 1279ff.

1463 Myers (s. Kap. 1), Bd. I, S. 231. Vgl. ebd. Bd. II, 287: *„the inconceivable oneness of souls"*; S. 291: *„this organic unity of Soul, which forms the inward aspect of the telepathic law"*.

1464 Myers (s. Kap. 1), Bd. II, S. 76: *„a timeless Universal Soul"*; II, 263, 265, 271, 285: *„World-Soul"*; II, 291: *„the Great Soul"* (nach Plotin, Enneaden V, 2–3). Nach Plotin ist die „Einzelseele" von der „Gesammtseele" „nicht losgetrennt, sondern in ihr mit befasst (...), so dass alle Seelen *eine* bilden"; Hermann Friedrich Müller (Übs.): *Die Enneaden des Plotin*, Berlin 1878, Bd. I, S. 206 (Buch III, 5.4).

1465 Myers (s. Kap. 1), Bd. II, S. 572. *„Subliminal self"* ist „die tiefste Schicht des Selbst"(ebd., I, S. 156).

1466 Über Grade der Seligkeit nach Thomas von Aquin s. Walz, *Fürbitte der Heiligen* (s. § 19), S. 131.

1467 Summa theol., Suppl., qu. 69, 3; DTA Bd. 35, S. 18. Totengeister erscheinen „auf Grund besonderer Anordnung Gottes, damit sich die Seelen der Verstorbenen der Angelegenheiten der Lebenden annehmen." (Summa theol., I, qu. 89, 8; DTA Bd. 6, S. 408.) Vgl. Augustin: „Die göttliche Barmherzigkeit gibt den Lebenden durch die Vermittlung der Toten Instruktionen" (nach Alois M. Haas: *Todesbilder im Mittelalter*, Darmstadt 1989, S. 79).

1468 Rahner (s. Anm. 1461), S. 403 (1947).

1469 Summa theol. I, qu. 112, 1; DTA Bd. 8, S. 180; ebd. I, qu. 52, 2; DTA Bd. 4, S. 162.

1470 Summa theol. I, qu. 52, 2; DTA Bd. 4, S. 161.

1471 Summa theol. I, qu. 113, 7, 3; DTA Bd. 8, S. 211. Vgl. Summa theol. I, qu. 53, 2 und 3; DTA Bd. 4, S. 172ff. über die diskontinuierliche Ortsbewegung der Engel.

1472 Summa theol., Suppl. qu. 69, 3; DTA Bd. 35, S. 19; zit. Ludwig (s. Kap. 1), S. 31.

1473 Für ein Beispiel des 20. Jh.s s. Bender, Glaubensheilung (s. § 15), S. 155ff. über Padre Pio.

1474 Augustinus, *Die Sorge* (s. § 19), S. 33.
1475 Für ein Beispiel aus dem 19. Jh. (Don Bosco) s. Schwenke (s. Kap. 1), S. 145ff.; für eines aus dem 20. Jh. s. Anm. 1473.
1476 Summa theol. I, qu. 8, 1, 3; DTA Bd. 1, 1982, S. 143f. Zu Thomas' Kritik an der Magie s. seine *Summe gegen die Heiden* (s. § 19), Bd. III/2, Kap. 104–107.
1477 Ludwig (s. Kap. 1), S. 31.
1478 Th. Ohm: Art. ‚Mystik. I. Religionsgeschichtlich', in: LThK, Bd. 7, 1962, Sp. 732f.
1479 Frei (s. Kap. 1), S. 224–237 („Parapsychologie und Mystik"), dort S. 224.
1480 Karl Rahner: Art. ‚Mystik. VI. Theologisch', in: LThK, Bd. 7, 1962, Sp. 743ff., dort Sp. 743.
1481 Siehe Thurston (s. § 18), passim; Frei (s. Kap. 1), S. 228–236; Joseph Schumacher: *Die Mystik im Christentum und in den nichtchristlichen Religionen*, Heimbach/Eifel 2016, S. 315–396. Vgl. oben Anm. 1459.
1482 Roll (s. Kap. 1), S. 267–273, dort bes. S. 270.
1483 Karl Rahner: Transzendenzerfahrung aus katholisch-dogmatischer Sicht. In: ders.: *Schriften zur Theologie*, Bd. XIII, Zürich u.a. 1978, S. 207–225, dort S. 222.
1484 Hinweise bei Frei (s. Kap. 1), S. 226ff.
1485 Rahner (s. Anm. 1480), dort Sp. 744; ähnlich in: Mystische Erfahrung und mystische Theologie (1974). In: ders.: SW, Bd. 23, Freiburg i.Br. 2006, S. 261–268, dort S. 264.
1486 Hartlaub (s. Kap. 1), S. 95.
1487 Hartlaub, ebd., S. 98 (1960/61). Ähnlich Frei (s. Kap. 1), S. 227. Zu Hartlaub s. Hans Bender: Gustav F. Hartlaub zum Gedächtnis. In: *Zs. für Parapsychologie und Grenzgebiete der Psychologie*, Bd. 7, 1964, S. 1–6.

Literaturverzeichnis

Vorbemerkungen zur Zitierweise

Das Literaturverzeichnis ist nach Kapiteln und, ab Kapitel 3, nach Paragraphen gegliedert. Der Leser (mit diesem Begriff sind Leserinnen ebenso gemeint) wird gebeten, jeweils zu einem Textteil das zugehörige Literaturverzeichnis aufzuschlagen, um einen Titel identifizieren zu können, der in den Anmerkungen nur abgekürzt zitiert wird.

Wissenschaftliche Werke zitieren wir *nur* mit dem Namen des Autors, wenn im Literaturverzeichnis zu einem Kapitel oder Paragraphen nur *ein* Werk dieses Autors angeführt wird. Ansonsten fügen wir dem Autorennamen ein Titelstichwort oder den Titel eines Publikationsorgans (etwa einer Zeitschrift) hinzu. Das Titelstichwort ist im Literaturverzeichnis unterstrichen, wenn es nicht das erste Substantiv des Titels ist. Öfters wird in Anmerkungen auf das Literaturverzeichnis eines *anderen* Kapitels oder Paragraphen verwiesen. Nach dem Autorennamen und eventuell Titelstichwort steht dann zum Beispiel: (s. Kap. 1), oder: (s. § 16).

Die thematische Untergliederung bringt es mit sich, daß nach einem Titel möglicherweise in mehreren Unterabschnitten des jeweiligen Literaturverzeichnisses gesucht werden muß. Im 1. Kapitel kann ein Titel unter „Allgemeines" *oder* unter einer der beiden Rubriken der „Beispielsammlungen" zu finden sein, in § 18 unter „Allgemeines" *oder* unter dem Namen eines oder einer bestimmten Heiligen.

Eine Ausnahme bildet in § 19 der Abschnitt „Die Anrufung der ‚armen Seelen'". Hier werden Schriften chronologisch aufgeführt und zitiert. Deshalb wird dem Autorennamen bei Bedarf zur Identifikation des Titels eine Jahreszahl und notfalls zusätzlich der Name eines Publikationsorgans und -ortes hinzugefügt.

Einige Paragraphen oder Abschnitte schließen sich eng an eine einzelne Schrift eines bestimmten Autors an. Wir zitieren diese Schrift, im Text und oft auch in den Anmerkungen, jeweils nur mit der Seitenzahl (oder Bandnummer und Seitenzahl) in Klammern. Auf diese Zitierweise wird jeweils am Beginn des betreffenden Textteils hingewiesen.

Zitate im Text stehen in doppelten Anführungszeichen, Zitate innerhalb der Zitate in einfachen Anführungszeichen. Kürzungen der Zitate sind durch runde Klammern und Punkte (...) gekennzeichnet, unsere erläuternden Hinzufügungen innerhalb von Zitaten stehen in eckigen Klammern [...] und sind teilweise zusätzlich durch *Kursivdruck* abgehoben.

Einfache Anführungszeichen im Text heben Worte heraus, die nicht direktes Zitat sind. Sie markieren Zitate, die nicht wörtlich getreu sind, aus unbekannter Quelle stammen oder einen allgemeinen Sprachgebrauch wiedergeben, oder irgendeine Form der uneigentlichen Rede. Ein senkrechter Strich | steht für einen Absatz im Zitat. Übersetzungen stammen, wenn nichts anderes angegeben, vom Verfasser dieses Buches.

→ Ein Pfeil vor einer hochgestellten Ziffer im Text weist auf eine Anmerkung hin, die über bloße Stellennachweise hinaus einen ergänzenden Gedanken oder ein ergänzendes Zitat enthält.

Siglen
Allgemeines

Handbücher und Sammelwerke

AASS = *Acta Sanctorum.* Hg. Société des Bollandistes, Antwerpen und Brüssel 1643–1940, 68 Bde.

DTA = Thomas von Aquin: *Summa theologica. Vollständige, ungekürzte dt.-lat. Ausgabe (Die Deutsche Thomas-Ausgabe)*, 36 Bde., Salzburg 1933ff.

DTC = *Dictionnaire de théologie catholique*, Paris 1903 –

EOP = *Encyclopedia of Occultism and Parapsychology*, 2. Aufl., 3 Bde., Detroit 1984–85.

ER = *Encyclopedia of Religion*, 15 Bde., 2. Aufl., Detroit 2005.

ERE = *Encyclopaedia of Religion and Ethics*, 13 Bde., Reprint New York 1961 (Orig.ausg. Edinburgh 1908–26).

HDA = *Handwörterbuch des deutschen Aberglaubens.* Hg. H. Bächtold-Stäubli, 10 Bde., Berlin 1929–42.

HrwG = *Handbuch religionswissenschaftlicher Grundbegriffe*, 5 Bde., Stuttgart 1988–2001.

HWP = *Historisches Wörterbuch der Philosophie.* Hg. J. Ritter u. a., 13 Bde., Darmstadt 1971–2007.

KLL = *Kindlers Literatur-Lexikon*, 3. Aufl., 18 Bde., Stuttgart 2009.

LAW = *Lexikon der Alten Welt.* Hg. C. Andresen u. a., Zürich u. a. 1965.

LThK = *Lexikon für Theologie und Kirche*, 11 Bde., 2. völlig neu bearb. Aufl. Freiburg 1954–67.

MGH = *Monumenta Germaniae Historica. Quellen zur Geistesgeschichte des Mittelalters.*

PG = *Patrologia cursus completus. Series Graeca* (Patrologia graeca). Hg. J.-P. Migne, 161 Bde., Paris 1857–

PL = *Patrologiae cursus completus. Series Latina* (Patrologia latina). Hg. J.P. Migne, 217 Bde., Paris 1844–1855.

RAC = *Reallexikon für Antike und Christentum*, bisher ca. 26 Bde., Stuttgart ab 1950.
RGA = *Reallexikon der germanischen Altertumskunde*, 35 Bde., 2. Aufl. Berlin 1973–2007.
RGG = *Religion in Geschichte und Gegenwart*, 4. Aufl., 9 Bde., Tübingen 1998–2007.
TRE = *Theologische Realenzyklopädie*, 36 Bde., Berlin 1977–2007.

Sonstiges

ASW = Außersinnliche Wahrnehmung.
S.P.R. = Society for Psychical Research.
SW = Sämtliche Werke.

Im 1. Kapitel

Oe. = Oesterreich, Traugott Konstantin: *Die Besessenheit*, Langensalza 1921.
PhoL = Gurney, Edmund; Myers, Frederic W. H.; Podmore, Frank: *Phantasms of the Living*. 2 Bde., London 1886.

Im 2. Kapitel

G.M. = Gísli Magnússon: *Dichtung als Erfahrungsmetaphysik. Esoterische und okkultistische Modernität bei R.M. Rilke*, Würzburg 2009 (= Epistemata, Bd. 673).
RCh. = Ingeborg Schnack (Hg.): *Rainer Maria Rilke. Chronik seines Lebens und seines Werks* [Rilke-Chronik], Frankfurt a.M. 1996.

Rilkes Werke

DE = Duineser Elegie.
KA = *Werke. Kommentierte Ausgabe in vier Bänden*. Hg. M. Engel und U. Fülleborn u. a., Frankfurt a.M. u.a. 1996.
SO = Die Sonette an Orpheus, in: SW I, S. 727–773.
SW I–VI = *Sämtliche Werke*. Hg. vom Rilke-Archiv in Verbindung mit Ruth Sieber-Rilke, besorgt durch E. Zinn, 6 Bde. Frankfurt a.M. 1955–1966.
SW 1–12 = *Insel-Werkausgabe. Sämtliche Werke in zwölf Bänden*, Frankfurt a.M. 1976 (textidentisch mit der vorigen Ausgabe).

Rilkes Briefe

Br. = *Briefe*. Hg. Ruth Sieber-Rilke und Carl Sieber, 5 Bde., Leipzig 1938–40. Davon: *Briefe aus den Jahren 1892 bis 1904* (= I.); *aus den Jahren 1904 bis 1907* (= II.); *1907 bis 1914* (= III.), Leipzig 1939; *1914 bis 1921* (= IV.), Leipzig 1938; *Briefe aus Muzot 1921 bis 1926* (= V.), Leipzig 1940.

GSi. = *Die Briefe an Gräfin Sizzo 1921–1926.* Hg. I. Schnack, Frankfurt a.M. 1977.
KEH = *Die Briefe an Karl und Elisabeth von der Heydt 1905–1922.* Hg. I. Schnack, Frankfurt a.M. 1986.
LAS = *Briefwechsel mit Lou Andreas-Salomé.* Hg. E. Pfeiffer. Erw. Neuausgabe, Frankfurt a.M. 1975.
MvH = *Briefwechsel mit Magda von Hattingberg „Benvenuta".* Hg. I. Schnack und R. Scharffenberg, Frankfurt a.M. 2000.
MTT = *Briefwechsel mit Marie von Thurn und Taxis.* Besorgt durch E. Zinn, 2 Bde., Zürich 1951.
SNB = *Briefe an Sidonie Nádherný von Borutin.* Hg. B. Blume, Frankfurt a.M. 1973.

ERSTER TEIL: GRUNDLAGEN

1. Kapitel: Parapsychologie

Ältere Beispielsammlungen (1880–1960)

Bozzano, Ernesto: *Die Spukphänomene,* Bamberg 1930. (Italien. Orig.ausg. 1919).

Flammarion, Camille: *Rätsel des Seelenlebens.* 2. Aufl., Stuttgart o. J. [1919].

– *La Mort et son mystère,* 3 Bde. Paris 1924–26. (Bd. 1 *Avant la mort,* Bd. 2 *Autour de la mort,* Bd. 3 *Après la mort.*)

Gurney, Edmund; Myers, Frederic W. H.; Podmore, Frank: *Phantasms of the Living.* 2 Bde., London 1886 (Sigle: PhoL)

– *Gespenster lebender Personen und andere telepathische Erscheinungen,* Leipzig o.J. [1897]. (Stark gekürzte deutsche Übersetzung des vorigen Titels.)

Jaffé, Aniela: *Geistererscheinungen und Vorzeichen.* 2. Aufl., Olten 1978 (Erstausg. Zürich 1958).

Myers, Frederic W.H.: *Human Personality and its Survival of Bodily Death.* 2 Bde., London u.a. 1903 (Nachdruck 1920).

Neuere Beispielsammlungen (1990–2012)

Arcangel, Dianne: *Afterlife Encounters. Ordinary People, Extraordinary Experiences,* Charlottesville VA 2005.

Guggenheim, Bill und Judy: *Trost aus dem Jenseits. Unerwartete Begegnungen mit Verstorbenen,* Bern u.a. 1997.

Haraldsson, Erlendur: *The Departed Among the Living. An Investigative Study of Afterlife Encounters,* Guildford 2012.

– Erscheinungen von und Berichte über Begegnungen mit Verstorbenen. In: A. Resch (Hg.): *Aspekte der Paranormologie* (s. ‚Allgemeines'), S. 469–484.

LaGrand, Louis E.: *Messages and Miracles. Extraordinary Experiences of the Bereaved,* St. Paul/Minnesota 1999.

Schmied-Knittel, Ina: Todeswissen und Todesbegegnungen. Ahnungen, Erscheinungen und Spukerlebnisse. In: E. Bauer u. M. Schetsche (Hg.): *Alltägliche Wunder* (s. ‚Allgemeines'), S. 93–120.

Allgemeines

Bauer, Eberhard: Art. ‚Spiritismus'. In: H. Gasper u.a. (Hg.): *Lexikon der Sekten, Sondergruppen und Weltanschauungen,* Freiburg u.a. 1990, Sp. 1000–1009.

– Die Welt des Paranormalen und ihre wissenschaftliche Erforschung. In: A. Resch (Hg.): *Aspekte der Paranormologie* (s. dort), S. 243–284.

– Gegen den Strom schwimmen: Hundert Jahre parapsychologische Forschung. In: Walter von Lucadou: *Psyche und Chaos. Theorien der Parapsychologie*, Frankfurt a.M. 1995, S. 15–44.

Bauer, Eberhard, und von Lucadou, Walter: Parapsychologie. In: Roland Asanger u.a. (Hg.): *Handwörterbuch Psychologie*, Weinheim 1999, S. 517–524.

Bauer, Eberhard, und von Lucadou, Walter (Hg.): *Spektrum der Parapsychologie. Hans Bender zum 75. Geburtstag*, Freiburg 1983.

Bauer, Eberhard, und Mayer, Gerhard (Hg.): s. Mayer, Gerhard.

Bauer, Eberhard, und Schetsche, Michael (Hg.): *Alltägliche Wunder. Erfahrungen mit dem Übersinnlichen – wissenschaftliche Befunde*, Würzburg 2003 (= Grenzüberschreitungen, Bd. 1).

Beloff, John: *Parapsychology. A Concise History,* London 1993.

Bender, Hans: Parapsychische Phänomene als wissenschaftliche Grenzfrage. In: *Freiburger Dies Universitatis* Bd. 6, 1957/58, S. 59–84.

– Parapsychologie und Spiritismus. In: *Zs. f. Parapsychologie und Grenzgebiete der Psychologie,* 13. Jg., 1971, S. 1–23.

– Neue Entwicklungen in der Spukforschung. In: Moser, *Spuk* (s. dort), S. 343–382.

– Parapsychologie und das Fortleben nach dem Tode. In: A. Resch (Hg.), *Fortleben* – s. dort –, S. 593–615.

– Probleme der Sterbeforschung – Zum Thema „Thanatologie". In: ders.: *Aufsätze zur Parapsychologie*, Bd. II, 2. Aufl. München 1986, S. 123–150.

– (Hg.): *Parapsychologie. Entwicklung, Ergebnisse, Probleme.* Darmstadt 1966 (= Wege der Forschung Bd. 4).

Benz, Ernst: *Parapsychologie und Religion. Erfahrungen mit übersinnlichen Kräften*, Freiburg i.Br. 1983.

Blanke, F.: Parapsychologie und Christentum. In: *Neue Wissenschaft. Zeitschrift für Parapsychologie,* 4. Jg., 1954, S. 97ff., 131.
Bonin, Werner Friedrich: *Lexikon der Parapsychologie,* Herrsching 1984.
– *Naturvölker und ihre übersinnlichen Fähigkeiten*, München 1986.
Bozzano, Ernesto: *Übersinnliche Erscheinungen bei Naturvölkern*, Bern 1948.
Braude, Stephen E.: *The Limits of Influence. Psychokinesis and the Philosophy of Science,* New York u.a. 1986.
Cicero, Marcus Tullius: *Über die Wahrsagung. De divinatione.* Hg. Chr. Schäublin, München u.a. 1991 (Sammlung Tusculum).
Condrau, Gion (Hg.): *Transzendenz, Imagination und Kreativität. Religion, Parapsychologie, Literatur und Kunst,* Zürich 1979 (= Die Psychologie des 20. Jahrhunderts, Bd. 15).
David-Néel, Alexandra: *Heilige und Hexer. Glaube und Aberglaube im Lande des Lamaismus*, Wiesbaden 1981 (Erstausg. 1931; frz. Orig. 1929).
Dodds, Erik R.: Supernormal Phenomena in Classical Antiquity. In: ders., *The Ancient Concept of Progress and other Essays on Greek Literature and Belief*, Oxford 1973, S. 156–210.
Duerr, Hans Peter: *Die dunkle Nacht der Seele. Nahtoderfahrungen und Jenseitsreisen,* Berlin 2015.
Emmons, Charles F.: *Chinese Ghosts and ESP. A Study of Paranormal Beliefs and Experiences,* Metuchen NJ u.a. 1982.
Frei, Gebhard: *Probleme der Parapsychologie. Gesammelte Aufsätze.* Hg. A. Resch, Paderborn u.a., 2. Aufl. 1971 (= Imago Mundi, Bd. 2).
Gauld, Alan: *The Founders of Psychical Research,* London 1968.
– Discarnate Survival. In: B.B. Wolman (Hg.), *Handbook* (s. dort), S. 577–630.
Gietenbruch, Felix: *Höllenfahrt Christi und Auferstehung der Toten. Ein verdrängter Zusammenhang,* Wien u. a. 2010.
Green, Celia, und McCreery, Charles: *Apparitions*, London 1975.
Hartlaub, Gustav F.: Parapsychologie als Revision der Aufklärung. In: *Zs. f. Parapsychologie und Grenzgebiete der Psychologie,* Bd. 4, 1960/61, S. 81–99.
Heijnen, Adriënne: *The Social Life of Dreams. Thousand Years of Negotiated Meanings in Iceland*, Münster 2013.
Kant, Immanuel: Träume eines Geistersehers, erläutert durch Träume der Metaphysik. In: ders.: *Träume eines Geistersehers. Der Unterschied der Gegenden im Raume*. Hg. K. Reich, Hamburg 1975, S. 1–76.
Kerner, Justinus: *Die Seherin von Prevorst,* Stuttgart 1958.
Ludwig, August Friedrich: *Geschichte der okkultistischen (metapsychischen) Forschung von der Antike bis zur Gegenwart. I. Teil: Von der Antike bis zur Mitte des 19. Jahrhunderts,* Pfullingen 1922.

Lux, Anna: *Wissenschaft als Grenzwissenschaft. Hans Bender (1907–1991) und die deutsche Parapsychologie*, Berlin u.a. 2021 (= Okkulte Moderne Bd. 5).

Marcinowski, J.: Zur Anmeldung Sterbender. In: Beilage zu: *Psychische Studien*, 52. Jg., 1925, 4. Heft (April), S. V–VIII.

Mayer, Gerhard, und Bauer, Eberhard: Erscheinungen. In: G. Mayer u.a. (Hg.), *An den Grenzen* (s. dort), S. 188–201.

– und Schetsche, Michael, u.a. (Hg.): *An den Grenzen der Erkenntnis. Handbuch der wissenschaftlichen Anomalistik*, Stuttgart 2015.

Moser, Fanny: *Spuk. Ein Rätsel der Menschheit*, Frankfurt a.M. 1980 (Erstausg. Olten 1977).

Müller, Klaus Erich: *Der sechste Sinn. Ethnologische Studien zum Phänomen der außersinnlichen Wahrnehmung*, Bielefeld 2004.

– *Im Schatten der Aufklärung. Grundzüge einer Theorie der Atopologie*, Berlin 2014 (= Perspektiven der Anomalistik, Bd. 3).

Mulacz, Peter: Historical Profiles in Poltergeist Research. In: J. Houran (Hg.): *From Shaman to Scientist. Essays on Humanitie's Search for Spirits*, Lanham Md. u.a. 2004, S. 97–126.

Nicolay, Joachim: Nahtoderfahrungen. Eine Herausforderung für die Theologie? In: Raimund Lachner u.a. (Hg.): *Nahtoderfahrungen. Eine Herausforderung für Theologie und Naturwissenschaft*, Berlin 2013, S. 13–32.

Oesterreich, Traugott Konstantin: *Die Besessenheit*, Langensalza 1921. (Sigle: Oe.)

Otto, Walter Friedrich: *Die Manen, oder Von den Urformen des Totenglaubens. Eine Untersuchung zur Religion der Griechen, Römer und Semiten und zum Volksglauben überhaupt*, Nachdruck der 2. Aufl., Darmstadt 1962 (Erstausg. 1923).

Pons, Christophe: *Le spectre et le voyant. Esquisse d'une théorie sur un système d'échange entre morts et vivants en Islande*, Diss. Lille 1999 (Microfiche).

Primot, Alphonse: *La Psychologie d'une conversion du positivisme au spiritualisme*, Paris 1914.

Resch, Andreas (Hg.): *Aspekte der Paranormologie. Die Welt des Außergewöhnlichen*, Innsbruck 1992 (= Imago Mundi, Bd. 13).

– (Hg.): *Fortleben nach dem Tode.* 2., verb. Aufl., Innsbruck 1981 (= Imago Mundi, Bd. 7).

– Zur Frage des Spiritismus. In: *Grenzgebiete der Wissenschaft* (Innsbruck), Nr. 35, 1986, S. 365–368.

Rhine, Joseph Banks und Pratt, J.G.: *Parapsychology. Frontier Science of the Mind*, Springfield IL 1957.

Ringger, Peter: *Das Weltbild der Parapsychologie*, Olten u.a. 1959.

Rock, Adam J./Beischel, Julie/Schwartz, Gary E.: Thematic Analysis of Research Mediums' Experiences of Discarnate Communication. In: *Journal of Scientific Exploration*, Bd. 22, 2008, S. 179–192.

Rogo, D. Scott: *Parapsychologie. Hundert Jahre Forschung*, Stuttgart 1976 (Amerikan. Originalausg. 1975).

Roll, William G.: The Changing Perspective on Life after Death. In: S. Krippner (Hg.): *Advances in Parapsychological Research*, Bd. 3, New York 1982, S. 147–291.

Rosenberg, Alfons: *J.F. Oberlin. Die Bleibstätten der Toten*, Bietigheim o.J. [ca. 2000].

Ruppert, Hans-Jürgen: Der christliche Glaube und das Paranormale. In: A. Resch (Hg.): *Aspekte der Paranormologie* (s. dort), S. 589–620.

Sawicki, Diethard: *Leben mit den Toten. Geisterglauben und die Entstehung des Spiritismus in Deutschland 1770–1900*, Paderborn 2002.

Schopenhauer, Arthur: Versuch über das Geistersehn und was damit zusammenhängt (1851). In: ders.: *Parerga und Paralipomena. Kleine philosophische Schriften, Bd. I/1* (= Zürcher Ausgabe. Werke in zehn Bänden, Bd. VII), Zürich 1977, S. 249–335.

Schouten, Sybo A.: Macht die Parapsychologie Fortschritte? In: *Zs. f. Parapsychologie und Grenzgebiete der Psychologie*, 31. Jg. 1989, S. 211–240.

Schweer, Wennemar: *Abbruch oder Übergang? Die Frage nach Tod und Transzendenz aus theologischer und grenzwissenschaftlicher Sicht*, Grünwald 2008.

– *Hoffnung über den Tod hinaus? Nahtoderfahrungen, Nachtodkommunikationen und christlicher Glaube*, Berlin 2012.

Schwenke, Heiner: *Transzendente Begegnungen. Phänomenologie und Metakritik*, Basel 2014 (= Mystica, Bd. 1).

Serwaty, Alois, und Nicolay, Joachim (Hg.): *Begegnung mit Verstorbenen? Beiträge aus Wissenschaft und Therapie zu einem tabubesetzten Thema*, Goch 2010.

Tenhaeff, W. H. C.: Das Geistersehen. In A. Resch (Hg.), *Fortleben* – s. dort –, S. 617–635.

Thiede, Werner: Parapsychologie und theologisches Interesse. Zur Geschichte einer gegenseitigen Bezogenheit. In: *Zs. f. Parapsychologie und Grenzgebiete der Psychologie*, 44.–46. Jg., 2002–2004, S. 218–231.

Timm, Ulrich: Thanatologie, Parapsychologie und das Survival-Problem. In: *Zs. f. Parapsychologie und Grenzgebiete der Psychologie*, 22. Jg., 1980, S. 249–258.

Tischner, Rudolf: *Geschichte der okkultistischen (metapsychischen) Forschung*, II. Teil, Pfullingen 1924.

Tyrrell, George N.M.: *Erscheinungen und Visionen im PSI-Feld*, Olten u.a. 1979 (engl. Erstausg. 1943, Neuaufl. 1973).

Wolff, Konrad: Parapsychologische Wahrnehmungen im Traum. In: T. Wagner-Simon u.a. (Hg.): *Traum und Träumen. Traumanalysen in Wissenschaft, Religion und Kunst*, Göttingen 1984, S. 268–282.
Wolman, Benjamin B. (Hg.): *Handbook of Parapsychology*, New York u.a. 1977.
Zündel, Friedrich: *Johann Christoph Blumhardt.* 17. Aufl., Giessen 1962.

2. Kapitel: Rilke und die Parapsychologie

Werke und Briefe

Sämtliche Werke. Hg. vom Rilke-Archiv in Verbindung mit Ruth Sieber-Rilke, besorgt durch E. Zinn, Frankfurt a.M. 1955–1966. (Sigle: SW, I–VI)
Insel-Werkausgabe. Sämtliche Werke in zwölf Bänden, Frankfurt a.M. 1976. (Textidentisch mit der vorigen Ausgabe). (Sigle: SW, Bde. 1–12)
Werke. Kommentierte Ausgabe in vier Bänden. Hg. M. Engel und U. Fülleborn u.a., Frankfurt a.M. u.a. 1996 (Sigle: KA).
Gedichte 1906 bis 1926. Sammlung der verstreuten und nachgelassenen Gedichte aus den mittleren und späten Jahren. Besorgt durch E. Zinn, Wiesbaden 1953 (Sigle: G).
Briefe. Hg. Ruth Sieber-Rilke und Carl Sieber, 5 Bde., Leipzig 1938–40. Davon: *Briefe aus den Jahren 1892 bis 1904* (= I.); *1904 bis 1907* (= II.); *1907 bis 1914* (= III.), Leipzig 1939; *1914 bis 1921* (= IV.), Leipzig 1938; *Briefe aus Muzot 1921 bis 1926* (= V.), Leipzig 1940. (Sigle: Br. I–V)
Briefe und Tagebücher aus der Frühzeit 1899 bis1902. Hg. Ruth Sieber Rilke und Carl Sieber, Leipzig 1931.
Briefe. Hg. vom Rilke-Archiv in Weimar. In Verbindung mit Ruth Sieber-Rilke besorgt durch K. Altheim, Frankfurt a.M. 1950.
Briefwechsel mit Lou Andreas-Salomé. Hg. E. Pfeiffer. Erw. Neuausgabe, Frankfurt a.M. 1975. (Sigle: LAS)
Briefwechsel mit Magda von Hattingberg „Benvenuta“. Hg. I. Schnack und R. Scharffenberg, Frankfurt a.M. 2000. (Sigle: MvH).
Briefwechsel mit Marie von Thurn und Taxis. Besorgt durch E. Zinn, 2 Bde., Zürich 1951. (Sigle: MTT)
Ein Briefwechsel (...) mit Waldemar von Wasielewski. In: *Blätter der Rilke-Gesellschaft,* Bd. 24, 2002, S. 186–195.
Die Briefe an Karl und Elisabeth von der Heydt 1905–1922. Hg. I. Schnack, Frankfurt a. M. 1986. (Sigle: KEH)
Briefe an Sidonie Nádherný von Borutin. Hg. B. Blume, Frankfurt a.M. 1973. (Sigle: SNB)

Die Briefe an Gräfin Sizzo 1921–1926. Hg. I. Schnack, Frankfurt a.M. 1977. (Sigle: GSi.).
Briefe an einen jungen Dichter. Einl. F.X. Kappus, Frankfurt a.M. 1963.

Wissenschaftliche Literatur

Allemann, Beda: *Zeit und Figur beim späten Rilke. Ein Beitrag zur Poetik des modernen Gedichts*, Pfullingen 1961.
Balthasar, Hans Urs von: *Apokalypse der deutschen Seele. Bd. III: Die Vergöttlichung des Todes*, 2. Aufl. Einsiedeln u.a. 1998 (Erstausg. 1939).
Baßler, Moritz: Maltes Gespenster. In: *Mystique, mysticisme et modernité en Allemagne autour de 1900.* Hg. M. Baßler u. H. Châtellier, Strasbourg 1998, S. 239–253.
Braungart, Georg: Spiritismus und Literatur um 1900. In: Wolfgang Braungart u.a. (Hg.): *Ästhetische und religiöse Erfahrungen der Jahrhundertwenden Bd. 2. Um 1900*, Paderborn u.a. 1998, S. 85–92.
Bassermann, Dieter: *Der späte Rilke,* 2. Aufl. Essen 1948.
Bollnow, Otto Friedrich: *Rilke,* 2. Aufl. Stuttgart 1956 (1. Aufl. 1951).
Brück, Michael von: *Weltinnenraum. Rainer Maria Rilkes Duineser Elegien in Resonanz mit dem Buddha*, Freiburg i.Br. 2015.
Engel, Martin (Hg.): *Rilke-Handbuch: Leben, Werk und Wirkung,* Stuttgart 2004.
Eppelsheimer, Rudolf: *Rilkes larische Landschaft. Eine Deutung des Gesamtwerkes mit besonderem Bezug auf die mittlere Periode,* Stuttgart 1975.
Fick, Monika: *Sinnenwelt und Weltseele. Der psychophysische Monismus in der Literatur der Jahrhundertwende,* Tübingen 1993.
Fülleborn, Ulrich: *Das Strukturproblem der späten Lyrik Rilkes. Voruntersuchung zu einem historischen Rilke-Verständnis,* 2. durchges. Aufl., Heidelberg 1973.
Gadamer, Hans Georg: Rainer Maria Rilkes Deutung des Daseins. Zu dem Buch von Romano Guardini (1955). In: ders.: *Gesammelte Werke Bd. 9. Ästhetik und Poetik II,* Tübingen 1993, S. 271–281.
– Rainer Maria Rilke nach fünfzig Jahren (1976). In: ders.: *Gesammelte Werke Bd. 9. Ästhetik und Poetik II,* Tübingen 1993, S. 306–319.
Glaser, Hermann: *Das Tun ohne Bild. Zur Technikdeutung Heideggers und Rilkes,* München 1983 (= Kunsterfahrung und Zeitkritik, Bd. 5).
Heidegger, Martin: Wozu Dichter? (1946) In: ders., *Holzwege,* Frankfurt a.M., 4. Aufl. 1963, S. 248–295.
Heiner, Johannes: Rainer Maria Rilke als Mystiker. In: P. Lengsfeld (Hg.): *Mystik – Spiritualität der Zukunft. Erfahrungen des Ewigen. Festschrift P. Willigis Jäger OSB*, Freiburg i.Br. 2005, S. 390–404.

Magnússon, Gísli: *Dichtung als Erfahrungsmetaphysik. Esoterische und okkultistische Modernität bei R.M. Rilke,* Würzburg 2009 (= Epistemata, Bd. 673). (Sigle: G.M.)
– Interpretation der 9. Elegie Rilkes im Licht jüdischer Gnosis. In: *Text & Kontext,* 23. Jg., 2001, S. 159–202.
– Rilke und der Okkultismus. In: A. Blöhdorn, S.R. Fauth (Hg.): *Metaphysik und Moderne. Von Wilhelm Raabe bis Thomas Mann. Festschrift B. Kristiansen,* Wuppertal 2006, S. 144–172.
Marcel, Gabriel: Rilke et l'occulte. In: *Les Lettres,* 4. Jg. 1952, Nrn. 14–16, S. 136–147.
Mörchen, Hermann: *Rilkes Sonette an Orpheus,* Stuttgart 1958.
Pott, Sandra: Poetiken. *Poetologische Lyrik, Poetik und Ästhetik von Novalis bis Rilke,* Berlin u.a. 2004.
Pytlik, Priska: *Okkultismus und Moderne. Ein kulturhistorisches Phänomen und seine Bedeutung für die Literatur um 1900,* Paderborn 2005.
Rehm, Walther: *Orpheus. Der Dichter und die Toten. Selbstdeutung und Totenkult bei Novalis, Hölderlin, Rilke.* Düsseldorf 1950.
Schiwy, Günther: *Rilke und die Religion,* Frankfurt a.M. 2006.
Schnack, Ingeborg (Hg.): *Rainer Maria Rilke. Chronik seines Lebens und seines Werks* [= Rilke-Chronik], Frankfurt a.M. 1996. (Sigle: RCh.)
Schuler, Alfred: *Fragmente und Vorträge aus dem Nachlaß.* Einf. L. Klages, Leipzig 1940.
– *Gesammelte Werke.* Hg. Baal Müller, München 2007.
Thurn und Taxis-Hohenlohe, Marie von: *Erinnerungen an Rainer Maria Rilke.* Besorgt durch G.H. Blokesch, Frankfurt a.M. 1966 (Erstausgabe 1932).
Wasielewski, Waldemar von: *Telepathie und Hellsehen. Versuche und Betrachtungen über ungewöhnliche seelische Fähigkeiten,* Halle a.S., 2. Aufl. 1922 (1. Aufl. 1920).

ZWEITER TEIL: OSTASIATISCHE LITERATUREN

3. Kapitel: Chinesische Literatur

Allgemeines

Bauer, Wolfgang: *Das Antlitz Chinas. Die autobiographische Selbstdarstellung in der chinesischen Literatur von ihren Anfängen bis heute,* München u.a. 1990.
Emmerich, Reinhard (Hg.): *Chinesische Literaturgeschichte,* Stuttgart u.a. 2004.
Klöpsch, Volker u.a. (Hg.): *Lexikon der chinesischen Literatur,* München 2004.

Motsch, Monika: *Die chinesische Erzählung. Vom Altertum bis zur Neuzeit,* München 2003 (= Geschichte der chinesischen Literatur, Bd. 3).
Schmidt-Glintzer, Helwig: *Geschichte der chinesischen Literatur,* Darmstadt 1990.

§ 9. Totengeister in der chinesischen Volksreligion: Kultus, Erzählung, Erfahrung

Brashier, Kenneth Edward: *Ancestral Memory in Early China,* Cambridge MA 2011.
Burkhardt, Valentine Rodolphe: *Chinese Creeds and Customs,* 3 Bde., Hongkong 1953–58.
Cohen, Myron L.: Souls and Salvation: Conflicting Themes in Chinese Popular Religion. In: Watson / Rawski (Hg.) – s. dort –, S. 180–202.
Day, Clarence Burton: *Chinese Peasant Cults. Being a Study of Chinese Paper Gods,* Shanghai u.a. 1940.
Eder, Matthias: *Chinese Religion,* Tokyo 1973 (= Asian Folklore Studies, Monograph Nr. 6).
Eichhorn, Werner: *Die alte chinesische Religion und das Staatskultwesen,* Leiden u.a. 1976 (= Handbuch der Orientalistik, 4. Abt., 4. Bd., 1. Abschn.).
Emmons, Charles F.: *Chinese Ghosts and ESP. A Study of Paranormal Beliefs and Experiences,* Metuchen NJ u.a. 1982.
Franz, Rainer von: Die Domestizierung der Gespenster. In: *minima sinica,* 2/1994, S. 1–14.
Gardner, Daniel K.: Ghosts and Spirits in the Sung Neo-Confucian World: Chu Hsi on Kuei-shen. In: *Journal of the American Oriental Society,* Bd. 115, Nr. 4, 1995, S. 598–611.
– Zhu Xi on Spirit Beings. In: Lopez (Hg.) – s. dort –, S. 106–119.
Groot, Jan Jakob Maria de: *Les Fêtes annuellement célébrées à Émouy (Amoy),* 2 Bde., Paris 1886 (= Annales du Musée Guimet, Bde. 11 und 12).
– *The Religious System of China in Ancient Forms, Evolution, History and Present Aspect. Manners, Customs and Social Institutions Connected Herewith,* 6 Bde., Leyden 1892–1910.
– Die Religionen der Chinesen. In: *Die orientalischen Religionen,* von E. Lehmann u.a., Berlin u.a. 1906 (= Die Kultur der Gegenwart, Teil I, Abt. III,1), S. 162–193.
– Art. ‚China (Buddhism in)'. In: *Encyclopaedia of Religion and Ethics,* Bd. III, o.J. [1910], Reprint New York [1967], S. 552–556.
Grube, Wilhelm: Die Religion der alten Chinesen. In: A. Bertholet (Hg.): *Religionsgeschichtliches Lesebuch,* Tübingen 1908, S. 1–69.

– *Religion und Kultus der Chinesen*, Leipzig 1910.
Hankel, Bernt: *Der Weg in den Sarg. Die ersten Tage des Bestattungsrituals in den konfuzianischen Ritenklassikern*, Bad Honnef 1995.
Jordan, David K.: *Gods, Ghosts, and Ancestors. The Folk Religion of a Taiwanese Village*, Berkeley u.a. 1972.
Konfuzius: *Gespräche (Lun-yu)*. Übs. Ralf Moritz, Frankfurt a.M. 1983.
Legge, James (Übs.): *Lî Kî. The Sacred Books of China. The Texts of Confucianism,* Teile III und IV. Reprint Delhi u.a. 1966 (Originalausg. 1885) (= The Sacred Books of the East, Bde. 27 u. 28)
– (Übs.): *The Chinese Classics, Bd. I: Confucian Analects u.a.*, Hongkong 1960.
Li, Wenchao: *Die christliche China-Mission im 17. Jahrhundert. Verständnis, Unverständnis, Missverständnis. Eine geistesgeschichtliche Studie zum Christentum, Buddhismus und Konfuzianismus*, Stuttgart 2000 (= Studia Leibnitiana; Supplementa, Bd. 32).
Loewe, Michael: *Ways to Paradise. The Chinese Quest for Immortality*, London u.a. 1979.
– *Chinese Ideas of Life and Death. Faith, Myth and Reason in the Han period (202 BC – AD 220)*, London u.a. 1982.
Lopez, Donald S. (Hg.): *Religions of China in Practice*, Princeton 1996.
Lunheng: s. Wang Ch'ung.
Lunyu: s. Konfuzius.
Maspero, Henri: *La Chine antique*, Paris 1955 (Erstausg. 1927).
Paper, Jordan: *The Spirits are Drunk. Comparative Approaches to Chinese Religion*, Albany NY 1995.
Potter, Jack M.: Cantonese Shamanism. In: A.P. Wolf (Hg.) – s. dort –, S. 207–231.
Röllicke, Hermann-Josef: Die „Als-ob"-Struktur der Riten. Ein Beitrag zur Ritualhermeneutik der Zhanguo- und Han-Zeit. In: M. Friedrich (Hg.): *Han-Zeit. Festschrift Hans Stumpfeldt*, Wiesbaden 2006, S. 516–533.
– *Hún* und *pò* im *Laozi zhigui* und die Frage, was sie mit „Seele" zu tun haben könnten. In: *Hôrin. Vergleichende Studien zur japanischen Kultur* 21, 2020, S. 143–174.
Schommer, Sabine: *Richter Bao – der chinesische Sherlock Holmes. Eine Untersuchung der Sammlung von Kriminalfällen Bao Gougan*, Bochum 1994 (= Chinathemen, Bd. 85).
Shen Fu: *Sechs Aufzeichnungen über ein unstetes Leben.* Übs. R. Schwarz, Leipzig 1989.
Teiser, Stephen F.: *The Ghost Festival in Medieval China*, Princeton 1998.
Thompson, Laurence G.: *Chinese Religion. An Introduction*, 2. Aufl. Encino CA 1975.

Trauzettel, Rolf: Die Repräsentation des Toten im altchinesischen Bestattungsritual – Funktion und Bedeutung. In: J. Assmann u.a. (Hg.): *Tod, Jenseits und Identität. Perspektiven einer kulturwissenschaftlichen Thanatologie*, Freiburg i.Br. u.a. 2002, S. 504–514.
Wang Ch'ung: *Lun-hêng. Bd. 1: Philosophical Essays. Bd. 2: Miscellaneous Essays.* Übs. u. hg. A. Forke, 2. Aufl. New York 1962.
Watson, James L., und Rawski, Evelyn S. (Hg.): *Death Ritual in Late Imperial and Modern China*, Berkeley u.a. 1988.
Wolf, Arthur P.: Gods, Ghosts, and Ancestors. In: ders. (Hg.) – s. dort –, S. 131–182.
– (Hg.): *Religion and Ritual in Chinese Society*, Stanford CA 1974.
Yang, C.K. [Ch'ing-k'un]: *Religion in Chinese Society. A Study of Contemporary Social Functions of Religion and Some of Their Historical Factors*, Berkeley u.a. 1961.
Yü, Ying-Shih: "O Soul, Come Back!" A Study in the Changing Conception of the Soul and Afterlife in Pre-Buddhist China. In: *Harvard Journal of Asiatic Studies*, Bd. 47, 1987, S. 368–395.
Zach, Erwin von (Übs.): *Die chinesische Anthologie. Übersetzungen aus dem Wen hsüan* [Wenxuan], Bd. I, Cambridge MA 1958.

§ 10. „Berichte von der Suche nach Geistern" (4. Jh.)

Kan Pao [Gan Bao]: *In Search of the Supernatural. The Written Record* [= Soushen ji]. Übs. K.J. DeWoskin und J.I. Crump Jr., Stanford CA 1996.

Bodde, Derk: Some Chinese Tales of the Supernatural. In: *Harvard Journal of Asiatic Studies*, 6, 1942, S. 338–357.
Campany, Robert Ford: Ghosts Matter: The Culture of Ghosts in Six Dynasties Zhiguai. In: *Chinese Literature. Essays, Articles, Reviews*, Bd. 17, Dez. 1991, S. 15–34.
– *Strange Writing. Anomaly Accounts in Early Medieval China*, Albany 1996.
DeWoskin, Kenneth Joel: *The Sou-shen-chi and the Chih-kuai Tradition*, Ann Arbor 1974 (Diss. New York 1974).
– The Six Dynasties Chih-kuai and the Birth of Fiction. In: A.H. Plaks (Hg.): *Chinese Narrative. Critical and Theoretical Essays*, Princeton 1977, S. 21–52.
– und J.I. Crump Jr. (Übs.): *In Search of the Supernatural. The Written Record*, s. oben, Kan Pao.

Kalinowski, Marc: Cosmologie et gouvernement naturel dans le Lü Shi Chunqiu. In: *Bulletin de l'École Française d'Extrême Orient*, Bd. 71, 1982, S. 169–216.
Ko Hung [Ge Hong]: *Alchemy, Medecine and Religion in China of A.D. 320. The Nei P'ien of Ko Hung (Pao-p'u tzu).* Übs. J.R. Ware, New York 1991.
Loewe, Michael (Hg.): *Early Chinese Texts. A Bibliographical Guide*, Berkeley 1993.
Rickett, Walter Allyn (Übs.): *Guanzi: Political, Economic, and Philosophical Essays from Early China*, 2 Bde., Princeton NJ 1985 und 1998.
Wihelm, Richard (Übs.): *Frühling und Herbst des Lü Bu We*, Düsseldorf u.a. 1979 (Orig.ausg. 1928).
Yu, Anthony C.: Rest, Rest, Perturbed Spirit! Ghosts in Traditional Chinese Fiction. In: *Harvard Journal of Asiatic Studies*, Bd. 47, Nr. 2, Dez. 1987, S. 397–434.

§ 11. Zwei große Romane

Allgemeines

Hsia, C.T.: *Der klassische chinesische Roman. Eine Einführung*, Frankfurt a.M. 1989 (Orig.ausg. New York 1968).
Zimmer, Thomas: *Der chinesische Roman der ausgehenden Kaiserzeit.* 2 Bde., München 2002 (= Geschichte der chinesischen Literatur, Bde. 2,1 und 2,2).

„Schlehenblüten in goldener Vase" (16. Jh.)

Djin Ping Meh. Schlehenblüten in goldener Vase. Ein Sittenroman aus der Ming-Zeit. Übs. von Otto und Artur Kibat, hg. H. Franke, 5 Bde. und 1 Kommentarbd., Zürich 1967–1983.
The Plum in the Golden Vase, or, Chin P'ing Mei. Übs. David Tod Roy, 5 Bde., Princeton 1981–2013.

Bischoff, Friedrich Alexander: *Djin Ping Meh. Epitome und analytischer Namenindex*, Wien 1997.
– Chinese Concepts of Afterlife According to the Djin Ping Meh. In: S. Fromanek, W.R. La Fleur (Hg.): *Practicing Afterlife: Perspectives from Japan*, Wien 2004, S. 145–156.
Carlitz, Katherine: The Conclusion of the Jin Ping Mei. In: *Ming Studies*, Frühjahr 1980, 10, S. 23–29.
– *The Rhetoric of the Chin p'ing mei*, Bloomington 1986.
– Codes and Correspondences in *Jin Ping Mei*. In: *Chinese Literature. Essays, Articles, Reviews*, Bd. 8, Nr. 1/2, Juli 1986, S. 7–18.

Martinson, Paul V.: The Chin P'ing Mei as Wisdom Literature. A Methodological Essay. In: *Ming Studies,* Herbst 1977, 5, S. 44–56.
Roy, David Tod: Introduction. In: *The Plum in the Golden Vase, or, Chin P'ing Mei,* Bd. I, Princeton 1981, S. XVII–XLVIII.
Rushton, Peter H.: *The Jin Ping Mei and the Non-Linear Dimensions of the Traditional Chinese Novel,* Lewiston (NY) 1994. (Diss. Stanford 1993)
Zhang Zhupo: How to Read the Jin Ping Mei [1695]. In: *Renditions,* No. 24, Autumn 1985, S. 63–101.

„Der Traum der roten Kammer" (18. Jh.)

Tsau Hsüä-tjin [Cao Xueqin], Gau Ë: *Der Traum der Roten Kammer, oder Die Geschichte vom Stein.* Übs. Rainer Schwarz und Martin Woesler, Berlin u.a. 2. Aufl. 2010.
Eggert, Marion: *Rede vom Traum. Auffassungen vom Traum in der chinesischen Gelehrtentradition der späten Kaiserzeit,* Stuttgart 1993.
Kubin, Wolfgang (Hg.): *Hongloumeng. Studien zum „Traum der roten Kammer",* Bern u.a. 1999.
Liu Huiru: „Jedes Festmahl hat ein Ende": Das Spannungsfeld zwischen ju und san. In: W. Kubin (Hg.) – s. dort –, S. 75–90.
Messner, Angelika C.: *Medizinische Diskurse zu Irresein in China (1600–1930),* Stuttgart 2000 (= Münchener Ostasiatische Studien, Bd. 78).
Shahar, Meir: Religion in the Story of the Stone. In: A. Schonebaum u. a. (Hg.): *Approaches to Teaching The Story of the Stone (Dream of the Red Chamber),* New York 2012, S. 133–143.
Yu, Anthony C.: The Quest of Brother Amor: Buddhist Intimations in The Story of the Stone. In: *Harvard Journal of Asiatic Studies,* Bd. 49, 1989, S. 55–92.

4. Kapitel: Japanische Literatur

§ 12. Totengeister in der japanischen Volksreligion

Akinari, Ueda: *Unter dem Regenmond. Phantastische Geschichten.* Übs. O. Benl, Stuttgart 1980.
Antoni, Klaus: *Shintô und die Konzeption des japanischen Nationalwesens (kokutai). Der religiöse Traditionalismus in Neuzeit und Moderne Japans,* Leiden u.a. 1998.
– Shintô. In: K. Kracht u.a. (Hg.), *Grundriß der Japanologie* – s. dort –, S. 115–147.

– Shintô and *kokutai*: Religious Ideology in the Japanese Context. In: ders. u.a. (Hg.): *Religion and National Identity in the Japanese Context*, Münster u.a. 2002, S. 263–287.

Aston, W.G.: *Shinto. The Way of the Gods*, London 1905.

– (Übs.): *Nihongi. Chronicles of Japan from the Earliest Times to A.D. 697.* Neuausg. Rutland und Tôkyô 1972.

Barnes, Nancy J.: Lady Rokuyô's Ghost: Spirit Possession, Buddhism, and Healing in Japanese Literature. In: *Literature and Medicine*, Bd. 8, 1989, S. 106–121.

Blacker, Carmen: *The Catalpa Bow. A Study of Shamanistic Practices in Japan*, 2. Aufl. London u.a. 1986 (1. Aufl. 1975).

Ebersole, Gary L.: *Ritual Poetry and the Politics of Death in Early Japan*, Princeton 1989.

Eder, Matthias: Totenseelen und Ahnengeister in Japan. In: *Anthropos. Revue Internationale d'Ethnologie et de Linguistic*, Bd. 51, 1956, S. 97–112.

– *Geschichte der japanischen Religion. 1. Bd. Die alte Landesreligion*, Nagoya 1978 (= Asian Folklore Studies, Monograph Nr. 7,1).

Eiga-Monogatari: s. McCullough (Übs.).

Eliade, Mircea: Einführende Betrachtungen über den Schamanismus. In: *Paideuma*, Bd. V, 1951, S. 87–97.

Florenz, Karl: *Die historischen Quellen der Shinto-Religion. Aus dem Altjapanischen und Chinesischen übersetzt und erklärt*, Göttingen u.a. 1919 (= Quellen der Religionsgeschichte, Bd. 7).

Formanek, Susanne, und William R. LaFleur (Hg.): *Practicing the Afterlife. Perspectives from Japan*, Wien 2004.

Hammitzsch, Horst (Hg.): *Japan-Handbuch. Land und Leute, Kultur und Geistesleben*, 3. Aufl. Stuttgart 1990.

Holt, John C.: Assisting the Dead by Venerating the Living. In: *Numen*, Bd. 28, 1981, S. 1–28.

Hori, Ichirô: *Folk Religion in Japan. Continuity and Change*, Chicago u.a. 1968.

Immoos, Thomas: The Birth of Japanese Theater. In: *Monumenta Nipponica*, Bd. 24, 1969, S. 403–414.

Knecht, Peter: The Ritual of *Kuchiyose* [Calling the Dead]. In: K. Antoni (Hg.): *Rituale und ihre Urheber*, Hamburg 1997, S. 197–213.

Kracht, Klaus, und Rüttermann, Markus (Hg.): *Grundriß der Japanologie*, Wiesbaden 2001.

McCullough, William H. und Helen Craig McCullough (Übs.): *A Tale of Flowering Fortunes. Annals of Japanese Aristocratic Life in the Heian Period.* 2 Bde., Stanford 1980 (Eiga-Monogatari).

Miner, Earl u.a. (Hg.): *The Princeton Companion to Classical Japanese Literature*, Princeton 1985.

Miyake, Lynne Kimiko: *Tônomine Shôshô Monogatari. A Translation and Critical Study.* Diss. Berkeley, Ann Arbor 1985.

Naumann, Nelly: *Das Umwandeln des Himmelspfeilers. Ein japanischer Mythos und seine kulturhistorische Einordnung*, Tôkyô 1971 (= Asian Folklore Studies, Monograph Nr. 5).

– *Die einheimische Religion Japans. Teil 1. Bis zum Ende der Heian-Zeit*, Leiden u.a. 1988.

– Art. ‚Ahnenkult', ‚Jenseitsvorstellungen, shintôistische', ‚Schamanismus', ‚Seelenglaube', ‚Volksglaube'. In: H. Hammitzsch (Hg.), *Japan-Handbuch* – s. dort –, Sp. 1349–1352, 1398ff., 1435–1440, 1476ff.

– Shintô und Volksreligion – Japanische Religiosität im historischen Kontext. In: M. Eliade (Hg.): *Geschichte der religiösen Ideen*, Bd. III,2, Freiburg 1991, S. 304–324.

– *Die einheimische Religion Japans. Teil 2. Synkretistische Lehren und religiöse Entwicklungen von der Kamakura- bis zum Beginn der Edo-Zeit*, Leiden u.a. 1994.

– Death and Afterlife in Early Japan. In: S. Formanek u.a. (Hg.) – s. dort –, S. 51–62.

Okano, Haruko: *Die Stellung der Frau im Shintô. Eine religionsphänomenologische und -soziologische Untersuchung*, Wiesbaden 1976.

Plutschow, Herbert: *Chaos and Cosmos. Ritual in Early and Medieval Japanese Literature*, Leiden u.a. 1990.

– The Fear of Evil Spirits in Japanese Culture. In: *The Transactions of the Asiatic Society of Japan*, 3. Serie, Bd. 18, 1983, S. 133–151.

Pörtner, Peter: Wahnsinn, Besessenheit und deviantes Verhalten in ausgewählten literarischen und dokumentarischen Texten der japanischen Vormoderne. Habilitationsschrift Hamburg, 1991 (unveröffentl. Typoskript).

Sansom, George B.: *Japan. Von der Frühgeschichte bis zum Ende des Feudalsystems*, Essen 1975 (engl. Ausg.en 1943, 1952).

Scherer, Elisabeth: *Spuk der Frauenseele. Weibliche Geister im japanischen Film und ihre kulturhistorischen Ursprünge*, Bielefeld 2011.

Schinzinger, Robert u.a. (Hg.): *Wörterbuch der deutschen und japanischen Sprache. Japanisch-Deutsch*, Tokyo 1980.

Smith, Robert J.: *Ancestor Worship in Contemporary Japan*, Stanford 1974.

– The Living and the Dead in Japanese Popular Religion. In: Susan Orpett Long (Hg.): *Lives in Motion. Composing Circles of Self and Community in Japan*, Ithaca u.a. 1999, S. 255–281.

Stone, Jacqueline I., und Walter, Mariko Namba (Hg.): *Death and the Afterlife in Japanese Buddhism*, Honolulu 2008.

Zachert, Herbert: Die Mythologie des Shintô. In: E. Schmalzriedt u.a. (Hg.): *Götter und Mythen Ostasiens*, Stuttgart 1994 (= Wörterbuch der Mythologie, Bd. 6), S. 1–178.

§ 13. „Die Geschichte vom Prinzen Genji" (11. Jh.)

I, II = *Genji-Monogatari*. Übs. O. Benl (s. dort), Bd. I und II.
T = Murasaki Shikibu: *The Tale of Genji*. Übs. R. Tyler (s. dort).

Genji-Monogatari. Die Geschichte vom Prinzen Genji. Altjapanischer Liebesroman aus dem 11. Jahrhundert, verfaßt von der Hofdame Murasaki. Übs. Oscar Benl, 2 Bde., Zürich 1966. (zit. I und II)

Murasaki Shikibu: *The Tale of Genji*. Übs. Eduard G. Seidensticker, Harmondsworth 1981 (1. Ausg. 1976).

– *The Tale of Genji*. Übs. Royall Tyler, 2 Bde., New York NY u.a. 2001 (Sigle: T) (Durchlaufende Seitenzählung).

– *The Tale of Genji*. Übs. Dannis Washburn, New York NY u.a. 2015.

Bargen, Doris G.: *A Woman's Weapon. Spirit Possession in The Tale of Genji*, Honolulu 1997.

Benl, Oscar: Der Schicksalsbegriff im Genji-monogatari. In: *Nachrichten der Gesellschaft für Natur- und Völkerkunde Ostasiens/Hamburg*, Bd. 77, 1955, S. 38–43.

Bowring, Richard: *Murasaki Shikibu. The Tale of Genji*, Cambridge 1988.

Field, Norma: *The Splendor of Longing in the Tale of Genji*, Princeton 1987.

Gatten, Aileen: Death and Salvation in Genji Monogatari. In: dies. und A.H. Chambers (Hg.): *New Leaves. Studies and Translations of Japanese Literature in Honor of Edward Seidensticker*, Ann Arbor 1993, S. 5–27.

Kommerell, Max: Dame Dichterin. In: ders.: *Dichterische Welterfahrung. Essays*, Frankfurt a.M. 1952, S. 83–108.

Lévi-Strauss, Claude: Lectures croisées. In: ders.: *Le Regard éloigné*, Paris 2001 (1. Ausg. 1983), S. 107–125.

Lewis, Ioan Myrddin: *Religion in Context. Cults and charisma*, 2. Aufl. Cambridge 1996 (1. Aufl. 1986).

McCullough, William H.: Spirit Possession in the Heian Period. In: *Studies in Japanese Culture*, Bd. I, hg. Saburô Ôta und Rikutarô Fukuda, Tokyo 1973, S. 91–98 (Nihon bunka kenkyû ronshû).

Miner, Earl: Some Thematic and Structural Features of the Genji Monogatari. In: *Monumenta Nipponica*, Bd. 24, 1969, S. 1–19.

Morris, Ivan: *Der leuchtende Prinz. Höfisches Leben im alten Japan*, Frankfurt a.M. 1988 (Orig.ausg. London 1964).

Shirane, Haruo: The Aesthetic of Power. Politics in the Tale of Genji. In: *Harvard Journal of Asiatic Studies*, Bd. 45, 1985, S. 615–647.

Strickmann, Michael: *Chinese Magical Medicine*, Stanford CA 2002.

Tubielewicz, Jolante: *Superstitions, Magic and Mantic Practices in the Heian Period*, Warschau 1980.

Tyler, Royall (Übs.): s. Murasaki Shikibu, *The Tale of Genji*.

§ 14. Ihara Saikaku (17. Jh.)

Werke

In deutscher Übersetzung (alphabetisch)

Fünf Geschichten von liebenden Frauen. Übs. W. Donat, München 1960 (Kôshoku gonin onna).

Japanische Parallelfälle im Schatten des Kirschbaumes. Übs. M. Kuhl, München 2007 (Honchô ôin hiji).

Kôshokumono. Japanische Kurtisanengeschichten aus dem 17. Jahrhundert. Übs. S. Tsukakoshi u.a., Zürich 1957 (Kôshoku ichidai onna).

Liebesgeschichten der Samurai. Übs. S. Schaarschmidt, Berlin 1985 (Nanshoku ôkagami) (Auswahl).

Saikaku-oridome. Szenen aus dem japanischen Volksleben im 17. Jahrhundert. Übs. von Ekkehard May, Stuttgart 1973.

Yonosuke, der dreitausendfache Liebhaber. Übs. K. Kani. Einf. O. Benl, Herrenalb 1965 (Kôshoku ichidai otoko).

In englischer Übersetzung (alphabetisch)

A Miscellany of Old Letters (Yorozu no Fumihôgu) (Auswahl). Übs. V. Marcus. In: *Monumenta Nipponica*, XL, 3, 1985, S. 257–282.

Some Final Words of Advice. Übs. P. Nosco, Rutland/Vt. und Tôkyô 1980 (Saikaku oridome).

Tales of Samurai Honor. Übs. C.A. Callahan, Tôkyô 1981 (Buke giri monogatari).

The Great Mirror of Male Love. Übs. P.G. Schalow, Stanford 1990 (Nanshoku ôkagami).

The Japanese Family Storehouse, or, The Millionaire's Gospel Modernised. Übs. G.W. Sargent, Cambridge 1959 (Nippon eitai gura).

The Life of an Amorous Man. Übs. K. Hamada, Rutland/Vt. und Tôkyô 1964 (Kôshoku ichidai otoko).

The Life of an Amorous Woman, and Other Writings. Übs. I. Morris, Norfolk, Conn. 1963 (Kôshoku ichidai onna, u.a.).

This Scheming World. Übs. M. Takatsuka u.a., Rutland/Vt. und Tôkyô 1965 (Seken mune san.yô).

Worldly Mental Calculations. Übs. B. Befu, Berkeley u.a. 1976 (Seken mune san.yô).

In französischer Übersetzung (alphabetisch)

Arashi, vie et mort d'un acteur. Übs. D. Struve, Arles 1997 (Arashi mujô monogatari).

La Lune de ce monde flottant. Übs. D. Struve, Arles 2001 (Saikaku okimiyage).

Vie de Wankyu. Übs. C. Lévy, Arles u.a. 1990 (Wankyû issei no monogatari).

Wissenschaftliche Literatur

Berndt, Jürgen, u.a.: *BI-Lexikon Ostasiatische Literaturen,* Leipzig 1985.
Hibbett, Howard S.: Saikaku as a Realist. In: *Harvard Journal of Asiatic Studies,* Bd. 15, 1952, S. 408–418.
Johnson, Jeffrey: Saikaku and the Narrative Turnabout. In: *The Journal of Japanese Studies,* Bd. 27, 2001, S. 323–345.
Keene, Donald: *World Within Walls. Japanese Literature of the Pre-Modern Era, 1600–1867,* New York 1976.
Lane, Richard Douglas: *Saikaku. Novelist of the Japanese Renaissance.* Diss. Columbia University 1957, Xerokopie Ann Arbor 1990.
Struve, Daniel: *Ihara Saikaku. Un romancier japonais du XVIIème siècle. Éssai d'étude poètique* (Diss. Lille), Microfiche Paris 1995.
– Saikaku. Romancier du monde flottant. In: *Académie des Inscriptions & Belles-Lettres. Comptes rendues des séances de l'année 2004,* Fasc. IV, nov.-dec., S. 1479–1483.
– (Hg.): *Autour de Saikaku. Le roman en Chine et au Japon aux XVIIe et XVIIIe siècle,* Paris 2004.

Dritter Teil: Abendland

5. Kapitel: Totenerscheinungen im Mittelalter

§ 15. Altnordische Sagas

Boyer, Régis: Hamr, Fylgia, Hugr. L'âme pour les anciens Scandinaves. In: Heimdal 33, 1981, S. 5–10.
– *Yggdrasill. La Religion des anciens Scandinaves,* Paris 1981.
Buchholz, Peter: *Schamanistische Züge in der altisländischen Überlieferung,* Diss. Münster 1968.
Chadwick, Nora K.: Norse Ghosts. A Study in the *Draugr* and the *Haugbúi.* In: *Folk-Lore,* Bd. 57, 1946, S. 50–65 und 106–127.
Ellis, Hilda Roderick: *The Road to Hel. A Study of the Conception of the Dead in Old Norse Literature,* Cambridge 1943.
Harmening, Dieter: *Superstitio. Überlieferungs- und theoriegeschichtliche Untersuchungen zur kirchlich-theologischen Aberglaubensliteratur des Mittelalters,* Berlin 1979.

Hasenfratz, Hans-Peter: *Die religiöse Welt der Germanen. Ritual, Magie, Kult, Mythus.* 2. Aufl., Freiburg u.a. 1994.

– Seelenvorstellungen bei den Germanen und ihre Übernahme und Umformung durch die christliche Mission. In: *Zeitschrift für Religions- und Geistesgeschichte*, Bd. 38, 1986, S. 19–31.

Jobbé-Duval, Émile: *Les Morts malfaisants. „Larvae, lemures" d'après le droit et les croyances populaires des Romains*, Paris 1924.

Kelchner, Georgia: *Dreams in Old Norse Literature and their Affinities in Folklore*, Cambridge 1935.

Klare, Hans-Joachim: Die Toten in der altnordischen Literatur. In: *Acta Philologica Scandinavica*, Bd. 8, 1933/34, S. 1–56.

Lecouteux, Claude: *Geschichte der Gespenster und Wiedergänger im Mittelalter*, Köln u.a. 1987.

– Gespenster und Wiedergänger. Bemerkungen zu einem vernachlässigten Forschungsfeld der Altgermanistik. In: *Euphorion*, Bd. 80, 1986, S. 219–231.

– *Dictionnaire de mythologie germanique. Odin, Thor, Siegfried et Cie.*, Paris, 2. Aufl. 2007.

Meuli, Karl: Drei Grundzüge des Totenglaubens. In: ders.: *Gesammelte Schriften.* Bd. 1. Hg. Th. Gelzer, Basel u.a. 1975, S. 303–331.

Oexle, Otto Gerhard: Die Gegenwart der Toten. In: *Death in the Middle Ages.* Hg. H. Braet und W. Verbake, Louvain 1982, S. 19–77.

Ranke, Kurt: *Indogermanische Totenverehrung, Bd. 1. Der dreissigste und vierzigste Tag im Totenkult der Indogermanen*, Helsinki 1951.

– Art. ‚Ahnenglaube und Ahnenkult'. In: RGA, Bd. 1, 1973, S. 112ff.

Schreuer, Hans: Das Recht der Toten. In: *Zeitschrift für vergleichende Rechtswissenschaft*, Bd. 33, 1916, S. 333–423; Bd. 34, 1916, S. 1–208.

– Art. ‚Totenrecht'. In: RGA, 1. Aufl., Bd. 4, Straßburg 1918/19, S. 339–342.

Simek, Rudolf: *Lexikon der germanischen Mythologie.* 2. Aufl., Stuttgart 1995.

– Art. ‚Totenglaube und Totenbrauch'. In: RGA, Bd. 31, 2006, S. 81ff.

– und Pálsson, Hermann: *Lexikon der altnordischen Literatur. Die mittelalterliche Literatur Norwegens und Islands*, 2. Aufl. Stuttgart 2007.

Ström, Åke V.: Germanische Religion. In: ders. und Haralds Biezais: *Germanische und Baltische Religion*, Stuttgart u.a. 1975, S. 9–306.

Strömbäck, Dag: The Concept of the Soul in Nordic Tradition. In: *Arv. Journal of Scandinavian Folklore*, Bd. 31, 1975, S. 5–22.

Tuczay, Christa A.: Interactions with Apparitions, Ghosts, and Revenants in Ancient and Medieval Sources. In: J. Houran (Hg.): *From Shaman to Scientist. Essays on Humanitie's Search for Spirits*, Lanham Md. u.a. 2004, S. 97–126.

Vries, Jan de: *Altgermanische Religionsgeschichte*, 2 Bde., Berlin 1956 und 1957.

§ 16. Geistliche Literatur: *Miracula* und *Mirabilia*

Quellentexte

Agius: *Das Leben der Hadumod, beschrieben von ihrem Bruder Agius.* Übs. F. Rückert, Stuttgart 1845.
Cäsar von Heisterbach: *Dialogus miraculorum.* Hg. J. Strange, 2 Bde., Köln u.a. 1851.
Fournier, Jacques: *Le registre d'inquisition de Jacques Fournier, évêque de Pamiers, 1318–1325.* Hg. J. Duvernoy, 2 Bde., Paris u.a. 1978.
Gerald von Wales: *Giraldi Cambrensis Opera.* Bd. 5. Hg. J.F. Dimock. Reprint Wiesbaden 1964 (Orig. London 1867).
Gervasius von Tibury: *Kaiserliche Mußestunden. Otia imperialia.* Übs. H.E. Stiene. 2 Bde., Stuttgart 2009.
Gobi, Jean: *Dialogue avec un fantôme.* Übs. u. hg. M.-A. Polo de Beaulieu, Paris 2004.
Guibert von Nogent: *Die Autobiographie.* Übs. E. Wilhelm, Stuttgart 2012.
Morelli, Giovanni di Pagolo: *Ricordi.* Hg. V. Branca, Florenz 1969.
Pierre le Vénérable: *Livre des merveilles de Dieu (De miraculis).* Übs. J.-P. Torrell u.a., Fribourg u.a. 1992.
Otloh von St. Emmeram: *Liber visionum.* Hg. P. G. Schmidt, Weimar 1989 (Quellen zur Geistesgeschichte des Mittelalters, Bd. 13).
Thietmar von Merseburg: *Chronik.* Übs. W. Trillmich, Darmstadt 1957.
Thomas de Cantimpré: *Bonum universale de apibus*, Douai 1627.
Twelve Medieval Ghost Stories, hg. M.R. James. In: *The English Historical Review*, Nr. 147, Juli 1922, S. 413-422.

Wissenschaftliche Literatur

Bresc, Henri: Culture folklorique et théologie. Le revenant de Beaucaire (1211). In: *Razo. Cahiers du Centre d'études médiévales de Nice*, 8, 1988, S. 69–74.
Chiffoleau, Jacques: *La comptabilité de l'au-delà. Les hommes, la mort et la religion dans la région d'Avignon à la fin du moyen-âge*, Rom 1980.
Dinzelbacher, Peter: Der Traum Kaiser Karls IV. In: *Träume im Mittelalter. Ikonologische Studien.* Hg. A. Paravicini Bagliani u.a., Stuttgart u.a. 1989, S. 161–170.
Fasbender, Christoph: *Von der Wiederkehr der Seelen Verstorbener. Untersuchungen zur Überlieferung und Rezeption eines Erfolgstextes Jakobs von Paradies*, Heidelberg 2009.

Finucane, R.C.: *Appearances of the Dead. A Cultural History of Ghosts,* Buffalo NY 1984.
Le Goff, Jacques: *Die Geburt des Fegefeuers,* Stuttgart 1984.
Le Roy Ladurie, Emmanuel: *Montaillou. Ein Dorf vor dem Inquisitor, 1294–1324.* Berlin 1980.
Moos, Peter von: *Consolatio. Studien zur mittellateinischen Trostliteratur.* 2 Bde., München 1971.
Schmitt, Jean-Claude: *Les revenants. Les vivants et les morts dans la société médiévale,* Paris 1994.
– Macht der Toten, Macht der Menschen. Gespenstererscheinungen im hohen Mittelalter. In: *Herrschaft als soziale Praxis. Historische und sozial-anthropologische Studien.* Hg. A. Lüdtke, Göttingen 1991, S. 143–167.
Trexler, Richard C.: *Public Life in Renaissance Florence,* New York 1980.
– In Search of Father. The Experience of Abandonment in the Recollections of Giovanni di Pagolo Morelli. In: *History of Childhood Quaterly,* Bd. 3, 1975, S. 225–252.

§ 17. Wechselnde Deutungen

Quellentexte

Augustinus: De cura pro mortuis gerenda. In: ders.: *De fide et symbolo etc.* Hg. J. Zycha, Prag u.a. 1900 (= Corpus scriptorum ecclesiasticorum Latinorum, Bd. XXXXI), S. 619–660.
– *Die Sorge für die Toten.* Übs. G. Schlachter, Würzburg 1975.
– *La Genèse au sens littéral, Buch VIII-XII.* Hg. P. Agaësse u.a., o.O. 1970 (= Œuvres de Saint Augustin, Bd. 49).
Tertullian: *Über die Seele.* Übs. J.H. Waszink, Zürich u.a. 1980.
– *De Anima* (s. unten, unter Waszink).

Wissenschaftliche Literatur

Assion, Peter: Von den abgeschiedenen Seelen. Kirchenlehre und Volksglaube in der spätmittelalterlichen Fegefeuer- und Geisterliteratur. In: *Geist und Zeit. Wirkungen des Mittelalters in Literatur und Sprache. Festschrift Roswitha Wisniewski,* Frankfurt a.M. u.a. 1991, S. 255–275.
Carozzi, Claude : *Le voyage de l'âme dans l'au-delà d'après la litterature latine (Ve–XIIIe siècle)*, Rom 1994.
Dulaey, Martine: *Le rêve dans la vie et la pensée de Saint Augustin,* Paris 1973.
Fleischhack, Erich: *Fegfeuer. Die christlichen Vorstellungen vom Geschick der Verstorbenen geschichtlich dargestellt,* Tübingen 1969.

Habermehl, Peter: *Perpetua und der Ägypter, oder Bilder des Bösen im frühen afrikanischen Christentum*, Berlin 2. Aufl. 2004.
Kamphausen, Hans Joachim: *Traum und Vision in der lateinischen Poesie der Karolingerzeit*, Bern u.a. 1975.
Le Goff, Jacques: *Die Geburt des Fegefeuers*, Stuttgart 1984 (franz. Orig. Paris 1981).
Ludwig, August Friedrich: Ein Lösungsversuch okkulter Probleme durch den hl. Augustin in seiner Schrift ‚de cura pro mortuis gerenda'. In: *Psychische Studien*, 45. Jg. 1918, S. 358–365.
– Augustin über das Ahnungsvermögen der Seele und seine Visionshypothese. In: *Psychische Studien*, 47. Jg. 1920, S. 181–184.
Moreira, Isabel: *Dreams, Visions, and Spiritual Authority in Merovingian Gaul*, Ithaca NY 2000.
Othenin-Girard, Mireille: Der Dank der Toten. Zur Vorstellung von wechselseitigen Hilfeleistungen zwischen Lebenden und Verstorbenen im Spätmittelalter. In: *Zeitschrift für Schweizerische Kirchengeschichte*, 92. Jg. 1998, S. 165–190.
Rohde, Erwin: *Psyche. Seelenkult und Unsterblichkeitsglaube der Griechen.* Auswahl H. Eckstein, Stuttgart o.J. (Kröner Taschenausgabe Bd. 61).
Schmitt, Jean-Claude: *Les revenants. Les vivants et les morts dans la société médiévale*, Paris 1994.
Torrell, Jean Pierre, und Bouthillier, Denise: *Pierre le Vénérable et sa vision du monde*, Leuven 1986.
Waszink, Jan H.: *Quinti Septimi Florentis Tertulliani ‚De Anima'*, Leiden u.a. 2010.
Wittmer-Butsch, Maria Elisabeth: *Zur Bedeutung von Schlaf und Traum im Mittelalter*, Krems 1990 (Diss. Zürich 1987).

6. Kapitel: Christliche Heilige

§ 18. Heilige als Schutzgeister im 19. und 20. Jahrhundert

Allgemeines

Angenendt, Arnold: Das Wunder – religionsgeschichtlich und christlich. In: *Mirakel im Mittelalter.* Hg. M. Heinzelmann u.a., Stuttgart 2002, S. 95–113.
Bender, Hans: Glaubensheilung und Parapsychologie. In: W. Bittner (Hg.): *Magie und Wunder in der Heilkunde*, Stuttgart 1959, S. 140–166.
– „Wunderheilungen" im affektiven Feld. In: *Zs. f. Parapsychologie und Grenzgebiete der Psychologie*, Bd. 7, 1964, S. 7–24.
Benz, Ernst: *Die Vision. Erfahrungsformen und Bilderwelt*, Stuttgart 1969.

Dinzelbacher, Peter: *Bernhard von Clairvaux. Leben und Werk*, Darmstadt 1998.
– Die ‚Realpräsenz' der Heiligen in ihren Reliquiaren und Gräbern nach mittelalterlichen Quellen. In: ders. u.a. (Hg.): *Heiligenverehrung in Geschichte und Gegenwart*, Ostfildern 1990, S. 115–174.
Görres, Joseph von: *Mystik, Magie und Dämonie. „Die christliche Mystik" in Auswahl.* Hg. J. Bernhart, München u.a. 1927.
Leeuw, Gerardus van der: *Phänomenologie der Religion*, 2. Aufl., Tübingen 1956.
Mischo, John: Parapsychologie und Wunder. Teile I-III. In: *Zeitschrift für Parapsychologie und Grenzgebiete der Psychologie. ‚Neue Wissenschaft'*, 12. Jg., 1970, S. 73–89, 137–162; 13. Jg. 1971, S. 24–40.
Nigg, Walter: *Große Heilige*, Zürich 1993 (Erstausg. 1947).
Obayashi, Hiroshi: Death and Eternal Life in Christianity. In: ders. (Hg.): *Death and Afterlife. Perspectives of World Religions*, New York u.a. 1992, S. 109–123.
Pratsch, Thomas: *Der hagiographische Topos. Griechische Heiligenviten in mittelbyzantinischer Zeit*, Berlin 2005.
Schamoni, Wilhelm: *Parallelen zum Neuen Testament. Aus Heiligsprechungsakten übersetzt*, Abensberg 1971.
Thurston, Herbert: *Die körperlichen Begleiterscheinungen der Mystik*, Luzern 1956.
Tonquedec, Joseph de: *Merveilleux métapsychique et miracle chrétien*, Paris 1955.

Clelia Barbieri

Giovetti, Paola: *S. Clelia Barbieri*, Rom 1994. *Desiderat*
– Aussergewöhnliche Phänomene im Leben von Mystikern und Heiligen. In: A. Resch (Hg.): *Paranormologie und Religion*, Innsbruck 1997 (= Imago Mundi, Bd. 15), S. 535–547.

Therese von Lisieux

Therese von Lisieux: *Geschichte einer Seele und weitere Selbstzeugnisse.* Hg. O. Karrer, München 1952.
Prozesse der Seligsprechung und Heiligsprechung der heiligen Theresia vom Kinde Jesus und vom Heiligen Antlitz, 2 Bde. Hg. Theresienwerk e. V., Karlsruhe 1993.
Die heilige Theresia vom Jesuskinde und vom heiligsten Antlitz, 1873–1897. Ihr Leben beschrieben von einer Karmeliterin (...), Berlin 1927.
Gaucher, Guy: *Sainte Thérèse de Lisieux (1873–1897). Biographie*, Paris 2010.
Six, Jean-François: *Thérèse de Lisieux. Son Combat spirituel, sa voie*, Paris 1988.

Vrai, Suzanne: *Thérèse de Lisieux et ses frères missionnaires,* Paris 1992.

Seraphim von Sarow

Menschkowski, Dmitri u.a.: *Der letzte Heilige. Seraphim von Sarow und die russische Religiosität,* Stuttgart 1994.
Smolitsch, Igor: *Leben und Lehre der Starzen. Der Weg zum vollkommenen Leben,* Freiburg i.Br. 1988 (Erstausg. 1936).
Zander, Vera: *Seraphim von Sarow. Ein Heiliger der orthodoxen Christenheit (1759–1833),* Düsseldorf 1965.

Die Lübecker Märtyrer

Kröll, Karola, und Thoemmes, Peter (Bearb.): *Der Freund und Lehrer Johannes Prassek und die Familien Gunkel und Thoemmes. Briefe, Bilder, Dokumente,* Lübeck 2018.
Thoemmes, Martin: *„Sag niemals drei, sag immer vier". Das Gedenken an die Lübecker Märtyrer von 1943 bis heute,* Hamburg 2012.
Voswinckel, Peter: Nach 61 Jahren komplett. Abschiedsbriefe der Vier Lübecker Märtyrer im historischen Kontext. In: *Zeitschrift des Vereins für Lübeckische Geschichte und Altertumskunde,* Bd. 85, 2005, S. 279–329.
– *Geführte Wege. Die Lübecker Märtyrer in Wort und Bild,* 3. Aufl. Hamburg 2010.
Wer sterben kann, wer will den zwingen? Zur Seligsprechung der Lübecker Märtyrer. Hg. Erzbistum Hamburg, Bistum Osnabrück, o.O., o.J. (2011).

§ 19. Heilige und „arme Seelen"

Quellentexte

Augustinus: De cura pro mortuis gerenda. In: ders.: *De fide et symbolo [etc.]* Hg. J. Zycha, Prag u.a. 1900 (= Corpus scriptorum ecclesiasticorum Latinorum, Bd. 41), S. 619–660.
– *Die Sorge für die Toten.* Übs. G. Schlachter, Würzburg 1975.
– *Der Gottesstaat. De Civitate Dei,* Bd. II, Buch 15–22. Übs. C.J. Perl, Paderborn u.a. 1979.
– *Vom Gottesstaat.* Bd. II, Buch 11–22. Übs. W. Thimme, 2. Aufl. München 1985.
Gregor der Große: *Dialoge. Vier Bücher.* Übs. J. Funk, München 1933 (= Bibliothek der Kirchenväter, Zweite Reihe, Bd. III).
Origène: *Commentaire sur le Cantique des Cantiques.* Texte de la version latine de Rufin, Bd. II. Hg. L. Brésard u.a., Paris 1992 (= Sources Chrétiennes No. 376).

– *Commentaire sur Saint Jean.* Texte grec. Bd. III. Hg. Cécile Blanc, Paris 1975 (= Sources Chrétiennes No. 222).

Thomas von Aquin: *Summa theologica. Vollständige, ungekürzte dt.-lat. Ausgabe (Die Deutsche Thomas-Ausgabe)*, 36 Bde., Salzburg 1933ff. (Sigle: DTA)

– *Opera omnia*, Bd. 4. Hg. S.E. Fretté und P. Maré, Paris 1882 (enthält: Summa theologica II, II, quaestiones 80–189; III).

– *Opera omnia: Ut sint in Indice Thomistico.* 7 Bde. Hg. Roberto Busa, Stuttgart-Bad Cannstatt 1980.

– *Summe gegen die Heiden.* Lat.-dt., 4 Bde., Darmstadt 1974–1996.

Wissenschaftliche Literatur

Angenendt, Arnold: *Heilige und Reliquien. Die Geschichte ihres Kultes vom frühen Christentum bis zur Gegenwart*, München 1994.

– *Geschichte der Religiosität im Mittelalter*, 2. Aufl., Darmstadt 2000.

Delehaye, Hippolyte: *Les Origines du culte des martyrs*, 2. Aufl. Brüssel 1933.

Delooz, Pierre: *Sociologie et canonisation*, Liège u.a. 1969.

Denzinger, Heinrich; Hünermann, Peter (Hg.): *Kompendium der Glaubensbekenntnisse und kirchlichen Lehrentscheidungen*, Freiburg u.a., 37. Aufl. 1991.

Greshake, Gisbert: „Seele" in der Geschichte der christlichen Eschatologie. Ein Durchblick. In: W. Breuning (Hg.): *Seele. Problembegriff christlicher Eschatologie*, Freiburg i.Br. u.a. 1986, S. 107–138.

Guardini, Romano: Die Heiligen. (1939) In: ders.: *Glaubenserkenntnis*, Mainz u.a. 1997, S. 151–164.

Kemp, Eric Waldram: *Canonization and Authority in the Western Church*, London 1948.

Kirsch, Johann Peter: *Die Lehre von der Gemeinschaft der Heiligen im christlichen Alterthum. Eine dogmengeschichtliche Studie*, Mainz 1900.

Le Goff, Jacques: *Die Geburt des Fegefeuers*, Stuttgart 1984.

Müller, Gerhard Ludwig: *Gemeinschaft und Verehrung der Heiligen. Geschichtlich-systematische Grundlegung der Hagiologie*, Freiburg i.Br. 1986.

Padberg, Lutz E. von: *Heilige und Familie. Studien zur Bedeutung familiengebundener Aspekte in den Viten des Verwandten- und Schülerkreises von Willibrord, Bonifatius und Liudgar*, 2. überarb.u. erw. Aufl. Mainz 1997.

Rahner, Karl: Warum und wie können wir die Heiligen verehren? (1964) In: ders.: *Schriften zur Theologie*, Bd. VII, Einsiedeln 1966, S. 283–30.

Schmaus, Michael: *Katholische Dogmatik*, Bd. III/1: *Die Lehre von der Kirche*, München 5. Aufl. 1958.

Schütz, Ludwig: *Thomas-Lexikon*, Stuttgart 1958.

Sigal, Pierre-André: *L'Homme et le miracle dans la France médiévale (XIe–XIIe siècle)*, Paris 1985.
Walz, Johann Baptist: *Die Fürbitte der Heiligen. Eine dogmatische Studie*, Freiburg i.Br. 1927.

Die Anrufung der „armen Seelen“ (chronologisch)

Binet, Stephan: *Der Freund der armen Seelen, oder die katholische Lehre vom Fegfeuer.* Neu bearb. u. übs. P. Jennesseaux, Freiburg i.Br. 1881.
Dörholt, B.: Rez. ‚Carolo Weiss: S. Thomae Aquinatis de satisfactione et indulgentia doctrina', 1896. In: *Jahrbuch für Philosophie und Spekulative Theologie*, 11. Jg., 1897, S. 241–247.
Ernst, Johann: Pastorales von der Reise, 3. Folge. In: *Theologisch-praktische Monatsschrift*, 8. Bd., 1898, S. 195–209.
Gutberlet, Constantin: *Dogmatische Theologie Bd. 10*, Münster i.W. 1904.
Ernst, Johann: Der hl. Thomas und die Anrufung der armen Seelen. In: *Der Katholik (Mainz)*, 96. Jg., 1916, S. 219–235 und S. 309–327.
Durst, Bernhard: Zur Frage der Armenseelen-Anrufung. Die Lehrentwicklung im 13. Jahrhundert und der heutige Stand der Frage. In: *Der Katholik (Mainz)*, 98. Jg., 1918, 7. und 8. Heft, S. 73–89 und S. 145–179.
– Die Armenseelen-Anrufung. Historisch-theologische Würdigung der Lehre des hl. Thomas. In: *Divus Thomas (Freiburg, Schweiz)*, 7. Jg. 1920, S. 227–268. *Desiderat*
– Zur Frage der Armenseelenanrufung. In: *Theologische Quartalschrift (Linz)*, 75. Jg., 1922, S. 617–652.
– Zur Frage der Armenseelenanrufung in der theologischen Summe des heiligen Thomas von Aquin. In: *Theologische Quartalschrift (Tübingen)*, 103. Jg., 1922, S. 63-80 und S. 249–274.
– Die Frage der Armenseelenanrufung bei Richard von Middletown. In: *Franziskanische Studien* 10. Jg., 1923, S. 33–52.
Walz, Johann Baptist: *Die Fürbitte der Armen Seelen und ihre Anrufung durch die Gläubigen auf Erden. Ein Problem des Jenseits*, 2. Aufl. Würzburg 1933.
Michel, A.: La dévotion aux âmes du purgatoire. In: ders.: Art. ‚Purgatoire', DTC Bd. 13/1, Paris 1936, Sp. 1163–1326, dort Sp. 1315ff.

§ 20. Totenerscheinungen in Heiligenviten

Allgemeine wissenschaftliche Literatur

Angenendt, Arnold: Theologie und Literatur in der mittelalterlichen Totenmemoria. In: K. Schmid u. J. Wollasch (Hg.): *Memoria. Der ge-*

schichtliche Zeugniswert des liturgischen Gedenkens im Mittelalter, München 1984, S. 79–199.

Barrett, William: *Death-Bed Visions*, London 1926.

Benz, Ernst: *Die Vision. Erfahrungsformen und Bilderwelt,* Stuttgart 1969.

Dinzelbacher, Peter: *Heilige oder Hexen? Schicksale auffälliger Frauen in Mittelalter und Frühneuzeit,* Zürich 1995.

Osis, Karlis, und Haraldsson, Erlendur: *Der Tod – ein neuer Anfang. Visionen und Erfahrungen an der Schwelle des Seins*, Freiburg i.Br. 4. Aufl. 1982 (am. Orig. 1977).

Pilch, John J.: The Transfiguration of Jesus. An experience of alternate reality. In: Ph. F. Esler (Hg.): *Modelling Early Christianity. Social-scientific studies of the New Testament in its context*, London u.a. 1995, S. 47–64.

Rahner, Karl: *Visionen und Prophezeiungen,* Freiburg i.Br. 1958.

Weinstein, Donald, und Bell, Rudolph M.: *Saints and Society. The Two Worlds of Western Christendom 1000–1700,* Chicago 1982.

Heiligenbiographien

Bembo, Illuminata: *Specchio di illuminazione.* (1469) Hg. S. Mostaccio, Florenz 2001.

– Spiegel der Erleuchtung. In: Elisabeth Bäbler u.a. (Hg.): *Katharina Vigri von Bologna (1413–1463). Leben und Schriften,* Münster 2012, S. 41–159.

Das Leben der heiligen Hedwig. Übs. K. und F. Metzger, Düsseldorf 1967.

Das Leben des heiligen Philippus Neri. Bearb. F. Pösl, Regensburg 1847.

Facchinetti, Vittorino: *San Bernardino da Siena, mistico sole del secolo XV,* Mailand 1933.

Gallonio, Antonio: *Leben des hl. Philipp Neri. Die älteste Biographie über Philipp Neri.* Hg. M. Dusek u.a., Sankt Ottilien 2017.

Geschichte der heiligen Angela Merici, Innsbruck 1893.

Leben des heiligen Pachomius. Übs. H. Merkel. In: *Des heiligen Athanasius ausgewählte Schriften, Bd. 2,* Kempten u.a. 1917 (Bibliothek der Kirchenväter, Reihe 1, Bd. 31), Anhang.

Odon de Cluny: *Vita sancti Geraldi Auriliacensis.* Hg. u. übs. A.-M. Bultot-Verleysen, Brüssel 2009.

Origo, Ines: *Der Heilige der Toskana. Leben und Zeit des Bernardino von Siena,* München 1989.

Ranzano, Pietro: *Leben des heiligen Vincenz Ferrer.* Übs., Mainz 1869.

Rimbert: Vita Anskarii. Übs. W. Trillmich. In: *Quellen des 9. und 11. Jahrhunderts zur Geschichte der hamburgischen Kirche und des Reiches,* Darmstadt 1961, S. 16–133.

Tocco, Guillaume de: *Saint Thomas d'Aquin. Sa Vie.* Hg. T. Pègues und M. Maquart, Toulouse u.a. 1924.

Walz, Angelus: *Saint Thomas d'Aquin,* Louvain u.a. 1962.

Franziska Romana

De S. Francesca Romana, fondatrice oblatarum Turris-Speculorum. In: *Acta Sanctorum Martii, Bd. 2,* Antwerpen 1668, S. *88–*216.
Armellini, Mariano (Hg.): *Vita di S. Francesca Romana scritto nell' idioma volgare di Roma del secolo XV,* Rom 1882.
Bartolomei Romagnoli, Alessandra: *Santa Francesca Romana. Edizione critica dei trattati latini di Giovanni Mattiotti,* Vatikanstadt 1994.
– Santa Francesca Romana. Fonti, studi, interpretazioni. In: P. Delogu (Hg.): *Roma medievale. Aggiornamenti,* Florenz 1998, S. 313–329.
– und Picasso, Giorgio (Hg.): *La canonizzazione di Santa Francesca Romana. Santità, cultura e istituzioni a Roma tra medioevo ed età moderna,* Florenz 2013.
Carpaneto, Giorgio (Hg.): *Il dialetto romanesco del Quattrocento. Il manoscritto quattrocentesco di G. Mattiotti narra i tempi, i personaggi, le „visioni" di Santa Francesca Romana, compatrona di Roma,* o.O. 1995.
Lugano, Placido Tommaso (Hg.): *I processi inediti per Francesca Bussa dei Ponziani (Santa Francesca Romana), 1440–1453,* Vatikanstadt 1945 (= Studi e testi, 120).
Mattiotti, Giovanni: s. Armellini (Hg.).
– s. Carpaneto (Hg.).
Picasso, Giorgio (Hg.): *Una santa tutta romana. Saggi e richerche nel VI centenario della nascita di Francesca Bussa dei Ponziani (1384–1984),* Siena 1984.
Rambuteau, Gräfin von: *Die heilige Franziska Romana.* Übs. Freifrau von Loë, Regensburg u.a. 1904.
Stelzer, Chrysostomus: *Leben der heiligen Franziska Romana. Nach Dom J. Rabory's französischem Original bearbeitet,* Mainz 1888.
Tagliabue, Mauro: Francesca Romana nella storiografia. Fonti, studi, biografie. In: G. Picasso (Hg.): *Una santa tutta romana* (s. dort), S. 199–234.
Vaccaro, Emerenziano: Art. ‚Francesca Romana, santa', I–III. In: *Bibliotheca Sanctorum,* Bd. 5, Rom 1964, Sp. 1011–1028.

Glossar

Dieses Glossar ist als Einstiegshilfe und erste Orientierung gedacht. Die Definitionen wollen nicht erschöpfend sein.

Agent: „Sender“ einer telepathischen Information an den Perzipienten oder „Empfänger“; auch: Verursacher einer psychokinetischen Manifestation. (Bonin) (s. Telepathie, s. Psychokinese)

Animismus: In der Parapsychologie: die Hypothese, daß alle paranormalen Manifestationen *diesseitig*, aus den Seelen *Lebender* zu erklären seien; Gegenbegriff zu Spiritismus (s. dort). In der Ethnologie: „der Glaube, daß lebende Wesen wie unbelebte Objekte eine Seele besitzen“ (Thiel).

Apport: mechanisch unerklärliches Herbeischaffen von Gegenständen, auch durch feste Wände hindurch. (Frei)

Audition: akustische Halluzination, analog zur Vision (s. Halluzination, s. Vision).

Außerkörperliche Erfahrung: Erfahrung im Zustand der Loslösung der Seele, des Bewußtseins vom Körper, sei es in einer Nahtodsituation (s. Nahtoderfahrung) oder in einer anderen außergewöhnlichen Situation einer „Seelenreise“.

Außersinnliche Wahrnehmung (ASW): Wahrnehmung von Tatsachen und Gegenständen ohne die Hilfe der uns bekannten Sinnesorgane. (Frei)

Bilokation: Fähigkeit eines Menschen, an zwei oder mehr Orten zu gleicher Zeit zu sein (Bonin), willkürliche oder unwillkürliche Doppelgängerei.

Charisma (wörtlich „Gnadengabe“): In der Theologie: die durch Gottes Geist bewirkten Gaben und Befähigungen der Christen in der Gemeinde (z.B. Prophetie, Kardiognosie, Heilkraft). Allgemeiner: eine besondere Ausstrahlung eines Menschen. (Duden, 11. Aufl.)

Erscheinung: paranormale Manifestation: ‚Gesicht' (Halluzination mit paranormalem Inhalt) oder materielles Phantom. (Bonin)

Eschatologie: in der Theologie die Lehre von den letzten Dingen, von Tod, Jenseits, Gericht und Weltende.

fengshui (wörtlich „Wind und Wasser"): eine daoistische Lehre mit dem Ziel, den Menschen durch Gestaltung seiner Wohn- und Lebensräume mit seiner Umgebung in Harmonie zu setzen und den Fluß der Kraft *Qi* nicht zu behindern. (Wikipedia)

Gespenst: Totenerscheinung; meist speziell für anonyme, ortsgebundene Totenerscheinungen gebraucht.

Halluzination: Wahrnehmungserlebnis ohne erkennbaren äußeren Sinnesreiz (Duden).

Hellsehen: Außersinnliche Wahrnehmung von objektiven Sachverhalten, die psychisch nicht repräsentiert, d.h. niemandem bekannt sind. (Bender)

Kardiognosie: „Herzenserkenntnis"; Fähigkeit, die Gesinnungen eines anderen Menschen außersinnlich wahrzunehmen; oft bei Heiligen.

Levitation: freies Schweben oder Emporheben von Gegenständen oder Personen, häufiges Phänomen bei mediumistischen Sitzungen (Frei); auch bei Heiligen in der Ekstase.

Mediumismus: das Wirken, die Wahrnehmungen und Erkenntnisse von Medien. (s. Medium)

Medium: paranormal begabter Mensch, der fähig ist, Geister (z. B. Totengeister) wahrzunehmen und als Verkörperung und Sprachrohr eines oder mehrerer Geister zu agieren, und der anderen Menschen als Mittel dienen kann, um mit Geistern zu kommunizieren, beziehungsweise einem Geist als Mittel dienen kann, sich zu melden und mit Menschen zu kommunizieren.

Nahtoderfahrung (NTE): Außerkörperliche Erfahrung (s. dort) eines Menschen in Todesnähe, etwa eines Komapatienten oder eines klinisch Toten, dessen Seele sich vorübergehend vom Körper löst und später in ihn und ins irdische Leben zurückkehrt.

Nachtodkontakt: Kontakt zu einem Verstorbenen, etwa durch dessen Erscheinungen und Mitteilungen.

Nekromantie: Weissagung mit Hilfe heraufbeschworener Toter. (Duden)

***Out-of-Body-Experience*:** s. Außerkörperliche Erfahrung.

Parapsychologie: Wissenschaft von den „okkulten" Erscheinungen. (Driesch) Erforschung der sog. außersinnlichen oder übersinnlichen Phänomene des menschlichen Seelenlebens. (Duden) Im Englischen auch: *Psychical Research*.

Perzipient: Empfänger einer telepathischen Information (Bonin); Wahrnehmender einer paranormalen, etwa psychokinetischen Manifestation. Gegenbegriff: Agent (s. dort).

Phantasmogenetisch: phantomproduzierend.

Phantom: Trugbild (Duden); Gespenst (s. dort).

Poltergeist: unerklärliche Vorgänge in der materiellen Welt: Geräusche, Lärm und/oder Bewegungen von Gegenständen; letztere sind oft unberechenbar und destruktiv. Wird heute meist als unbewußt psychokinetisch verursacht angesehen (s. Psychokinese). Stellt eine Art von Spuk dar (s. dort).

Präkognition: Zukunftsschau. Vorauswissen eines zukünftigen Vorganges, für den keine zureichenden Gründe bekannt sind, die ihn auf normal erschließbare Weise herbeiführen könnten, und der sich auch nicht als Folge des Vorauswissens einstellen kann. (Bender)

Psi-Phänomene: Sammelbegriff für alle außernormalen Tatsachen, mit denen sich die Parapsychologie befaßt. (Frei)

Psychokinese: „direkte" psychische Wirkungen von Menschen auf physikalische Systeme im anscheinenden Widerspruch zu den bisher bekannten oder akzeptierten naturwissenschaftlichen Erklärungsmodellen. (Bauer)

Psychometrie: außersinnliche Erkenntnis des Schicksals eines Menschen durch Berührung eines Gebrauchsgegenstandes oder anderen

Gegenstandes, den er zuvor berührt hat, oder durch Aufenthalt in einem Raum, in dem er sich zuvor aufgehalten hat.

Rezipient: siehe Perzipient.

Spiritismus: Hypothese, daß gewisse Psi-Phänomene, z.B. bestimmte Arten von Spuk oder Gespenstern, sich nur durch das Hereinwirken jenseitiger Geister erklären lassen (Frei); Gegenbegriff zu Animismus (s. dort). Geschichtliche Bewegung des 19. und 20. Jahrhunderts mit der Überzeugung, daß Verstorbene sich manifestieren und mitteilen können, daß Kontakte zu ihnen möglich sind.

Spuk: a) Poltergeist, d.h. spontane psychokinetische Erscheinungen, die sich wiederholen und variieren können (Bonin) (s. Poltergeist, Psychokinese); ferner auch b) allgemein: Gespenster (s. dort).

Suffragien: alle Arten von geistlicher Unterstützung für die Seelen im Fegefeuer, etwa Fürbittgebete, Almosen, Messen.

Survival: Überleben der menschlichen Persönlichkeit (der Seele, des Bewußtseins) jenseits des Todes.

Telekinese: das Bewegtwerden von Gegenständen allein durch übersinnliche Kräfte. (Duden, 11. Aufl.)

Telepathie: Übertragung eines seelischen Vorgangs (Gedanken, Bilder, Gefühle, Empfindungen) von einer Psyche auf eine andere ohne Vermittlung der bekannten Sinnesorgane. (Bender)

Vision: Gesichtshalluzination, die, theologisch betrachtet, Offenbarungscharakter hat. (Bonin) Kann, im Unterschied zur bloßen Halluzination, Richtungweisung, Berufung oder Auftrag für den Empfänger enthalten. (Benz)

Xenoglossie: Fähigkeit, eine fremde Sprache zu sprechen, zu lesen oder zu schreiben, ohne sie erlernt zu haben. (Bonin)

Quellen des Glossars

Bauer, Eberhard: Die Welt des Paranormalen und ihre wissenschaftliche Erforschung. In: Andreas Resch (Hg.): *Aspekte der Paranormologie*, Innsbruck 1992, S. 243–284.

Bender, Hans: Parapsychische Phänomene als wissenschaftliche Grenzfrage. In: *Freiburger Dies Universitatis*, Bd. 6, 1957/58, S. 59–84, dort S. 65.
Benz, Ernst: *Die Vision. Erfahrungsformen und Bilderwelt*, Stuttgart 1969, S. 86.
Bonin, Werner F.: *Lexikon der Parapsychologie*, Herrsching 1984.
Driesch, Hans: *Parapsychologie, die Wissenschaft von den „okkulten" Erscheinungen*, München 1932.
Duden Fremdwörterbuch. Bearb. von der Duden-Redaktion unter Leitung von Paul Grebe, Mannheim 1960 (= Der Große Duden, Bd. 5).
Duden. Das Fremdwörterbuch. 11. Aufl. Hg. Dudenredaktion, Berlin 2015 (= Duden, Bd. 5).
Frei, Gebhard: *Probleme der Parapsychologie*, Paderborn 2. Aufl. 1971, S. 289f.
Thiel, Josef Franz: Art. ‚Animismus'. In: *Neues Wörterbuch der Völkerkunde*. Hg. W. Hirschberg, Berlin 1988, S. 28.
www.wikipedia.org/wiki/Feng_Shui (Gelesen 17.8.2021).